Schematherapie voor cluster C-persoonlijkheidsstoornissen

Remco van der Wijngaart
Hannie van Genderen

Schematherapie voor cluster C-persoonlijkheids-stoornissen

Behandeling van afhankelijke, vermijdende en dwangmatige cliënten

bohn stafleu van loghum

Houten 2024

Remco van der Wijngaart
Maastricht, Nederland

Hannie van Genderen
Maastricht, Nederland

ISBN 978-90-368-2987-8 ISBN 978-90-368-2988-5 (eBook)
https://doi.org/10.1007/978-90-368-2988-5

NUR 777
Basisontwerp omslag: Studio Bassa, Culemborg
Omslagbeeld: Daphne Philippen grafisch ontwerp
Automatische opmaak: Straive, Chennai, India

Bohn Stafleu van Loghum
Walmolen 1
Postbus 246
3990 GA Houten

www.bsl.nl

Voorwoord

Hoewel cluster C-problematiek erg veel voorkomt en aanleiding geeft tot een lage kwaliteit van leven en hoge maatschappelijke kosten, is er naar deze groep van persoonlijkheidsstoornissen relatief weinig onderzoek gedaan. Dit wordt vaak verklaard door het feit dat deze groep relatief weinig acute levensbedreigende crises veroorzaakt, en omdat vaak alleen de angst-, stemmings- of burn-outproblematiek gezien wordt. Dat is problematisch, omdat dit bijdraagt aan het ofwel negeren van de persoonlijkheidsproblematiek – wat vaak leidt tot 'draaideurbehandelingen' van oppervlakkige angst- of stemmingsklachten, ofwel tot behandelen zonder theoretisch kader om de problemen te begrijpen, de therapeutische relatie op te funderen en de therapeutische technieken op te baseren. Dergelijke 'vrije' behandelingen geven geen houvast over de effecten en de maatschappelijke kosten, omdat ze ongedefinieerd zijn en in schier oneindige variaties toegepast kunnen worden. Gelukkig bleek uit een grootschalig onderzoek dat een schematherapeutisch protocol van maximaal vijftig individuele sessies zeer effectief was en bovendien voor de meeste deelnemers aanvaardbaar was. Net als schematherapie voor de borderline-persoonlijkheidsstoornis was dit protocol gebaseerd op het modusmodel van psychopathologie, dat de grondslag vormde voor de casusconceptualisatie en de keuze van de technieken, alsmede de timing van de toepassing daarvan. We mogen ons gelukkig prijzen dat de auteurs van dit boek dit protocol verder hebben uitgewerkt, daarbij gebruikmakend van de nieuwste theoretische en klinische inzichten. Zo is de theorie ingebed in het geherformuleerde model van schematherapie, dat helpt om de relatie tussen schema's en schemamodi beter te begrijpen, en een raamwerk biedt om de verschillende modi te begrijpen – juist ook die modi die van belang zijn bij cluster C-persoonlijkheidsstoornissen. Ook zijn in dit boek de nieuwste inzichten in de toepassing van experiëntiële technieken te vinden. De duidelijke opbouw en het heldere taalgebruik getuigen van de grote onderwijservaring van de auteurs. Voorbeelden en samenvattingen helpen verder om het boek zeer toegankelijk te maken. Met andere woorden, dit boek had er eigenlijk al veel eerder moeten zijn, omdat het voorziet in een grote behoefte aan een heldere methodiek om deze vaak weerbarstige problematiek effectief te kunnen behandelen, zonder dat de behandelaar zich laat verleiden tot het onnodig oprekken van de behandelduur.

Arnoud Arntz

Dankwoord Remco en Hannie

Voor u ligt het resultaat van een proces dat tien jaar geleden begon. Guido Sijbers en Remco reisden in die tijd een paar keer naar Oekraïne waar ze lesgaven in schematherapie. Tijdens die reizen besloten zij samen een boek te schrijven over schematherapie bij cluster C-persoonlijkheidsstoornis. Dat bleek een grotere en ingewikkelder onderneming dan zij hadden gedacht en daarmee is het plan in de koelkast gezet. In 2018 maakten zij nog wel samen een audiovisuele productie over het onderwerp: 'Schema therapy for the Avoidant-, Dependent- and Obsessive-Compulsive Personality Disorder'. Het idee om het boek te schrijven bleef bestaan en in een nieuwe poging om tot dit resultaat te komen spraken wij af dit project op te pakken. Het duurde echter nog tot eind 2022 voordat we daadwerkelijk een begin maakten. Wij zijn blij dat wij Arnoud Arntz bereid vonden om een overzicht te schrijven over het ontstaan van schematherapie voor cluster C-persoonlijkheidsstoornissen en van de stand van de wetenschap op dit gebied.

Wij zijn erg veel dank verschuldigd aan de Hélène Bögels, Julie Krans en Marjolein van Wijk-Herbrink die enorm waardevolle feedback hebben gegeven in het meelezen van het manuscript. Jullie blijken maar weer een enorme expertise en scherp oog te hebben, gecombineerd met een fijne, opbouwende manier van feedback geven. Dank!

Wij willen natuurlijk ook andere mensen bedanken die het schrijven van dit boek mogelijk hebben gemaakt. BSL en dan met name Yulma Perk en Hester Presburg. Dank weer voor jullie vertrouwen dat wij deze klus geklaard zouden kunnen krijgen in de tien maanden die we daarvoor nodig dachten te hebben.

Als laatste willen wij onze cliënten danken. Zij hebben zich ingezet tijdens de therapie en alle technieken die zij misschien soms raar of moeilijk vonden toch uitgeprobeerd. In dat samenwerken hebben zij ons veel geleerd en daar zijn wij enorm dankbaar voor. Dit boek is bedoeld om in de toekomst de hulp voor hen te verbeteren.

Dankwoord Remco

Hannie, we hebben al bijna dertig jaar samengewerkt in allerlei kaders en projecten. Het samen schrijven van een boek was daar tot dusver nog niet een van. Opnieuw heb ik ervaren dat samenwerken met jou ontzettend fijn is; we weten wat we aan elkaar hebben, we kunnen eerlijk en open met elkaar zijn en onze inhoudelijke ideeën komen bijna naadloos overeen. Ik ben ontzettend blij dat ik dit samen met je heb kunnen doen!

Arnoud, natuurlijk wil ik jou ook danken, voor jouw deel van hoofdstuk 2 en het voorwoord. Maar ook wil ik je danken voor de jarenlange samenwerking waarin ik heel veel van je heb geleerd en enorm veel mooie kansen heb gekregen, zoals de deelname als therapeut aan de Cluster C-studie die als basis geldt voor dit boek.

Ik wil nog expliciet mijn kinderen noemen; ze zijn het mooiste wat er is in mijn leven en het enige nadeel van dit boek is geweest dat ik veel te veel tijd heb gewerkt in plaats van tijd met hen door te brengen…

Dankwoord Hannie

Ik ben blij dat Remco en ik, na een lange aanloop, erin geslaagd zijn om dit boek over de behandeling van cluster C-persoonlijkheidsstoornissen te voltooien. Door onze jarenlange goede samenwerking op het gebied van schematherapie zijn wij goed op elkaar ingespeeld en waren wij het snel eens over de inhoud van dit boek. Ik ben altijd weer blij verrast door de creativiteit van Remco bij het ontwikkelen van nieuwe inzichten over de behandeling van cliënten met schematherapie en het integreren van de resultaten van wetenschappelijk onderzoek in de praktijk.

Ik ben dank verschuldigd aan mijn collega's en vrienden Marleen Rijkeboer en Arnoud Arntz, die beiden een grote bijdrage hadden aan de introductie van Schematherapie in Nederland. Arnoud ken ik al bijna veertig jaar, doordat wij ooit samen begonnen te werken aan behandeling, onderzoek en onderwijs bij de Riagg Maastricht. Door zijn gedrevenheid op het gebied van onderzoek naar de effectiviteit van behandeling van cliënten met tal van stoornissen en het ontwikkelen van onderwijs op dit gebied, heeft hij bijgedragen aan een aanzienlijke verbetering van psychotherapie voor cliënten. Mede daarom is hij altijd een grote inspiratiebron voor mij geweest.

Marleen leerde ik kennen vanaf de eerste scholing op het gebied van schematherapie door J. Young in 1996. Met name onze samenwerking op het gebied van onderwijs in de schematherapie was inspirerend en innoverend. Ook zij is een gedreven therapeut en onderzoeker die steeds nieuwe inzichten ontwikkelt die de behandeling van cliënten verbeteren.

Zij zijn tevens de (mede)ontwikkelaar van de innovaties in de schematherapie, die wij in dit boek hebben verwerkt.

Verder wil ik mijn kinderen Sacha en Zoë Scheffer bedanken, die als kind al geduld hadden als mama weer eens tijd nodig had om een boek te schrijven en als volwassene hun ideeën over schematherapie naar aanleiding van mijn boek *Patronen doorbreken* met mij deelden. Mijn partner Jos Halfens wil ik ook bedanken omdat hij mij stimuleerde door te gaan met schrijven ook al ging dat wel eens ten koste van de tijd die wij samen konden doorbrengen.

Inhoud

Inleiding

R. van der Wijngaart en H. van Genderen, *Schematherapie voor cluster C-persoonlijkheidsstoornissen*,
https://doi.org/10.1007/978-90-368-2988-5_1

Het aantal publicaties en boeken over schematherapie is de afgelopen kwart eeuw sterk toegenomen. Er zijn zowel algemene als meer stoornisgerichte boeken verschenen, maar voor zover wij weten nog geen boek over de toepassing van schematherapie op cluster C-persoonlijkheidsstoornissen in een individuele setting. Er is recent wel de *Handleiding groepsschematherapie voor cluster C-persoonlijkheidsstoornissen* verschenen (Tjoa & Muste 2021). Dat boek gaat wel over cluster C-persoonlijkheidsstoornissen maar is grotendeels gericht op behandeling in een groepssetting. De auteurs geven aan dat het boek ook bruikbaar is voor een individuele behandeling van een cluster C-persoonlijkheidsstoornis, maar door het accent op de groepsbehandeling in dertig sessies, is er logischerwijs minder ruimte voor de specifieke uitdagingen die je tegenkomt in een individuele behandeling van vijftig sessies voor een van de drie cluster C-persoonlijkheidsstoornissen afzonderlijk.

Arnoud Arntz nam het initiatief tot het eerste onderzoek naar specifieke toepassing van schematherapie voor cliënten met een cluster C-persoonlijkheidsstoornis. Dit startte in 2009 en resulteerde in een nieuw behandelprotocol (Bamelis et al., 2014). Tijdens deze behandelstudie werd geconstateerd dat er een aantal aanpassingen nodig is in de schematherapeutische behandeling van cluster C-stoornissen ten opzichte van de behandeling van cluster B-persoonlijkheidsstoornissen (zie ook ▶ par. 2.2 Onderzoeksbevindingen).

Deze ervaringen en inzichten worden sinds 2011 door ons uitgedragen in cursussen en trainingen ('Schematherapie voor Cluster C', Van Genderen Opleidingen B.V.). Daarnaast is er een specialistische audiovisuele productie ontwikkeld over deze aangepaste vorm van schematherapie (Van der Wijngaart en Sijbers, 2018: 'Schema therapy for the Avoidant-, Dependent-, and Obsessive-Compulsive personality disorder'). Maar een boek waarin deze aangepaste vorm van schematherapie in individuele behandeling van cluster C-cliënten wordt beschreven was er echter tot op heden niet.

In dit boek willen we eerst ingaan op de kenmerkende verschillen tussen cluster B- en cluster C-cliënten. Zo is er tussen beide cliëntgroepen een duidelijk verschil in de aard en oorsprong van de problematiek. Deze verschillen hebben gevolgen voor zowel het hanteren van de therapeutische relatie als voor de toepassing van alle technieken en de duur van de behandeling. In dit boek wordt beschreven hoe je die therapeutische relatie iets anders vormgeeft en hoe de methoden en technieken aangepast kunnen worden. Verder wordt beschreven hoe je het therapeutisch proces vormgeeft in een schematherapie met gelimiteerde tijd. Daarmee denken we dat dit boek een waardevolle aanvulling is op de bestaande literatuur over schematherapie.

De voorbeelden in dit boek zijn cliënten die alle drie maar één specifieke persoonlijkheidsstoornis hebben. In de klinische praktijk zal er vaak sprake zijn van meer comorbide persoonlijkheidsstoornissen. Zo kan een cliënt met een Afhankelijke-persoonlijkheidsstoornis ook een Vermijdende-persoonlijkheidsstoornis of vermijdende trekken hebben.

Daarnaast bestaat er een hoge comorbiditeit tussen persoonlijkheidsstoornissen en angst- (Friborg et al., 2013) of stemmingsstoornissen (Friborg et al., 2014). Je cliënt met een Vermijdende-persoonlijkheidsstoornis kan bijvoorbeeld ook een sociale-angststoornis en een recidiverende depressieve stoornis hebben. Je cliënt met een Afhankelijke-persoonlijkheidsstoornis heeft soms ook een angststoornis. Je cliënt met een Dwangmatige-persoonlijkheidsstoornis kan ook recidiverende depressieve episodes hebben, waarin de uitputting van het harde werken gepaard gaat met periodes van somberheid.

De behandeling van deze angst- of stemmingsstoornissen kan een geïntegreerd onderdeel zijn van de behandeling van de persoonlijkheidsstoornissen. Zonder dat de schematherapie aangepast wordt voor die stemmingsstoornissen bleken cliënten in de schematherapie-conditie na afloop van de behandeling minder depressief te zijn (Bamelis et al., 2014).

Dit boek biedt daarmee ook inzicht en handvatten voor de behandeling van cliënten die naast een cluster C-persoonlijkheidsstoornis ook een comorbide angst- of stemmingsstoornis hebben.

Schematherapie kan echter ook specifiek op de angst- of stemmingsstoornis toegepast worden wanneer er geen sprake is van een comorbide persoonlijkheidsstoornis. Op de eerste plaats moet geprobeerd worden de depressie te behandelen met een richtlijnbehandeling zoals cognitieve gedragstherapie. Wanneer die behandeling onvoldoende effect heeft, kan schematherapie overwogen worden. Schematherapie specifiek gericht op de behandeling van recidiverende depressieve stoornissen is effectief gebleken (Renner et al., 2013, 2016). Schematherapie lijkt ook een veelbelovende, effectieve vorm van behandeling voor chronische angst, de obsessieve-compulsieve stoornis (OCS) en posttraumatische-stressstoornis (PTSS) (Peeters et al., 2021). In de review van de bestaande studies naar de effectiviteit van schematherapie bij angststoornissen van Peeters en collega's bleek helaas dat er in veel van de studies tot dusver ernstige methodologische tekortkomingen werden gevonden. Er wordt dan ook gepleit voor meer onderzoek naar de effectiviteit van schematherapie bij chronische angst, OCS en PTSS (Peeters et al., 2021).

In ▶ H. 2 worden de uitgangspunten van de behandeling voor cluster C-stoornissen beschreven. Hierbij wordt uitgegaan van het behandelprotocol dat in de studie naar cluster C-stoornissen is gebruikt (Bamelis et al., 2014). Ook wordt uitgegaan van de recentste inzichten in de taal en de concepten binnen schematherapie (Arntz et al., 2021). Vervolgens wordt de casusconceptualisatie van de drie cluster C-stoornissen beschreven (▶ H. 3). Aan het eind van ▶ H. 3 wordt kort ingegaan op de conceptualisatie van angst- en stemmingsstoornissen in termen van modi.

In ▶ H. 4 wordt vervolgens beschreven hoe een behandelplan kan worden gemaakt voor cluster C-persoonlijkheidsstoornissen. Vervolgens wordt de behandeling aan de hand van drie personen verder uitgewerkt (▶ H. 5, 6 en 7).

Hoewel cliënten vaak meer dan één specifieke stoornis hebben, hebben wij er toch voor gekozen de Afhankelijke, Vermijdende en Dwangmatige-persoonlijkheidsstoornis afzonderlijk te beschrijven. Op deze manier kunnen de specifieke uitdagingen en aanpassingen in de behandeling overzichtelijk weergegeven worden. In de klinische praktijk zijn er uiteraard ook cliënten die een combinatie van cluster C-persoonlijkheidsstoornissen hebben of cliënten die zowel een cluster B- als een cluster C-persoonlijkheidsstoornis hebben. In dat laatste geval raden wij aan het accent van de behandeling eerst te leggen op methoden en technieken die geschikt zijn voor de cluster B-problematiek (Van Genderen & Arntz, 2021). Vaak neemt de cluster C-problematiek dan al af. Zo nodig kan daarna nog een voortgezette behandeling voor de resterende cluster C-problematiek plaatsvinden.

Imaginaire rescripting, stoelentechniek en empathische confrontatie zijn voorbeelden van methoden en technieken die bij iedere persoonlijkheidsstoornis zullen worden toegepast. Voor de leesbaarheid van dit boek hebben we ervoor gekozen om niet bij iedere persoonlijkheidsstoornis alle methoden en technieken te beschrijven. We zullen ons bij iedere stoornis beperken tot de specifieke aanpassingen en variaties. We hebben de methoden en technieken zo verdeeld over de hoofdstukken dat het boek als geheel

Tabel 1.1 Verdeling methoden en technieken over de verschillende hoofdstukken

	H5: Afhankelijke PS	H6: Vermijdende PS	H7: Dwangmatige PS
Kindkanten	Afhankelijk Kind: Stimuleren van boosheid	Minderwaardig/ Schaamtevol Kind: Stimuleren van zelfexpressie	Geremd kind: Stimuleren van spontaniteit en spel
Copingkanten	De Willoze Inschikkelijke: Historisch rollenspel	Vermijdende Beschermer: Empathische confrontatie	Perfectionistische Overcontroleerder: Stoelentechniek
Kritische kanten	Straffende kant: Imaginaire rescripting	Beschuldigende kant: Imaginaire rescripting	Veeleisende kant: Stoelentechniek
Gezonde Volwassene	H 8: Middenfase H 9: Eindfase	H 8: Middenfase H 9: Eindfase	H 8: Middenfase H 9: Eindfase

wel een totaaloverzicht geeft van wat schematherapie bij de behandeling van cluster C-stoornissen te bieden heeft (zie tab. 1.1).

We hebben er verder voor gekozen om in dit boek vooral de ervaringsgerichte technieken te beschrijven en niet ook de cognitieve en gedragsmatige technieken. De reden is dat deze laatste technieken al goed beschreven staan in de overige literatuur over schematherapie (Van Genderen & Arntz, 2021; Brockman et al., 2023). De toepassing van deze cognitieve technieken bij cluster C-persoonlijkheidsstoornissen wijkt niet sterk af van de toepassing van diezelfde technieken bij cluster B-persoonlijkheidsstoornissen. Voor een beschrijving van deze technieken verwijzen we dan ook naar de eerdergenoemde literatuur.

1.1 Verschil tussen cliënten met een cluster C- en een cluster B-persoonlijkheidsstoornis

In grote lijnen kun je zeggen dat cliënten met een cluster C-persoonlijkheidsstoornis in hun jeugd vooral tekortgekomen zijn op het gebied van autonomie, competentie, identiteitsontwikkeling, zelfexpressie, spontaniteit en spel. Bij cliënten met een cluster B-persoonlijkheidsstoornis ligt de oorzaak van de problematiek daarentegen op het gebied van acceptatie, verbondenheid, veiligheid en voorspelbaarheid en soms ook te weinig begrenzing en zelfcontrole. De verschillen in achtergrond van beide cliëntgroepen staan kort toegelicht in tab. 1.2.

Er is waarschijnlijk ook een verschil in temperament, waardoor boosheid bij cluster B-cliënten meer aanwezig en zichtbaar is dan bij cluster C-cliënten, die soms ontkennen ooit boos te zijn.

Er was meestal geen sprake van mishandeling (fysiek misbruik) of seksueel misbruik. Er was veelal wel sprake van emotioneel misbruik. De ouders waren bijvoorbeeld streng of beperkend, maar niet op een heel grove manier. Zij lieten hun teleurstelling of afkeuring wel merken, maar op een veel subtielere manier dan ouders van cliënten met een cluster B-persoonlijkheidsstoornis. Of (een van de) ouders

Tabel 1.2 Verschillen tussen cliënten met een cluster C- en cluster B-persoonlijkheidsstoornis*

Cluster C	Cluster B
te veel bescherming	onvoldoende bescherming
emotioneel misbruik	seksueel, fysiek en emotioneel misbruik
te veel regels	te weinig regels
tekorten bij ouder 'subtieler'	tekorten bij ouders 'duidelijker'
ouders streng en schuldinducerend	ouders zeer grof
grotere loyaliteit t.o.v. ouders	loyaliteit t.o.v. ouders minder sterk
cliënt coöperatief	cliënt niet coöperatief
vrijwel geen boosheid	te veel boosheid

**Toelichting*
Cliënten met een cluster C-persoonlijkheidsstoornis zijn vaak té beschermd opgevoed. Het heeft hun niet zozeer ontbroken aan een basale veiligheid, maar ze hebben minder ruimte gekregen voor zelfexpressie, autonomie of spontaniteit en spel.

leunde(n) te veel op cliënten voor steun, hulp of het waarmaken van eigen dromen, waardoor de cliënten zich veel te vroeg in hun leven verantwoordelijk gingen voelen voor het welzijn van de ander, veel te veel hun best gingen doen en onvoldoende toekwamen aan hun eigen behoeften.

De subtielere, indirectere manier waarop basisbehoeften onvervuld bleven maakt het voor cluster C-cliënten vaak moeilijk om de rol van hun ouders te herkennen in de ontwikkeling van hun persoonlijkheidsstoornis. Deze cliënten hebben hun ouders in veel opzichten ervaren als zorgzaam en liefdevol, dus blijven zij loyaal aan hun ouders. Loyaliteit en schuld is daarmee een thema dat meer voorkomt in de behandeling van deze cliënten. Gecombineerd met een minder temperamentvol karakter betekent dat dat deze cliënten niet gauw boos zullen worden, zelfs niet als zij slecht behandeld worden. Het enige 'voordeel' van dit alles is dat deze cliënten in eerste instantie heel goed meewerken aan de behandeling. Wanneer er echt iets veranderd moet worden, schrikken zij daar echter voor terug. De copingstijlen van vermijding en omkering zijn op korte termijn steeds zo effectief dat deze persoonlijkheidsproblematiek bijzonder persistent is.

Samenvattend zijn de belangrijkste kenmerkende verschillen van cluster C-stoornissen ten opzichte van cluster B-stoornissen:

- Bij cluster C-stoornissen zijn andere basisbehoeften relevant dan bij cluster B-stoornissen. Het gaat niet zozeer om veiligheid of verbondenheid, maar meer om zelfexpressie, autonomie, spontaniteit en spel.
- De kern van de problematiek bij cliënten met een cluster C-stoornis ligt bij de copingmodi. De stoornissen heten niet voor niets de Afhankelijke, Vermijdende en Dwangmatige-persoonlijkheidsstoornis. Die namen typeren de dominante persisterende copingmodi. Dat maakt het vervullen van de basisbehoeften van het Kwetsbare Kind en het versterken van de Gezonde Volwassene niet makkelijk, maar dat is uiteindelijk wel het hoofddoel van de behandeling.

In de rest van het boek zullen we dieper ingaan op de specifieke kenmerken van iedere cluster C-stoornis en hoe schematherapie aangepast kan worden aan iedere specifieke vorm van problematiek. Hierna willen we eerst iedere cluster C-persoonlijkheidsstoornis typeren. Hoewel we deze diagnostische kennis als bekend kunnen veronderstellen, is het noodzakelijk met deze omschrijving de kaders van de rest van het boek te schetsen.

1.2 Afhankelijke-persoonlijkheidsstoornis

Iemand met een Afhankelijke-persoonlijkheidsstoornis is niet in staat om zelfstandig beslissingen te nemen. Dat onvermogen betreft niet alleen belangrijke, maar ook alledaagse zaken. Zij maken hun eigen behoeften ondergeschikt aan die van anderen. Dat betekent dat zij anderen veelvuldig om advies vragen en niet zelf keuzes kunnen of durven maken. Het resultaat is meestal dat zij doen wat anderen hun aanraden zonder na te gaan of dit is wat zij zelf willen. Dat kan vergaande gevolgen hebben voor keuzes op het gebied van opleiding of werk, maar ook op het gebied van sociale contacten.

Zij durven niet op te komen voor hun mening uit angst dat anderen hen dan niet meer aardig zullen vinden en daarom niet meer willen helpen. Zij zijn zelfs bereid om vervelende taken op zich te nemen of dingen te doen die schadelijk voor zichzelf zouden kunnen zijn om de steun van de ander niet te verliezen.

Zelfstandig dingen ondernemen doen zij niet, omdat zij bang zijn dat zij het niet kunnen en/of anderen het afkeuren. Omdat ze denken dat ze niet voor zichzelf zouden kunnen zorgen, zijn ze het liefst in gezelschap van anderen en doen ze er alles aan om niet alleen te zijn. Sommigen gaan daarin zo ver dat zij hun partner of een andere belangrijke persoon verhinderen langere tijd weg te gaan. Of zij gaan bijvoorbeeld bij hun ouders logeren als hun partner in verband met werk een paar dagen weg moet.

In geval van een relatiebreuk of overlijden van een partner zoeken zij onmiddellijk een ander die voor hen moet zorgen. Zij piekeren veel over alleen achterblijven, zelfs als die dreiging helemaal niet aanwezig is.

Kenmerken Afhankelijke-persoonlijkheidsstoornis

- heeft moeite met het nemen van alledaagse beslissingen;
- laat belangrijke beslissingen aan anderen over;
- durft niet met anderen van mening te verschillen, zelfs als die ongelijk hebben;
- onderneemt niet zelfstandig initiatieven uit angst het niet te kunnen of fout te doen;
- onderwerpt zich aan de behoeften van anderen;
- doet desnoods vervelende dingen om steun en zorg van anderen te krijgen;
- kan niet alleen zijn omdat hij of zij denkt niet voor zichzelf te kunnen zorgen;
- zoekt meteen een ander na verlies van een partner;
- maakt zich onrealistische zorgen over alleen achter te blijven.

Als iemand op minstens vijf van de hier beschreven kenmerken bevestigend antwoordt en er is sprake van een duurzaam patroon gedurende een groot deel van het leven, dan is er sprake van een Afhankelijke-persoonlijkheidsstoornis.

1.3 Vermijdende-persoonlijkheidsstoornis

De DSM-5 omschrijft de Vermijdende-persoonlijkheidsstoornis als een langdurig patroon van sociale geremdheid dat gepaard gaat met gevoelens van tekortschieten en een overgevoeligheid voor het negatieve oordeel van anderen. Cliënten met een Vermijdende-persoonlijkheidsstoornis zijn geneigd werk of beroepsmatige taken te vermijden uit angst voor de sociale contacten die dit werk met zich meebrengt. Die vermijding kan zo ver gaan dat ze daardoor promotiekansen of ontwikkelingskansen op het werk laten liggen. Ook op andere levensgebieden vermijden ze contact met andere mensen, zeker als ze nog niet de zekerheid hebben dat anderen hen wel waarderen. Zo zullen mensen met een Vermijdende-persoonlijkheidsstoornis vrijwel nooit de eerste stap zetten in het maken van contact met iemand die ze niet kennen. Ook in relaties met mensen die ze wel beter kennen speelt vermijding een grote rol. In dergelijke intieme relaties vermijden ze bijvoorbeeld iets te delen over hun diepe gevoelens, gedachten, fantasieën en verlangens, uit angst daarom raar gevonden te worden, of belachelijk gemaakt te worden. Die bezorgdheid om het negatieve oordeel van anderen houdt deze cliënten zo sterk bezig dat ze hierover blijven piekeren, lang voorafgaand aan een sociale situatie of nadat die situatie geweest is. Tijdens ontmoetingen met mensen die ze nog niet of nauwelijks kennen, zullen deze cliënten vaak stilvallen en de kat uit de boom kijken uit angst niet goed genoeg te zijn. Ze voelen zich vaak niet zo goed, slim of aantrekkelijk als de meeste mensen. Tot slot kan de angst fouten te maken en daardoor negatief beoordeeld te worden zo groot zijn dat ze daardoor nieuwe activiteiten vermijden.

De Vermijdende-persoonlijkheidsstoornis heeft veel overlap met de sociale angststoornis, gegeneraliseerde vorm. Ook bij die stoornis is er sprake van een aanhoudend patroon van angst voor het negatieve oordeel van anderen, wat leidt tot het vermijden van sociale interacties op diverse levensgebieden. Deze vermijding uit angst voor het negatieve oordeel van anderen bestaat net als bij persoonlijkheidsproblematiek ook bij de sociale-angststoornis vaak vanaf de vroege volwassenheid. In de praktijk is het dan ook vaak lastig om tussen beide stoornissen te differentiëren. Het is natuurlijk mogelijk dat beide stoornissen elkaar overlappen en deels dezelfde fenomenen beschrijven. Ook is het mogelijk dat een cliënt beide stoornissen heeft.

Hierna worden enkele differentiaaldiagnostische overwegingen beschreven.

De Vermijdende-persoonlijkheidsstoornis betreft persoonlijkheidskenmerken die door de cliënten als 'eigen' worden beschouwd. De vermijding is een dermate normaal onderdeel van hun bestaan dat ze de onderliggende angst voor het negatieve oordeel van anderen vaak niet meer zo scherp ervaren. Sociale interacties worden vermeden 'omdat ze er geen zin in hebben' of 'zich niet op hun gemak voelen'. Cliënten met een sociale-angststoornis ervaren vaker nog wel de fobische angst voor het negatieve oordeel van anderen. Zij voelen zich vaker echt angstig en niet slechts 'ongemakkelijk'. Cliënten met een sociale-angststoornis vermijden die sociale situaties ook bewust, omdat ze bang zijn en niet omdat ze het 'ongemakkelijk' vinden of omdat ze 'geen zin hebben'.

Daarnaast zijn er aanwijzingen dat de vermijding bij de Vermijdende-persoonlijkheidsstoornis ook betrekking heeft op andere activiteiten en ervaringen dan sociale interacties (Taylor et al., 2004).

Kenmerken Vermijdende-persoonlijkheidsstoornis

- vermijden van taken of posities op het werk uit angst voor kritiek of afwijzing;
- vermijden van onbekende anderen tenzij ze de zekerheid hebben dat die ander hen aardig vindt;
- gesloten in intieme relaties uit angst belachelijk gemaakt of bekritiseerd te worden wanneer ze hun gevoelens of behoeften delen;
- overmatig piekeren over sociale situaties en het mogelijk negatieve oordeel door anderen;
- teruggetrokken in nieuwe sociale situaties uit de angst niet goed genoeg te zijn;
- zelfbeeld is gekleurd door het gevoel niet goed, slim of aantrekkelijk genoeg te zijn;
- vermijden van nieuwe activiteiten uit angst zichzelf daarmee belachelijk te maken.

Als iemand op minstens vier van de hier beschreven kenmerken bevestigend antwoordt en er is sprake van een duurzaam patroon gedurende een groot deel van het leven, dan is er sprake van een Vermijdende-persoonlijkheidsstoornis.

1.4 Dwangmatige-persoonlijkheidsstoornis

De Dwangmatige-persoonlijkheidsstoornis wordt in de DSM-5 beschreven als een persistent patroon van belevingen en gedragingen van dwangmatigheid op diverse levensgebieden.

Cliënten met deze persoonlijkheidsstoornis hebben vaak overdreven veel aandacht voor details, orde en organisatie, waardoor ze zo in beslag genomen kunnen worden dat zij daarmee het grotere geheel of doel uit het oog verliezen. Ze hebben een sterke neiging tot perfectionisme, waardoor ze voor taken meer tijd nodig hebben dan anderen. Ze halen vaak deadlines niet, omdat ze zo hard bezig zijn hun werk helemaal goed te doen. Ze zijn erg gericht op productiviteit en efficiëntie. Cliënten met deze Dwangmatige-persoonlijkheidsproblematiek werken dan ook hard en veel, en andere activiteiten moeten vaak wijken voor het werk. Ook op andere gebieden van het leven houden ze er hoge normen op na over wat goed en fout is, waardoor ze zich kunnen ergeren aan mensen die niet volgens die normen en regels leven. Zo is het verkeer een belangrijke bron van irritaties, doordat anderen zich niet altijd houden aan de verkeersregels. Deze hoge normen over 'hoe het hoort' maakt dat deze cliënten moeite hebben met het delegeren van taken, omdat ze er niet zeker van zijn dat de ander het goed zal doen. Ze hebben dan ook de neiging om het werk van anderen achteraf alsnog te controleren. Anderen zien hen dan ook vaak als koppig of star. Een specifieke vorm van hun moeite met loslaten is de neiging van sommige cliënten tot gierigheid, waardoor het kan zijn dat ze het lastig vinden geld aan anderen en/of zichzelf uit te geven.

Kenmerken Dwangmatige-persoonlijkheidsstoornis

- verliest zich in details, orde en organisatie, en verliest daardoor het grote geheel uit oog;
- perfectionistisch, waardoor deadlines niet worden gehaald of taken meer tijd kosten;

- workaholisme waardoor er geen ruimte is voor andere activiteiten of mensen;
- overmatig strenge normen, en als anderen zich daar niet aan houden roept dat vaak irritatie op;
- patroon van gierigheid en daardoor geen geld aan zichzelf of anderen uitgeven;
- moeite met het delegeren van taken als er geen zekerheid is dat de ander het doet volgens de strenge normen;
- vaak zo zeker van het eigen gelijk, en door anderen vaak als koppig en star ervaren worden.

Als iemand op minstens vier van de hier beschreven kenmerken bevestigend antwoordt en er is sprake van een duurzaam patroon gedurende een groot deel van het leven, dan is er sprake van een Dwangmatige-persoonlijkheidsstoornis.

De autismespectrumstoornis (ASS) en de Dwangmatige-persoonlijkheidsstoornis kunnen erg op elkaar lijken in de manier hoe deze beelden zich presenteren. Toch zijn er duidelijke verschillen in de onderliggende mechanismen (Spek et al., z.j.).

De meeste overlap tussen beide beelden heeft te maken met het vasthouden aan hetzelfde, routines en rituelen. Anders dan bij ASS is de moeite die cliënten met een Dwangmatige-persoonlijkheidsstoornis hebben om die rituelen en routines los te laten vaak wat later in de ontwikkeling ontstaan. Die rigiditeit was in de kindertijd nog niet zo sterk aanwezig. Verder is het vasthouden aan routines en rituelen voor cliënten met een Dwangmatige-persoonlijkheidsstoornis vaak gevoed door een behoefte aan efficiëntie. Bij mensen met ASS is de drijfveer om vast te blijven houden aan routines vaker 'het moet kloppen' en het voorspelbaar houden van dingen.

Een ander overlappend kenmerk tussen beide beelden kan zijn dat cliënten met een Dwangmatige-persoonlijkheidsstoornis zich, net als die met ASS, kunnen verliezen in activiteiten en interesses. Dwangmatige cliënten streven hierbij vooral naar perfectie en niet zozeer naar volledigheid, zoals die met ASS. Bij cliënten met een Dwangmatige-persoonlijkheidsstoornis speelt verder de behoefte aan waardering of goedkeuring door anderen een rol bij dit perfectionisme, in tegenstelling tot mensen met ASS.

Een kenmerk van ASS is de beperkte sociaal-emotionele wederkerigheid. Deze beperkte wederkerigheid is niet passend bij cliënten met een Dwangmatige-persoonlijkheidsstoornis. Zij zijn wel in staat om andere mensen aan te voelen en te troosten. Ook hebben dwangmatige cliënten, anders dan die bij ASS, geen beperkingen in de non-verbale communicatie. Cliënten met een Dwangmatige-persoonlijkheidsstoornis kunnen daarom adequaat oogcontact maken en kunnen doorgaans ook de non-verbale signalen van anderen goed lezen. Hoewel zij soms hoge eisen kunnen stellen aan anderen, zijn ze in principe wel in staat om wederkerige vriendschappen op te bouwen. Dat is minder goed mogelijk voor mensen met ASS. ASS kan zich verder kenmerken door stereotiepe motoriek, taal en gedrag. Dat is niet kenmerkend voor cliënten met een Dwangmatige-persoonlijkheidsstoornis. Ten slotte is er bij de laatste groep geen sprake van sensorische ondergevoeligheid voor honger, dorst, warmte en kou. Wel kunnen cliënten met een Dwangmatige-persoonlijkheidsstoornis soms zo in beslag genomen worden door de hoge eisen die ze aan zichzelf stellen dat ze zich wat minder goed bewust zijn van die lichaamssignalen.

1.5 Tot slot

In het theoretische deel (▶ H. 2) gebruiken wij de meer 'formele taal' die in de meeste artikelen en handboeken over schematherapie gebruikt wordt. Zo wordt er in ▶ H. 2 gesproken over modi, bijvoorbeeld Copingmodi en Kritische modi. In de hoofdstukken die gaan over de praktische uitwerking gebruiken wij veelal begrippen zoals die door veel therapeuten in de praktijk gebruikt worden. Zo gebruiken wij dan bijvoorbeeld de term 'Kritische kant' in plaats van 'Kritische modus'. In verband met de leesbaarheid en gezien het feit dat de meeste cliënten vrouw zijn (Ten Have et al., 2022), gebruiken wij voor de cliënt 'zij'.

Ontwikkelingen in schematherapie: Concepten en begrippen

Dit hoofdstuk werd geschreven door Arnoud Arntz *, Hannie van Genderen en Remco van der Wijngaart

* Arnoud Arntz is emeritus hoogleraar Klinische psychologie aan de Universiteit van Amsterdam. Daarnaast is hij actief als klinisch psycholoog bij het Academisch Centrum voor Trauma en Persoonlijkheid (ACTP). Hij droeg (en draagt nog steeds) bij aan de ontwikkeling van schematherapie en de empirische validering ervan.

R. van der Wijngaart en H. van Genderen, *Schematherapie voor cluster C-persoonlijkheidsstoornissen*,
https://doi.org/10.1007/978-90-368-2988-5_2

2.1 Inleiding

In dit hoofdstuk worden de *theoretische uitgangspunten* voor dit boek uiteengezet. Daarbij is gebruikgemaakt van de nieuwe theoretische inzichten die beschreven staan in het artikel 'Towards a reformulated theory underlying schema therapy' (Arntz et al., 2021). Er worden daarin drie *nieuwe schema's* voorgesteld en de formulering van *copingstijlen en Copingmodi* is gewijzigd. Op grond van de nieuwe inzichten in de *relatie tussen de schema's, copingstijlen en modi,* is er een groter aantal, meer gedifferentieerde modi beschreven.

Na de beschrijving van de gebruikte concepten (2.3) zal in het tweede deel van dit hoofdstuk een kort overzicht van de gebruikte methoden en technieken volgen (2.4).

2.2 Ontstaan van schematherapie voor de cluster C-persoonlijkheidsstoornis

Traditioneel werd cluster C-problematiek vaak niet herkend en werden cliënten voor syndroomstoornissen als depressie, angststoornissen of verslaving behandeld. Bij 'persoonsgerichte psychotherapie', zoals psychodynamische psychotherapie en cliëntgerichte therapie, werd natuurlijk wel ingegaan op achterliggende persoonlijkheidsproblematiek. Toen er meer aandacht voor persoonlijkheidsstoornissen als officiële diagnose kwam, waren deze persoonsgerichte behandelingen dan ook vaak eerste keuze voor cliënten met een cluster C-persoonlijkheidsstoornis. Overigens werd ook vaak verondersteld dat persoonlijkheidsstoornissen niet te behandelen waren, met als gevolg dat er bij deze diagnose niks anders restte dan laagfrequente steunende contacten. In de jaren tachtig en negentig van de vorige eeuw werden ook cognitief gedragstherapeutische (CGT) behandelingen ontwikkeld, vooral voor de Vermijdende-persoonlijkheidsstoornis – wellicht vanwege het feit dat exposure en assertiviteitstraining voor de hand liggende behandelingen leken. In de eerste toepassingen van CGT werd echter ook gevonden dat de effecten in het intimiteitsdomein achterbleven (Alden, 1989). Een overzicht van de vroege studies naar behandeling van cluster C wordt gegeven in Simon (2009). Met de validering van schematherapie voor de borderline-persoonlijkheidsstoornis (Giesen-Bloo et al., 2006) kwam ook de onderzoeksvraag op of schematherapie een effectieve behandeling kon bieden voor cluster C-persoonlijkheidsproblematiek. Daartoe werden speciale schemamodusmodellen voor cluster C ontwikkeld en gevalideerd (Bamelis et al., 2011). Met de conceptualisatie van cluster C-problematiek in termen van schemamodi kon een aan deze problematiek aangepaste vorm van schematherapie voorgesteld en getoetst worden (Arntz, 2012). De studies hiernaar worden in de volgende paragraaf besproken.

2.3 Onderzoeksbevindingen

Er zijn slechts enkele studies gedaan naar de effectiviteit van schematherapie voor cluster C-persoonlijkheidsproblematiek. Voor zover ons bekend, werd de eerste gerandomiseerde klinische trial (RCT) uitgevoerd door Bamelis et al. (2012, 2014). In deze studie werd individuele schematherapie vergeleken met een aangepaste vorm van *client centered therapy* (CCT), geheten *clarification oriented psychotherapy* (COP; Sachse, 2001), en met de voor de individuele cliënt optimale vorm van gebruikelijke behandeling (*'treatment as usual'*, TAU). Aan deze multicenterstudie, die uitgevoerd werd in twaalf ggz-instellingen in Nederland, namen 320 cliënten deel, met ofwel een Cluster C-, ofwel een paranoïde-, theatrale- of narcistische-persoonlijkheidsstoornis als primaire diagnose. Het overgrote deel van de deelnemers (90 %) had een cluster C-persoonlijkheidsstoornis als primaire diagnose, met 51 % een Vermijdende-, 11 % een Afhankelijke- en 28 % een Dwangmatige-persoonlijkheidsstoornis. Omdat de cluster C-persoonlijkheidsstoornissen domineerden, en omdat de primaire diagnose geen invloed had op de effecten, kunnen we de resultaten als geldend voor cluster C beschouwen. Als een deelnemer gerandomiseerd werd naar TAU, bepaalde de intakestaf wat de optimale behandeling zou zijn voor deze specifieke deelnemer. Na afloop bleek dat dit in 74 % van de gevallen een vorm van psychodynamische psychotherapie geweest was, met 32 % steunende en 42 % openleggende psychodynamische psychotherapie. CGT werd in 19 % van de gevallen aangeboden, en 5 % kreeg (aanvankelijk) geen behandeling. Het schematherapieprotocol bestond uit veertig individuele sessies in het eerste jaar, gevolgd door maximaal tien individuele boostersessies in jaar twee. Drie jaar na de start, dus een jaar na de laatste boostersessie in het geval van schematherapie, namen onafhankelijke beoordelaars, die onbekend waren met de behandelconditie, opnieuw SCID's af om de diagnoses vast te stellen. Uit de resultaten bleek dat een jaar na beëindiging van de behandeling 82 % van degenen die schematherapie hadden gekregen niet meer aan een persoonlijkheidsdiagnose voldeed. Dit was een significant beter resultaat dan de 55 % die met TAU werd behaald en de 61 % die met COP werd behaald. Ook het algemeen functioneren (GAF-score) en het sociaal en maatschappelijk functioneren (SOFAS) verbeterden significant meer met schematherapie dan met TAU en COP. Comorbide depressie, in 45 % van de steekproef op baseline aanwezig, verdween significant vaker bij schematherapie dan bij TAU (13,5 vs. 25,2 % een depressieve stoornis op 3 jaar). Opvallend was echter dat in tegenstelling tot de op interviews gebaseerde resultaten, de zelfrapportages geen verschillen tussen de behandelingen lieten zien. De auteurs voeren als mogelijke verklaring aan dat er met geobjectiveerde indicatoren meer verbetering kan optreden dan in de beleving van de cliënt. In lijn hiermee bleek de drop-out uit schematherapie veel lager te zijn dan uit TAU (15,4 vs. 40,5 %), met andere woorden: schematherapie was voor deelnemers veel acceptabeler en beter te verdragen dan TAU. Er was geen significant verschil met COP (20,8 % drop-out).

Een onverwachte bevinding was dat de manier van trainen van schematherapie een fors effect had op de uitkomsten. Terwijl het eerste cohort van therapeuten vooral getraind werd middels verbale instructie en het bekijken van video's, werd het tweede cohort getraind met een focus op het oefenen van specifieke schematherapeutische technieken. Naar schatting werd bij het eerste cohort 25 % van de trainingstijd aan oefenen besteed, tegenover 75 % bij het tweede cohort. Uit onafhankelijke beoordelingen van opnames van sessies bleek vooral in de middenfase het tweede cohort schematherapeuten meer schematherapeutische technieken toe te passen dan het eerste cohort. Het tweede cohort therapeuten had een veel lagere drop-out en veel betere klinische effecten dan het eerste cohort. De superieure effecten van schematherapie werden vooral bewerkstelligd door het tweede cohort. Daarmee was de studie van Bamelis et al. (2014) een van de weinige die de relatie tussen manier van trainen en effecten op patiëntniveau onderzocht, en bovendien een klinisch relevant effect vond.

De RCT van Bamelis et al. (2014) omvatte ook een economisch onderzoek naar de kosteneffectiviteit van de behandelingen. Uit dit onderzoek bleek dat schematherapie kosteneffectiever was dan TAU en COP: betere effecten én lagere kosten in de gehele onderzoeksperiode van drie jaar bij schematherapie dan bij de andere behandelingen (Bamelis et al., 2015). De hogere drop-out bij TAU leidde niet tot lagere zorgkosten, omdat deelnemers vervolgens weer andere behandelingen ontvingen. Grosso modo waren de zorgkosten van schematherapie en TAU vergelijkbaar, en van COP aanmerkelijk hoger – samenhangend met het feit dat dit een openeindebehandeling was. De lagere totale kosten van schematherapie hingen vooral samen met meer en eerdere terugkeer naar het arbeidsproces. Samengevat: hoewel vijftig sessies schematherapie kostbaar lijken te zijn, is deze behandeling qua zorgkosten niet duurder dan TAU en levert die de maatschappij bovendien meer op.

In kwalitatieve studies werden de ervaringen van patiënten en therapeuten onderzocht (De Klerk et al., 2017; Ten Napel-Schutz et al., 2011, 2017). Uit de therapeutenstudie bleek onder meer dat het schematherapiemodel en de technieken erg aanspraken en in een behoefte voorzagen, maar dat men kritisch was over de beperkte duur van de behandeling (maximaal vijftig sessies) en over de (eerste) training: er was meer behoefte aan zelf oefenen van technieken en aan het veilig bespreken van ervaringen met het oefenen en van eventuele ervaren weerstand tegen bepaalde technieken. Deze feedback heeft (als het goed is) de wijze van trainen van schematherapie beïnvloed. Therapeuten gaven verder aan dat intervisie essentieel was en dat ze frequente supervisie door een expert misten. Uit de feedback van cliënten kwam naar voren dat het modusmodel als erg nuttig werd gezien, dat de therapeutische relatie werd gewaardeerd en dat experiëntiele technieken als emotioneel belastend maar uiteindelijk zeer belangrijk werden gezien. Verder kwam naar voren dat er behoefte was aan meer uitleg over de experiëntiële technieken. Ook cliënten gaven aan moeite te hebben met de begrenzing van de duur van de therapie. Vanwege de zeer goede resultaten van het protocol met vijftig sessies besloten de onderzoekers in plaats van een openeindetherapie te adviseren, een goede uitleg aan en geruststelling van cliënten in het protocol in te bouwen. Het bleek namelijk dat veel deelnemers na de behandeling ook zonder therapie nog verder verbeterd waren en in hun ervaren vermogen om (al dan niet zelf gebruikmakend van schematherapeutische technieken) het leven zonder hulp aan te kunnen. We kunnen nu aan cliënten uitleggen hoe waardevol het is om het eerst een jaar zonder therapie te proberen, omdat dit de gelegenheid geeft om in zelfvertrouwen te groeien. Bovendien helpt het hen om af te komen van het zelf-stigma van de chronische patiënt, die voor het hele leven van de zorg afhankelijk zal blijven (onder de deelnemers waren veel cliënten die langdurig in zorg waren en/of veel behandelingen hadden gehad).

2.3.1 Speciale populaties

Een veelgehoord idee onder clinici is dat autisme een contra-indicatie is voor schematherapie. Nu is autisme uiteraard niet te behandelen (hoogstens is psycho-educatie en vaardigheidstraining te geven), doch de combinatie van autisme en persoonlijkheidsstoornissen komt wel veel voor en cluster C-persoonlijkheidsstoornissen zijn daarin sterk vertegenwoordigd (Vuijk et al., 2018). Merk op dat het huidige inzicht niet is dat er óf een diagnose autismespectrumstoornis (ASS) is, óf een persoonlijkheidsstoornis, maar dat deze stoornissen comorbide kunnen zijn. Vuijk et al. (2023) testten in een multiple-case-series-studie of schematherapie werkzaam is bij dergelijke comorbide condities en of CGT-technieken verschilden in (kortetermijn-)effecten van ervaringsgerichte technieken. Onder de 12 deelnemers werden op grond van de SCID-II meestal meerdere persoonlijkheidsstoornissen gediagnosticeerd, waarbij de dwangmatige (10) en de vermijdende (8) het meest voorkwamen. Bij de meeste deelnemers waren er positieve effecten van schematherapie, maar bij ongeveer een derde van de deelnemers was er totaal geen effect. We weten niet wat nu precies de kenmerken zijn van deze subgroep van non-responders, dus we kunnen zeker niet zeggen dat ASS een contra-indicatie is voor schematherapie. Opmerkelijk was verder dat de ervaringsgerichte technieken het zeker niet slechter deden dan de CGT-technieken, wat opnieuw een veel bestaand idee ontkrachtte.

Een tweede klinisch idee dat aan het verdwijnen is, is dat ouderen niet te behandelen zouden zijn met schematherapie. Videler et al. (2018) testten met een multiple-baseline-case-series-design de effecten van schematherapie in een steekproef van ouderen met een gemiddelde leeftijd van 69 jaar, allen met een cluster C-persoonlijkheidsstoornis. Terwijl tijdens baseline geen veranderingen in idiosyncratische kernovertuigingen optraden, waren de veranderingen tijdens schematherapie groot. De effecten bleven behouden tijdens een follow-upperiode na therapie. Zeven van de acht deelnemers hadden na behandeling niet langer een diagnose van een persoonlijkheidsstoornis. Deze studie geeft dus aan dat een hogere leeftijd geen contra-indicatie is voor schematherapie.

2.3.2 Groeps-schematherapie

De belangstelling voor groeps-schematherapie (GST) à la Farrell en Shaw (Farrell et al., 2016) heeft ook geleid tot de ontwikkeling van vormen van GST voor cluster C. In een vroege pilotstudie door Skewes et al. (2015) werden grote effecten gevonden van een GST-protocol van 20 sessies, aangevuld met 5 individuele sessies. Dit ging aanvankelijk om een gemengde groep, maar de twee deelnemers met een borderline-persoonlijkheidsstoornis trokken zich terug, omdat ze hun sterkere emotionele uitingen als te belastend voor de andere (allen cluster C-) deelnemers ervoeren. Dit is een aanwijzing dat het beter is om de groepsbehandeling van cluster C gescheiden aan te bieden van die voor de borderline-persoonlijkheidsstoornis. Bij groepsbehandelingen is de roep om een semigesloten format groot, omdat de tussentijdse momenten van uit- en instroom de klinische implementatie vergemakkelijken. Immers, het is dan niet nodig om grote cohorten op te bouwen met cliënten die (soms lang) wachten op de start van de behandeling, en eventuele drop-outs kunnen vrij snel vervangen worden. Tjoa (zie Tjoa en Muste, 2021) heeft daartoe een protocol ontwikkeld, dat vergeleken werd met groeps-CGT in een RCT naar de behandeling van de dubbeldiagnose van sociale-angststoornis en Vermijdende-persoonlijkheidsstoornis (Baljé et al., 2016). Het GST-protocol bestond uit dertig sessies groepstherapie en maximaal 180 minuten individuele schematherapie; het groeps-CGT protocol volgde Heimberg (Heimberg et al., 1990) en focuste vooral op cognitief uitdagen van disfunctionele gedachten en exposure in vivo. In deze studie werden geen significante verschillen in klinische effectiviteit gevonden, maar de behandelings-drop-out was bij GST veel lager dan bij groeps-CGT (35 % vs. 62 %). De studie geeft niet alleen aan dat schematherapie voor meer deelnemers een aanvaardbare en te tolereren behandeling is, maar ook dat bij sterk vermijdingsgedrag de inzet van exposure overwogen moet worden, omdat de groeps-CGT wel naar sterkere effecten op sommige maten tendeerde.

Dit protocol van Tjoa werd in enigszins aangepaste vorm (zie Tjoa en Muste, 2021) verder in een grote multicenter-open-trial getest als behandeling voor cluster C (Wibbelink et al., 2023). Van de 137 deelnemers had 78 % een Vermijdende-, 8 % een Afhankelijke- en 14 % een Dwangmatige-persoonlijkheidsstoornis als eerste diagnose. Er werden grote effecten gevonden, waarbij opnieuw de verbetering zich in het jaar na einde van therapie voortzette. Bij de Afhankelijke-persoonlijkheidsstoornis was dit effect zelfs zo sterk, dat verbetering pas optrad ná de beëindiging van de therapie (wat suggereert dat een behandeling met gelimiteerde tijd een therapeutisch effect heeft). Deelnemers met een Dwangmatige-persoonlijkheidsstoornis leken minder te profiteren dan de andere deelnemers, maar ze hadden op baseline ook relatief minder ernstige problemen, wat de ruimte om te verbeteren verkleint. Het kan ook zo zijn dat GST minder geïndiceerd is voor de dwangmatige problematiek. De drop-out gedurende de 30 GST-sessies was laag: 12 %, wat opnieuw op grote aanvaardbaarheid van de behandeling wijst. Op basis van feedback van deelnemende therapeuten werd besloten om het aantal individuele minuten te verhogen tot driehonderd en het aantal boostersessies te verminderen tot vier. Dit aangepaste protocol wordt op dit moment getest op (kosten)effectiviteit in een groot multicenter-onderzoek, waarbij GST wordt vergeleken met individuele schematherapie en met TAU (Groot et al., 2022). Een belangrijke vraag is of er bepaalde kenmerken van de cliënt zijn, zoals autistische trekken, introversie of veel trauma's in de kindertijd, die voorspellen of IST of GST meer geïndiceerd is. Die bevindingen kunnen in de toekomst helpen bij indicatiestelling.

2.4 Concepten en begrippen

De concepten basisbehoeften, schema's, copingstijlen en modi zijn bekend in de schematherapeutische literatuur. Voor meer achtergrondinformatie daarover verwijzen wij daarom naar de al aanwezige literatuur (Arntz & Jacob, 2012; Brockman et al., 2023; Van Genderen & Arntz, 2021; Young et al., 2005).

Er is in de internationale gemeenschap van schematherapeuten al enige tijd discussie over het gebruik van deze begrippen. In het begin van de ontwikkeling van schematherapie lag het accent tijdens de behandeling op het gebruik van schema's, maar geleidelijk aan verschoof het accent steeds meer naar modi. Beide concepten werden naast elkaar gebruikt en dat kon voor verwarring zorgen, omdat het verband tussen schema's, copingstijlen en modi niet uitgewerkt was. Ook de termen copingstijlen en Copingmodi leidden nogal eens tot spraakverwarring. Kortom, er was behoefte aan meer duidelijkheid over de verbanden tussen de verschillende concepten. Het eerste onderzoek naar de relatie tussen schema's, copingstijlen en modi (Rijkeboer & Lobbestael, 2012) maakte het verband tussen de concepten, schema's, copingstijlen en modi duidelijker. Vervolgens is een internationale werkgroep zich over de theoretische uitgangspunten gaan buigen. Een werkgroep onder leiding van prof. dr. Arnoud Arntz en prof. dr. Marleen Rijkeboer streefde naar het verkrijgen van meer inzicht in de theoretische fundamenten van schematherapie en de concepten die daarbij gebruikt worden. Zij kwamen met een aantal nieuwe inzichten in de theorie over de samenhang tussen basisbehoeften, schema's, copingstijlen en modi (Arntz et al., 2021). Hoewel het onderzoek naar deze nieuwe concepten, waar meer dan 60 onderzoekers uit 32 landen aan meedoen, nog gaande is, vinden wij deze nieuwe inzichten nu al relevant genoeg om in dit boek te gaan gebruiken. Wij gaan ervan uit dat de bestaande begrippen voldoende bekend zijn en zullen alleen de nieuwe inzichten hierna kort toelichten.

2.4.1 Relatie tussen basisbehoeften, schema's, copingstijlen en modi

Basisbehoeften en schema's

Schematherapie gaat ervan uit dat persoonlijkheidsstoornissen ontstaan doordat in de jeugd van de cliënt een aantal basisbehoeften niet zijn vervuld. Jeffrey Young (1990) formuleerde vijf (universele) basisbehoeften die vervuld moeten worden om je als kind te kunnen ontwikkelen tot een Gezonde Volwassene. Daar worden, mede op grond van onderzoek van Dweck (2017), twee basisbehoeften aan toegevoegd: rechtvaardigheid en zelfcoherentie.

Hierna geven wij de definities van deze basisbehoeften en hiermee corresponderende schema's, zoals ontleend aan het artikel van de internationale werkgroep (Arntz et al., 2021) en persoonlijke communicatie met Arnoud Arntz (2023).

- ***Rechtvaardigheid*** is de behoefte dat jijzelf en anderen rechtvaardig en eerlijk worden behandeld. Als deze behoefte onvoldoende wordt vervuld, kan dit leiden tot het schema *onrechtvaardigheid*: Je ervaart de wereld als oneerlijk en onrechtvaardig, het ontbreekt de samenleving aan rechtvaardigheid en jij voelt je het slachtoffer van oneerlijkheid. Dit schema leidt tot sterke gevoelens van verontwaardiging, boosheid en machteloosheid.
- ***Zelfcoherentie: een begrijpelijk zelfbeeld en beeld van de wereld*** heeft betrekking op de behoefte om jezelf psychologisch intact en geworteld te voelen, zowel door de tijd heen als in verschillende contexten. Het is de behoefte om het zelf te ervaren als geïntegreerd (identiteit) en de wereld als een begrijpelijke en voorspelbare plek (betekenisvol wereldbeeld). Dus de behoefte aan antwoord op de vragen 'wie ben ik?' en 'hoe werkt de wereld of zou hij moeten werken op een manier die ik begrijp?' Deze basisbehoefte is als het ware van een hogere orde en wordt vervuld door de succesvolle integratie van de zes overige basisbehoeften. Als de behoefte aan een begrijpelijk zelfbeeld en beeld van de wereld niet wordt vervuld, kan dit leiden tot twee schema's:
- *Ontbreken van een geïntegreerd zelf* (*identiteit*): Je ervaart jezelf als diffuus of bestaande uit volledig losgekoppelde delen (gedissocieerd). Dit leidt tot verwarring, vervreemding en existentiële angst.
- *Gebrek aan een begrijpelijke wereld*: Je ervaart de wereld als zinloos of onvoorspelbaar en hebt het gevoel dat je losgekoppeld bent van de processen die in de wereld plaatsvinden. Dit leidt tot het gevoel verloren te zijn en nergens meer grip op te hebben.

Eerst wordt in tab. 2.1. aangegeven hoe het onvoldoende vervullen van alle zes de basisbehoeften kan leiden tot verschillende schema's en wordt kort weergegeven wat elk schema inhoudt. Daarna zal toegelicht worden hoe deze schema's in combinatie met copingstijlen kunnen leiden tot modi.

Copingstijlen

Jeffrey Young (1990) stelde dat er drie manieren zijn om met de activatie van schema's om te gaan:

- Overgave: Je voelt, denkt en gedraagt je alsof het schema waar is.
- Vermijding: Vermijden dat de gevoelens die door het schema worden opgeroepen worden geactiveerd en ervaren.
- Overcompensatie: Je voelt, denkt en doet alsof juist het tegenovergestelde van het schema waar is, en je gedraagt je dus alsof het tegenovergestelde waar is.

Tabel 2.1 Relatie tussen (tekort aan vervullen van) basisbehoeften en schema's

Onvervulde basisbehoefte	Kan leiden tot een schema	Denkbeelden
Acceptatie, verbondenheid, veiligheid en voorspelbaarheid	1. Wantrouwen en misbruik	Niemand is te vertrouwen. Anderen zullen misbruik van mij maken, mij bedriegen, manipuleren of vernederen.
	2. Verlating en instabiliteit	Iedereen laat mij vroeg of laat in de steek. Ik kan er niet van uitgaan dat anderen mij echt zullen steunen of voor mij klaarstaan als dat nodig is.
	3. Sociaal isolement	Ik hoor er niet bij. Ik ben heel anders dan andere mensen. In groepen val ik er altijd buiten.
	4. Emotionele verwaarlozing	Niemand houdt van mij of begrijpt mij. Anderen zullen mij geen aandacht, warmte of goede raad geven. Zij luisteren niet naar mij en ik kan mijn gevoelens niet met hen delen. Ik sta er alleen voor.
	5. Minderwaardigheid en schaamte	Ik ben innerlijk slecht en waardeloos. Ik ben onaantrekkelijk. Als anderen mij echt leren kennen, zullen zij daar ook achter komen en mij afwijzen. Ik schaam me voor mezelf.
Bekwaamheid (competentie) en autonomie	6. Afhankelijkheid/incompetentie	Ik ben hulpeloos en afhankelijk van anderen. Ik kan dagelijkse dingen niet aan. Anderen moeten mij helpen in dagelijkse situaties of als ik iets nieuws moet doen.
	7. Mislukking	Ik kan niks. Ik ben dom en heb nergens talent voor. Ik ben niet in staat om hetzelfde te presteren als mijn leeftijdsgenoten op het gebied van opleiding, werk of sport.
	8. Kwetsbaarheid voor ziekte en gevaar	Overal dreigt gevaar. Er kan elk moment iets vreselijks gebeuren met mij of de mensen waar ik om geef. Ik ben bang om ziek te worden of dat er een (natuur)ramp gebeurt. Als het misgaat, weet ik niet hoe ik mijzelf en anderen moet helpen.
	9. Verstrengeling	Ik ben overdreven betrokken bij mijn ouders en familie. Ik doe alles hetzelfde als zij en weet niet wie ik ben of wat ik wil. Als er niemand in de buurt is, voel ik mij alleen en doelloos.

(vervolg)

Tabel 2.1 Relatie tussen (tekort aan vervullen van) basisbehoeften en schema's (vervolg)

Onvervulde basisbehoefte	Kan leiden tot een schema	Denkbeelden
Zelfexpressie (je meningen en gevoelens uiten)	10. Onderwerping	Ik moet altijd gehoorzamen, anders krijg ik straf. Ik moet mijn behoeften en gevoelens onderdrukken, anders volgen er conflicten en negatieve reacties.
	11. Zelfopoffering	Ik moet altijd voor anderen zorgen en mijn eigen behoeften op de tweede plaats zetten. Anderen zijn zwakker dan ik, dus ik offer mij graag voor hen op. Als ik dat niet doe, voel ik mij schuldig.
	12. Goedkeuring en erkenning zoeken	Ik kan niet zonder aandacht en erkenning. Ik hecht veel waarde aan status en een mooi uiterlijk om zo sociale waardering te krijgen. Dat vind ik belangrijker dan mijn andere behoeften of persoonlijke ontwikkeling.
Begrenzing en zelfcontrole (zelfoverschatting)	13. Zich rechten toe-eigenen (superioriteit)	Ik ben beter dan anderen. Ik ben superieur aan de meeste mensen. Ik hoef mij niet te houden aan de regels die voor anderen gelden. Ik kan doen en laten wat ik wil, zonder rekening te houden met anderen. Ik heb graag macht en controle over anderen.
	14. Gebrek aan zelfdiscipline en zelfcontrole	Ik wil mijn zin krijgen en ben geneigd om alles impulsief te doen. Ik kan niet tegen frustraties. Ik heb geen zin in verplichtingen. Ik kan niet tegen ongemakken zoals pijn of ruzie. Als ik mij moet inspannen of een saaie klus moet doen, heb ik de aandrang om op te geven.
Spontaniteit en spel (overmatige controle)	15. Negativiteit en pessimisme	Alles gaat toch altijd mis. Ik heb altijd pech. Ik zie alleen maar de negatieve kant van zaken en wuif de positieve weg. De toekomst is hopeloos en duister.
	16. Emotionele geremdheid	Ik hou al mijn emoties en impulsen altijd in, omdat ik bang ben dat ik anderen daarmee kan schaden of zij mij zullen verlaten. Als ik mijn emoties niet inhoud, kan ik mijn eigenwaarde verliezen en moet ik me schamen voor mijzelf. Ik benader liever alles rationeel.

(vervolg)

Tabel 2.1 Relatie tussen (tekort aan vervullen van) basisbehoeften en schema's (vervolg)

Onvervulde basisbehoefte	Kan leiden tot een schema	Denkbeelden
	17. Meedogenloze normen (Hoge eisen)	Ik moet alles perfect doen en mag geen fouten maken. Ik kan het nooit goed genoeg doen, want het kan altijd beter. Ik ben kritisch op mijzelf maar ook op anderen. Ik wil graag dat alles goed geregeld is en efficiënt en op tijd gebeurt. Plezier, ontspanning of sociale contacten komen voor mij altijd op de tweede plaats.
	18. Bestraffende houding	Mensen moeten hard gestraft worden voor hun fouten. Ik ben ongeduldig, intolerant en vergeef fouten zelden.
Rechtvaardigheid	19. Onrechtvaardigheid	Ik kan niet tegen oneerlijkheid en onrechtvaardigheid. Ik word altijd benadeeld en kan daar niks aan doen.
Samenhangend zelfbeeld en begrijpelijk beeld van de wereld	20. Verwarring over wie je bent	Ik ben in de war. Ik ervaar mijzelf niet als één geheel. Ik ben de grip op mijzelf kwijt. Ik weet niet wie ik ben en voel mij verloren.
	21. Verwarring over hoe de wereld in elkaar zit	Ik ben niet alleen de grip op mezelf kwijt, maar heb ook geen grip op de wereld. Ik begrijp niet hoe de wereld in elkaar zit. Alles lijkt steeds weer anders, en ik voel mij vervreemd van de dingen die om mij heen gebeuren. Ik ben bang voor het bestaan, omdat ik niet begrijp wat er gebeurt en wat de betekenis daarvan is.

Ontleend aan tab. 2.1 in Van Genderen (2023).

Young bracht deze termen in verband met de overlevingsstrategieën van dieren: bevriezen (overgave), vluchten (vermijden) en vechten (overcompensatie). Arntz et al. (2021) betogen echter dat dit zou suggereren dat het gaat om aangeboren verdedigingsmechanismen van dieren om met externe bedreigingen om te gaan. Zij stellen dat het bij schema's meer gaat om reacties op 'interne' bedreigingen, en dan specifiek op negatieve gevoelens en gedachten opgeroepen door geactiveerde schema's. De internationale onderzoeksgroep heeft genoemde concepten daarom opnieuw en anders gedefinieerd.

Schema-activatie in combinatie met een copingstijl leidt tot een modus. Een modus is een gemoedstoestand waarin het voelen en denken dat opgeroepen wordt door het schema leidt tot bepaald gedrag (zie verder 2.3.3. Modi).

Overgave

Overgave betekent in het nieuwe model hetzelfde, namelijk dat je helemaal gelooft dat het schema waar is. Overgave aan een schema wordt echter niet meer als een Copingmodus gedefinieerd maar als een Kindmodus of een Kritische modus. Als je gelooft dat je schema waar is, leidt dat tot heftige emoties en negatieve gedachten. Als je je bijvoorbeeld volledig overgeeft aan het schema Minderwaardigheid, voel je je helemaal slecht, dom en lelijk, en denk je dat je niks waard bent, en dan wordt er een Kindmodus geactiveerd. Als je je overgeeft aan het schema Bestraffende houding, wordt er een Straffende modus geactiveerd. Je gelooft dan dat het allemaal je eigen schuld is en dat je straf verdient als iets niet goed gaat of niet lukt. De inhoud van de boodschappen van de Kritische modus bestaat uit negatieve dingen die je opvoeders of anderen vaak tegen je gezegd hebben. Gevoelens en gedachten vanuit schema-activatie in combinatie met overgave aan die belevingen kunnen dus leiden tot zowel de Kind-modi als Kritische modi (oudermodi), afhankelijk van welk schema geactiveerd is.

Vermijding

De copingstijl vermijding wordt nog steeds gebruikt voor de neiging om te vermijden dat schema's geactiveerd worden. Dus deze term kan onder andere gebruikt worden voor je gevoel uitschakelen of situaties vermijden, maar ook voor je ondergeschikt maken of afleiding zoeken.

Omkering

De term overcompensatie verandert in omkering. In deze context klopt dat woord beter. Het gaat hier immers om het hanteren van schema's door de neiging om het *tegenovergestelde* te denken, voelen en doen van wat het schema voorschrijft. Het woord overcompensatie suggereert dat het altijd gaat om externaliserende vormen van gedrag, zoals stoer doen, opscheppen of aanvallen. Maar het omgekeerde van Meedogenloze normen is juist tamelijk passief, namelijk luieren. En het omgekeerde van een Bestraffende houding is Overdreven mildheid en vergevingsgezindheid.

Nu we de nieuwe definities van copingstijlen bekeken hebben, gaan we hierna verder met uitleg over de modi.

Modi

Schema-activatie in combinatie met een van de copingstijlen leidt tot een gemoedstoestand oftewel modus. Een modus is met andere woorden een combinatie van een geactiveerd schema (sterke gevoelens en negatieve gedachten) en een copingstijl (gedrag om dit schema te geloven, vermijden of om te keren) en bepaalt wat in het moment je voelen, denken en doen beheerst (zie ◘ fig. 2.1). In dit theoretische hoofdstuk gebruiken wij de officiële term 'modus', maar in de hoofdstukken hierna gebruiken wij bij voorkeur het woord 'kant' in plaats van modus.

Er zijn drie soorten modi die leiden tot klachten en problemen: Kind-modi, Kritische modi (Oudermodi) en Copingmodi. Daarnaast zijn er twee gezonde modi: de Gezonde Volwassenemodus en de Gelukkige Kindmodus. Deze laatste modus wordt in de literatuur ook wel het Blije, Vrije of Tevreden Kind genoemd.

Het begrip 'oudermodus' krijgt een andere naam, namelijk 'Kritische modus'. Kritische modi werden voorheen meestal oudermodi genoemd, omdat het vaak de ouders waren die een negatieve invloed hadden. Maar Kritische modi worden niet altijd in eerste instantie veroorzaakt door de ouders. Ook andere steunfiguren (leraren, coaches, etc.) of leeftijdsgenoten (pesters of broers of zussen) kunnen kritische boodschap-

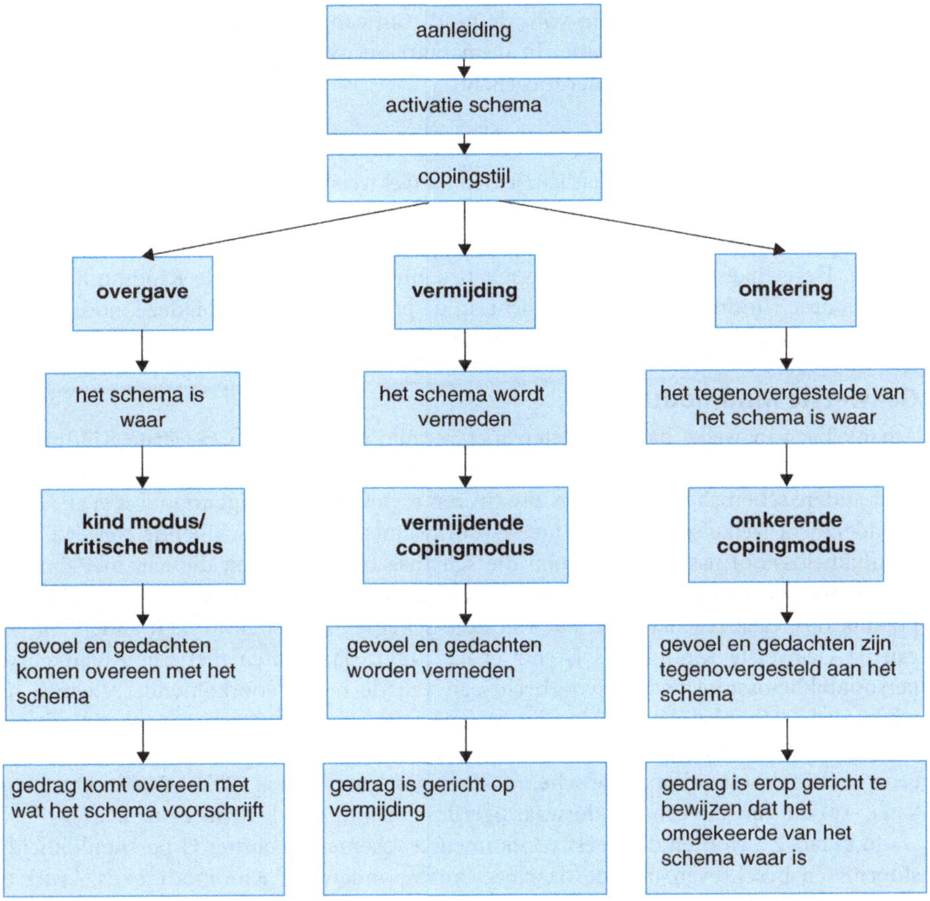

Figuur 2.1 Relatie tussen schema's, copingstijlen en modi Van Genderen (2023) en Arntz et al. (2021)

pen hebben gegeven die door cliënten zijn geïnternaliseerd tot Kritische modi. Daarom wordt voorgesteld voortaan het woord Kritische modus te gebruiken, onderverdeeld in een Veeleisende modus, een Straffende modus en een Beschuldigende modus.

Overgave aan de meeste schema's betekent dat je in een Kindmodus terechtkomt. Overgave aan Meedogenloze normen en Emotionele geremdheid leidt tot een Veeleisende modus, en overgave aan een Bestraffende houding tot een Straffende modus. De Beschuldigende modus wordt door Arntz en collega's niet genoemd, maar in dit boek gebruiken wij deze variant van de Kritische modus wel, omdat we in de klinische praktijk vaak wel zien dat cliënten last hebben van dergelijke beschuldigende boodschappen. Het bewerken van de Beschuldigende modus vereist vaak ook een andere aanpak dan het bewerken van de andere twee kritische modi.

De Beschuldigende modus zien wij als overgave aan de schema's Bestraffende houding en Onderwerping.

De twee overige copingstijlen (vermijding en omkering) leiden tot Copingmodi. Dat is ook terug te zien in fig. 2.1.

Welke schema's relevant zijn voor de modi van een specifieke cliënt bepaal je in de fase van de casusconceptualisatie. In de paragrafen over de afzonderlijke persoonlijkheidsstoornissen wordt dit verder toegelicht.

Kindmodi

Overgave aan vrijwel alle schema's kan leiden tot Gekwetste, Boze of Impulsieve Kindmodi.

Als een of meer van je basisbehoeften niet voldoende vervuld zijn, kan de primaire emotionele respons angst of verdriet zijn of kan dat juist leiden tot heel boos of impulsief gedrag. Dergelijke sterke emotionele reacties zijn typerend voor de Kindmodi. Hierna worden deze Kindmodi verder toegelicht. In de praktijk gebruik je bij deze modi meestal de voornaam van de cliënt: Kleine Claire, Boze John of Impulsieve Marian.

Gekwetste Kindmodus

Afhankelijk van welke basisbehoeften niet vervuld zijn kan de Gekwetste Kindmodus, oftewel de Gekwetste Kindkant, een andere oorzaak en dus een ander thema hebben, waar andere schema's bij betrokken zijn. In een review door Panagiotopoulos et al. (2023) is onderzocht welke schema's het meest voorkwamen bij de verschillende cluster C-persoonlijkheidsstoornissen. Wij nemen die schema's over en vullen die aan met Emotionele verwaarlozing en Kwetsbaarheid voor ziekte en gevaar, omdat wij die in de klinische praktijk ook vaak tegenkomen. Elk van deze schema's zal leiden tot een andere variant van de Gekwetste Kindmodus (Arntz et al., 2021). Bij cliënten met een Afhankelijke-persoonlijkheidsstoornis is bijvoorbeeld een van de meest voorkomende schema's het schema van Afhankelijkheid. Met dat schema is er sprake van een Afhankelijk, Falend Kind. Bij een Vermijdende-persoonlijkheidsstoornis is Minderwaardigheid/Schaamte een van de meest voorkomende schema's (Panagiotopoulos et al., 2023). Naast dit schema kan er sprake zijn van een Minderwaardige/Beschaamde Kind (Arntz et al., 2021).

In ◘ tab. 2.2 worden de meest voorkomende schema's bij cluster C-persoonlijkheidsstoornissen beschreven met de daarmee corresponderende Kindmodi zoals Arntz en collega's beschrijven. In de laatste kolom staat de beleving in die modi. In Bijlage 1 worden niet alleen de modi relevant voor cluster C beschreven, maar ook alle andere.

NB Opgemerkt moet worden dat bij een Dwangmatige-persoonlijkheidsstoornis het schema Meedogenloze normen het meest voorkomt. Andere schema's worden wel gerapporteerd, maar de uitkomsten van een meta-analyse zijn voor die schema's minder eenduidig. Arntz en collega's schrijven dat er discussie is over de vraag of bij het schema Meedogenloze normen sprake is van Kwetsbare Kindmodi. Enerzijds zou bij overgave aan dit schema alleen maar sprake zijn van de Veeleisende modus. Anderzijds zou er naast de Veeleisende modus ook sprake kunnen zijn van twee Kwetsbare Kindmodi, namelijk het Teleurgestelde en Tekortschietende kind en het Overijverig kind. Hier wordt nog onderzoek naar gedaan.

Boze Kindmodus

Irritatie of boosheid omdat je basisbehoeften (alweer) niet vervuld worden kan leiden tot een Boze Kindmodus. Bij cliënten met een cluster C-persoonlijkheidsstoornis is de Boze Kindmodus (of een variant ervan) niet vaak zichtbaar. Boosheid uit zich eerder in een mokkende of rebellerende vorm. In ◘ tab. 2.2 zijn mogelijke varianten van de Boze Kindmodus weergegeven, afhankelijk van welke basisbehoefte bij jouw cliënt niet vervuld is.

Tabel 2.2 Gekwetste en Boze Kindmodi bij cluster C-persoonlijkheidsstoornissen met de samenhangende schema's en beleving

Gekwetste en Boze Kindmodi met de samenhangende schema's en beleving		
Schema	Gekwetste Kind Boze, Mokkende, Rebellerende Kind	Uitingsvorm
Acceptatie, verbondenheid, veiligheid en voorspelbaarheid		
Emotionele verwaarlozing	Eenzame en Niet-geliefde Kind	Je hebt het gevoel dat niemand je werkelijk begrijpt en beseft hoe je je voelt of om je geeft. Kan ook het gevoel zijn dat je gevoelens te veel zijn voor anderen.
	Boze Kind	Je wordt boos op anderen als ze geen rekening houden met je gevoelens, ook al heb je ze niet geuit.
Verlating en Instabiliteit	Verlaten Kind	Je voelt intense wanhoop omdat je denkt dat je geen liefde, veiligheid of acceptatie zult krijgen. Voelt je gemakkelijk in de steek gelaten. Klampt je daarom aan mensen vast.
	Boze Kind	Je reageert boos op de (waargenomen) dreiging van verlating of feitelijke verlating. Je verbreekt soms boos een relatie zodat de ander jou niet kan verlaten.
Sociaal isolement	Vervreemde en Onbegrepen Kind	Je hebt het gevoel dat je heel anders bent dan andere mensen. Je hebt het gevoel dat je niet bij een groep past of erbij hoort.
	Boze Kind	Je reageert boos op de (waargenomen) dreiging dat jij er niet bij hoort, of wanneer iemand niet begrijpt wat er in je omgaat.
Minderwaardigheid en Schaamte	Minderwaardige en Beschaamde Kind	Je hebt het gevoel niet te voldoen en slecht te zijn. Dit kan gepaard gaan met gevoelens van schaamte.
	Boze Kind	Je bent boos op anderen die je de indruk geven dat je minderwaardig bent en dat ze vinden dat je je voor jezelf moet schamen.
Bekwaamheid (competentie) en autonomie		
Afhankelijkheid en Incompetentie	Afhankelijke en Incompetente Kind	Je voelt je angstig en niet in staat alledaagse verantwoordelijkheden te dragen. Je kunt niks zonder de hulp van anderen.
	Boze Kind	Je wordt boos bij de indruk dat er te veel verantwoordelijkheid op je schouders wordt gelegd.
Mislukking	Falende Kind	Je gelooft dat je zult falen bij je taken. Je bent van mening dat jouw eigen vaardigheden, kennis en ideeën slechter zijn dan die van anderen.
	Boze Kind	Je wordt boos als anderen kritiek hebben op je gedrag of als anderen het beter doen, en ook wanneer anderen je in een situatie brengen waarin je faalt.

(vervolg)

2

Tabel 2.2 Gekwetste en Boze Kindmodi bij cluster C-persoonlijkheidsstoornissen met de samenhangende schema's en beleving (vervolg)

Gekwetste en Boze Kindmodi met de samenhangende schema's en beleving		
Schema	Gekwetste Kind / Boze, Mokkende, Rebellerende Kind	Uitingsvorm
Kwetsbaarheid voor ziekte en gevaar	Angstige Kind	Je voelt je angstig en onveilig. Je voelt je overweldigd door vermeende gevaren. Je bent voortdurend bang dat je niet veilig bent en vraagt geruststelling aan anderen.
	Boze Kind	Je wordt boos als anderen je angsten en zorgen niet serieus nemen.
Verstrengeling	Niet-geïndividualiseerde Kind	Je denkt dat een of meerdere belangrijke anderen niet kunnen overleven als jij je van hen scheidt. Je ervaart een plicht om met deze anderen verbonden te blijven en voelt je schuldig als je iets onafhankelijk van hen probeert te doen.
	Boze Kind	Je wordt boos wanneer anderen druk op je uitoefenen om meer te individualiseren.
	Mokkende Kind	Je verzet je op een passief-agressieve manier tegen de plicht om altijd verbonden te moeten zijn met de anderen.
	Rebellerende Kind	Je rebelleert tegen de verstikkende sfeer van de verstrengeling door op afkeurende wijze te handelen.
Zelfexpressie; je behoeften, meningen en gevoelens uiten		
Onderwerping	Geïntimideerde Kind (Onderdanige Kind)	Je voelt je geïntimideerd door anderen en gelooft dat het uiten van je eigen behoeften negatieve gevolgen zal hebben. Je voelt je klein en machteloos.
	Boze Kind	Je wordt boos bij het gevoel niet de kans te krijgen je eigen behoeften en wensen te uiten, of als je denkt dat anderen die niet serieus nemen.
	Opstandige Kind	Je handelt opstandig en doet uit protest verboden dingen. Je weigert de regels te volgen en houdt geen rekening met de gevolgen.
Zelfopoffering	Geparentificeerde Kind	Je bent er vast van overtuigd dat je voor anderen moet zorgen, waarbij je negeert of dit nodig is of geweigerd wordt.
	Boze Kind	Je hebt uitbarstingen van boze beschuldigingen omdat je jezelf voortdurend moet opofferen en anderen jouw zorg niet erkennen.
	Benadeelde Kind	Je ervaart de disbalans tussen het geven en ontvangen van zorg als oneerlijk. Je hebt het gevoel dat je onrecht aangedaan wordt en vindt dat je oneerlijk wordt behandeld.

(vervolg)

Tabel 2.2 Gekwetste en Boze Kindmodi bij cluster C-persoonlijkheidsstoornissen met de samenhangende schema's en beleving (vervolg)

Gekwetste en Boze Kindmodi met de samenhangende schema's en beleving		
Schema	Gekwetste Kind Boze, Mokkende, Rebellerende Kind	Uitingsvorm
Spontaniteit en spel (overmatige waakzaamheid en controle)		
Negativiteit en Pessimisme	Pessimistische Kind	Je hebt de neiging om situaties op een negatieve, pessimistische manier te interpreteren. Je verwacht dat er dingen mis zullen gaan. De toekomst is donker en rampen zijn waarschijnlijk. Je voelt je meestal hopeloos en neerslachtig. Je laat je niet opbeuren door anderen.
	Boze Kind	Je wordt erg boos als anderen optimistisch of zelfs realistisch zijn, omdat je echt gelooft in jouw pessimistische en sombere verwachtingen.
Emotionele geremdheid	Geremde Kind	Je durft geen emotionele behoeften te uiten. Je bent subassertief, voelt je snel in verlegenheid gebracht en mist spontaniteit en speelsheid. Dat wordt door anderen ervaren als koud, stijf en overdreven formeel.
	Angstige en Paniekerige Kind	Je bent bang om de controle te verliezen over negatieve gevoelens, waaronder woede, verdriet en angst.
Meedogenloze normen	Teleurgestelde en Tekortschietende Kind*	Je bent teleurgesteld in jezelf met betrekking tot je eigen prestaties en normen.
	Overijverige Kind*	Je werkt hard, bent gehoorzaam en gedraagt je braaf en netjes.
	Boze Kind	Je wordt boos vanwege onrealistische of onredelijke eisen. Je bent vaak boos op anderen of instanties en je hebt niet door dat je eigenlijk boos bent op je eigen meedogenloze normen. Jij voelt je boos omdat je het gevoel hebt dat anderen te veel van je eisen.
	Opstandige Kind	Je bent niet openlijk boos, maar je doet dingen opzettelijk slecht uit protest tegen de hoge eisen.
	Mokkende Kind	Je protesteert op een passieve, indirecte, non-verbale manier tegen te hoge eisen en verwachtingen.

(vervolg)

Tabel 2.2 Gekwetste en Boze Kindmodi bij cluster C-persoonlijkheidsstoornissen met de samenhangende schema's en beleving (vervolg)

Gekwetste en Boze Kindmodi met de samenhangende schema's en beleving		
Schema	Gekwetste Kind	Uitingsvorm
	Boze, Mokkende, Rebellerende Kind	
Bestraf-fende houding	Slechte Kind	Je voelt je slecht en schuldig, en vindt dat je straf verdient.
	Boze variant: Protesterende Kind	Je protesteert op emotionele wijze tegen de straf die je ervaart. Meestal richt je woede zich op anderen, die als kritisch worden ervaren.
	Mokkende Kind	Je protesteert op een passief-agressieve, indirecte, non-verbale manier tegen buitensporige straffen, beschuldigingen en beperkingen.

Van Genderen (2023) en Arntz et al. (2021)
*Er is discussie over de vraag of bij het schema Meedogenloze normen sprake is van Kwetsbare Kindmodi. Enerzijds zou bij overgave aan dit schema alleen maar sprake zijn van de Veeleisende modus. Anderzijds zou er naast de Veeleisende modus ook sprake kunnen zijn van twee Kwetsbare Kindmodi, namelijk het Teleurgestelde/Tekortschietende kind en het Overijverige kind. Hier wordt nog onderzoek naar gedaan.

Impulsieve-, ongedisciplineerde-, of verwende-Kindmodus

Deze modi hebben betrekking op een impulsieve, ongedisciplineerde of verwende reactie op het niet vervullen van een of meer basisbehoeften. Deze modi komen voor zover wij kunnen nagaan niet voor bij cliënten met een cluster C-persoonlijkheidsstoornis. Daarom geven wij hier geen verdere toelichting bij.

Kritische modi

De Kritische modi (voorheen ook wel oudermodi genoemd) zijn het resultaat van overgave aan een specifiek aantal schema's dat het gevolg is van de onvervulde basisbehoeften op het gebied van spontaniteit, spel en ontspanning (overmatige controle). Met name schema's die voorschrijven hoe je je moet gedragen en wat het gevolg is als je dat niet doet, namelijk Emotionele geremdheid, Meedogenloze normen en Bestraffende houding. Alle Kritische modi kunnen bij mensen met een cluster C-persoonlijkheidsstoornis voorkomen (zie tab. 2.3). De Veeleisende modus komt in ieder geval voor bij cliënten met een Dwangmatige-persoonlijkheidsstoornis en de Straffende modus vaak bij de Vermijdende- en/of de Afhankelijke-persoonlijkheidsstoornis. In het kader van dit boek wijken wij af van het model van Arntz en collega's door de Straffende modus aan te vullen met een Beschuldigende modus. Deze modus legt de nadruk op het schuldgevoel dat veel cluster C-cliënten krijgen als zij niet precies doen wat belangrijke anderen (bijvoorbeeld ouders) hun voorschrijven. De anderen zijn in dat geval niet openlijk negatief en afwijzend geweest tegen het kind. Zij lieten echter indirect merken dat je als kind tekortschoot door je veel te jong verantwoordelijk te maken voor de zorg voor en het welzijn

Tabel 2.3 Kritische modi

Kritische modi		
Kritische modus	**Schema**	**Uitingsvorm**
Veeleisende modus	Emotionele geremdheid Meedogenloze normen	Je moet doorgaan tot het af en perfect is. Het kan altijd beter. Je mag pas ontspannen als alles af is.
Straffende modus	Bestraffende houding	Je bent slecht, dom en lelijk. Als er iets misgaat, is het je eigen schuld en moet je niet zeuren.
Beschuldigende modus	Bestraffende houding Onderwerping	Je moet altijd voor anderen klaarstaan. Je bent anderen tot last als je aan jezelf denkt. Het is jouw schuld als familie of vrienden niet gelukkig zijn.

Van Genderen (2023) en Arntz et al. (2021)

van anderen (zoals een zieke ouder of een broertje of zusje). Aangezien het kind die indirect gecommuniceerde verantwoordelijkheid niet aankan, kan dit eveneens leiden tot een gevoel mislukt, minderwaardig of schuldig te zijn.

Copingmodi

Als een schema geactiveerd is en iemand reageert daarop met de copingstijlen van vermijding of omkering, wordt een Copingmodus actief. De functie van deze Copingmodi is dat je de nare gevoelens en gedachten, die door activatie van schema's dreigen te ontstaan, niet hoeft te voelen. In de jeugd van de cliënt waren het niet voelen of ontkennen van negatieve gevoelens waarschijnlijk min of meer goed werkende overlevingsstrategieën. Maar in het huidige leven kunnen juist die strategieën het vervullen van basisbehoeften in de weg staan. Als bijvoorbeeld allerlei sociale situaties worden vermeden, kan men ook niet ontdekken dat er mensen zijn die wel begripvol of behulpzaam reageren. Bij omkering wordt vaak een Copingmodus actief waarbij gedrag wordt vertoond dat andere mensen afstoot, bijvoorbeeld door veel te perfectionistisch te zijn (Dwangmatige-persoonlijkheidsstoornis) of doordat iemand zich extreem onafhankelijk gedraagt alsof zij niemand nodig heeft (Afhankelijke-persoonlijkheidsstoornis). Omkering kan ook de vorm aannemen van overdreven optimistisch of vergevingsgezind gedrag (Vermijdende-persoonlijkheidsstoornis). Zo worden de basisbehoeften juist niet vervuld. Hierna worden de verschillende soorten van de Vermijdende en de Omkerende Copingmodi nader toegelicht.

Vermijdende Copingmodi

Vermijding is waarschijnlijk een van de sterkst ontwikkelde copingstijlen van veel cliënten met een cluster C-persoonlijkheidsstoornis. De neiging om met vermijding om te gaan met (dreigende) schema-activatie kan leiden tot verschillende Copingmodi. Hierna bespreken we alle mogelijke Vermijdende Copingmodi volgens Arntz en collega's. Vanaf ▶ H. 3 zullen we wat dieper ingaan op de Vermijdende Copingmodi per persoonlijkheidsstoornis.

In ◘ tab. 2.4 wordt aangegeven welke soorten Copingmodi er zijn. In de eerste kolom wordt de naam van de Vermijdende Copingmodus genoemd zoals die modus in de huidige literatuur en vragenlijsten wordt genoemd (met tussen haakjes een naam die je mogelijk voor cliënten kunt gebruiken). Voor modi waarvoor nog geen officiële Nederlandse vertaling is, hebben wij de vertaling van Van Genderen (2023) overgenomen. In de tweede kolom staat het schema dat door deze Copingmodus vermeden wordt. In de derde kolom wordt toegelicht aan welk gedrag die modus te herkennen is.

Omkerende Copingmodi

Omkerende Copingmodi komen vaker voor bij de cluster B-persoonlijkheidsstoornissen.

Er zijn echter verschillende Omkerende Copingmodi die ook kunnen voorkomen bij mensen met een cluster C-persoonlijkheidsstoornis. Bij de Afhankelijke-persoonlijkheidsstoornis kan er sprake zijn van omkering, waarbij de cliënt net doet alsof zij superonafhankelijk is (de Onafhankelijke). Bij de Vermijdende-persoonlijkheidsstoornis zie je bij activatie van het schema Kwetsbaarheid voor ziekte en gevaar soms juist risicovol gedrag (de Roekeloze). Bij de Dwangmatige-persoonlijkheidsstoornis is de Perfectionistische Overcontroleerder (vermijden van Mislukking) misschien relevant of juist de Luilak (omkeren van Hoge eisen). Dit zijn slechts enkele voorbeelden. Vanaf ▶ H. 3 gaan we wat dieper in op de relevante Omkerende Copingmodi per persoonlijkheidsstoornis.

Wij geven alle mogelijke Omkerende Copingmodi volgens Arntz en collega's weer in ◘ tab. 2.5, waarin wordt aangegeven welke soorten Omkerende Copingmodi op kunnen treden en hoe die samenhangen met de schema's.

In de eerste kolom wordt de naam van de Omkerende Copingmodus genoemd zoals die modus in de huidige literatuur en vragenlijsten wordt genoemd (met tussen haakjes een naam die je mogelijk voor cliënten kunt gebruiken). Voor modi waarvoor nog geen officiële Nederlandse vertaling is, hebben wij de vertaling van Van Genderen (2023) overgenomen. In de tweede kolom staat van welk schema de activatie door deze Copingmodus omgekeerd zou kunnen worden. In de derde kolom wordt toegelicht hoe die modus te herkennen is.

Nu de te hanteren begrippen toegelicht zijn, kunnen we gaan beschrijven hoe je de disfunctionele modi kunt gaan veranderen en de Gezonde Volwassene en het Blije Kind versterken.

2.5 De therapeutische relatie

2.5.1 Hanteren van de therapeutische relatie

Het centrale begrip bij het hanteren van de therapeutische relatie in schematherapie is '*limited reparenting*'. Limited reparenting betekent dat je als therapeut de rol aanneemt van de 'voldoende goede ouder' die de cliënt had moeten hebben, waarbij je ervoor zorgt dat de basisbehoeften die in de jeugd onvoldoende vervuld werden alsnog vervuld worden. Dat betekent dat je je cliënt corrigerende emotionele ervaringen biedt.

Tabel 2.4 Vermijdende Copingmodi

Vermijdende Copingmodi*		
Vermijdende Copingmodus	**Schema**	**Uitingsvorm**
De Onthechte Beschermer (De Gevoelafsluiter)	Alle schema's, behalve: – Zich rechten toe-eigenen (superioriteit) – Gebrek aan zelfdiscipline en zelfcontrole	*Gevoel uitschakelen* Je negeert je gevoel, reageert niet, dissocieert of misbruikt middelen die verdoven.
De Grappenmaker	– Wantrouwen en misbruik – Verlating en instabiliteit – Sociaal isolement – Emotionele verwaarlozing – Minderwaardigheid en schaamte – Afhankelijkheid en onbekwaamheid – Mislukking – Kwetsbaarheid voor ziekte en gevaar – Verstrengeling – Onderwerping	*Grappen maken* Als er iets vervelends gebeurt, ga je daar grappen over maken.
De Boze Beschermer (De Boze Cynicus)	– Wantrouwen en misbruik – Sociaal isolement – Minderwaardigheid en schaamte – Emotionele geremdheid	*Cynisch of boos worden* Als iemand iets vervelends doet of kritiek heeft, reageer je boos of cynisch.
De Vermijdende Beschermer	Alle schema's	*Vermijden van situaties* Je gaat situaties, lastige contacten of moeilijke taken letterlijk uit de weg.
De Onthechte Zelfsusser (De Verdover)	Alle schema's behalve onderwerping	*Afleiding zoeken* Je staat niet stil bij je gevoel door voortdurend activiteiten te ondernemen die je afleiden van je gevoel.
De Willoze Inschikkelijke (De Onderdanige)	– Verlating en instabiliteit – Emotionele verwaarlozing – Afhankelijkheid en onbekwaamheid – Verstrengeling – Onderwerping	*Jezelf ondergeschikt maken* Je doet altijd wat anderen willen en ontkent je eigen behoeften of laat je misbruiken.
De Geruststellingvrager	– Verlating en instabiliteit – Afhankelijkheid en onbekwaamheid – Mislukking – Kwetsbaarheid voor ziekte en gevaar	*Geruststelling zoeken* Bij grote en kleine zorgen vraag je voortdurend advies en geruststelling zodat je je angsten en onzekerheden niet hoeft te voelen en verdragen.

(vervolg)

2

Tabel 2.4 Vermijdende Copingmodi (vervolg)

Vermijdende Copingmodi*		
Vermijdende Copingmodus	**Schema**	**Uitingsvorm**
De Wantrouwende Overcontroleerder (De Wantrouwende)	– Wantrouwen en misbruik – Verlating en instabiliteit	*Paranoïde controlebehoefte* Je bent voortdurend alert en houdt anderen in de gaten om te voorkomen dat zij misbruik van je maken of je in de steek laten.

Van Genderen (2023) en Arntz et al. (2021)
*In de tweede kolom staat het schema dat door deze Copingmodus vermeden wordt. In de derde kolom wordt toegelicht aan welk gedrag die modus te herkennen is.

Tabel 2.5 Omkerende Copingmodi

Omkerende Copingmodi**		
Omkerende Coping modus	**Schema**	**Uitingsvorm**
De Onafhankelijke	– Verlating en instabiliteit – Afhankelijkheid en onbekwaamheid – Verstrengeling – Onderwerping – Zelfopoffering – Goedkeuring en erkenning zoeken	*Extreem onafhankelijk gedrag* Je doet alsof je niemand nodig hebt. Maar eigenlijk ben je bang dat je in de steek gelaten wordt, of tot iets gedwongen wordt wat je niet wilt.
De Clown	– Wantrouwen en misbruik – Verlating en instabiliteit – Emotionele verwaarlozing – Sociaal isolement – Minderwaardigheid en schaamte – Afhankelijkheid en onbekwaamheid – Mislukking – Angst voor ziekte en gevaar Verstrengeling – Onderwerping – Zelfopoffering – Negativiteit en pessimisme – Emotionele geremdheid	*Behoeften belachelijk maken* Je ontkent je behoeften door ze belachelijk, kleinzielig of overdreven te noemen. Je doet net alsof dat wat je hebt meegemaakt of tekort bent gekomen niets voorstelt, om de pijn daarover niet te hoeven voelen.
De Aandacht- en erkenningzoeker (De Aandachttrekker)	– Emotionele verwaarlozing – Minderwaardigheid en schaamte – Sociaal isolement – Emotionele geremdheid	*De aandacht op jezelf vestigen* Je kunt je onzekerheid en het gevoel er niet bij te horen omkeren door interessant te doen over wat je kunt of hebt meegemaakt.

(vervolg)

Tabel 2.5 Omkerende Copingmodi (vervolg)

Omkerende Copingmodi**		
Omkerende Coping modus	**Schema**	**Uitingsvorm**
De Waaghals	Kwetsbaarheid voor ziekte en gevaar	*Gevaar opzoeken* Terwijl je eigenlijk bang bent, onderdruk je dat gevoel juist door het gevaar op te zoeken.
De Perfectionistische Overcontroleerder (De Perfectionist)	– Emotionele verwaarlozing – Mislukking – Gebrek aan zelfdiscipline en zelfcontrole	*Doorgaan tot het perfect is* Om je gevoel dat je mislukt of slordig bent te voorkomen doe je juist extreem je best.
De Luilak	Hoge eisen	*Expres luieren en inactief zijn* Je doet weinig of niets, je loopt de kantjes ervan af, je doet helemaal niet je best.
De Eeuwige Optimist	– Negativiteit en pessimisme – Onrechtvaardigheid	*Overdreven optimistisch doen* Je sluit je ogen voor onrechtvaardigheid of misbruik door net te doen alsof iedereen het altijd goed bedoelt.
De Heilige	– Bestraffendheid – Zich rechten toe-eigenen (superioriteit)	*Overdreven bescheiden en vergevingsgezind doen* Je voelt je wel superieur, maar uit angst dat mensen je arrogant vinden doe je juist heel bescheiden.
De Zelfverheerlijker (De Opschepper)	– Minderwaardigheid en schaamte – Sociaal isolement – Onderwerping – Zelfopoffering – Goedkeuring en erkenning zoeken	*Opscheppen* Je doet alsof je heel bijzonder bent en schept op over wie je bent en wat je doet.
De Aanval- en pestmodus (De Aanvaller)	– Wantrouwen en misbruik – Verlating en instabiliteit – Onderwerping – Onrechtvaardigheid	*Aanvallen en intimideren* Je denkt dat aanval de beste verdediging is om te voorkomen dat je belazerd, misbruikt of onderdrukt wordt.
De Manipulatie- en bedrogmodus (De Bedrieger)	– Verlating en instabiliteit – Onrechtvaardigheid	*Liegen en bedriegen* Je manipuleert anderen om te voorkomen dat je bedrogen of verlaten wordt.
Het Roofdier	Onrechtvaardigheid	*Bedreiging* Je schakelt op een berekenende, kille manier mogelijke dreiging, rivalen of vijanden uit.

Van Genderen (2023) en Arntz et al. (2021)
* In de tweede kolom staat van welk schema de activatie door deze Copingmodus vermeden wordt door omkering van wat het schema voorschrijft. In de derde kolom wordt toegelicht aan welk gedrag die modus te herkennen is.

Bij cliënten met een cluster C-persoonlijkheidsstoornis zal het opbouwen van een goede therapeutische relatie in eerste instantie niet zo moeilijk lijken als bij een cliënt met een cluster B-persoonlijkheidsstoornis. Anders dan bij cliënten met een cluster B-stoornis zijn er niet zozeer tekorten op het gebied van veiligheid en verbondenheid, maar staan basisbehoeften als bekwaamheid en autonomie, zelfexpressie en spontaniteit, spel en ontspanning centraler. Daardoor zal de therapeut het rolmodel van een 'voldoende goede ouder' bij cluster C-stoornissen anders moeten invullen dan bij cluster B-stoornissen.

Een cliënt met een Afhankelijke-persoonlijkheidsstoornis zal een appel op de therapeut doen om met goede adviezen en hulp te komen. De therapeut kan dit gedrag van de cliënt aangrijpen om uit te leggen dat de cliënt juist nu meer autonomie moet leren ontwikkelen en uitleggen waarom hij dus in dit geval geen advies gaat geven.

De cliënt met een Dwangmatige-persoonlijkheidsstoornis zal trouw elke keer komen, maar zal vaak zo gedetailleerd uitleg willen geven dat de fase van de casusconceptualisatie veel te lang gaat duren. Limited reparenting voor deze cliënt is dan ook uitleggen dat alles zo gedetailleerd uitleggen te maken heeft met de behoefte aan controle uit angst dat er wel eens iets mis zou kunnen gaan. Daarom is de therapie er juist op gericht om de controle meer los te laten en spontaniteit en spel te leren ontwikkelen.

Een cliënt met een Vermijdende-persoonlijkheidsstoornis zal juist wat minder trouw komen, want die wil zo veel mogelijk activatie van vervelende gevoelens vermijden, die ook in de sessies onvermijdelijk zullen worden opgeroepen. Bij deze cliënt zal de therapeut dus enerzijds zelfexpressie stimuleren, maar ook geruststelling bieden dat de therapie stap voor stap zal verlopen en dat zij de therapeut kan vragen niet te snel te gaan. Hierna wordt nader ingegaan op specifieke onderdelen van limited reparenting. Limited parenting is erop gericht om, gebruikmakend van de therapeutische relatie, corrigerende emitionele ervaringen te genereren.

Limited parenting als methode om corrigerende emotionele ervaringen te bieden.

Een corrigerende *emotionele* ervaring dient een *emotionele* ervaring te zijn. Enige schema-activatie is dus een noodzakelijke voorwaarde voor deze helende ervaringen. Zonder enige emotionele arousal wordt er geen nieuwe informatie verwerkt. Bij te veel emotionele arousal wordt er echter ook geen nieuwe informatie verwerkt.

In de beginfase van de behandeling is er bij cliënten met een cluster C-persoonlijkheidsstoornis al vaak en veel schema-activatie. Je cliënt komt bijvoorbeeld emotioneel naar de sessie door iets wat zich buiten de therapie, of binnen de therapie, heeft voorgedaan. Als die spontane schema-activatie er nog niet is, zijn er diverse methoden en technieken om die schema-activatie te genereren met behulp van de stoelentechniek, een imaginaire rescripting of een empathische confrontatie, die hierna zullen worden beschreven.

Goede zorg en richting geven

De corrigerende emotionele ervaring die je biedt, is feitelijk het valideren van de basisbehoeften. Tijdens de therapie is het belangrijk dat je weet welke basisbehoeften bij jouw specifieke cliënt niet of onvoldoende vervuld zijn. De Copingmodi zullen vaak als eerste in de weg staan van contact maken met het Kwetsbare Kind, omdat die de cliënten in het algemeen in het dagelijks leven ook veel voordelen opleveren.

Als de cliënt altijd goed haar best doet (de Perfectionist), vindt haar werkgever dat bijvoorbeeld een heel goede eigenschap en geeft hij haar daarvoor complimenten. Als de cliënt zich afhankelijk opstelt (de Onderdanige), wordt dat vaak ook gezien als meegaand en vriendelijk. Als de cliënt van alles ontwijkt (de Vermijdende Beschermer), heeft zij weinig heftige emoties en ze krijgt al helemaal geen conflicten, dus vermijdt zij liever de therapie dan dat ze gaat veranderen. Welke basisbehoefte het ook betreft, je hebt als therapeut expliciet compassie voor wat je cliënt tekortgekomen is.

Voor al dit gedrag moet je als therapeut dus enerzijds veel begrip opbrengen, maar je moet anderzijds ook veel meer aandringen op verandering. Begrip tonen is essentieel om de cliënt zich gezien en erkend te laten voelen, maar alleen maar warm en begripvol zijn leidt bij deze doelgroep in het algemeen eerder tot stilstand dan tot verandering.

Bij deze groep cliënten bestaat advies geven eerder uit het aanmoedigen dat de cliënt dingen waar zij bang voor is gaat uitproberen, dan uit letterlijk advies geven. Als een afhankelijke cliënt vraagt hoe zij iets zal aanpakken, stel je voor dat de cliënt zelf een paar manieren om het aan te pakken bedenkt en laat je haar die allemaal uitproberen om zo te ontdekken wat het best voor haar werkt. Dat is vergelijkbaar met hoe je een kind leert zelfstandig te worden. Een vermijdende cliënt raad je aan iets wat zij vermeden heeft uit te proberen en te voorspellen welke uitkomsten zij verwacht. Een Dwangmatige perfectionistische cliënt krijgt natuurlijk geen advies hoe zij iets nog beter kan aanpakken, maar wordt aangeraden om bijvoorbeeld expres fouten te gaan maken om te kijken wat de gevolgen zijn. Je zult aan de dwangmatige cliënt vaak wel advies moeten geven over de manier waarop zij meer kan ontspannen en speelse activiteiten kan ontwikkelen.

Daarnaast werk je aan een cognitieve herstructurering van de aannames die voortvloeien uit de geactiveerde schema's.

Anders dan bij de cliënten met cluster B, bestaat goede zorg en richting geven bij patiënten met een cluster C-persoonlijkheid dus uit verschillende componenten, die allemaal gericht zijn op het vervullen van basisbehoeften zoals autonomie, competentie, zelfexpressie en spontaniteit. Dat is per persoonlijkheidsstoornis en per cliënt verschillend. Daarom worden de mogelijkheden in ▶ H. 5 tot en met 7 per persoonlijkheidsstoornis toegelicht.

Empathische confrontatie en grenzen stellen

Bij cliënten met een cluster C-persoonlijkheidsstoornis is een empathische confrontatie vooral nodig als de cliënt herhaaldelijk, meestal onder invloed van haar Copingmodi, niet mee lijkt te werken aan de therapie (ontwijkend gedrag) of juist te goed mee wil werken (afhankelijk of dwangmatig gedrag). Het gaat dus om alle Copingmodi die contact maken met de Kindmodus in de weg staan, waardoor de cliënt haar basisbehoeften niet kan vervullen. Meestal probeer je eerst andere methoden uit, zoals imaginaire rescripting, stoelentechniek of cognitieve technieken. Pas als dat onvoldoende effect heeft, kan een empathische confrontatie zinvol zijn. Je kunt dan aan de cliënt uitleggen dat je merkt dat de gebruikelijke aanpak onvoldoende lijkt te werken, omdat er een Copingmodus hinderlijk in de weg staat. Er zijn diverse manieren om een empathische confrontatie te geven. Hoewel deze interventie wel bekend is, kan het stappenplan in het kader je helpen je weg te vinden in deze belangrijke interventie. Daarna worden de stappen toegelicht.

Stappenplan empathische confrontatie

Stap 1 Voorbereiding: welk gedrag interfereert met de therapie? Kun je dit gedrag snappen vanuit de casusconceptualisatie?
Stap 2 Geef aan dat je stil wilt staan bij de communicatie (meta-communicatie).
Stap 3 Geef de empathische confrontatie. Confrontatie: Vraag of je cliënt het beschreven gedrag herkent. Leg op een vriendelijke en persoonlijke manier uit wat het gedrag van je cliënt met jou doet. Empathie: Benoem het gedrag als een kant van je cliënt, niet als de hele persoon.
Stap 4 Reflectie (consolidatie): Hoe is dit gesprek voor je cliënt, wat heeft zij ervan geleerd en hoe kan dat inzicht onthouden worden?

Stap 1: Een empathische confrontatie is gericht op de modi bij cliënten die interfereren met de communicatie. Omdat het om modi gaat die je kunt begrijpen vanuit de casusconceptualisatie, kun je de empathische confrontatie al van tevoren voorbereiden. Welk gedrag interfereert met de therapie? Wat zijn jouw primaire emotionele en gedragsmatige reacties wanneer je geconfronteerd wordt met dit gedrag? Hoe kun je die herformuleren voor een behulpzame confrontatie?

Stap 2: De volgende stap is een duidelijke uitleg dat je met je cliënt wilt bespreken wat er in de communicatie tussen jullie gebeurt.

Stap 3: Confrontatie: Je legt op een vriendelijke en persoonlijke manier uit wat het gedrag van jouw cliënt met jou doet. Wees daarbij concreet en ga eerst na of de cliënt het gedrag herkent. Let er bij je woordkeuze op dat je de cliënt niet te veel afschrikt, want zij zal onder invloed van de boodschappen van haar Kritische modus waarschijnlijk heel gevoelig zijn voor kritiek. Zelfs als je voorzichtig formuleert, zal de cliënt mogelijk toch nog schrikken. Houd daarbij rekening met de Window of Tolerance van je cliënt. Meestal leidt een confrontatie, ook als die empathisch wordt gegeven, tot schema-activatie. Dus geef je cliënt even de tijd om de boodschap te ontvangen.

Empathie: Toon begrip voor het gedrag van je cliënt. Bespreek de leergeschiedenis waarin basisbehoeften van je cliënt onvoldoende werden vervuld. Geef aan dat overleven maar één kant van je cliënt is en dat zij ook andere kanten heeft. Gebruik hiervoor zo veel mogelijk de modustaal. Benoem ook je waardering voor je cliënt. Daarmee wordt deze interventie ook een corrigerende emotionele ervaring.

Stap 4: Geef de cliënt erkenning voor het feit dat zij het moeilijk vindt en er toch naar kan luisteren. Als laatste stap bespreek je hoe de cliënt deze confrontatie heeft ervaren en geef je aandacht aan de positieve of corrigerende aspecten van deze bespreking. Dat is bijvoorbeeld dat jullie op een constructieve manier iets moeilijks hebben besproken en dat je cliënt het toch heeft weten te verdragen. Of dat de cliënt heeft ervaren negatieve feedback te krijgen zonder als persoon in haar geheel te zijn afgewezen. In deze nabespreking geef je ook psycho-educatie over wat alternatief (gezonder) gedrag kan zijn om je basisbehoeften te vervullen.

Als de cliënt al erg gespannen is en dichtklapt of heel emotioneel wordt, is het soms beter om te beginnen met empathie in plaats van met de confrontatie. Begin dan met je waardering uit te spreken voor de kwaliteiten van je cliënt en er begrip voor te tonen dat de cliënt in de moeilijke omstandigheden in haar verleden op deze manier heeft moeten leren overleven. Dus leg eerst verband tussen dit gedrag en haar schema's en modi en ervaringen uit haar jeugd. Zeg dan pas wat dit gedrag bij jou oproept.

Grenzen stellen is in het algemeen niet zo vaak aan de orde bij cliënten met een cluster C-persoonlijkheidsstoornis, maar de gedragsverandering kan bij deze cliënten zo moeizaam gaan dat je uiteindelijk soms toch grenzen moet stellen. Mocht dat nodig zijn, doe dat dan stapsgewijs, zodat de cliënt voldoende ruimte krijgt om haar gedrag nog te corrigeren (zie onder anderen Van Genderen en Arntz, 2021).

De genoemde vormen van zorg zijn voor veel cliënten nieuwe, corrigerende emotionele ervaringen. Die ervaringen zullen geconsolideerd moeten worden om zo een basis te kunnen vormen voor een Gezonde Volwassene.

Een eerste vorm van consolidatie is tijdens de sessie expliciete aandacht te hebben voor deze ervaring. Neem de tijd om stil te staan bij de verschillende modaliteiten van deze nieuwe ervaring. Wat is het prettige gevoel? Waar voel je dat in je lichaam? Ook vragen als 'Welke kleur of temperatuur heeft dit gevoel?' kunnen helpen je cliënt stil te laten staan bij de beleving en zich bewust te worden van alle aspecten van die beleving.

Consolidatie betekent ook het 'levend' houden van deze ervaring met behulp van huiswerk. Vraag je cliënt notities te maken van de ervaring en de betekenis ervan. Neem bijvoorbeeld een audioflashcard op zodat je cliënt de boodschappen die je in de sessie hebt gegeven vaker kan horen.

Met behulp van genoemde strategie leert je cliënt gezonde ervaringen te internaliseren die in de loop van de behandeling kunnen dienen als basis voor de Gezonde Volwassene.

2.6 Methoden en technieken

Bij de behandeling van cliënten met een cluster C-persoonlijkheidsstoornis worden dezelfde technieken toegepast als bij andere persoonlijkheidsstoornissen (Van Genderen & Arntz, 2021; Van der Wijngaart, 2020, 2022; Young et al., 2005). Maar er worden in de specifieke hoofdstukken over de drie afzonderlijke cluster C-persoonlijkheidsstoornissen wel aanbevelingen gedaan om de technieken zodanig aan te passen dat ze beter aanslaan bij deze problematiek. De gemiste basisbehoeften van deze doelgroep zijn namelijk andere dan bij de andere persoonlijkheidsstoornissen. De ervaringsgerichte technieken zullen vooral gericht zijn op bekwaamheid en autonomie, zelfexpressie, en spontaniteit en ontspanning. Ook bij de cognitieve technieken zullen daarom andere gedachten gecorrigeerd moeten worden. Het veranderen van gedrag is misschien wel het moeilijkste onderdeel bij deze doelgroep, omdat hun aanpassende, vermijdende of perfectionistische gedrag ook veel voordelen oplevert.

Hierna zullen in grote lijnen enkele van die aanpassingen in de technieken beschreven worden.

2.6.1 Ervaringsgerichte technieken

Imaginaire rescripting

De cliënt met een cluster C-persoonlijkheidsstoornis zal meer moeite hebben met het vinden van vervelende herinneringen uit het verleden dan cliënten met een cluster B-persoonlijkheidsstoornis. Dat komt enerzijds doordat de Copingmodi heel sterk ontwikkeld zijn en anderzijds doordat deze doelgroep een grotere loyaliteit heeft aan de ouders. Zij beschrijven hun jeugd als goed en willen geen kwaadspreken over hun ouders. Daardoor is het lastiger om via de gevoelsbrug van heden naar verleden herinneringen aan vergelijkbare situaties op te roepen. Het helpt vaak als je aangeeft dat je weet dat de ouders ook goede kanten hadden en dat wat zij 'fout' deden, vaak met goede bedoelingen gedaan werd. Daarnaast is het bij cluster C-cliënten vaak belangrijk om al in een vroeg stadium uit te leggen dat boodschappen van ouders op verschillende manieren gecommuniceerd worden, niet alleen verbaal maar vooral ook non-verbaal door het gedrag dat ze voorleven. Een andere mogelijkheid is om bij imaginaire rescripting rechtstreeks te gaan naar moeilijke situaties uit het verleden waarin de basisbehoeften niet vervuld werden. Dus dan gebruik je geen affectbrug.

De therapeut zal bij de rescripting ook zijn weerwoord zodanig moeten aanpassen dat de cliënt er niet van schrikt of haar ouder gaat verdedigen.

Meerstoelentechniek

De hiervoor genoemde aanbevelingen over de toon waarop de therapeut de Kritische modi het best kan toespreken, gelden uiteraard ook bij de stoelentechniek. De cliënt zal ogenschijnlijk heel makkelijk meewerken en snel in de andere stoel gaan zitten (bijvoorbeeld vanuit zijn Willoze Inschikkelijke modus), maar de vraag is of zij ook echt contact kan maken met het Kwetsbare Kind. Een van de manieren om dat te bevorderen is dat de therapeut plaatsneemt in de stoel van het Kwetsbare Kind en verwoordt wat volgens hem de behoefte van het kind op dat moment is. Vaak zijn de autonomie, de zelfexpressie of de spontaniteit zo sterk onderdrukt dat de cliënt niet eens meer weet waar zij behoefte aan heeft, wat zij eigenlijk zou willen of wat haar mening is. De therapeut kan de aanzet geven tot het voelen en denken over deze behoeften door ze vanuit het perspectief van het kind te benoemen. Verder lijken de overtuigingen van de Veeleisende en/of Beschuldigende Kritische modus soms moeilijk te ontkrachten, in tegenstelling tot de aannames van de Straffende modus. Een andere aanpassing van de stoelentechniek bij cluster C-stoornissen is dan ook dat je als therapeut de cognitieve argumentatie meer zult moeten voorbereiden wanneer je die modi wilt bevechten.

Historisch rollenspel

Om een historisch rollenspel te kunnen doen, zal de cliënt actief voorbeelden van inperkende, schuldgevoel veroorzakende of faalervaringen moeten kunnen bedenken. De kans is groot dat dit bij cliënten met een cluster C-persoonlijkheidsstoornis, net als bij de andere ervaringsgerichte technieken, niet vanzelf gaat. Als de therapeut een uitgebreide anamnese van de relevante gebeurtenissen uit het verleden van de cliënt heeft gemaakt, kan hij zelf een situatie aandragen en voorstellen die eens na te spelen. In het tweede rollenspel, waarin de rollen worden omgekeerd, kan de cliënt meer zicht krijgen op de motieven en de tekortkomingen van een van haar ouders. Daardoor gaat zij beter begrijpen dat die ouder zelf problemen had en daardoor de cliënt belemmerde in haar ontwikkeling. Meer dan bij de cluster B-cliënten zul je als therapeut dit proces van cognitieve herstructurering duidelijk moeten begeleiden. Met die hulp kan de cliënt bijvoorbeeld ontdekken dat haar moeder depressief was en daarom te veel een beroep op haar deed, of dat haar vader vroeger zelf problemen had met leren en daarom nu presteren te hoog in het vaandel heeft.

Het derde rollenspel geeft de cliënt de kans om wel op te komen voor haar behoeften. Ook hier zul je meer en actiever moeten begeleiden, omdat vermijdende en afhankelijke cliënten er meer moeite mee hebben voor hun eigen mening en behoeften op te komen dan cluster B-cliënten.

2.6.2 Cognitieve technieken

De zelfonderzoekcirkel kan al vrij vroeg gebruikt worden om situaties te onderzoeken waarin een of meer modi geactiveerd werden. Omdat de behandeling van cluster C-stoornissen korter duurt in vergelijking met cluster B-behandelingen en je niet wilt afwijken van het vooraf afgesproken aantal sessies, is het bij deze cliënten met name belangrijk om de beschikbare tijd efficiënt te managen. Meer nog dan bij cluster B-behandelingen zet je deze zelfonderzoekcirkel dus vroeg in en gebruik je die actief, zodat je cliënt tijdig leert dit hulpmiddel zelfstandig te gebruiken.

In de eerste fase van de therapie zal de cliënt misschien wel moeite hebben om de modi te herkennen, maar later is dit een goede manier om in het dagelijks leven modi te herkennen en te leren beschrijven welke behoefte van de cliënt niet vervuld werd.

Een cognitief dagboek is met name in de tweede helft van de therapie nuttig om de Gezonde Volwassene op cognitief niveau te versterken.

Een veelvoorkomend probleem bij de toepassing van de cognitieve technieken bij cliënten met een cluster C-persoonlijkheidsstoornis is dat zij veel moeite zullen hebben met het bedenken van argumenten tegen hun disfunctionele gedachten of het bedenken waar zij eigenlijk behoefte aan hebben of wat ze zouden willen doen. Zij zijn immers gewend te denken dat hun ouders alles doen uit goede bedoelingen en zijn geneigd om hun meningen en normen voor waar aan te nemen.

2.6.3 Gedragsmatige technieken

Bij cliënten met een cluster C-persoonlijkheidsstoornis is gedragsverandering een van de moeilijkste onderdelen. Anders dan je borderlinecliënt vind je afhankelijke of vermijdende cliënt het bijzonder moeilijk om 'in actie te komen'. En je dwangmatige cliënt kan dan weliswaar makkelijker in actie komen, maar vindt het dan weer bijzonder moeilijk om het op een andere manier te doen dan zij gewend is. Ook al weet de cliënt wel waar haar vermijdende, afhankelijke en/of perfectionistische gedrag vandaan komt en weet zij ook wat de nadelen zijn, dan nog zal zij aarzelen om haar gedrag echt te veranderen. Voor een deel heeft ze daar nog gelijk in ook, want haar gedrag heeft haar ook veel opgeleverd en haar omgeving houdt haar gedrag veelal in stand. Het vereist dus enige moed en frustratietolerantie om zelf beslissingen te nemen, je mening te geven, eigen keuzes te maken of niet alles perfect te doen. Het levert mogelijk conflicten op, en de acties van de cliënt zullen ook weleens mislukken. De rol van de therapeut is dus de cliënt zo veel mogelijk te stimuleren om haar gedrag toch te veranderen. Cliënten moeten leren omgaan met tegenslagen en ontdekken wat de voordelen zijn van het nieuwe gedrag, zoals meer ontspanning, krijgen wat je nodig hebt en je meer gezien voelen.

Sommige vaardigheden heeft de cliënt ook daadwerkelijk niet geleerd. Anders dan bij cluster B-stoornissen is met name het ervaren en uiten van boosheid een probleem. Maar ook zelfexpressie, flexibiliteit, spontaniteit en spel zullen expliciet geoefend moeten worden, omdat daar in de jeugd te weinig ruimte voor was.

2.6.4 Versterken van de Gezonde Volwassene

Naast het bestrijden van de disfunctionele modi is het versterken van de Gezonde Volwassene een zeer belangrijk aandachtspunt. Cliënten met een cluster C-persoonlijkheidsstoornis zijn niet gestimuleerd om hun Gezonde Volwassenemodus te ontwikkelen. Met name de afhankelijke en de vermijdende cliënten hebben veel te weinig geëxperimenteerd met het ontwikkelen van een eigen wil, mening, smaak en vaardigheden. Tijdens de therapie gaan ze die alsnog ontwikkelen. Aangezien de therapietijd gelimiteerd is, kun je daar niet vroeg genoeg mee beginnen. Voor sommige therapeuten lijkt het tijdig inbrengen van de Gezonde Volwassene soms wat té vroeg omdat je cluster C-cliënt nog zo veel moeite heeft met het herkennen en bewerken van de verschillende modi. Gelet op het beperkte aantal sessies (zie ook ▶ par. 2.8) zal de therapeut toch de Gezonde Volwassene moeten inbrengen en die steeds meer aanspreken. Daarbij kan de therapeut zich gesteund weten door de resultaten uit onderzoek waaruit bleek dat cluster C-cliënten significant verbeteren in deze behandeling met gelimiteerde tijd, ook al hebben therapeuten tijdens die behandeling twijfels over de effectiviteit binnen de grenzen van de beschikbare tijd (De Klerk et al., 2017; Ten Napel-Schutz et al., 2011, 2017). Voor de cliënten met een Dwangmatige-persoonlijkheidsstoornis ligt het accent meer op het leren minder perfectionistisch te zijn, fouten mogen maken en ontspanning zoeken.

Omdat dit zo'n belangrijk onderdeel van de therapie is, wordt aan dit onderwerp een apart hoofdstuk gewijd (▶ H. 8).

2.6.5 Stimuleren van het Gelukkige Kind en leren uiten van boosheid

Cliënten met een cluster C-persoonlijkheidsstoornis hebben eigenlijk niet echt kind kunnen zijn. Ze moesten zich al veel te vroeg aanpassen, bezig zijn met het vervullen van behoeften van anderen, zich verantwoordelijk voelen en alles heel goed doen. Dus is spelen en ontspannen sterk onderbelicht. Boosheid uiten was vaak ook uit den boze, dus dat kunnen deze cliënten ook slecht. Zij voelen hun boosheid zelfs vaak niet. Het is wel zo dat de cliënten met een Dwangmatige-persoonlijkheidsstoornis zich wat vaker ergeren en boos kunnen worden, maar op de verkeerde manier en over de verkeerde onderwerpen. Over het niet vervullen van hun basisbehoeften uiten ze zich juist niet. Daarom zal in elk hoofdstuk over de specifieke persoonlijkheidsstoornissen veel aandacht worden besteed aan het stimuleren van ontspanning en spel en het uiten van boosheid.

2.7 Fasering en doelstellingen

Schematherapie voor cluster C is gestructureerd in vier fasen: de therapie start met de analysefase: de casusconceptualisatie, gevolgd door de veranderingsfase, met daarin de begin-, midden- en eindfase. In ◘ tab. 2.6 staat deze fasering beschreven, uitgedrukt in het aantal sessies. Dit voorbeeld is een weergave van het onderzoeksprotocol in de cluster C-studie (Bamelis et al., 2014), waarin bewust is gekozen voor een tijdsgelimiteerd behandelprotocol. Cliënten met een cluster C-persoonlijkheidsstoornis zijn namelijk geneigd om daadwerkelijke verandering uit te stellen. Het is dan ook aan te raden om de

Tabel 2.6 Fasering van de therapie bij de cluster C-persoonlijkheidsstoornis

fase 1: sessie 1–6	introductie, casusconceptualisatie en bespreken behandelplan
fase 2: sessie 7–25	beginfase behandeling
fase 3: sessie 26–40	middenfase behandeling
fase 4: sessie 41–50	eindfase behandeling

cliënt er regelmatig aan te herinneren hoeveel sessies nog resteren. In de klinische praktijk kan het totaal aantal sessies per behandeling enigszins verschillen en daarmee ook de verdeling van de beschikbare sessies over de behandeling heen.

2.7.1 Introductie en casusconceptualisatie

Wij gaan ervan uit dat er al een indicatiefase aan de keuze voor schematherapie bij cluster C is voorafgegaan. Mocht dat niet het geval zijn, dan is het belangrijk om de keuze voor de behandeling van de persoonlijkheidsstoornis meteen in het eerste gesprek duidelijk aan de orde te stellen. De cliënt moet beseffen dat het om een intensief proces gaat en dat zij daar ook een actieve rol in moet gaan spelen. Dat roept bij alle cliënten met een cluster C-persoonlijkheidsstoornis wel een beetje spanning of angst op. De afhankelijke cliënt vreest dat zij alles zelf moet oplossen en nooit meer hulp zal krijgen. De vermijdende cliënt is bang dat zij allemaal heel enge dingen moet gaan doen en zal falen. De dwangmatige cliënt is bang dat zij niks meer zal doen of dat het een chaos wordt als zij minder haar best gaat doen. Je kunt het best die angsten helpen relativeren en nogmaals nagaan waarom de cliënt hulp gezocht heeft.

De therapeut maakt samen met de cliënt een casusconceptualisatie en modusmodel (zie ▶ H. 3) en stelt een behandelplan op (zie ▶ H. 4). De therapeut maakt duidelijk dat er een beperkt aantal sessies is. In totaal veertig sessies in het eerste jaar en tien sessies in het tweede jaar. Anders dan cliënten met een cluster B-persoonlijkheidsstoornis dienen cluster C-cliënten zich ervan bewust te zijn dat vermindering van de Copingmodi ook een onderdeel van de therapie zal zijn. De cliënten zullen moeten leren minder vermijdend, afhankelijk of dwangmatig te worden. Om deze cliënten daartoe te motiveren is het belangrijk om uit te leggen dat je hun zult leren wat andere, gezondere copingstrategieën zijn door de Gezonde Volwassene te versterken en dat zij op die manier beter in staat zullen zijn om hun basisbehoeften te vervullen.

2.7.2 Behandeling in drie fasen

In de beginfase van de behandeling van ongeveer twintig wekelijkse sessies zal de cliënt nog veel steun en uitleg krijgen.

Tijdens de middenfase van ongeveer vijftien wekelijkse sessies krijgt de cliënt steeds meer de rol om zelfstandig aan haar veranderingen te werken en wordt begonnen met gedragsverandering.

De eindfase bestaat uit tien maandelijkse sessies waarin de cliënt voornamelijk zelf probeert haar patronen te doorbreken en gedragsverandering in de praktijk brengt.

De totale behandeling duurt dus ongeveer twee jaar.

Aan het eind van elke fase is er een evaluatiemoment om te bespreken welke doelen al bereikt zijn en wat de doelen zijn waar verder aan gewerkt gaat worden.

In ▶ H. 4 worden deze fasen in de behandeling uitvoerig toegelicht.

2.8 Samenvatting

In dit hoofdstuk zijn de theoretische uitgangspunten voor de casusconceptualisatie en behandeling van cluster C-persoonlijkheidsstoornissen met schematherapie uiteengezet. Daarbij is gebruikgemaakt van de nieuwste inzichten op het gebied van schematherapie. Ook de gebruikte technieken zijn in grote lijnen uiteengezet. Deze concepten worden in de volgende hoofdstukken verder toegelicht en vertaald naar de behandeling van elke cluster C-persoonlijkheidsstoornis afzonderlijk.

Ten slotte wordt toegelicht wat de doelen, de duur en de fasering van de therapie zijn.

Casusconceptualisatie voor cluster C-stoornissen

R. van der Wijngaart en H. van Genderen, *Schematherapie voor cluster C-persoonlijkheidsstoornissen*,
https://doi.org/10.1007/978-90-368-2988-5_3

3.1 Inleiding: opbouw en werkwijze casusconceptualisatie

In de fase van de casusconceptualisatie probeer je samen met je cliënt met behulp van de concepten en taal uit schematherapie de patronen en problematiek van je cliënt te begrijpen. De klachtpatronen worden gerelateerd aan onvervulde basisbehoeften in de jeugd en de daaruit gevormde schema's, copingstijlen en modi.

Een tweede doel in deze fase is je cliënt kennis te laten maken met enkele methoden en technieken die in de therapie veelvuldig gebruikt zullen worden. Een diagnostische imaginatie en de stoelentechniek zijn dan ook een vast onderdeel in de fase van de casusconceptualisatie. Hiermee geef je je cliënt de belangrijke boodschap mee dat er in schematherapie naast praten ook ervaringsgerichte oefeningen gedaan zullen worden. De vijf à zes sessies van de casusconceptualisatie raken zo aardig gevuld met diverse doelstellingen, methoden en technieken. Je kunt deze sessies dan ook het best van tevoren structureren en de verschillende onderdelen agenderen. In ◘ tab. 3.1 staat een voorbeeld hoe de casusconceptualisatie gestructureerd kan worden.

◘ Tabel 3.1 Indeling sessies tijdens de casusconceptualisatie

Sessie	Methode/techniek
1	- uitleg over de procedure en kenmerken van schematherapie - exploratie klachten, onder andere met de neerwaartsepijltechniek - introduceren concept van modi als 'kanten van de persoon'
voorbereiding sessie 2	- invullen casusconceptualisatieformulier met de beschikbare informatie - opstellen van voorlopig modusmodel
2	- meegeven schemavragenlijst en schemamodusvragenlijst - vraag je cliënt jeugdfoto's mee te nemen
voorbereiding sessie 3	- verder invullen casusconceptualisatieformulier - aanvullen/aanpassen modusmodel - bekijken uitkomsten ingevulde vragenlijsten
3	- start bespreken vragenlijsten en verbanden leggen met ontstaansfactoren - bekijken jeugdfoto's en diagnostische imaginatie
voorbereiding sessie 4	- verder invullen casusconceptualisatieformulier - aanvullen/aanpassen modusmodel - voorlopig behandelvoorstel formuleren
4	- stoelentechniek voor diagnostiek en voorlopig modusmodel op bord - cliënt neemt foto van modusmodel mee
multidisciplinaire intakestaf met bespreking van behandelvoorstel	
5	- doornemen verslag en behandelvoorstel - meegeven verslag aan cliënt, met daarin zowel het casusconceptualisatieformulier (exclusief het onderdeel over de interactie met de eigen schema's) als het modusmodel
6	- bespreken eventuele vragen en wijzigingen - voorleggen behandelplan - advies *Patronen doorbreken* of *Doorbreek je patronen in vijf stappen* aan te schaffen

Deze indeling van sessies hoeft niet per se strikt gevolgd te worden, maar het is wel aan te bevelen om alle genoemde methoden en technieken in deze fase te gebruiken. Hierna worden de methoden en technieken in deze fase van de casusconceptualisatie verder toegelicht.

3.1.1 Exploratie van patronen en introductie van modi als kanten van de persoon

Tijdens de fase van de casusconceptualisatie zoom je enerzijds in op concrete klachtmomenten waarin die patronen zich manifesteren, anderzijds zoom je uit en bespreek je de algemenere patronen met je cliënt. Je identificeert modi door te letten op contrasten in de gemoedstoestand van je cliënt. Je vermijdende cliënt vertelt bijvoorbeeld over het vermijden van situaties waarin ze zich ongemakkelijk en onzeker voelt. Hiermee beschrijft zij twee kanten aan haar beleving, twee kanten van zichzelf. Er is er de beleving waarin ze opgaat in de angst en onzekerheid. Daarnaast is er de beleving waarbij ze opgaat in het vermijden van situaties en mensen. Deze twee kanten van haar beleving kunnen illustratief zijn voor twee verschillende kanten van je cliënt: een Afhankelijke/Incompetente Kindkant, die angstig is en bang is om te falen, en een Vermijdende Copingkant. Het benoemen van die twee kanten ondersteun je met gebaren. Gebaar naar een plek in de kamer wanneer de Kindkant besproken wordt. Gebaar vervolgens naar een andere plek in de kamer wanneer de Vermijdende Copingkant besproken wordt. Op deze manier breng je de kanten bijna 'tot leven', bijna als twee verschillende personen in de kamer. Zo worden de kanten meer dan enkel theoretische constructen.

3.1.2 Neerwaartsepijltechniek

Het exploreren van de klachtsituaties kan op verschillende manieren gebeuren. De gebruikelijkste manier is om de verschillende aspecten van de klachtbeleving in die situatie te onderzoeken: Hoe voelde je je op dat moment? Waar was je dan bang voor? Wat ging er door je heen? Wat dacht je over jezelf en over anderen? Wat heb je gedaan toen je zo angstig werd? Hoe verliep het verder?

Met behulp van de neerwaartsepijltechniek vraag je echter meer door naar de betekenis van deze ervaren angsten (Bögels & Van Oppen, 2019; Van Genderen & Arntz, 2021; Brockman et al., 2023). Nadat je de situatie met genoemde vragen in beeld gebracht hebt, ga je in deze techniek verder met de volgende vragen: 'Waar was je bang voor op dat moment?', 'Stel dat dat waar zou zijn, wat zou dat dan betekenen voor je?', 'Wat zou dat over jou als persoon zeggen als dat waar was?' Het zijn deze verdiepende vragen op grond waarvan dit de *neerwaartse*-pijltechniek wordt genoemd. Zo kunnen onderliggende schema's worden geïdentificeerd. Die zijn onder andere merkbaar door de sterkere emotionele responsen bij het bespreken van die schema's. Het zijn immers de onderliggende emotionele 'wonden' die zichtbaar worden.

Voorbeeld neerwaartsepijltechniek
Cliënt: *En toen moesten ze lachen en ben ik maar weggegaan …*
Therapeut: *Want waarom moesten ze lachen dan, denk je?*
Cliënt: *Nou, het was wel duidelijk dat ze me uitlachten …*
Therapeut: *… Oké, dat klinkt niet fijn, nee … Maar stel dat dat waar was en ze lachten je uit, wat zou dat dan betekenen voor jou?*
Cliënt: *Euh, nou, gewoon, dat ze me anders, misschien wel raar vonden.*
Therapeut: *En als dat zo zou zijn, wat zou dát dan betekenen voor jou?*
Cliënt: *Weet ik niet … opnieuw weer mensen die me raar vinden, zoiets …*
Therapeut: *Oké, ik kan me er van alles bij voorstellen waarom dat een nare gedachte is. Maar wat zou jíj er erg aan vinden als ze je daadwerkelijk raar zouden vinden?*
Cliënt: *… Ik weet niet … ik hoor er gewoon niet bij, zo voelt het …* (tranen)
Therapeut (zachte stem): *Oké, dan snap ik waarom dit zo'n akelig moment voor je was. Voor jou was het niet alleen een situatie waarin anderen moesten lachen om iets wat je zei, voor jou was het opnieuw een bewijs dat je raar gevonden wordt en er niet bij hoort …*
(Cliënt knikt.)
Therapeut: *En dat is volgens mij een bekend gevoel voor je, niet?*
(Cliënt knikt weer.)
Therapeut: *Dus de situatie met dat lachen was een naar moment voor je. Maar eigenlijk gaat het om dat onderliggende gevoel, het gevoel dat je raar gevonden wordt, en er niet bij hoort. Alsof jij een eiland bent en de rest allemaal verblijft op een continent waar jij nooit echt aansluiting bij zal hebben. Voelt dat alsof dat klopt?*
(Cliënt knikt weer.)
Therapeut: *Die oude wond, die wond van je sociaal geïsoleerd voelen, er niet bij horen, dat noemen we het schema Sociaal isolement. Dat is een oude emotionele wond, een gevoelige plek, die je met je meedraagt en waar je op zulke momenten als we bespraken tegen aanstoot. Op zo'n moment is het niet alleen een lastige situatie, maar is het ook een overspoelende oude pijn waar je zo veel last van hebt.*

3.1.3 Bespreken van de vragenlijsten

Je neemt bij de casusconceptualisatie altijd zowel de schemavragenlijst (YSQ) als de Schema Mode Inventory (SMI) af. Daarmee meet je de ernst van de problematiek bij de start van de behandeling. Deze vragenlijsten kun je in de volgende fasen ook gebruiken als informatiebron tijdens evaluatieve momenten gedurende de behandeling, tussendoor en bij de afsluiting. Er zijn diverse versies van deze vragenlijsten in omloop. In Nederland wordt de YSQ-S3 aangeraden. De YSQ en de SMI kunnen door je cliënt online worden ingevuld via ▶ www.schematherapie.nl. Op deze website zijn steeds de actueelste versies van de vragenlijsten te vinden. De uitkomsten worden teruggekoppeld naar je cliënt, dus je vraagt of zij die wil doorsturen naar jou.

Het bespreken van de uitkomsten in de sessie kan grofweg op twee verschillende manieren gebeuren. Een manier is om het overzicht van de uitkomsten voor te leggen aan je cliënt. Het voordeel is dat alle uitkomsten, alle relevante schema's en kanten, op die manier te zien zijn en besproken kunnen worden. Het nadeel van deze benadering is dat de hoeveelheid informatie voor je cliënt wat overweldigend kan zijn. Daardoor kan de bespreking daarvan makkelijk wat cognitief en weinig doorleefd blijven.

Een andere benadering is de uitkomsten gedurende de sessies spelenderwijs in het gesprek te vlechten. Wanneer je cliënt vertelt over een gevoel of thema dat ook in de vragenlijsten hoog scoorde, kun je die koppeling naar de vragenlijst maken. Het voordeel hiervan is dat de besprekingen meer doorleefd en daarmee betekenisvol kunnen zijn. Een nadeel van deze benadering is echter wel dat het bespreken van de schema's meer tijd in beslag neemt, waardoor je tijd tekort zou kunnen komen in het beperkte aantal sessies van de casusconceptualisatie.

Wanneer er meer dan vijf of zes schema's relevant lijken te zijn (een gemiddelde score van 2,5 of hoger), raden we aan een selectie te maken van vijf schema's. Dit kunnen de schema's zijn met de hoogste gemiddelde scores, maar ook de schema's die jij als therapeut belangrijk vindt in de behandeling van je cliënt. Een voorbeeld van dit laatste kan het schema Emotionele verwaarlozing zijn. Dit schema wordt aan het begin van de therapie door cliënten vaak laag gescoord. In de levensgeschiedenis van een cliënt kan deze emotionele verwaarlozing echter wel een heel belangrijk thema blijken te zijn. Omdat het bij dit schema om een gemis gaat, kan het goed zijn dat je cliënt dat gemis nog niet zo herkent wanneer de therapie net begint. Je kunt dit schema dan toch meenemen in de 'top vijf'.

Voorbeeld bespreken uitslagen vragenlijsten

Cliënt: *En toen voelde ik me echt naar, alleen of zo …*

Therapeut: *En was dat dan dat gevoel dat jij er niet echt bij hoort, dat je anders bent dan die anderen?*

Cliënt: *Ja, precies, alsof ik er wat buiten sta.*

Therapeut: *Dat doet me denken aan wat je in die vragenlijst ook aan hebt gegeven. In die vragenlijst herkende je ook dat thema anders te zijn dan anderen. Zo was er bijvoorbeeld die vraag 'Ik voel me soms volledig een buitenstaander' die je hoog scoorde. Is dat een gevoel dat je vaak in je leven hebt gehad?*

Cliënt: *Ja, eigenlijk altijd wel …*

In de huidige schema- en modusvragenlijsten staan niet alle schema's en kanten vermeld die wij in dit boek genoemd hebben, omdat onderzoek daarnaar nog gaande is. Dat betekent niet dat je een van de nieuwe schema's of kanten niet mee kunt nemen in je casusconceptualisatie. Hetzelfde geldt voor schema's of kanten waarop je cliënt niet hoog scoort, maar waarvan jij op grond van andere informatie denkt dat die toch relevant zijn. De vragenlijsten zijn immers gebaseerd op zelfrapportage en geven soms onvoldoende weer of een schema of modus relevant is.

Als je bijvoorbeeld via de neerwaartsepijltechniek of imaginatie ontdekt dat er een thema aan bod komt dat beter te verklaren valt door een van de nieuwe of laag scorende schema's, dan neem je die op in je overzicht van relevante schema's en kanten.

3.1.4 Gebruik van jeugdfoto's van de cliënt

Het gebruik van jeugdfoto's is een waardevol hulpmiddel tijdens de casusconceptualisatie. Je vraagt je cliënt wat foto's uit haar jeugd mee te nemen naar de volgende sessie. Soms vraagt een afhankelijke of dwangmatige cliënt hoeveel foto's er meegenomen moeten worden, en wat de 'juiste' foto's zijn om mee te nemen. Je eerste antwoord kan zijn dat iedere foto al goed is. Als je cliënt dan toch een keuze moet/wil maken, kunnen die foto's meegenomen worden die illustratief zijn voor de sfeer in het stamgezin of het veelvoorkomende gevoel in de jeugd.

In de volgende sessie worden de foto's bekeken. Er is geen protocol voor hoe die bespreking moet verlopen. Feitelijk sta je samen stil bij de beelden uit het verleden van je cliënt en bespreek je de sfeer die die beelden uitademen en het gevoel dat je meent te bespeuren op het gezicht van je cliënt als kind. Deze besprekingen koppel je aan eerder besproken onderwerpen en thema's. De beelden van de foto's kunnen zo onderdeel worden van je modusmodel. Het Gekwetste Kind krijgt door de foto's een gezicht, zowel voor jou als voor je cliënt.

Vraag je cliënt of je een kopie van een of twee van die foto's in het dossier mag bewaren. Kies daarbij foto's die voor jou een goede reminder zijn aan de ervaren gevoelens van je cliënt als kind, of illustratief voor het gezin waarin je cliënt is opgegroeid. Deze foto's kunnen jou en je cliënt gedurende de behandeling helpen jullie bewust te blijven van de gevoelens en behoeften van het Kind.

3.1.5 Diagnostische imaginatie

De diagnostische imaginatie is een ervaringsgerichte techniek naast de meer standaard cognitief verbale exploratie van de patronen. De huidige problemen zijn voorbeelden van een steeds terugkerende schema-activatie. Leg uit dat je begrijpt dat die situatie voor je cliënt voelt als een groot probleem, maar dat deze gebeurtenis mogelijk raakt aan oude pijn. Deze oefening helpt jullie die oude pijn beter te begrijpen. Deze schema-activerende gebeurtenis kan tijdens de oefening gebruikt worden als vertrekpunt om de achterliggende betekenisvolle gebeurtenissen in het verleden te identificeren. Vraag je cliënt zich eerst in te leven in die recente klachtsituatie. Vervolgens vraag je de cliënt zich te concentreren op de gevoelsbeleving in die recente situatie en of dit een herkenbaar gevoel is. Als het een herkenbaar gevoel lijkt, vraag je haar beelden/herinneringen uit haar jeugd op te laten komen. Je exploreert deze vroege beelden/herinneringen. In de nabespreking kun je samen met je cliënt de onvervulde basisbehoeften, gevormde schema's en ontstane copingreacties bespreken.

In het kader staan de stappen beschreven die als richtlijn kunnen dienen voor het doen van een diagnostische imaginatie.

Stappenplan diagnostische imaginatie

Stap 1 Introductie
Stap 2 Fijne plek
Stap 3 Nare situatie in het heden
Stap 4 Affectbrug naar het verleden
Stap 5 Exploratie van betekenisvolle ervaring in het verleden
Stap 6 Terug naar de fijne plek
Stap 7 Nabespreking

Dit stappenplan dient enkel als hulpmiddel en niet als dwingende richtlijn. Uiteindelijk is de essentie van de oefening dat huidige klachtsituaties gekoppeld worden aan de schemavormende ervaringen in het verleden. Daardoor is er ook een ander stappenplan denkbaar voor deze oefening. Zo kan de oefening ook gestart worden met een herinnering uit het verleden, waarna de affectbrug gebruikt wordt om de koppeling te maken met huidige klachtsituaties. Of de sterke emotionele gevoelens waar cliënt over vertelt kunnen direct gebruikt worden als affectbrug, zonder eerst de recente situatie te visualiseren.

In de volgende paragrafen over de verschillende persoonlijkheidsstoornissen worden voorbeelden beschreven van de diagnostische imaginatie en de verschillende mogelijke variaties van deze techniek.

3.1.6 Stoelentechniek in de diagnostiekfase

Bij de stoelentechniek worden stoelen gebruikt als representaties van betekenisvolle onderdelen van de klachten of problemen van cliënten. In verschillende therapeutische kaders worden stoelen dan ook gebruikt om een overleden betekenisvolle ander te representeren, een intern of interpersoonlijk conflict, gevoelens, gedachten, of een middel zoals alcohol. In schematherapie worden stoelen gebruikt als representaties van de verschillende kanten van de persoon. Door in een andere stoel plaats te nemen en vanuit een specifieke modus te spreken, wordt deze stoel 'geladen' met de beleving van die modus. Vervolgens vraag je de cliënt op te staan en samen met jou van een afstand terug te blikken op die beleving. Op deze manier wordt er niet alleen een fysieke afstand gecreëerd maar ook een emotionele. De stoelentechniek is dan ook een krachtig hulpmiddel in het proces van bewustwording van de kanten en het loskomen ervan.

In het kader wordt een stappenplan beschreven voor het exploreren van een modus met behulp van de stoelentechniek.

Stappenplan stoelentechniek in de analysefase

Stap 1 Keuze voor de stoelentechniek
Stap 2 Het benoemen van de modus
Stap 3 Uitleg rationale van de techniek
Stap 4 Plaats de cliënt op een andere stoel
Stap 5 Interviewen van modus
Stap 6 Pak eventueel een extra stoel of stoelen voor andere kanten
Stap 7 Terug naar oorspronkelijke stoel voor reflectie. Deze reflectie kan ook in een staande positie gedaan worden.
Stap 8 Nabespreking

Net als bij de diagnostische imaginatie is het stappenplan voor de stoelentechniek niet bedoeld als een dwingende richtlijn maar meer als hulpmiddel.

De stoelentechniek kan op deze manier bijdragen tot een beter begrip van de belevingen en gedachten in een bepaalde modus. Stoelen kunnen echter ook gebruikt worden om het modusmodel waaraan gewerkt wordt zichtbaar te maken. Je zet dan voor elke modus een aparte stoel in de ruimte en geeft aan welke modus waar zit. Je kunt eventueel ook een blad papier of een moduskaart op elke stoel leggen om nog duidelijker te maken welke modus de stoel representeert. Net als een modusmodel op een whiteboard of flap-over biedt het modusmodel in de vorm van stoelen overzicht en inzicht in de interne dynamiek van je cliënt. Dit overzicht wordt versterkt door op te staan uit de stoelen en vanuit die staande positie de uitgestalde stoelen te bespreken.

3.1.7 Gezonde Volwassene in de fase van de casusconceptualisatie

In de fase van de casusconceptualisatie werk je eigenlijk al aan het versterken van de Gezonde Volwassene van je cliënt. Al is de Gezonde Volwassene niet de belangrijkste focus van de gesprekken in die analysefase, toch ben je al interventies aan het doen die bijdragen tot het vormen en versterken van die Gezonde kant. Hierna wordt beschreven op welke manier de Gezonde Volwassene al onderdeel is van de casusconceptualisatie.

Bewustwording van kanten

Een belangrijk doel van de casusconceptualisatie is de vertaling van de klachtpatronen in termen van kanten van je cliënt. In plaats van overspoeld te worden met heftige belevingen leert je cliënt woorden te geven aan die belevingen. Kijken náár en praten óver die belevingen is al een wezenlijke verandering ten opzichte van het overspoeld worden door die belevingen. Voor veel cliënten is dit afstand nemen, het kijken naar zichzelf in termen van kanten, niet eenvoudig. De aannames over zichzelf, de anderen en de wereld zijn voor hen de realiteit, ze zijn waar. Enkel benoemen dat dit een 'kant' is, een modus, kan misschien voor jou als therapeut wel kloppen, maar gaat voor veel cliënten wat te snel.

Voorbeeld bewustwording kanten bij John (zie 3.4)

John klaagt in de sessie over zijn collega's die zich niet aan de regels en procedures houden.

De therapeut meent in deze belevingen de Perfectionistische Overcontroleerder van John te herkennen. Het doel van de eerste gesprekken die ze hebben is om samen inzicht te verkrijgen in de patronen in het leven van John. De therapeut besluit dan ook deze Perfectionistische Overcontroleerder te benoemen.

Therapeut: *Het klinkt heel erg naar die controlehoudende kant van je zoals je nu praat over die collega's. Zou het kunnen dat dit die controlehoudende kant is die ik nu hoor?*

John: *Nee, dat vind ik zelf! Ik vind het belachelijk dat ze zich er maar zo van af kunnen maken. Dat is geen kant in me, dat is gewoon de realiteit. Het zijn gewoon slordige mensen!*

Therapeut: *Nou, ik heb toch echt het idee dat die controlehoudende kant hier ook in meespeelt. Die kant die het allemaal volgens de regels wil doen. Zou dat kunnen?*
John: *Nee, dat vind ik zelf!*

Het meteen benoemen van de belevingen als een kant sluit in dit vroege stadium van de therapie nog niet goed aan bij de beleving van John. John heeft immers nog geen goed ontwikkelde Gezonde Volwassene, dus kan hij nog niet (h)erkennen dat het een kant van hem is. Een eerste tussenstap in het leren benoemen van kanten is het concreet spiegelen van de gemoedstoestanden die je opmerkt. Het benoemen van de contrasten in de presentatie van je cliënt is een toegankelijke manier om cliënten te leren denken in termen van kanten en het ontwikkelen van het perspectief van de Gezonde Volwassene.

Voorbeeld bewustwording kanten bij John – vervolg

Therapeut: *Wat ik merk is dat je zoals je er vandaag bij zit vol bent van de onrechtvaardigheid dat anderen zich niet aan de regels houden.* (Terwijl de therapeut dit beschrijft, gebaart hij rustig naar een plek naast John, alsof hij een derde persoon in de kamer aan het beschrijven is.)
John: *Ja, maar dat is toch ook raar, dat ze daar zomaar mee weg denken te kunnen komen?!*
Therapeut: *Precies, dit is wat ik merk, je zit helemaal in die beleving* (therapeut gebaart weer rustig naar de eerder aangewezen plek van de Perfectionistische Overcontroleerder). *Je zit er helemaal in, en voor jou voelt het gewoon als de werkelijkheid die je benoemt.*
John: *Maar dat is het ook!*
Therapeut: *Precies, je zit er zo in dat er niets anders meer is dan dat. En ik snap wel dat als ik dan aankom met 'die kant van jou' dat dat helemaal niet passend voelt, bijna raar, klopt dat?*
John (iets rustiger): *Ja precies …*
Therapeut: *Misschien is het wel goed om eerst even te benadrukken dat ik helemaal niets wil zeggen over die collega's. Dat is niet mijn punt. Mijn punt is meer dat zoals je er vandaag bij zit, zo vol van dat onrecht van die collega's, dat dat verschilt van wat ik ook wel van je heb gezien. Simpel gezegd, je hebt er weleens anders bijgezeten. Toen je bijvoorbeeld vertelde over je zorgen dat je vrouw bij je weg wil gaan, toen klonk je heel anders* (hier gebaart de therapeut naar de plek waar de cliënt nu zit). *Je klonk meer bezorgd, wat onzeker. Herken je wat ik nu zeg?*
John: *Maar, maar dat is toch logisch! Dat gaat over iets heel anders! Dat van mijn vrouw vind ik erg, ja, maar ik kan me zo kwaad maken over die …*
Therapeut (onderbreekt John): *Precies! Precies dit! Dat zeg je wel mooi, als je het over die collega's hebt, dan zit je in een heel andere beleving dan wanneer je over je vrouw praat. En dat ken ik ook van jou. Soms zit je helemaal in die frustratie dat anderen zich niet aan de regels houden* (wijst weer naar de plek naast John) *en op andere momenten zit je er anders bij, bijvoorbeeld als je over je vrouw praat* (therapeut gebaart naar de plek waar John nu zit). *Kennelijk zijn er verschillende kanten aan je beleving, verschillende kanten van jou. Ik kan tenminste niet zeggen dat je er precies hetzelfde bij zit als je over je collega's vertelt dan als wanneer je over je vrouw vertelt, toch?*

(John knikt aarzelend.)
Therapeut: *En hoe zou jij die beleving noemen als je je zo opwindt over je collega's, die kant van jou?*
John: *... Ik weet niet ... mijn sterke kant?*
Therapeut: *Nou, sterk is die zeker. Maar het klinkt dan ook alsof dat het enige kenmerk is. Wat mij opvalt is dat als jij in die toestand zit* (wijst opnieuw naar plek naast John) *je vol zit met de regels en je ook erg je best doet om alles goed te laten verlopen. Klopt dat?*
John: *Ja ...*
Therapeut: *Kunnen we dat niet meenemen als we een naam zoeken voor hem?*

Identificeren bronnen van kracht

Bij aanmelding van cliënten gaat de aandacht logischerwijs sterk uit naar de klachten en problemen. Dat zijn immers de redenen voor aanmelding. In de casusconceptualisatie probeer je echter ook al de eerste signalen van de Gezonde Volwassene te identificeren. Die signalen zou je makkelijk kunnen missen met de hoeveelheid problemen en klachten waar je cliënt mee worstelt. Maar die signalen zijn er wel degelijk. Het feit dat je cliënt in therapie gaat, is bijvoorbeeld heel gezond. De Boze, Blije en Kwetsbare Kindkanten zijn ook de gezonde kanten van je cliënt. Zoals gezegd is het benoemen van die kanten voor sommige cluster C-cliënten een eerste therapeutische interventie.

Verder kan in de fase van de casusconceptualisatie ook geïnventariseerd worden uit welke activiteiten je cliënt kracht en zelfvertrouwen put, zoals hobby's. Deze activiteiten kunnen in de loop van de behandeling ingezet worden om het moeizame veranderingsproces vol te blijven houden.

3.1.8 Casusconceptualisatieformulier en modusmodel

Gedurende deze fase vul je na iedere sessie steeds het casusconceptualisatieformulier verder in. Gebruik het formulier niet als een soort vragenlijst tijdens de sessies. De gesprekken zijn namelijk niet alleen bedoeld om feitelijke informatie in te winnen maar ook om de therapeutische relatie op te bouwen. Door het formulier als vragenlijst te gebruiken loop je het risico dat het gesprek meer het karakter krijgt van het afvinken van een checklist. Tijdens de sessies maak je wel wat aantekeningen voor jezelf. Die aantekeningen gebruik je na afloop van de sessie om het formulier verder in te vullen. Bereid iedere sessie wel voor met een korte agenda, bijvoorbeeld 'diagnostische imaginatie'.

3.1.9 Bespreken verslag en behandelvoorstel

Als afsluiting van de fase van de casusconceptualisatie koppel je de verkregen inzichten terug naar je cliënt. Dit verhaal wordt de basis, de blauwdruk, van de verdere behandeling. In dat verhaal worden de huidige klachten en problemen gerelateerd aan onvervulde basisbehoeften in het verleden en de daaruit ontstane schema's en kanten. Dat 'verhaal' kan op verschillende manieren vormgegeven worden, en mogelijk heb je daar al een eigen stijl in ontwikkeld. In het kader vind je een bruikbare structuur voor de samenvattende conclusie van het verslag met nuttige formuleringen. Wij gaan er bij deze versie van het formulier van uit dat er nog geen keuze is gemaakt voor schematherapie. Vandaar dat het formulier een uitgebreide toelichting op deze keuze voor schematherapie bevat (cursief). Als die keuze al vooraf is gemaakt, kun je dit deel schrappen.

Samenvatting en conclusie

Klachten
Cliënt meldt zich met de volgende klachten …
Deze klachten doen zich voor op verschillende levensgebieden. Er is sprake van steeds terugkerende patronen, zowel in het huidige leven van je cliënt als in het verleden en zij hangen samen met een belaste voorgeschiedenis.
De klachten bestaan al sinds …

Huidige situatie
Huidige situatie (beschrijving woon- en werksituatie, burgerlijke staat, overige relevante gegevens huidige situatie)

Achtergrond
Betrokkene is het … kind uit een gezin met … kinderen.
Vader wordt omschreven als een … … man, moeder als een … … vrouw.
Cliënte lijkt in aanleg …
(Beschrijving relevante life-events)

Basisbehoeften en schema's
Cliënte groeide zo op in een sfeer van …
Er lijkt daarmee sprake te zijn van een gemis aan (basisbehoeften) …
Het gevolg van dit gemis is geweest dat er zich hardnekkige patronen (schema's) hebben gevormd. Bij cliënt is sprake van de schema's …

Kanten
Dit gevoel heeft cliënt als kind ervaren, maar cliënt ervaart dit in het huidige, volwassen, leven ook nog regelmatig in de vorm van overspoelend gevoel van … Op die momenten schiet cliënt in een gemoedstoestand waarin dezelfde pijn van het kind gevoeld wordt die zij vroeger letterlijk had: Kleine (naam Cliënt).
De negatieve boodschappen uit het verleden heeft cliënt geïnternaliseerd tot een Kritische kant. In diverse situaties schiet cliënt in een gemoedstoestand waarin de eigen gevoelens, gedrag en denken op een negatieve manier geëvalueerd worden, passend bij de afkeuring, parentificatie, hoge eisen, die cliënt als kind al heeft ervaren.
Als overlevingsstrategie heeft cliënt een patroon ontwikkeld van (voorbeelden van Vermijdend Copingkant en/of Omkerende Copingkant). In haar huidige leven schiet cliënt regelmatig opnieuw in die overlevingsstand.
Met deze kanten heeft cliënt in de jeugd een zeker functioneel evenwicht weten te behouden. In haar huidige leven heeft cliënt echter in toenemende mate last van deze patronen.

Hulpvraag
De aanleiding om nu hulp te zoeken is geweest …

De hulpvraag is erop gericht dat …

Diagnose volgens de DSM-5

Behandelvoorstel
De hulpvraag van cliënt is gericht op de patronen in de persoonlijkheid en het interpersoonlijk functioneren.
Gezien de veranderingsgerichte hulpvraag met betrekking tot deze lang bestaande klachten en patronen kan een inzichtgevende en veranderingsgerichte psychotherapie overwogen worden. Mogelijk geïndiceerde vormen van psychotherapie betreffen psychodynamische psychotherapie, cliëntgerichte therapie of schematherapie.
Op grond van het beschikbare onderzoek lijkt schematherapie een aangewezen vorm van therapie (Giesen-Bloo et al., 2006; Nadort et al., 2009; Bamelis et al., 2014). Gezien de vroegkinderlijke ontwikkeling die gekleurd is door een tekort in (vermelding van relevante basisbehoeften) *lijkt schematherapie het meest geïndiceerd, aangezien deze vorm van psychotherapie gericht is op actieve validering van basisbehoeften.*
Schematherapie is een integratieve vorm van psychotherapie die zowel ervaringsgerichte als cognitieve en gedragsveranderende methoden en technieken gebruikt. Doelstelling van schematherapie is het verkrijgen van meer inzicht in de terugkerende patronen in het interpersoonlijk functioneren. Daartoe zal de geïnternaliseerde Kritische kant van de cliënt moeten worden bevochten en de invloed van oude Vermijdende en Omkerende kanten worden verminderd. Tegelijkertijd zal de cliënt contact leren maken met de onderliggende onvervulde basisbehoeften. De cliënt leert die behoeften te valideren en zo de Gekwetste Kindkant te begrijpen en steunen. Daardoor komt een emotionele groei op gang en ontwikkelt de cliënt een sterkere Gezonde Volwassenekant.

Duur van de behandeling:
Op grond van onderzoek is een veranderingsgerichte (voor deze persoonlijkheidsstoornis of andere persisterende problematiek) en qua tijd gelimiteerde schematherapie geïndiceerd van ongeveer XX sessies.
De therapie zal een begin-, midden- en eindfase hebben. De begin- en middenfase bestaan uit ieder XX sessies en de eindfase uit XX sessies.
Het doel van de beginfase is om enerzijds een bewustzijn op te bouwen van de verschillende kanten, kanten van zichzelf, en tegelijkertijd nieuwe corrigerende emotionele ervaringen op te doen.
De middenfase heeft tot doel het Gezonde Volwassen deel van haar te versterken, zodat ze zelf in staat is haar behoeften te onderkennen en valideren, in combinatie met het gezond leren hanteren van haar Kritische en Copingkanten.
De eindfase is voornamelijk gericht op daadwerkelijke gedragsverandering, het doorbreken van oude patronen.
Iedere fase wordt gevolgd door een moment van evaluatie.

In de volgende paragrafen wordt de casusconceptualisatie per persoonlijkheidsstoornis beschreven. Per stoornis worden typerende basisbehoeften, schema's en kanten in verband gebracht met de patronen die kenmerkend zijn voor iedere stoornis. Per stoornis wordt vervolgens ook een concrete casus uitgewerkt en het modusmodel van die specifieke casus wordt beschreven als een voorbeeld uit de klinische praktijk.

3.2 De Afhankelijke-persoonlijkheidsstoornis

Casus Claire

Claire is door de huisarts verwezen naar een psychotherapeut, omdat hij denkt dat haar vermoeidheids- en paniekklachten veroorzaakt worden door haar psychische klachten. Zij vraagt hem regelmatig om advies, maar hij kan geen somatische verklaring vinden voor haar klachten. Claire heeft al een paar keer cognitieve gedragstherapie gehad voor haar paniekklachten, maar dat heeft beperkt resultaat gehad.
Claire woont samen met haar vriend (Jonas). Hij is meestal heel steunend, maar triggert haar angst om verlaten te worden ook weleens, omdat hij zich soms niet aan afspraken houdt en niet altijd het geduld heeft om haar advies te geven. Zij hebben geen kinderen.
Claire heeft momenteel geen werk. Zij heeft geen beroep geleerd, omdat zij van haar ouders te horen kreeg dat zij niet zo veel aankon en het best huisvrouw kon worden. Zij is wel een periode hulp in de huishouding geweest bij oudere of gehandicapte mensen. Zij maakt zich veel zorgen en voelt zich constant moe; daardoor voelt ze zich niet in staat om te werken.
Claire was enig kind. Haar vader was alcoholist en kon onverwacht boos of zelfs agressief worden. Moeder was een angstige vrouw die niet tegen vader op kon. Zij deelde haar zorgen en angsten met Claire, waardoor Claire zich verantwoordelijk ging voelen voor het welzijn van moeder. Zij kwam daardoor niet toe aan het ontdekken van haar eigen behoeften. Zij bleef tot haar 24ste thuis wonen uit bezorgdheid over de situatie thuis. Toen is zij samen gaan wonen met haar eerste vriend.
Haar ouders zijn een paar jaar geleden gescheiden. Sindsdien leunt moeder nog meer op Claire dan daarvoor. Omgekeerd belt Claire haar ook vaak om advies of geruststelling te vragen als zij zich niet zo goed voelt.

Hoe merk je dat iemand een Afhankelijke-persoonlijkheidsstoornis heeft?
Als je te maken hebt met iemand met een Afhankelijke-persoonlijkheidsstoornis, merk je dat zij je veel vaker advies vraagt dan de andere mensen die je kent. Je kunt weleens het gevoel hebben dat zij zich aan je vastklampt en er niet tegen kan om alleen te zijn. Dat kan soms irritatie oproepen, omdat er te veel een beroep op je wordt gedaan.
Zij houdt altijd rekening met jouw wensen, waardoor je die irritatie tegenover haar niet snel zult uiten. Je zult dus niet makkelijk een meningsverschil met haar krijgen, behalve als jij onafhankelijk van haar iets wilt ondernemen.
Om vast te stellen of iemand ook volgens de officiële criteria een Afhankelijke-persoonlijkheidsstoornis heeft moet je natuurlijk ook de criteria van de DSM-5 toetsen (zie ► H. 1).

3.2.1 Basisbehoeften en schema 's

Bij mensen met een Afhankelijke-persoonlijkheidsstoornis zijn vrijwel alle basisbehoeften niet vervuld op het gebied van bekwaamheid, autonomie en zelfexpressie (zie tab. 2.2). Dit kan leiden tot verschillende schema's oftewel valkuilen die ertoe leiden dat iemand zich op volwassen leeftijd niet zelfstandig kan redden. In een review door Panagiotopoulos et al. (2023) bleken de meest voorkomende schema's bij mensen met een Afhankelijke-persoonlijkheidsstoornis te zijn: Afhankelijkheid/Onbekwaamheid, Onderwerping, Verlating en Verstrengeling. In de klinische praktijk zien we vaak ook de schema's Mislukking en Kwetsbaarheid voor ziekte en gevaar.

Hoewel het per persoon kan verschillen welke schema's aanwezig zijn, is de kans groot dat er wel minstens vijf van deze zeven schema's relevant zijn. Voor cliënten met een Afhankelijke-persoonlijkheidsstoornis is het tijdens de behandeling belangrijk om uitgebreid stil te staan bij de onvervulde basisbehoeften, omdat zij zich nauwelijks bewust zijn van deze tekorten. Claire zal er bijvoorbeeld van overtuigd zijn dat zij onhandig is en daarom afhankelijk is van anderen. Zij weet niet wat zij gemist heeft en heeft niet geleerd dat het normaal is fouten te maken en door vallen en opstaan te leren eigen keuzes te maken of een eigen mening te hebben. Nu ze zich echter vaker somber voelt en angstig is, zoekt ze alsnog hulp en wil ze wel meewerken aan het uitzoeken wat er met haar aan de hand is.

3.2.2 Kanten bij de Afhankelijke-persoonlijkheidsstoornis

In deze paragraaf gaan wij wat dieper in op de mogelijke kanten van een cliënt met een Afhankelijke-persoonlijkheidsstoornis (zie tab. 3.2). De kanten vloeien voort uit de eerder genoemde relevante schema's bij deze persoonlijkheidsstoornis en de bijbehorende kanten zoals Arntz en collega's beschrijven in de bijlage van hun artikel (Arntz et al., 2021). In tab. 2.2. en bijlage 1 worden alle kanten inhoudelijk uitgebreider toegelicht.

Zoals in ▶ H. 2 al toegelicht gaat het bij overgave aan de hierna genoemde schema's om Kindkanten of Kritische kanten. Wanneer er sprake is van vermijding of omkering van de schema's dan gaat het om Copingkanten.

In tab. 3.2 beschrijven we de relevante kanten voor een cliënt met een Afhankelijke-persoonlijkheidsstoornis. Waar relevant noemen we tussen haakjes een andere naam voor de modus, die voor cliënten gebruikt kan worden (zie ook Van Genderen, 2023). Wij sommen hier alle mogelijke kanten op, maar dat betekent niet dat een cliënt al die kanten zal hebben ontwikkeld. Dus bij Claire zullen we zien dat niet alle kanten bij haar voorkomen.

Hierna wordt beschreven hoe de casusconceptualisatie van Claire is vormgegeven.

3

Tabel 3.2 Mogelijke Kanten bij een Afhankelijke-persoonlijkheidsstoornis

Kindkanten (met gerelateerde schema's)	
Afhankelijke/Incompetente Kind (Afhankelijkheid/Onbekwaamheid)	Je voelt je angstig en niet in staat om alledaagse verantwoordelijkheden te dragen.
Boze Kind	Je wordt boos als je de indruk hebt dat er te veel verantwoordelijkheid op je schouders wordt gelegd.
Geïntimideerde Kind (Onderwerping)	Je voelt je geïntimideerd door anderen en gelooft dat het uiten van je eigen behoeften negatieve gevolgen zal hebben. Je voelt je klein en machteloos, staat anderen toe je te domineren.
Boze Kind	Je wordt boos bij het gevoel dat je niet de kans krijgt je eigen behoeften en wensen te uiten, of dat anderen die niet serieus nemen.
Rebellerende Kind	Je handelt opstandig en doet uit protest verboden dingen. Je weigert regels te volgen en houdt geen rekening met de gevolgen.
Verlaten Kind (Verlating en instabiliteit)	Je voelt intense wanhoop dat je geen liefde, veiligheid of acceptatie zult krijgen. Je voelt je gemakkelijk in de steek gelaten.
Boze Kind	Je reageert met boosheid op de (waargenomen) dreiging van verlating of feitelijke verlating.
Niet-geïndividualiseerde Kind (Verstrengeling)	Je bent van mening dat een of meerdere belangrijke anderen niet kunnen overleven als jij je van hen scheidt. Je ervaart een plicht om met deze anderen verbonden te blijven.
Boze Kind	Je wordt boos wanneer anderen druk uitoefenen op jou om meer te individualiseren.
Mokkende Kind	Je verzet je passief-agressief; terwijl je hebt toegegeven dat er ook sprake is van verzet tegen de verplichting.
Rebellerende Kind	Je rebelleert tegen de verstikkende sfeer van de verstrengeling door op afkeurende wijze te handelen.
Angstige Kind (Kwetsbaarheid voor ziekte en gevaar)	Je voelt je angstig en onveilig, je voelt je overweldigd door de gevaren en bent voortdurend bang dat je niet veilig bent.
Boze Kind	Je wordt boos als anderen je angsten en zorgen niet serieus nemen.
Kritische kanten	
Straffende modus	Je wijst jezelf af en schaamt je voor jezelf. 'Ik ben slecht, waardeloos, dom en onaantrekkelijk'.

(vervolg)

Tabel 3.2 Mogelijke Kanten bij een Afhankelijke-persoonlijkheidsstoornis (vervolg)

Vermijdende Copingkanten	
Onthechte Beschermer (Gevoelafsluiter)	Je schakelt je gevoel uit.
Willoze Inschikkelijke (De Onderdanige)	Je maakt jezelf ondergeschikt. Je doet wat anderen zeggen.
Onthechte Zelfsusser (De Verdover)	Je zoekt op een dwangmatige manier afleiding.
Vermijdende Beschermer	Je vermijdt situaties.
Geruststellingzoeker	Je vraagt veel te vaak geruststelling.
Grappenmaker	Je maakt grappen over vervelende situaties alsof er niks aan de hand is.
Omkerende Copingkanten	
Onafhankelijke	'Ik heb niemand nodig.'
Roekeloze	Je zoekt het gevaar op.
Clown	Je maakt je behoefte aan autonomie of zelfexpressie op een luchtige manier belachelijk.
Perfectionist	Je doet overdreven veel je best.

3.2.3 Informatie verzamelen ten behoeve van de casusconceptualisatie

Inventariseren van de huidige problemen

Claire zoekt aanvankelijk hulp voor haar paniekklachten, sombere buien en vermoeidheid. Zij kan door deze klachten niet werken. Claire heeft al een paar keer cognitieve gedragstherapie gehad voor haar paniekklachten, maar dat heeft beperkt resultaat gehad. Er is daarom onderzoek gedaan naar de oorzaken van haar paniekklachten en daaruit bleek dat zij vooral in paniek raakt als zij zelfstandig moet functioneren en als zij bang is dat zij in de steek gelaten wordt. Zij woont samen met haar vriend Jonas, die haar vaak wel steunt, maar niet altijd. Hij heeft zelf ook problemen, waardoor zij het gevoel krijgt dat hij haar in de steek zal laten. Zij vertelt ook dat haar moeder vaak een beroep op haar doet. Dat vindt zij wel een beetje zwaar, maar ze heeft er tegelijkertijd ook veel begrip voor. Uit een onderzoek naar haar persoonlijkheid blijkt dat zij een Afhankelijke-persoonlijkheidsstoornis heeft. Daarom wordt nu gekozen voor schematherapie om de achterliggende patronen te onderzoeken en behandelen.

Beschrijving van de levensgeschiedenis

Factoren die kunnen leiden tot een Afhankelijke-persoonlijkheidsstoornis zijn een combinatie van temperament en opvoeding. Bij Claire zien we dat de meeste ingrediënten voor de ontwikkeling van deze Afhankelijke-persoonlijkheidsstoornis wel aanwezig zijn. Welke factoren in de opvoeding van invloed geweest kunnen zijn op de ontwikkeling van relevante schema's wordt hierna beschreven.

Claire is enig kind en was een lief en verlegen meisje

Claire werd door haar vader heel vaak bekritiseerd, waardoor zij onzeker is geworden over ongeveer alles in haar leven. Hij was heel streng, en alles moest op zijn manier gedaan worden. Ze leerde hierdoor dat zij dom en onhandig is en alles verkeerd aanpakt (Mislukking) en dat zij niet haar eigen mening mocht uiten (Onderwerping en Afhankelijkheid/incompetentie).
Moeder was een lieve, maar ook angstige, onzelfstandige vrouw, die niet tegen vader inging en moeilijk zelf beslissingen kon nemen (Afhankelijkheid/incompetentie). Zij waarschuwde Claire voor allerlei gevaren, zowel op het gebied van gezondheid als gevaren van buitenaf (Kwetsbaarheid voor ziekte en gevaar). Zij betrok Claire veel te veel bij haar eigen problemen en was emotioneel afhankelijk van haar. Hierdoor kreeg Claire weinig ruimte om haar eigen identiteit te ontwikkelen (Verstrengeling). Claire probeerde moeder zo veel mogelijk te helpen en te steunen, en moeder was daar ook heel dankbaar voor. Zo leerde Claire dat altijd voor anderen klaarstaan je wel een goed gevoel kon geven (Zelfopoffering en Goedkeuring en Erkenning zoeken).
Beide ouders leerden haar dus niet hoe ze problemen zelf kon oplossen of hoe ze om moest gaan met tegenslagen. Zij kreeg van beide ouders geen emotionele steun en werd voortdurend ingeschakeld als bemiddelaar tussen haar ouders. Dat was uiteraard een onmogelijke opgave, waardoor zij nog meer het gevoel kreeg dat zij een mislukkeling was.
De schema's die hiervoor tussen haakjes staan zijn hypotheses die je vervolgens gaat toetsen door ook op andere manieren informatie te verzamelen.

Vragenlijsten

Claire vult de YSQ-S3 in, en uit haar scores blijkt dat zij op alle schema's die in ◘ tab. 3.3 beschreven staan tussen de 4 en 6 scoort. Zij vult ook de SMI in, en daar scoren de kanten die relevant zijn ook hoog (zie ◘ tab. 3.4).

NB De SMI is nog niet aangepast aan de nieuwe begrippen en concepten zoals beschreven in het artikel van Arntz en anderen (2021).

Als zij de vragenlijsten inlevert, vraagt ze of ze die wel goed heeft ingevuld. Ze is bang dat ze een aantal vragen fout heeft ingevuld en zoekt geruststelling bij jou. Als je naar de uitslagen kijkt, heb je geen reden om aan te nemen dat Claire iets verkeerd heeft

◘ **Tabel 3.3** Scores Claire op de YSQ

Afhankelijkheid/ Onbekwaamheid	5
Mislukking	4,5
Verstrengeling	4,5
Kwetsbaarheid voor ziekte en gevaar	3
Onderwerping	4,5
Zelfopoffering	4
Goedkeuring en erkenning zoeken	3,5
Bestraffende houding	3

Tabel 3.4 Scores Claire op de SMI

Gekwetste Kind	4
Boze Kind	1,2
Willoze Inschikkelijke (voor cliënten te benoemen als de Onderdanige)	5
Straffende kant	4,5
Gezonde Volwassene	4,3
Blije Kind	1,4

ingevuld, maar je realiseert je dat de hoge scores op Afhankelijkheid en Mislukking waarschijnlijk verklaren waarom zij zich heel onzeker voelt over de manier waarop ze de vragenlijsten heeft ingevuld. In de bespreking van de vragenlijst leg je dit aan haar uit.

Het is opmerkelijk dat Claire relatief laag scoort op Bestraffende houding, want tijdens de gesprekken is ze wel vaak kritisch op zichzelf. Je bekijkt met haar de items die daar betrekking op hebben, en daaruit blijkt dat zij bij een aantal items wat lager scoort omdat zij de negatieve reacties van haar vader niet als straf heeft ervaren, maar vond dat hij gelijk had. Dus die items scoort ze lager dan verwacht.

De scores op alle andere schema's worden in de loop van de gesprekken besproken als Claire iets vertelt uit haar levensgeschiedenis of over een actuele situatie waarin een van die schema's duidelijk aan de orde is.

Bij het bekijken van de resultaten van de ingevulde SMI valt het op dat Claire erg laag scoort op het Boze Kind. Tijdens de bespreking hiervan geeft ze aan nooit boos te zijn. Er wordt uitgelegd dat boosheid een universele en dus normale, primaire emotionele respons is. Claire vindt het kennelijk moeilijk om die boosheid in zichzelf te herkennen, maar de boze, geïrriteerde reacties zullen zeker aanwezig zijn. Claire zal in therapie moeten leren die boosheid te onderkennen en herkennen. Dat is belangrijk, omdat die boosheid kan dienen als bron van kracht, noodzakelijk om de patronen in haar leven te doorbreken. Daarnaast is boosheid ook een manier om spanningen te reguleren. Het Boze Kind wordt dan ook wel in het modusmodel meegenomen, maar heel klein getekend om te erkennen dat Claire moeite heeft om die boosheid te herkennen.

Claire heeft ook een modus die nog niet in de huidige versie van de SMI voorkomt: de omkerende modus 'De Clown'. Je kunt in zo'n geval ook deze modus benoemen en meenemen in de casusconceptualisatie.

Jeugdfoto's

Claire neemt een paar foto's uit haar jeugd mee. Op de meeste foto's zie je een lief meisje, dat er keurig verzorgd uitziet. Opvallend is dat het allemaal foto's zijn waar zij met haar moeder op staat. Ze zit op schoot of houdt de hand van haar moeder vast. Op een van de foto's heeft ze dezelfde jurk aan als haar moeder. Je merkt op dat je kunt zien dat zij altijd iets samen met haar moeder lijkt te doen. Op de enige foto waarop zij samen met haar beide ouders staat, lijkt vader niet al te vrolijk. Als je vraagt wat dat betekent, legt Claire uit dat hij meestal niet op de foto wilde en dan geïrriteerd was.

Neerwaartsepijltechniek

Claire vraagt regelmatig hulp of advies aan jou over alledaagse situaties. Je besluit de neerwaartsepijltechniek toe te passen om te achterhalen welk(e) schema('s) geactiveerd wordt (worden), omdat je bij een cliënt met een Afhankelijke-persoonlijkheidsstoornis bij voorkeur geen advies geeft.

Voorbeeld van de toepassing van de neerwaartsepijltechniek bij Claire

Claire: *Ik moet op dat tijdstip naar de tandarts want ik heb kiespijn. Ik weet niet hoe ik die afspraak met mijn vriendin kan afzeggen zonder ruzie met haar te krijgen. Hoe kan ik dat het beste doen?*
Therapeut: *Ik merk dat je over dit soort zaken vaak advies aan mij vraagt. Ik vraag mij af waarom je het moeilijk vindt om dit zelf te doen.*
Claire: *Ik weet niet zeker of ik het wel goed aanpak.*
Therapeut: *Waar ben je dan bang voor?*
Claire: *Dat zij de afspraak niet wil verzetten en dat zij het heel vervelend vindt.*
Therapeut: *Stel dat dat waar zou zijn, wat betekent dat dan?*
Claire: *Dat zij geen nieuwe afspraak met mij wil maken en dat zij mij lastig vindt.*
Therapeut: *En als zij het lastig vindt, wat zegt dat dan over jou?*
Claire (gespannen): *Dat ik iets doe wat zij niet fijn vindt.*
Therapeut: *En wat is daar dan zo erg aan?*
Claire (verdrietig): *Dat zij mij niet meer aardig vindt en misschien niet meer met mij om wil gaan.*
Therapeut: *Dat zou inderdaad heel vervelend zijn, dus nu begrijp ik beter waarom je bang bent om die afspraak te verzetten. Je probeert altijd te zorgen dat anderen zich goed voelen en past je liever aan dan dat je iets voor jezelf vraagt. In dit geval zelfs als je die afspraak moet verzetten omdat je naar de tandarts moet. Je maakt je meestal ondergeschikt aan anderen, klopt dat?*

Diagnostische imaginatie

Claire vindt het heel moeilijk om verbanden te leggen tussen haar problemen, haar schema's en haar verleden. Zij wil enerzijds wel geloven wat je hierover vertelt (Afhankelijkheid en Incompetentie), maar is anderzijds heel bang om iets slechts over haar ouders te vertellen (Verstrengeling). Zij ziet met name haar moeder als een zorgzame vrouw die het ook niet kon helpen dat ze angstig en onzeker is. Zij heeft haar moeder altijd geholpen en doet dat nog steeds (Zelfopoffering).

Naar aanleiding van dit gevoel dat ze rekening moet houden met de ander wordt er een imaginatieoefening gedaan om te onderzoeken waar dat vandaan komt.

Voorbeeld van een imaginatie ten behoeve van de casusconceptualisatie

Claire vertelt dat zij met een vriendin naar de film zou gaan. Haar vriendin stelde een film voor waar Claire liever niet heen wilde, want die vond ze veel te eng. Ze heeft er toch mee ingestemd en vond het inderdaad een vreselijke ervaring.

Therapeut: *Laten we eens goed kijken naar het moment waarop je toch instemde met het voorstel van je vriendin, ook al wilde je eigenlijk niet. Wij gaan een verbeeldingsoefening doen.* (Je legt de oefening eerst uit; zie 3.1.5.)

Claire: *Stemt in.*

Therapeut: *Doe je ogen maar dicht, en probeer je een prettige situatie voor te stellen, waarin je je op je gemak voelt.*

Claire: *Ik zit in de tuin in de zon.*

Therapeut: *Voel je de zon?*

Claire: *Ja, ik voel de warmte op mijn huid.*

Therapeut: *Hoor je ook geluiden, zoals van vogels?*

Claire: *Ik hoor de vogels zingen.*

Therapeut: *Hoe voel je je?*

Claire: *Ik voel mij ontspannen.*

Therapeut: *Houd je ogen gesloten, en laat de fijne plek los of laat hem vervagen … Stel je nu het moment voor dat je vriendin die enge film voorstelt … Leef je weer helemaal in alsof je daar echt bent. Waar zijn jullie?*

Claire: *Wij zijn bij haar thuis.*

Therapeut: *Zie je haar?*

Claire: *Zij ziet er heel vrolijk uit, want zij houdt van dit soort films.*

Therapeut: *Hoe voel jij je nu?*

Claire: *Ik voel mij onzeker en angstig, maar ik denk dat ik niet kan zeggen dat ik die film niet leuk vind, want dan stel ik haar teleur.*

Therapeut: *Waar voel je dat in je lichaam?*

Claire: Hartkloppingen en buikpijn.

Therapeut: *Concentreer je op dat angstige gevoel, de vrees dat je niet kunt zeggen wat je vindt … je bent bang dat je de ander teleurstelt als je dat doet … laat het beeld van die situatie vervagen, maar hou dat gevoel vast, en ga na of je je in je jeugd ook weleens zo gevoeld hebt … Je hoeft geen situatie te 'bedenken'. Wacht maar af of er een herinnering komt.*

Claire: *… Ik moet denken aan m'n moeder, dat ze vraagt of ik met haar mee wil gaan naar de huisarts, omdat ze niet zo goed alleen durft.*

Therapeut: *Waar zijn jullie?*

Claire: *Wij zijn in de kamer.*

Therapeut: *Hoe oud ben je ongeveer?*

Claire: *Ik weet niet … Ik ben denk ik 8 jaar oud.*

Therapeut: *Hoe voel je je? Wat zeg je tegen je moeder?*

Claire: *Ik voel mij gespannen en angstig, want ik denk dat er iets ernstigs met mijn moeder is. Maar ik ga liever niet mee, omdat ik met een vriendinnetje had afgesproken. Maar als ik dat voorzichtig zeg, zucht mijn moeder diep en kijkt heel ongelukkig. Dus ik zeg dat ik dat vriendinnetje wel afzeg.*

Therapeut: *Is er iemand die je kan helpen? Of die met je moeder mee kan gaan?*

Claire: *Nee, ik ben de enige waar zij hulp aan vraagt.*

Therapeut: *Oké, dan stoppen we de oefening nu door weer terug te gaan naar de prettige situatie van daarnet …*

Nadat Claire zich weer heeft ingeleefd in de fijne plek wordt de oefening rustig afgerond en nabesproken. Claire ontdekt door de oefening en de nabespreking dat zij al heel vroeg heeft geleerd vooral rekening te houden met de ander en zich niet durfde te verzetten tegen haar vader en moeder. Daarom is zij ook nu nog gewend zich aan te passen aan anderen.

Stoelen gebruiken om kanten te leren kennen

Een andere manier om in deze fase te onderzoeken welke schema's en kanten relevant zijn en erachter te komen hoe deze kanten er specifiek bij jouw cliënt uitzien is de stoelentechniek (zie ▶ par. 3.1.6). In het kader wordt beschreven hoe de stoelentechniek bij Claire verloopt als de Vermijdende kant, in dit geval 'de Pleaser', op de voorgrond staat. Maar deze techniek kan ook voor andere kanten (modi) gebruikt worden.

Stoelentechniek met een van de Copingkanten van Claire

Claire let heel erg op jouw reactie en vraagt jou ook regelmatig of wat zij zegt, is wat jij wilt horen. Je gaat deze onderdanige kant van Claire onderzoeken met behulp van een stoelentechniek.

Therapeut: *Het valt mij op dat jij er altijd goed op let hoe ik reageer en checkt of het goed is wat je zegt. Als ik jou een vraag stel, vraag je vaak wat ik wil horen. Herken je dat?*

Claire: (Knikt en kijkt je afwachtend aan.)

Therapeut: *Vandaag zouden we een oefening kunnen doen om na te gaan waarom dat zo is.*

Claire: *Dat is goed.*

Therapeut (pakt een extra stoel en zet die schuin tegenover de stoel van Claire): *Ik wil je vragen om in die stoel te gaan zitten en daar in de beleving kruipt van 'goed willen doen voor de ander, het juiste willen zeggen'. Dat moet volgens mij niet moeilijk zijn, want je zat al in die beleving.*

Claire: *Oké, dus jij wilt dat ik daar ga zitten?* (Staat meteen op en gaat daar zitten.)

Therapeut: *Dankjewel. Ik wil dus dat je in deze stoel helemaal in dat gevoel kruipt waarbij je checkt of je het wel goed doet. Ik ga je nu aanspreken als de kant van Claire die het goed wil doen en het juiste wil zeggen. Vertel eens, waarom denk je dat het belangrijk is dat je het goed doet in de ogen van de ander?*

Claire: *Omdat ik dan zeker weet wat ik moet doen.*

Therapeut: *Wat zou er anders mis kunnen gaan?*

Claire: *Dat ik een fout maak.*

Therapeut: *Wat zou er gebeuren als jij wel een keer een fout maakt?*

Claire: *Dan zou jij dat vervelend vinden of misschien kwaad op mij worden.*

Therapeut: *Dus door zo goed op te letten probeer je niet alleen fouten te voorkomen, maar ook te voorkomen dat ik geïrriteerd word? Dus in zekere zin probeer je te voorkomen dat ik geïrriteerd raak door Claire* (gebaart naar oorspronkelijke lege stoel) *als jij* (gebaart naar stoel waar Claire nu op zit) *niet doet wat ik vraag of nodig heb?*

Claire: *Ja, dat klopt.*

Therapeut: *Dat is duidelijk. Nu begrijp ik waarom jij er vaak bent, je probeert haar* (gebaart naar lege stoel) *te beschermen. Je mag nu weer in de stoel naast mij komen zitten, maar laat deze beleving van jou in die stoel waar je nu zit achter.*

Claire: (Gaat in de andere stoel zitten.)
Therapeut (kijkt naar de lege stoel): *Die kant van jou controleert steeds of jij het wel goed doet en anderen niet irriteert. Eigenlijk probeert die kant jou te helpen. Als je nu hier zit, hoe voel je je dan nu?*
Claire: *Ja, dat voelt goed.*
Therapeut: *Ik begrijp dat het je helpt, maar ik zie ook dat je bang bent om iets verkeerd te doen. Ik denk dat je al bang bent om iets verkeerd te doen sinds je een klein meisje was. Je vader kon op onverwachte momenten boos worden en zeggen dat je dom was. Dus werd je onzeker en ging je steeds beter opletten of je niks verkeerd deed om te voorkomen dat hij kwaad werd. Herken je dat?*
Claire: *Ja, dat was wel het beste wat ik kon doen.*
Therapeut: *En je moeder zei waarschijnlijk ook dat het maar beter was om je vader niet tegen te spreken, ook al had hij ongelijk. Dus op die manier probeerde je mee te helpen om de sfeer in huis rustig te houden.*
Claire: *Ja, zij zei altijd: 'Stil maar, hij heeft te veel gedronken en dan kun je hem beter met rust laten.'*
Therapeut: *Je aanpassen en je onderwerpen aan je vaders wil was toen waarschijnlijk de beste manier om met die situatie om te gaan. En dat is wat zij dan ook doet* (gebaart naar lege stoel), *maar in je huidige leven helpt ze je eigenlijk niet meer zo goed. Je durft nog steeds niet te doen wat jij zelf graag wilt en laat anderen voor jou beslissen. Je bent bang dat alle mensen zo zullen reageren als je vader, dus zwijg je vaak en pas je je aan. Dus van een helpende kant van toen is zij nu een niet-helpende kant geworden. Je zou deze kant van jou bijvoorbeeld 'de Pleaser' kunnen noemen.*

3.2.4 Schema's en kanten van Claire

Claire heeft een aantal schema's die veel voorkomen bij cliënten met een Afhankelijke-persoonlijkheidsstoornis en zij geeft zich een groot deel van de tijd over aan de bijbehorende gevoelens en overtuigingen. In haar Afhankelijke/Incompetente Kindkant voelt ze zich onzeker en afhankelijk van anderen. Zij is er dan van overtuigd dat zij het toch niet kan (overgave aan Mislukking) en zich beter kan aanpassen aan anderen en moet doen wat zij zeggen (overgave aan Onderwerping). Dat maakt haar niet alleen angstig en somber, maar maakt haar ook heel moe.

Overgave aan de Bestraffende houding leidt tegelijkertijd tot een Straffende kant, die zegt dat zij inderdaad steeds de verkeerde dingen doet en zegt.

Claire heeft in haar jeugd Vermijdende en Omkerende Copingkanten ontwikkeld om hiermee om te gaan. Zij gebruikt meestal de vermijding, maar soms ook omkering. Zij past zich zo veel mogelijk aan de behoeften en wensen van anderen aan en vraagt hun veelvuldig om raad en geruststelling (vermijding van Afhankelijkheid en Mislukking). Deze kant noemen we de Pleaser. Omkering van Afhankelijkheid en Goedkeuring en erkenning zoeken bestaat in haar geval uit haar eigen behoeften belachelijk maken (de Clown). Zie ook ◘ tab. 3.5.

3

Tabel 3.5 Kanten van Claire

Kindkanten	
Onderdanige Claire (Afhankelijke/Incompetente Kind)	Uit meningen en gevoelens niet. Wordt angstig als ze iets niet kan of niet weet hoe ze de ander een goed gevoel kan geven.
Boze, mokkende Claire (Boze Kind)	Wordt (soms) boos, als mensen haar te veel onder druk zetten om iets zelf te doen. Dan doet ze dingen met tegenzin of expres niet wat er van haar verwacht wordt.
Kritische kanten	
De Strenge (Straffende kant)	Wijst zichzelf af, omdat ze denkt dat ze niks kan en waardeloos is. Verdient straf voor alles wat er misgaat.
Vermijdende Copingkanten	
De Pleaser (Willoze Inschikkelijke) (Geruststelling zoeker)	Doet wat anderen van haar verwachten. Durft grenzen niet aan te geven. Zoekt veelvuldig geruststelling over gezondheid, relaties of andere dingen waar ze onzeker over is.
Omkerende Copingkanten	
De Clown	Maakt Claires behoefte aan onafhankelijkheid en het mogen uiten van een eigen mening belachelijk.

Voorbeeld van de Straffende kant van Claire

Claire heeft een afspraak om haar vader te helpen met het opruimen van de schuur moeten afzeggen omdat zij griep en keelontsteking heeft. Ze ligt met 39 graden koorts op bed. Zij ligt de hele tijd te piekeren hoe zij dat kan oplossen, want ze is heel bang dat haar vader boos wordt. Ze heeft haar vriend Jonas al gevraagd of hij niet in haar plaats kan gaan om vader te helpen, maar dat heeft hij geweigerd. Hij vindt dat die klus best een paar weken uitgesteld kan worden, maar Claire is bang dat vader dan kwaad op haar zal zijn. Zij vraagt Jonas of hij vader wil bellen om te vragen wanneer het vader uitkomt om een nieuwe afspraak te maken. Jonas zegt dat zij beter even kan wachten met een nieuwe afspraak maken tot ze zich wat beter voelt. Claire voelt zich nu nog slechter, want als ze doet wat Jonas zegt, dan wordt vader zeker boos, en als ze Jonas onder druk zet om vader te bellen, dan heeft ze een conflict met Jonas. Dus belt ze zelf vader om een nieuwe afspraak te maken, terwijl ze bijna niet kan praten door de keelpijn.

In dit voorbeeld zien we dat de Straffende kant zo sterk is dat Claire er alles aan wil doen om dit angstgevoel kwijt te raken. Haar Afhankelijke Kindkant weet niet hoe zij dit moet oplossen en vraagt hulp aan haar vriend. Zij vraagt hem om haar verplichting over te nemen (geruststelling zoeken). Als dat niet lukt, gaat ze zelf vader opbellen om een andere afspraak te maken, ondanks het feit dat ze bijna niet kan praten van de keelpijn (jezelf ondergeschikt maken).

Wij zien hier dat Claire zowel last heeft van haar Afhankelijke/Incompetente Kindkant (Onderdanige Claire) als haar Vermijdende Copingkant (de Pleaser). Het is soms lastig om deze twee kanten uit elkaar te houden. Het verschil is dat als de Afhankelijke/Incompetente Kindkant geactiveerd wordt de cliënt in paniek is en niet weet wat ze moet doen. Ze voelt zich tekortschieten en is bang om afgewezen te worden. Je merkt dat zij echt wanhopig en bang is. Haar stem klinkt als een bang kind. Je merkt bij jezelf dat je met haar mee kunt voelen en geneigd bent alles voor haar te gaan oplossen.

De Vermijdende Copingkant (de Pleaser) wordt kort daarna actief om de situatie toch nog te redden door er alles aan te doen om te voorkomen dat de ander boos op haar is of teleurgesteld in haar is. Ze verzint desnoods dingen die schadelijk voor haarzelf zijn om de ander tegemoet te komen. In dit geval gaan bellen terwijl je nauwelijks kunt praten. Claire zou misschien zelfs zover gaan dat ze belooft vader over een paar dagen toch te helpen, terwijl ze nog niet echt opgeknapt is. Je merkt dat je nu meer afstand voelt en misschien zelfs licht geïrriteerd raakt omdat zij dingen wil doen die niet goed voor haar zijn. Je merkt het ook aan de manier waarop ze praat. Minder in paniek en meer rationeel, gericht op het oplossen van haar ongemak.

Voorbeeld van de Vermijdende Copingkant, 'de Pleaser', bij Claire

Claire belt vader op, terwijl ze bijna niet kan praten door de keelpijn. Zij zegt tegen hem dat het haar heel erg spijt dat zij niet kan komen. Als vader dan ook nog begint te klagen over het feit dat de poes ziek is, blijft ze geduldig luisteren en gaat ze vader moed inspreken. Zij zegt dat ze vader zo snel mogelijk zal komen helpen en belooft dat ze over een paar dagen wel kan komen, terwijl ze uit ervaring weet dat zij veel meer hersteltijd nodig heeft als zij zo ziek is. Daarna biedt ze ook nog haar excuses aan Jonas aan omdat ze hem lastiggevallen heeft met haar zorgen.

Nadat alle kanten van Claire met behulp van genoemde technieken voldoende in kaart zijn gebracht wordt een modusmodel gemaakt.

3.2.5 Modusmodel van Claire

In de fase waarin de problemen, schema's en kanten van Claire worden geïnventariseerd worden aan het eind van elke sessie de verbanden tussen de verschillende onderdelen beschreven. Zo ontstaat een steeds volllediger beeld van hoe de problematiek in elkaar zit. Het modusmodel is voor elke cliënt verschillend en toegesneden op de specifieke problemen van je cliënt (◘ fig. 3.1). Zo wordt het voor jou en je cliënt een leidraad voor de verdere behandeling.

Voor elke modus wordt een eigen naam bedacht. In iedere modus worden zowel de schema's als enkele gedachten benoemd om daarmee aan te geven wat de beleving van de cliënt in die modus is.

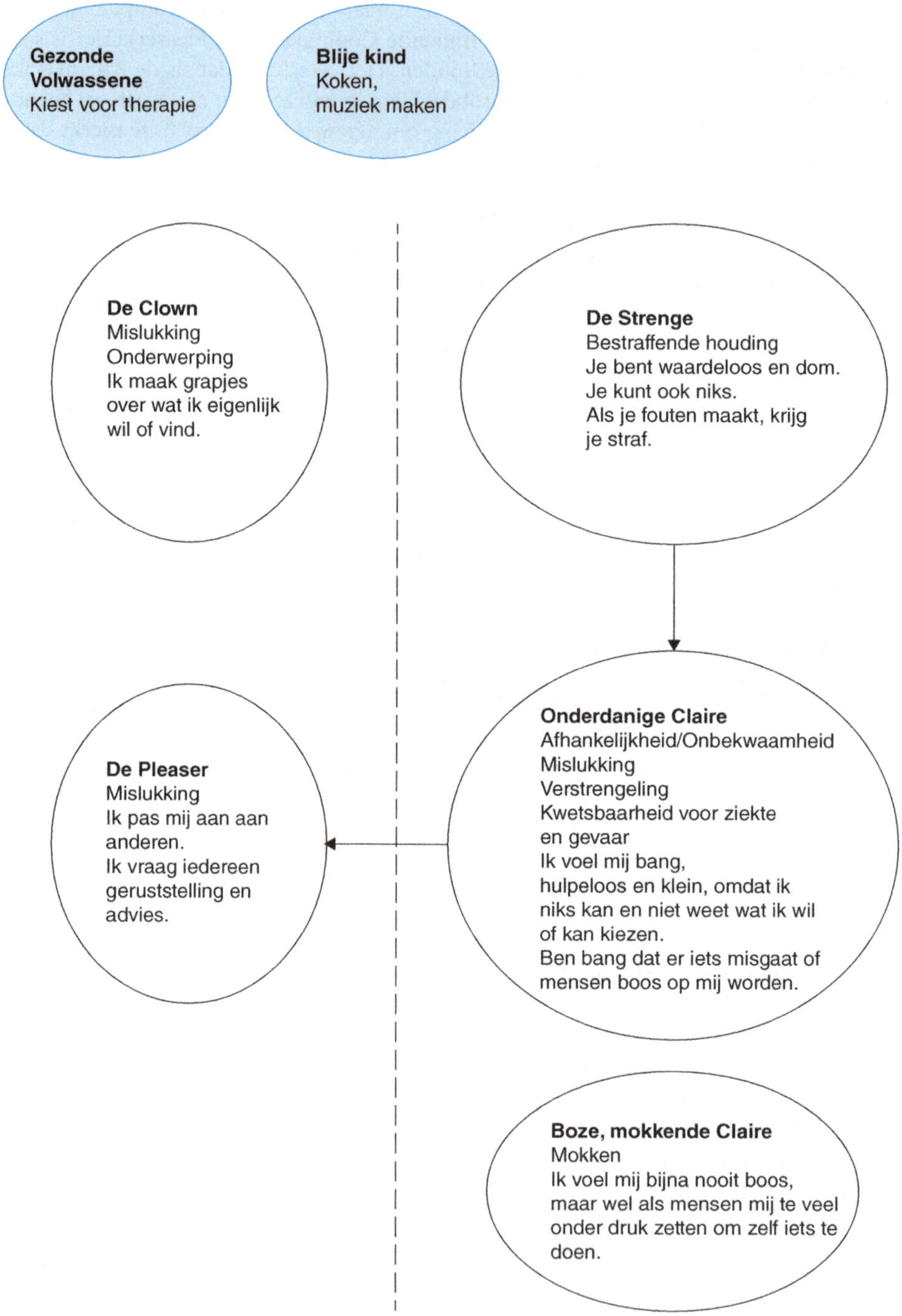

Figuur 3.1 Modusmodel van Claire

3.3 Vermijdende-persoonlijkheidsstoornis

Casus Jenny

Jenny is een verlegen, introverte vrouw, die tijdens de gesprekken vaak wegkijkt en met zachte stem spreekt, waardoor ze soms moeilijk verstaanbaar is. Ze heeft terugkerende depressieve periodes, zonder dat ze goed weet wat haar somber maakt. Ze ervaart wel een duidelijke angst voor de kritische oordelen van anderen. Verder heeft ze veel somatische pijnklachten, waardoor ze zich vaak niet in staat voelt om sociale activiteiten te ondernemen. Ze doet parttime administratief werk voor de lokale bibliotheek. Hoewel het werk een bron van stress voor haar is, bleef die stress hanteerbaar, omdat ze als een van de weinige medewerkers een eigen kantoor heeft. Daardoor hoefde ze nauwelijks met collega's geconfronteerd hoeft te worden. Die situatie is nu echter veranderd, en ze moet haar kantoor inmiddels wel delen met een collega. De toegenomen spanningen en somberheid zijn voor haar aanleiding geweest om naar de huisarts te gaan, die haar heeft doorverwezen. Ze heeft geen relatie, en ook al fantaseert ze vaak dat ze een vriend heeft, schrikt ze terug voor de stap om daadwerkelijke contacten met mannen aan te gaan. Verder is er een beperkt sociaal netwerk met één vriendin, Linda. In haar vrije tijd heeft Jenny lange tijd veel alcohol gedronken, wat aanvoelde als een 'warme deken' over alle zorgen. Ze is daarmee gestopt toen een van haar collega's een negatieve opmerking maakte over mensen die te veel alcohol drinken. Haar depressieve gevoelens zijn sindsdien toegenomen, en de huisarts heeft dit tijdens een van haar bezoeken voor de pijnklachten opgemerkt en haar doorverwezen voor therapie.

Hoe merk je dat iemand een Vermijdende-persoonlijkheidsstoornis heeft?

Iemand met een Vermijdende-persoonlijkheidsstoornis kom je in het dagelijks leven weinig tegen en lijkt erg op zichzelf te zijn. Het is niet makkelijk om contact met zo'n persoon op te bouwen, omdat het maken van een afspraak wordt vermeden. Gemaakte afspraken worden vaak afgezegd. Als het er dan toch een keer van komt, is ze vaak te laat, zegt in het gesprek niet zo veel en kijkt veel weg. Die vermijding kan zo sterk zijn, dat het wat irriteert; het lijkt wel alsof ze het niet leuk vindt om met je te praten. Wanneer het gesprek wat persoonlijker wordt, dan lijkt zij zich erg ongemakkelijk te voelen en zich te schamen voor dingen die voor jou helemaal niet zo raar of vreemd lijken.

3.3.1 Basisbehoeften en schema's

Er is geen 'recept' voor het ontwikkelen van een persoonlijkheidsstoornis, ook niet bij de Vermijdende-persoonlijkheidsstoornis. Er zijn wel factoren die vaak lijken voor te komen in de ontwikkeling van deze persoonlijkheidsproblematiek. Zo lijken vermijdende cliënten in aanleg al geneigd tot verlegenheid en geremdheid. Als kind keken ze misschien al liever de kat uit de boom en gingen niet graag af op nieuwe, onbekende situaties of mensen.

De opvoeding van deze vermijdende cliënten kenmerkt zich niet zo vaak door mishandeling of andere vormen van duidelijke onveiligheid, maar eerder door een gebrek aan emotionele steun of zorg, waardoor ze zich vaak wat alleen en kwetsbaar hebben gevoeld. Mogelijk werden ze ook geconfronteerd met kritische boodschappen van hechtingsfiguren, die ofwel op een indirecte, beschuldigende ofwel op een veeleisende manier werden overgebracht. Juist bij deze cliënten die al wat gevoelig in aanleg waren, kunnen deze kritische boodschappen grote impact hebben gehad op de vorming van het zelfbeeld en het beeld van anderen. In het ervaren tekort aan waardering en validering zijn ze geneigd zichzelf te zien als tekortschietend en falend. Anderen worden door hen juist als kritisch en oordelend gezien. Gevoed door hun aanleg is er de neiging zich terug te trekken en is vermijding de manier geworden om de ervaren spanningen te overleven. Deze vermijding kan verschillende vormen aannemen. Het varieert van letterlijk wegblijven uit situaties die het gevoel van tekortschieten kunnen activeren, tot afhankelijkheid van middelen of de ontwikkeling van psychosomatische klachten die hen telkens lijken te hinderen in hun sociale activiteiten.

In termen van basisbehoeften zijn cliënten met een Vermijdende-persoonlijkheidsstoornis vaak tekortgekomen op het gebied van zelfexpressie en waardering. Deze cliënten hebben niet de veiligheid of vrijheid gevoeld zich uit te spreken over hun gedachten en gevoelens. Voor zover dat wel is gebeurd hebben ze vaak het gevoel gekregen dat ze niet goed genoeg zijn. De schema's die uit deze tekorten zijn ontstaan zijn vaak Sociaal isolement, Negativiteit en pessimisme, Emotionele geremdheid, Mislukking, Onderwerping, Minderwaardigheid en schaamte, en Mislukking (Panagiotopoulos et al., 2023). We zien in de klinische praktijk ook vaak het schema Emotionele verwaarlozing als relevant.

3.3.2 Kanten bij de Vermijdende-persoonlijkheidsstoornis

In deze paragraaf worden de kanten beschreven die kunnen voorkomen bij cliënten met een Vermijdende-persoonlijkheidsstoornis. Deze kanten zijn gebaseerd op de meest voorkomende schema's en de kanten die hieraan gekoppeld worden door Arntz en anderen (2021). Voor iedere afzonderlijke cliënt zal een casusconceptualisatie gemaakt dienen te worden, waarbij de kanten voor die specifieke cliënt geïdentificeerd worden. Dat kan betekenen dat in de beschrijving in ▣ tab. 3.6 kanten missen die wel relevant zijn voor jouw specifieke cliënt. Ook kan het zijn dat niet alle genoemde kanten relevant lijken te zijn voor jouw specifieke cliënt (zie modusmodel Jenny). De beschrijving in ▣ tab. 3.6 is dan ook meer een uitgangspunt, een overzicht van de kanten die het waarschijnlijkst aanwezig zijn wanneer je cliënt een Vermijdende-persoonlijkheidsstoornis heeft.

Hierna worden enkele van de meest voorkomende kanten wat uitvoeriger beschreven.

De Vermijdende Copingkanten

In deze toestand wordt interpersoonlijk contact en de mogelijke kritiek van anderen vermeden. Deze kant voorkomt dat anderen de tekorten van de cliënt zien en deze zouden bekritiseren of belachelijk maken. Je cliënt vermijdt in deze kant oogcontact, praat zacht en vertelt zo min mogelijk over haar gevoelens of behoeften. De vermijding kan ertoe leiden dat zij afspraken afzegt of te laat komt op de sessie. Huiswerk wordt niet gedaan, want in de dagboeken zou zij haar gedachten en belevingen moeten weergeven. In de

Tabel 3.6 Mogelijke kanten bij een Vermijdende-persoonlijkheidsstoornis

Kindkanten (met gerelateerde schema's)	
Eenzame, Niet-geliefde Kind (Emotionele verwaarlozing)	Je hebt het gevoel dat er niemand is die echt om je geeft of begrijpt hoe je je voelt. Je kunt ook het gevoel hebben dat je gevoelens te veel zijn voor anderen.
Boze Kind	Je wordt boos op anderen als ze geen rekening houden met je gevoelens, ook al heb je ze niet geuit.
Minderwaardige/Beschaamde Kind (Minderwaardigheid/Schaamte)	Je hebt het gevoel niet te voldoen, slecht te zijn. Dat kan gepaard gaan met gevoelens van schaamte.
Boze Kind	Je bent boos op anderen die je de indruk geven dat je minderwaardig bent en dat ze vinden dat je je voor jezelf moet schamen.
Pessimistische Kind (Negativiteit en pessimisme)	Je hebt de neiging om situaties op een negatieve, pessimistische manier te interpreteren. Je verwacht dat er dingen mis zullen gaan. De toekomst is donker en rampen zijn waarschijnlijk. Hopeloosheid en neerslachtigheid zijn de prominente gevoelens.
Boze Kind	Je wordt erg boos als anderen optimistisch of zelfs realistisch zijn, omdat je echt gelooft in jouw pessimistische en sombere verwachtingen.
Geremde Kind (Emotionele geremdheid)	Je durft geen emotionele behoeften te uiten. Je bent subassertief, voelt je snel in verlegenheid gebracht en mist spontaniteit en speelsheid. Dat wordt door anderen ervaren als koud, stijf en overdreven formeel.
Angstige/Paniekerige Kind (Emotionele geremdheid)	Je bent bang om de controle te verliezen over negatieve gevoelens, waaronder woede, verdriet en angst.
Vervreemde/Onbegrepen Kind (Sociaal Isolement)	Je hebt het gevoel anders te zijn dan andere mensen. Je hebt het gevoel dat je niet bij een groep past of erbij hoort.
Boze Kind	Je reageert boos op de (waargenomen) dreiging dat jij er niet bij hoort, of wanneer iemand niet begrijpt wat er in je omgaat.
Falende Kind (Mislukking)	Je gelooft dat je zult falen bij je taken. Je bent van mening dat jouw eigen vaardigheden, kennis en ideeën slechter zijn dan die van anderen.
Boze Kind	Je wordt boos als anderen kritiek hebben op je gedrag of als anderen het beter doen. Ook wanneer anderen je in een situatie brengen waarin je faalt.
Geïntimideerde Kind (Onderwerping)	Je voelt je geïntimideerd door anderen en gelooft dat het uiten van je eigen behoeften negatieve gevolgen zal hebben.
Boze Kind	Je wordt boos bij het gevoel niet de kans te krijgen je eigen behoeften en wensen te uiten, of dat anderen die niet serieus nemen.
Opstandige Kind	Je handelt opstandig en doet uit protest verboden dingen. Je weigert regels te volgen en houdt geen rekening met de gevolgen.

(vervolg)

Tabel 3.6 Mogelijke kanten bij een Vermijdende-persoonlijkheidsstoornis (vervolg)

Kindkanten (met gerelateerde schema's)	
Kritische kanten	
Beschuldigende modus	Je hebt het gevoel dat aandacht schenken aan je eigen behoeften of verlangens een last is voor anderen en dat het lijden van anderen jouw schuld is.
Vermijdende Copingkanten	
Vermijdende Beschermer	Je gaat situaties en mensen uit de weg om te vermijden geconfronteerd te worden met gevoelens van minderwaardigheid.
Onthechte Zelfsusser (voor cliënten bijv.: De Verdover)	Je dempt onzekerheid en angst met behulp van alcohol, bingekijken, blowen et cetera.
Onthechte Beschermer (voor cliënten bijv.: De Gevoel-afsluiter)	Je onderdrukt of negeert je gevoelens en behoeften. In deze toestand voel je je vlak, neutraal.
Omkerende Copingkanten	
Perfectionistische Overcontroleerder (voor cliënten bijv.: De Perfectionist)	Om je gevoel dat je mislukt of slordig bent te voorkomen doe je juist extreem je best.
Overdreven bescheiden kant (voor cliënten bijv.: De Heilige)	Je voelt je wel superieur, maar uit angst dat mensen je arrogant vinden doe je juist heel bescheiden.

sessie zal ze in deze modus eerder over haar lichamelijke klachten te vertellen dan over haar emotionele belevingen.

Het vermijden van situaties kan leiden tot het richten van de aandacht op andere zaken om zo min mogelijk stil te staan bij emoties en onzekerheden. Deze modus leidt er bijvoorbeeld toe dat je cliënt veelvuldig tv-kijkt, op internet surft, alcohol drinkt, medicatie neemt of alle andere activiteiten onderneemt of middelen gebruikt die helpen afgeleid te raken van haar gevoelens en behoeften.

Vermijding is ook de actieve copingstijl van de Onthechte Zelfsusser en de Onthechte Beschermer. Waarin verschilt de vermijdende coping (het letterlijk ontwijken van situaties) van de vermijding in deze twee kanten? Hierna worden enkele differentiaaldiagnostische overwegingen beschreven die kunnen helpen om het vermijden van situaties te onderscheiden van de Onthechte Zelfsusser en de Onthechte Beschermer.

De Onthechte Beschermer is een toestand waarin je cliënt de therapeut wel kan aankijken en feitelijk vertelt over de gebeurtenissen van de afgelopen week. De vermijding in deze toestand is het onthechten van de innerlijk gevoelde angsten, een loskoppelen ervan. In de Vermijdende beschermer is die ontkoppeling er niet en voelt je cliënt de angsten nog steeds, maar probeert ze die kwetsbaarheden weg te houden van jou als therapeut door weg te kijken en niet veel of zacht te spreken. Als therapeut voel je bij de Vermijdende Beschermer de onderliggende angst, maar je kunt er niet goed contact mee krijgen. In de Onthechte Beschermer lijkt gevoel helemaal te ontbreken.

De Onthechte Zelfsusser (voor cliënten bijv.: De Verdover) is dan weer een vlucht, weg van de angst, in een prettig, sussend gevoel, dat als een warme deken over pijnlijke gevoelens wordt gelegd. Zo kan een cliënt met een Onthechte Zelfsusser het vele tv-kijken, gamen of drinken als een prettige roes ervaren, een oase van rust na alle angsten en spanningen. Een cliënt met een Vermijdende Beschermer ervaart deze activiteiten meer als een mist waarin de spanning en onrust van alle onzekerheden wat vervagen maar niet helemaal verdwijnen.

Beschuldigende kant

Schuldgevoel kent vrijwel iedereen wel. Je hebt bijvoorbeeld iets gezegd wat een ander niet zo leuk leek te vinden, en naderhand blijf je daar wat over piekeren met gedachten als: 'Had ik maar niets gezegd. Nu voelt de ander zich rot door mij, terwijl hij/zij mij altijd zo steunt.' Schuldgevoel is in die zin een normale emotionele beleving, die heel veel mensen kennen. Je vermijdende cliënt kan zich echter overmatig schuldig voelen, het gevoel hebben tekort te schieten en zich enorm schamen voor wat ze gedaan of gezegd heeft, zelfs als daar geen enkele objectieve grond voor is. In hun jeugd werden deze beschuldigende boodschappen meestal niet rechtstreeks maar impliciet gecommuniceerd. Vermijdende cliënten hadden bijvoorbeeld ouders die het zelf zwaar hadden of die depressief of angstig waren. Ook al werd het niet letterlijk gezegd, uit het lijden van deze hechtingsfiguren hebben cliënten als kind een beschuldigende boodschap afgeleid. In het zuchten van de ouder las het kind bijvoorbeeld de boodschap 'Je bent me tot last.' Wanneer de ouder niet reageerde op geuite gevoelens of behoeften las het kind de ondertiteling 'Je bent niet belangrijk voor me.' Wanneer de ouder huilde, of praatte over zijn/haar eigen lijden gaf dat het kind de duidelijke boodschap 'Je moet rekening met mij houden, en als je zelf iets wilt, dan voel ik me nog slechter.' Met andere woorden, je wordt gestraft voor het hebben van eigen behoeften en het niet altijd rekening houden met (het lijden van) de ander.

Met dergelijke geïnternaliseerde boodschappen schieten vermijdende cliënten in hun huidige leven regelmatig in deze Beschuldigende kant. In die toestand denken ze vooral aan het lijden en de problemen die hun handelingen, of gebrek aan daden, bij anderen hebben veroorzaakt. In gedachten zijn ze vooral bezig hoe rot de ander zich voelt door iets wat ze gedaan of gezegd hebben. In een Straffende kant lijkt de focus vooral op zichzelf gericht, maar in de Beschuldigende kant is de aandacht vooral gericht op het lijden van een ander. In het zien van en denken over dat lijden zit opnieuw die impliciete boodschap die ze vroeger vaak als ondertiteling hebben gelezen: 'De ander heeft het zwaar, en dat komt door mij ....'

Voorbeeld Beschuldigende kant bij Jenny

Jenny heeft een afspraak met een vriendin afgezegd omdat ze zo gespannen was dat ze slecht heeft geslapen en hoofdpijn heeft. Hoewel het afzeggen van de afspraak de spanning wat verminderd heeft, voelt ze zich nu slecht. In gedachten is ze steeds bezig met die vriendin. Ze denkt steeds terug aan het telefoongesprek en aan de stilte die ze hoorde toen ze vertelde dat ze niet zou komen. In die stilte ziet ze haar vriendin voor zich, met een teleurgestelde blik in haar ogen. Bij dat beeld voelt Jenny een krampende pijn in haar borst, een schaamte waarbij ze zich slecht voelt over zichzelf. In die teleurstelling ziet ze wat ze die vriendin heeft aangedaan. Die had het misschien heel erg nodig gehad om te praten, maar nu is dat onmogelijk door Jenny ...

3

Kindkanten

Voor veel vermijdende cliënten is het grootste probleem om zich spontaan uit te spreken en hun emoties of meningen te uiten. Als gevolg van de Beschuldigende kant worden die spontaniteit, hun gevoelens of meningen meteen geassocieerd met het gevoel anderen tot last te zijn. Het uiten van gedachten en gevoelens activeert dan ook snel de Gekwetste Kindkant. In die toestand voelen vermijdende cliënten zich angstig, onzeker, eenzaam, tekortschietend of schuldig. Afhankelijk van de aanwezige schema's kunnen er in de Kindkanten ook andere gevoelens opgeroepen worden.

Net als bij afhankelijke cliënten is het Boze Kind weinig zichtbaar. Vermijdende cliënten kunnen primaire gevoelens van boosheid soms wat makkelijker voelen in de veiligheid van hun vermijding. Het uitspreken van die boosheid of het erkennen ervan kan een sterke trigger zijn voor de Beschuldigende kant en gevoelens van waardeloosheid en minderwaardigheid activeren. Ook nu zet je de Boze kant wel in het modusmodel. Net als bij afhankelijke cliënten leg je uit dat boosheid een primaire, universele emotionele respons is. Je legt uit dat boosheid een bron van kracht is die hard nodig is voor het doorbreken van hardnekkige patronen.

3.3.3 Informatie verzamelen ten behoeve van de casusconceptualisatie

Inventariseren van de huidige problemen

Jenny heeft al jaren last van terugkerende episodes van depressie. In het verleden is er sprake geweest van alcoholafhankelijkheid, al heeft ze sterk de neiging dit te bagatelliseren. Het drinken deed ze als methode om zich te ontspannen, vooral na dagen rondom sociale contacten. Sociale contacten maken haar erg gespannen, en naar aanleiding van dergelijke contacten piekert ze veel over wat anderen van haar vinden.

Door deze spanning is ze geneigd om sociale contacten uit de weg te gaan. Wanneer dat niet goed mogelijk is, dan houdt ze zich het liefst zo veel mogelijk op de achtergrond en zegt zo weinig mogelijk. Hoewel ze zich al heel haar leven ongemakkelijk voelt bij anderen was de aanleiding om nu hulp te zoeken een verandering in haar werksituatie. Na jarenlang in het bedrijf een eigen kantoor te hebben gehad is onlangs aangegeven dat ze deze werkruimte zal moeten gaan delen met een collega. Door deze mededeling is het wankele evenwicht dat ze jaren wist te behouden verstoord geraakt. Ze heeft nu veel last van piekergedachten, lichamelijke spanningsklachten en onzekerheid. Ze is door de huisarts doorverwezen voor specialistische hulp.

Beschrijving van de levensgeschiedenis

Jenny was als kind van nature al gevoelig en verlegen. Haar moeder had vaak lichamelijke klachten die veel aandacht en zorg opeisten en ertoe leidden dat moeder vaak gespannen en gestrest was (Beschuldigende kant). Moeder kon niet goed tegen normaal kinderlijk gedrag, zoals rennen, wat druk zijn of een beetje lawaai maken. Jenny kreeg vaak opmerkingen te horen die haar zich schuldig deden voelen wanneer ze in haar spontaniteit en speelsheid voor moeder te druk en lawaaiig was (schema Minderwaardigheid/Schaamte, Mislukking). Vader was een wat gesloten man die vaak depressief was (schema Emotionele geremdheid). Gedurende die depressieve periodes voelde hij zich vaak schuldig over zijn depressies en vroeg Jenny dan vaak om vergiffenis dat hij zo'n slechte vader voor haar was (Beschuldigende kant). Jenny heeft in die omstandigheden vooral geleerd zich wat terug te trekken en haar ouders niet op de een of andere manier 'lastig te vallen'.

Vragenlijsten

Je hebt vragenlijsten opgestuurd en op je agenda voor de volgende sessie staat het bespreken van de uitkomsten op die vragenlijsten. De dag voor de afspraak realiseer je je dat je de ingevulde vragenlijsten nog niet hebt ontvangen. Je stuurt Jenny een vriendelijke reminder of ze de vragenlijsten kan opsturen zodat jij je op het gesprek kunt voorbereiden. Jenny antwoordt pas de volgende dag dat ze de lijsten meteen zal toesturen. Het duurt echter tot vlak voor de afspraak dat een van de twee vragenlijsten opgestuurd wordt. Als je het document opent, zie je dat het voor de helft is ingevuld. Je bent dan ook van plan om te bespreken hoe het invullen voor Jenny is geweest, maar ze verschijnt pas na een kwartier op de afspraak. Wanneer jullie het invullen van de vragenlijsten bespreken blijkt dat Jenny zich vreselijk schaamt voor haar antwoorden. Nog voordat de gemiddelde scores van de vragenlijsten bekend zijn, noteer je na dit gesprek al dat het schema Minderwaardigheid/schaamte relevant lijkt te zijn.

In de sessie erna zijn alle resultaten bekend en kunnen jullie de relevantste schema's en kanten bespreken (zie tab. 3.7 en 3.8). Hoewel Emotionele verwaarlozing laag scoort, neem je dit schema toch mee in de lijst van relevante schema's. De reden is dat er in haar jeugd onvoldoende emotionele zorg is geweest.

Bij beide vragenlijsten valt het je op dat de scores wat lager zijn dan je op grond van de ernst van haar problematiek had verwacht. Het wordt niet meteen duidelijk in het gesprek waarom die scores wat lager zijn. Je hypothese is dat dezelfde schaamte die haar deed vermijden de vragenlijsten in te vullen er ook voor heeft gezorgd dat ze wat terughoudend is geweest in haar antwoorden.

Tabel 3.7 Scores Jenny op de YSQ

Emotionele verwaarlozing	2,1
Minderwaardigheid/schaamte	3,5
Meedogenloze normen	3,1
Sociaal isolement	4,8
Emotionele geremdheid	2,7
Bestraffende houding	3,2

Tabel 3.8 Scores Jenny op de SMI

Gekwetste Kind	3,3
Blije Kind	2,3
Boze Kind	1,9
Onthechte Beschermer	2,6
Onthechte Zelfsusser	3,1
Straffende kant	3,5
Gezonde Volwassene	2,5

Bij het bespreken van de SMI valt op dat Jenny haar eigen boosheid niet goed herkent. Ze erkent weleens boos te zijn, maar noemt het vooral irritatie. Je legt uit dat boosheid een universele, natuurlijke reactie is. Ook leg je uit dat boosheid kan helpen om hardnekkige patronen te doorbreken. Jullie besluiten om die kant mee te nemen in het modusmodel als 'Chagrijnige Jenny'.

Jeugdfoto's

Op de jeugdfoto's staat Jenny vaak alleen. Ze komt op de vroegere foto's over als een vrolijk, actief kind dat tegelijkertijd wat op haar hoede lijkt te zijn. Haar ouders staan zelden tot nooit lachend op de foto's. Moeder oogt gespannen en angstig. Vader ziet er ongelukkig uit. Opvallend is dat Jenny dit heel normaal lijkt te vinden. Wanneer de therapeut opmerkt dat haar ouders nooit lachen op de foto's die Jenny laat zien, snapt ze niet goed waarom de therapeut dat belangrijk lijkt te vinden. Op de latere jeugdfoto's lijkt de vrolijkheid van Jenny verdwenen en komt ze meer timide en verlegen over.

Neerwaartsepijltechniek

Jenny vertelt over het afzeggen van een afspraak met Linda, een goede vriendin van haar. Ze beschrijft daarbij het sterke schuldgevoel dat ze hieraan heeft overgehouden. Je besluit een neerwaartsepijltechniek in te zetten om meer zicht te krijgen op de onderliggende schema's die dit schuldgevoel kunnen verklaren.

Voorbeeld neerwaartsepijltechniek Jenny

Therapeut: *En waar voelde je je zo schuldig over?*

Jenny: *Nou, dat ze teleurgesteld is dat ik de afspraak afzei.*

Therapeut: *Oké, maar stel dat dat zo is, dat ze teleurgesteld zou zijn … wat zou dat dan betekenen, denk je?*

Jenny: … *Dat weet ik niet zo goed, dat ze er genoeg van krijgt misschien …*

Therapeut: *En stel dat dat waar zou zijn, dat ze er daadwerkelijk genoeg van krijgt, wat zou dat betekenen, vrees je?*

Jenny: *Dat ze mijn vriendin niet meer is …*

Therapeut: *Dat klinkt niet fijn, en ik kan me heel goed voorstellen hoe erg dat voor je zou zijn. Maar wat zou jíj er precies zo erg aan vinden als ze je vriendin niet meer is?*

Jenny: *Dat ik dan niemand meer heb … maar vooral dat zij dan genoeg van me heeft … dat ze me moeilijk vindt … lastig …*

Therapeut: *En wat zou dat voor jou betekenen als Linda je lastig, moeilijk vindt?*

Jenny: *Dan ligt het ook echt aan mij … als zij het ook al vindt, dan ben ik dus lastig …*

Therapeut: *Is dat een gevoel dat je kent? Dat gevoel dat je lastig bent? Alsof er iets aan jou mankeert waardoor anderen daarop afhaken?*

Linda: Ja … (In haar stem klinkt verdriet door, ze kijkt naar beneden.)

Therapeut: *Hé joh … 't voelt wel alsof dit is wat je zo verdrietig maakt, hè? Dat idee dat er echt iets mis met jou is …*

(Jenny knikt.)

Therapeut: *Dan snap ik ook beter wat je zo van streek maakte, dat idee dat zij het afzeggen niet leuk vond. Voor jou ging dat niet alleen over die afspraak, maar voor jou is dit misschien wel het bewijs dat zij, net als anderen, zou kunnen vinden dat er iets*

mankeert aan jou. Dat jij zo lastig bent dat mensen daardoor niet met je om willen gaan, zelfs Linda niet.
Jenny: …
Therapeut: *Volgens mij is dat de pijn die er wel de hele tijd al zit, maar die op zo'n moment naar boven komt. Dat is oude pijn, misschien wel de pijn, de angst die je als kind al wel hebt gevoeld?*
(Jenny knikt.)
Therapeut: *Dat gevoel dat er iets aan jou mankeert, een gevoel van minderwaardigheid, van schaamte.*

Diagnostische imaginatie

Wanneer je voorstelt om een diagnostische imaginatie te doen merk je dat Jenny gespannener wordt. Als je vraagt wat haar gespannen maakt, geeft ze aarzelend aan dat ze het niet fijn vindt om haar ogen te sluiten. Je legt uit dat het niet noodzakelijk is dat ze haar ogen sluit, ze kan ook naar een punt op de grond voor zich blijven kijken. Je merkt echter dat de spanning blijft en eerder wat lijkt toe te nemen. Ook uitleg over de werkwijze, de procedure tijdens de oefening lijkt de angst niet weg te nemen. Kennelijk is het sluiten van de ogen niet het (enige) probleem. Het zou de minste weerstand oproepen door haar op dit moment te zeggen dat ze de oefening niet hoeft te doen. Je realiseert je echter dat er in de therapie nog vaak imaginatieoefeningen zullen worden gedaan. Door de diagnostische imaginatie nu te vermijden loop je het risico dat deze waardevolle techniek ook in de toekomst minder makkelijk of vaak gebruikt zal worden. Je besluit daarom in het midden te laten of de diagnostische imaginatie alsnog gebruikt zal worden en eerst de angst verder te exploreren met behulp van een neerwaartsepijltechniek.

Voorbeeld aanloop naar diagnostische imaginatie met Jenny

Therapeut: *We kunnen dadelijk nog wel terugkomen op de oefening. Maar voor nu zou ik wat beter willen begrijpen wat je zo gespannen maakt. Je hoeft je niet te verantwoorden, hoor, zo bedoel ik dat niet. Maar ik zie dat je je ongemakkelijk voelt. Kun je mij een beetje meenemen in wat je gespannen maakt?*
Jenny (zachtjes en wegkijkend): *… Ja, ik weet niet … dat ik dan zo zit en jij daarbij zit … Ik vind dat gewoon niet prettig om zo bekeken te worden …*
Therapeut: *En wat zou je er zo erg aan vinden dat ik daar dan bij zit en toekijk?*
Jenny: *… Ik weet niet … wat je dan denkt, of zo …*
Therapeut: *En dan ga je er kennelijk niet van uit dat ik iets positiefs of vriendelijks denk? Want dan zou je je niet zo gespannen voelen, denk ik?*
Jenny: *… Nee, nee, dat niet nee, dat je het dan raar vindt wat ik zeg …*
Therapeut: *Dat klinkt niet fijn … maar ik snap dan wel wat beter je angst en je spanning; jij loopt dan bij zo'n oefening het risico dat ik het raar vind wat je zegt …*
(Jenny knikt.)
Therapeut: *Ik durf wel te beloven dat ik het niet raar zal vinden wat je zegt. Ik vind je belevingen niet raar, maar juist heel belangrijk! Maar even om jou goed te begrijpen:*

stel dát ik het raar zou vinden wat je zegt, wat zou dat dan voor jou betekenen dat je zo gespannen raakt?
Jenny (nauwelijks hoorbaar): *... Dat je mij raar vindt, dat ik dat ben ...*
Therapeut: *Raar?*
Jenny: *Ja ...*
Therapeut: *En bij dat idee voel je je angstig, gespannen ...*
Jenny: *Ja ...*
Therapeut: *En waar voel je dat nu in je lijf, die spanning en angst?*
(Jenny wijst naar haar borst en maagstreek.)
Therapeut: *En is dat dan voor jou een herkenbaar gevoel? Een herkenbare angst en spanning die je zo in je borst en maag voelt? Die angst dat je raar gevonden wordt?*
Jenny: *Ja, heel erg ...*

In de exploratie is de aandacht verschoven van de angst voor wat jij als therapeut zou kunnen denken naar herinneringen aan andere situaties. In het exploreren van de beleving is er zo eigenlijk een gevoelsbrug naar het verleden tot stand gekomen. Je besluit om opnieuw een imaginatieoefening voor te stellen.

Diagnostische imaginatie met Jenny – vervolg

Therapeut: *Het klinkt alsof je allemaal beelden en herinneringen hebt van situaties waarin je je zo gespannen en angstig hebt gevoeld, klopt dat?*
Jenny: *Ja, echt heel vaak ...*
Therapeut: *Ja, die indruk krijg ik, 't is bijna alsof ik allemaal gedachtenballonnetjes boven je hoofd zie verschijnen met beelden daarvan en herinneringen daaraan. Dat is dus kennelijk jouw realiteit geweest, dat je heel vaak dit gevoel en die beleving hebt gehad. Ik zou heel graag willen weten wat die ervaringen zijn, en daarmee begrijpen hoe het voor jou moet zijn om te leven met die angst ... Zou je me kunnen vertellen over zo'n beeld, zo'n herinnering?*
(Jenny knikt.)
Therapeut: *Maar dan zou ik je willen vragen om gewoon te blijven denken aan die herinneringen, maar dan met je ogen gericht op de vloer voor je voeten zodat je je ook echt kunt concentreren. En vertel me dan maar gewoon wat je ziet met je innerlijke oog, alsof je daar weer helemaal bent. Is dat oké?*
(Jenny knikt aarzelend.)
Therapeut: *Blijf maar gewoon denken aan al die keren dat je je ook zo angstig hebt gevoeld als nu, de angst dat de ander je raar zou kunnen vinden ... welke beelden zie je dan?*
Jenny: *... Ik weet niet ... dat is eigenlijk altijd zo geweest ...*
Therapeut: *Oké, kies er dan maar eentje. En dat is niet een keuze van goed of fout, daar draait het niet om hier. Kies maar een beeld en richt daar je aandacht op ... wat zie je nu?*

Vanaf dat moment vertelt Jenny over een herinnering toen ze 12 jaar was. Ze was nog maar net begonnen op de middelbare school en om elkaar beter te leren kennen had de leraar gevraagd of iedereen wilde vertellen welke hobby ze hadden. Toen Jenny vertelde over haar hobby vioolspelen begon een aantal kinderen te lachen en na te doen hoe raar dat eruitzag. Jenny was al verlegen en angstig, maar met deze ervaring werd voor haar alleen maar bevestigd dat anderen haar raar vinden als zij zich uitspreekt en laat zien wie ze is. In de nabespreking leg je uit dat dit gevoel gezien kan worden als een oude wond. Een emotionele wond die iedere keer weer opspeelt als ze in soortgelijke situaties komt. Je legt ook uit dat er een naam is voor die wond, dat schema: Minderwaardigheid/schaamte.

Stoelen gebruiken om kanten te leren kennen

Het is de laatste sessie van de casusconceptualisatie. Je beseft dat je in deze diagnostiekfase nog geen stoelentechniek hebt gedaan. Als je eerlijk bent, heb je er weleens aan gedacht, maar je hebt vermeden het voor te stellen. Zo was er wel een gelegenheid toen Jenny vertelde over haar Vermijdende Beschermer, de Stille, maar heb je het niet gedaan. De reden is dat je bij Jenny voortdurend haar angst en spanning voelt, en je wilt het voor haar niet nóg zwaarder maken dan het al is. Maar nu besef je dat je met die goede zorg niet de stoelentechniek hebt geïntroduceerd, terwijl je die toch van plan bent vaker te gebruiken. Je besluit dan ook om deze laatste sessie de stoelentechniek te gebruiken om het modusmodel mee op te bouwen.

Voorbeeld stoelentechniek met een van de copingstijlen van Jenny

Therapeut: *Ik zat zo te denken waar we tot dusver over hebben gesproken. We hebben het over die verschillende kanten van je gehad. En dan bedoel ik dat we het erover hebben gehad dat je die Stille kant hebt, waarin je geneigd bent spannende situaties te vermijden.*
(Hierbij gebaart de therapeut naar een plek naast Jenny, alsof het gaat over een persoon die de therapeut aanwijst.)
(Jenny knikt.)
Therapeut: *We hebben het ook wel over andere kanten van je gehad, bijvoorbeeld die Aanklager, die Beschuldigende kant. Maar ik zou ze even stap voor stap willen langslopen. Daarvoor wil ik een oefening doen waarbij ik er extra stoelen bij pak.*
(Hier staat de therapeut op en trekt er een extra stoel bij die op de plaats gezet wordt waar net de Stille werd aangewezen.)
Therapeut: *Ik wil je vragen dadelijk even op die stoel te gaan zitten en dan die Stille even te zijn. In die stoel kun je je helemaal inleven in die beleving van de Stille. Vervolgens zal ik je dan vragen weer hier naast me te komen zitten, en dan kunnen we samen vanuit deze stoelen goed kijken en bespreken wat die Stille nu eigenlijk denkt en doet, en ook waarom die dat doet.*
(Jenny kijkt heel bedenkelijk.)
Therapeut: *Ik zie je bedenkelijk kijken, zo van 'Wat is dit nu weer, en moet dat nu?' En dat snap ik wel, het is een nieuwe oefening en waarom zou je van stoel verwisselen, je kunt er toch ook vanuit deze stoel over vertellen.*

Jenny: *Ja, precies… ik snap nog niet zo waarom …*
Therapeut: *… Goed dat je dat zegt. Nou, uit ervaring en onderzoek blijkt dat zo'n stoelentechniek heel goed helpt. Het helpt om meer zicht te krijgen op die patronen waarover we hier spreken. Maar het helpt ook om iets te gaan veranderen in die patronen waarvoor je hier bent gekomen. Zullen we het gewoon eens proberen?*
Jenny: *… Ik weet niet …* (en kijkt weg en lijkt zich verder terug te trekken).

Op dit punt aangekomen realiseer je je dat dit precies is wat je vreesde, dat Jenny zich nog ongemakkelijker en angstiger zou gaan voelen. Je vrees is dat ze zich terugtrekt uit therapie als ze in de sessies zo veel last van angst heeft. Je beseft echter ook dat je nu niet zozeer met Jenny als Gezonde Volwassene spreekt, maar met haar Vermijdende Beschermer, de Stille. Je zult in de therapie veel moeten onderhandelen met die Stille om meer contact met de Eenzame, verlegen Jenny te kunnen maken, en die onderhandelingen zijn nu al begonnen. Met in je achterhoofd het beeld dat je met haar Vermijdende Beschermer aan het onderhandelen bent, leg je nog wat meer uit over het nut, de effectiviteit en de procedure van de techniek. Je benadrukt dat zij altijd mag stoppen als het echt niet bevalt, dat zij de controle houdt. Je kunt ook afspreken dat je de oefening eerst maar drie minuten doet en dan zult stoppen. Ondanks je pogingen blijft Jenny vermijden. Ze doet dat wat subtiel en indirect, met zuchten, stiltes en antwoorden als 'Ik weet niet …', maar feitelijk is de Stille nog steeds aan het woord. Je zou de oefening hierbij los kunnen laten om de druk niet op te laten lopen. Je besluit nog een poging te wagen met een stoelentechniek 'onder de radar'. Daarbij hoeft Jenny niet zelf in de stoelen te gaan zitten, maar verwoordt jij als therapeut de verschillende kanten terwijl je op de verschillende stoelen zit. Jenny blijft observeren vanaf haar eigen stoel en kan zo, bijna onopgemerkt, toch iets meekrijgen van de ervaring van een stoelentechniek, vandaar de naam 'onder de radar'.

Voorbeeld stoelentechniek met Jenny – vervolg: stoelentechniek 'onder de radar'

Therapeut: *Nou, misschien kan ik laten zien hoe dat eruitziet. Dan hoef jij verder niets te doen, ja, behalve hier dan zitten en het in je opnemen. Maar dan zou ik er extra stoelen bij willen pakken en je voordoen hoe die oefening eruitziet, oké?*
Jenny: *Euh … ja, en dan kan ik hier gewoon blijven zitten?*
Therapeut: *Ja, precies. Oké, nou heb ik daar dus een stoel gezet op de plek waar ik het al over die Stille had. Als ik nu hier even ga zitten.*
(Therapeut gaat in stoel van de Stille zitten.)
Therapeut: *En hier, als die Stille, dan heb ik het idee dat het het beste is om maar zo min mogelijk te laten zien van wat ik voel en denk* (therapeut gebaart hierbij naar plek achter zich, alsof daar de gevoelens en gedachten zijn), *want als ik zeg wat ik voel of denk, dan zullen mensen dat raar vinden …*
(Therapeut staat op van de stoel en komt naast de cliënt zitten.)
Therapeut: *Klopt dat een beetje?*
(Jenny knikt aarzelend.)

Therapeut: *Dus die Stille daar* (wijst en kijkt naar de lege stoel van de Stille) *beschermt eigenlijk tegen de angst dat wat achter die stilte gedacht en gevoeld wordt* (therapeut wijst naar plek achter de stoel van de Stille) *dat dat raar gevonden wordt. Laat ik daar ook even een stoel neerzetten …*
(Therapeut staat op en zet een stoel achter de lege stoel van de Stille en neemt erop plaats.)
Therapeut: *Als ik me een beetje inleef in hoe dat voor Jenny moet zijn, dat idee raar gevonden te worden, dat is angstig, echt heel eng. En ook voelt Jenny hier, denk ik, schaamte, alsof ze niet goed genoeg is. Dat doet pijn … En mensen hoeven dat niet eens te zeggen, dat ik raar ben, dat vind ik zelf ook zo.*
(Hier stapt de therapeut op uit de stoel en zet er een derde stoel bij, dicht bij de stoel van Eenzame, verlegen Jenny, ernaar toegekeerd. De therapeut neemt plaats in die derde stoel.)
Therapeut: *Als ik me inleef in jou, Jenny, en ik denk aan wat je me hebt verteld, dan denk ik dat ik heel makkelijk in deze toestand kan schieten. Dit is die kant die naar Jenny kijkt maar niet met aardige ogen. Dit is de kant die vooral kijkt naar hoe anderen last kunnen hebben van Jenny, teleurgesteld in haar lijken te zijn, en dan lees ik daarin altijd de boodschap 'Dat komt door jou'* (hier kijkt de therapeut naar de lege stoel van Eenzame, verlegen Jenny).
(Na een korte stilte staat de therapeut op en komt weer naast Jenny zitten, samen kijken ze naar de stoelen voor hen.)

Op dit punt aangekomen spreek je samen met Jenny over de stoelen, de dynamiek tussen de verschillende kanten. In dat gesprek wordt er nog een extra stoel bijgezet voor de Zelfsussende kant. Jenny lijkt actief mee te doen met de bespreking en van de eerdere angst en spanning met betrekking tot de techniek is niet veel meer te merken. Je zegt bewust nog wel dat deze manier van werken in de rest van de therapie vaker gebruikt zal worden. Nu het eenmaal gezegd is, zal het de volgende keer wat makkelijker worden om de techniek daadwerkelijk in te zetten.

3.3.4 Modusmodel van Jenny

Jenny heeft een aantal kanten die veel voorkomen bij de Vermijdende-persoonlijkheidsstoornis (zie ◘ tab. 3.9 en ◘ fig. 3.2). Overgave aan de Bestraffende houding en Onderwerping heeft geleid tot een Beschuldigende kant, die in overleg met Jenny 'De Aanklager' is genoemd. Overgave aan de schema's Minderwaardigheid, Sociaal Isolement en Emotionele verwaarlozing hebben geleid tot Kindkanten, namelijk Eenzame, verlegen Jenny en Chagrijnige Jenny. Bij Jenny is er vooral sprake van Vermijdende Copingkanten. De Stille is de Vermijdende Beschermer. In deze kant vermijdt Jenny schema's van Minderwaardigheid en Sociaal isolement. Vermijding van Emotionele verwaarlozing kan leiden tot het drinken van alcohol, de Onthechte Zelfsusser die de Cocon is genoemd.

3

Tabel 3.9 Kanten van Jenny

Kindkanten	
Eenzame verlegen Jenny (Eenzame/Niet-geliefde Kind, Minderwaardige en Beschaamde Kind, Vervreemde/Onbegrepen Kind)	In deze kant voelt Jenny zich verdrietig en heeft het idee dat niemand om haar geeft of geïnteresseerd is in haar. Ze heeft daarbij het idee dat dit aan haar ligt en dat als anderen haar echt leren kennen ze genoeg van haar zullen hebben.
Chagrijnige Jenny (Boze Kind)	Dit is het gevoel dat ze heel soms heeft als ze alleen is, dat ze zich wat geïrriteerd voelt doordat anderen geen aandacht aan haar hebben geschonken.
Kritische kanten	
De Aanklager (Beschuldigende Kant)	In deze kant denkt ze veel over hoe slecht anderen zich wel moeten voelen door iets wat Jenny wel/niet gedaan heeft. Ze heeft dan het gevoel dat het haar schuld is dat de ander lijdt.
Vermijdende Copingkanten	
De Stille (Vermijdende Beschermer)	Dit is de kant waarin ze afspraken afzegt. Ze heeft ook veel hoofdpijn, en dat is een veelvoorkomende reden om afspraken af te zeggen.
De Cocon (Onthechte Zelfsusser)	In deze kant blijft ze tot heel laat op en drinkt dan een fles wijn terwijl ze series kijkt of op het internet surft. In die toestand voelt het veilig en zacht, en heeft ze het gevoel aan de wereld deel te nemen terwijl ze in de veilige cocon van haar kamer verblijft.
Omkerende Copingkanten	
	niet aanwezig
Gezonde kanten	
Grote Jenny (Gezonde Volwassene)	Dit is de kant waarin ze iets meer zelfvertrouwen heeft, bijvoorbeeld als ze alleen haar werk doet. Het is ook de kant die haar ertoe heeft gebracht hulp te zoeken.
Speelse Jenny (Blije Kind)	Deze kant kent ze voornamelijk van de nachtelijke uren wanneer ze een paar glazen wijn heeft gedronken. In die toestand geeft ze wat meer toe aan impulsen en kan ze dansen op muziek. Ze heeft het idee dat ze in een relatie die speelse kant veel meer zou kunnen of willen laten zien.

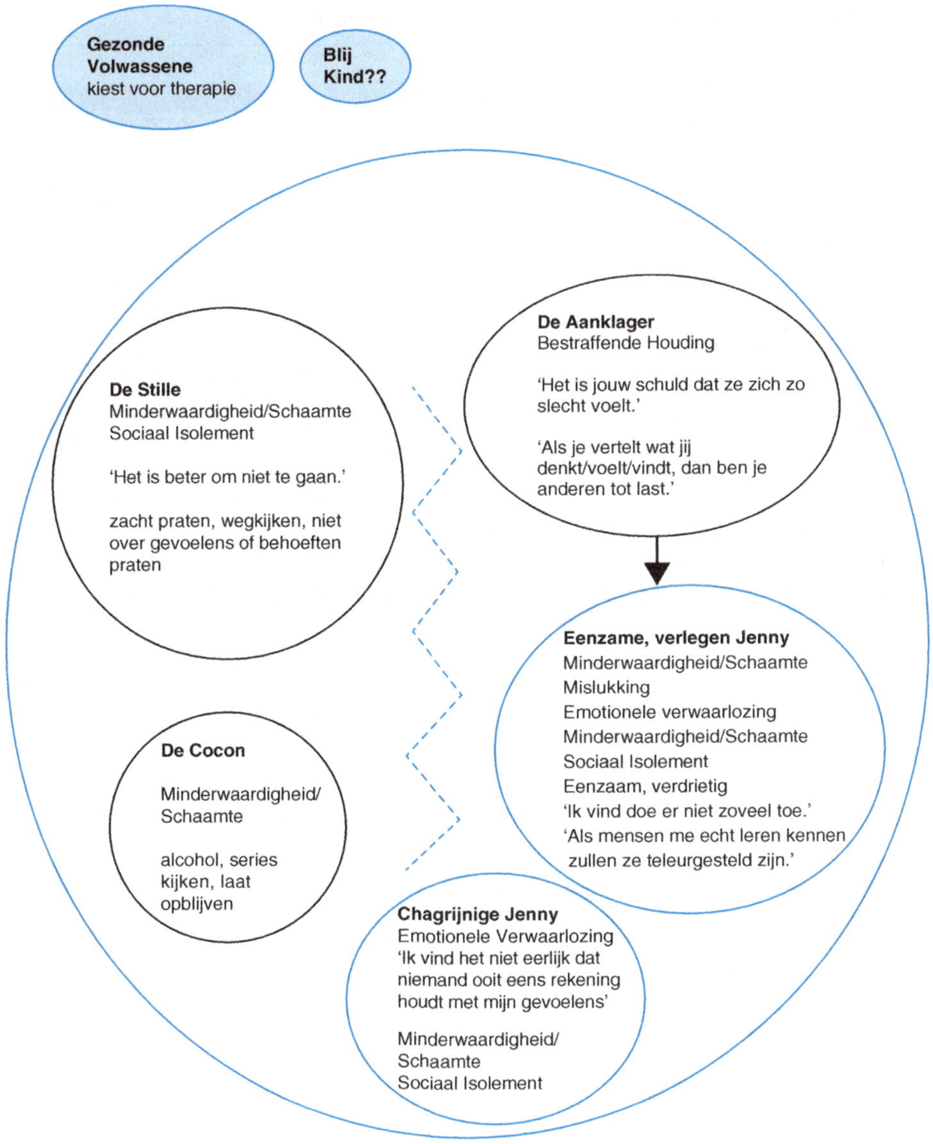

Figuur 3.2 Modusmodel van Jenny

3.4 Dwangmatige-persoonlijkheidsstoornis

Casus John

John is in therapie gegaan omdat zijn vrouw er steeds meer moeite mee heeft dat hij voortdurend aan het werk is. Ook vindt ze het vervelend dat hij niet of nauwelijks aandacht meer heeft voor haar. Daardoor ondernemen ze samen steeds minder vaak leuke activiteiten. Het werk is daarbij voor John vaak ook nog eens een bron van frustraties. Op het werk wordt hij vaak geconfronteerd met mensen die zich niet houden aan de regels en dat irriteert hem mateloos. John kan wat zelfingenomen klinken als hij vertelt hoe hij zich als enige wel bewust lijkt te zijn van de regels en voorschriften. Anders dan bij narcisme ziet hij zichzelf niet als een beter mens dan anderen of als iemand die boven de regels staat. Hij heeft wel het idee dat hij zich meer dan anderen bewust is van het nut van regels. Hij vindt ook wel dat die regels voor iedereen gelden, inclusief hemzelf. Zijn vrouw heeft aangegeven dat ze een scheiding overweegt als John niet verandert. Het idee van een scheiding vindt hij moeilijk en pijnlijk. Tegelijkertijd heeft hij ook moeite om zijn vrouw te begrijpen. Hij vindt haar gevoelens lastig, en praten over conflictmomenten gaat moeizaam. Dergelijke gesprekken worden al snel een monoloog van John waarom hij niet anders kan dan zo hard werken.

Hoe merk je dat iemand een Dwangmatige-persoonlijkheidsstoornis heeft?

Iemand met een Dwangmatige-persoonlijkheidsstoornis heeft een overmatige aandacht voor details. Dit is een persoon die je bijvoorbeeld een verhaal ontzettend uitgebreid vertelt, met allerlei feiten die voor jou niet per se relevant lijken te zijn. De persoon met deze persoonlijkheidsstoornis is ook altijd bezig: aan het werk of thuis klusjes aan het doen. Je merkt ook dat zij kritisch kijkt naar wat jij doet of hebt gedaan en door die kritische blik kun je je wat onzeker of geïrriteerd voelen.

3.4.1 Basisbehoeften en schema's

In aanleg zijn cliënten met een Dwangmatige-persoonlijkheidsstoornis altijd al geneigd geweest tot perfectionisme en waren ze als kind heel gevoelig voor geboden en verboden. Veel cliënten met een Dwangmatige-persoonlijkheidsstoornis lijken te zijn opgegroeid in een omgeving met weinig expliciete emotionele zorg en warmte. In tegenstelling tot cliënten met een borderline-persoonlijkheidsstoornis zijn veel cliënten met een Dwangmatige-persoonlijkheidsstoornis opgegroeid in een stabiele, voorspelbare en veilige omgeving, waarin het hun in materiële zin vaak aan niets ontbroken heeft. Er was echter meer aandacht voor werk en prestaties dan voor de emotionele behoeften van de kinderen. Gezinsregels konden uitspraken en gezegden zijn als 'Wie A zegt moet B zeggen', 'Als je iets doet, doe het dan goed', 'Het kan altijd beter' en 'Na gedane arbeid is het goed rusten'. Dergelijke gezinsregels kunnen zowel expliciet als impliciet zijn overgebracht op de kinderen. Misschien hebben de ouders wel altijd tegen hun kind gezegd dat die lekker mocht spelen. Tegelijkertijd waren diezelfde ouders zelf voortdurend hard aan het werk. In hun voorgeleefde gedrag werd het belang van hard werken benadrukt, als boodschappen die de kinderen als ondertiteling konden lezen bij het gedrag van hun ouders. Ook dat er enkel waardering werd geuit voor prestaties kan door kinderen geïnterpreteerd worden als een boodschap dat ontspanning, spel en spontaniteit niet gewaardeerd worden.

In deze omstandigheden worden de basisbehoeften spontaniteit en spel en onvoorwaardelijke waardering niet volledig vervuld. Het meest voorkomende schema bij deze persoonlijkheidsstoornis is Meedogenloze normen (Panagiotopoulos et al., 2023). Andere schema's die in deze studie regelmatig werden gerapporteerd waren Zelfopoffering, Negativiteit en pessimisme en Bestraffende houding (Panagiotopoulos et al., 2023). Wij zien in de klinische praktijk dat de schema's Emotionele verwaarlozing en Onrechtvaardigheid ook vaak relevant zijn bij mensen met een Dwangmatige-persoonlijkheidsstoornis.

De dwangmatige persoonlijkheidstrekken zoals beschreven in de DSM-5 zijn voorbeelden van overgave aan deze schema's. Overgave aan het schema Meedogenloze normen leidt er bijvoorbeeld toe dat cliënten met een Dwangmatige-persoonlijkheidsstoornis hard werken, zich vaak verliezen in details of meer tijd nodig hebben voor het afronden van taken. Sommige cliënten met het schema Meedogenloze normen hebben een Omkerende copingstijl en gaan daar op een andere manier mee om. Deze cliënten hebben er moeite mee om structuur te behouden in hun leven, het slaap-waakritme is verstoord, het eetpatroon is chaotisch en het huishouden een rommeltje. Op het eerste oog lijkt een dergelijk leefpatroon een uiting van het schema Gebrek aan zelfdiscipline en zelfcontrole, maar soms kan dit dus een omkering zijn van het schema Meedogenloze normen. Omkering is voor deze cliënten een overlevingsreactie geworden, waarmee ze de voortdurende druk en eisen vanuit Meedogenloze normen proberen te hanteren door juist niet te leven naar het schema dat hard werken en structuur dicteert.

3.4.2 Kanten bij de Dwangmatige-persoonlijkheidsstoornis

In deze paragraaf worden de mogelijke kanten beschreven bij een cliënt met een Dwangmatige-persoonlijkheidsstoornis (zie tab. 3.10). Alle mogelijkheden worden beschreven, maar dat betekent niet dat jouw cliënt al die kanten zal hebben ontwikkeld. Vervolgens worden de relevante kanten voor John beschreven.

De Veeleisende kant en de Perfectionistische Overcontroleerder zijn typerende kanten van cliënten met een Dwangmatige-persoonlijkheidsstoornis. De Veeleisende kant is het gevolg van de geïnternaliseerde (ervaren) boodschappen over productiviteit, efficiëntie en meedogenloze normen. In deze toestand beoordeelt je cliënt zijn prestaties kritisch. Vanuit deze toestand is er dan ook een aansporen dat er beter, harder, meer gewerkt moet worden.

3

Tabel 3.10 Kanten bij een Dwangmatige-persoonlijkheidsstoornis

Kindkanten (met gerelateerde schema's)	
Teleurgestelde/Tekortschietende Kind (Schema Meedogenloze normen. Dit is niet een Gekwetste Kindkant wanneer ervan uitgegaan wordt dat de Gekwetste Kindkant een weergave is van een totale overgave aan een schema. Dit secundaire schema Meedogenloze normen is geïnternaliseerd in de Veeleisende kant. Het Teleurgestelde/Tekortschietende Kind wordt voorgesteld als een Kindkant die geassocieerd kan zijn met het schema.)	Je bent teleurgesteld, niet in de eerste plaats jegens anderen, maar met betrekking tot je eigen normen.
Eenzame, Niet-geliefde Kind (Emotionele verwaarlozing)	Je hebt het gevoel dat er niemand is die echt om je geeft of begrijpt hoe je je voelt. Je kunt ook het gevoel hebben dat je gevoelens te veel zijn voor anderen.
Boze Kind	Je bent boos op anderen dat ze geen rekening houden met je gevoelens, ook al heb je ze niet geuit.
Overijverige Kind (Schema Meedogenloze normen. Ook dit is niet een Gekwetste Kindkant wanneer ervan uitgegaan wordt dat de Gekwetste Kindkant een weergave is van een totale overgave aan een schema. Het Overijverige Kind wordt voorgesteld als een Kindkant die geassocieerd kan zijn met het schema.)	Je werkt hard, bent gehoorzaam en gedraagt je braaf en netjes.
Boze Kind	Je wordt boos vanwege onrealistische of onredelijke eisen. Vaak worden de eisen op anderen of instituten geprojecteerd. Je hebt de neiging je er niet van bewust te zijn dat dit in feite een projectie van je eigen normen is. Je wordt dus boos op anderen van wie je vindt dat ze te veel eisen.
Opstandige Kind	Variatie van het Boze Kind, maar je uit de rebellie op andere manieren dan openlijke woede. Bijvoorbeeld dingen opzettelijk slecht doen, obstructie, enz.
Mokkende Kind	Je protesteert op een passieve manier tegen te hoge eisen en verwachtingen, gekenmerkt door weerstand en het non-verbaal overbrengen van irritatie.
Geparentificeerde Kind (Zelfopoffering)	Je bent er vast van overtuigd dat je voor anderen moet zorgen, waarbij je negeert of dit nodig is of geweigerd wordt.
Boze Kind	Je hebt uitbarstingen van boze beschuldigingen dat je jezelf voortdurend moet opofferen en dat anderen jouw zorg niet erkennen.

(vervolg)

Tabel 3.10 Kanten bij een Dwangmatige-persoonlijkheidsstoornis (vervolg)

Benadeelde Kind	Je ervaart de disbalans tussen het geven en ontvangen van zorg als oneerlijk. Je voelt dat je onrecht is aangedaan en vindt dat je oneerlijk wordt behandeld.
Pessimistische Kind (Negativiteit en pessimisme)	Je hebt de neiging om situaties op een negatieve, pessimistische manier te interpreteren. Je verwacht dat er dingen mis zullen gaan. De toekomst is donker en rampen zijn waarschijnlijk. Hopeloosheid en neerslachtigheid zijn de prominente gevoelens.
Boze Kind	Je wordt erg boos als anderen optimistisch of zelfs realistisch zijn, omdat je echt gelooft in jouw pessimistische en sombere verwachtingen.
Slechte Kind (Bestraffende houding)	Je voelt je slecht, schuldig en vindt dat je straf verdient.
Boze Kind: Protesterende Kind	Je protesteert op emotionele wijze tegen de straf die de Straffende kant oplegt. Meestal richt de woede zich op anderen, die als kritisch worden ervaren.
Mokkende Kind	Je reageert op passief-agressieve manier om te protesteren tegen buitensporige straffen, beschuldigingen en beperkingen. Je voelt weerstand en brengt die non-verbaal over met irritatie.
Kritische kanten	
Veeleisende kant (Meedogenloze normen)	Je bent kritisch op je prestaties en vindt dat het beter moet: 'Je moet beter je best doen, want anders gaat het mis.'
Vermijdende Copingkanten	
Onthechte Zelfsusser	Je staat niet stil bij je gevoel door voortdurend activiteiten te ondernemen die je afleiden van je gevoel.
Onthechte Beschermer	Je negeert je gevoel of je schakelt je gevoel uit door te rationaliseren.
Omkerende Copingkanten	
Perfectionistische Overcontroleerder	Je doet heel erg je best en maakt zo min mogelijk fouten om te verhullen dat je een mislukkeling bent of gebrek aan zelfdiscipline hebt. Je probeert je gevoelens en behoeften onder controle houden.
Zelfverheerlijker	Je plaatst je boven de anderen om er zo voor te zorgen dat regels gevolgd worden.

Voorbeeld Veeleisende kant bij John

John ligt na een dag hard werken op de bank uit te rusten en geniet daar ook van. Kijkend naar het journaal heeft hij een tevreden gevoel dat hij goed heeft gewerkt en veel taken van zijn to-dolijstje heeft kunnen afstrepen. Hij geniet zo van welverdiende rust. Als het journaal is afgelopen, drijven zijn gedachten tijdens het reclameblok wat weg. Gedachten over taken die nog niet afgevinkt zijn, nemen bezit van hem. In eerste instantie heeft hij geen zin om nog iets te doen en wil hij gewoon lekker blijven liggen. Maar er blijven gedachten terugkomen als 'Die dingen moeten toch gebeuren. Je hebt het al eerder uitgesteld en als je het nu niet doet, dan is de kans groot dat het er morgen ook niet van komt. Doe het nu maar, dan ben je ervan af. Je hebt nog wat tijd en je kunt ook eerst dit even afhandelen en dan verder rusten in plaats van nu maar te blijven luilakken. Kom op, even de tanden op elkaar en dan heb je het maar gedaan!' En met die drukkende, dwingende woorden nagalmend in zijn hoofd sleept John zich van de bank en begint naar zijn werkkamer te lopen. Op weg naar zijn werkkamer neemt hij het halflege kopje thee mee dat naast de bank staat, want als je dat laat staan dan is het juist opgeruimde huis dadelijk weer een rommeltje …

Vanuit de Veeleisende kant zijn er duidelijke gedragsinstructies gegeven om hard te werken. De toestand van hard werken met daarin een oog voor details en 'klusjes' die nog gedaan moeten worden, kan worden gezien als de Perfectionistische Overcontroleerder. Deze Perfectionistische Overcontroleerder is een omkerende kant met een beschermende functie. Samen met je cliënt kun je andere, persoonlijker namen kiezen voor de Perfectionistische Overcontroleerder. Voorbeelden van dergelijke namen zijn de 'Doorbuffelaar', 'Controlehoudende kant', 'de Uitvoerder', 'Snelle Jelle'. De functie van deze kant is om onderliggende gevoelens van onrust, leegte, falen of tekortschieten niet te hoeven voelen. Voor sommige cliënten is deze toestand meer dan het niet voelen van nare emoties. Voor hen voelt het harde werken zo prettig dat deze kant gezien kan worden als een Onthechte Zelfsusser. De Onthechte Zelfsusser overdekt onprettige gevoelens van mislukking met een prettig gevoel van nuttig en goed bezig zijn. Hard werken lijkt voor deze cliënten bijna een vorm van verslaving. Ze voelen zich niet gedwongen tot hard werken maar verlangen er zelf naar, als bij het verlangen naar de effecten van een middel bij een verslaving.

Verschil tussen Veeleisende kant en de Perfectionistische Overcontroleerder

Het kan lastig zijn om de Veeleisende kant te onderscheiden van de Perfectionistische Overcontroleerder. Beide kanten zijn overtuigd van het nut van hard werken. Daarmee lijken het wel twee handen op één buik, *best friends forever*. Het differentiëren van deze twee kanten is in de kern het onderscheiden van een Copingmodus van een Kritische kant. Een Kritische kant is een zelfreflectieve toestand, waarin de cliënt zichzelf of zijn daden/prestaties op een kritische manier beoordeelt. Een Copingmodus kenmerkt zich niet zozeer door deze kritische zelfreflecties maar door een functionele gerichtheid op werk en taken. De twee kanten kunnen dus onderscheiden worden door de inhoud waarover gesproken wordt. Daarnaast zal de toon van de stem verschillen afhankelijk van welke kant actief is. De Veeleisende kant zal kritisch klinken terwijl de Perfectionistische Overcontroleerder wat vlak, emotieloos klinkt. Je eigen

emotionele reactie zal ook kunnen verschillen, afhankelijk van welke kant actief is. Bij een Veeleisende kant zul je meer de neiging hebben wat tegengas te geven, omdat de kritiek wat oneerlijk streng kan klinken. Je kunt je bij een Perfectionistische Overcontroleerder zelf wat meer onthecht, minder betrokken, voelen.
Als metafoor kan de Veeleisende Kant gezien worden als een overmatig bezorgde aannemer die zich verantwoordelijk voelt voor een taak, met alle risico's van het niet goed uitvoeren ervan. De Perfectionistische Overcontroleerder kan dan gezien worden als de uitvoerder op de werkplaats. Een uitvoerder die aangespoord door de aannemer nu hard aan het werk is om de klus te klaren. Deze Copingmodus is in sommige gevallen een 'robot-toestand', een motor die voortdurend doordraait in het uitvoeren van een niet-aflatende stroom van klusjes die door de sensoren opgemerkt worden.

Voorbeeld Perfectionistische Overcontroleerder bij John
John loopt met het halflege kopje thee naar de keuken, ziet een bordje op tafel staan dat door zijn vrouw over het hoofd is gezien en neemt dat in het voorbijgaan mee: 'Het moet toch in de afwasmachine worden gezet, dus het is handig om dat nu maar meteen te doen.' In de keuken aangekomen zet hij niet alleen het kopje en het bordje in de vaatwasmachine maar zet die meteen aan: 'Het moet toch gebeuren, dus het is handig om dat meteen even te doen.' Op weg naar boven, waar zijn werkkamer is, neemt hij meteen even het vaatdoekje mee uit de keuken want 'het is handig om die doekjes iedere dag te vervangen en deze kan dus in de was'. Op de trap naar boven liggen wat papieren van zijn vrouw die er al een dag liggen, en John neemt ze meteen mee zonder er al te veel bij na te denken: 'Het moet toch gebeuren, dus het is handig dat maar meteen te doen.' Boven aangekomen doet hij op weg naar zijn kantoor het vaatdoekje in de wasmachine, pakt meteen even andere spullen die gewassen moeten worden en ruimt in het voorbijgaan de badkamer even op en zet het afvalbakje bij de trap ('Dadelijk meteen even legen en de vuilniszak vervangen, want morgen wordt het afval opgehaald'). Tegen de tijd dat hij achter zijn bureau zit, heeft hij in vijf minuten tijd zo al tien taakjes gedaan en ervaart hij ten volle het vertrouwde, prettige gevoel van zijn werkmodus.

De problematiek van de Dwangmatige-persoonlijkheidsstoornis wordt vooral gekenmerkt door de Veeleisende kant en de Perfectionistische Overcontroleerder. De Kwetsbare Kindkant is geen toestand waarin de cliënt met een Dwangmatige-persoonlijkheidsstoornis vaak verkeert. Bij sommige cliënten met een Dwangmatige-persoonlijkheidsstoornis lijkt het alsof deze emotionele kant helemaal afwezig is. Dat roept soms twijfels op of er bij deze cliënten diagnostisch niet eerder sprake is van een autistiforme stoornis (zie ▶ H. 1). De moeite die deze cliënten hebben met het voelen van andere emoties dan irritatie of frustratie, is psychologisch te verklaren vanuit de emotionele deprivatie in hun jeugd. Bij afwezigheid van emotionele aandacht en zorg van hun opvoeders hebben ze niet geleerd zelf contact te maken/houden met hun emoties en behoeften. Sommige cliënten kunnen daardoor wat weerstand hebben tegen het plaatsen van een 'Kwetsbaar Kind' in het modusmodel, omdat ze deze kwetsbaarheid zelf in hun dagelijks leven niet herkennen. Als je deze Kindkant toch in het model plaatst, is dat daarmee misschien wel een van de eerste behandelinterventies. Met de rationale dat ieder mens een dergelijke emotionele kant heeft, wordt een belangrijke focus van therapie op de kaart gezet. Ook voor het Blije Kind geldt dat die in het modusmodel opgenomen dient te worden. Het feit dat sommige cliënten vanuit hun achtergrond moeite hebben om contact te leggen met deze bron van spontaniteit en plezier, betekent niet dat die Blije Kindmodus afwezig is of niet bestaat. Het betekent enkel dat de cliënt moeite heeft contact te maken met een kant die ieder mens nu eenmaal heeft. Ieder kind heeft de behoefte en aanleg om te spelen en te genieten van dingen die niet alleen maar efficiënt en productief zijn.

3.4.3 Informatie verzamelen ten behoeve van de casusconceptualisatie

Inventariseren van de huidige problemen

John gaat op aandringen van zijn vrouw in therapie. Zij heeft aangegeven dat ze niet meer gelukkig is met het huwelijk en dat ze een scheiding overweegt. Ze heeft er vooral last van dat John enkel met werk bezig lijkt te zijn en geen aandacht heeft voor haar en voor ontspannende activiteiten. Door de opmerkingen van zijn vrouw is John zichzelf ook meer bewust geworden van het feit dat hij zich vaak moe en wat somber voelt als hij niet aan het werk is. Dat is vooral merkbaar op een zondag of tijdens een vakantie, waarin de dag niet vooraf gevuld is met allerlei taakjes en werk. Het werk zelf valt hem ook wat zwaarder dan vroeger. Dat merkt hij vooral aan de moeite die hij heeft om op te starten en dat hij vaker irritaties heeft als dingen niet gaan zoals hij zou willen. Die irritaties heeft hij wel vaker in zijn leven wanneer hij ermee geconfronteerd wordt dat andere mensen, zoals collega's op zijn werk, minder consciëntieus zijn dan hij.

John werkt voor de gemeente, waarbij hij controleert of de aanvragen voor verbouwingen in de binnenstad wel voldoen aan de wet- en regelgeving. Hij komt daarbij regelmatig op bouwterreinen in conflict met aannemers en huiseigenaren wanneer hij de fouten in de bouw opmerkt en daardoor de bouw soms stillegt of aanpassingen eist. Het lijkt vooral dat anderen in die situaties een conflict hebben met John. Zelf vindt hij het vooral ergerlijk dat anderen niet ook inzien dat regels er nu eenmaal zijn om gevolgd te worden.

Johns vrouw wilde wel kinderen, maar John zag dat niet zitten. Hij heeft haar er uiteindelijk van overtuigd dat een kinderwens alleen maar een maatschappelijke verwachting is, dat het leven er alleen maar complex van zou worden, vol met allerlei problemen die ze beter konden vermijden door kinderloos te blijven.

Beschrijving van de levensgeschiedenis

In aanleg is John speels, actief en open tegenover anderen en de wereld, en kon hij intens genieten van spelen. Zijn ouders zeiden vaak dat hij té druk was en zich een beetje meer moest inhouden en meer moest nadenken voordat hij iets deed (Emotionele geremdheid). John is als enig kind opgegroeid in een gezin met ouders die allebei leraar waren op een middelbare school. Moeder was wiskundelerares en vader doceerde geschiedenis. Beide ouders waren zorgzaam in praktische zin, hielpen hem bij het huiswerk en organiseerden allerlei activiteiten, zoals muziekles en schaaklessen (Veeleisende kant).

Er was echter geen warme zorgzaamheid (Emotionele verwaarlozing). Ze bleven allebei wat afstandelijk en waren voortdurend bezig met hun werk en dagelijkse taken. Eigenlijk heeft John zijn ouders nooit helemaal ontspannen zien liggen niksen, altijd was er wel wat te doen (Meedogenloze normen). Emoties zoals boosheid in een ruzie werden op rationele manier besproken. Beide ouders gebruikten vaak uitdrukkingen en gezegden in het gezin: 'Er is altijd wel wat te doen', 'Eerst werk, dan rusten', 'Ledigheid is des duivels oorkussen', 'Wie A zegt moet B zeggen' en 'Als je iets doet, doe het dan goed' (Veeleisende kant).

Vragenlijsten

De vragenlijsten worden ingevuld teruggestuurd op dezelfde dag dat de therapeut gevraagd had ze in te vullen. John heeft er nog wat opmerkingen bij geplaatst. Sommige van de opmerkingen betreffen voorbeelden van de items die gevraagd zijn. Er zijn echter ook opmerkingen bij over schijnbare inconsistenties in de vragen. De therapeut voelt wat lichte irritatie bij het lezen van die corrigerende opmerkingen. Na die eerste reactie realiseert hij zich dat dit een kenmerkend voorbeeld is van wat Johns patronen zijn. Dit is de kant van John die niet alleen gericht is op hard werken maar die ook kritisch tegenover anderen kan zijn. Hij maakt op die momenten de indruk een 'betweter' te zijn. De therapeut realiseert zich dat John zich hier waarschijnlijk totaal niet van bewust is. Hij maakt een aantekening om in de volgende gesprekken die kritische kant tegenover anderen wat meer te onderzoeken.

Verder valt op dat John op de YSQ hoog scoort op het schema Gebrek aan Zelfcontrole (zie ◘ tab. 3.11). In het gesprek dat volgt, bespreekt de therapeut de items van dit schema. Al snel blijkt dat de hoge scores beter verklaard worden op grond van het schema Meedogenloze normen. Als John een taak niet perfect heeft gedaan, voelt dat voor hem aan alsof hij er de kantjes vanaf gelopen heeft. In die context is er dan geen sprake van een Gebrek aan Zelfcontrole maar juist van Meedogenloze normen.

Verder valt op dat John laag scoort op het schema Emotionele verwaarlozing. De therapeut had op grond van de levensgeschiedenis juist de indruk dat er een gebrek aan warmte en zorg is geweest. Naar aanleiding van de lage scores op dit schema bespreekt hij die hypothese dan ook met John. John herkent het gemis niet. Maar hij erkent dat zijn ouders geen emotionele zorg hebben geboden als de therapeut vertelt wat een normale opvoedstijl is. Hij gaat dan met enige moeite akkoord met het opnemen van Emotionele verwaarlozing in de lijst van zijn schema's. Hij wil wel dat er een vraagteken bij geplaatst wordt, omdat hij er nog niet helemaal zeker van is dat dit schema voor hem geldt.

◘ Tabel 3.11 Scores John op de YSQ

Emotionele verwaarlozing	1,6 ?*
Mislukking	2,5
Meedogenloze normen	4,1
Bestraffende houding	3,8
Emotionele geremdheid	2,7

*'Het valt op dat deze score laag is maar toch wordt besloten dit schema mee te nemen als relevant schema. Zie voor toelichting de beschrijving van de vragenlijsten in ► par. 3.4.3.

Tabel 3.12 Scores John op de SMI

Gekwetste Kind	1,3
Blije Kind	2,3
Boze Kind	2,9
Onthechte Beschermer	2,6
Onthechte Zelfsusser (Verdover)	2,2 ?
Zelfverheerlijker	3,6
Veeleisende kant	4,5
Gezonde Volwassene	5,2

Ten slotte bespreekt de therapeut de scores op de SMI (zie tab. 3.12) op de Onthechte Beschermer en de Onthechte Zelfsusser wat uitgebreider, ondanks de relatief lage scores op die kanten. John blijkt de vragen over de Onthechte Beschermer niet goed te hebben begrepen. 'Vlak voelen' herkende hij niet tijdens het invullen van de vragenlijst. In de bespreking met de therapeut erkent hij echter wel dat hij vaak niet goed weet welke emoties hij heeft. Dat is zo normaal voor hem geworden dat hij moeite had met de vragen in de vragenlijst hierover. Iets soortgelijks speelde bij het invullen van items van de Onthechte Zelfsusser. Hij herkende vragen als 'Ik werk of sport intensief om niet te hoeven denken aan vervelende dingen' niet. Hij herkent wel het genieten van hard werken en doet ook haast niets anders. Bij het invullen van de vragenlijs herkende hij echter niet de functie ervan. In het gesprek hierover met de therapeut blijkt het werken wel degelijk een toevluchtsoord waar hij snel naartoe gaat als zijn vrouw met lastige vragen over gevoelens komt. Daarom besluiten de therapeut en John dat dit toch een kant van hem is die in de lijst meegenomen kan worden.

Jeugdfoto's

Op de vraag naar jeugdfoto's neemt John twee keurig ingeplakte fotoboeken mee vol met foto's. Op die foto's zijn vooral culturele uitstapjes te zien, naar musea, steden en kerken. Zijn ouders staan op de foto's vaak met een serieuze blik of uitdrukking. Er zijn geen foto's waarop de gezinsleden uitbundig lachen of gek doen. John staat er op al die foto's keurig gekleed, wat eenzaam bij. Wanneer hij hoort dat de therapeut het wat verdrietige beelden vindt, vol eenzaamheid en gebrek aan kleur, levendigheid, moet John even nadenken en zegt dan: 'Tja, zo was het nu eenmaal … ik vond dat niet erg of zo…' Naar aanleiding van die opmerking staat de therapeut even stil bij de basisbehoeften van kinderen. Hij legt uit dat ieder kind behoefte heeft aan veiligheid en stabiliteit, maar ook aan spel en spontaniteit, aan zelfexpressie. Voor John klinkt het in eerste instantie als minder relevant, maar in het gesprek lijkt hij wel te erkennen dat hij het soms wat saai vond, alleen in een huis met werkende ouders.

Neerwaartsepijltechniek

Naar aanleiding van een conflictsituatie op het werk wordt er een neerwaartsepijltechniek gedaan. In de exploratie van die klachtsituatie blijkt op de eerste plaats opnieuw het belang dat John hecht aan werk en prestaties. Tijdens de exploratie daarvan blijkt hij heel erg de verantwoordelijkheid te voelen om geen fouten te maken.

Voorbeeld neerwaartsepijltechniek bij John

John: *En wat ik ook zeg, het lijkt ze niet te interesseren. Ik heb ze uitgelegd dat er regels en voorschriften zijn, maar het lijkt alsof ze daar lak aan hebben. Het is zo frustrerend!*
Therapeut: *Het irriteerde je?*
John: *Ja, natuurlijk! Die regels zijn er niet voor niets! Als iedereen maar een beetje doet wat hem het beste uitkomt, zou het een zooitje worden!*
Therapeut: *Dus dat is je irritatie, je vrees misschien ook wel, dat als ze zich nu niet houden aan de voorschriften, het dan een zooitje zou worden?*
John: *Ja!*
Therapeut: *En stel dat dat waar is, je hebt gelijk en het wordt een zooitje, wat zou jij daar erg aan vinden?*
John: *Dat had zo makkelijk voorkomen kunnen worden dan …*
Therapeut: *Zij hadden dat kunnen voorkomen of had jij dat kunnen voorkomen?*
John: *Allebei, denk ik … maar ja, ik had dat kunnen voorkomen. Daarom maak ik me er ook zo druk om …*
Therapeut: *En stel dat het een zooitje is geworden, en dat dat betekent dat jij dat niet hebt weten te voorkomen, wat zou dat dan betekenen voor jou?*
John: *… Ik weet niet … het voelt dat ik dan heb gefaald … ik had het goed kunnen doen, maar dat is me niet gelukt …*
Therapeut: *Ik zie nu een heel andere kant van je, ik zie nu veel meer de eenzame, en ook wel angstige John …*

Op dit punt aangekomen lijkt John in een andere gemoedstoestand te komen. In plaats van zijn gebruikelijke irritatie en zijn focus op feiten en werk klinkt hij nu bedachtzamer, stiller. Voor het eerst gebruikt hij het woord 'voelen'. Voor John is dit al heel emotioneel.

Dit contrast met zijn gebruikelijke werkmodus, de verstilling en het gebruik van woorden als 'voelen' lijken tekenen te zijn van zijn Kwetsbare kant. Die Gekwetste Kind-kant uit zich anders dan bij een afhankelijke of vermijdende cliënt, die zich emotioneler zou uiten. Het feit dat hij emotioneler wordt wanneer er gesproken wordt over zijn onderliggende gevoel te falen wijst op schema-activatie. Het schema dat geïdentificeerd wordt is Meedogenloze normen met onderliggend het schema Mislukking.

Diagnostische imaginatie

In de tweede sessie vertelt John over een probleem op zijn werk waarbij de aannemer niet die dingen heeft gedaan die John van hem had gevraagd. Hij voelt zich geïrriteerd door die aannemer. Hij is echter ook geïrriteerd door zichzelf, dat hij dit niet heeft weten te voorkomen: 'Ik had het moeten weten, dit is al eerder gebeurd. Als ik gewoon maar wat beter had opgelet of het zelf had geregeld, dan waren er nu niet deze toestanden.'

Volgens John vindt zijn vrouw dat hij zich er te druk over maakt, waardoor er thuis een onprettige sfeer hangt. De therapeut besluit een diagnostische imaginatie te doen met de rationale dat de emotionele reacties van irritatie sterker lijken te zijn dan de concrete aanleiding lijkt te verklaren. Deze verbeeldingsoefening zou kunnen helpen beter te snappen waarom John diepgeraakt en van streek is.

Omdat John de probleemsituatie al zo levendig vertelt en de irritatie door zichzelf en anderen al zo sterk voelt, besluit de therapeut de Fijne plek imaginatieoefening over te slaan (zie inleiding ▶ par. 3.1) en John direct stil te laten staan bij het beeld van de probleemsituatie en de daarbij behorende gevoelens.

Voorbeeld diagnostische imaginatie bij John

Therapeut: *Oké, John, dus je voelt je geïrriteerd, boos op de ander dat die niet heeft gedaan wat hoort, maar ook geïrriteerd door jezelf … Waar voel je dat geïrriteerde gevoel in je lijf?*

John: *… Dat weet ik niet … ik voel me gespannen of zo …*

Therapeut: *Het is geen vraag waar je een goed of fout antwoord op kunt geven. Blijf maar even bij dat gevoel van spanning, die irritatie … is er een plek in je lijf waar die vooral zo voelbaar is?*

John: *… Misschien hier* (wijst naar zijn borst en hoofd).

Therapeut: *Oké, dus je voelt die spanning, die irritatie dat de ander iets fout heeft gedaan, maar eigenlijk ook wel irritatie door jezelf. En dat gevoel zit zo in je borst en hoofd … En welk gevoel is het sterkst, die boosheid op de ander of op jezelf?*

John: *… Op mezelf … ik had het kunnen weten … ik had het ook niet aan anderen moeten overlaten …*

Therapeut: *En dat gevoel van boosheid op jezelf, die spanning, is dat een bekend gevoel voor je? Of heb je dat nu voor het eerst?*

John: *Nee, dat ken ik heel goed!*

Therapeut: *Concentreer je dan eens op dat gevoel … dat bekende gevoel van boosheid op jezelf, dat je iets beter had moeten doen, niet had moeten loslaten of ontspannen … en laat het beeld van die aannemer maar los. Het is niet die aannemer die dat gevoel veroorzaakt, dat gevoel ken je al langer … Laat je gedachten maar uitgaan naar je jeugd … Welke beelden of herinneringen komen bij je naar boven die op de een of andere manier met dit gevoel zouden kunnen samenhangen?*

John: *… Tja … wat voor beeld moet dat zijn?*

Therapeut: *Maakt niet uit, we zoeken niet naar het juiste beeld, maar we staan stil bij dat gevoel van irritatie door jezelf en dan maar kijken wat er opkomt. Alles is goed …*

John: *Nou, waar ik nog wel vaak aan heb teruggedacht komt nu naar boven. Ik was toen een jaar of tien … nee, negen jaar … of was het toch tien jaar … ?*

Therapeut: *Ga niet te hard denken, John, blijf maar bij dat gevoel hangen en dan is er dit beeld en je bent jong … kijk je naar dat beeld van een afstand, of ben je daar nu ook weer?*

John: *Een beetje allebei … ik zie mezelf, maar ook alsof ik er weer ben … en ik zit aan de keukentafel … m'n vader staat naast me en hij helpt me met mijn huiswerk… Maar het is niet fijn of zo … gespannen meer … ik wil het wel goed doen, maar ik weet nog dat ik mijn vriendjes buiten kon horen spelen.*

Therapeut: *Die hoor je nu spelen?*

John: *… Ja, van dat schreeuwen en zo … en dan zeg ik tegen mijn vader dat ik ook graag buiten wil spelen …*

Therapeut: *Kijk eens naar je vader; hoe reageert hij wanneer je dit zegt?*

John: *… Afwijzend … 'Dat is niet belangrijk' … Ik wil naar buiten om te spelen, maar dat is niet belangrijk …*

Therapeut: *Oké, laat me eens horen hoe hij reageert, wees even je vader, spreek maar op zijn manier wanneer hij dit zegt …*

John: (Op strenge toon) *'Je moet eerst je huiswerk af hebben. Eerst werken, dan ontspannen. Je hebt nog maar vijf minuten gewerkt, het is onmogelijk dat je al klaar bent. Als je niet werkt, is het onmogelijk dat je iets bereikt in het leven.'*
Therapeut: *Hoe voel je je?*
John: *Niet goed ...*
Therapeut: *Is dat een gevoel van angst, verdriet?*
John: *Gefrustreerd... omdat ik naar buiten wil ...*
Therapeut: *Kies maar een of meerdere van de volgende emoties: verdriet, angst, boosheid.*
John: *Het gebeurt de hele tijd, dus ik voel me boos... maar dat kan ik niet zeggen ... ik moet gewoon mijn huiswerk afmaken ...*
Therapeut: *Hoe voelt dat voor je dat je dit niet kunt zeggen?*
John: *Gefrustreerd dat ik het niet kan zeggen.*
Therapeut: *Is dat een verdrietig gevoel? Angstig?*
John: *Ik ben bang om die dingen te zeggen. Ik ben boos dat ik niet naar buiten mag, maar ben bang om dit te zeggen, om tegen m'n vader in te gaan ... hij is heel sterk...*

Stoelen gebruiken om kanten te leren kennen

In het vierde gesprek, tegen het einde van de casusconceptualisatie, komt John wat moe en geprikkeld naar de sessie. Het blijkt dat hij lange werkdagen heeft gemaakt en dat zijn vrouw, Laura, daar opmerkingen over heeft gemaakt. Hij snapt wel dat ze problemen heeft met zijn harde werken, maar ziet geen enkele mogelijkheid hoe hij het deze week anders had kunnen doen. Er zijn deadlines en de enige manier om die te halen is door nog meer uren te maken, dat lijkt hem toch overduidelijk. Zijn irritatie is dan ook dat zijn vrouw dat allemaal niet lijkt te snappen. De therapeut merkt op dat John er volledig van overtuigd is dat hij wel hard móét werken en stelt een oefening voor om beter te begrijpen wat John beleeft in die werkmodus waar hij nu in lijkt te zitten.

Voorbeeld stoelentechniek met een van de Omkerende kanten van John

Therapeut: *Je lijkt vol te zitten van de noodzaak dat er lang en hard gewerkt moest worden. Zullen we eens een oefening doen die ons gaat helpen wat beter te snappen wat er dan in je gebeurt als je zo in die werkmodus zit? Dan pak ik er een extra stoel bij.*
(Therapeut staat op en pakt er een stoel bij, die hij schuin tegenover John neerzet.)
Therapeut: ... *En ik ga je zo dadelijk vragen of je op deze stoel wilt komen zitten. Op die stoel wil ik dat je je helemaal inleeft in die noodzaak die je voelt om te werken. Als je dan uit die stoel opstaat en hier weer naast me komt zitten, kunnen we samen van een afstandje kijken hoe dat werkt met die Heel Harde Werker van jou.*
John: *En je denkt dat dat gaat helpen?*
Therapeut: *Ja, inderdaad, in mijn ervaring kan dit heel goed helpen meer inzicht te krijgen. En ook uit onderzoek blijkt dit een effectieve manier om inzicht te krijgen in de problemen van mensen.*
John: ... *Oké dan ...*
Therapeut: *Fijn dat je het wilt proberen. Dan wil ik je vragen nu in deze stoel te gaan zitten* (wijst nieuwe stoel aan).

(John staat op en gaat in stoel zitten.)
Therapeut: *Oké, in deze stoel wil ik dat je helemaal in dat gevoel kruipt dat hard werken nodig is. Dat moet niet heel moeilijk voor je zijn, want volgens mij zat je al helemaal in die beleving. Wees maar die Heel Hard Werkende John. En ik ga je dan ook zo aanspreken, als die Hardwerkende John … Dus, Hardwerkende John, volgens jou moet er gewoon hard gewerkt worden en moet Laura dat maar gewoon accepteren, klopt dat?*
John: *Ja, ik moet die klussen gedaan krijgen en dat gaat echt niet vanzelf …*
Therapeut: *Oké, dat klinkt logisch … en ik heb dat zelf ook weleens, dat ik niets anders kan doen dan even de tanden op elkaar en doorwerken om dingen op tijd af te krijgen … Zie jij nog andere redenen waarom je nu eenmaal door moet werken, ook al betekent dat dat Laura je veel minder ziet?*
(De therapeut exploreert op deze manier de verschillende redenen en voordelen van hard werken.)
Therapeut: *Goed, dan wil ik je zo vragen op deze stoel naast me te komen zitten. Maar als je opstaat van die stoel waar je nu op zit, bedenk dan dat je die Heel Harde Werker daar achterlaat; dat is de stoel om te vertellen over alle voordelen en redenen van hard werken, hier wil ik je vragen je aandacht op andere belevingen te richten.*
(John staat op en komt naast de therapeut zitten.)
Therapeut: *Oké, dus daar zit die Heel Harde Werker* (gebaart daarbij naar de lege stoel waar de cliënt zojuist nog zat). *En die Heel Harde Werker ziet allemaal redenen waarom het niet anders kan dan dat er hard en veel gewerkt moet worden, klopt toch?*
(John knikt.)
Therapeut: *Maar nu je hier zit vraag ik me af: hoe voelt het om zo hard te moeten werken en geen tijd te hebben voor ontspanning?*
John: *Nou, ik zie niet in hoe dat anders zou kunnen, want…*
Therapeut (onderbreekt cliënt): *Sorry dat ik je even onderbreek, maar ik snap dat die Heel Harde Werker daar* (gebaart weer naar de lege stoel tegenover hen) *niet ziet hoe het anders zou kunnen. Maar ik vroeg niet of hij vindt of het juist is om hard te werken, ik vroeg jou, hier, hoe jij je voelt bij al dat werken: uitgerust? Ontspannen?*
John: *Nou nee, natuurlijk niet …*
Therapeut: *Nee, hoe voel je je dan?*
John: *Nou, moe … 't zijn best lange dagen …*
Therapeut: *En hoe voel je je dan als je hoort dat Laura zich ergert aan dat harde werken? Lekker?*
John: *… Tja, niet leuk, natuurlijk …*
Therapeut: *Niet leuk, is dat verdrietig, angstig?*
John: *Nou … euh … niet angstig … ja, misschien een beetje nerveus of zo, omdat ik weet dat ze denkt aan scheiden …*
Therapeut: *Oké, nou, je ervaart van alles hier in de stoelen. Laten we even opstaan en van een afstandje kijken naar wat je allemaal ervaren hebt.*

Na het exploreren van de belevingen vanuit de verschillende kanten staan de therapeut en cliënt op en van een afstandje worden de twee kanten besproken als de Hardwerkende John en de Eenzame, Vermoeide John. Naar aanleiding van die bespreking wordt er nog een stoel extra bijgezet die de Veeleisende Kant voorstelt. Samen met John worden de stoelen zo verschoven dat het modusmodel van John zichtbaar wordt.

3.4.4 Schema's en kanten van John

John is als kind tekortgekomen in bijna alle eerdergenoemde relevante basisbehoeften voor de Dwangmatige-persoonlijkheidsstoornis. Hij is tekortgekomen in de basisbehoefte aan verbondenheid en spontaniteit en spel. Zijn ouders waren bijna dwangmatig gericht op regels en normen en eerlijkheid. John is daardoor als kind niet goed voorbereid geraakt op een wereld die heel vaak niet eerlijk of rechtvaardig is. Daardoor is hij indirect tekortgekomen wat betreft de basisbehoefte aan rechtvaardigheid.

Vanuit deze tekorten zijn er schema's ontstaan van Emotionele Verwaarlozing, Emotionele geremdheid, Meedogenloze normen en Onrechtvaardigheid. Omdat zijn ouders altijd zo hard werkten en overal wel wat commentaar op hadden heeft John ook het schema Mislukking ontwikkeld.

Het voorgeleefde en ook uitgesproken belang van hard werken en goed presteren heeft John geïnternaliseerd tot een Veeleisende kant. Hij heeft weinig tot geen erkenning gehad voor gevoelens en behoeften als kind, en daarmee is hij het contact met deze emotionele kant wat kwijtgeraakt.

Er is wel een Geremd Kind, dat in de gesprekken de Eenzame, Vermoeide John is genoemd. Hij erkent wel dat dit een gemoedstoestand is waar hij af en toe in terecht is gekomen, maar hij heeft moeite om contact te maken met die kant van zichzelf. Hij is beter in staat zijn boosheid te voelen, en die kant is Boze John genoemd (Boze Kindmodus). Die boosheid kan de vorm hebben van mokken en verongelijkt zijn als hij langere tijd te weinig ruimte heeft gehad voor ontspanning (Protesterende en Mokkende Kindmodus).

Er is ook besproken dat John soms, bijvoorbeeld na het drinken van twee glazen bier, wat ontremd raakt en dan heel veel lol kan maken. Hij drinkt echter haast nooit, omdat hij daardoor minder energie zou overhouden voor het werk. Die wat ontremdere kant is Ontspannen, Blije John genoemd (Blije Kindkant).

John heeft zich staande gehouden door een Perfectionistische Overcontroleerder te ontwikkelen (de Heel Harde Werker). Dit is een kant van zichzelf waarin hij lang en hard werkt. Het harde werken voelt voor John vaak ook heel prettig, alsof hij in een soort roes zit waarin alles verdwijnt, omdat hij helemaal opgaat in het werk. Hij vindt die roes ook heel prettig als zijn vrouw weer een lastig gesprek met hem heeft gehad. Hij noemt de toestand waar hij zich dan in laat wegglijden 'De Focus' (Onthechte Zelfsusser). Het zijn deze Heel Harde Werker en De Focus die zijn vrouw zo ongelukkig maken dat ze heeft gedreigd te willen scheiden.

Tabel 3.13 Kanten van John

Kindkanten	
Eenzame, Vermoeide John (Geremde Kind)	In deze toestand voelt hij zich moe en leeg, eenzaam. De kant is er maar zelden, en dan vooral 's avonds als hij eindelijk klaar is met werken en zijn vrouw al slaapt.
Boze John (Boze, Benadeelde Kind)	In deze toestand kan hij het erg oneerlijk vinden dat zijn werk en inspanningen niet genoeg gewaardeerd lijken te worden en anderen zich niet even hard inspannen als hij.
Kritische kanten	
Veeleisende kant	John is nooit tevreden met wat hij heeft gedaan, ziet altijd verbeterpunten.
Vermijdende Copingkanten	
De Focus (Onthechte Zelfsusser)	Gaat op in het werk, voelt prettig, nuttig en daarmee verdwijnen zorgen en irritaties naar de achtergrond.
Omkerende Copingkanten	
De Heel Harde Werker (Perfectionistische Overcontroleerder)	Stort zich op taken, is gericht op efficiëntie en productiviteit. Maakt lijstjes en schema's en werkt vaak langer door dan anderen.
Pietje Precies (Zelfverheerlijker)	Heeft moeite om taken te delegeren, kan zich ergeren aan fouten die anderen maken, is dan koppig en eigenwijs.
Gezonde kanten	
De Kapitein (Gezonde Volwassene)	In deze toestand heeft John geluisterd naar de zorgen van zijn vrouw en is hij hulp gaan zoeken. Dit is ook de kant die ervoor zorgt dat hij meewerkt aan oefeningen, ook al vindt hij die onzinnig of gek.
Ontspannen, Vrije John (Blije Kind)	In deze toestand voelt hij zich ontspannen, is de druk van alle 'moetens' weg en dan kan hij grapjes maken en impulsievere daden voorstellen.

Hij heeft ook geleerd kritisch te zijn op het werk van anderen. Die kant van John wordt Pietje Precies genoemd (Zelfverheerlijkende Copingmodus) (tab. 3.13).

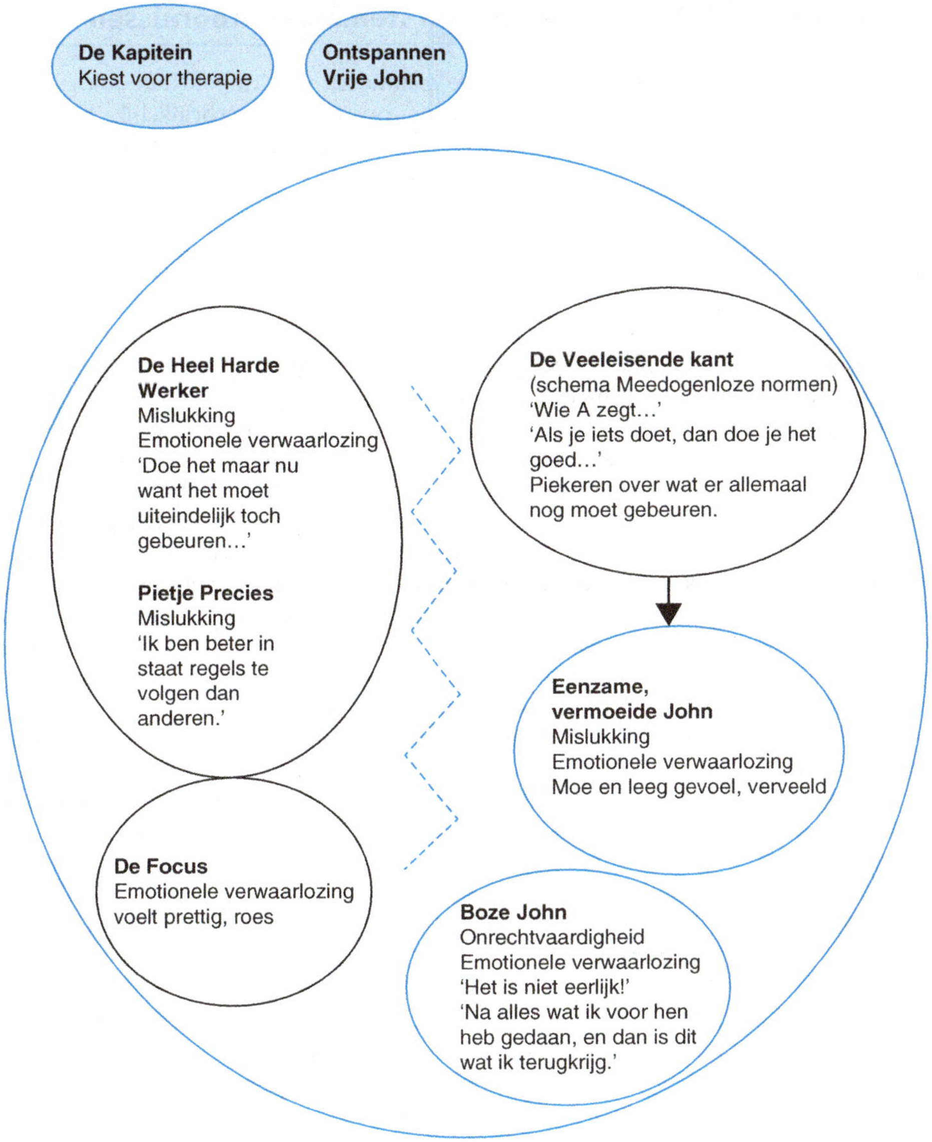

Figuur 3.3 Modusmodel van John

3.4.5 Modusmodel van John

Hiervoorgenoemde kanten zijn in een overzichtelijk model gezet om daarmee zicht te krijgen op de onderlinge dynamiek tussen de verschillende kanten (fig. 3.3).

3.5 Modusmodellen voor angst- en stemmingsstoornissen

Zoals wij in ► H. 1 al aangaven, kunnen de technieken in dit hoofdstuk ook gebruikt worden bij recidiverende angst of stemmingsstoornissen als de gebruikelijke behandelmethoden onvoldoende werken. Daarom gaan we hier nog kort in op de casusconceptualisatie bij deze stoornissen.

3.5.1 Depressieve stoornissen

Verschillende depressieve stoornissen hebben als gemeenschappelijk kenmerk dat er sprake is van aanhoudende periodes van een sombere stemming en interesseverlies. Er zijn echter verschillende interne dynamieken die kunnen leiden tot deze depressie. Zo kan de ene cliënt depressief zijn geworden doordat hij overwerkt is en uitgeput. Een andere cliënt kan depressief worden na het verlies van een dierbare. Het heeft dan ook weinig zin om in de casusconceptualisatie van een depressieve cliënt te spreken over een 'Depressieve kant'. Die term biedt weinig inzicht in de specifieke etiologie en beleving van de depressie. Bovendien verschillen de behandelstrategieën in schematherapie per kant. Zo worden kritische kanten tegengesproken en word je cliënt in een Kindkant juist gevalideerd in haar behoeften. Door te spreken over een 'Depressieve kant' is niet duidelijk welke kant dit betreft – een Kind-, Kritische of Copingkant –, waardoor ook niet duidelijk is welke behandelstrategie gevolgd moet worden. Dat betekent dat er geen standaard modusmodel is om een depressie te verklaren in termen van basisbehoeften, schema's en modi. Voor iedere depressieve cliënt zal een idiosyncratisch modusmodel geformuleerd moeten worden.

Wanneer een casusconceptualisatie van de depressie is gevormd, dan lijkt de behandeling verder grotendeels op de behandeling voor cluster C-stoornissen zoals beschreven in dit boek.

3.5.2 Angststoornissen

Cliënten met een angststoornis, een obsessieve-compulsieve stoornis (OCS) of een posttraumatische stressstoornis (PTSS) reageren met sterke gevoelens van angst wanneer ze geconfronteerd worden met de stoornisgerelateerde stimuli. Zo wordt je sociaal-angstige cliënt extreem bang wanneer ze zich voorstelt dat zij aanwezig is in een groep met onbekenden, wordt je cliënt met een OCS extreem bang wanneer ze een deurklink heeft aangeraakt en niet haar handen kan wassen, of wordt je cliënt met een PTSS extreem bang wanneer ze herinneringen heeft aan het trauma. In deze overspoelende angst bevindt je cliënt zich in een Kindkant. De interne of externe stimuli hebben een bedreigende, negatieve betekenis. Deze negatieve beoordeling van de interne of externe stimulus kan gezien worden als een overgave aan een stoornisgerelateerd schema, bijvoorbeeld het schema Kwetsbaarheid voor ziekte en gevaar in het geval van een cliënt met een OCS, of het schema Minderwaardigheid/Schaamte bij een cliënt met een sociale-angststoornis. Kenmerken van die negatieve beoordeling zijn het overschatten van het risico en de ernst van het gevaar in combinatie met het onderschatten van de eigen competenties om te kunnen gaan met dat gevaar (Bögels & Van Oppen, 2019). Daarmee zou de toestand waarin die stimulus negatief wordt beoordeeld gezien kunnen worden als een variant van de Kritische kant: de Waarschuwende kritische kant. In die toestand ziet je cliënt een groot risico op gevaar met daarbij de boodschap dat ze dat niet aan zal kunnen. Het kenmerkende vermijdingsgedrag bij angststoornissen kan vervolgens geconceptualiseerd worden als een Vermijdende Copingkant. Bij een cliënt met een OCS is die Copingkant wellicht meer een Omkerende Copingkant, waarin je cliënt gedrag vertoont dat tegengesteld is aan de beleving van het schema. Een voorbeeld hiervan kan zijn dat je cliënt dwangmatige rituelen uitvoert van bijvoorbeeld handen wassen bij het geactiveerde schema van Kwetsbaarheid voor ziekte en gevaar.

Net als bij de behandeling van cluster C-persoonlijkheidsstoornissen zal er in de schematherapie voor angststoornissen expliciet gewerkt worden aan het doorbreken van het vermijdingsgedrag. Zo zal schematherapie voor angststoornissen een combinatie vormen van cognitief gedragstherapeutische elementen als exposure enerzijds en schematherapeutische elementen als het gebruik van moditaal en de stoelentechniek anderzijds. Voor een uitgebreide beschrijving van schematherapie bij angststoornissen wordt verwezen naar het boek *Schematherapeutische exposure voor angst- en dwangstoornissen* (Nijenhuis et al., 2024, in voorbereiding).

3.6 Samenvatting

In dit hoofdstuk wordt geleerd hoe de fase van de casusconceptualisatie vormgegeven kan worden. De verschillende methoden en technieken die in deze fase ingezet worden zijn eerst in algemene zin besproken. Vervolgens is voor iedere cluster C-persoonlijkheidsstoornis beschreven hoe de casusconceptualisatie vormgegeven wordt. Iedere persoonlijkheidsstoornis heeft specifieke uitdagingen. Zo is het bij de Afhankelijke- en Vermijdende-persoonlijkheidsstoornis belangrijk om ook het Boze Kind aan het modusmodel toe te voegen, zelfs als de cliënt boosheid niet lijkt te herkennen. Ook is het verschil tussen de Willoos Inschikkelijke en het Afhankelijke Kind besproken, evenals het verschil tussen de Veeleisende kant en de Perfectionistische Overcontroleerder. In de voorbeelden van de methoden en technieken in de casusconceptualisatie is ook te lezen hoe met specifieke uitdagingen om te kunnen gaan, zoals een vermijdende cliënt die geen diagnostische imaginatie durft te doen. In de therapie is hiermee de fase van analyse afgesloten en kan er gestart worden met de veranderfase. Dat is de fase waarin actief gewerkt wordt aan het doorbreken van de patronen. In deze veranderfase worden Kritische kanten tegengesproken, wordt eraan gewerkt om Vermijdende en de Omkerende kanten te passeren zodat er contact gemaakt kan worden met onvervulde basisbehoeften van de Kindkanten. Het valideren van die basisbehoeften zorgde voor helende, corrigerende ervaringen die een emotionele groei op gang kunnen brengen naar een sterke Gezonde Volwassene.

In ► H. 4 wordt voor elke persoonlijkheidsstoornis beschreven hoe het behandelplan wordt vormgegeven. In ► H. 2 is al beschreven dat deze veranderfase bestaat uit een begin-, midden- en eindfase. Iedere fase heeft haar eigen doelstellingen. In iedere fase stelt de therapeut zich weer net iets anders op, van een richtinggevende 'ouder' in de beginfase, via een meer coachende 'ouder' in de middenfase, naar een meer aanmoedigende 'ouder' in de eindfase. In ► H. 5, 6 en 7 wordt die veranderingsfase beschreven voor iedere cluster C-persoonlijkheidsstoornis afzonderlijk. In elk van deze drie hoofdstukken is vooral te lezen hoe de methoden en technieken toegepast worden in de *beginfase* van de therapie. In andere fasen van de behandeling zien de voorbeelden er wat anders uit, passend bij de veranderde doelstellingen van die latere fasen van de therapie. In ▶ H. 8 wordt ingegaan op de middenfase van de therapie. In dat hoofdstuk wordt beschreven hoe de Gezonde Volwassene een steeds grotere rol in de behandeling gaat spelen. In ▶ H. 9 wordt ten slotte beschreven hoe de eindfase van de therapie gericht is op gedragsverandering.

Van casusconceptualisatie naar behandeling

R. van der Wijngaart en H. van Genderen, *Schematherapie voor cluster C-persoonlijkheidsstoornissen*,
https://doi.org/10.1007/978-90-368-2988-5_4

4.1 Inleiding

Tijdens het maken van de casusconceptualisatie heb je al uitleg gegeven over welke kanten voor problemen zorgen en heb je waarschijnlijk al iets gezegd over de behandeling. Maar na afronding van het invullen van het casusconceptualisatieformulier en het modusmodel is de laatste stap een behandelplan maken dat toegesneden is op de problematiek van de cliënt (zie ook ▶ par. 3.1.9 en het kader 'Samenvatting en conclusie').

Een behandelplan bestaat uit een uitleg over wat het doel is van de behandeling, wat je wilt veranderen en met behulp van welke technieken. Je beschrijft ook hoelang de behandeling zal duren en wat de verschillende fasen van de behandeling zullen zijn.

4.2 Doel van de behandeling

Het einddoel van de behandeling is dat de cliënt niet meer voldoet aan de criteria voor een persoonlijkheidsstoornis. Onderzoek heeft aangetoond dat veranderingen in de Kindkanten en de Gezonde Volwassene de beste voorspeller zijn van een positief therapieresultaat (Yakin et al., 2020). Het belangrijkste doel is dan ook in iedere sessie van de therapie contact te maken met deze kanten van je cliënt. Je zult in de therapie echter vaak te maken krijgen met de Copingkanten en de Kritische kanten van je cliënt. Een van de doelen van de therapie is de Copingkanten minder sterk te maken, zodat het meer mogelijk wordt om contact te maken met de onderliggende behoeften van het Kind. Een ander behandeldoel is de Kritische kanten tegen te spreken, zodat je cliënt jouw gezonde boodschappen kan leren internaliseren als een tegenhanger van die ongezonde kritische boodschappen.

Dat betekent in algemene zin bij cliënten met een cluster C-persoonlijkheidsstoornis dat er wordt gewerkt aan:
1. het vervullen van de behoeften van de Kindkanten;
2. het bestrijden van de Kritische kant(en);
3. het minder noodzakelijk maken van de Vermijdende en Omkerende kanten;
4. het versterken van de gezonde kanten, dat wil zeggen de Gezonde Volwassene ontwikkelen en versterken en het Gelukkige Kind veel meer ruimte geven.

Bij het formuleren van deze doelen worden uiteraard zo veel mogelijk de termen gebruikt die je in het casusconceptualisatiemodel hebt ingevoerd. Hierna zullen we eerst algemene aspecten van een behandelplan beschrijven. Eerst leggen we uit hoe je de behandeling structureert en faseert. Ook zullen we bespreken hoe je ervoor zorgt dat je tijdens de behandeling op koers blijft. Vervolgens ga je de doelen specifiek per stoornis uitwerken (zie ▶ par. 4.5.4). Hoe deze doelen daadwerkelijk bereikt kunnen worden door aanpassing van de behandeltechnieken voor cliënten met een cluster C-persoonlijkheidsstoornis, wordt uitvoerig beschreven in ▶ H. 6 tot en met 9.

4.3 Limited reparenting

Het vervullen van de basisbehoeften van de kindkant betekent dat je haar corrigerende emotionele ervaringen biedt. Limited reparenting is het belangrijkste instrument waarmee je die correctieve emotionele ervaringen genereert. Hierna beschrijven we de basale strategie om deze corrigerende emotionele ervaringen gedurende de therapie te genereren (Krans 2022).

4.3.1 Schema-activatie

Een corrigerende *emotionele* ervaring dient een *emotionele* ervaring te zijn. Enige schema-activatie is dus een noodzakelijke voorwaarde voor deze helende ervaringen. Zonder enige emotionele arousal wordt er geen nieuwe informatie verwerkt. Bij te veel emotionele arousal wordt er echter ook geen nieuwe informatie verwerkt. Bij te veel emotionele arousal zal je cliënt terugvallen op oude copingstijlen: overgave, vermijding of omkering.

In de beginfase van de behandeling is er al vaak en veel schema-activatie. Je cliënt komt bijvoorbeeld emotioneel naar de sessie door iets wat zich buiten de therapie of binnen de therapie heeft voorgedaan. Als er nog geen sprake is van spontane schema-activatie, heb je diverse methoden en technieken om die te genereren. Met behulp van de stoelentechniek probeer je bijvoorbeeld voorbij de beschermende Copingkant te komen en contact te maken met de Kwetsbare kant van de je cliënt. Of je zet imaginaire rescripting in, waarbij je je cliënt betekenisvolle, emotionele situaties laat visualiseren. Of je doet een empathische confrontatie, omdat je cliënt opnieuw volledig samen lijkt te vallen met haar beschermende Copingkant.

4.3.2 Corrigerende emotionele ervaring

De corrigerende emotionele ervaring die geboden wordt, is feitelijk het valideren van de basisbehoeften. De vorm van deze corrigerende emotionele ervaring zal per basisbehoefte verschillen. Het bieden van veilige verbondenheid zal er anders uitzien dan het stimuleren van onafhankelijk gedrag. Welke basisbehoefte het ook betreft, je toont als therapeut expliciet compassie voor wat je cliënt tekortgekomen is. Daarnaast werk je aan een cognitieve herstructurering van de aannames die voortvloeien uit de geactiveerde schema's. De getoonde compassie en de cognitieve herstructurering zorgen vaak voor een onwennige maar wel corrigerende ervaring voor je cliënt. Deze nieuwe ervaring moet wel geconsolideerd worden om bij te kunnen dragen tot de vorming van nieuwe, gezonde schema's.

4.3.3 Consolidatie

Een eerste vorm van consolidatie is om tijdens de sessie expliciet aandacht te hebben voor deze ervaring. Neem de tijd om stil te staan bij de verschillende modaliteiten van deze nieuwe ervaring. Wat is het prettige gevoel? Waar voel je dat in je lichaam? Ook vragen als 'Welke kleur of temperatuur heeft dit gevoel?' kunnen helpen je cliënt stil te laten staan bij de beleving en zich bewust te worden van alle aspecten van die beleving.

Consolidatie betekent ook het 'levend' houden van deze ervaring met behulp van huiswerk. Vraag je cliënt notities te maken van de ervaring en de betekenis ervan. Neem een audioflashcard op zodat je cliënt de boodschappen die je in de sessie hebt gegeven vaker kan horen.

Met behulp van genoemde strategie leert je cliënt gezonde ervaringen te internaliseren die in de loop van de behandeling kunnen dienen als basis voor de Gezonde Volwassene.

4.4 Methoden en technieken

Probeer de manieren waarop je de patronen van de cliënt wilt beïnvloeden zo concreet mogelijk te beschrijven en gebruik waar mogelijk geen vakjargon, maar eenvoudige termen.

Je kunt je cliënt aanbevelen om *Doorbreek je patronen in vijf stappen* (Van Genderen, 2023) aan te schaffen, omdat daarin niet alleen de verschillende stappen maar ook de technieken uitgebreid beschreven worden.

Leg in grote lijnen uit dat je vooral in het begin veel gebruik zult maken van ervaringsgerichte technieken, zoals verbeeldingsoefeningen en gebruik van stoelen om de verschillende disfunctionele kanten nog beter te leren kennen, maar vooral ook te bewerken. Licht ook de cognitieve technieken kort toe, en benadruk het belang van gedragsverandering in de tweede helft van de therapie.

Je beschrijft de technieken nu nog kort, maar je gaat de verschillende technieken uitgebreider uitleggen aan je cliënt op het moment dat je ze daadwerkelijk gaat toepassen.

Bij cliënten met een cluster C-persoonlijkheidsstoornis zal vooral het onderdeel gedragsverandering weerstand of zelfs angst oproepen. Als therapeut moet je dus enerzijds het belang hiervan onderstrepen, maar tegelijkertijd de cliënt geruststellen dat het stap voor stap zal gebeuren. Motiveer de cliënt om de therapie vol te houden en eventuele obstakels met jou te bespreken. Leg uit dat het op korte termijn soms moeilijk zal zijn, maar dat de beloning op de lange termijn zal zijn dat de cliënt zelfstandiger, minder vermijdend en ontspannender zal worden.

Een warme, aanmoedigende stijl van limited reparenting, die vanaf het eerste gesprek gericht is op het vervullen van de behoefte van de Kindkanten van de cliënt, is van essentieel belang om deze groep cliënten gemotiveerd te houden om de therapie vol te houden.

4.5 Fasering

De fasen van de behandeling en de doelen per fase staan in ▶ H. 2 al kort toegelicht (zie ▶ par. 2.6). De eerste fase bestaat uit de casusconceptualisatie (▶ H. 3) en het behandelplan (▶ H. 4). Tijdens de bespreking van het behandelplan leg je aan de cliënt uit dat de behandeling twee jaar zal duren en dat er drie fasen zijn:

- beginfase (20 sessies wekelijks);
- middenfase (15 sessies wekelijks);
- eindfase (10 sessies maandelijks).

Aan het eind van elke fase is er een evaluatiemoment om te bespreken welke doelen al bereikt zijn en wat de doelen zijn waar verder aan gewerkt gaat worden.

In de eerste twee fasen heb je als therapeut een heel actieve rol, maar vanaf de middenfase neem je meer een coachende houding aan en zal je cliënt steeds meer zelf sturing moeten geven aan het proces van verandering. In de eindfase neem je steeds meer de houding aan van de coach langs de zijlijn. Je bent nog wel actief betrokken en aanmoedigend, maar je cliënt zal het geleerde zelf moeten toepassen in haar leven. Het veranderingsproces en de veranderende rol van de therapeut daarbij kunnen vergeleken worden met de veranderingen bij opgroeiende kinderen (Farrell et al., 2014; Reubsaet, 2018; Brockman et al., 2023). Als kinderen heel jong zijn, heeft de ouder nog een actieve, leidende rol. Bij kinderen in de leeftijd van de puberteit zal dat (noodzakelijkerwijs) veranderen in een meer coachende, aanmoedigende rol. In de eindfase van de behandeling is de therapeut net als ouders van adolescenten actief aanmoedigend vanaf de zijlijn. Als ouder kun je het niet meer overnemen van je kind en moet je meer en meer de controle loslaten. Hierna worden de verschillende behandelfasen wat uitgebreider beschreven.

4.5.1 De beginfase van de therapie

In deze fase geef je psycho-educatie over basisbehoeften, schema's en modi en de rol van de opvoeding daarbij. Het accent ligt in deze fase op de ervaringsgerichte technieken, maar er kan ook begonnen worden met cognitieve technieken. Je speelt een actieve rol (zie ▶ par. 2.4) en dat betekent dat jij degene bent die bij de ervaringsgerichte technieken het voortouw neemt in het bestrijden van de Kritische kant en het verminderen van de Copingkanten. Bij de toepassing van cognitieve technieken speel je ook een actieve rol bij het invullen van de zelfonderzoekcirkel en maak je een begin met het cognitieve dagboek. Bij het inzetten van cognitieve uitdaagtechnieken zul je nog vrij actief moeten zijn bij het bedenken van tegenargumenten, omdat je cliënt daar veel moeite mee heeft.

In ▶ H. 5 tot en met 7 wordt voor respectievelijk de Afhankelijke-, de Vermijdende- en de Dwangmatige-persoonlijkheidsstoornis beschreven hoe die technieken aangepast worden voor de specifieke stoornis.

Aan het eind van deze fase dienen de volgende doelen bereikt te zijn:
- Je cliënt kan de belangrijkste concepten uit de schematherapie hanteren.
- Het lukt om ervaringsgerichte oefeningen te doen.
- Deze ervaringsgerichte oefeningen leiden tot correctieve emotionele ervaringen.
- Je cliënt is in staat om ervaringen die zij tijdens de sessie opdoet grotendeels vast te houden tot de volgende sessie.
- Je cliënt kan goed meewerken aan de cognitieve technieken.
- Er is enig effect zichtbaar in de resultaten van de vragenlijsten.

4.5.2 De middenfase van de therapie

In de middenfase blijven de ervaringsgerichte technieken heel belangrijk, maar de cognitieve en gedragsmatige technieken komen meer centraal te staan. Je cliënt gaat nieuw gedrag uitproberen, eerst in de sessie en daarna steeds meer in de buitenwereld. De afhankelijke cliënt zal moeten leren minder vaak advies te vragen aan de therapeut en aan mensen in haar omgeving. De cliënt met een Vermijdende-persoonlijkheidsstoornis moet zich meer gaan uiten en nieuwe dingen ondernemen. De cliënt met een Dwangmatige-persoonlijkheidsstoornis gaat oefenen met minder haar best doen en met fouten maken. In deze fase neemt je cliënt tijdens imaginaire rescripting en de stoelentechniek steeds meer de rol van de therapeut over. Je hebt dan als therapeut veel meer een coachende en stimulerende rol.

In deze fase van de therapie wordt expliciet gewerkt aan het versterken van de Gezonde Volwassene, het uiten van boosheid en het stimuleren van het Blije Kind.

Aan het eind van deze fase dienen de volgende doelen bereikt te zijn:
- Je cliënt kan terugkijkend op probleemsituaties en zelf modi herkennen.
- Je cliënt is in staat de Gezonde Volwassene te visualiseren.
- Je cliënt is in staat de Gezonde Volwassene te gebruiken bij experiëntiële technieken.
- Je cliënt is in staat compassie te hebben met haar Kwetsbare Kind.
- Je cliënt beseft cognitief waarom Kritische- en Copingkanten geen gelijk hebben.
- Je cliënt kan in de sessie al ander gedrag vertonen.

4.5.3 De eindfase van de therapie

Het hoofddoel van de eindfase van de therapie is dat je cliënt in de sessie in staat is zelf meer sturing te geven aan de technieken die jullie gebruiken. Daarnaast is het doel dat in deze fase gedragspatronen worden doorbroken en je cliënt zich dus in alledaagse situaties anders gaat gedragen. Dat klinkt eenvoudiger dan het is. Want zoals wij bij de gedragsmatige technieken al aangaven is het juist voor deze doelgroep heel moeilijk om ander gedrag uit te proberen. Verandering van gedrag zal weerstand oproepen bij je cliënt. Een extra compliceerende factor kan zijn dat je cliënt ondervindt dat gedragsverandering soms vergaande gevolgen heeft voor relaties, werk en andere activiteiten. Belangrijke mensen uit het leven van je cliënt zien de cliënt veranderen en die verandering wordt niet door iedereen als positief ervaren. Wat volgens jou een gezonde verandering is, zoals het meer opkomen voor haar mening van een afhankelijke cliënt, is dat volgens haar familie of vrienden misschien niet.

Je hebt als therapeut in toenemende mate een stimulerende rol ten aanzien van de doelen van je cliënt. Je moedigt haar aan om niet alleen haar gedrag te veranderen, maar ook belangrijke keuzes te maken op het gebied van relaties en werk of andere bezigheden. Jouw aanmoedigingen moeten soms wat krachtig vormgegeven worden, omdat je cliënt anders niet in beweging komt.

Ook kun je weleens ontmoedigd raken als je cliënt geen nieuwe stappen zet. Juist in deze fase kan steun van een intervisiegroep heel belangrijk zijn om het vol te houden. Maar als alles lukt zal de afhankelijke cliënt in staat zijn te beslissen of een gelijkwaardiger relatie met haar partner mogelijk is. De cliënt met een Vermijdende-persoonlijkheidsstoornis kan besluiten om van baan te veranderen, omdat haar huidige baan wel veilig is, maar ook weinig uitdagingen kent. De cliënt met een Dwangmatige-persoonlijkheidsstoornis kan besluiten haar tijd heel anders te gaan indelen en veel meer ruimte te maken voor ontspanning en plezier (en misschien ook wel van baan veranderen). De focus blijft liggen op een optimale bevrediging van de basisbehoeften, rekening houdend met haar mogelijkheden en de omstandigheden.

Aan het eind van deze fase moeten de volgende doelen bereikt zijn:
- Je cliënt kan in probleemsituaties haar kanten herkennen en terugschakelen naar de Gezonde Volwassene.
- Je cliënt kan zelfstandig, terugkijkend op probleemsituaties, argumenten tegen Coping- en Kritische kanten inbrengen.
- Je cliënt is in staat om buiten de sessies ander gedrag te vertonen.
- Je cliënt kan indien nodig belangrijke veranderingen doorvoeren in haar leven.

4.5.4 Behandelplan per stoornis

Aan de hand van het modusmodel van je cliënt maak je het behandelplan concreet, toegesneden op jouw cliënt. Hierna volgen voorbeelden van behandelplannen voor de Afhankelijke-, Vermijdende- en Dwangmatige-persoonlijkheidsstoornis, beschreven zoals je het aan de cliënt zou uitleggen.

Behandelplan voor de cliënt met een Afhankelijke-persoonlijkheidsstoornis: Claire

De behandeling is erop gericht om Kleine Claire te steunen om haar autonomie en zelfstandigheid te vergroten. Daardoor zal ze ontdekken dat ze veel meer zelf kan dan ze nu denkt. Onder invloed van de Strenge ben je gaan denken dat je waardeloos en dom bent, maar dat is helemaal niet waar. Wij zullen tegen deze Straffende kant van jou, de Strenge, net zolang vechten tot hij z'n mond houdt. Tegelijkertijd zullen we in gesprek gaan met de Clown en de Pleaser, omdat zij nu nog heel actief zijn om te voorkomen dat je je slecht gaat voelen. In je jeugd heb je geleerd dat dit de beste manieren waren om je vader en moeder tevreden te stellen. Maar nu je volwassen bent zitten diezelfde kanten, die Clown en die Pleaser, je vaak in de weg om je eigen weg te gaan of te ontdekken wat jij wilt en kunt doen.

Van die kanten mag je ook nooit boos worden, want dat zou andere mensen maar afschrikken. Ik heb al eerder gezegd dat boosheid een normale, menselijke emotie is en dat het heel gezond is om boos te kunnen worden. In de tweede helft van de therapie ga je dan ook leren dat boosheid er ook bij hoort en hoe en wanneer je die kunt uiten.

Wij gaan de Gezonde Volwassene versterken, zodat die je steeds beter zal helpen om je eigen keuzes in het leven te maken en Kleine Claire kan steunen als ze het moeilijk heeft. Ook Blije Claire gaat veel meer ruimte krijgen. Als je beter weet wat je wilt en wat je leuk vindt, kun je ook meer genieten van je vrolijke en creatieve kant.

Dat zijn de doelen van de therapie. De therapie zal twee jaar duren: veertig wekelijkse sessies in het eerste jaar en tien maandelijkse sessies in het tweede jaar. Wij gaan eerst ongeveer twintig sessies werken aan de oorzaken van de Strenge, de Clown en de Pleaser in je jeugd zoals we die in jouw casusconceptualisatie beschreven hebben. Daarbij zullen we vaak verbeeldingsoefeningen gebruiken om terug te gaan naar het verleden en ervoor zorgen dat wat je als kind gemist hebt, wordt erkend en dat je dat alsnog krijgt. Daarnaast zullen we stoelen gebruiken om de verschillende kanten aan te spreken en rollenspelen te doen. Wij gaan ook je gedachten onderzoeken en bewerken. Omdat je nu nog niet weet hoe je dat allemaal kunt doen, zal ik daar in de beginfase een actieve rol bij vervullen.

De middenfase bestaat uit twintig sessies, ook eens per week. In deze fase zal ik je coachen om steeds vaker zelf een actieve rol te spelen in de oefeningen die ik hiervoor genoemd heb. Je zult langzaam steeds meer het roer overnemen, maar ik blijf je daarbij wel tips geven. In deze fase gaan we ook actief werken aan gedragsverandering; uiteindelijk zul je namelijk ook dingen echt anders moeten gaan doen. Je leert stap voor stap hoe jouw Gezonde Volwassene de dingen op een zelfstandige manier kan aanpakken.

In de eindfase, dat is in het tweede jaar, ga jij voornamelijk zelf met veranderen aan de slag en kom je nog tien keer, eens per maand met mij bespreken hoe het gaat.

Behandelplan voor de cliënt met een Vermijdende-persoonlijkheidsstoornis: Jenny

De behandeling is erop gericht om Eenzame, Verlegen Jenny te laten ontdekken wat haar behoeften zijn. Jij weet nu nog niet zo goed wat jij wilt en vindt, omdat jij je gevoelens, behoeften en meningen altijd hebt moeten onderdrukken. Je hebt je vaak eenzaam gevoeld, omdat anderen altijd veel aandacht vroegen voor hun klachten en problemen en er voor jou geen aandacht was. Wij gaan ervoor zorgen dat je je behoeften veel beter gaat vervullen zonder je schuldig te voelen. Dat gaat ervoor zorgen dat je je minder somber en angstig voelt.

Door de Aanklager denk je altijd dat het jouw schuld is dat anderen zich niet goed voelen en dat je anderen tot last bent als jij iets voor jezelf vraagt. Dat klopt niet, en wij gaan die ideeën van die Aanklager net zolang bestrijden tot jij ook ruimte voor jezelf krijgt en je ontdekt wat je nodig hebt, wat je zelf wilt en wat je vindt. Je bent een gevoelige vrouw, die signalen van anderen dat het slecht met hen gaat snel oppikt. Daarom gaan we er ook aan werken dat je daar minder snel op ingaat en je meer gaat voelen wat je grenzen zijn.

Aan de kanten die je tegen de Aanklager beschermen, de Stille en de Cocon, gaan we vragen een stapje opzij te doen. Vroeger had je die kanten hard nodig om met je onzekere moeder en zieke vader om te gaan. Nu staan ze contacten met andere mensen in de weg en verhinderen ze je om je eigen behoeften te voelen of te uiten.

De Cocon geeft je op de korte termijn wel een fijn gevoel, maar heeft in het verleden ook geleid tot te veel alcohol drinken. Gelukkig is dat nu niet meer het geval, maar je hebt wel andere manieren om dat gevoel te krijgen, zoals veel op de bank zitten en tot diep in de nacht series kijken. Zo blijft die Cocon je afhouden van andere activiteiten en ook van andere mensen.

Die Stille probeert te voorkomen dat anderen jou lastig of zelfs egocentrisch vinden. Dat doet die door je zo min mogelijk te laten opvallen en sociale situaties uit de weg te gaan. Je bent daardoor nu ook vaak letterlijk stil, en je durft eigenlijk ook niets tegen mij te zeggen of van mij te vragen. Door die Stille kan ik dan ook niet ontdekken wat er in jou omgaat, dus ik zal de Stille gaan vragen jou meer ruimte te geven om over je gevoel te spreken. De Stille heeft misschien ook weleens de neiging om afspraken af te zeggen, maar ik wil je aanmoedigen om elke sessie te komen.

Ten slotte is er ook Chagrijnige Jenny, die wel geïrriteerd is, maar nooit echt boos durft te worden, omdat dan meteen de De Aanklager actief wordt. In de tweede helft van de behandeling ga je leren hoe je met boosheid kunt omgaan. Wij gaan de Gezonde Volwassene versterken, zodat die je steeds beter helpt om je te uiten, om op te komen voor je mening en om ervoor te zorgen dat je behoeften worden vervuld. Die kant zal er ook voor zorgen dat Kleine Jenny minder eenzaam wordt, doordat zij nieuwe mensen leert kennen en beter leert omgaan met vriendschappen. Ook Blije Jenny gaat gestimuleerd worden om te gaan experimenteren met nieuwe dingen, om te ontdekken wat bij haar past en waar zij plezier in heeft. Als je dat dan ook vaker gaat doen, zul je pas merken wat genieten en plezier maken is. Die Aanklager, die Stille en die Cocon zijn in je jeugd ontstaan omdat je toen in omstandigheden opgroeide waarbij niet aan jouw basisbehoeften werd voldaan.

Dat zijn de doelen van de therapie. De therapie zal twee jaar duren: veertig wekelijkse sessies in het eerste jaar en tien maandelijkse sessies in het tweede jaar.

Wij gaan eerst ongeveer twintig sessies de nadruk leggen op de oorzaken van de Aanklager, de Stille en de Cocon in je jeugd, zoals we die in jouw casusconceptualisatie beschreven hebben. De nadruk zal er in die fase vooral op liggen je alsnog te laten ervaren wat je toen gemist hebt. Daarbij zullen we vaak verbeeldingsoefeningen gebruiken om terug te gaan naar het verleden en ervoor te zorgen dat wat je gemist hebt, wordt erkend en dat je dat alsnog krijgt. Daarnaast zullen we stoelen gebruiken om de verschillende kanten aan te spreken en rollenspelen te doen. Wij gaan ook je gedachten onderzoeken en bewerken. Omdat je nu nog niet weet hoe je dat kunt doen, zal ik daar in de beginfase een actieve rol bij vervullen.

De middenfase bestaat uit twintig sessies, ook eens per week. In deze fase zal ik je coachen om steeds vaker zelf een actieve rol te spelen in de oefeningen die ik hiervoor genoemd heb. Je zult langzaam steeds meer het roer overnemen, maar ik blijf je daarbij wel tips geven. In deze fase gaan we ook actief werken aan gedragsverandering; uiteindelijk zul je namelijk ook dingen echt anders moeten gaan doen. Je leert stap voor stap hoe jouw Gezonde Volwassene de dingen op een zelfstandige manier kan aanpakken.

In de eindfase, dat is in het tweede jaar, ga jij voornamelijk zelf met veranderen aan de slag en kom je gedurende tien sessies, eens per maand met mij bespreken hoe het gaat.

Behandelplan voor de cliënt met een Dwangmatige-persoonlijkheidsstoornis: John

De behandeling is erop gericht om Kleine John te laten ontdekken wat hij nodig heeft. Je bent altijd zo hard bezig met werken en alles perfect doen, dat je bijna nooit ontspant, moe wordt en niet meer zo goed kunt voelen wat eigenlijk je behoeften zijn. Je merkt ook in de relatie met je vrouw en met anderen dat zij er last van hebben dat jij weinig aandacht hebt voor gevoelens. Daardoor sta je er vaak alleen voor en ben je eigenlijk eenzaam. Je merkt dat alleen niet zo vaak, omdat je constant bezig bent.

Jouw Veeleisende kant speelt daarbij een grote rol. Die zegt dat je altijd alles perfect moet doen en dat het werk altijd eerst af moet. Deze kant legt de lat veel te hoog en is nooit echt tevreden met wat je doet. Voor ontspanning of plezier is al helemaal geen ruimte. Daarom gaan we ervoor zorgen dat deze kant gaat inbinden en dat je realistische doelen leert stellen.

Er zijn drie kanten die ervoor zorgen dat je van de Veeleisende kant geen commentaar krijgt en dat je niet voelt hoe moe je soms bent. Dat zijn enerzijds de Perfectionist en Pietje Precies en anderzijds de Focus. Met die kanten gaan we in gesprek om ervoor te zorgen dat zij minder hun best gaan doen. Tegen de Perfectionist gaan we zeggen dat het helemaal niet mogelijk is om je hele leven alles perfect te doen, want uiteindelijk eindig je dan met een burn-out en een echtscheiding. Pietje Precies kent misschien wel alle regels heel goed, maar dat is nog geen reden om neer te kijken op mensen voor wie dat niet zo is en hun kritiek te geven. Dat komt vaak arrogant of betweterig over, en de mensen keren zich dan van je af. De Focus geeft je op korte termijn wel een goed gevoel. Hij leidt je af van vervelende gevoelens door nog harder te gaan werken, maar daardoor merk je niet hoe eenzaam je bent. Het is niet verwonderlijk dat je dat normaal vindt, want je hebt niet geleerd dat er aandacht voor jouw gevoelens is en dat ontspanning en plezier er ook bij horen. Daar was immers bij jullie thuis geen sprake van. Je hebt van je ouders geleerd dat het leven alleen bestaat uit hard werken, alles goed doen en altijd redelijk en eerlijk blijven. Jij was hun enige kind, dus hebben ze alle energie erin gestoken om je dat te leren, en als het je niet lukte, kreeg je alleen maar commentaar. Daardoor kun je je soms wel een mislukkeling voelen.

Dat maakt je ook weleens boos als je vindt dat er te veel van je gevraagd wordt en anderen zich niet altijd aan de regels houden (Boze John). Maar echt boos worden vind je onredelijk dus je slikt ook veel in, maar blijft wel mokken.

Wij gaan de Gezonde Volwassene versterken, zodat die je steeds beter helpt om realistische doelen te stellen en tijd te krijgen voor ontspanning en plezier. Dat betekent dat we ook ruimte gaan maken voor Ontspannen, Vrije John. De Gezonde Volwassene kan er ook voor zorgen dat je behoeften aan meer en beter contact met andere mensen worden vervuld.

We zullen je vrouw ook een paar keer uitnodigen, als je dat goed vindt, om te bespreken hoe jullie je relatie kunnen verbeteren.

Dat zijn de doelen van de therapie. De therapie zal twee jaar duren: veertig wekelijkse sessies in het eerste jaar en tien maandelijkse sessies in het tweede jaar.

Wij gaan eerst ongeveer twintig sessies werken aan op de oorzaken van jouw Veeleisende kant, de Perfectionist, Pietje Precies en de Focus in je jeugd zoals we die in jouw casusconceptualisatie beschreven hebben. De nadruk zal er in die fase vooral op liggen je alsnog te laten ervaren wat je toen gemist hebt. Daarbij zullen we vaak verbeeldingsoefeningen gebruiken om terug te gaan naar het verleden en ervoor te zorgen dat wat je gemist hebt, wordt erkend en dat je dat alsnog krijgt. Daarnaast zullen we stoelen gebruiken om de verschillende kanten aan te spreken en rollenspelen te doen. Wij gaan ook je gedachten onderzoeken en bewerken. Omdat je nu nog niet weet hoe je dat kunt doen, zal ik daar in de beginfase een actieve rol bij vervullen.

De middenfase bestaat uit twintig sessies, ook eens per week. In deze fase zal ik je coachen om steeds vaker zelf een actieve rol te spelen in de oefeningen die ik hiervoor genoemd heb. Je zult langzaam steeds meer het roer overnemen, maar ik blijf je daarbij wel tips geven. In deze fase gaan we ook actief werken aan gedragsverandering; uiteindelijk zul je namelijk ook dingen echt anders moeten gaan doen. Je leert stap voor stap hoe jouw Gezonde Volwassene de dingen op een zelfstandige manier kan aanpakken.

In de eindfase, dat is in het tweede jaar, ga jij voornamelijk zelf met veranderen aan de slag en kom je gedurende tien sessies, eens per maand met mij bespreken hoe het gaat.

Behandelplan als evaluatiemoment

De overgang van casusconceptualisatie plus behandelplan naar daadwerkelijk gaan veranderen in de behandelfase is een goed moment om nog eens met je cliënt te bespreken wat er gaat veranderen en welke inspanning dat gaat kosten. Daarnaast is het belangrijk om nogmaals te benadrukken welke voordelen deze verandering heeft.

Cliënten die heel afhankelijk zijn van anderen kunnen zich soms niet voorstellen hoe een leven als Gezonde Volwassene, die zelf de belangrijke dingen in het leven bepaalt, eruitziet. Dat veroorzaakt vooral angst als het gaat om zelfstandig gaan functioneren en gedragsverandering. Mogelijk is er ook angst voor de reacties van andere mensen.

Als dit het geval is, kun je nog een keer stilstaan bij de redenen waarom de cliënt zich aangemeld heeft en de keuze voor therapie nog eens duidelijk maken.

Er zijn soms daadwerkelijk mensen in de omgeving van jouw cliënt die baat hebben bij haar afhankelijke gedrag en die mogelijk verandering tegenwerken. Mensen die verandering bewust of onbewust belemmeren (vaak familieleden), kun je uitnodigen bij een gesprek met de cliënt om te onderzoeken waar hun weerstand tegen mogelijke veranderingen ligt. Probeer hun uit te leggen wat het probleem van de cliënt is en waarom verandering niet alleen voor de cliënt verbetering betekent maar ook voor hen.

Cliënten die heel vermijdend zijn, zullen zich vaak minderwaardig of mislukt voelen en durven niet te vertellen wat er in hen omgaat. Ze zijn bang dat jij hen ook zult veroordelen of afwijzen. Dat leidt niet zelden tot afzeggen of te laat komen. Het is daarom belangrijk om cliënten te stimuleren om altijd te komen. Leg hun uit dat ze altijd met jou kunnen bespreken waarom zij iets moeilijk vonden of waar zij angstig van geworden zijn.

Cliënten met een Vermijdende-persoonlijkheidsstoornis weten vaak echt niet wat hun gevoelens en behoeften zijn, omdat zij nooit de ruimte hebben gehad om die te ontdekken. Contact maken met hun gevoelens en behoeften is heel spannend, zo niet beangstigend. Leg daarom uit dat dit in kleine stapjes zal gebeuren.

Cliënten met een Dwangmatige-persoonlijkheidsstoornis hebben nogal eens de neiging om over alle onderwerpen in detail uit te wijden. Dat heb je tijdens het maken van de casusconceptualisatie al gemerkt. Dit is het moment om uit te leggen dat je haar vaak zult onderbreken, omdat het er niet om gaat dat zij alles volledig juist vertelt. Je voorspelt dat zij het heel moeilijk zal vinden om minder hard te werken en tegelijkertijd nog niet zo goed te weten wat je daarvoor in de plaats kunt doen. Sterker nog, dat ze moet leren om ook eens niets (nuttigs) te doen, en dat ervaart ze aanvankelijk als onaangenaam. Leg je cliënt daarom uit dat zij dit maar geleidelijk aan zal leren waarderen.

De bespreking van het behandelplan is geen formaliteit, maar een belangrijk onderdeel van de therapie, omdat je hierin duidelijk maakt wat er gaat veranderen en hoeveel tijd de cliënt daarvoor heeft. Dat is niet alleen belangrijk voor je cliënt, maar ook voor jezelf, omdat cliënten met een cluster C-persoonlijkheidsstoornis de neiging hebben om verandering uit te stellen. Sommige therapeuten hebben zelf cluster C-trekken, waardoor behandelingen soms eindeloos doorgaan, zonder al te veel resultaat. Dus neem je als therapeut ook voor om je aan het behandelplan te houden.

4.6 Samenvatting

In dit hoofdstuk wordt beschreven hoe de overgang van de diagnostische fase naar de behandelfase gemaakt wordt. In een behandelplan moeten zowel de doelen van de behandeling (het wat?) als de technieken (het hoe?) beschreven worden. Met name bij cliënten met een cluster C-persoonlijkheidsstoornis is het belangrijk om ook de duur en fasen van de behandeling toe te lichten (het hoelang?). Aan de hand van de drie casussen wordt ten slotte beschreven hoe een op de persoon toegesneden behandelplan eruitziet.

De Afhankelijke-persoonlijkheidsstoornis

R. van der Wijngaart en H. van Genderen, *Schematherapie voor cluster C-persoonlijkheidsstoornissen*,
https://doi.org/10.1007/978-90-368-2988-5_5

5.1 Inleiding

In ► H. 4 zijn de doelstellingen beschreven van de behandeling van de Afhankelijke-persoonlijkheidsstoornis. Kort samengevat is het doel om afhankelijke cliënten te stimuleren om hun autonomie en zelfstandigheid te vergroten. Daarom zal het nodig zijn de Straffende kant de mond te snoeren, omdat die elke poging tot autonomie ondermijnt. Tegelijkertijd zullen bij deze cliënten hun Copingkanten (bij Claire de Clown en de Pleaser) minder actief moeten worden, omdat ook deze kanten de ontwikkeling van een eigen identiteit, zelfstandigheid en zelfvertrouwen in de weg staan.

In ► H. 4 heb je kunnen lezen wat het behandelplan voor Claire is. Hierna zullen we beschrijven hoe we in de beginfase werken aan de gestelde behandeldoelen voor Claire.

5.2 Imaginaire rescripting bij de Straffende Kant

Claire heeft een Straffende kant, de Strenge. Die is het resultaat van een jeugd waarin vader haar vaak heeft bekritiseerd en heel streng was. Wanneer Claire in haar Straffende kant zit, gelooft ze dat ze dom en lelijk is en alles verkeerd doet. Verder denkt ze in de Straffende kant dat ze niet in staat is om te gaan met de wereld die vol gevaren zit en waarin er zomaar iets ergs kan gebeuren, zoals mensen die kwaad worden, ziek worden of een ongeluk krijgen. Dat idee heeft ze van haar moeder overgenomen, die zelf altijd extreem bang was voor ziekten en ongelukken.

Een van de doelen van de therapie is om die Straffende kant te bevechten. In de beginfase van de behandeling zul jij als therapeut daar het voortouw in moeten nemen. Je kunt er nog niet van uitgaan dat er een Gezonde Volwassene is die dat al zelf kan. Schematherapie biedt je verschillende methoden en technieken om die geïnternaliseerde straffende boodschappen tegen te spreken.

Methoden en technieken om de Straffende kant te bewerken

- Imaginaire rescripting, waarbij je de antagonisten tegenspreekt die je cliënt deze boodschappen hebben gegeven.
- Stoelentechniek, waarbij je de Straffende kant op een aparte stoel zet en tegenspreekt.
- Historisch rollenspel, waarbij je betekenisvolle situaties uit het verleden naspeelt waardoor de Straffende kant mede werd veroorzaakt. Jij als therapeut demonstreert een gezonde vorm van ouderschap.
- Cognitieve technieken, waarbij je het negatieve zelfbeeld onderzoekt en bijstelt.

Hierna zullen we beschrijven hoe je imaginaire rescripting kunt toepassen in het bewerken van de Straffende kant. De kern van imaginaire rescripting is het bewerken van gevisualiseerde betekenisvolle gebeurtenissen om zo corrigerende emotionele ervaringen te genereren. Er zijn verschillende manieren hoe je tot die betekenisvolle beelden of herinneringen komt. Soms vertelt je cliënt spontaan over een dergelijke herinnering. In dat geval kun je de cliënt vragen de ogen te sluiten en die herinnering te beschrijven alsof ze die opnieuw beleeft. Soms is het moeilijker om tot die betekenisvolle beelden te komen. Afhankelijke cliënten vinden het soms heel moeilijk om herinneringen uit hun jeugd te visualiseren waarin ze iets tekort zijn gekomen. Ze voelen een sterke loyaliteit aan de ouders of voelen zich zelfs schuldig wanneer ze dergelijke herinneringen visualiseren. Een duidelijke rationale en opbouw van de oefening kunnen helpen om toch tot die beelden te komen.

Stappenplan imaginaire rescripting

Stap 1 Introductie imaginaire rescripting
Stap 2 Fijne plek
Stap 3 Nare situatie in het heden
Stap 4 Affectbrug naar het verleden
Stap 5 Exploratie van betekenisvolle ervaring in het verleden
Stap 6 Rescripting van deze betekenisvolle beelden
Stap 7 Eventueel terug naar de fijne plek
Stap 8 Nabespreking

Dit stappenplan is geen dwingend script. Het is eerder een suggestie hoe je je weg kunt vinden in deze ervaringsgerichte oefening. Hierna zullen we deze stappen uitvoerig toelichten.

5.2.1 Stap 1 Introductie imaginaire rescripting

In de fase van de casusconceptualisatie heb je al een diagnostische imaginatie gedaan. Je hoeft de oefening dus niet voor het eerst te introduceren. Toch is een korte introductie belangrijk om je angstige cliënt een gevoel van veiligheid en voorspelbaarheid te geven. Vertel hoelang de oefening ongeveer gaat duren. Gebleken is dat cliënten de oefening waardevol vinden, maar de onvoorspelbare tijdsduur van de oefening wel als stressvol ervaren (Ten Napel-Schutz et al., 2011). Vergeet niet om bij je uitleg over de oefening hoop te bieden. Dit is niet alleen bedoeld om stil te staan bij nare ervaringen, maar met name om vervolgens een helende ervaring te genereren waardoor je cliënt zich beter gaat voelen.

Voorbeeld introductie imaginaire rescripting bij Claire

Claire heeft een afspraak met de tandarts. Normaal gaat haar vriend dan mee, omdat Claire in dit soort situaties makkelijk een paniekaanval kan krijgen. Haar vriend heeft zelf echter ook problemen, waardoor hij niet altijd meer beschikbaar is. Hij heeft nu aangegeven niet mee te gaan, en Claire is daardoor heel angstig voor de afspraak met de tandarts. Ze heeft je zojuist verteld dat ze echt niet alleen durft te gaan en dat ze overweegt de afspraak af te zeggen.

Therapeut: *Ik hoor hoe erg je van streek bent. Je bent echt heel bang om naar die afspraak toe te gaan nu je vriend niet mee kan, hè?*

Claire: *Ja, dat durf ik echt niet ... Wat als er iets misgaat, of dat ik heel erg veel pijn heb? Kan ik dan nog wel veilig terugreizen? En als er nou iets aan de hand blijkt te zijn, dan weet ik echt niet wat ik moet doen ...*

Therapeut: *Op zich kan ik me wel voorstellen dat je het vervelend vindt als je vriend niet meegaat terwijl je dat graag had gewild. Ik merk ook dat het je wel heel erg van streek maakt. Daarom zou ik graag een oefening willen doen die ons kan helpen te begrijpen wat je zo raakt. Maar het zal ook een oefening worden waarbij ik je kan helpen om je juist ook wat beter te gaan voelen.*
Claire: *O, wat dan?*
Therapeut: *Nou, ik wil graag een verbeeldingsoefening met je doen. Die hebben we al eens een keer gedaan in die eerste gesprekken, weet je nog? Toen vroeg ik je ook een keer om je ogen gedurende tien minuten gesloten te houden.*
Claire: *O ja, dat weet ik nog, maar dat vond ik toen best wel heel spannend. Ik weet niet of ik dat er nu ook nog bij kan hebben Het is al zo veel …*
Therapeut: *Ik hoor je spanning en stress. Maar ik wil nog een keer benadrukken dat dit een oefening is die je echt gaat helpen, niet alleen doordat je beter snapt wat er speelt, maar ook doordat jij je daadwerkelijk beter gaat voelen. Misschien dat ik eerst even iets moet uitleggen over wat we dan gaan doen. Ik denk dat het fijn is om te weten wat je te wachten staat.*
(Claire knikt.)

Omdat je nu de beelden gaat bewerken is het wel aan te raden om de procedure kort uit te leggen voor je start. De meeste cliënten staan wel open voor een oefening die je zelfverzekerd voorstelt. Sommige cliënten hebben echter twijfels, waardoor wat meer uitleg nodig is. Die twijfels gaan er meestal over dat de oefening gevreesde emoties gaat oproepen. Andere twijfels gaan over de vraag of een verbeeldingsoefening over gebeurtenissen in het verleden helend kan werken. Je kunt die twijfel en weerstand zien als een uiting van de Copingkant. Je zult met die Copingkant moeten onderhandelen om deze oefening te kunnen doen.

Argumenten in de onderhandeling met de Copingkant

- Onderzoek heeft uitgewezen dat dit een effectieve methode is.
- We hebben allemaal weleens ervaren dat het fijn is om te fantaseren over een andere afloop.
- Je hoofd is gevuld met minder prettige ervaringen, en door deze oefening vullen we je hoofd met gezonde, prettiger ervaringen.
- Ik weet dat het gek klinkt, maar ik doe liever iets wat een beetje gek lijkt maar wat je wel kan helpen dan het bij voorbaat maar te vermijden. Ik vind jou en je klachten veel te belangrijk om iets na te laten wat wel zou kunnen helpen.

Voorbeeld onderhandelen over imaginaire rescripting met Claire

Therapeut: *Ik ga je dadelijk vragen om je ogen gedurende een minuut of tien gesloten te houden. Dit is geen hypnose, je blijft er gewoon helemaal bij. Jij houdt ook de controle. Je kunt dus altijd je ogen opendoen als je dat zou willen. Je ogen gesloten houden is alleen een manier om je beter te kunnen concentreren op wat je voelt en welke beelden daarbij opkomen. Ik wil dadelijk beginnen met die situatie van de tandarts, omdat ik hoor dat je daar heel veel last van hebt. Maar ik denk dat het niet alleen deze situatie is waar je last*

van hebt. Ik denk dat die angst misschien ook iets te maken heeft met eerdere ervaringen in je leven. Daarom zal ik je tijdens de oefening vragen om je vooral te concentreren op het gevoel dat je hebt gehad in die tandartssituatie en te kijken welke beelden of herinneringen uit jouw verleden bij je op komen.
Claire: *O nee, dan moet ik ook nog terugdenken aan nare gebeurtenissen? Dat wil ik echt niet. Dan raak ik helemaal in paniek, en ik voel me al zo slecht.*
Therapeut: *Het klopt wel dat ik je ga vragen om beelden op te laten komen uit je verleden. Maar het is niet alleen maar om te snappen waar die angsten vandaan komen. Ik wil deze oefening juist gebruiken om die beelden te veranderen. Om het een positieve, prettige ervaring te maken, zeg maar.*
Claire: *Maar dat is toch niet realistisch?! Ik weet toch wat er is gebeurd, en dat kan niet veranderd worden.*
Therapeut: *Ik weet dat het vreemd kan klinken als je het nog niet hebt meegemaakt. Maar onderzoek heeft uitgewezen dat dit echt een heel effectieve techniek is. Ik snap ook wel dat je je afvraagt hoe dat kan helpen, omdat je het verleden zelf toch niet kunt veranderen.*
(Claire knikt.)
Therapeut: *Toch is het zo dat het niet alleen maar een gedachte is als je iets heel levendig verbeeldt, maar een echte ervaring. Dat zul je vast weleens eerder hebben meegemaakt, dat je terugdacht aan een situatie eerder op de dag en dat je een beetje fantaseerde over wat je anders had willen doen of wat je beter had kunnen zeggen. En misschien dat die levendige fantasie je dan ook een beetje het gevoel gaf alsof je dat ook echt anders had gedaan. Herken je dat?*
Claire: (Aarzelend) *Ja, misschien weleens …*
Therapeut: *Kijk, jouw hoofd zit vol met gebeurtenissen en ervaringen van dat je je niet goed voelde, maar angstig, onzeker of bekritiseerd. Met deze oefening kunnen we je andere ervaringen bieden, ervaringen waardoor je juist sterker, krachtiger kunt voelen. En dat gevoel kun je dan ook na de oefening nog wat met je meedragen. Hoe klinkt dat?*
Claire: *Ja, op zich wel goed, maar ik vind het nog wel heel gek. En ik weet niet of ik het aankan.*
Therapeut: *Nou, ik denk dat je het heel goed aankunt, maar ik wil ook dat je weet dat je het niet alléén hoeft te doen. Ik ga je helpen, ik begeleid je door de oefening heen. Zullen we het gewoon eens proberen? Dan kunnen we achteraf kijken hoe je het hebt gevonden.*
Claire: *Ja, oké dan. Maar wat moet ik doen dan?*

5.2.2 Stap 2 Fijne plek

Het is niet noodzakelijk om de oefening te beginnen met een fijne plek. De essentie van imaginaire rescripting ligt in het bewerken van betekenisvolle, soms traumatische herinneringen. Toch kan het gebruik van een fijne plek wel helpen om de oefening tot een succes te maken. Op de eerste plaats is het visualiseren van een fijne plek een manier om het visualiseren 'op te warmen'. Je cliënt is al aan het oefenen met beelden oproepen voordat zij stilstaat bij traumatische beelden. Daarnaast biedt het beeld van een fijne plek ook een mogelijkheid om opgeroepen emoties op een gezonde manier te reguleren. Je merkt misschien dat we spreken over een 'fijne plek' en niet over de 'veilige plek' zoals die in andere literatuur vaak genoemd wordt (Van Genderen & Arntz, 2021). Met de vraag om een 'veilige plek' te visualiseren richt je de oefening vooral op de basisbehoefte aan veiligheid. Een 'fijne plek' kan ruimte bieden voor beelden die aansluiten bij andere behoeften dan veiligheid. Voor Claire kan veiligheid een relevante basisbehoefte zijn, maar wellicht is verbondenheid dat nog veel meer. Voor je dwangmatige cliënt kan een beeld met vrijheid, met ruimte voor ontspanning wellicht het fijnst voelen.

Probeer het beeld zo realistisch mogelijk te laten maken. Neem daarvoor de tijd om je cliënt zich te laten inleven in het beeld. We hebben soms de neiging wat sneller te gaan dan onze cliënten eigenlijk nodig hebben. Vraag dus uitgebreid naar sensorische informatie, zoals wat je cliënt ziet, welke geluiden ze hoort en welke geuren ze opmerkt. Je kunt je cliënt ook vragen het hoofd wat te draaien en tijdens die beweging 'rond te kijken' in de ruimte die ze visualiseert. Het draaien van het hoofd is een extra element om een zo realistisch mogelijke ervaring te creëren.

Voorbeeld imaginatie fijne plek met Claire

Therapeut: *Neem eerst maar even een rustige, ontspannen houding aan, zodat je tijdens de oefening niet te veel afgeleid wordt door je houding.*
(Claire gaat wat rechterop zitten.)
Therapeut: *Dan wil ik je nu vragen je ogen te sluiten en ze gedurende de komende tien tot vijftien minuten gesloten te houden.*
(Claire sluit haar ogen.)
Therapeut: *Haal maar even rustig adem, en neem maar een moment om je bewust te zijn van je voeten op de grond... de stoel onder je en je ademhaling. Je hoeft er niets aan te veranderen, merk alleen maar op dat je ademhaling zo zijn eigen ritme heeft. Soms wat gaat die wat sneller, soms wat langzamer. En vanuit deze positie wil ik je vragen om een beeld op te laten komen van een fijne plek. Dat kan iedere plek zijn, zolang jij je daar maar fijn voelt. En als je een beeld hebt, kun je me dan vertellen wat je nu ziet?*
Claire: *Bij mij thuis op de bank.*
Therapeut: *Oké, neem maar even een moment om rustig om je heen te kijken. Draai je hoofd anders maar een beetje van links naar rechts, en kijk met je innerlijk oog maar goed rond in de kamer waar je nu zit. Wat zie je nu?*
Claire: *De bank, met wat kussentjes zo lekker tegen me aan. De kat op mijn schoot. De tv staat aan. De gordijnen zijn dicht en er zijn wat kaarsjes aan* (terwijl ze het beeld beschrijft draait Claire haar hoofd, alsof ze rondkijkt in de kamer die ze nu visualiseert).
Therapeut: *En ben je daar alleen of zie je nog iemand anders?*
Claire: *Nee, mijn vriend is er ook bij.*
Therapeut: *En waar zit hij, is hij links of rechts van je?*
Claire: *Hij zit rechts van me, lekker dicht tegen me aan, en houdt mijn hand vast.*
Therapeut: *Zijn er nog bepaalde geluiden die tot je komen nu je hier bent?*
Claire: *Ja, misschien de geluiden van de tv, wat reclame of zo ...*
Therapeut: *En hoe voel je je nu, nu je hier zit op de bank, je vriend die je hand vasthoudt en de kat op schoot, de kaarsjes aan?*
Claire: *Lekker ontspannen, lekker veilig.*
Therapeut: *Geniet maar lekker van dit gevoel. Waar voel je dat eigenlijk, dat ontspannen, veilige gevoel in je lijf?*
Claire: *Hier* (legt haar handen op haar buik)*, in mijn buik.*
Therapeut: *Goed zo, hou je hand maar even lekker op die plek en geniet maar van dat fijne gevoel.*

5.2.3 Stap 3 Nare situatie in het heden

Vervolgens maak je de overgang naar de recente, schema-activerende gebeurtenis. Neem zowel de tijd voor de overgang als voor het opbouwen van het visuele beeld van die gebeurtenis. Visuele beelden roepen emotionele responsen op (Holmes, 2010). Het opbouwen van die visuele beelden is dus lonend voor de emotionele impact die je met deze imaginatie wilt bereiken.

Voorbeeld visualiseren nare situatie in het heden met Claire

Therapeut: *Oké, dan wil ik je nu vragen om dit beeld los te laten. Laat het maar wat vervagen. We komen er zo weer bij terug, maar nu wil ik graag dat je wat ruimte maakt voor andere beelden. Ik wil je vragen om je gedachten te richten op die situatie waar we zojuist over spraken, de afspraak met de tandarts. En je vriend die aangeeft dat hij zich niet goed voelt en niet meegaat. Als je daaraan denkt, zie je dat dan nu?*

(Claire knikt.)

Therapeut: *Zet het beeld maar even op pauze, en beschrijf maar wat je nu ziet, zodat ik een beetje mee kan kijken met wat je nu ziet.*

Claire: *Hij zegt dat hij niet meegaat.*

Therapeut: *Waar zie je hem nu? Links of rechts van je? Of recht voor je?*

Claire: *Zo links voor me.*

Therapeut: *Draai je hoofd maar zodat je hem nu recht kunt aankijken.*

(Claire draait haar hoofd een beetje naar links.)

Therapeut: *En kijk nu maar naar zijn gezicht als hij zegt dat hij niet meekomt. Wat zie je?*

Claire: *Ik zie dat hij zich niet helemaal goed voelt, hij ziet er zo zorgelijk uit.*

Therapeut: *Waar zie je dat aan? Aan zijn ogen? Of iets anders?*

Claire: *Hij ziet er moe uit, wallen onder zijn ogen en hij kijkt wat mat. Ik maak me ook meteen zorgen hoe het met hem gaat, maar ik voel ook de paniek opkomen.*

Therapeut: *En waar voel je die paniek opkomen in je lijf?*

(Claire grijpt naar haar borst.)

Therapeut: *Dus je vriend zie je nu, en hij zegt dat hij niet meegaat, en je voelt paniek in je borst. En wat gaat er door je heen, waar ben je zo bang voor?*

Claire: *Dat het allemaal helemaal misgaat. Dat ik dan niet weet wat ik moet doen. Dat ik het niet aankan.*

5.2.4 Stap 4 Affectbrug naar het verleden

Het visualiseren van de recente situatie is bedoeld om de schema-activatie die in die situatie plaatsvond nu weer op te roepen. De beleving van dat schema, met alle cognitieve, emotionele en fysiologische componenten daarvan, kan een brug vormen naar oorspronkelijke gebeurtenissen die hebben geleid tot de vorming van deze schema's. Je doel bij het visualiseren van de recente nare situatie is dus dat schema te activeren, nog niet om op dit moment helende, corrigerende ervaringen te bieden. Wees niet te bang je cliënt emotioneel te maken. Juist deze emoties zullen bijdragen tot een succesvolle oefening. Misschien helpt de uitdrukking 'zachte heelmeesters…' je wanneer je merkt dat je cliënt zich heel gespannen, verdrietig of angstig begint te voelen.

Voorbeeld affectbrug naar het verleden met Claire

Therapeut: *Ik hoor dat je je echt heel akelig voelt, maar toch wil ik je vragen om daar even contact mee te blijven houden. En check even bij jezelf: is dit nou voor het eerst dat je dit gevoel hebt of herken je het van eerder? Heeft het iets vertrouwds?*
Claire: *Ja, dit ken ik heel erg goed. Dat heb ik altijd al gevoeld …*
Therapeut: *Oké, dan is het dus niet alleen deze situatie waardoor je je zo voelt, maar dan is dit ook een oud gevoel. Laat het beeld maar wat vervagen en concentreer je op dit gevoel. En laat maar beelden of herinneringen opkomen van situaties uit je verleden waarin je je op de een of andere manier ook zo voelde.*
Claire: *Nou, dat weet ik niet, hoor.*
Therapeut: *Bedoel je dat je het moeilijk vindt om eraan terug te denken, omdat het misschien ook helemaal niet zo leuk is om daaraan terug te denken?*
(Claire knikt.)

Soms hebben cliënten moeite om beelden uit het verleden op te laten komen. Dat kan het gevolg zijn van het feit dat de emoties die met deze herinneringen gepaard gaan te intens voor je cliënt zijn. De moeite om beelden op te laten komen is dan ook het gevolg van een vorm van vermijding. Een mogelijke strategie om toch tot die beelden te komen is te beginnen met neutralere beelden en die geleidelijk emotioneler te maken. Je kunt je cliënt dan eerst vragen om de foto uit haar jeugd voor ogen te nemen die jullie in de casusconceptualisatie hebben bekeken. Vervolgens kun je de ouders of andere betekenisvolle hechtingsfiguren bij het kind plaatsen en zo interacties op gang laten komen.

Voorbeeld visualiseren neutrale situatie met Claire

Therapeut: *Denk dan eerst maar eens aan die foto van dat kleine meisje dat je vroeger was, weet je nog, die foto die we hier samen hebben bekeken?*
(Claire knikt.)
Therapeut: *Kijk dan maar naar die foto, en beschrijf die eens voor me, beschrijf dat meisje eens voor me dat je op die foto ziet …*
Claire: *Nou … Ze is een jaar of zes, ze heeft een jurkje aan …*
Therapeut: *En hoe kijkt ze, is ze blij of niet?*
Claire: *Nee ze is niet blij, ze lijkt wat verdrietig …*
Therapeut: *En snap je waarom ze verdrietig is?*
Claire: *Ja, het zou iets kunnen zijn met mama … Dat mama zich slecht voelt of zo …*
Therapeut: *Kun je dan nu je moeder erbij plaatsen, bij dat meisje?*
(Claire knikt.)

5.2.5 Stap 5 Exploratie van betekenisvolle ervaring in het verleden

Neem opnieuw de tijd om het beeld op te laten bouwen. Ook als je cliënt al emotioneel is wanneer het beeld benoemd wordt, is het raadzaam toch nog de tijd te nemen om het beeld te laten beschrijven. Zo kun je vragen het beeld op pauze te zetten waardoor je wat tijd creëert om het beeld te laten beschrijven. In het voorbeeld heeft Claire een observatorperspectief, dat wil zeggen dat ze kijkt naar het kleine meisje en haar moeder, als een toeschouwer. Dit observatorperspectief is handig om makkelijk wat informatie over de context te krijgen. Hoe oud is het meisje dat je daar ziet? Waar zie je haar staan?

Voorbeeld exploratie van betekenisvolle ervaring in het verleden met Claire

Therapeut: *Dus je ziet nu dat meisje en je moeder tegenover haar. Waar staan ze? Wat zie je om hen heen?*
Claire: *Ze staan in de woonkamer. Mama zit op de bank, en ik sta daar zo voor haar.*
Therapeut: *Kun je hen aanwijzen, zodat ik weet waar je ze ziet?*
(Claire gebaart naar een plek voor zich.)
Therapeut: *En wat voor licht is het, is het overdag?*
Claire: *Ja, overdag, het is licht.*
Therapeut: *En wat zegt je moeder nu, of wat doet ze dat dat meisje zo verdrietig maakt? Wat zie je gebeuren?*
Claire: *Mama is bang.*
Therapeut: *Hoe zie je dat ze bang is?*
Claire: *Haar ogen staan zo, zo bang. En ze is nerveus.*
Therapeut: *En waar is mama bang voor?*
Claire: *Mama is bang dat er iets met mij gebeurt.*

Uiteindelijk wil je de cliënt vragen zich in te leven in het perspectief van het kind dat zij nu voor zich ziet. Dat eerstepersoonsperspectief, vanuit de beleving van het kind, is gekoppeld aan een sterkere emotionele beleving.

Voorbeeld exploratie van betekenisvolle ervaring in het verleden met Claire – vervolg

Therapeut (met een wat zachtere stem, alsof hij tegen een klein meisje praat): *Wéés dan nu maar dat meisje. Hé, Claire, mama is bang dat er wat met jou gebeurt. Maar waarom is ze daar nu zo bang voor?*
Claire: *Ik wil eigenlijk met mijn vriendinnetje spelen. En dat heb ik ook gezegd, maar toen werd mama helemaal bang en nu begint ze te vertellen wat er allemaal mis zou kunnen gaan.*
Therapeut: *Hoe klinkt haar stem terwijl ze dat nu zegt?*
Claire: *Ze klinkt heel gespannen, heel bezorgd. En ze zegt dat ze niet wil dat er iets met mij gebeurt, en dat dat vriendinnetje zover weg woont en dat er dan van alles zou kunnen gebeuren.*

In de oefening is er nu een beeld van Claire als klein meisje samen met haar overbezorgde moeder. De moeder in het beeld is een straffende antagonist. Ze is dan wel niet zo boos als de vader van Claire had kunnen zijn, maar door haar overbezorgdheid straft moeder wel de behoefte aan autonomie af. In haar overbezorgdheid zit een duidelijke boodschap, die Claire hoort: 'De wereld zit vol gevaren, en jij kunt die niet aan.'

5.2.6 Stap 6 Rescripting van deze betekenisvolle beelden

Het doel van de oefening is om het verloop van de gevisualiseerde gebeurtenissen te veranderen in een gezondere, helender ervaring. Je zult dan een keuze moeten maken op welk moment je in het beeld stapt. Meestal zijn we geneigd dan te denken aan beeldaspecten: bij welke scène van de gevisualiseerde gebeurtenissen kun je het best ingrijpen. Een studie van Dibbets et al. heeft aangetoond dat laat ingrijpen, vlak voor de meest traumatische delen van de herinnering, effectiever is dan vroeg ingrijpen (Dibbets en Arntz, 2016). Dat geeft aan dat we niet te bang moeten zijn voor de emoties die opgeroepen worden bij het visualiseren van soms traumatische gebeurtenissen. Het blijft dan nog steeds onzeker wat het beste moment van instappen is. Het juiste moment van ingrijpen kun je het best laten bepalen door de mate van emotionele arousal en de Window of Tolerance van je cliënt. Je probeert er een emotioneel beeld van te maken zodat het ook een corrigerende emotionele ervaring kan worden. Maar die opgeroepen emoties moeten nog wel (net) verdragen kunnen worden. Vraag je cliënt bijvoorbeeld regelmatig hoe zij zich voelt. Let daarbij op non-verbale emotionele signalen. Wanneer je cliënt nog reageert op je vragen, dan kan ze wel emotioneel zijn, maar is ze kennelijk nog wel in contact met je en bevindt ze zich nog (net) binnen haar Window of Tolerance (Krans, 2022, persoonlijke communicatie).

Voorbeeld rescripting van betekenisvolle beelden bij Claire

Therapeut: *Hoe is dat voor jou om dat allemaal te horen?*
Claire: *Niet fijn.* (Stem begint een beetje te trillen en ze buigt het hoofd.)
Therapeut: *En wat is dat niet-fijne gevoel?*
(Claire begint te huilen.)
Therapeut: *Claire, wat is dat niet-fijne gevoel? Is dat verdriet?*
Claire: *Wat?*
Therapeut: *Oké, ik vind dat geen goede situatie voor een zesjarig meisje. Ik wil erbij komen om jou te helpen. Kun je mij er nu bij plaatsen? Het liefst sta ik dan tussen jou en mama in. Zie je mij?*
Claire: *Ik weet niet … misschien … ik weet het niet.*

Wanneer de opgeroepen emoties te sterk zijn kan je cliënt buiten haar Window of Tolerance raken. Het wordt dan moeilijk, zo niet onmogelijk om haar de rescripting te laten ervaren. Eerst zullen de opgeroepen emoties iets minder intens moeten worden. Vraag de aandacht te richten op sensorische ervaringen: het horen van je stem, het voelen van de stoel onder haar, de grond onder haar voeten. Maar je kunt haar ook vragen om de ogen even te openen zodat ze jou en de ruimte om haar heen kan zien.

Voorbeeld minder intens maken emoties bij Claire

Therapeut: *Dat is niet erg. Luister maar gewoon naar mijn stem, en terwijl je naar mijn stem luistert, probeer dan maar weer een beetje voor ogen te houden hoe ik eruitzie. Zie je mij nu als je mijn stem zo hoort?*
Claire: *Een beetje … misschien …*

5

Therapeut: *Doe anders maar even je ogen open.*
(Claire opent haar ogen.)
Therapeut: *Kijk mij maar even aan. Zie je mijn gezicht, zie je mijn ogen?*
Claire: *Ja.*
Therapeut: *En wat zie je als je zo naar me kijkt? Hoe kijk ik? Kijk ik boos, of kijk ik begripvol, hard, of zacht?*
Claire: *Zacht. Alsof je me wilt helpen. Meelevend.*
Therapeut: *Fijn! Want dat is ook wat ik voel, ik leef ook heel erg mee. Daarom wil ik je ook helpen. Kijk dan nu nog maar even naar mijn gezicht, en sluit nu je ogen weer. Neem het beeld van mij, met die zachte blik, mee. Zie je me nu, tussen jou en mama in?*
(Claire knikt.)

Er zijn geen vaste regels voor het rescripten van het beeld. Je kunt eerst de antagonist aanspreken, of eerst het kind. De keuze voor het een of het ander bepaal je aan de hand van de relevante basisbehoeften en de mate van emotionele arousal, en of je cliënt het verdraagt dat jij ingrijpt. Wanneer er sprake is van ernstige onveiligheid, dan heeft het de voorkeur om eerst voor veiligheid te zorgen en de antagonist aan te spreken. Wanneer je cliënt al heel gespannen is en er niet direct onveiligheid dreigt, dan heeft het weer de voorkeur om eerst stil te staan bij de emoties van het kind in het beeld. In het voorbeeld van Claire is er niet direct sprake van onveiligheid van de kant van de moeder. Wel is Claire heel gespannen en angstig, en heeft ze het al moeilijk gevonden de therapeut in het beeld erbij te plaatsen. Deze kiest er dan ook voor om eerst stil te staan bij de opgeroepen emoties en Claire met compassie en begrip wat te kalmeren. Daarnaast helpt de therapeut met realistische overwegingen om de geactiveerde schema's bij te stellen.

Voorbeeld rescripting gericht op de Kindkant bij Claire

Therapeut: *Hé, Claire, ik ben er nu bij omdat ik zie dat je verdrietig bent als mama vertelt over alles wat er mis kan gaan, over alle gevaren. En ik vind dat niet goed, voor niemand, maar zeker voor jou niet. Natuurlijk maken haar zorgen je angstig en verdrietig. Zo zou ik me ook voelen als ik jou was. Dan wil je graag spelen met een vriendinnetje, en dan gaat mama vertellen over alle gevaren die er zijn. En dan vertelt ze je ook nog dat je niet mag gaan. Het lijkt me heel normaal dat je daar angstig en verdrietig van wordt. Klopt dat ook een beetje?*
Claire: *Ja.*
Therapeut: *Dat snap ik heel goed, Claire. En daarom wil ik ook even iets tegen je moeder zeggen.*

Probeer je ingrepen zo realistisch mogelijk te maken. Door je van de cliënt weg te draaien in de richting van de gevisualiseerde antagonist zal je cliënt aan je stem horen dat je niet meer tegen de cliënt maar tegen die antagonist spreekt. Als je daarbij ook nog een andere spreektoon gebruikt, wordt de ervaring dat je iemand anders aanspreekt nog realistischer. Tegen de antagonist zul je duidelijker, misschien wat steviger praten dan wanneer je je keert tot je cliënt in de rol van het kind.

Voorbeeld rescripting gericht op de antagonist

Therapeut (draait zich nu weg van Claire en praat in de richting van waar moeder staat in het beeld, tegenover Claire. Therapeut praat op redelijke, maar wel duidelijke toon): *Moeder van Claire, ik hoor dat u heel erg goed voor Claire probeert te zorgen. U probeert ervoor te zorgen dat Claire niets overkomt, klopt dat?*

(Therapeut draait zich nu weer richting Claire.)

Therapeut (op zachte toon): *En wat zegt mama?*

Claire: *Mama zegt dat ze dat inderdaad heel hard probeert. Dat ze heel bang is dat mij iets overkomt, dat ze dat zo erg zou vinden en dat ze daarom zo goed probeert op te letten.*

Therapeut (draait zich weer richting de moeder van Claire, opnieuw op duidelijker toon): *En dat vind ik echt heel erg mooi en lief van u. Maar weet u, u bent zo hard aan het zorgen, dat er eigenlijk helemaal geen ruimte meer is voor Claire en wat ze eigenlijk nodig heeft. Natuurlijk moet het veilig zijn, maar er moet ook ruimte zijn voor het ontdekken van de wereld en wat er allemaal voor leuke dingen in te vinden zijn. Mijn zorg is dat u zo op de veiligheid aan het letten bent, dat er geen ruimte meer is voor wat zelfstandigheid. Claire moet ook leren dat ze zelf al best veel kan en dat ze mag leren op zichzelf te vertrouwen en niet alleen op u.*

(Therapeut draait zich weer richting Claire.)

Therapeut: *Hoe reageert mama op wat ik nu zeg? Snapt ze het een beetje als ik praat over die andere behoeften dan veiligheid?*

Claire: *Ja, ik denk wel dat ze dat zou snappen, ja dat snapt ze wel.*

Therapeut: *En hoe voel jij je als je mij zo hoort praten? Kun je het allemaal een beetje volgen?*

Claire: *Ja, ik snap het wel. Het is wel gek dat je zo voor me opkomt. Maar ook wel fijn ...*

5.2.7 Stap 7 Eventueel terug naar de fijne plek

Voordat je de cliënt vraagt dit beeld los te laten neem je de tijd voor deze corrigerende ervaring. Als de cliënt heeft aangegeven dat ze het prettig vindt hoe je voor haar opkomt, vraag je naar alle aspecten van die beleving. Waar voelt ze dat prettige gevoel in haar lijf? Welke woorden passen er bij dat gevoel? Welk gedeelte van de rescripting gaf haar vooral dat prettige gevoel? De tijd en aandacht die je besteedt aan de helende ervaring helpt om die ervaring te consolideren, te onthouden.

Afhankelijk van het verloop van de rescripting kun je vervolgens besluiten om het beeld van de fijne plek weer op te roepen. Als de rescripting zelf is uitgelopen op het weggaan uit de situatie, naar een fijne plek waar je cliënt op dat moment naartoe wilde, dan hoef je niet ook nog eens terug te keren naar de fijne plek waar de hele oefening mee is begonnen. De rescripting zelf is al een fijne plek geworden en het is dan voldoende om daarbij stil te staan en daarna de oefening rustig te beëindigen. In het voorbeeld van Claire is dat echter niet gebeurd en bevindt Claire zich nog steeds in de oorspronkelijke situatie. Een belangrijk onderdeel van de therapie en ook van deze oefening is om je cliënt een gezonde manier van emotieregulatie te leren. Je cliënt moet de eenvoudige les leren dat er na veel stress en spanning even wat ontspanning moet zijn om bij te komen.

Voor de therapie zit er ook een belangrijke boodschap in dat de cliënt leert dat ze de nare gevoelens kan oproepen maar ook weer kan loslaten. Voor sommige cliënten is dat een belangrijke les, omdat ze bang zijn dat het toelaten van pijnlijke emoties tot gevolg heeft dat ze die gevoelens niet meer los kunnen laten.

Voorbeeld terugkeren naar de fijne plek bij Claire

Therapeut: *Oké, dan wil ik je nu vragen om dit beeld los te laten. Laat het maar wegdrijven. Ik wil dat er wat ruimte gaat komen om terug te keren naar die fijne plek van zonet. Wat was die fijne plek ook alweer?*
Claire: *Je bedoelt thuis op de bank?*
Therapeut: *Ja, precies, thuis op de bank. Ik wil dat je terugdenkt aan die situatie en het beeld van je woonkamer, de bank, de kat bij je op schoot, je vriend zo rechts van je. Ik wil dat je dat beeld weer voor ogen neemt.*
Claire: *Ik moet de hele tijd denken aan mijn moeder …*
Therapeut: *Ik snap dat het moeilijk is om terug te keren naar je fijne plek, dus neem er maar even de tijd voor. Draai je hoofd ook maar even naar rechts; daar zit je vriend. Zie je hem?*
Claire: *Ja …*
Therapeut: *Voel je dat hij dicht tegen je aan zit? Hij heeft je hand vast, hè?*
Claire (glimlachend): *Ja.*

Met behulp van de visuele cues die je hebt onthouden van de start van de oefening kun je zo je cliënt helpen zich weer in te leven in de fijne plek. Ga niet te snel naar het punt dat ze haar ogen weer opent en jullie aan de nabespreking beginnen. Het rustig worden na de ingreep is een belangrijk onderdeel van de oefening, dus neem er de tijd voor.

5.2.8 Stap 8 Nabespreking

Ook de nabespreking is een belangrijk onderdeel van de oefening. Vaak is de aandacht van de cliënt, maar ook van jou als therapeut, met name gericht op de imaginatie en de belevingen tijdens die imaginatie. Ook in trainingen en de literatuur gaat de aandacht veel uit naar de imaginatie zelf. De imaginatie en de rescripting van die beelden hebben vooral tot doel gehad om een corrigerende emotionele ervaring te genereren. Die ervaring moet echter ook geconsolideerd worden wil die bijdragen aan een verandering in de toekomst. De bespreking van die ervaring en de betekenisverlening aan de belevingen zijn belangrijke manierenen om die helende ervaring te consolideren. Je wilt niet alleen dat er iets gezonds beleefd wordt, maar dat je cliënt ook snapt wat er beleefd is en wat de betekenis ervan is.

In de nabespreking herinner je in ieder geval aan de aanleiding om deze oefening te doen, namelijk een recente situatie waarin schema's werden geactiveerd. Je begrijpt nu veel beter waarom die situatie zo emotioneel voor de cliënt was, en je wilt ook dat je cliënt dat begrip, die compassie begint te ontwikkelen. Natuurlijk voelde je cliënt zich zo emotioneel in die recente situatie. Het was niet alleen op dat moment een lastige situatie, maar feitelijk voelde ze ook weer de pijn, de emoties van dat kleine meisje dat jullie net hebben gezien.

Je cliënt moet leren met meer compassie en begrip naar zichzelf te kijken als een eerste stap om een gezond zelfbeeld op te bouwen als tegenhanger van het beeld dat de Straffende kant biedt. Op de tweede plaats zal je cliënt moeten leren de realistische argumenten die je tegen de Straffende kant hebt gegeven meer te internaliseren. Daarom is het belangrijk die tegenargumenten in de nabespreking nog eens te herhalen en je cliënt opmerkzaam te maken op de positieve emoties die daardoor opgeroepen worden.

Deze ervaringen kunnen daarna nog geconsolideerd worden door huiswerk mee te geven. Zo kun je de belangrijkste conclusies die jullie bespreken op papier zetten, als een flashcard. Zo'n flashcard kan ook een ingesproken boodschap zijn waarmee het een audioflashcard wordt. Het voordeel daarvan is dat de cliënt niet alleen de inhoud hoort maar ook jouw stem. Als het doel is dat jouw stem en woorden meer geïnternaliseerd worden als tegenhanger voor de Straffende kant, dan is het belangrijk dat die stem en die woorden vaak gehoord worden.

5.3 Historisch rollenspel bij de Pleaser

Claire heeft als een van haar Copingkanten de Pleaser. Dat is de naam die gegeven is aan haar Willoze Inschikkelijke kant. In deze toestand voegt ze zich naar de wensen en behoeften van anderen in plaats van te luisteren naar wat ze zelf nodig heeft. Voor Claire is dit een gevolg van een jeugd waarin ze zich heeft gevoegd naar haar kritische vader, die afkeurde wat ze deed en wie ze was. Het is ook het gevolg van de zorg die ze van jongs af aan heeft gehad voor haar angstige en bezorgde moeder. Een van de doelen van de therapie zal zijn om de Pleaser minder sterk te maken, zodat Claire beter in staat blijft te voelen wat ze zelf wil en wat ze zelf nodig heeft. Anders dan haar Straffende kant hoeft de Pleaser niet weg. Er is immers niets mis met zorgen voor belangrijke anderen of rekening houden met hun gevoelens. Maar Claire richt zich te vaak en te veel op anderen. Doel van de therapie zal dus zijn om die Pleaser minder sterk te maken.

Schematherapie biedt verschillende methoden en technieken om Copingkanten te verminderen en contact te maken met de Kindkanten.

Methoden en technieken om Copingkanten te bewerken

Ervaringsgerichte technieken
- Stoelentechniek, waarbij de Copingkant op een aparte stoel wordt gezet
- Imaginaire rescripting, waarbij rechtstreeks contact wordt gemaakt met de Kindkant
- Historisch rollenspel

Cognitieve technieken
- Benoemen van de Copingkant en de voor- en nadelen ervan onderzoeken

Therapeutische relatie
- Rechtstreeks vragen naar de gevoelens van de Kindkanten
- Empathische confrontatie met de nadelen van de Copingkanten in het contact

We zullen het historisch rollenspel beschrijven aan de hand van dezelfde situatie die we voor imaginaire rescripting hebben gebruikt. Op deze manier willen we laten zien dat je voor dit soort onderwerpen beide technieken kunt gebruiken. Het historisch rollenspel is een ervaringsgerichte techniek met meerdere doelstellingen. Op de eerste plaats kan deze techniek meer inzicht geven in de vorming van schema's in het verleden. De cognitieve aspecten van deze gevormde schema's kunnen worden geïdentificeerd en hun geloofwaardigheid kan worden gescoord. Daarnaast biedt het rollenspel inzicht in de interactie tussen de antagonist en de cliënt als kind. Doordat je als therapeut ook deelneemt aan het rollenspel kun je vanuit die rol inzicht krijgen in de interacties tussen de cliënt en belangrijke hechtingsfiguren in het verleden. Ten slotte biedt het rollenspel ook de mogelijkheid om een ander verloop van de gebeurtenissen te spelen. Zo kun je je cliënt met behulp van het historisch rollenspel een corrigerende emotionele ervaring bieden. In de beginfase van de therapie is de Gezonde Volwassene van je cliënt nog niet sterk genoeg ontwikkeld om die corrigerende ervaring zelf te genereren. In de beginfase zul jij dan ook als therapeut op moeten komen voor de behoeften van je cliënt, net als in de imaginaire rescripting. In de midden- en eindfase van de therapie kan je cliënt leren zelf op te komen voor haar behoeften (zie ▶ H. 8).

5

De techniek is rijk aan elementen en stappen, en daarom technisch wat uitdagender voor therapeuten. Daarom vind je in het kader een overzicht van de stappen die je kunt volgen wanneer je deze techniek wilt gebruiken.

Stappenplan historisch rollenspel in de beginfase

Stap 1 Exploreren kenmerken huidig klachtpatroon (schema-activatie uitend in Kind-, Coping- en/of Kritische kanten)
Stap 2 Identificeren betekenisvolle gerelateerde historische gebeurtenis
Stap 3 Naspelen historische gebeurtenis: cliënt speelt kind, therapeut antagonist
Stap 4 Nabespreking eerste rollenspel en identificeren gevormde schema's
Stap 5 Naspelen historische gebeurtenis: cliënt speelt antagonist, therapeut kind
Stap 6 Nabespreking tweede rollenspel en identificeren eventuele schemadisconfirmerende informatie en onderliggende behoeften
Stap 7 Naspelen historische gebeurtenis: cliënt speelt kind en therapeut speelt een reactie vanuit zijn rolmodel als voldoende goede ouder
Stap 8 Nabespreking derde rollenspel en vorming Gezonde Volwassene

Hierna worden deze stappen verder toegelicht aan de hand van de casus van Claire.

5.3.1 Stap 1 Exploreren kenmerken huidig klachtpatroon

Je kunt het historisch rollenspel op verschillende manieren introduceren. De eenvoudigste manier is dat je het aan het begin van de sessie aankondigt als een oefening die jullie deze sessie zullen doen.

Een alternatieve manier is om de oefening in de sessie te vlechten naar aanleiding van wat de cliënt inbrengt. Je kunt ook al een week van tevoren aan je cliënt vragen of ze eens na wil denken over een situatie uit het verleden die (mede) heeft geleid tot een bepaald schema of modus. Bij Claire is de aanleiding dat ze vaak vertelt over een situatie waarin ze zich heeft aangepast aan anderen in plaats van zichzelf uit te spreken. Het patroon waarover je cliënt vertelt, hoeft echter niet enkel te gaan over de Copingkanten. Het kan ook zijn dat je cliënt opnieuw vertelt over het gevoel van geactiveerde Kindkanten, of een situatie beschrijft waarin belevingen speelden die te maken hebben met de Kritische kanten.

Voorbeeld exploreren kenmerken huidig klachtpatroon met Claire
Claire vertelt dat haar vriend afgelopen weekend naar zijn familie toe wilde gaan. Claire had daar eigenlijk geen zin in, zij had juist erg veel behoefte aan wat rust. Toen ze daar iets over begon te zeggen tegen haar vriend was hij duidelijk teleurgesteld. Claire heeft toen al snel toegegeven en is met hem meegegaan. Ze was bang dat hij boos zou worden als ze vast had gehouden aan haar voorkeur om thuis te blijven.
Therapeut: *Dus je hebt je gevoegd naar wat je vriend wilde, ook al betekende dat in deze situatie dat je dan iets zou doen waar je eigenlijk geen zin in had. Klopt dat zo?*
Claire: *Ja, maar ik vond het niet erg, hoor! Ik mag zijn familie best wel, en we hadden ze al een tijdje niet gezien dus …*
Therapeut: *Maar ik begreep net dat je eigenlijk zin had in een rustig weekendje, toch?*
Claire: *Ja, dat wel, maar ik bedoel dat het ook weer niet zo erg was dat ik mee ben gegaan.*
Therapeut: *Oké, dat geloof ik ook echt wel, dat je het uiteindelijk wel prima vindt. Maar ik hoor wel dat er weer een situatie was waarin jij jouw behoeften opzij liet schuiven. En dat klinkt me wel bekend in de oren. Dan zie ik een Claire die zich vooral richt op wat anderen nodig hebben.* (Hierbij wijst de therapeut naar een plek naast Claire.) *Wie hoor ik dan, als het gaat om het richten op wat anderen nodig hebben? Zelfs als dat ten koste gaat van jouw* (hierbij wijst de therapeut naar de buik van Claire) *behoeften?*

In het begin van de therapie help je de cliënt nog actief bij het herkennen van de verschillende kanten. Als je cliënt echter tekort is gekomen in autonomie, dan kun je wel die gelegenheden kiezen waarin je cliënt zelfstandig mee zou kunnen denken, zonder dat je de verwachting schept dat ze het allemaal al zou moeten weten. Op deze manier stimuleer je zelfexpressie en autonomie.

Voorbeeld exploreren kenmerken huidig klachtpatroon met Claire – vervolg
Claire: *Dat vind ik toch zelf?*
Therapeut: *Ja, ik begrijp dat jij dat ook echt vindt. Maar ik bedoel meer: welke kant van jou is altijd bezig om het anderen naar de zin te maken om te voorkomen dat ze boos worden of zich op een andere manier naar voelen. Ik denk zelf dat dit die Pleaser is. Zou dat kunnen?*
Claire: *Ja, dat zou wel kunnen, ja.*
Therapeut: *Ja? Wat herken je van die Pleaser in wat er van de week is gebeurd?*
Claire: *Nou dat ik eigenlijk thuis wilde blijven, maar toch maar mee ben gegaan.*
Therapeut: *Ja, dat klinkt inderdaad wel als die Pleaser, hè?*

5.3.2 Stap 2 Identificeren betekenisvolle gerelateerde historische gebeurtenis

Tijdens de casusconceptualisatie heb je al samen met de cliënt de huidige klachten in verband gebracht met betekenisvolle ervaringen in de jeugd. Je kunt dan ook een voorbeeld aanhalen dat je kent uit die fase. Als de cliënt zelf een ander voorbeeld weet, verdient het de voorkeur dat je die situatie gebruikt. Zo stimuleer je opnieuw zelfexpressie en autonomie.

Voorbeeld identificeren betekenisvolle gerelateerde historische gebeurtenis

Therapeut: *Wij hebben het er al vaker over gehad dat de Pleaser al vroeg in je jeugd ontstaan is onder invloed van de kritische houding van jouw vader en de zorgen die je had om je moeder. Kun jij je een typische situatie herinneren waarin je je maar aanpaste, ook al vond je dat moeilijk?*

Claire: (denkt lang na) *Ik weet wel een situatie, maar mijn moeder had het ook vaak moeilijk, dus ik weet niet of het een goed voorbeeld is.*

Therapeut: *Vertel er maar over, dan kijken we samen of dat een goed voorbeeld is om mee te oefenen.*

Claire: *Ik mocht eigenlijk nooit met kinderen van school spelen die niet in de straat woonden. Mijn moeder vond dat gevaarlijk.*

Therapeut: *Dat klink wel als een goed voorbeeld. Waarom vond je moeder dat gevaarlijk?*

Claire: *Ze vond het te ver weg, en als er dan iets gebeurde, dan kon zij mij niet bereiken.*

Therapeut: *Oké, het lijkt erop dat je moeder een beetje te bezorgd was. Laten we dat maar eens na gaan spelen.*

5

5.3.3 Stap 3 Introductie historisch rollenspel en naspelen historische gebeurtenis: cliënt speelt kind, therapeut antagonist

Het historisch rollenspel kent drie rondes. De eerste spelronde is het naspelen van de historische gebeurtenis zoals die zich in het verleden heeft afgespeeld. Deze eerste ronde heeft vooral tot doel meer inzicht te krijgen in de schemavorming bij die gebeurtenis. Op deze manier probeer je samen met je cliënt meer inzicht te krijgen in het ontstaan van die patronen. Je introduceert het historisch rollenspel door uit te leggen dat je met deze techniek niet alleen inzicht wilt krijgen, maar dat je de cliënt ook een helende ervaring wilt bieden. Die hoop is nodig om je cliënt te motiveren voor de techniek. Bij sommige cliënten zul je wat moeten onderhandelen met de weerstand van de Copingkant. Het voordeel van de Onderdanige is dat die weerstand er niet of veel minder zal zijn en je makkelijker kunt starten met de techniek.

Voorbeeld introduceren eerste speelronde

Therapeut: *Dat je moeder te bezorgd was, vind ik een goed voorbeeld van hoe een gebeurtenis uit het verleden verbonden is met wat zich afgelopen week afspeelde in die situatie met je vriend. Kennelijk heb je in die situatie, of in soortgelijke situaties, iets geleerd wat nu nog steeds doorspeelt in situaties als van de week. Dus laten we deze situatie eens naspelen, zodat we wat beter kunnen kijken wat er nou precies gebeurd is. Akkoord?*

Claire: *Wat bedoel je, naspelen?*

Therapeut: *Nou, dat wij letterlijk die situatie hier naspelen in deze kamer, een beetje alsof we dat verleden hier in deze kamer halen en eerst maar eens naspelen wat er precies gebeurd is. Daarna wil ik dan samen met jou kijken naar die situatie, zodat we samen kunnen begrijpen wat dat meisje van toen heeft geleerd.*

Claire: *Dus dat we nu een soort toneelstuk gaan doen?*

Therapeut: *Ja, een rollenspel. En ik merk dat je dat wat gek vindt?*

(Claire knikt.)
Therapeut: *Dat snap ik. Misschien komt het ook wel een beetje raar over dat we nu niet gaan praten over wat er gebeurd is maar het echt naspelen, als een toneelstukje. Maar weet je, ik doe liever iets wat een beetje raar lijkt maar wat ons verder kan helpen, dan dat ik het uit de weg ga omdat het een beetje raar overkomt. Ik vind jou en wat jou hier heeft gebracht veel te belangrijk om van tevoren al bepaalde oefeningen maar niet te gaan doen. Zullen we het gewoon eens proberen, en dan kunnen we altijd nog achteraf kijken wat het heeft opgeleverd?*
Claire: *Oké dan.* (Knikt aarzelend.)

De grootste valkuil is dat je te lang met je cliënt blijft praten over die gebeurtenis. Bij dat praten kunnen jullie al snel ingaan op de betekenis van die gebeurtenis voor je cliënt. Het doel van de oefening is nu echter om zicht te krijgen op de schema's door de situatie opnieuw te beleven in een rollenspel. De tip is dan ook om vrij snel op te staan uit je stoel en samen met je cliënt het rollenspel voor te bereiden in plaats van te blijven zitten en de historische gebeurtenis te exploreren.

Voorbeeld begin van de eerste speelronde
Therapeut: *Goed, dan wil ik je nu vragen om eerst maar eens even op te staan en even naast me te komen staan.*
(De therapeut staat op en Claire volgt zodat ze samen naast elkaar staan in de kamer. Therapeut gebaart naar een gedeelte van de kamer dat het speelvlak zal worden.)
Therapeut: *Laten we dan hier dat verleden maar tot leven brengen. Dus die situatie van jou en je moeder gaan we hier naspelen. Neem me dan even mee: waar speelt het zich af, bij jullie thuis in de kamer?*
Claire: *Ja, in de woonkamer, en als dit de woonkamer is, dan is daar de zithoek.*
Therapeut: *En je moeder staat waar?*
Claire: *Dan staat mijn moeder daar* (wijst naar een plek in het speelvlak). *En dan sta ik hier* (Claire wijst op een punt in de buurt van moeder).

Laat je door je cliënt vooraf goed inlichten over hoe je de rol van de antagonist moet spelen. Het doel is het rollenspel zo levensecht mogelijk te maken, zo dicht mogelijk bij de ervaring van je cliënt. Vraag dus om instructies over je houding, taalgebruik, bewegingen et cetera. Let er ook nu op dat het niet te veel tijd kost of te veel afleidt van het rollenspel.

Voorbeeld instructies voor de eerste speelronde
Therapeut: *Oké, dus jij vertelt je moeder over het plan om bij je vriendinnetje te gaan spelen. Nou ga ik dadelijk jouw moeder spelen, dus kun je me vertellen wat haar manier van doen is? Hoe vertelt zij dan precies wat er allemaal mis kan gaan?*
Claire: *Nou, heel gespannen en nerveus. Dan begint ze eerst aarzelend alsof het besef doordringt en dan gaat ze wat ratelen. Ja, een beetje ratelen is het, over alle dingen die mis kunnen gaan.*
Therapeut: *Dus ze klinkt nerveus, gespannen en praat snel?*

Claire: *Ja, precies.*
Therapeut: *En heeft ze dan nog bepaalde gebaren die typisch zijn voor haar?*
Claire: *Dan kan ze zo staan te friemelen met haar handen en een beetje van de ene op de andere voet wippen.*
Therapeut: *Goed, ik krijg wel een beetje een beeld. Nou ga jij dadelijk in dat rollenspel jezelf spelen als kind. Hoe oud was je ook alweer in deze situatie?*
Claire (kijkt wat nadenkend): *Ik denk dat dit iets was wat gebeurde toen ik een jaar of zes was.*

Ook je cliënt zal zich zo goed mogelijk moeten inleven in de rol die zij speelt, die van het kind. Dus vraag hoe oud ze is en met welk vriendinnetje ze wilde gaan spelen.

Voorbeeld instructies voor de eerste speelronde – vervolg
Therapeut: *Dus wees nu dat zesjarige meisje, en begin maar te vragen of je bij je vriendinnetje mag spelen.*
Claire (in de rol van het zesjarige kind): *Mama, ik wil vanmiddag bij Mirjam spelen.*
Therapeut (probeert nerveus en bezorgd te kijken zoals de moeder die hij in de verhalen van de Claire heeft leren kennen: van de ene op de andere voet wippend, friemelend met zijn handen): *Nee, Claire, dat kan niet, want Mirjam woont toch helemaal aan de andere kant van de stad? Wat als er wat gebeurt? Dan kan ik niet meteen bij je zijn om te helpen. En je bent daar nog niet eerder geweest, dus ik weet ook helemaal niet of het daar wel veilig is en of haar mama of papa er wel bij zullen zijn.*
Claire: *Ja, maar mama …*
Therapeut: *Nee, Claire, ik vind het echt niet veilig …*
(Claire zwijgt.)
Therapeut (maakt een time-out gebaar): *Oké, even tot hier?*

Vaak duren de gespeelde interacties niet lang. Het zijn vaak korte interacties van hooguit een minuut.

5.3.4 Stap 4 Nabespreking eerste rollenspel en identificeren gevormde schema's

De eerste vraag die je na de eerste ronde stelt, is of de nagespeelde situatie leek op hoe je cliënt zich die herinnert. Misschien moet je de situatie nog eens naspelen met wat aanwijzingen van je cliënt om het rollenspel realistischer te maken.

Vervolgens probeer je samen met je cliënt de schema's te identificeren die toen zijn gevormd. Dit is een wat cognitiever element van de oefening. Je probeert de aannames te identificeren over zichzelf en over anderen. Soms moet je wat puzzelen om achter deze kernovertuigingen te komen, omdat je cliënt het lastig vindt om die basale gevoelens van de schema's onder woorden te brengen. Toch loont het de moeite om deze kernovertuigingen te identificeren. Deze kernovertuigingen worden gedurende de oefening op bepaalde momenten gescoord op hun geloofwaardigheid. Daarmee geeft dit onderdeel van de techniek je wat meer feedback over de effecten van de oefening.

Voorbeeld identificeren gevormde schema's

Therapeut: *Oké, laten we hier even stoppen. Eerst even een vraag: leek het er een beetje op? Klopt het een beetje met hoe jij het je herinnert?*
Claire: *Ja, het leek er zeker op. Misschien zou mijn moeder nog nerveuzer zijn geweest, maar het voelde wel echt aan zoals het toen ook ging, ja.*
Therapeut: *Nog nerveuzer? Tjonge. Blijf nog maar heel even in deze beleving, blijf nog eventjes dat meisje van zes jaar. Hoe voel jij je nu?*
Claire: *Ik weet niet, angstig en verdrietig misschien.*
Therapeut: *Angstig en verdrietig, nog iets anders?*
Claire: *Nou, ik vind het niet fijn dat het meteen weggewuifd wordt dat ik wil spelen.*
Therapeut: *Niet fijn in de zin van wat gefrustreerd? Een soort irritatie?*
Claire: *Nou, irritatie … maar niet fijn, nee …*
Therapeut: *Oké, verdrietig en ook een niet fijn gevoel. Laten we dan eventjes uit deze situatie stappen en van een afstandje kijken wat er is gebeurd.*

Na elk rollenspel volgt een nabespreking waarin je samen met de cliënt onderzoekt welke conclusies de cliënt destijds heeft getrokken over zichzelf en de ander.

Voorbeeld nabespreking eerste rollenspel

(De therapeut loopt naar de plek waar ze eerst de oefening hebben voorbesproken en met de cliënt naast zich kijkt hij terug op het rollenspel.)
Therapeut: *Oké, als we nu even terugkijken op wat zich daar afspeelde, wat denk je dan dat dat meisje van zes daar heeft geleerd?*
Claire: *Nou, dat het niet zo veel uitmaakt wat je wilt, want mama is veel te angstig voor zoiets?*
Therapeut: *Ja, dat herken ik. En wat was in die situatie nou belangrijker, dat dat meisje wilde spelen, of dat mama angstig was?*
Claire: *Ja, dat mama angstig werd, natuurlijk …*
Therapeut: *Precies. Dus wat leerde dat meisje nou over haar behoefte aan zelf wat willen, opkomen voor haar eigen behoeften?*
Claire: *Dat die er niet zo veel toe doen.*
Therapeut: *Dus dat meisje leerde eigenlijk: 'Wat ik voel, wat ik wil, dat is niet belangrijk?*
Claire: *Ja, eigenlijk wel.*
Therapeut: *En vanuit die ervaring als dat meisje van zes, hoe waar is die gedachte dan? Hoe geloofwaardig?*
Claire: *Als dat meisje van zes?*
Therapeut: *Ja, hoe heeft dat meisje wat je zojuist hebt gespeeld dat ervaren, was dat honderd procent waar dat het er niet zo veel toe deed wat zij zelf wilde? Of minder?*
Claire: *Nou … Helemaal onbelangrijk was het ook weer niet, maar heel vaak wel, zoals nu ook … 95 %?*
Therapeut: *Oké. En wat leert dat meisje nou over anderen? Hoe kijkt dat meisje nou aan tegen de moeder die ze dan voor zich ziet?*
Claire: *Dat vind ik een lastige vraag. Ze is gewoon heel bang.*
Therapeut: *En wat maakte haar bang in deze situatie?*

Claire: *Nou, dat ik zei dat ik bij Mirjam wilde spelen.*
Therapeut: *Oké, dus jij hebt verteld wat je wilt, en dan merk je dat mama heel bang wordt. Is dat iets wat je herkent? Is dat iets wat vaker gebeurde?*
Claire: *Ja, dat was altijd wel. Ik heb ook wel geleerd dat ik dat soort dingen gewoon niet moet vragen, daar kan ze gewoon niet goed tegen.*
Therapeut: *Het klinkt alsof je hebt geleerd dat moeder bang wordt als jij je uitspreekt over wat jij wilt?*
Claire: *Ja.*
Therapeut: *Dus: 'De ander kan het niet goed aan als ik zeg wat ik wil en zal dan heel bang worden'?*
Claire: *Ja, of boos, maar dat was meer mijn vader.*
Therapeut: *'De ander kan het niet aan als ik zeg wat ik wil en wordt dan bang of boos.' Hoe klinkt dat?*
Claire: *Ja, wel goed, ja, dat klopt zo.*
Therapeut: *En hoe geloofwaardig is dat voor dat zesjarige meisje: 'De ander kan het niet aan als ik zeg wat ik wil en wordt dan bang of boos'?*
Claire: *Ja, dat is wel honderd procent.*

Je schrijft de uitspraken van de cliënt op en noteert ook de geloofwaardigheid van het zojuist geïdentificeerde zelfbeeld en het beeld van de anderen/de wereld om haar heen.

5.3.5 Stap 5 Naspelen historische gebeurtenis: cliënt speelt antagonist, therapeut kind

Vervolgens speel je de gebeurtenis nog eens na, maar nu worden de rollen omgedraaid. Jij speelt nu de cliënt als kind in die situatie en je cliënt speelt de rol van de antagonist. Je legt uit dat jullie zo nog beter kunnen begrijpen wat er in die situatie gebeurd is. Je leidt het rollenspel in door je cliënt te vragen zich goed in te leven in de rol van de antagonist. Je kunt vragen wat de leeftijd van de antagonist toen was en wat op dat moment zijn of haar leefomstandigheden waren. Dat kan zeker relevant zijn als de antagonist tegenwoordig heel anders zou reageren. Het zou bijvoorbeeld kunnen zijn dat moeder toen net gescheiden was en voor drie kleine kinderen moest zorgen terwijl zij dat niet aankon.

Voorbeeld naspelen historische gebeurtenis: cliënt speelt antagonist, therapeut kind

Therapeut: *Dan gaan we nu dezelfde situatie nog een keer naspelen, maar nu draaien we de rollen om. Dus we zitten in dezelfde situatie, maar nu ben jij je moeder en speel ik jou, als zesjarig meisje.*
Claire: *Oké, maar waarom moet dat?*
Therapeut: *Nou, het moet niet, maar het lijkt me wel verstandig. In die situatie gebeurt er iets wat je in de rest van je leven nog steeds tegenkomt. Laten we die situatie dan dus nog maar eens goed bekijken zodat we echt goed begrijpen wat er zich heeft afgespeeld. En door de rollen om te draaien kunnen we het misschien nu vanuit de invalshoek van je*

moeder bekijken en wie weet levert dat wat extra informatie op. Zullen we het gewoon maar eens proberen?
(Claire knikt.)
Therapeut: *Dan speel jij dus dadelijk je moeder. Dat betekent dat ik je wil vragen om je goed in te leven in je moeder. Jij bent daar als kind in die situatie zes jaar, dan is je moeder hoe oud?*
Claire: *Oef, dat is een lastige … Dan moet ik even rekenen … Een jaar of veertig?*
Therapeut: *Oké, dus je moeder is dan een jaar of veertig. Wees dan maar je moeder nu. Hoe ziet jouw leven eruit?*
Claire: *Nou, dan ben ik getrouwd met m'n vader* (moet hier even om lachen) *en die is vaak weg, en als hij er is, dan is hij boos, en ik ben vaak bang dat er iets ergs gebeurt, vooral met Claire.*
Therapeut: *Laten we nu maar weer opnieuw in het verleden stappen.* (Therapeut loopt naar het gedeelte van de kamer waar het rollenspel zich afspeelt, maar gaat nu staan op de plek waar het zesjarige meisje zich bevond.)
Therapeut: *Jij bent je moeder… Dus je staat in de woonkamer en dan is daar nu jouw zesjarige dochtertje, Claire. Oké, we beginnen …*
Therapeut (speelt zo goed mogelijk de rol van het zesjarige meisje, zoals hij dat zojuist heeft geobserveerd en spreekt dus ook met een iets kinderlijke stem): *Mam, ik wil bij Mirjam spelen, dadelijk.*
Claire (speelt haar moeder en gedraagt zich heel nerveus, wiebelend en friemelend met haar handen): *Nee, daar komt niks van in, want die woont helemaal aan de andere kant van de stad! En hoe moet dat nou als je ziek wordt? Of er gebeurt iets ergs? Je kunt misschien wel vallen en een gat in je hoofd hebben! En hoe kom ik dan bij je?*
Therapeut (maakt een time-outgebaar): *Oké, laten we even stoppen hier. Je hebt je moeder gespeeld, kun je nog een beetje die moeder blijven? Blijf maar gewoon hier even staan, en dan spreek ik je ook nog even aan als moeder, oké?*
(Claire knikt.)
Therapeut: *Moeder van Claire, ik hoorde dat u het niet goed vindt dat Claire bij Mirjam gaat spelen. Kunt u me nog even vertellen waarom u dat niet goed vindt?*
Claire: *Nou, ik ben bang dat er iets misgaat. En dan kan ik er niet voor haar zijn.*
Therapeut: *Ja, ik snap wel dat er soms wat mis kan gaan in het leven, maar Claire is nog maar een kind van zes jaar, en het lijkt er wel helemaal niet toe te doen wat zíj wil.*
Claire: *Maar ik wil gewoon niet dat haar iets overkomt, dat zou ik echt niet aankunnen!* (Als Claire:) *Ja, ik denk dat ze dat zou zeggen, dat ze het niet aan zou kunnen, dat zei ze wel vaker.*
Therapeut: *Poeh. Ik snap nu wat beter wat jij bedoelde toen jij je moeder beschreef. Ze is echt heel angstig en nerveus, hè?*
Claire: *Ja, zo ging het wel vaak, ja.*
Therapeut: *Nou, ik merk echt dat ik daar van alles bij voel. Ik voel dat nog steeds, het is echt heel naar om je moeder zo nerveus te zien, maar vooral dat het zomaar weggewuifd wordt dat ik wil spelen. Dat leek meteen van de baan. Ik heb ook wel iets van dat niet-fijne gevoel waarover jij daarnet sprak. Voor mij is dat wel duidelijker irritatie. En ook wel van dat verdriet, dat het er helemaal niet toe lijkt te doen wat ik zeg.*
Claire (kijkt de therapeut onderzoekend aan): *Meen je dat nou?*

Therapeut: *Ja, dat meen ik zeker! Ik snap wel heel erg goed dat dit voor een zesjarig meisje echt niet leuk is. Hoe is dat voor jou om te horen?*
Claire: *Wel goed, eigenlijk. Wel fijn dat jij het ook zo ziet en ervaart, dat dat niet helemaal alleen aan mij ligt.*
Therapeut: *Nee, zeker ligt dat niet aan jou!… Oké, laten we het hier even bij houden en even uit dit verleden weg stappen, en even teruggaan naar de plek waar we kunnen nadenken over wat er allemaal gebeurd is.*
(Therapeut en Claire lopen terug naar de oorspronkelijke positie waar ze praten over het rollenspel in plaats van het te spelen.)

5.3.6 Stap 6 Nabespreking tweede rollenspel en identificeren eventuele schemadisconfirmerende informatie en onderliggende behoeften

De rolomkering heeft mogelijk nieuwe inzichten opgeleverd voor je cliënt. Het kan echter ook zijn dat de rolomkering enkel heeft bevestigd wat je cliënt al veronderstelde. Claire heeft bijvoorbeeld ook in de rol van moeder kunnen ervaren dat het er niet zo toe doet wat zij zelf wil. Toch kan de rolomkering in het rollenspel een effect hebben op de geloofwaardigheid van de schema's. Zo kan je cliënt gaan beseffen dat het gedrag van de antagonist vooral een uiting was van het onvermogen van die antagonist oog te hebben voor wat een kind nodig heeft. Het lijkt misschien maar een kleine nuancering, maar die kan toch veel betekenis hebben. De situatie is er niet mooier op geworden, maar de probleemdefinitie is wel veranderd, van je cliënt als probleemdrager naar de antagonist als probleemdrager.

Voorbeeld nabespreking met identificeren eventuele schemadisconfirmerende informatie en onderliggende behoeften

Therapeut: *Oké, nou, laten we eventjes kijken wat we zojuist hebben geleerd. Wat neem jij mee van dit rollenspel?*
Claire: *Ja, ik weet het niet zo goed. Nou, misschien wel dat mijn moeder dus eigenlijk vooral bezig was het veilig voor me te houden.*
Therapeut: *Ja, dat viel me ook op toen ik nog even met haar aan het praten was over wat er gebeurde. Het viel me ook op hoe ze volledig in beslag genomen was door die zorgen en angsten. Het ging wel over jou, maar ze was eigenlijk vooral met haar eigen zorgen bezig … Is dat relevant voor die gedachte 'Wat ik voel en wat ik wil hebben doet er niet toe'? Hoe kijk je daar nu tegen aan?*
Claire: *Nu, hoe ik er nú tegen aankijk?*
Therapeut: *Ja, nu je je net zo hebt ingeleefd in je moeder en je hebt gemerkt hoe bang ze was voor alle gevaren. Hoe kijk je dan aan tegen het idee dat jouw gevoelens, en wat jij wilt, er niet toe doen?*
Claire: *Nou, voor mijn moeder deed het er inderdaad niet zozeer toe, ik bedoel, ze was daar niet mee bezig. Ze was gewoon alleen maar bezig het veilig te houden. Als we daar nu zo over praten, dan voelt het wel anders, dat mijn behoeften en wat ik wil wel belangrijk zijn, maar gewoon dat zij er niet zo mee bezig was.*

Therapeut: *Dus hoe geloofwaardig voelt die gedachte nu dan voor je, de gedachte 'Wat ik nodig heb, dat ik iets wil, dat is niet belangrijk'?*
Claire: *Ja, wel wat minder. Vijftig procent of zo?*
Therapeut: *Prima. En dan de gedachte 'De ander kan het niet aan als ik zeg wat ik wil en wordt dan bang of boos', hoe kijk je daar nu, na dit tweede rollenspel, tegenaan?*
Claire (kijkt nadenkend in stilte): *Nou, dat klopt wel, dat ze het niet aankon, maar dat had dus eigenlijk niet zo veel met mij te maken; voor haar was alles gewoon gevaarlijk. En dat was ook echt hoe zij is. Ik bedoel, dat hoeft natuurlijk niet voor iedereen te gelden dat die ook zo bang is, of bang wordt als ik iets zeg.*
Therapeut: *Dus je lijkt te beseffen dat dit is zoals je moeder dat ervaart, dat wat jij wilt haar angstig maakt. Dat eigenlijk alles haar wel angstig maakt, maar dat dat niet voor iedereen en voor altijd hoeft te gelden. Hoe waar voelt dan die gedachte 'De ander kan het niet aan als ik zeg wat ik wil en wordt dan bang of boos'?*
Claire: *Ja, minder. Ook iets van vijftig procent?*
Therapeut: *Prima hoor, het gaat me niet over goed of fout, het gaat er alleen om dat we even een meting doen hoe het voor jou nu is, met alle informatie die we nu bespreken.*

5.3.7 Stap 7 Naspelen historische gebeurtenis: cliënt speelt kind en therapeut speelt een reactie vanuit zijn rolmodel als voldoende goede ouder

In de laatste ronde van het historische rollenspel kun je de cliënt een corrigerende emotionele ervaring bieden door in de historische gebeurtenis een reactie te geven vanuit je rolmodel als voldoende goede ouder. Je kunt in deze beginfase nog niet verwachten dat jouw cliënt al kan bedenken hoe ze tegen de angsten van moeder kan ingaan. Haar Gezonde Volwassene is immers nog niet zo goed ontwikkeld. Dat kan wel in de midden- en eindfase van de therapie. Daarom speel je in deze fase nogmaals de gebeurtenis na, maar je verandert het einde van de interactie door voor te doen wat een voldoende goede ouder in een dergelijke situatie zou zeggen of doen. Het lijkt daarmee in veel opzichten op de imaginaire rescripting, waarbij je immers ook als voldoende goede ouder optreedt. Het verschil met de imaginaire rescripting zit erin dat niet verbeeld wordt dat iemand voor de behoeften van je cliënt opkomt, maar dat je cliënt jou daadwerkelijk ziet opkomen voor haar behoeften. De fysieke aanwezigheid van die therapeut maakt het historische rollenspel tot een andere ervaring dan de imaginaire rescripting.

Voorbeeld naspelen historische gebeurtenis: cliënt speelt kind en therapeut speelt een reactie vanuit zijn rolmodel als voldoende goede ouder

Therapeut: *Goed, dan is er nog een laatste ronde die ik graag samen met je wil doen. We hebben nu de situatie nagespeeld zoals die zich daadwerkelijk heeft voorgedaan, met jou als kind. Vervolgens hebben we de rollen omgedraaid, en dat heeft extra informatie opgeleverd. Zo beseffen we nu dat jouw behoeften, wat jij wilt, er wel degelijk toe doen, maar dat je de pech hebt gehad dat jouw moeder, en ook wel je vader, zei je, daar geen ruimte voor had. Dat had vooral te maken met haar eigen angsten en dat ze alleen maar daar mee bezig was. Ik zou in dit laatste rollenspel nog eens die situatie van toen na willen*

spelen, maar dan wil ik je laten ervaren hoe het eigenlijk had moeten gaan en hoe dat voelt.
Claire: *Dat snap ik niet.*
Therapeut: *Ik bedoel dat jij in dit laatste rollenspel weer die zesjarige Claire bent en dat ik nu een ouder speel zoals ik die graag voor je had gewild.*
Claire: *Ja, maar dan lijkt het net of mama het allemaal fout deed. Ze was ook heel lief, hoor.*
Therapeut: *Goed dat je dat aangeeft, dat het nu zo overkomt. Maar dat is helemaal niet wat ik bedoel. Ik zeg niet dat je moeder het allemaal fout deed. Ik weet dat ze heel veel goeds heeft gedaan. Maar wat ik in dit rollenspel opnieuw hoor van haar is dat ze het vooral veilig en goed voor je wilde doen. Maar haar angsten waren zo groot dat er geen ruimte meer overbleef voor jou. En dat is niet goed. En ik wil je laten ervaren wat je eigenlijk had mogen ervaren. Dus nu wil ik jou laten ervaren hoe het is als je een moeder hebt die niet zo angstig is en die wel weet wat jij nodig hebt.*

Als je cliënt in een loyaliteitsconflict lijkt te komen, zul je moeten uitleggen waarom je inderdaad denkt dat er geen goede zorg werd geboden, zonder dat je daarmee een oordeel uitspreekt over de antagonist. Een belangrijke tip is de focus weg te trekken van de antagonist en meer te richten op de behoeften van je cliënt. Je rationale voor deze laatste ronde is vooral dat je cliënt zich niet fijn heeft gevoeld, omdat er nog wat miste in de oorspronkelijke situatie en dat je nu een corrigerende emotionele ervaring wilt bieden.

Voorbeeld naspelen historische gebeurtenis: cliënt speelt kind en therapeut speelt een reactie vanuit zijn rolmodel als voldoende goede ouder

Therapeut: *Ben je benieuwd hoe het voelt als er wel naar je behoeften wordt geluisterd? Als daar ruimte voor is?*
Claire: *Ja, op zich wel.*
Therapeut: *Laten we het dan gewoon nog eens naspelen, maar nu met mij in die situatie en dan niet je moeder die wat meegesleurd wordt in haar zorgen. Kom, laten we even terugkeren in de tijd…*
(Therapeut en Claire lopen naar het speelvlak.)
Therapeut: *Goed, Claire, dan wil ik je opnieuw vragen je goed in te leven in dat meisje van toen. Dus je bent weer zes jaar, en je wilt lekker spelen bij je vriendinnetje Mirjam…. Oké, begin maar wanneer je eraan toe bent…*
Claire: *Mama, ik heb vandaag op school met Mirjam gespeeld en dat was heel leuk. En ik wil vanmiddag bij haar thuis spelen.*
Therapeut (als zichzelf): *Ach, wat leuk dat jullie hebben gespeeld! Nou, dat lijkt me een hartstikke leuk idee dat jullie vanmiddag afspreken. Volgens mij woont Mirjam wel wat verder weg, dus ik zal even kijken hoe we dat regelen met brengen en halen, maar dat komt wel goed. Ook weleens leuk om bij iemand anders te spelen, hè? Die heeft natuurlijk weer speelgoed en spelletjes die jij niet kent.*
(Claire moest bij dat laatste wel wat glimlachen.)
Therapeut (maakt een time-outteken): *Goed, zullen we het hier even bij laten?*
(Claire knikt.)

Therapeut: *Nou, hoe was dit voor jou?*
Claire: *Ja, dat zou mijn moeder nooit zo zeggen. Die zou meteen gaan zeggen dat …*
Therapeut: *Sorry dat ik je even onderbreek, maar ik ben erg benieuwd naar hoe jij je hierbij voelde. Ik snap dat je moeder niet zo zou reageren, maar nu hoorde je mij. En ik denk dat dit in zo'n situatie ook echt wel een normale reactie zou zijn. Ik zou in ieder geval zo reageren en heb dat ook wel gedaan bij mijn kinderen. Hoe voelde dit voor jou?*
Claire: *Ja, wel fijn … het was gewoon leuk en prettig dat je zo positief was.*
Therapeut: *Terwijl ik ook wel iets zei wat Mirjam zo ver woonde, hè?*
Claire: *Ja, maar dat was geen probleem, dat moest je dan gewoon even regelen met brengen en halen.*
Therapeut: *Ja, precies. Ik denk dat je moeder in het leven en in de wereld vooral veel gevaren ziet, maar heel vaak zijn het gewoon wat praktische zaken die prima te regelen of op te lossen zijn. En dat is ook wat een kind moet leren, dat het goed is om de wereld te ontdekken en dat je dat wel goed moet regelen, maar dat dat ook prima kan. Dat jij dat uiteindelijk prima kan.*

5.3.8 Stap 8 Nabespreking derde rollenspel en vorming Gezonde Volwassene

In de laatste fase van de oefening sta je stil bij de geloofwaardigheid van de kerngedachten. Vergeet niet terug te kijken naar de aanleiding om in deze sessie het historische rollenspel te doen. Je cliënt is in de afgelopen week teruggevallen in oude patronen en heeft nu een corrigerende ervaring opgedaan doordat jij een gezonde reactie hebt gegeven. Je wilt dat deze ervaring geconsolideerd wordt, zodat die een basis kan gaan vormen voor de Gezonde Volwassene van je cliënt. Geef daarom huiswerk mee. Je kunt je cliënt vragen om deze ervaring en de conclusies uit het historische rollenspel op te schrijven. Je kunt ook een audioflashcard meegeven waarin je de belangrijkste conclusies nog eens herhaalt.

Voorbeeld nabespreking oefening en vorming gezonde schema's: bespreken geloofwaardigheid

(De therapeut en Claire zijn weer teruggelopen naar hun stoelen om de oefening verder na te bespreken.)
Therapeut: *Ik ben nu wel benieuwd, nu je net deze andere ervaring hebt opgedaan, hoe je nu aankijkt tegen die gedachte 'Wat ik voel en wat ik wil hebben doet er niet toe'? Die was daarnet nog vijftig procent geloofwaardig. Is dat na deze laatste ervaring nog veranderd voor jou?*
Claire: *Ja, dat wel, ja. Ik vond het echt heel fijn dat je zo aardig was en dat je het niet gek vond dat ik iets wilde.*
Therapeut: *En dat maakt het dan minder geloofwaardig dat jouw behoeften er niet toe doen?*
Claire: *Ja, precies … ook omdat ik nu nog meer denk dat het eigenlijk mijn moeder was die zo vol was van zorgen, en dat het dus eigenlijk helemaal niet zo veel zei over mij …*
Therapeut: *Dat het niet betekende dat jij niet belangrijk was?*

Claire: *Ja …*
Therapeut: *Hoe geloofwaardig vind je dan nu dat jouw gevoelens en behoeften er niet toe doen?*
Claire: *… tien procent? Zoiets?*
Therapeut: *Jij bepaalt. En het gaat hierbij niet om goed of fout, het gaat er alleen maar om hoe jij nu die gedachte beleeft.*
Claire: *… Ja, dan tien procent.*
Therapeut: *Oké, en die andere gedachte dan: 'De ander kan het niet aan als ik zeg wat ik wil en wordt dan bang of boos'? Die was daarnet ook iets van vijftig procent geloofwaardig. Is daar nog iets in veranderd?*
Claire: *Ik weet het niet … ja, ik denk het wel.*
Therapeut: *Ik ben heel benieuwd hoe jij dat ervaart.*
Claire: *Nou, ik denk nog steeds wel dat mama het niet aankon als er iets gevaarlijks zou kunnen gebeuren. Maar ik denk nu wel dat het best zou kunnen dat andere mensen ook zo zouden reageren als jij. Zo normaal, zeg maar.*
Therapeut: *Dus die gedachte is minder geloofwaardig?*
Claire: *Ja … maar dat vind ik nog wel spannend … Misschien dertig procent nog …*
Therapeut: *Helemaal prima! Nogmaals, het gaat hier niet om goed of fout …*

Vervolgens evalueer je het hele rollenspel en geef je je cliënt een compliment omdat ze zo goed heeft meegedaan.

Voorbeeld afronden historisch rollenspel

Therapeut: *We gaan langzaam richting het einde van de sessie. En wat hebben we veel gedaan vandaag! Heel veel complimenten voor jou, Claire! Ik vind het echt heel erg mooi hoe je zo actief meedenkt en meewerkt om dit allemaal te onderzoeken en nieuwe ervaringen op te doen.*
(Claire glimlacht een beetje verlegen.)
Therapeut: *Je lijkt het wat lastig te vinden om dit te horen, of ook wel een beetje leuk?*
Claire: *Ja, dat is ook wel leuk, ja, maar ik weet me dan even niet zo goed raad met mezelf.*
Therapeut: *Nou, ik zou het vooral maar proberen lekker binnen te laten komen en er ook wel van te genieten. Complimenten zijn fijn, maar ik denk dat jij misschien nog niet zo gewend bent om te horen dat je dingen goed kunt. Het lijkt me heel goed dat je daar maar aan begint te wennen, want je kunt echt heel veel!*

Om de corrigerende ervaring te consolideren kun je de cliënt er zelf iets over laten opschrijven, of jij maakt een flashcard of een opname voor haar. Je geeft de cliënt als huiswerk mee dat zij de tekst regelmatig opnieuw leest of de opname beluistert.

Voorbeeld van consolideren van de ervaring

Therapeut: *Ik denk wel dat het goed is om dit nog wat vaker terug te kunnen halen. Herhaling is wel nodig om eraan te kúnnen wennen. Wat mij betreft maak ik weer zo'n opname voor je. Wat vind jij?*

Claire: *Ja, dat zou ik wel fijn vinden. Die opnames die helpen me wel, ook omdat jij het dan zegt.*
Therapeut: *En dat doe ik dan graag. Kijk, op een gegeven moment zul jij je eigen opnames gaan maken. Of misschien is het op zeker moment helemaal niet meer nodig om met opnames te werken. Maar nu help ik je daar nog graag bij, want dan kunnen mijn woorden een beetje jouw woorden gaan worden. Heb je je mobiel bij je?*
(Claire knikt en haalt haar mobiel uit haar tasje.)
Therapeut: *Als je die nu even op opnemen kunt zetten?*
(Claire is even met haar mobiel bezig en geeft die dan aan de therapeut.)
Therapeut: *'Goed, Claire, als je nu aan het luisteren bent, wil ik beginnen je een compliment te geven. Het is heel goed dat je even de tijd hebt genomen om nu naar deze opname te luisteren. Een opname die je kan helpen herinneren aan wat je hebt geleerd en ervaren. Het is voor jou heel moeilijk om te zeggen wat jij wilt, wat jij wilt doen of wat je nodig hebt. Je bent geneigd om je vooral aan te passen aan een ander. Dat is die Pleaser van jou. Natuurlijk is het moeilijk voor je om je uit te spreken voor wat jij nodig hebt. Dat kan voor iedereen weleens lastig zijn, maar jij hebt eigenlijk nooit geleerd dat het goed is om te zeggen wat jij wilt. Als jij vertelde wat jij wilde, werd je moeder meteen heel bang. Dat is al zo vaak voorgekomen dat je daardoor bent gaan geloven dat jouw gevoelens, wat jij wilt, er niet toe zouden doen. Je gelooft dat anderen bang of boos worden als je vertelt wat jij wilt of niet wilt. Maar jouw behoeften doen er wel toe, Claire. Je moeder was zo vol van alle gevaren die ze vreesde dat ze geen ruimte meer overhield voor jouw gevoelens en behoeften. Maar dat is je moeders probleem, het zijn haar angsten. Jij bent niet lastig als je iets wilt of niet wilt. Ik vind het leuk om te horen wat jij vindt, wat jij wilt. Ik wil ook dat je blijft vertellen wat je wilt en niet wilt. Zo leer je de wereld, het leven een beetje kennen. En je zult merken dat er in jouw leven heel veel moois te ontdekken valt. Natuurlijk moet je daarvoor soms wat dingen regelen, maar dat kun jij prima. En als je dat soms nog spannend vindt, dan kun je dat leren, en daar zal ik je bij helpen. Leren om het zelf te doen, zelf jouw eigen leven te leiden.'*
(Therapeut stopt de opname en geeft de mobiel weer terug aan Claire.)
Therapeut: *Hoe voelde het om die boodschap te horen?*
Claire: *Ja, heel fijn.*

5.3.9 Knelpunten bij het Historisch rollenspel

Wat nou als… je cliënt geen historische situatie kan bedenken?

Mocht je cliënt geen voorbeelden aandragen voor een historisch rollenspel, dan kun je een diagnostische imaginatie doen om de recente gebeurtenis te koppelen aan een betekenisvolle gebeurtenis in het verleden.

Voorbeeld identificeren betekenisvolle gerelateerde historische gebeurtenis
Therapeut: *Maar ik denk dat die Pleaser er niet voor niets is. Ik stel dan ook voor dat we een oefening gaan doen die ons leert te begrijpen hoe die Pleaser ontstaan is. Is dat oké voor jou?*
Claire: *En wat voor oefening bedoel je dan?*

5

Therapeut: *Dan wil ik nogmaals zo'n verbeeldingsoefening doen, zoals we al eerder hebben gedaan. Ik zal je dus dadelijk vragen een paar minuten je ogen te sluiten en terug te denken aan die situatie van afgelopen week waarin je vriend aangaf naar zijn familie toe te willen gaan. Ik zal je eerst vragen je te concentreren op het gevoel dat je in die situatie had. Vervolgens zal ik je vragen terug te denken aan herinneringen uit je verleden die hier op de een of andere manier mee zouden kunnen samenhangen. Zo kunnen we misschien wat beter te weten komen welke ervaringen uit jouw verleden ertoe hebben geleid dat die Pleaser afgelopen week zo actief was.*
(Claire knikt.)
Therapeut: *Dan wil ik je nu vragen je ogen te sluiten.*
(Claire sluit haar ogen.)
Therapeut: *En ga in gedachten maar terug naar dat gesprek met je vriend. Dat gesprek waarbij hij aangeeft naar zijn familie te willen. En jij geeft aan dat je eigenlijk liever thuis wilt blijven. Zie je die situatie weer voor je?*
(Claire knikt.)
Therapeut: *Kun je me vertellen wat je nu dan ziet?*
Claire: *Hij zegt: 'Ja maar, we hebben ze al een tijd niet gezien, en ik wil echt heel erg graag naar ze toe. We hebben de verjaardag van mijn moeder al gemist, en ik heb eigenlijk geen zin om nog meer dingen te missen.'*
Therapeut: *En hoe klinkt zijn stem terwijl hij dat zegt?*
Claire: *Stellig. Alsof er geen discussie over mogelijk is.*
Therapeut: *En hoe voel jij je, terwijl hij dat zegt?*
Claire: *Gespannen. Een beetje onzeker gespannen, omdat ik niet weet of hij boos wordt als ik echt niet mee wil.*
Therapeut: *En waar voel je die spanning in je lijf?*
(Claire wijst op haar borst.)
Therapeut: *Dus je hoort zijn stellige stem, en hij zegt dat hij echt niet van plan is nog iets meer te missen en daarbij voel je die spanning in je borst. Een angstige spanning, omdat je bang bent dat hij boos zou kunnen worden. En wat wil je nu doen?*
Claire: *Ik wil hem geruststellen. Ik wil hem zeggen dat hij geen zorgen hoeft te hebben en dat we wel naar zijn familie gaan, en dat ik dat helemaal prima vind.*
Therapeut: *Dus je voelt heel erg de neiging om met zijn wensen mee te gaan?*
(Claire knikt.)
Therapeut: *Voel je dat ook ergens in je lichaam?*
Claire: *Nou, een beetje alsof ik voorover wil leunen* (Claire leunt ook een klein beetje voorover en steekt haar armen een klein beetje uit).
Therapeut: *Concentreer je nu eens op dit gevoel, dat gevoel van angst in je borst, de angst dat de ander boos zou kunnen worden. Maar ook dat gevoel alsof je een beetje voorover leunt en de ander wilt geruststellen. Is dit nu voor het eerst in je leven dat je dit voelt of herken je dit gevoel?*
Claire: *Ja, dit herken ik zeker.*
Therapeut: *Oké. Dan heeft het gevoel wat je nu hebt niet alleen met deze situatie te maken, maar misschien ook met gebeurtenissen uit het verleden. Concentreer je nu op dat gevoel, dat gevoel van angst en de neiging om de ander te willen geruststellen. Dat gevoel dat je ervaart alsof je een beetje voorover wilt leunen. En laat het beeld van je vriend maar vervagen; het gaat niet alleen om die situatie van afgelopen week, maar om het gevoel.*

Laat maar beelden opkomen vanuit je verleden, beelden die op de een of andere manier samen zouden kunnen hangen met dit gevoel. Wat zie je nu?
Claire: *Mama. Ik zie mama.*
Therapeut: *En waar zie je haar? Kun je haar eens aanwijzen?*
(Claire wijst naar een plek rechts voor zich.)
Therapeut: *Kijk maar naar je moeder, hoe voelt zij zich?*
Claire: *Ze is bang ...*
Therapeut: *En heb je ook een idee wat haar bang maakt?*
Claire: *Ik heb gevraagd of ik bij een vriendinnetje mag spelen. Maar dat vriendinnetje woont aan de andere kant van de stad, en nou is mama helemaal bezorgd en bang.*
Therapeut: *Zegt je moeder ook nog iets over haar zorgen?*
Claire: *Ja, ze is nu aan het vertellen wat er allemaal mis kan gaan en dat het helemaal niet veilig is als ik zover weg ben, omdat ze dan niet weet hoe ze mij snel kan bereiken als er iets aan de hand is.*
Therapeut: *Wees nu maar dat meisje. Hoe oud ben je?*
Claire: *Ik weet niet. Een jaar of zes misschien?*
Therapeut: *Wees dan maar dat zesjarige meisje. En mama vertelt je nu over alle gevaren die er zijn als je bij dat vriendinnetje wilt spelen. En je ziet haar angst. Hoe voel jij je nu?*
Claire: *Angstig. Verdrietig ook.*
Therapeut: *En wat maakt je zo verdrietig, Claire?*
Claire: *Dat ik eigenlijk bij dat vriendinnetje zou willen spelen, maar dat ik dat niet ga doen, dat kan ik mama echt niet aandoen.*
Therapeut: *Je voelt de neiging om voor haar te zorgen?*
Claire: *Ja ...*
Therapeut: *Waar voel je die in je lijf?*
Claire: *Ik weet niet. Een beetje alsof ik naar haar toe wil gaan. Alsof ik haar wil vastpakken, en zeggen dat het allemaal wel goed komt* (Claire leunt een klein beetje voorover terwijl ze dit zegt).
Therapeut: *Oké. Dan wil ik je vragen om het beeld van je moeder te laten vervagen. Laat het maar los. En kom maar weer terug naar deze ruimte. Beweeg je handen en je voeten even. En dan, als je eraan toe bent, mag je je ogen weer openen.*
(Claire opent haar ogen.)

De imaginatie wordt hier onderbroken om verder te gaan met het historische rollenspel. Natuurlijk kun je ook verder werken met de gevisualiseerde situatie, maar dan wordt het imaginaire rescripting terwijl je van plan was een historisch rollenspel te doen.

Wat nou als ... je cliënt zichzelf niet als kind of als antagonist kan voorstellen?

Als je voor de eerste keer een historisch rollenspel introduceert, kan het voorkomen dat je cliënt het onwennig vindt om zichzelf als kind of als haar vader of moeder te spelen. In dat geval kun je dat makkelijker maken door op zo'n moment een korte imaginatie in te lassen. Vraag de cliënt haar ogen te sluiten en zich het kind van die leeftijd of een antagonist in die situatie voor te stellen. Als dat gelukt is, vraag je haar vervolgens om die persoon na te spelen in het rollenspel.

5.4 Afhankelijke/Incompetente kind: hoe ziet limited reparenting er in dat geval uit?

Limited reparenting is gericht op het stimuleren van zelfexpressie en autonomie. Je biedt als rolmodel van een gezonde ouder natuurlijk de veiligheid die de cliënt nodig heeft om zich te kunnen ontspannen. Je moet echter ook stevig genoeg blijven om je cliënten aan te sporen zich uit te spreken en meer dingen zelfstandig te doen. Enkel veiligheid in de vorm van warme zorg en steun is onvoldoende voor het doorbreken van de schema's van Afhankelijkheid en Onderwerping. Je neemt dus de houding aan van een warme, validerende ouder, die zijn of haar kind echter ook aanspoort om zich uit te spreken en zelfstandig dingen te ondernemen.

5.5 Afhankelijke Kindmodus: stimuleren van boosheid

De grootste angst van je afhankelijke cliënt is dat uitkomen voor haar eigen mening de ander zou kunnen kwetsen of boos maken en ertoe zou kunnen leiden dat die haar emotioneel of feitelijk in de steek laat. Dat maakt je cliënt zelfs bang om haar mening te geven over kleine, alledaagse zaken. Het uiten van boosheid is voor veel afhankelijke cliënten dan ook helemaal ondenkbaar. Zoals we al in ▶ H. 3 hebben beschreven is het onderkennen van hun eigen boosheid al nauwelijks mogelijk. Er is in ▶ H. 3 dan ook aangegeven dat het plaatsen van boosheid in het modusmodel een van je eerste therapeutische interventies is bij cliënten met zoveel geremdheid bij het voelen en uiten van boosheid. De rationale daarbij is dat boosheid een normale menselijke reactie is en dat die boosheid ook een bron van kracht is die helpt hardnekkige patronen te doorbreken. In de beginfase van therapie ben je vervolgens een rolmodel voor het op een gezonde manier uiten van boosheid. In je optreden tegen Straffende kanten laat je zien dat boosheid een belangrijk instrument kan zijn om negatieve uitingen te stoppen. Je afhankelijke cliënt, die boosheid altijd heeft geassocieerd met narigheid, kan in deze beginfase merken dat de boosheid van jou als therapeut haar helpt. Ze voelt zich meer gezien en gewaardeerd doordat de therapeut boos is op de Straffende kant. Dit zijn corrigerende emotionele ervaringen die je cliënt helpen haar eigen boosheid te onderkennen en uiten. Hierna zullen we beschrijven hoe je de cliënt kunt helpen in dit proces.

5.5.1 Cognitieve herstructurering van aannames over boosheid

Afhankelijke cliënten hebben zoals gezegd tal van negatieve gedachten over de effecten van het uiten van boosheid. Je zult deze ideeën dan ook kritisch moeten onderzoeken en zo nodig bijstellen voordat je cliënt in staat is boosheid te uiten.

Je kunt dit doen door de voordelen van boosheid te inventariseren, door boosheid uiten te oefenen met een klaagoefening in een veilige omgeving, en met behulp van cognitieve dagboeken en het uiten van boosheid in de praktijk. Dat laatste is pas in de midden- of eindfase mogelijk, maar de volgende oefeningen kun je ook in het begin van de behandeling doen.

Inventariseren van de voordelen van boosheid

Je kunt dit doen door samen stil te staan bij de vraag 'Wat is er allemaal goed aan boosheid?' en alle argumenten die verzameld worden op te schrijven (zie kader).

Als je cliënt zich meer bewust is van alle positieve aspecten van boosheid, is de volgende stap om boosheid te uiten waarschijnlijk haalbaarder.

Wat is er allemaal goed aan boosheid?

- Boosheid helpt grenzen te voelen en te stellen.
  Als je boosheid vermijdt, voel je veel te laat dat mensen over je grenzen gaan en kun je gekwetst of zelfs misbruikt worden.
- Boosheid helpt je om op te komen voor je behoeften.
  Net als bij grenzen stellen helpt boosheid je te voelen wat je nodig hebt. Door te voelen wat je niet wilt, kun je ook te weten komen wat je wél wilt of nodig hebt.
- Boosheid werkt verbindend.
  In iedere relatie is weleens ruzie. Tijdens die ruzie maak je je gevoelens en behoeften kenbaar, je toont jezelf rauw en eerlijk aan de ander. Als die ruzie op een goede manier is bijgelegd, kunnen de banden in de relatie sterker geworden zijn.
- Boosheid is een bron van kracht, energie.
  Boosheid geeft veel energie. Je valt niet snel in slaap als je boos bent door de adrenaline die door je heen gaat. Die energie geeft je ook de kracht om patronen te doorbreken die hardnekkig zijn. Het geeft je bijvoorbeeld de kracht om te zeggen: 'Ik ben het zat om me steeds maar te moeten voegen naar anderen. Nu wil ik eens doen wat ík wil!'
- Boosheid kan ook plezier geven.
  We lachen vaak om comedians en cabaretiers omdat die zich in hun optreden boos maken over andere mensen, politiek of iets anders. Je opwinden over iets kan dus kennelijk ook een bron zijn voor positieve emoties.
- Boosheid helpt spanning te ontladen.
  Het ventileren van boosheid kan letterlijk een 'ventiel-functie' hebben, waarna je opluchting voelt.

Het onderzoeken van de aannames van je cliënt over boosheid hoeft niet in één sessie afgerond te worden. Vaak zul je dit onderzoek uitsmeren over een paar sessies. Wanneer er steeds meer gesproken is over de positieve aspecten van boosheid kun je samen met je cliënt gaan oefenen met het uiten van boosheid. Het stimuleren van je cliënt om boosheid meer te uiten is een vorm van contraconditionering. Voor je cliënt is boosheid geassocieerd met allerlei negatieve gevoelens, en nu wil je het uiten van boosheid associëren met positieve ervaringen. Een manier om in de sessie die positieve associatie te leggen is door het stimuleren van boosheid te doen in een spelvorm: de 'klaagoefening'.

Het stimuleren van het uiten van boosheid met de klaagoefening

Met de klaagoefening kan je cliënt op een speelse manier leren boosheid te uiten. Je introduceert de oefening als een goede manier voor je cliënt om te leren dat boosheid uiten prettig kan zijn. Je doet als therapeut zelf mee met de oefening, en om de beurt vertellen jullie over iets waar je wat irritatie of frustratie bij hebt gevoeld. In eerste instantie zijn dat onpersoonlijke dingen als de wekker die vroeg afging, het slechte weer of de drukte op de weg. Gaandeweg de oefening kunnen ook wat meer irritaties geuit worden die betrekking hebben op andere mensen.

Voorbeeld klaagoefening

Therapeut: *Nou, Claire, we zijn al een eind op weg in de behandeling, en ik wil je wel zeggen dat je het erg goed doet.*
Claire (beetje onzeker glimlachend): *Ja, vind je dat echt?*
Therapeut: *Jazeker! Je bent je veel meer bewust van je verschillende kanten, zoals de Pleaser. En je doet ook goed mee met de oefeningen die we hier doen. En zoals de afgelopen paar keer, dan ben je ook goed bezig te leren dat boosheid niet iets slechts of gevaarlijks is.*
Claire: *Ja, alhoewel ik dat laatste nog wel lastig vind …*
Therapeut: *Ja, dat is ook wat ik vandaag met je wilde bespreken. Je beseft misschien wel iets meer dat jouw ideeën over boosheid niet helemaal kloppen, maar je bent nog steeds niet erg goed in boosheid voelen of uiten. Kan ik dat zo zeggen? Je kunt veel goed, maar dat juist niet zo …*
Claire: *Nee, dat klopt wel, ja … sorry …*
Therapeut: *Daar hoef je geen sorry voor te zeggen! Natuurlijk ben je daar niet zo goed in! Hoe had je dat moeten leren met wat jij hebt meegemaakt? Je hebt nooit voorbeelden gehad van een gezonde manier van boos worden. Sterker nog, je hebt juist heel nare ervaringen met boosheid, met je vader die zo onredelijk boos kon worden.*
Claire: *Ja …*
Therapeut: *Daarom gaan we vandaag oefenen om je te leren hoe je boosheid kunt uiten. En het zal ook een oefening worden waarin je merkt dat boosheid uiten ook leuk en prettig kan zijn. Dat hebben we wel besproken, maar daarbij zag ik jou heel bedenkelijk kijken, toch?*
Claire: *Ja, jij zei dat wel, maar daar kan ik me niets bij voorstellen …*
Therapeut: *Daarom gaan we vandaag een oefening doen waarbij je zult merken dat dat echt waar is. We gaan dadelijk een oefening doen waarbij we om de beurt gaan vertellen over iets waar we boos of geïrriteerd over zijn.*
Claire: *… Maar dat heb ik nooit. Ik ben nooit boos of zo.*
Therapeut: *Nou, zoals ik al eerder zei, volgens mij ben jij toch ook een mens. En mensen voelen zich ook weleens boos. Dus die boosheid is er wel, maar misschien herken je die nog niet altijd. Maar je zult toch weleens situaties meemaken die je niet zo heel erg prettig vindt?*
Claire: *Ja, natuurlijk, dat wel …*
Therapeut: *Oké, dan doen we een oefening waarbij we om de beurt iets vertellen over een situatie waarbij we ons niet zo heel erg prettig voelden, oké?*
(Claire knikt aarzelend.)

Je cliënt kan een heel vertekend beeld hebben van boosheid, zoals dat boosheid altijd betekent dat er geschreeuwd wordt. Een dergelijke heftige vorm van boosheid zal je cliënt (nog) niet bij zichzelf kunnen herkennen. Probeer daarom bij het introduceren van de oefening juist ook woorden te vinden die meer aansluiten bij wat je cliënt wel kan herkennen. 'Een niet zo fijn gevoel van "dat had ik liever anders gehad"' kan een prima verwoording zijn om je cliënt mee te krijgen in het doen van deze oefening.

Voorbeeld klaagoefening – vervolg

Therapeut: *Dan begin ik wel … eens even denken … Nou, ik reisde laatst met de trein en ik had een paar minuten voor een overstap, maar toen had de trein vertraging en miste ik de aansluiting. Toen voelde ik me niet zo prettig, kun je je dat voorstellen?*
Claire: *Jazeker, kan ik me dat voorstellen! Dat is echt heel vervelend!*
Therapeut: *Nou, niet heel erg vervelend, maar zeker niet erg prettig, nee. Heb jij ook zulke voorbeelden?*
Claire: *… Nou … toen ik vanochtend hiernaartoe kwam, ben ik helemaal natgeregend, terwijl ze bij de weersverwachting hadden gezegd dat het droog zou blijven. Dat vond ik niet erg prettig, nee …*
Therapeut: *Nee, dat kan ik me erg goed voorstellen! Wat dacht jij vanochtend toen je ineens in de regen zat terwijl je had gedacht dat het droog zou blijven?*
Claire: *Nou, ik had toen wel iets van 'Bweeh!'* (trekt er een vies gezicht bij).
Therapeut: *Ik zie je hele gezicht vertrekken als je dat zegt, het was écht niet fijn, hè?*
Claire: *Nee, echt balen …*

De oefening is niet alleen een oefening om boze woorden te uiten, maar ook om de cliënt meer bewust te maken van de beleving van boosheid. Je kunt als therapeut in dit bewustwordingsproces sommige belevingsaspecten spiegelen om je cliënt te helpen. Je doet zelf actief mee om je cliënt te stimuleren. Door zelf mee te doen verlaag je ook de drempel van schaamte en gêne die het je cliënt moeilijk maken om boosheid toe te laten.

Voorbeeld klaagoefening – vervolg

Therapeut: *Ik had dat zelf van de week ook, toen was ik ook helemaal natgeregend. Toen had ik ook echt zoiets van 'Gatver!'* (Therapeut trekt een 'geïrriteerd gezicht', blik en wenkbrauwen gefronst).
(Claire moet een beetje lachen als de therapeut een geïrriteerd gezicht trekt.)
Therapeut (zelf ook een beetje lachend): *Je moet er een beetje om lachen, hè?*
Claire: *O, sorry! Ik ben je niet aan het uitlachen of zo, hoor!*
Therapeut: *Maak je geen zorgen, dat dacht ik ook niet, hoor! Ik merk alleen dat het ook een lach oproept als we het hier over hebben, over dingen die ons irriteren of geïrriteerd hebben. En ik moest denken aan wat we net zeiden, dat boosheid ook grappig kan zijn. Weet je nog?*
Claire: *Ja …*
Therapeut: *Nou, dit is daar een voorbeeld van, denk ik dan …*

Je maakt je cliënt niet alleen bewust van de belevingsaspecten van boosheid, de verschillende emotionele, fysiologische en gedragsmatige aspecten van boosheid. Je helpt je cliënt zich er ook van bewust te worden dat boosheid uiten ook aangenaam kan zijn, zoals besproken tijdens de voorbereiding van de oefening.

Voorbeeld klaagoefening – vervolg

Therapeut: *Maar goed, laten we verdergaan. Wat zijn nog meer voorbeelden van 'Bweeh'-momenten die je hebt gehad?*

Claire: *... Dat het heel druk was op de weg en dat ik heel lang in de file stond. Op een zaterdagavond!*

Therapeut: *O, dat is inderdaad irritant! Of dat mensen op de weg de hele tijd links blijven rijden met een slakkengang!*

Als je cliënt het uiten van irritaties al enigszins kan bij situaties of gebeurtenissen waarbij niet direct een concreet persoon betrokken was, kun je naar de volgende stap. Nu oefen je met het uiten van boosheid over andere mensen. Voor je afhankelijke cliënt is dit een wat moeilijker stap, want een concreet persoon zou gekwetst kunnen worden door die boosheid, of de vrees is dat jij als therapeut het stom zou kunnen vinden dat ze boos is geweest op iemand.

Voorbeeld klaagoefening – vervolg

Claire: *Ja, of bumperkleven!*

Therapeut: *Ja, inderdaad! Heb je dat weleens meegemaakt?*

Claire: *Ja! Diezelfde avond, echt zo'n heel vervelende gast die echt zat te duwen terwijl ik me gewoon aan de snelheidslimiet hield.*

Therapeut: *Wat denk je op zo'n moment?*

Claire: *Nou, dat zeg ik liever niet ...*

Therapeut: *Ach, zeg het maar, joh! Niemand die het kan horen dan wij.*

Claire (op zachte toon): *Nou, eikel of zo ...*

Therapeut: *Zeg het nog eens, nu twintig procent harder.*

Claire (iets harder): *Eikel.*

Therapeut: *Kom, zeg het nog maar eens, nog twintig procent harder, en nu zoals je het in de auto had kunnen zeggen. Gooi jezelf er maar in!*

Claire (nu met wat steviger stem): *Eikel!*

Therapeut: *Goed zo! Hoe voel je je nu?*

Claire: *Wat gek ...*

Theapeut: *Naar gek of ook wel een beetje fijn gek?*

Claire: *... Een beetje van allebei ... Ik schaam me een beetje, maar het is ook wel lekker om te zeggen ...*

Therapeut: *Ja, hè?! Fijn om zoiets hardop en met kracht te zeggen, hè? Waar voel je dat fijne gevoel dan in je lichaam als je dat zegt?*

(Claire gebaart met beide handen naar haar borst.)

Therapeut: *Zo in je borst, ja? Zeg het nog eens, 'Eikel!', en denk daarbij aan die situatie op de weg toen die zat te bumperkleven ...*

Claire: *... Eikel!*

Therapeut: *Wat voel je nu in je borst?*
Claire: *Een vrij gevoel ... open of zo ... sterk ...* (hierbij moet ze glimlachen).
Therapeut (ook glimlachend): *Ik zie weer die glimlach op je gezicht, fijn om te zien. Voel je nou meer of minder energie dan voor deze oefening?*
Claire: *Meer! Veel meer!*
Therapeut: *Ja, hè? Dat merk ik ook aan je, je zit er veel levendiger bij of zo. En dit is wat ik bedoelde toen we het erover hadden dat boosheid je energie kan geven.*

Zo wordt het een oefening waarbij je de cliënt aanmoedigt, coacht om het nóg eens te zeggen, nog hárder te zeggen, zich bewust te worden van de beleving van boosheid en dat bewustzijn terug te koppelen aan de cognitieve herstructurering van de gedachten over boosheid. De oefening kan zo vol zitten met corrigerende ervaringen die je cliënt opdoet met het uiten van boosheid. In een ontspannen en vrolijke sfeer wordt boosheid gedeeld en wordt er gelachen om de voorbeelden. Je cliënt leert zich bewust te worden van alle belevingsaspecten van boosheid.

Aan het eind van de oefening is het dan alleen nog belangrijk om die nieuwe ervaringen te consolideren. Dit doe je door in de sessie de tijd te nemen om stil te staan bij de nieuwe ervaringen. Je bespreekt daarbij ook vragen als 'Wat heb je geleerd in de oefening?' of 'Wat wil je meenemen uit deze oefening?' Je geeft ten slotte ook huiswerk mee. Het huiswerk na deze oefening kan eruit bestaan dat je de cliënt aanmoedigt om iedere dag wat dingen op te schrijven waar ze zich die dag aan geërgerd heeft.

5.6 Samenvatting

In de eerste fase van de behandeling van cliënten met een Afhankelijke-persoonlijkheidsstoornis ligt de nadruk op het bestrijden van de Straffende kant en de Vermijdende Copingkanten. Daarbij speelt de therapeut een actieve rol. De Straffende kant kan bestreden worden met verschillende technieken. Hier is beschreven hoe dat via imaginaire rescripting kan. Deze methode kan ook gebruikt worden voor de Veeleisende of de Beschuldigende kant. Hetzelfde geldt voor het historische rollenspel dat in dit hoofdstuk gebruikt wordt om een Copingkant te bewerken.

Al deze oefeningen hebben als doel het kwetsbare kind te steunen en te stimuleren meer autonomie te ontwikkelen. Daarnaast wordt de cliënt geholpen haar Gezonde Volwassene te ontwikkelen, onder andere doordat zij de voorbeelden van wat een goede ouder is kan internaliseren als een basis voor haar eigen Gezonde Volwassene.

De manier waarop cliënten in de eerste fase van de behandeling kunnen leren hoe ze om kunnen gaan met boosheid bestaat onder andere uit het inventariseren van de voordelen van het uiten van boosheid en een zogenaamde klaagoefening. Deze oefeningen kunnen ook relevant zijn voor cliënten met een Vermijdende-persoonlijkheidsstoornis.

In het volgende hoofdstuk zullen we ingaan op de behandeling van de Vermijdende-persoonlijkheidsstoornis en de uitdagende situaties die zich daarbij kunnen voordoen.

De Vermijdende-persoonlijkheidsstoornis

R. van der Wijngaart en H. van Genderen, *Schematherapie voor cluster C-persoonlijkheidsstoornissen*,
https://doi.org/10.1007/978-90-368-2988-5_6

6.1 Inleiding

In ► H. 4 zijn de algemene doelstellingen van de behandeling van de Vermijdende-persoonlijkheidsstoornis beschreven. Kort samengevat is het doel om cliënten meer in contact te brengen met hun emoties en de onvervulde emotionele basisbehoeften aan emotionele verbondenheid en zelfexpressie. Om dat doel te bereiken zal de Kritische kant bevochten moeten worden, wat bij de cliënten met een Vermijdende-persoonlijkheidsstoornis geregeld een Beschuldigende kant kan zijn. Ten slotte zullen cliënten moeten leren hun Vermijdende Beschermer te verminderen en meer interpersoonlijke contacten aan te gaan waarin ze zichzelf uitspreken.

In de praktijk blijkt het vaak erg lastig om deze doelstellingen te behalen. Cliënten met een Vermijdende-persoonlijkheidsstoornis voelen zich tekortschieten, en het uitspreken van hun gevoelens of behoeften roept sterke schuldgevoelens op. Daarnaast is de Vermijdende copingstijl hardnekkig, en daarmee is (voldoende) gedragsverandering moeilijk te bewerkstelligen. Therapeuten vermijden vaak empathische confrontaties met die Vermijdende Copingkanten. Zij willen niet te kritisch overkomen, omdat cliënten met een Vermijdende-persoonlijkheidsstoornis zichzelf al zo sterk tekort voelen schieten. Tenslotte hebben zij veel moeite om hun eigen behoeften te onderkennen en die uit te spreken.

In dit hoofdstuk wordt beschreven hoe je deze uitdagingen en problemen kunt hanteren. Per modus is er een specifieke techniek uitgelicht, die meer in detail wordt besproken. Deze technieken kunnen ook geschikt zijn voor cliënten met een Afhankelijke- of een Dwangmatige-persoonlijkheidsstoornis. In ◘ tab. 1.1 kun je zien in welke hoofdstukken je voor elke modus andere methoden en technieken kunt vinden.

6.2 Imaginaire rescripting bij de Beschuldigende kant

Cliënten met een Vermijdende-persoonlijkheidsstoornis zullen zich vaak en snel schuldig voelen. Interventies die bedoeld zijn om positieve, corrigerende emotionele ervaringen te genereren, lijken soms een averechts effect te hebben. Je cliënt voelt zich bijvoorbeeld niet opgelucht als je de Kritische kant aanspreekt bij imaginaire rescripting of de stoelentechniek maar juist schuldig. Deze cliënten hebben namelijk vaak in hun jeugd geleerd dat het opkomen voor hun eigen gevoelens of behoeften een last is voor belangrijke anderen, zoals een ouder, broer of zus. Deze belangrijke hechtingsfiguren reageerden verdrietig, vermoeid, onzeker of teleurgesteld wanneer je cliënt haar gevoelens of behoeften uitte.

Voorbeeld

Jenny vraagt als zevenjarige aan haar ouders of ze een spelletje willen doen, omdat ze zich verveelt. Vader kijkt haar vermoeid en depressief aan en reageert verder niet. Haar moeder reageert met betraande ogen: 'Nou heb ik al zo hard gewerkt om jullie van alle gemakken te voorzien, en dan kom jij ook nog eens met kritiek dat je je verveelt. Ik weet echt niet meer hoe ik het allemaal geregeld moet krijgen.'

Deze beschuldigende boodschappen, dat cliënten een last zijn voor anderen, kunnen letterlijk gecommuniceerd worden, zoals in het voorbeeld van Jenny, maar vaak worden deze boodschappen implicieter overgebracht. Vader zei dan wel niets met woorden, maar in zijn sombere, depressieve houding en blik kon Jenny heel duidelijk de onuitgesproken boodschap lezen: 'Ik heb het al zwaar, en als ik dan ook nog met jouw behoeften rekening moet houden voel ik me nog slechter.' Het zijn vaak deze impliciete boodschappen geweest die de cliënt zich schuldig, angstig en verdrietig deden voelen.

In de loop der jaren zijn deze beschuldigende boodschappen geïnternaliseerd tot een Beschuldigende kant. Zonder dat de andere persoon nog aanwezig hoeft te zijn kan de vermijdende cliënt in die Beschuldigende kant schieten. In die toestand gaat de aandacht van je cliënt uit naar het (vermeende) lijden van de ander en is opnieuw die onuitgesproken boodschap leesbaar, dat dit lijden komt door wat de cliënt heeft gedaan of nagelaten, of door wie zij is. Het gevolg is dat je cliënt in de Minderwaardige/Beschaamde Kindmodus schiet en zich schuldig, verdrietig en angstig voelt.

Het doel van de behandeling is deze Beschuldigende kant te verminderen. In de beginfase van de behandeling neem je als therapeut duidelijk stelling tegen Kritische kanten, om zo je cliënt helder en eenduidig een andere, gezonde boodschap te laten ervaren. Het bevechten van een Beschuldigende kant verloopt echter anders dan het bevechten van een Straffende kant. De Straffende kant is heel hard en krachtig in de straffende boodschappen. Om deze boodschappen te ontkrachten zul je als therapeut tegen die Straffende kant ook krachtig en soms hard moeten optreden. De Beschuldigende kant geeft die kritische boodschappen echter op een zachtere, indirectere manier door de focus op het lijden van anderen te leggen. Krachtig of hard optreden tegen die boodschappen over het lijden van de ander sluit niet goed aan bij een cliënt die zich daarover al schuldig voelt. Als je cliënt zich schuldig voelt, heeft zij nog niet door dat vooral deze Beschuldigende kant het probleem is in plaats van het gedrag en de behoeften van cliënt zelf.

Een betere strategie om de Beschuldigende kant te bevechten is om eerst de impliciete boodschappen te expliciteren. Door het 'hardop voorlezen van de beschuldigende boodschappen in de ondertiteling' maak je de cliënt meer bewust van die beschuldigende aannames. Vervolgens zul je de cliënt moeten helpen te begrijpen waarom die ervaren beschuldigingen niet zo realistisch zijn als de cliënt denkt. Jouw actieve hulp als therapeut is hard nodig om je cliënt zich te laten realiseren dat opkomen voor je behoeften en gevoelens niet hetzelfde is als de ander iets aandoen.

Als laatste stap zul je de cliënt moeten helpen de aandacht weg te trekken van het vermeende lijden van de ander en meer te richten op de eigen gevoelens en behoeften. Zolang de aandacht van je cliënt gericht blijft op de ander(en) raakt de Beschuldigende kant makkelijk geactiveerd.

Strategie bij de Beschuldigende kant

1. Expliciteren van impliciet gecommuniceerde beschuldigende boodschappen
2. Cognitieve herstructurering van de beschuldigende aannames
3. Aandacht richten op eigen behoeften in plaats van die van de ander

Hierna wordt deze strategie beschreven in een imaginaire rescripting bij Jenny. Voor een uitgebreide beschrijving van imaginaire rescripting in de beginfase van de behandeling wordt verwezen naar Van der Wijngaart (2020). De strategie in het kader kan ook met andere technieken toegepast worden, zoals de stoelentechniek en het historische rollenspel.

Hierna zal stap voor stap beschreven worden hoe je de imaginaire rescripting bij de Beschuldigende kant kunt inzetten.

6.2.1 Stap 1 Imaginaire rescripting van een recente nare gebeurtenis

Wanneer je Jenny vraagt de recente situatie te beschrijven waarin ze zich slecht voelde, vertelt zij in eerste instantie over het concrete moment zelf waarin zij zich schuldig voelde. Dat was in dit geval toen ze thuis zat na het bezoek aan haar vriendin Eline, en niet tijdens het bezoek.

De schuldgevoelens van cliënten hebben echter vaak, net als bij Jenny, niet zo veel te maken met de concrete context waarin ze zich op dat moment bevonden. Ze visualiseert een situatie waarin ze zich naar voelt. Normaliter zou je dat beeld zelf bewerken om dat nare gevoel te veranderen. Echter, de situatie die ze visualiseert is niet zozeer de reden dat ze zich slecht voelt. In die gevisualiseerde situatie zit ze eigenlijk aan iets te denken. Je vraagt die gedachten te visualiseren en dat zijn de beelden die je dan wel gaat bewerken, een imaginatie in een imaginatie als het ware.[1]

Voorbeeld imaginaire rescripting – recente nare gebeurtenis

Jenny is bij een goede vriendin langs geweest bij wie ze zich wat meer kan ontspannen. Ze heeft enthousiast verteld over een film die ze had gezien en die haar raakte. Thuisgekomen denkt ze terug aan het bezoek en realiseert ze zich dat haar vriendin niet zo veel heeft gezegd en dat het vooral Jenny zelf was die had gepraat. Jenny gaat piekeren over de mogelijkheid dat haar vriendin het misschien saai heeft gevonden en vond dat Jenny te veel aan het woord was. Jenny voelt zich schuldig dat ze zich zo heeft laten gaan.

Je stelt voor om een oefening te doen om dit gevoel beter te begrijpen, maar ook om haar te helpen.

Therapeut: *Probeer je maar in te leven alsof je daar weer zit, net teruggekomen van het bezoek … hoe voel je je nu?*

Jenny: *Echt heel, heel naar … slecht … ik ben aan het denken aan Eline, en hoe die zich moet hebben gevoeld …*

Therapeut: *Oké, dus terwijl je daar zit drijven je gedachten af naar Eline, en als je je nu inleeft in die gedachten, wat zie je dan?*

Jenny: *Hoe bedoel je?*

Therapeut: *Nou, het klinkt alsof je daar zit in je kamer, maar dat er zich in je hoofd een niet zo leuke film afspeelt over Eline en hoe die zich voelt. Kun je me die film beschrijven die je nu ziet, bijna alsof je nu letterlijk kijkt naar Eline en hoe die zich slecht voelt?*

Jenny: *Nou, dan zie ik me weer zitten en praten …*

Therapeut: *Kijk je nu naar jezelf of ben je daar weer aan het praten?*

Jenny: *… Nou, ik kijk een soort van naar de situatie, maar dan vooral naar Eline …*

Therapeut: *En beschrijf Eline eens zoals je haar nu ziet?*

1 Dit wordt wel de '*Inception*-techniek' genoemd, verwijzend naar de film *Inception* (2010), waarin de personages binnen een droom in een andere droom terecht kunnen komen. Vandaar de benaming: een beeld (de fantasie die de eigenlijke reden is dat ze zich slecht voelen) in een beeld (het eerste beeld, waarin ze de context schetst waarin ze zich slecht voelde).

Jenny: … *Ze kijkt verveeld … maar ook verdrietig … alsof ze eigenlijk over iets anders wilde praten, maar dat ze nu naar dat stomme verhaal van mij moet luisteren …*
Therapeut: *Zie je dat in haar ogen of in haar gezicht of houding?*
Jenny: *In haar gezicht, ze ziet er vermoeid, ongelukkig uit …*

6.2.2 Stap 2 Imaginaire rescripting: affectbrug

De recente nare gebeurtenis is dus niet zozeer een concrete gebeurtenis geweest, maar meer de visualisering van het ongelukkig voelen van een ander. Het zijn deze mentale beelden die de schema's hebben geactiveerd waardoor je cliënt zich nu zo schuldig voelt. De volgende stap is om meer zicht te krijgen op oorspronkelijke betekenisvolle gebeurtenissen die hebben geleid tot de vorming van deze schema's.

Voorbeeld imaginaire rescripting: affectbrug
Therapeut: *En wat is dat voor slecht gevoel? Is dat verdriet, angst, boosheid, of schuldgevoel? Ga er niet te hard over nadenken, maar proef het gevoel maar eens …*
Jenny: … *Schuldig … verdrietig … ook wel bang dat ze nu niet meer met me om wil gaan …*
Therapeut: *Dus je bent bang dat ze niet meer met je om wil gaan? En waar voel je je schuldig over?*
Jenny: *Dat ik al die tijd maar aan het praten was, dat ik helemaal geen oog had voor haar … Misschien dat ze wel ergens mee zat en dat ze daar nu niet over kon praten, omdat ik maar aan het ratelen was …*
Therapeut: *Dus je voelt je schuldig dat je haar tekortgedaan hebt als je zo aan het vertellen bent over je eigen ervaringen? Alsof je haar daarmee iets aandoet?*
(Jenny knikt verdrietig.)
Therapeut: *En waar voel je dan dat schuldige, angstige en verdrietige gevoel in je lijf?*
(Jenny wijst op haar borst.)
Therapeut: *In je borst, oké … ik snap dat dit een heel naar gevoel is, maar ik wil je toch vragen er contact mee te houden. Leg maar een hand op je borst en concentreer je op dat gevoel … Is dit nu voor het eerst dat je dit gevoel hebt of heeft het iets bekends voor je?*
Jenny: *Dit heb ik heel vaak … altijd al …*
Therapeut: *Richt dan je aandacht op dat gevoel en laat dat beeld van Eline maar wat vervagen. Dit gevoel komt niet alleen van de situatie met haar nu … Welke beelden of herinneringen uit het verleden komen bij je naar boven als je stilstaat bij dit gevoel van schuld, angst en verdriet?*

Je maakt oorspronkelijke, vroegkinderlijke herinneringen makkelijker toegankelijk voor je cliënt door niet alleen te vragen naar de emoties in de recente situatie maar ook aandacht te hebben voor de fysiologische en cognitieve componenten van de schema-activatie.

Voorbeeld imaginaire rescripting: affectbrug – vervolg

Jenny: *Ik weet niet … ik moet denken aan mijn vader … dat hij ook zo afwezig kon kijken, alsof hem iets dwarszat …*

Therapeut: *Dus je ziet je vader nu? Kun je beschrijven wat je ziet, zodat ik met je mee kan kijken?*

Jenny: *Nou, hij was eigenlijk altijd op zijn kamer, dan lag hij daar op bed …*

Therapeut: *Dus je ziet hem nu op bed liggen?*

Jenny: *Ja …*

Therapeut: *Wat zie je nog meer? Is het licht in de kamer?*

Jenny: *Hij heeft de gordijnen dicht, en het is wel overdag maar donker in de kamer door die gordijnen … Ik voel me daar niet fijn bij.*

Therapeut: *Zie je jezelf nu ook? Of ben je daar, als kleine Jenny?*

Jenny: *… een beetje allebei …*

(Hier kiest de therapeut ervoor om vanuit het observatorperspectief van Jenny meer informatie te krijgen over de context van de gevisualiseerde gebeurtenis.)

Therapeut: *Kijk maar naar je vader en die kleine Jenny. Hoe oud denk je dat die Jenny is als je haar zo ziet staan?*

Jenny: *Iets van zeven … of acht misschien?*

Therapeut: *En hoe lijkt ze zich te voelen in deze situatie? Beschrijf haar eens voor me?*

Jenny: *Nou, ze staat er wat … voorzichtig bij of zo? Ze is net binnengekomen en heeft net gezegd dat ze zich wat verveelt en of hij een spelletje wil doen … maar hij kijkt alleen maar naar haar, moe … somber … en ze weet niet zo goed hoe hij zich voelt … en of het wel goed is dat ze er is …*

Therapeut: *Volgens mij voel je al een beetje haar spanning?*

(Jenny knikt.)

Therapeut: *Kruip dan maar in haar huid, wéés haar maar …* (vanaf hier praat de therapeut wat zachter, bijna alsof hij tegen een zevenjarig kind praat). *Vertel eens, wat gaat er nu door je heen nu je hier staat en je ziet papa in deze donkere kamer liggen?*

Jenny: *Ik ben een beetje bang … hij voelt zich slecht, en nu heb ik hem ook nog eens lastiggevallen …*

Therapeut: *En je voelt je bang?*

Jenny: *Bang, maar ook vooral schuldig … nu voelt hij zich nog slechter door al mijn gevraag …*

6.2.3 Stap 3 Imaginaire rescripting: rescripting door de therapeut

Op dit punt besluit de therapeut in het beeld te stappen en vader aan te spreken. De keuze om nu in te stappen wordt vooral bepaald door de emotionele arousal van de cliënt. De interventie is bedoeld om een corrigerende emotionele ervaring te bieden en daarvoor is enige schema-activatie nodig. De opgeroepen emoties moeten voor je cliënt echter nog wel te verdragen zijn. De therapeut merkt dat de cliënt duidelijk emotioneel is door het inleven in de situatie. Haar stem klinkt verdrietig, en ze lijkt helemaal op te gaan in het beeld, waardoor ze wat vertraagd reageert op de vragen van de therapeut.

Voorbeeld imaginaire rescripting: rescripting door de therapeut

Therapeut: *Dan wil ik er nu graag bij komen, bij jou en papa. Ik wil je graag helpen. Kun je me zien?*
Jenny: *Ik weet niet … hij heeft het al zo zwaar, en ik wil niet dat hij nog meer te verdragen krijgt …*
Therapeut: *Je bent bang dat hij zich nog slechter gaat voelen als ik erbij kom?*
(Jenny knikt.)
Therapeut: *Nou, het klopt dat ik hem wel iets wil zeggen. En ja, het kan zijn dat hij dat niet alleen maar prettig vindt. Maar er niet bij komen en jou niet helpen terwijl je je zo angstig en schuldig voelt, dat voelt ook niet goed … dat voelt alsof ik je in de steek laat, alsof het niet zo belangrijk is hoe jij je voelt, en dat wil ik niet. Ik wil me niet aansluiten bij al die mensen die jou in je leven het idee hebben gegeven dat jouw gevoelens niet zo belangrijk zijn. Hoe jij je voelt doet er wel toe… Dus ik wil er toch graag bij komen. Maar helpt het je misschien te weten dat ik jouw vader ook wil helpen? Dat ik hulp voor hem wil regelen als dat nodig is?*
Jenny: … *Ja, dat zou ik wel fijn vinden …*
Therapeut: *Goed, dan kom ik erbij, en waar zie je me nu? Het liefst wil ik zo tussen jou en je vader in komen staan, zo schuin voor je … kun je me zien?*
(Jenny knikt.)
Therapeut: *Waar zie je me, links of rechts voor je? Kun je me aanwijzen?*
Jenny: *Zo, wat rechts voor me* (en ze wijst daarbij naar een plek rechts voor zich).
Therapeut: *Goed, dan wil ik eerst iets tegen je vader zeggen.*

Op dit punt aangekomen draai je je als therapeut in de richting waar de cliënt de antagonist, in dit geval vader, heeft aangewezen. Door het aanspreken van vader te richten naar die gevisualiseerde plek wordt de rescripting voor de cliënt nog realistischer.

Voorbeeld imaginaire rescripting: rescripting door de therapeut – vervolg

Therapeut (op rustige, redelijke toon): *Vader van Jenny, ik heb het idee dat u zich niet goed voelt. Dat is zichtbaar, omdat u hier overdag in het donker ligt, en ook door de vermoeide, sombere blik in uw ogen. Ik zie dat duidelijk, maar Jenny hier, zij ziet dat als geen ander. Zij is een gevoelig kind, en ze heeft meteen door dat u zich niet goed voelt. En voor Jenny, die net heeft gevraagd of u een spelletje wilt doen, is die blik een duidelijke boodschap. Het is alsof er een ondertiteling te lezen is die zegt 'Ik voel me al zo slecht, en nu kom jij me ook nog eens lastigvallen. Ik voel me door jouw vragen nog slechter.'*
Therapeut (keert zich naar Jenny en vraagt zachtjes): *Klopt dit Jenny?*
(Jenny knikt zachtjes.)

Na het hardop uitspreken van de impliciet gecommuniceerde boodschappen moet je de cliënt helpen met de cognitieve herstructurering van de beschuldigende boodschappen.

Voorbeeld imaginaire rescripting: rescripting door de therapeut – vervolg

Therapeut (naar vader gekeerd): *Ik vind het vervelend dat u zich slecht voelt, en het lijkt me verstandig dat we dadelijk kijken wat voor hulp u nodig hebt. Maar op dit moment vind ik het vooral belangrijk om te zeggen dat Jenny niets verkeerd heeft gedaan. Ze heeft gevraagd of u een spelletje wilt doen. Dat is een heel normale vraag voor een kind. En dat is ook goed van haar, goed dat ze vertelt wat ze vindt en wat ze wil en nodig heeft! Het is vervelend voor u dat die vraag een extra last voor u lijkt te zijn, maar dat is uw probleem en niet iets waar Jenny mee geconfronteerd hoeft te worden. Zij kan er niets aan doen dat u zich slecht voelt, en ze kan dat al helemaal niet veranderen. In mijn wereld zorgen ouders voor kinderen en niet andersom. Uw taak als vader is om haar te leren dat het goed is te voelen wat ze nodig heeft, en dat het goed is om dat uit te spreken. Daarmee helpt u haar om juist niet depressief en ongelukkig te worden in het leven.*

Therapeut (keert zich naar Jenny): *Hoe is dit om te horen?*

Jenny: *... Dubbel ... wel goed aan de ene kant ... maar mijn vader probeert echt heel erg zijn best te doen...ik vind het zo zielig voor hem.* (Jenny begint zachtjes te huilen.)

Op dit punt aangekomen wordt het belangrijk de cliënt te helpen om de gezonde, nieuwe boodschappen en het helende effect ervan meer te ervaren. Daarvoor is het nodig dat ze haar aandacht wegtrekt van haar gevisualiseerde vader en meer richt op haar eigen gevoel en behoeften. Tegelijkertijd kan haar oplaaiende schuldgevoel ook het gevolg zijn van het gevisualiseerde lijden van vader als je die aanspreekt. Zeker als dit een van de eerste keren is dat de Beschuldigende kant zo aangesproken wordt, kun je ervoor kiezen de eerste stappen van je strategie te herhalen.

Voorbeeld imaginaire rescripting: rescripting door de therapeut – vervolg

Therapeut: *Voel je je nu zo verdrietig omdat je ziet dat vader dit niet fijn vindt wat ik zeg?*

(Jenny knikt zachtjes.)

Therapeut: *En hoe zie je dat, dat hij het niet fijn vindt hoe ik hem nu aanspreek?*

Jenny: *Hij kijkt terneergeslagen naar de grond ... en ik denk dat hij iets zou zeggen van: 'Ik weet het, ik ben ook helemaal geen goede vader voor haar ... ik verpest alles ...'*

Therapeut (draait zich weer in de richting van de gevisualiseerde vader): *Sorry, maar ik grijp even in, want het gebeurt nu weer. Opnieuw zie en hoor ik dat u dit heel erg moeilijk vindt. Het kijken naar de grond, zeggen dat u alles verpest, het is wel heel erg duidelijk dat u het zwaar heeft. Maar opnieuw wil ik zeggen dat dit voor Jenny weer de boodschap is dat zij lastig is, dat zíj de schuld is dat u het nu zo zwaar hebt. En dat klopt niet! Dat u het zwaar hebt, komt niet door Jenny, en zij kan er ook niets aan doen dat u het moeilijk vindt om aangesproken te worden. En ze mag zeker niet gaan denken dat haar behoeften en gevoelens dan maar beter opzijgeschoven kunnen worden! ... Nou, als u het zo zwaar hebt, dan verwijs ik u naar een heel deskundige collega van mij die u kan helpen. Maar voor nu moet u even uw verdriet en zwaarte inhouden, en als dat niet lukt, dan maar even naar buiten gaan zodat Jenny dat niet hoeft te zien.* (Therapeut draait zich naar Jenny.) *En jou wil ik vragen vooral even naar mij te kijken en te luisteren. Zie mij maar hier gehurkt voor je zitten, luister maar naar mijn stem. Kun je me zien, horen?*

(Jenny knikt.)

Therapeut: *Je hebt niets verkeerds gedaan, Jenny, het is juist heel, heel erg leuk en goed dat je vertelt wat je wilt en nodig hebt! Ik vind het belangrijk te weten wat je voelt en nodig hebt. Dat ís belangrijk. Je vader krijgt wel hulp, daar hoef jij je niet druk over te maken. Mijn ogen, mijn aandacht zijn op jou gericht … hoe voelt het om dat te horen?*
Jenny: … *Wel fijn … ja … soort van warm, ontspannen of zo …*
Therapeut: *En waar voel je dat fijne, warme ontspannen gevoel in je lijf?*
(Jenny wijst weer op haar borst.)
Therapeut: *Leg dan maar een hand op die plek van dat fijne gevoel … geniet er maar van … En misschien is het nu ook wel goed dat we hier even weggaan uit deze donkere kamer … Waar zou jij nu liever willen zijn?* (Hier begint de therapeut met wat meer levendigheid en vrolijkheid te praten, als om het Speelse, Vrije Kind in Jenny aan te spreken.)
Jenny: … *Ik wil wel naar buiten … misschien een spelletje doen …*

6.2.4 Stap 4 Imaginaire rescripting: versterken van het Blije Kind

Neem de tijd voor dit gedeelte van de oefening. Niet alleen het aanspreken van de antagonist, maar ook dit gedeelte waarin de spontaniteit en speelse kant van de cliënt wordt aangesproken is een belangrijke corrigerende ervaring voor de cliënt met een Vermijdende-persoonlijkheidsstoornis. Besteed aandacht aan de verschillende modaliteiten van dit speelse stuk van de imaginatie omdat dat helpt deze ervaring te consolideren.

Voorbeeld imaginaire rescripting: versterken van het Blije Kind
Therapeut: *Een spelletje? Wat leuk! Wat zou je graag willen doen?*
Jenny: … *Ik wil wel voetballen …*
Therapeut: *O, wat leuk dat je van voetballen houdt! Mag ik ook meedoen?*
Jenny (glimlachend): *Ja, hoor …*
Therapeut: *Ik ben wel niet zo goed als ik zou willen, maar ik vind het wel leuk. Zie je mij al stuntelen met die bal?*
Jenny: *Ja, je probeert wel trucjes, maar die lukken niet zo goed* (hier moet ze lachen).
Therapeut (ook lachend): *Ja, dat klopt wel, ik probeer het wel, maar het lukt niet echt, hè? Ik vind het wel fijn je te zien lachen. Hoe voel je je als je mij zo ziet stuntelen en er zo om moet lachen?*
Jenny: *Ja, fijn … vrolijk.*
Therapeut: *En waar voel je dat fijne, vrolijke gevoel?*
Jenny: *Hier* (legt een hand op haar maag).
Therapeut: *Hou je hand daar maar, en geniet maar van dat fijne, vrolijke gevoel. Na alle spanningen is dit nu even goed, om gewoon wat te genieten van je vrij voelen en spelen. Zie mij maar stuntelen en als je wilt, heb jij volgens mij zo die bal van me afgepakt.*
Jenny: *Ja, dat denk ik ook* (moet hierbij hardop lachen).
Therapeut: *Wat fijn om je zo te horen en te zien genieten, Jenny!*

6.3 Empathische confrontatie bij de Vermijdende Beschermer in de beginfase

De Vermijdende Beschermer kan ervoor zorgen dat je cliënt niet komt opdagen, te laat komt, huiswerk niet maakt of regelmatig afspraken afzegt. In de sessie kan de Vermijdende Beschermer ertoe leiden dat de cliënt zachtjes praat of helemaal geen antwoorden geeft. Dit zijn allemaal vormen van vermijding met als functie dat het onderliggende gevoel te falen of tekort te schieten niet voelbaar wordt voor de cliënt zelf of niet zichtbaar wordt voor de therapeut.

Doel van de behandeling is deze Vermijdende Beschermer minder sterk te maken, zodat je cliënt en jij beter in staat zijn contact te maken met de onderliggende gevoelens en behoeften. Om dat doel te bereiken zal er met de Vermijdende Beschermer 'onderhandeld' moeten worden om zo voorbij deze vermijding te komen.

Er zijn verschillende methoden en technieken om voorbij de Vermijdende Beschermer te komen en contact te maken met het Minderwaardige/Beschaamde Kind (zie kader).

Methoden en technieken om de Vermijdende Beschermer te passeren

Ervaringsgerichte technieken
- Imaginaire rescripting
- Stoelentechniek
- Historisch rollenspel
- Empathische confrontatie
- Gebruikmaken van crisis

Cognitieve technieken
- Bespreken van voor- en nadelen
- Kansberekening maken van de gevreesde rampen bij het stoppen met vermijden

Gedragsmatige technieken
- Gedragsexperimenten
- Stimuleren van zelfexpressie (zie verderop in dit hoofdstuk)

Hierna wordt beschreven hoe je in de beginfase van de therapie een empathische confrontatie kunt uitvoeren met de Vermijdende Beschermer.

Een empathische confrontatie kan bij een cliënt met een Vermijdende-persoonlijkheidsstoornis gemakkelijk gevoelens oproepen van falen en tekortschieten. Je cliënt heeft een sterke Beschuldigende kant en die raakt snel geactiveerd wanneer je in de empathische confrontatie vertelt hoeveel last je hebt van de vermijding van de cliënt. Je cliënt ziet zich op dat moment bevestigd in een lang bestaand zelfbeeld van falen en tekortschieten. Bij zo veel schema-activatie kan je cliënt slecht in staat zijn om de corrigerende, gezonde boodschappen van je interventie te horen of te verwerken.

Daarnaast ben je jezelf als therapeut ook sterk bewust van deze schema's bij je cliënt. Dat besef kan het moeilijk maken om je cliënt iets kritisch te vertellen wanneer die zich toch al zo slecht over zichzelf voelt. Veelvoorkomende schema's bij therapeuten, zoals Zelfopoffering (zie ook ◘ tab. 2.1), maken het extra moeilijk om je cliënt te confronteren. Het confronteren kan voelen alsof je de cliënt iets aandoet, alsof je net als de Beschuldigende kant onnodig angst en verdriet veroorzaakt, terwijl je cliënt het al zo zwaar heeft. Het gevolg kan zijn dat je daarom bij deze cliënten empathische confrontatie uitstelt of vermijdt.

Een empathische confrontatie is dus niet alleen een kwestie van het hanteren van de schema's van de cliënt maar ook van de geactiveerde schema's bij jezelf. Hierna wordt beschreven hoe je deze tweezijdige schema-activatie (bij de cliënt maar ook bij jezelf) het best kunt hanteren.

6.3.1 Compassie voor schema-activatie bij de therapeut

Net als bij cliënten begint het ook voor jouzelf met compassie voor de gevoelens die opgeroepen worden door de schema-activatie in jezelf. Het is begrijpelijk dat je het spannend vindt iets te zeggen wat je cliënt vervelend of kwetsend zou kunnen vinden. Natuurlijk wil je niet dat je cliënt zich slecht voelt, dus als je op het punt staat om je cliënt te confronteren met diens Vermijdende Beschermer is dat spannend. Het is logisch dat je dan de neiging hebt om je cliënt dan maar niet te confronteren.

Misschien is het confronteren van anderen iets wat je sowieso niet makkelijk vindt. Met jouw achtergrond is het wellicht heel begrijpelijk dat je het moeilijk vindt om een ander kritiek of negatieve feedback te geven. Dat maakt het helemaal begrijpelijk dat je de neiging hebt om de empathische confrontatie maar wat uit te stellen of helemaal niet te doen.

6.3.2 Omgaan met schema-activatie bij de therapeut: realistisch nadenken

Het is dan misschien wel begrijpelijk dat je het moeilijk vindt om te confronteren, maar denk even rustig na welke gevaren je vreest, en onderzoek voor jezelf of die realistisch zijn.

Je cliënt mag de empathische confrontatie op het moment zelf wat onplezierig vinden, maar je biedt haar daarmee juist de kans om patronen te doorbreken en gelukkiger te worden in het leven. Je cliënt kan de empathische confrontatie verwarren met de beschuldigende boodschappen uit haar jeugd. Maar het begripvol bespreken van de nadelige gevolgen van vermijding is uiteraard niet hetzelfde als de boodschap dat de gevoelens of behoeften van je cliënt er niet toe doen. Een andere belangrijke overweging is wat de voor- en nadelen zijn van niét empathisch confronteren. Het zal vooral op korte termijn een voordeel hebben. Je vermijdt in deze sessie schema-activatie bij de cliënt. De nadelen van het vermijden van empathische confrontatie worden pas merkbaar op de lange termijn. De cliënt blijft bijvoorbeeld afzeggen en te laat komen, zodat de patronen van de cliënt niet veranderen.

6.3.3 Uitvoering van empathische confrontatie

De conclusie zal dan ook zijn dat je de cliënt toch empathisch zult moeten confronteren. Hoe kun je dat het best doen bij deze cliënt die zich zo gemakkelijk schuldig voelt en de indruk heeft dat ze tekortschiet?

Een empathische confrontatie heeft twee elementen. Enerzijds confronteer je de cliënt met een patroon of gedrag dat doorbroken moet worden. Anderzijds heb je begrip voor de achtergrond en functie van dat patroon of gedrag. De confrontatie is vaak het meest schema-activerende onderdeel van de interventie. Enige schema-activatie is wel nodig om deze interventie emotioneel betekenisvol en een corrigerende *emotionele* ervaring te laten zijn. Bij cliënten met een Vermijdende-persoonlijkheidsstoornis is er in de sessie vaak al sprake van zo veel schema-activatie dat het niet noodzakelijk is te beginnen met de confrontatie. Begin de interventie dus met begrip en empathie. Dat kan anders zijn bij een cliënt met een Dwangmatige-persoonlijkheidsstoornis die zich comfortabel voelt in zijn Perfectionistische Overcontroleerder. Bij die cliënt kan het juist effectiever zijn om te beginnen met de confrontatie en er in tweede instantie de empathie aan toe te voegen. Bij de cliënt met een Afhankelijke-persoonlijkheidsstoornis kun je ook het best beginnen met empathie, omdat die cliënt zich waarschijnlijk ook al erg gespannen en onzeker voelt.

Hoe tactisch je de interventie ook probeert toe te passen, het zal toch vaak gebeuren dat je woorden de Beschuldigende kant van je cliënt activeren. Op dat moment wordt je gezonde feedback vertaald naar beschuldigende kritiek, waardoor je cliënt zich voelt falen en tekortschieten. Wees daar alert op en externaliseer die Beschuldigende kant zo veel mogelijk, met woord en gebaar, alsof je een slechte vertaler in de kamer aanwijst en aangeeft hoe die jouw woorden verdraait.

Tips en tricks voor het hanteren van schema-activatie bij de therapeut

- Houd het spreektempo laag. Schema-activatie kan vaak leiden tot een toename van het tempo van spreken. De toegenomen spanning en het hogere spreektempo kunnen de schema's van je cliënt onnodig verder activeren.
- Blijf gebruikmaken van de moditaal. Je hebt geen kritiek op je cliënt als persoon maar op diens Vermijdende Beschermer.
- Kijk af en toe weg van je cliënt, zodat je even niet geconfronteerd wordt met signalen van de schema-activatie bij je cliënt.
- Maak regelmatig samenvattingen, zodat de feitelijke boodschap zowel voor jou als voor je cliënt hoorbaar blijft.

Voorbeeld empathische confrontatie bij Jenny

Jenny komt vaak te laat voor de sessies. Wanneer ze tien minuten te laat binnenkomt, verontschuldigt ze zich uitvoerig en lijkt zich er duidelijk heel slecht over te voelen. Ze blijft echter te laat komen, ondanks het feit dat je het al eens met haar besproken hebt en verschillende technieken hebt toegepast om de Vermijdende Beschermer te verminderen. Ook al besef je dat het haar Vermijdende Beschermer is die dit veroorzaakt, je vindt het wel vervelend. Je bent een beetje bevreesd om het ter sprake

te brengen, omdat Jenny zich vaak al zo slecht over zichzelf voelt. Maar na overleg met je intervisiegroep heb je toch besloten Jenny te confronteren. Jenny is zojuist opnieuw te laat binnengekomen.
Jenny: *Het spijt me zo erg! Ik weet dat ik altijd te laat kom… het lijkt wel of niets wat ik doe lukt, zelfs op tijd komen gaat al niet …*
Therapeut: *Nou, daar wilde ik het vandaag inderdaad met je over hebben, over dat te laat komen. Ik merk namelijk dat ik dat niet zo prettig vind.*
(Jenny kijkt angstig en wordt meteen wat stil.)
Therapeut: *Als dat nou één keer gebeurt of als je maar een paar minuutjes te laat bent, dan zou ik er niets van zeggen. Maar ik merk dat het vaak gebeurt en dat je dan tien of soms zelfs vijftien minuten te laat bent. En als je dan zo laat bent, dan zit ik maar wat te wachten. Ik kan ook niet echt iets anders doen, want ik weet niet of en wanneer je gaat komen. Kun je dat begrijpen?*
Jenny (met zachte stem): *Ik weet het, het zal niet meer gebeuren, het spijt me…*
Therapeut: *Nou, ik vind het fijn dat je het wilt veranderen, maar zover was ik nog niet. Ik wilde eerst met je bespreken wat ik merk. Maar als ik zo naar je kijk en luister, dan lijkt het wel alsof je niet naar mij aan het luisteren bent maar naar die Beschuldigende kant* (therapeut wijst daarbij naar een plek schuin achter Jenny). *Ik zeg dan wel dat ik dat wachten niet fijn vind, maar het lijkt wel alsof jij heel wat anders hoort. Klopt dat?*
Jenny: *Ja, maar ik snap ook wel dat je genoeg van me hebt en dat ik de therapie verpest…*
Therapeut: *Oké, maar dan hoor ik nu inderdaad hoe die Beschuldigende kant mijn woorden verdraait* (therapeut wijst opnieuw naar de plek van de Beschuldigende kant). *Want ik heb helemaal geen genoeg van jou en denk ook niet dat je de therapie verpest. Ik wil je dus vragen niet naar die daar* (wijst naar de plek van de Beschuldigende kant) *te luisteren maar naar mij. Kun je me proberen aan te kijken?*
(Jenny kijkt op.)
Therapeut: *Ik heb zeker niet genoeg van je. Ik vind je waardevol, en ik vind het prettig werken met je. Ik weet dat jij heel erg je best doet, echt. Ik denk dat het die Vermijdende kant is waar ik de laatste tijd wat tegen aanloop. En dan is het niet dat ik die maar stom vind of zo, helemaal niet. Ik ben blij dat je vroeger die Vermijdende kant hebt gehad. Met die depressieve vader van je en je moeder die zo angstig en gestrest kon worden was die Vermijdende kant het beste wat je kon hebben. Die heeft je geholpen om die moeilijke tijd zo goed mogelijk door te komen.*
(Jenny kijkt iets meer ontspannen.)
Therapeut: *Ik snap dus heel goed waar die vandaan komt. En ook dat het voor die Vermijdende kant nog steeds kan lijken dat vermijden het beste is wat je kunt doen. Maar ik denk ook dat de omstandigheden veranderd zijn. En nu bij mij is het echt anders dan bij je ouders. Ik ben niet zo gestrest of depressief, ik vind jouw gevoelens wél belangrijk en wil daar juist aandacht voor hebben. En dan is het wel lastig dat die Vermijdende kant het zo moeilijk kan maken om contact met jou te krijgen. Doordat die Vermijdende kant jou zo weghoudt van de sessie kan ik jou minder goed helpen, minder goed luisteren naar wat je voelt en nodig hebt. En dat vind ik dan wel wat vervelend van die Vermijdende kant. Hoe klinkt dat voor jou?*
Jenny: *Ja, dat snap ik wel, ja …*
Therapeut: *Voelt het nog steeds of ik je zeg dat ik genoeg van je heb als ik vertel hoe ik die Vermijdende kant ervaar?*

Jenny: *Nee, ik hoor wel dat je het vooral over die Vermijdende kant hebt en dat je mij wel … euh… ja, dat je niet genoeg van me hebt, zeg maar …*
Therapeut (glimlachend): *Dat ik jou waardevol vind en het fijn vind met je samen te werken bedoel je?*
Jenny: … *Ja, dat, ja …*

6.3.4 Limited reparenting: Geïntimideerde, Geparentificeerde, Benadeelde Kind

Limited reparenting is gericht op het stimuleren van zelfexpressie en verbondenheid. Je biedt als rolmodel van een gezonde ouder die ze hadden moeten hebben natuurlijk de veiligheid die nodig is om zich te kunnen ontspannen. Je moet echter ook stevig genoeg blijven om ze aan te sporen zich uit te spreken en soms dingen te doen die ze ongemakkelijk vinden. Enkel veiligheid in de vorm van warme zorg en steun is onvoldoende voor het doorbreken van de schema's van Minderwaardigheid/Schaamte en Mislukking. Je neemt dus de houding aan van een warme, validerende ouder die niet bang is om op een begripvolle manier te confronteren en je cliënt stimuleert zich uit te spreken.

Verlegen Kindkant: stimuleren van zelfexpressie

Cliënten met een Vermijdende-persoonlijkheidsstoornis hebben geleerd dat ze minder goed, slim of aantrekkelijk zijn dan andere mensen. Daardoor hebben ze geleerd hun eigen gevoelens en behoeften te negeren of te onderdrukken. Er is een sterke focus op anderen ontstaan, en ze zijn vooral gericht op het vermijden van de gevreesde kritiek en veroordeling.

Vermijdende cliënten hebben daardoor niet goed geleerd hun eigen gevoelens en behoeften te onderkennen en te valideren. Het gevolg is dat ze in hun huidige leven vaak niet goed meer voelen wat hun eigen behoeften zijn. Als ze dat wel weten, vinden ze het moeilijk om die behoeften te uiten.

Een belangrijk doel van de therapie voor deze cliënten is dan ook gericht op het stimuleren van zelfexpressie. Maar hoe doe je dat? Je stimuleert deze zelfexpressie door je cliënt uit te leggen dat ze zich vaak en regelmatig de vraag kan stellen: 'Waar heb IK NU zin in/behoefte aan?'

Door in die vraag de nadruk te leggen op 'ík' vraag je de cliënt de aandacht te richten op de eigen behoeften en gevoelens in plaats van wat anderen vinden en willen. Door in deze vraag de nadruk te leggen op 'nú' maak je de cliënt attent op de kleine, concrete behoeften gedurende de dag. Het voordeel van deze concrete behoeften als 'Ik heb behoefte aan wat eten, drinken, een wandelingetje' is dat ze gemakkelijk te valideren zijn. Ze zijn in ieder geval makkelijker te valideren dan grotere, meer overstijgende behoeften als de behoefte aan een relatie, geluk of meer vrijheid.

Voorbeeld ontdekken van eigen behoeften

Therapeut: *Nou, Jenny, als er één ding is waar we in je therapie aan werken, dan is het wel dat je leert te luisteren naar je eigen behoeften in plaats van dat je die opzijzet uit angst dat anderen die raar vinden. Het is in jouw leven al te vaak gebeurd dat jouw behoeften opzijgeschoven werden alsof die niet belangrijk zijn. Dus wat jij in deze therapie mag leren te doen is je zelf 'De Vraag' te stellen. Dit is de vraag: 'Waar heb IK, NU zin in/behoefte aan?'*
(Jenny kijkt wat verbaasd.)
Therapeut: *Want in die vraag draait het om wat jíj, wat Jenny, wil. In die vraag draait het om wat jij nodig hebt. Niet wat anderen willen, of wat jij denkt of invult wat anderen van je willen, of wat zou horen, maar jouw behoeften. En het draait in die vraag ook om wat je nú nodig hebt. Dus de vraag is niet 'Wat heb je nodig in je leven?', dat is veel te groot. Nee, kleine stapjes, dus: Waar heb IK NU zin in? Hoe klinkt dat?*
Jenny (knikt wat verlegen): *Ja, dat klinkt wel logisch …*

Het oefenen met deze vraag, en het valideren van de behoeften die ze noemt, doe je bij voorkeur meteen in de sessie. Op die manier kun je als therapeut bijsturen wanneer je cliënt geneigd is de aandacht vooral te richten op de beperkingen en onmogelijkheden wanneer ze stilstaat bij haar eigen behoeften. Actief coachend streef je naar kleine succesmomenten, waarop je cliënt zich uitspreekt over iets wat zij zelf wil. Die succesmomenten bekrachtig je zo veel mogelijk, zodat deze corrigerende leerervaringen geconsolideerd worden.

Voorbeeld ontdekken van eigen behoeften – vervolg

Therapeut: *Laten we er hier in de sessie maar eens mee oefenen. Kun je die vraag eens hardop uitspreken?*
Jenny: *Waar heb ik behoefte aan?*
Therapeut: *Precies: 'Waar heb IK NU behoefte aan of zin in?' Zeg het nog eens?*
Jenny: *Waar heb ik nu behoefte aan?*
Therapeut: *Heel goed! En wat is het antwoord op die vraag? Waar heb JIJ NU zin in?*
Jenny: *… Nou, dat weet ik niet …*
Therapeut: *Aha, oké, behoeften zijn er altijd, we kunnen het soms moeilijk vinden om er contact mee te maken, maar ze zijn er wel. Dus laten we een beetje dieper graven. Waar heb je stiekem zin in of behoefte aan? Nu, op dit moment?*
Jenny: … (begint een beetje nerveus lachen) … *Nu? Op dit moment?*
(Therapeut knikt aanmoedigend.)
Jenny: *Op dit moment? Nou … ik zou wel een kop koffie lusten* (lacht er wat verlegen bij).
Therapeut: *Wat goed! Je hebt die vraag gesteld, en je hebt ook een antwoord! Heel goed! Zwart of met melk? Suiker?*
(Jenny kijkt wat verbaasd.)
Therapeut: *Wil je die koffie zwart, of met melk of suiker?*
Jenny: *… Euh … doe maar zwart, dat is gezonder.*
Therapeut (kijkt Jenny even aan): *Waar heb JIJ NU zin in? Zwart of met suiker?*
Jenny: *Euh, ja, eigenlijk met suiker dan …*
Therapeut: *Oké!*

(Therapeut staat op en loopt de kamer uit, en komt een minuut later met een kop koffie in zijn handen terug.)
Therapeut: *Alsjeblieft.*
(Jenny neemt een slokje.)
Therapeut: *Lekker?*
(Jenny knikt en lacht er wat bij.)
Therapeut: *En ik zie een glimlach op je gezicht. Hoe voelt dat nu, met die kop koffie en die glimlach op je gezicht?*
Jenny: *Ja, wel fijn, ja.*
Therapeut: *Beter dan daarnet, of slechter?*
Jenny: *Nee, beter.*
Therapeut: *Oké, dus we hebben nu ook bewijs dat het werkt. Je hebt die vraag gesteld en met dat je luistert naar wat je nu nodig hebt of waar je zin in hebt, geeft dat een fijn gevoel. Een beter gevoel dan wat je net had, toch?*
(Jenny knikt.)

Het is natuurlijk niet altijd mogelijk om de behoefte van de cliënt meteen te vervullen. Dus je moet je cliënt ook aanmoedigen om dingen te noemen die niet meteen kunnen. Dus je gaat niet naar de bakker om er ook nog een stuk taart bij te halen als dat de behoefte van de cliënt is, maar het durven voelen en uitspreken is wel belangrijk.

Het huiswerk voor de cliënt is deze vraag ieder uur van de dag te stellen, en daarbij proberen zo veel mogelijk de geïdentificeerde behoeften te valideren. Het is aan te raden deze vraag te noteren op een kleine flashcard, of met je cliënt een andere manier te bedenken om 'De Vraag' in gedachten te houden. Bijvoorbeeld een symbolische foto of tekst op het toegangsscherm van de telefoon.

Zowel cliënten als therapeuten zijn geneigd bij deze techniek meteen de problemen te zien die zich voor kunnen doen. Hierna zullen de meest voorkomende problemen genoemd worden en wordt aangegeven hoe je hier het best mee om kunt gaan.

Lastige antwoorden van de cliënt op de vraag 'Waar heb IK NU zin in/behoefte aan?'

Je cliënt antwoordt: 'Ik weet het niet'.

Leg je cliënt uit dat behoeften er altijd zijn, maar dat ze kunnen veranderen en soms sterker en soms wat minder sterk zijn. Dat maakt het soms lastig ze te herkennen, zeker omdat de cliënt niet goed geleerd heeft behoeften te onderkennen. Herhaal de vraag vervolgens, maar prikkel de fantasie met vragen als: 'Stel dat je een wens kon doen, wat zou die zijn?' of 'Stel dat je de hoofdgast was van een tv-programma dat een perfecte dag voor je organiseert, hoe zou die dag eruitzien?'

Je cliënt antwoordt: 'Ik wil een relatie/verhuizen/op vakantie/niet meer werken' (en je weet dat dit praktisch niet goed mogelijk is).

De praktische beperkingen bij dergelijke wensen/behoeften kunnen je cliënt makkelijk een moedeloos gevoel geven. Ga niet te makkelijk mee in het denken in termen van grenzen en beperkingen, maar vraag of je cliënt de ogen kan sluiten en visualiseren hoe die relatie/nieuwe woning/vakantie eruit zou zien. Laat je cliënt zich zo goed mogelijk inleven in deze imaginatie van een fijne plek, en vraag vervolgens hoe het voelt om zich zo in te leven. Zelfs zonder verhuizing of vakantie kan er zo, met behulp van de kracht van imaginatie, toch een positieve ervaring gegenereerd worden.

De cliënt antwoordt: 'Ik wil slapen/weggaan/tv-kijken/wijn drinken/gamen' (en je weet dat dit de ongezonde vormen van de Vermijdende Beschermer zijn).

Bij dergelijke antwoorden leg je je cliënt uit dat behoeften niet altijd precies hetzelfde zijn als een wens, of wat je wilt. Als de cliënt dus zegt dat zij wijn *wil* drinken, wat is dan de onderliggende behoefte? Rust, ontspanning, vrijheid, plezier, spontaniteit? Als die onderliggende behoefte geïdentificeerd is, kan er vervolgens besproken worden wat alternatieve, gezondere manieren zijn om die eigenlijke behoefte te valideren.

6.4 Samenvatting

In dit hoofdstuk is te lezen lezen hoe de therapeut omgaat met veelvoorkomende uitdagingen in de behandeling van cliënten met een Vermijdende-persoonlijkheidsstoornis. Beschuldigende boodschappen worden vaak op indirecte, impliciete wijze gecommuniceerd. Nadat die impliciete boodschappen eerst zijn geexpliceerd wordt vervolgens de cliënt geholpen deze beschuldigende aannames kritisch te onderzoeken en bij te stellen.

Een cliënt met een Vermijdende-persoonlijkheidsstoornis kan leren haar eigen behoeften beter te onderkennen door zichzelf regelmatig de vraag te stellen 'Waar heb IK NU zin in/behoefte aan?' Door deze vraag wordt de aandacht verlegd van de vermeende kritiek of het lijden van anderen naar de eigen behoeften en leert de cliënt die behoeften te valideren. Ten slotte is uitgelegd hoe belangrijk het is om empathisch te confronteren wanneer de Vermijdende Beschermer te actief blijft. Het confronteren van cliënten die zich al sterk tekort voelen schieten kan bij de therapeut tot schema-activatie leiden. Het is belangrijk te weten hoe tijdens een empathische confrontatie zowel de eigen schema-activatie als die van de cliënt gehanteerd kan worden.

Genoemde strategieën zijn niet exclusief voor de behandeling van cliënten met een Vermijdende-persoonlijkheidsstoornis. Zo kan het stimuleren van zelfexpressie, of het bevechten van een Beschuldigende kant, ook onderdeel zijn van de behandeling van een andere persoonlijkheidsstoornis of syndroomstoornis.

In het volgende hoofdstuk wordt beschreven hoe omgegaan kan worden met de uitdagingen tijdens de behandeling van de Dwangmatige-persoonlijkheidsstoornis.

De Dwangmatige-persoonlijkheidsstoornis

R. van der Wijngaart en H. van Genderen, *Schematherapie voor cluster C-persoonlijkheidsstoornissen*,
https://doi.org/10.1007/978-90-368-2988-5_7

7.1 Inleiding

In ▶ H. 4 zijn de doelstellingen beschreven van de behandeling van de Dwangmatige-persoonlijkheidsstoornis. Kort samengevat is het doel om cliënten met een Dwangmatige-persoonlijkheidsstoornis meer in contact te brengen met hun emoties en emotionele basisbehoeften, met name de onderdrukte behoeften aan spel, spontaniteit, ontspanning en rechtvaardigheid. Dat betekent dat ze moeten leren om de vertrouwde toestand van de Perfectionistische Overcontroleerder vaker los te laten, om zo ruimte te creëren voor emoties en emotionele basisbehoeften. Om dat mogelijk te maken zullen de geïnternaliseerde veeleisende boodschappen bevochten moeten worden.

In de praktijk blijkt het vaak erg lastig om deze doelstellingen te realiseren. Dwangmatige cliënten ervaren hun Perfectionistische Overcontroleerder niet als probleem, maar zeggen juist te genieten van hard werken, taken en kwarweitjes afronden. Het lijkt voor hen onmogelijk om minder hard te werken. Dat onvermogen wordt gevoed door een overtuiging dat de boodschappen van de Veeleisende kant daadwerkelijk realistische overtuigingen zijn. De therapeut kan moeite hebben met het bevechten van deze veeleisende aannames. Enerzijds is dat voor therapeuten soms lastig als zij zelf het schema Meedogenloze normen hebben. Anderzijds hebben cliënten met een Dwangmatige-persoonlijkheidsstoornis vaak weerstand tegen opdrachten die zouden moeten leiden tot meer ontspanningen, spel en spontaniteit. Activiteiten die door de meeste mensen als ontspannend worden ervaren, worden door deze cliënten beleefd als nutteloos en frustrerende tijdverspilling. In dit hoofdstuk wordt beschreven hoe de therapeut deze uitdagingen en problemen kan hanteren.

In het kader wordt de toepassing van de verschillende methoden en technieken beschreven bij cliënten met een Dwangmatige-persoonlijkheidsstoornis. In dit hoofdstuk zal er per kant een specifieke techniek uitgelicht worden die meer in detail wordt besproken. Deze technieken kunnen ook geschikt zijn voor cliënten met een Afhankelijke- of Vermijdende-persoonlijkheidsstoornis. In ◘ tab. 1.1 kun je voor elke modus zien in welke hoofdstukken je andere methoden en technieken kunt vinden.

Toepassing van methoden en technieken bij cliënten met een Dwangmatige-persoonlijkheidsstoornis

Ervaringsgerichte technieken

- Imaginaire rescripting
  Rechtstreeks contact proberen te leggen met emoties en behoeften door het sluiten van de ogen en de aandacht te richten op belevingen
- Imaginaire rescripting
  Het onderhandelen met de Perfectionistische Overcontroleerder is onderdeel van de visualisatie
- Historisch rollenspel
  Door het naspelen van betekenisvolle ervaringen in het verleden wordt meer toegang gekregen tot de emotionele belevingen van het Kwetsbare Kind
- Stoelentechniek
  Onderhandelen met de Perfectionistische Overcontroleerder in een andere stoel

Cognitieve technieken

- Voor- en nadelen bespreken
  Op de korte termijn lijken er vooral voordelen te zijn, maar zijn er op de lange termijn ook nadelen?

- Kansberekening
  Hoe groot is de reële kans dat er iets ernstigs gebeurt als er minder hard en perfectionistisch gewerkt wordt?

Gedragsmatige technieken
- Gedragsexperimenten
  De cliënt toetst in de praktijk wat de nadelige gevolgen zijn als er minder hard en perfectionistisch wordt gewerkt.

Therapeutische relatie
- Empathische confrontatie
  Je confronteert je cliënt met de nadelige effecten van de Perfectionistische Overcontroleerder voor de therapeut, de therapeutische relatie en het therapieproces
- Gebruikmaken van crises
  Op momenten van crises, wanneer de controle van de Perfectionistische Overcontroleerder weggevallen is, bied je zorg en steun en maak je de cliënt bewust van de positieve effecten van meer contact met emoties en behoeften en meer contact maken met belangrijke anderen

7.2 Stoelentechniek bij de Veeleisende kant

Het doel van de therapie is de invloed van oude, veeleisende aannames te verminderen. In het begin van de therapie heb jij als therapeut een leidende rol in het bevechten van de Veeleisende kant. Dat is echter vaak lastig, en niet alleen de cliënt maar ook de therapeut vindt het moeilijk om tegenargumenten te bedenken. Anders dan bij een Straffende kant zijn de argumenten van de Veeleisende kant namelijk niet overduidelijk verkeerd of onrealistisch; je hebt immers verantwoordelijkheden en er zijn immers taken en karweitjes die gedaan moeten worden. Dus als de Veeleisende kant de noodzaak van verantwoordelijkheid nemen benadrukt, is het lastig om daar iets tegen in te brengen. Veel therapeuten hebben zelf naast het schema Zelfopoffering ook het schema Meedogenloze normen (Simpson et al., 2019; Kaeding et al., 2017). Dat betekent dat therapeuten vaak zelf een Veeleisende kant hebben waarin ze overtuigd zijn van het belang van verantwoordelijkheid nemen. Daardoor is het voor de therapeut vaak lastig iets te bedenken wanneer de Veeleisende kant van de cliënt bevochten dient te worden.

De overtuigende kracht van de Veeleisende kant is dus dat de taak, de verantwoordelijkheid er ook daadwerkelijk is. De nadruk wordt daarmee gelegd op één specifieke basisbehoefte en het belang ervan, namelijk competentie. Andere essentiële basisbehoeften worden daarmee buiten beschouwing gelaten.

Vechten tegen de Veeleisende kant betekent dus niet zozeer een discussie over de vraag of er gewerkt moet worden, maar het feit dat er ook andere basisbehoeften belangrijk zijn, zoals die aan spel en spontaniteit. Hierna volgen algemene tips voor het bewerken van de Veeleisende kant.

Algemene tips voor het bewerken van de Veeleisende kant

Afstand nemen
Kritisch nadenken over de aannames van de Veeleisende kant kan alleen als er wat meer afstand genomen wordt van die beleving. Het opschrijven van de aannames op een whiteboard, toepassen van de stoelentechniek (de Veeleisende kant op een aparte stoel zetten en tegenspreken) of imaginaire rescripting (de personen die aan de oorsprong hebben gestaan van de Veeleisende kant aanspreken) zijn allemaal methoden om wat meer (emotionele) afstand van de Veeleisende kant te creëren.

Voorbereiding cognitieve herstructurering
Met die afstand kan het bevechten van de Veeleisende kant worden voorbereid. De therapeut kan zich voorbereiden door voorafgaand aan de sessie, al dan niet met behulp van intervisiegenoten, de argumenten op een rijtje te zetten waarom behoeften aan ontspanning, spel en spontaniteit geen luxe zijn maar essentiële *basis*-behoeften. De therapeut en de cliënt kunnen in de sessie de cognitieve herstructurering tijdens een imaginaire rescripting of stoelentechniek ook samen voorbereiden door die argumenten voorafgaand aan de oefening te bespreken.

Wees alert op kleine emotionele responsen
Verder is het advies om bij het bevechten van de Veeleisende kant specifiek aandacht te hebben voor de (kleine) emotionele responsen. Het is onrealistisch om te verwachten dat het bevechten van aannames die voor de cliënt zo eigen voelen plotseling grote, corrigerende emotionele reacties teweeg zou kunnen brengen. Dat kan soms wel het geval zijn bij het bevechten van een Straffende kant. Maar omdat de Veeleisende kant nu eenmaal vaak wordt ervaren als realistisch en behulpzaam zal het in twijfel trekken van die aannames niet meteen een grote emotionele impact hebben. Toch zal het opkomen voor emotionele basisbehoeften als spel en spontaniteit een prettiger emotionele respons teweegbrengen dan de voortdurende druk van de Veeleisende kant. Door specifiek te vragen naar die emotionele respons, met aandacht voor minimale verschillen in de emotionele beleving, kan de cliënt zich meer bewust worden van de positieve effecten van het valideren van andere basisbehoeften dan competentie.
Er zijn verschillende methoden en technieken waarmee genoemde strategie vormgegeven kan worden, zoals imaginaire rescripting, cognitieve technieken zoals meerdimensionale evaluatie, en de stoelentechniek. Hierna zal de stoelentechniek bij de Veeleisende kant beschreven worden.
De essentie van de stoelentechniek is dat een stoel gebruikt wordt als representatie van iets dat betekenis heeft voor de cliënt. Dat kan een gedachte zijn, een gevoel, persoon, of in het geval van schematherapie, een kant van de cliënt. In het kader wordt beschreven hoe de stoelentechniek gebruikt kan worden als interventie bij het bevechten van de Veeleisende kant. Er zijn veel verschillende mogelijkheden hoe de stoelentechniek uitgevoerd kan worden, en hierbij kan een stappenplan handig zijn.

Stappenplan stoelentechniek bij Veeleisende kant

Stap 1 - Bewust worden van de Veeleisende kant
Stap 2 - Rationale van de stoelentechniek uitleggen
Stap 3 - Plaats cliënt op andere stoel en interview de Veeleisende kant
Stap 4 - Plaats cliënt op de stoel van het Kwetsbare Kind en bied compassie voor de emotionele respons
Stap 5 - Bespreek vanuit staande positie cognitieve argumenten tegen de Veeleisende kant
Stap 6 - Therapeut bevecht de Veeleisende kant terwijl cliënt in de stoel van het Kwetsbare Kind luistert
Stap 7 - Nabespreking en huiswerk

7.2.1 Stap 1 Bewust worden van de Veeleisende kant

De eerste stap naar verandering is bewustwording van de Veeleisende kant wanneer die actief is. De Veeleisende kant kenmerkt zich door een kritische evaluatie van zichzelf en de prestaties. De cliënt verkeert in een toestand waarbij zij als het ware naar zichzelf en de prestaties kijkt, maar op een kritische manier, ervan overtuigd dat het beter had gekund en gemoeten. Anders dan bij een Straffende kant heeft de zelfkritiek betrekking op de prestaties en niet op de hele persoon. De toon waarop een Veeleisende kant praat, is dan wel kritisch en aansporend, maar niet hard veroordelend zoals bij een Straffende kant. Voor een verdere beschrijving van de differentiatie van deze Veeleisende en andere kanten bij de dwangmatige cliënt wordt verwezen naar ► H. 3.

Je helpt je cliënt zich bewust te worden van deze Veeleisende kant door die expliciet te benoemen als een kant van de cliënt en dit te ondersteunen met gebaren, alsof je een andere persoon in de kamer aanwijst.

Voorbeeld bewust worden van de Veeleisende kant van John

Therapeut: *Hoe heb je je de afgelopen week gevoeld?*
John: *Nou, ik weet niet hoe ik me heb gevoeld. Maar het was wel erg druk! Ik moet echt heel veel doen en had dat beter moeten organiseren. Ik heb nog een deadline op het werk waar veel van afhangt en zal nu echt lange dagen moeten maken. En ik moet natuurlijk ook nog wel tijd vrijhouden voor sporten en schoonmaken.*
Therapeut: *Goed, dus als ik je vraag hoe je je hebt gevoeld de afgelopen week* (wijst naar plek op grond), *dan hoor ik je misschien niet zozeer vertellen over wat je voelde* (wijst naar buik cliënt), *maar vertel je vooral over alle drukte in de afgelopen week* (wijst op grond). *Het klinkt daarbij alsof je niet tevreden bent over hoe je die drukte hebt gehanteerd. Alsof je naar jezelf en die drukte kijkt* (wijst naar plek van de Veeleisende kant), *en dan hoor ik je dingen zeggen als: 'Dat had je anders moeten doen, je had dat gewoon af moeten hebben.' Klopt dat?*
John: *Ja.*
Therapeut: *Ik weet dat jij je ook wel anders kunt voelen, maar zoals je er nu bij zit* (wijst opnieuw naar de plek van de Veeleisende kant), *zit je helemaal in die kritische beleving dat je niet tevreden bent over wat je hebt gedaan. Het is echt die Kritische, maar ook wel Veeleisende kant van jou die ik dan hoor, zou dat kunnen?*
John: *Ja, misschien …*

7.2.2 Stap 2 Rationale van de stoelentechniek uitleggen

Nu de cliënt zich iets meer bewust is van de Veeleisende kant is de volgende stap het introduceren van de stoelentechniek. Uit kwalitatief onderzoek blijkt echter dat cliënten de stoelentechniek een waardevolle maar in eerste instantie ook een wat gekke en ongemakkelijke oefening vinden (Krans & Van der Wijngaart, 2022). Sommige cliënten zijn dan ook wat geremd om mee te gaan in het voorstel voor zo'n vreemde 'stoelendans'. Hun bereidheid neemt toe als het nut en de procedure duidelijk worden uitgelegd, en als ze het gevoel hadden in samenspraak met de therapeut te kunnen beslissen om de oefening wel of niet te doen (Krans & Van der Wijngaart, 2022).

Voorbeeld rationale stoelentechniek

Therapeut: *Ik wil dan een oefening doen. Als die veeleisende beleving nu toch zo actief is, laten we die dan ook maar een plek geven in de kamer. Dan kunnen we samen beter bekijken en begrijpen waarom die momenteel zo sterk is. En natuurlijk wil ik je dan daarmee verder helpen, zodat je hier dadelijk met een beter gevoel de deur uitgaat dan waarmee je binnenkwam. Hoe klinkt dat?*

John: *… Ja, op zich goed dat ik me dan beter zou voelen … maar hoe dan?*

Therapeut: *Dan pak ik er een extra stoel bij en wil ik je zo vragen of je op deze stoel wilt plaatsnemen en vanuit die stoel kunt aangeven wat er volgens jou allemaal niet goed is aan hoe jij het de afgelopen week allemaal hebt gedaan. Dat moet niet te moeilijk zijn, want je zat al helemaal in die beleving, maar door die beleving op die stoel uit te spreken en er dan van hieruit samen naar te kijken kunnen we beter snappen wat er zich allemaal in jou afspeelt en kan ik je verder helpen. Je kijkt nu echt van … nou ja … ?*

John:*… Nou, wel een beetje raar… ik kan toch ook gewoon hier blijven zitten en vertellen wat ik vind?*

Therapeut: *Zeker, we kunnen er ook gewoon over praten vanuit de stoelen waar we nu in zitten. Maar uit onderzoek blijkt dat het echt helpt om die beleving in een aparte stoel te zetten, en dat is ook mijn ervaring. Hoe gek het ook klinkt, door vervolgens vanuit die stoel op te staan en er van een afstandje naar te kijken, heb je ook iets meer afstand van die kritische gedachten en gevoelens. En die afstand kan je helpen er iets mee te doen. Want als je ernaar kan kijken zit je niet meer vast in die gedachte en dat gevoel. Ik kan er nog meer over zeggen, maar misschien is het de beste manier om het gewoon maar te ervaren. Zou je het willen proberen, en dat we achteraf nog eens terugkijken wat het je dan uiteindelijk heeft geboden?*

John: *… Oké dan, prima.*

7.2.3 Stap 3 Plaats cliënt op andere stoel en interview de Veeleisende kant

Wanneer de cliënt plaatsneemt in de stoel van de Veeleisende kant, is het de bedoeling dat zij ook echt die Veeleisende kant probeert te zijn. Het doel van de techniek is een corrigerende *emotionele* ervaring te genereren. De grootste valkuil daarbij is dat er óver de kanten wordt gesproken, waardoor de oefening uiteindelijk te cognitief blijft. Als therapeut kun je de cliënt hierbij helpen door duidelijk en directief te zijn in wat je wilt: in de stoel van de Veeleisende kant wil je dat de cliënt zich inleeft in die beleving, die kant helemaal *is*.

Voorbeeld plaats cliënt op andere stoel en interview de Veeleisende kant

Therapeut: *Als je nu in deze stoel zit, wil ik ook dat je die Veeleisende, kritische kant bént. Wéés hier maar die kritische stem, die Veeleisende kant. En ik wil dat je vanuit deze beleving kijkt naar John* (wijzend naar de oorspronkelijke stoel). *En dan zal ik je nu ook aanspreken alsof je die Veeleisende kant bent: Wat heb jíj* (wijst naar cliënt in stoel van Veeleisende kant) *aan te merken op hem?* (Wijst naar lege stoel die nu symbool staat voor de Kwetsbare kant.)

John (begint alle to-do's op te sommen): *Je moet dat ook gewoon doen, je wordt er notabene voor betaald! Anderen lukt het toch ook?! Als je nou gewoon wat beter had gepland, en als je nu gewoon wat extra hard werkt, dan moet je dat gewoon gedaan krijgen!*

Therapeut: *Oké oké, ik ga je hier even pauzeren. Je doet het prima, hoor, maar ik wil je nu vragen om uit deze stoel op te staan en op deze stoel hier naast me te komen zitten.*

7

7.2.4 Stap 4 Plaats cliënt op de stoel van het Kwetsbare Kind en bied compassie voor de emotionele respons

De vraag wanneer je de cliënt in de Veeleisende kant onderbreekt om naar de volgende stap van de techniek te gaan is niet eenduidig te beantwoorden. Enerzijds heeft de therapeut informatie nodig over de eisen die de cliënt ervaart, anderzijds is het doel van de oefening niet om de cliënt zich nog meer te laten richten op die eisen maar juist om los te komen van die Veeleisende kant. Doorgaans is het goed om de cliënt na enkele argumenten van de Veeleisende kant te onderbreken en te vragen op de stoel van het Gekwetste Kind te zitten. Mocht dat nodig zijn, dan is het altijd mogelijk om de cliënt later opnieuw vanuit de stoel van de Veeleisende kant aanvullende eisen te laten verwoorden. De stoel van het Gekwetste Kind kan de oorspronkelijke stoel zijn maar ook een aparte stoel. Dat is meer een kwestie van stijl dan een 'goede' of 'foute' manier. De overgang naar een andere stoel betekent feitelijk een verandering van gemoedstoestand. De therapeut ondersteunt die overgang door duidelijke directieven en een rustig tempo.

Voorbeeld plaats cliënt op de stoel van het Kwetsbare Kind

Therapeut: *Bedenk wel, als je dadelijk uit deze stoel opstaat, dat dit de stoel is waarin je kritisch mag zijn op alles wat je de afgelopen week hebt gedaan en niet hebt gedaan. Hier* (wijzend op de stoel van de Veeleisende kant) *kun je daar kritisch over zijn, maar dat is ook alleen hier* (wijst opnieuw naar de stoel van de Veeleisende kant). *Als je dadelijk opstaat, laat je al die kritiek dan ook hier achter, alsof die vastgeplakt zit op deze stoel, met secondelijm. En kom jij dan nu op deze stoel naast me zitten.*

(John gaat zitten op de stoel van het Gekwetste Kind.)

Therapeut: *Oké, dus daar* (wijzend op de stoel van de Veeleisende kant) *hoor ik best een kritische stem. Diegene die ik daar hoor zegt 'Je moet het gewoon doen, je had het beter moeten regelen' en zijn stem klinkt ook hard, een beetje als…* (doet hard eisend praten na). *Hoe voel je je als je die kritische stem zo hoort?*

John: *Nou … het klopt, dat is allemaal waar!*

Therapeut: *Ik hoor dat je het met hem eens bent, maar eerlijk gezegd vroeg ik niet of je hem gelooft, maar hoe het voor jou vóélt als je die eisen, die druk zo hoort. Geeft het een fijn gevoel om te horen wat je niet goed hebt gedaan, of een niet zo fijn gevoel?*
John: *... Nee, dat is een niet zo fijn gevoel, nee ...*
Therapeut: *En kun je woorden geven aan dat gevoel, niet als een analyse, maar meer om de kleur van dat gevoel te typeren? Is het een naar verdrietig gevoel, of een naar gespannen gevoel?*
John: *Ja, allebei eigenlijk wel.*

Cliënten met een Dwangmatige-persoonlijkheidsstoornis zijn lang niet altijd in staat makkelijk contact te leggen met hun emoties. Eerdergenoemde vragen naar emotionele responsen op de Veeleisende kant zijn voor hen daardoor niet of nauwelijks te beantwoorden. In dat geval kan de therapeut helpen om woorden te geven en om meer zicht te krijgen op die emoties. Hij kan aangeven hoe hij zich zou voelen als zoiets tegen hem gezegd zou worden en aan de cliënt vragen of hij dat herkent. In de volgende paragraaf staat beschreven hoe de therapeut dat nog verder kan uitwerken (paragraaf 'Variant stoelentechniek: het "besmetten" van de stoel van de Kwetsbare kant met emoties'). De stoelentechniek is erop gericht een corrigerende *emotionele* ervaring te genereren, en om dat te bereiken dient er enige emotionele arousal (schema-activatie) aanwezig te zijn. Het is daarom wel belangrijk de aandacht te richten op de emotionele respons op de veeleisende boodschappen.

Als de cliënt wel in staat is de opgeroepen emoties van geactiveerde schema's te herkennen en verwoorden, is je volgende stap om compassie te hebben in de vorm van expliciete erkenning. Compassie, het erkennen van de emotionele pijn, is op de eerste plaats een manier om aansluiting te zoeken bij de beleving van de cliënt. Daarnaast heeft compassie ook een verzachtende, kalmerende werking, waardoor de cognitieve herstructurering van de veeleisende aannames beter mogelijk wordt.

Voorbeeld compassie met het Kwetsbare Kind – vervolg

Therapeut: *Dat snap ik wel, natuurlijk voel je verdriet en wat boosheid als je kritiek krijgt dat je het met al je harde werk in de afgelopen week nog niet goed genoeg zou hebben gedaan. En zeker als je die kritiek al veel vaker hebt gehad, dan is het niet alleen maar deze week, maar is het de zoveelste keer dat je de boodschap krijgt dat je niet hard genoeg werkt ... natuurlijk voel je je dan helemaal verdrietig en boos ... Klopt het een beetje zoals ik dat beschrijf?*
John: *... Ja, dat klopt wel ja ...*
Therapeut: *En hoe voel je je als je hoort dat ik je begrijp? Voelt het fijn om begrepen te worden of voelt dat niet zo fijn?*
John: *Dat voelt wel fijn, ja ...*

7.2.5 Stap 5 Bespreek vanuit staande positie cognitieve argumenten tegen de Veeleisende kant

Hoewel de cliënt met het opstaan uit de stoel al wat afstand heeft genomen van de Veeleisende kant, kan het heel goed zijn dat de cliënt nog overtuigd is van de kritische, veeleisende aannames.

Om rustig en realistisch na te kunnen denken over die aannames is meer de Gezonde kant van de cliënt nodig. Door op te staan uit de stoel van het Gekwetste Kind en samen op enige afstand, vanuit een staande positie, te kijken naar beide stoelen, is het voor de cliënt beter mogelijk om meer in die gezonde gemoedstoestand te komen, waarin er realistisch en kritisch nagedacht kan worden.

Voorbeeld bespreken vanuit de Gezonde volwassene

Therapeut: *Dus je voelt hier nu eigenlijk heel goed het effect van die kritiek en eisen van die daar* (wijst naar de stoel van de Veeleisende kant). *Maar dat neemt niet weg dat je ook nog steeds het idee hebt dat het waar is wat die daar zegt, klopt dat?*
John: *Ja, het is toch ook echt zo dat al die to-do's afgewerkt moeten worden …*
Therapeut: *Oké, laten we even iets meer afstand nemen, zodat we even rustig kunnen nadenken over wat die daar allemaal zegt en samen kunnen bedenken of dat eigenlijk allemaal wel klopt. Kom maar even zo naast me staan.*
(Therapeut en cliënt staan op en staan naast elkaar naar de stoelen te kijken.)

Er zijn verschillende cognitieve methoden en technieken die kunnen helpen om de veeleisende aannames kritisch te onderzoeken. Een paar van die strategieën lijken met name goed te werken voor het kritisch toetsen van deze veeleisende aannames (zie kader).

Nuttige strategieën voor het toetsen van veeleisende aannames

- Vergelijken van de emotionele responsen als gevolg van de Veeleisende kant en de compassie van de therapeut: wat geeft het fijnste gevoel en de meeste energie?
- Is dit de enige behoefte die ertoe doet in het leven?
- Wanneer ben je het productiefst, als je energie hebt of als je uitgeput bent?
- De Veeleisende kant zegt dat je mag rusten nadat het werk gedaan is. Is het werk ooit wel eens helemaal gedaan?
- Bestaat perfectie? Wanneer is iets goed genoeg?
- Waarom zou uitrusten nuttig zijn? (variant: 'Wat gebeurt er als je je mobiel niet tijdig oplaadt?')

Voorbeeld bespreken vanuit de Gezonde volwassene – vervolg

- Stilstaan bij het effect van de Veeleisende kant: cognitief bewust worden van de emotionele respons op de Veeleisende kant
  Therapeut: *In de afgelopen week is dit dus wat er zich in je afspeelde: die Veeleisende kant gaf voortdurend boodschappen wat je allemaal nog niet had gedaan en wat*

je nog moest doen. En je voelde je daardoor eigenlijk verdrietig, maar ook wel wat gespannen. En dat gebeurde niet alleen in de afgelopen week, maar dit is eigenlijk iets wat zich de hele tijd afspeelt: tak-tak-tak-tak, kritiek-verdriet-kritiek-verdriet et cetera … Wat vind je ervan als je er zo naar kijkt?
John: *Ik vind het wat arm … wat donker...*

- 'Is dit de enige behoefte in het leven?'
Therapeut: *Wat heeft dat verdriet eigenlijk nodig, denk je? Wat heeft dat Verdrietige Kind nodig? Een schop onder zijn kont?*
John: *Nee, natuurlijk niet! … Gewoon wat ontspanning …*
Therapeut: *Inderdaad … Waar zou je over twintig jaar op terug willen kijken, naar hetzelfde systeem van kritiek-verdriet-kritiek-verdriet of naar wat meer vrijheid naast alle taakjes in het leven?*
John: *… Dat laatste …*

7.2.6 Stap 6 Therapeut bevecht de Veeleisende kant terwijl cliënt in de stoel van het Kwetsbare Kind luistert

De cliënt heeft nu een rationeel inzicht in de redenen waarom de aannames van de Veeleisende kant niet realistisch zijn. Deze cognitieve argumenten mogen nog wat meer doorleefd worden. Daarom vraagt de therapeut aan de cliënt vervolgens om weer plaats te nemen in de stoel van het Gekwetste Kind en te luisteren naar hoe de therapeut de Veeleisende kant bevecht met gebruik van de vooraf besproken argumenten.

Voorbeeld therapeut bevecht Veeleisende kant

Therapeut: *Ik ben het niet eens met die Veeleisende kant. Juist om al die redenen die we zojuist bespraken. Wil je eens voelen hoe het is als ik die Veeleisende kant eens zeg waarom ik het niet met hem eens ben?*
John: *Euh… ja, hoor …*
Therapeut: *Dan ga ik weer even in mijn stoel zitten, en ik wil jou vragen weer in die stoel van die Kleine John te gaan zitten.*
(John gaat zitten.)
Therapeut: *Goed zo, je zit nu weer op die plek waarbij je net voelde hoe onprettig het is als er steeds maar weer kritiek wordt gegeven op wat je doet. Weet je nog wat die daar allemaal voor kritiek op je had?*
John: *… Ja, dat ik het allemaal anders had moeten organiseren en gewoon beter mijn best had moeten doen …*
Therapeut: *En is dat een fijn gevoel wat je daarvan krijgt?*
(John schudt zijn hoofd.)
Therapeut: *Luister dan maar even als ik me nu tot hem wend, en voel maar hoe het is als ik tegen hem inga.*
(Therapeut keert zich naar de stoel van de Veeleisende kant.)
Therapeut: *Het probleem dat ik met je heb, is dat je maakt dat John zich verdrietig en boos voelt. Dat niet alleen, het lijkt alsof je dat niet zo belangrijk vindt, zo hard ben je bezig met*

zijn taken. Je bent zo op die taken gericht dat John helemaal niet in beeld lijkt te zijn, alsof hij maar een bijzaak is. John doet er wel toe en is meer dan een productiemachine.
Deze taken zijn niet het enige in het leven, en dit is zeker niet het enige waar hij over tien jaar op terug wil kijken.
Therapeut (naar cliënt gekeerd): *Hoe voelt het als je naar die argumenten luistert?*
John: *Ja, wel goed ja ...*
Therapeut: *Kloppen ze voor je gevoel?*
John: *'t klopt wel wat je zegt.*

Met behulp van deze vragen richt de therapeut de aandacht van de cliënt op de corrigerende emotionele ervaring die hij biedt. De cliënt kan nu meer ervaren hoe het is als er opgekomen wordt voor de behoeften die zo lang ontkend of onderdrukt zijn.

7.2.7 Stap 7 Nabespreking en huiswerk

De nabespreking van de oefening en het huiswerk dat eruit voortvloeit zijn bedoeld om de corrigerende emotionele ervaringen te consolideren. Het huiswerk kan enerzijds bestaan uit het onthouden dat de emotionele respons op de geboden compassie en cognitieve herstructurering prettiger was dan de emotionele responsen op de Veeleisende, Kritische kant. Anderzijds zal het huiswerk er ook op gericht moeten zijn om die cognitieve argumentatie tegen de Veeleisende kant te leren onthouden. Daarvoor kan de therapeut de belangrijkste argumenten op het whiteboard schrijven en de cliënt vragen er een foto van te nemen, kan de therapeut een audioflashcard opnemen met daarin de belangrijkste argumenten, of kan de cliënt gevraagd worden de belangrijkste argumenten thuis op te schrijven.

7.3 De Perfectionistische Overcontroleerder

In de toestand van de Perfectionistische Overcontroleerder probeert de cliënt met een Dwangmatige-persoonlijkheidsstoornis zich te beschermen tegen het maken van fouten door hard te werken en zeer perfectionistisch te zijn. De cliënt controleert zichzelf, maar ook wel anderen, op een dwangmatige manier, waardoor de cliënt in deze kant door anderen als kritisch ervaren kan worden. Het is ook een toestand waarin cliënten met een Dwangmatige-persoonlijkheidsstoornis onthecht zijn van hun gevoelens en behoeften, anders dan de tevredenheid na het afronden van karweitjes of bij efficiënt werken. Voor verdere informatie over het onderscheiden van de Perfectionistische Overcontroleerder van andere modi, zoals de Veeleisende kant, wordt verwezen naar ▶ H. 3.

Hard werken of proberen zo min mogelijk fouten te maken is op zichzelf geen probleemgedrag. Het is gedrag dat ook hoort bij de Gezonde Volwassene. In de toestand van de Perfectionistische Overcontroleerder richt de cliënt zich echter overmatig veel op werk en perfectionisme, waardoor het contact met gevoelens en behoeften verloren gaat. Het doel van de therapie is het toegankelijker maken van gevoelens en behoeften. Om dat te bereiken zal de Perfectionistische Overcontroleerder minder sterk en minder vaak aanwezig moeten zijn. Anders dan bij de Veeleisende kant is de strategie niet zozeer het bevechten van de Perfectionistische Overcontroleerder, maar veel meer een vorm van onderhandelen met deze kant om de cliënt bereid te krijgen deze kant vaker los te laten.

De stoelentechniek bij de Perfectionistische Overcontroleerder

Schematherapie biedt diverse methoden en technieken om de Perfectionistische Overcontroleerder te verminderen, om zo contact te kunnen maken met de achterliggende gevoelens en behoeften (zie ▶ H. 2).

De eerste en wellicht belangrijkste stap in het passeren van de Perfectionistische Overcontroleerder is het benoemen ervan als een kant van de cliënt. Door de vertrouwde beleving van functioneel hard werken te benoemen als een kant wordt er een zekere afstand gecreëerd. Deze afstand biedt de mogelijkheid na te denken over alternatieven voor enkel perfectionistisch en hard werken.

De Perfectionistische Overcontroleerder kan echter zo sterk zijn dat de standaardmethoden en technieken minder goed lijken te werken. De cliënt doet wel een imaginatie, maar blijft gedurende de oefening rationeel praten en lijkt geen emoties te ervaren. Of de cliënt zit wel in de stoel van de Kwetsbare kant, maar voelt geen enkele emotie. In dergelijke situaties zul je de stoelentechniek of imaginaire rescripting anders moeten uitvoeren om het gewenste resultaat te bereiken. Hierna worden dergelijke varianten van de stoelentechniek en de imaginaire rescripting beschreven.

Bij de stoelentechniek vraag je de cliënt om op een aparte stoel de Perfectionistische Overcontroleerder te vertolken en vervolgens op een andere stoel meer contact te maken met de Kwetsbare kant. Het fysiek afstand nemen van de stoel van de Perfectionistische Overcontroleerder biedt meer ruimte voor het contact maken met de onderliggende emoties en behoeften. Het in het kader beschreven stappenplan kan als leidraad dienen voor deze techniek. Het eerste deel van de stoelentechniek bij een sterke Perfectionistische Overcontroleerder verschilt nog niet van de toepassing bij andere Copingmodi. De variant op deze techniek bij een sterke Perfectionistische Overcontroleerder zal beschreven worden bij Stap 5, als blijkt dat de cliënt in de stoel van de Kwetsbare kant nog geen emoties voelt.

Stappenplan stoelentechniek bij een Perfectionistische Overcontroleerder in de beginfase

Stap 1 - Herkennen van de Perfectionistische Overcontroleerder
Stap 2 - Het benoemen van die beleving als een kant van de cliënt
Stap 3 - Plaats de Perfectionistische Overcontroleerder op een andere stoel
Stap 4 - Onderhandel met de Perfectionistische Overcontroleerder
- Exploreer de voordelen
- Bespreek de nadelen
- Vraag toestemming om contact te maken met de Kwetsbare kant en bied daarbij geruststelling, controle en hoop

Stap 5 - Plaats de cliënt op de stoel van de Kwetsbare kant
Stap 6 - Valideer de relevante basisbehoefte
Stap 7 - Nabespreking en huiswerk

7.3.1 Stap 1 Herkennen van de Perfectionistische Overcontroleerder

In ▶ H. 3 zijn de kenmerkende aspecten van de Perfectionistische Overcontroleerder beschreven. Daarom volgt nu slechts een korte samenvatting van hoe deze kant te herkennen is. De Perfectionistische Overcontroleerder is eraan te herkennen dat de cliënt inhoudelijk vertelt over wat zij allemaal heeft gedaan of aan het doen is, zonder dat er emotionele belevingen gedeeld worden. De toon van de stem is niet emotioneel, maar eerder functioneel, met weinig modulatie en affect. Als therapeut voel je je niet emotioneel verbonden met de cliënt in deze toestand, en het kan zelfs gevoelens van verveling of irritatie oproepen.

Voorbeeld herkennen van de Perfectionistische Overcontroleerder

Therapeut: *Fijn je weer te zien. Hoe heb je je de afgelopen week gevoeld?*

John: *Nou, het was een drukke week. Veel projecten die gaande zijn. En een van die projecten betreft een bouwproject aan het water. En er zijn een heleboel voorschriften voor het bouwen naast water, en ik heb geprobeerd die mensen daarvan te doordringen, maar het lijkt wel alsof ze dat niet willen horen.*

Therapeut: *Oké, dus je vertelt me wat je allemaal hebt gedaan. Maar hoe voelde je je daar dan bij?*

John: *Nou, het was soms best frustrerend, want dan pakte ik het handboek erbij om ze te laten zien wat die voorschriften zijn, en er is bijvoorbeeld een bepaling over de hoogte van de bouw naast water, dat was altijd 2,30 m maar dat is in 2018 … nee, wacht, dat was 2017 … nee, toch 2018, ja, dat weet ik nog, omdat …*

(De therapeut begint wat moeite te krijgen met zich te concentreren op het verhaal, en hij wordt een beetje ongeduldig, omdat er geen duidelijk antwoord gegeven wordt op een vrij eenvoudige vraag.)

7.3.2 Stap 2 Het benoemen van die beleving als een kant van de cliënt

De eerste stap bij het bewerken van de Perfectionistische Overcontroleerder is het benoemen van die toestand als een kant van de cliënt. Er is al een modusmodel gemaakt bij de casusconceptualisatie dus je kunt hier de eigen, door de cliënt en therapeut gekozen, naam gebruiken voor de Perfectionistische Overcontroleerder.

Wanneer de cliënt, aan het begin van de therapie, nog niet zo veel bewustzijn heeft van de verschillende kanten, dan doet de therapeut er verstandig aan eerst uit te leggen welke gemoedstoestand hij bij de cliënt waarneemt.

Voorbeeld het benoemen van die beleving als een kant van de cliënt

Therapeut: *Ik zou even stil willen staan bij hoe we nu aan het praten zijn. Als ik zo naar je luister, dan vertel je makkelijk en veel over wat je hebt gedaan. Het lijkt wel dat je mijn vragen naar hoe je je hebt gevoeld wat lastiger vindt. Zoals je er nu bij zit* (therapeut wijst naar een plek naast John) *zie ik vooral de John die bezig is met werk, nadenkt over wat*

er moet gebeuren en hoe hij dat aan moet pakken. De John die ik dan zie (therapeut wijst opnieuw naar de plek naast John) *lijkt vooral in die beleving te zitten van werk, taken, karweitjes, to-dolijsten, klopt dat?*
John: *Ja, dat klopt. Maar er was ook gewoon veel werk, en ja, dan ben ik daar veel mee bezig, dat kan toch?*
Therapeut: *Natuurlijk kan het soms druk zijn. Ik weet echter ook dat je niet alleen maar een harde werker bent, je bent ook een emotioneel persoon, met humor, gevoelens en behoeften anders dan werk* (hierbij wijst de therapeut naar de buik van John). *Er lijken dus wel twee verschillende kanten te zitten aan je beleving: soms is er meer die emotionele kant, en op andere momenten is er meer die toestand waarin je hard werkt en vooral daar mee bezig bent. Het zijn misschien ook wel twee kanten aan jou, een Emotionele John en een Heel Harde Werker. Hoe klinkt dat?*
John: *Ja, dat klinkt wel logisch, dat herken ik wel ja …*

7.3.3 Stap 3 Plaats de Perfectionistische Overcontroleerder op een andere stoel

Nu de Perfectionistische Overcontroleerder geïdentificeerd is als een kant van de cliënt, kan de stoelentechniek geïntroduceerd worden. Eerder in dit hoofdstuk is al aangegeven dat enige uitleg over doel, nut en werkwijze van de techniek belangrijk is om de cliënten over de weerstand heen te helpen tegen de inzet van een techniek die in eerste instantie raar of vreemd lijkt.

Ook nu is het belangrijk dat je als therapeut duidelijk bent in je aanwijzingen.

Voorbeeld plaats de Perfectionistische Overcontroleerder op een andere stoel

Therapeut: *Oké, dus je hebt verschillende kanten, en de kant waar je nu vooral in zit is die van de Heel Harde Werker. En ik denk dat dat niet zomaar is. Ik zou wel een oefening willen doen die ons kan helpen duidelijk te krijgen waarom die Heel harde Werker nu zo actief is. Maar het zal ook een oefening zijn waarbij ik je ga helpen, helpen om andere wegen te vinden hoe je om kunt gaan met drukte. Manieren waar je je wellicht nog beter bij voelt. Is dat oké?*
(John knikt.)
Therapeut: *Goed, dan zet ik er een stoel bij.* (Therapeut plaatst een extra stoel op de plek die in het voorafgaande deel van het gesprek al een paar keer is aangewezen als het ging over de Heel Harde Werker.) (NB Dit is een andere stoel dan de stoel waar je de Veeleisende kant op hebt gezet.)
Therapeut: *En ik wil je vragen of je nu op die stoel wilt gaan zitten.*
(John gaat op de stoel van de Heel Harde Werker zitten.)
Therapeut: *Op deze stoel wil ik je vragen helemaal in dat gevoel te kruipen van hard werken, je best doen, to-dolijsten afwerken. Dat moet volgens mij niet al te moeilijk zijn, want je kwam al in die beleving binnen, volgens mij. Maar wéés op deze stoel nu maar die Heel Harde Werker. En dan ga ik je hier ook als die Heel Harde Werker aanspreken.*
(John knikt.)

7.3.4 Stap 4 Onderhandel met de Perfectionistische Overcontroleerder

Nu start de onderhandeling met de Perfectionistische Overcontroleerder. Om de cliënt zover te krijgen dat zij bereid is de Perfectionistische Overcontroleerder los te laten is het belangrijk de onderhandeling te beginnen met veel begrip en erkenning voor de voordelen ervan.

Exploreer de voordelen

Besteed uitgebreid aandacht aan de voordelen van hard werken, aan de voordelen van to-dolijsten. Veel therapeuten zijn geneigd snel over de nadelen van die Beschermer te praten, maar het werkt vaak beter om de tijd te nemen voor de erkenning van alle voordelen. De therapeut kan bijvoorbeeld dingen zeggen als: 'Ja, dat snap ik wel. Als je met hard werken allerlei taken en to-do's weg kunt werken, dan is dat natuurlijk wel fijn. Dan zijn er minder dingen om je zorgen over te maken, of dingen die op je drukken omdat ze nog moeten worden gedaan. Eerlijk gezegd doe ik dat zelf ook wel, geloof ik, dat ik soms eerder kies om wat te gaan werken dan stil te staan bij gevoelens die er misschien spelen. Vroeger was dat harde werken ook heel functioneel, omdat je vader altijd heel kritisch was en bij het minste of geringste foutje al zei dat het fout was of dat je lui was.'

7

Bespreek de nadelen van de Beschermer

De nadelen kunnen vrij gemakkelijk besproken worden door de cliënt te vragen of de angsten, zorgen of frustraties ook daadwerkelijk worden opgelost door de Heel Harde Werker.

Voorbeeld onderhandelen met de Perfectionistische Overcontroleerder

Therapeut: *Oké, dus jij* (gebarend naar John als Perfectionistische Overcontroleerder) *beschermt hem* (gebarend naar de stoel van de Kwetsbare kant) *door juist al dat gevoel weg te houden, door hard te werken en zeker niet te veel over gevoelens te praten ... Ik heb zelf ook wel zo'n Heel Harde Werker, en herken ook wel dat die soms prettiger is dan stil te staan bij nare gevoelens van verdriet, angsten, zorgen ... Maar wat gebeurt er dan met die gevoelens van hem als je zo hard werkt? Zijn die dan ook opgelost door hard te werken?*

John: *Ja, hoor, dan voel ik me wel prettig ... of ja, niet echt opgelost dan, tenminste, op dat moment wel, maar later kan ik me wel weer opnieuw wat naar voelen.*

Therapeut: *Oké ... dus jij kunt hem goed beschermen op het moment zelf, door hard te werken, maar het is niet zo dat die gevoelens opgelost zijn ... Je bent dus niet echt een oplossing voor hem, hoe goed je hem ook op die momenten zelf kunt beschermen tegen die gevoelens van angst en verdriet ... ?*

Vraag toestemming om contact te maken met de Kwetsbare kant en bied daarbij geruststelling, controle en hoop

Nu erkend is dat de Perfectionistische Overcontroleerder slechts een noodmaatregel is en geen permanente oplossing kun je de cliënt een beter alternatief bieden waarbij je wel contact wilt maken met de Kwetsbare kant. Breng dit alternatief met hoop en geruststelling, want feitelijk vraag je de cliënt op dat moment haar vertrouwde manier van overleven los te laten en daar heeft zij wel wat motivatie voor nodig. Benadruk dat de cliënt zich echt beter kan gaan voelen, en bied geruststelling en controle door te benadrukken dat zij te allen tijde kan stoppen met de oefening, dat zij de regie behoudt en dat de therapeut ook zal helpen om de oefening rustig af te ronden.

7.3.5 Stap 5 Plaats de cliënt op de stoel van de Kwetsbare kant

Nadat je toestemming hebt gekregen voor de volgende stap, vraag je de cliënt nu plaats te nemen in de stoel van de Kwetsbare kant. Ook nu helpt duidelijkheid van de instructies voor de cliënt en helpt die ook om de overgang van de ene naar de andere stoel rustig te doen. Het veranderen van stoel is namelijk meer dan de fysieke daad, het is bedoeld om van een afgesloten toestand in een opener, emotionele toestand te komen.

Voorbeeld plaats de cliënt op de stoel van de Kwetsbare kant

Therapeut: *Goed, dan wil ik je zo vragen om op te staan uit deze stoel en op de stoel hier naast me te komen zitten. Bedenk wel dat de stoel waar je nu zit de stoel is van die Heel Harde Werker, en als je dadelijk opstaat uit deze stoel, dan laat je die Heel Harde Werker dan ook daar achter, vastgeplakt aan de zitting met secondelijm.*

(John staat op en gaat op de stoel naast de therapeut zitten.)

Therapeut: *Oké, dus daar* (wijst daarbij naar de stoel van de Perfectionistische Overcontroleerder), *daar hoorde ik die Heel Harde Werker, die zit helemaal in de to-dolijstjes en ziet alleen maar het werk dat er nog ligt. Die is daar best tevreden mee en denkt dat dat ook beter is dan hier* (therapeut draait zich naar John naast hem) *te zitten, met alle gevoelens en emoties die niet zo makkelijk af te vinken of weg te strepen zijn. Die Heel Harde Werker* (therapeut wijst weer naar de lege stoel waar John net heeft gezeten), *die is bang dat al dat voelen alleen maar problemen geeft … En over welke gevoelens heeft hij het dan* (therapeut draait zich hierbij naar John naast hem en stelt die vraag wat zachter, emotioneler). *Hoe voel je je?*

John (op dezelfde toon als tot dusver): *Ja, gewoon, wel druk, niet veel anders of zo.*

Hier stuit de therapeut op een veelvoorkomend probleem bij het werken met de Perfectionistische Overcontroleerder, namelijk dat de cliënt weliswaar van stoel wisselt, maar in de stoel van de Kwetsbare kant is de cliënt nog steeds niet in staat contact te maken met emoties en behoeften en zit zij eigenlijk dus nog steeds in de kant van de Perfectionistische Overcontroleerder. Op dit punt aangekomen zul je de techniek wat moeten aanpassen om het gewenste resultaat te bereiken.

7.4 Het 'besmetten' van de stoel van de Kwetsbare Kant met emoties als variant van de stoelentechniek

De cliënt heeft wat meer hulp en ondersteuning nodig om dat contact te maken met de Kwetsbare kant en in de beginfase van de therapie help jij als therapeut daarbij. Als therapeut kun jij woorden geven aan die onderliggende emoties en behoeften. Deze variant van de stoelentechniek wordt ook wel het 'Besmetten van de stoel met emoties' genoemd.

Stappenplan besmetten van de stoel van de Kwetsbare kant

Stap 1 Identificeer de moeite die je cliënt heeft om contact te maken met de Kwetsbare kant

Stap 2 Vraag je cliënt van een afstand te observeren, bijvoorbeeld vanuit de stoel van de therapeut

Stap 3 Neem zelf plaats in de stoel van de Kwetsbare kant en 'besmet' die met emoties

- Beschrijf je cliënt als kind zoals je op foto's of in imaginaties hebt gezien
- Beschrijf de emotionele reacties van kinderen in het algemeen in dergelijke situaties
- Beschrijf hoe je jezelf zou voelen in die context
- Beschrijf de emoties in de tegenwoordige tijd en zo doorleefd mogelijk
- Beschrijf de onderliggende basisbehoeften

Stap 4 Vraag je cliënt deze emoties en behoeften uit te spreken in de stoel van de Kwetsbare kant

Stap 5 Vergroot het emotionele bewustzijn door aandacht voor emotionele, fysieke en cognitieve componenten van die emoties

7.4.1 Stap 1 Identificeer de moeite die je cliënt heeft om contact te maken met de Kwetsbare kant

Dat de cliënt het moeilijk vindt contact te maken met haar gevoelens is op dit punt in de oefening wel vrij duidelijk. Leg de cliënt, verwijzend naar de casusconceptualisatie, wel uit dat zij ook nooit heeft geleerd contact te houden met haar gevoelens en behoeften. Op deze manier kan het onvermogen van de cliënt contact te maken met die Kwetsbare kant op een positieve manier geherformuleerd worden van een schijnbaar probleem naar een centraal doel van therapie.

Voorbeeld identificeer de moeite die je cliënt heeft om contact te maken met de Kwetsbare kant

Therapeut: *Ik merk hoe lastig het is om woorden te geven aan wat je voelt als die Heel Harde Werker zo actief is. Daar* (wijzend naar de stoel van de Heel Harde Werker) *is het duidelijk wat je beleeft, daar gaat het over to-dolijsten en taken, maar hier* (wijzend naar stoel waar cliënt nu zit) *is het nog een vraagteken, merk ik. Dat lijkt me eigenlijk heel begrijpelijk, dat je niet meteen weet wat je voelt. Hoe zou je dat ook kunnen weten? In jouw jeugd heb je vooral die Heel Harde Werker getraind en heb je niet geleerd om te voelen wat je voelt en wat je nodig hebt. Je hoeft dat ook niet allemaal meteen te kunnen, en je hoeft het ook niet alléén te doen. Ik wil je graag helpen om wat meer zicht te krijgen op wat je voelt en wat je nodig hebt als die Heel Harde Werker zo bezig is.*

7.4.2 Stap 2 Vraag je cliënt van een afstand te observeren, bijvoorbeeld vanuit de stoel van de therapeut

Je vraagt de cliënt om op de stoel van jou als therapeut te gaan zitten. Leg uit dat jij nu in de stoel van het Kwetsbare Kind gaat zitten.

Je helpt vervolgens om woorden te geven aan die onderliggende emoties en behoeften door vanuit de stoel van de Kwetsbare kant voor te zeggen wat er (mogelijk) beleefd wordt. Op deze manier wordt de stoel van de Kwetsbare kant sterker geassocieerd met gevoelens en behoeften. De cliënt observeert in eerste instantie, om zo cognitief te kunnen begrijpen welke gevoelens en behoeften er zouden kunnen spelen. Om die informatie zo realistisch mogelijk te kunnen verwerken observeert de cliënt vanaf enige afstand, bijvoorbeeld de stoel van de therapeut.

Voorbeeld wisselen van stoel

Therapeut: *Dan wil ik voorstellen dat we even van stoel wisselen: jij komt hier op mijn stoel zitten, en ik ga op jouw stoel zitten. Ik ga daar proberen de gevoelens te verwoorden die je zou kunnen hebben bij al dat harde werken en dat je geen tijd hebt om even te ontspannen. En jij kunt hier, op mijn stoel, gewoon even kijken en luisteren. Probeer maar een beetje binnen te laten komen wat je mij hoort zeggen.*
(Therapeut en cliënt wisselen van stoel.)

7.4.3 Stap 3 Neem zelf plaats in de stoel van de Kwetsbare kant en 'besmet' die met emoties

Vervolgens neem je plaats in de stoel van de Kwetsbare kant en probeer je woorden te geven aan de veronderstelde, onderliggende emoties en behoeften. Doe dit zo authentiek mogelijk, zodat ook dit onderdeel van de stoelentechniek een emotionele ervaring kan worden in plaats van alleen maar te praten óver emoties. De stappen zoals vermeld in het kader kunnen je helpen in dit gedeelte van de oefening.

Voorbeeld therapeut neemt plaats op de stoel van het Kwetsbare Kind

Therapeut: *Als ik hier zit, heb ik dus net gehoord hoe hard ik heb gewerkt. En nu gaat het dan over de afgelopen week, maar ik ken dat harde werken; dat heb ik al veel vaker gedaan dan de afgelopen week … Dat roept beelden op van vroeger, toen ik als kind altijd al klusjes had, taakjes die gedaan moesten worden … Dan moet ik denken aan dat beeld waar we het vorige week over hadden, dat ik m'n vriendinnetjes aan de deur moest zeggen dat ik niet kon komen spelen omdat ik nog moest helpen met allemaal karweitjes … Dan voel ik wel verdriet, ik wilde niet alleen maar werken, maar wilde ook gewoon spelen … Gewoon even vrij zijn en gewoon wat spelen… Dat voortdurend dingen moeten doen, dat voelt niet fijn. Ik voel dat weer hier* (wijst naar de borst) *… Al dat werk* (wijst naar de stoel van de Heel Harde Werker) *maakt dat ik* (wijst op de eigen borst) *me verdrietig en boos voel en eigenlijk vooral wat ontspanning wil … Oké, laten we nu weer van stoel wisselen.*

7.4.4 Stap 4 Vraag je cliënt deze emoties en behoeften uit te spreken in de stoel van de Kwetsbare kant

7

Meteen nadat je de emoties zo authentiek mogelijk hebt verwoord vraag je de cliënt nu zelf plaats te nemen in de stoel van de Kwetsbare kant. Er wordt nu niet gereflecteerd of nagedacht over wat je aan gevoelens en behoeften hebt verwoord, maar je vraagt de cliënt om letterlijk en zo direct mogelijk die gevoelens en behoeften te herhalen. Door die belevingen nu zelf hardop uit te spreken wordt de cliënt meer 'eigenaar' van die belevingen. Jouw taak als therapeut is om de cliënt te coachen in het uitspreken van de gevoelens en behoeften.

Voorbeeld therapeut neemt plaats op de stoel van het Kwetsbare Kind – vervolg

Therapeut en cliënt wisselen weer van stoel, en de cliënt zit nu in de stoel van de Kwetsbare kant en de therapeut zit weer in de therapeutstoel.

Therapeut: *Je zit nu in de stoel waarin ik net zat te vertellen over wat ik zou voelen met al dat harde werken en met alles wat er allemaal gebeurd is in het verleden. Weet je nog wat ik zei, welke woorden ik sprak?*

John: *Ja …*

Therapeut: *En wat zei ik in die stoel over hoe dat voelde?*

John: *Niet fijn … verdrietig …*

Therapeut: *En wat hoorde je me zeggen over wat ik eigenlijk zou willen?*

John: *Spelen, gewoon vrij zijn …*

Therapeut: *Kun je dat eens herhalen: 'Ik wil niet steeds werken, ik wil gewoon wat vrij zijn?'*

John: *Ik wil niet steeds werken, ik wil wat vrij zijn…*

7.4.5 Stap 5 Vergroot het emotionele bewustzijn door aandacht voor emotionele, fysieke en cognitieve componenten van die emoties

Het herhalen van de door de therapeut verwoorde gevoelens en behoeften is een poging te komen tot enige schema-activatie bij de cliënt en bewustzijn van de emoties die met deze schema-activatie gepaard gaan. De cliënt is echter niet gewend om emoties te ervaren, en door die onbekendheid en het mogelijke ongemak dat ervaren wordt bij gevoelens, bestaat de kans dat het ervaren en onthouden van emoties onvoldoende geconsolideerd wordt. Daarom is de laatste stap van deze techniek het vergroten van het emotionele bewustzijn door de aandacht van de cliënt expliciet te richten op de verschillende aspecten van die emotionele belevingen.

Voorbeeld vergroten van het emotionele bewustzijn van de cliënt
Therapeut: *Maar die Heel Harde Werker daar* (wijst naar de stoel van de Heel Harde Werker), *die wil enkel maar werken, harder en meer … Die is helemaal vol van lijstjes en taken/karweitjes … Hoe voelt dat, prettig of onprettig?*
John: *Niet fijn …*
Therapeut: *Niet fijn verdrietig? Niet fijn boos?*
John: *Allebei wel …*
Therapeut: *Kun je dat eens hardop uitspreken, dat je je verdrietig en boos voelt als je hoort dat er alleen maar ruimte zou zijn voor werken en je zelfs nog harder moet werken?*
John: *Het maakt me verdrietig, dat ik alleen maar harder zou moeten werken, dat het nooit eens genoeg is …*
Therapeut: *En waar voel je dat verdriet in je lijf?*
John: *Hierzo denk ik* (wijst naar borst en maagstreek).

Nadat je cliënt zich meer bewust is geworden van de emoties en behoeften vervolg je de stoelentechniek vanaf stap 6 zoals beschreven in het Stappenplan stoelentechniek bij een Perfectionistische Overcontroleerder in de beginfase.

7.4.6 Stap 6 Valideer de relevante basisbehoefte

De beschreven schema-activatie is een noodzakelijke voorwaarde voor het kunnen genereren van een corrigerende emotionele ervaring. De corrigerende emotionele ervaring zal moeten zijn dat het luisteren naar de behoefte aan spontaniteit en spel positief bekrachtigd wordt, in plaats van het vluchten in werk. Een positieve bekrachtiging van het luisteren naar emotionele basisbehoeften kun je bieden in de vorm van compassie. Compassie heeft, zoals beschreven in de eerdere paragraaf 'Stoelentechniek bij de Veeleisende kant' (▶ par. 7.2, stap 4), een verzachtende, helende werking. Enerzijds erken je expliciet de negatieve gevolgen van de onvervulde basisbehoefte aan spel en spontaniteit. Anderzijds erken je expliciet iedere poging om wel te luisteren naar die behoefte. In beide gevallen check je hoe het voor je cliënt voelt als er compassie geboden wordt: voelt dat fijn of niet fijn?

Voorbeeld valideer de relevante basisbehoefte
Therapeut: *Ik kan me dat erg goed voorstellen, dat je je niet fijn verdrietig en boos voelt als er enkel maar werk en taakjes lijken te bestaan. Dat lijkt me een heel normale reactie; niemand vindt het leuk om alleen maar te werken. En zoals je al zei, voor jou is dit niet een eenmalige ervaring, dit is eigenlijk het patroon van je hele leven. Heel je leven al heb je hard moeten werken, was er altijd wel iets anders te doen en kwam je nooit toe aan wat leuks, aan wat ontspanning … Klopt het een beetje zoals ik dat beschrijf?*

John: *Ja, dat is het ook echt wel, ja …*
Therapeut: *Dus ik heb goed begrepen hoe dit voor jou is en is geweest. Hoe voelt dat voor jou, om zo begrepen te worden, is dat een fijn of niet fijn gevoel, begrepen te worden?*
John: *Dat is fijn …*
Therapeut: *En nogmaals, ik vind het ook echt niet meer dan normaal dat je met al dat werk verdriet en ook boosheid voelt. Want wat zou je nu anders willen, wat zou je eigenlijk willen doen in plaats van werken, nu?*
John: *Nu? Ik weet niet, gewoon een beetje in de tuin zitten, geloof ik. Ik baalde er wel een beetje van dat het mooi weer was en ik er niets van mee heb gekregen.*
Therapeut: *In de tuin zitten? Wat een leuk idee! Hoe ziet dat eruit? Met wat drinken erbij, een boek?*
John: *Ja, een lekker boek erbij …*
Therapeut: *Ik vind het heel erg leuk om te horen waar je zin in hebt, ik vind het ook erg fijn en knap dat je nu lijkt te luisteren naar wat jij* (wijst naar John) *nodig hebt in plaats van dat die daar* (wijst naar de plek van de Perfectionistische Overcontroleerder) *weer vindt dat er nog van alles gedaan moet worden … Hoe voelt dat om dit te horen, die complimenten voor het luisteren naar andere behoeften?*
John: *Wel fijn, ja …*

7

7.5 Onderhandelen met de Perfectionistische Overcontroleerder tijdens een imaginatie

Een sterke Perfectionistische Overcontroleerder kan het voor de cliënt moeilijk maken tijdens een imaginatie betekenisvolle emotionele beelden te visualiseren. Een van de mogelijkheden is om in zo'n geval deze Perfectionistische Overcontroleerder te visualiseren en de onderhandeling ermee onderdeel te maken van de imaginatie.

In het kader wordt beschreven hoe deze variant van de imaginaire rescripting eruit kan zien.

Stappenplan onderhandelen met gevisualiseerde Beschermer in een imaginatie

Stap 1 Probeer de Kwetsbare kant te visualiseren
Stap 2 Identificeer en exploreer de ervaren weerstand
Stap 3 Vraag de cliënt die ervaren weerstand te visualiseren
Stap 4 De therapeut stapt in het beeld en de cliënt is een observator van wat er gebeurt
Stap 5 De therapeut onderhandelt met de Beschermer om contact te kunnen maken met de Kwetsbare kant
Stap 6 Heb compassie met de Kwetsbare kant en maak de cliënt bewust van de helende werking van die compassie
Stap 7 Nabespreking en huiswerk

7.5.1 Stap 1 Probeer de Kwetsbare kant te visualiseren

Je vraagt de cliënt een beeld op te laten komen van een betekenisvolle emotionele ervaring uit het verleden. Die vraag volgt mogelijk op het bespreken en visualiseren van een recente triggersituatie, maar de therapeut kan de oefening ook beginnen met het visualiseren van een beeld uit het verleden. Als de cliënt met een Dwangmatige-persoonlijkheidsstoornis aangeeft geen enkel beeld te zien, kun je haar vragen een van de foto's in gedachten te nemen die tijdens de casusconceptualisatie zijn bekeken. Je vraagt de cliënt om die foto letterlijk te beschrijven, en je stelt daarbij vragen als: 'Wat voor licht zie je?', 'Hoe kijkt het kind op die foto?', 'Hoe voelt dat kind zich?'

Nadat je cliënt het kind van de foto heeft beschreven kun je vragen of zij zich in kan leven in dat kind: 'Wéés nu maar dat meisje/jongetje op de foto …'

Het volhouden, de foto, de aandacht voor de sensorische informatie en het de tijd nemen voor de oefening zijn in veel gevallen voldoende om voorbij de weerstand van de Perfectionistische Overcontroleerder te komen en meer contact te krijgen met de Kwetsbare kant van de cliënt. Bij sommige cliënten is dit echter niet voldoende en lijkt het of de weerstand tegen de oefening enkel groter wordt.

7.5.2 Stap 2 Identificeer en exploreer de ervaren weerstand

Als de eerdere pogingen niet werken, kun je er natuurlijk voor kiezen om de oefening voor dat moment te stoppen en om te proberen op een andere manier voorbij die Perfectionistische Overcontroleerder te komen, bijvoorbeeld met een stoelentechniek. Je kunt echter ook in de imaginatie blijven en de cliënt vragen die weerstand te beschrijven. Waar voel je die weerstand? Waar heb je geen zin in? Wat wil je nu graag doen?

Vervolgens vraag je of deze weerstand bekend is voor de cliënt. Dergelijke vragen helpen om een bewustzijn op te bouwen dat dit een oude, bekende beleving is, een kant van de cliënt.

7.5.3 Stap 3 Vraag de cliënt die ervaren weerstand te visualiseren

De volgende stap is om de cliënt te vragen een beeld te geven aan die ervaren weerstand. Dat kan ieder beeld zijn dat voor de cliënt de weerstand het best weergeeft: een muur, prikkeldraad of iets anders. Voor het vervolg van de oefening is het iets makkelijker als de cliënt zichzelf in die beleefde weerstand visualiseert.

Voorbeeld de ervaren weerstand visualiseren

Therapeut: *Kun je nu eens een beeld vormen van dat gevoel van weerstand? Hoe zie je eruit als je geen zin hebt om stil te staan bij gevoelens. Hoe zie je eruit als je liever aan de slag wilt gaan en karweitjes wilt opknappen?*

John: *Nou, gewoon, dat ben ik!*

Therapeut: *Oké, dus je ziet dan jezelf, zoals je nu bent? Kun je me eens beschrijven hoe je er nu uitziet dan? Vertel maar letterlijk wat je ziet.*
John: *Nou, gewoon, zoals ik nu ben …*
Therapeut: *Zie je jezelf dan ook zitten?*
John: *Nee, op de een of andere manier zie ik mezelf dan nu staan.*
Therapeut: *Oké, en dat die John geen zin heeft om over gevoelens te praten, zie je dat ook nog ergens aan af? Aan de manier waarop hij kijkt? Zijn houding?*
John: *Nou … het is wel duidelijk, hij heeft echt zo'n blik van: 'Nee toch, we gaan het nu toch niet hierover hebben, weet je wel hoeveel werk ik nog te doen heb?!'*

Door het beschrijven van dit beeld neemt de cliënt al een beetje afstand van de ervaren weerstand: in plaats van het voelen dat er nog zo veel werk ligt en dat hij geen zin heeft in gevoelens, is de cliënt eróver aan het praten, kijkt náár die weerstand in plaats van er helemaal mee samen te vallen.

7.5.4 Stap 4 De therapeut stapt in het beeld en de cliënt is een observator van wat er gebeurt

Met de voorafgaande stappen is er nu een situatie gevisualiseerd van het kind van de foto en de Perfectionistische Overcontroleerder. Vervolgens vraag je of jij nu in het beeld mag komen. Je doel is met die gevisualiseerde Perfectionistische Overcontroleerder te onderhandelen zoals je dat ook in een stoelentechniek zou kunnen doen. Door de cliënt te vragen tijdens die onderhandeling te blijven toekijken voorkom je dat je cliënt weer snel samenvalt met de ervaren weerstand.

Voorbeeld therapeut stapt in het beeld

Therapeut: *Goed, dus je ziet nu dat jongetje van die foto, die zit daar. En je ziet nog die Grote die er geen zin in heeft en die gewoon wat wil gaan doen, die Heel Harde Werker. En waar zie je die Heel harde Werker? Links of rechts van je, of recht voor je?*
John: *Nou, een beetje rechts …*
Therapeut: *Kun je hem eens aanwijzen, zodat ik weet waar je hem ziet?*
(John gebaart naar een plek rechts voor hem.)
Therapeut: *En dat jongetje, dat jongetje van die foto, waar zie je hem?*
John: *Een beetje zo achter die andere, die Grote.*
Therapeut: *Oké, dan zou ik nu graag in dat beeld erbij komen. Kun je mij erbij plaatsen?*
John: …
Therapeut: *Als je luistert naar mijn stem nu, en je denkt aan mij, zie je me dan ook een beetje voor je?*
(John knikt.)
Therapeut: *Mooi, en kun je mij er dan bij plaatsen? Een beetje in de buurt van die Grote, zo tussen die Grote en dat kleine jongetje in?*
John: *Ja, een beetje geloof ik.*
Therapeut: *Prima, je doet het goed!*

7.5.5 Stap 5 De therapeut onderhandelt met de Beschermer om contact te kunnen maken met de Kwetsbare kant

Je onderhandelt nu met de Perfectionistische Overcontroleerder op de manier zoals beschreven staat in de paragraaf 'Stap 4 Onderhandel met de Perfectionistische Overcontroleerder' (bij de stoelentechniek). Je biedt veel erkenning en begrip voor alle voordelen van hard werken, en terwijl je met die Heel Harde Werker spreekt draai je je hoofd richting de kant waar die door de cliënt wordt gevisualiseerd. Je vraagt de cliënt steeds aan te geven hoe de Perfectionistische Overcontroleerder reageert, en telkens als je die feedback vraagt keer je je weer naar de cliënt. Je stem klinkt anders als je tegen de Perfectionistische Overcontroleerder praat dan als je tegen het Kwetsbare Kind praat. De toon waarop je tegen de Perfectionistische Overcontroleerder praat is neutraler. Tegen het Kwetsbare Kind praat je vriendelijk en steunend. Dat vergroot de levendigheid en de realiteit van de gevisualiseerde situatie.

Na alle voordelen worden ook de nadelen van de Heel Harde Werker besproken. In je onderhandeling benadruk je dat je het jongetje op de foto zich daadwerkelijk wat beter kunt laten voelen.

7.5.6 Stap 6 Heb compassie met de Kwetsbare kant en maak de cliënt bewust van de helende werking van die compassie

Een uitgebreide beschrijving van het hebben van compassie en het nut ervan kun je vinden onder stap 4 van de 'Stoelentechniek bij de Veeleisende kant', eerder in dit hoofdstuk.

Komt samengevat richt je je tot het gevisualiseerde kind en benoem je expliciet wat zij gemist heeft: spel en spontaniteit. Je benoemt de emoties van verdriet, eenzaamheid en gejaagdheid die daardoor ontstaan zijn en erkent die gevoelens expliciet. Je vraagt de cliënt of het een beetje klopt wat je zojuist beschreef. Vervolgens check je de primaire emotionele responsen bij deze erkenning. Voelt het goed of slecht om begrepen te worden? Zonder de bewustwording van deze positieve effecten van compassie zou de cliënt deze positieve ervaring makkelijk over het hoofd kunnen zien.

7.5.7 Stap 7 Nabespreking en huiswerk

De corrigerende emotionele ervaring die deze oefening heeft opgeleverd dient te worden opgeslagen in het geheugen, geconsolideerd. Een nabespreking van de oefening draagt bij tot deze consolidatie. Er wordt uitgebreid stilgestaan bij de ervaring, wat de cliënt eruit heeft geleerd en wat zij mee wil nemen en onthouden. Je geeft ten slotte huiswerk mee zodat deze leerervaringen tussen de sessies door nog vaker overdacht en herhaald worden.

7.6 Het Teleurgestelde/Tekortschietende, Overijverige Kind – hoe ziet limited reparenting eruit?

Cliënten met een Dwangmatige-persoonlijkheidsstoornis zijn in hun jeugd tekortgekomen in de basisbehoeften aan spel en spontaniteit, autonomie en rechtvaardigheid (zie ◘ tab. 3.10 'Kanten bij een Dwangmatige-persoonlijkheidsstoornis'). Als rolmodel voor de voldoende goede ouder die ze in hun jeugd hadden moeten hebben, moet je in de therapie dus een 'ouder' zijn die deze behoeften wel stimuleert en valideert. Bied in de sessies dus ruimte voor ontspanning, waarbij niet de hele sessie productief hoeft te zijn. Het kunnen corrigerende ervaringen zijn voor je cliënt als je in de therapie ruimte laat om wat te kletsen over alledaagse zaken, een mop doorvertelt, een filmpje op internet dat je leuk vond laat zien of iets persoonlijks deelt wat niet alleen maar productief of efficiënt of slim was.

Je streeft dan wel meer spontaniteit en spel na in het leven van je cliënt, maar maak daar geen eis van en laat ruimte voor autonomie. Het valideren van autonomie betekent bijvoorbeeld dat je ruimte laat voor de keuzes van de cliënt die niet overeenkomen met je eigen verwachtingen van de therapie. Wel benadruk je bij dergelijke keuzemomenten dat je graag wilt dat het de Gezonde Volwassene is die een dergelijke keuze maakt en niet de Perfectionistische Overcontroleerder of de Veeleisende kant.

7

7.6.1 Het Blije Kind: stimuleren van spontaniteit en spel

De leergeschiedenis van cliënten met een Dwangmatige-persoonlijkheidsstoornis wordt gekenmerkt door een voortdurende bekrachtiging van hard werken en goede prestaties. Daarentegen werd niets doen, ontspannen of gewoon wat plezier maken niet bekrachtigd of zelfs bestraft/bekritiseerd. Het gevolg is dat cliënten met een Dwangmatige-persoonlijkheidsstoornis het loslaten van de Meedogenloze normen en het volgen van spontane impulsen (bijvoorbeeld op de bank liggen en tv-kijken, niets doen, spelletjes doen) niet als prettig ervaren. De dwangmatige patronen worden enerzijds in stand gehouden door de voortdurende bekrachtiging van het harde werken, maar anderzijds ook doordat ze zich onprettig voelen als spontaniteit en spel aan de orde zijn. Dwangmatige cliënten zullen moeten leren om dat onprettige gevoel van 'niets doen' te verdragen en zelfs te waarderen. Je kunt dit cliënten uitleggen met de broccoli-metafoor: baby's vinden groenten als broccoli ook niet meteen lekker, want ze zullen moeten leren wennen aan de nog onbekende smaak. Met die metafoor in gedachten is het stimuleren van spel en spontaniteit dus een soort training, een training in het leren (her)waarderen van activiteiten die vanuit de dwangmatigheid als nutteloos en zelfs vervelend worden beleefd.

Belangrijk is dat je cliënt deze rationale snapt en beseft dat het verdragen van ongemak bij speelse, spontane activiteiten onderdeel is van die training.

Je kunt de eerste speelse oefeningen op dit gebied het best samen doen, in de sessie. Op die manier houd je als therapeut enige regie over hoe de oefening uitgevoerd wordt. Je kunt zo alert zijn op de minieme emotionele reacties bij het doen van die speelse, ontspannen oefeningen, emotionele responsen die de cliënt makkelijk kan missen door de sterke Perfectionistische Overcontroleerder. Zo behoud je als therapeut de mogelijkheid om de cliënt te coachen om de leerervaringen uit deze oefeningen op een realistische manier te verwerken zodat het ook daadwerkelijk corrigerende emotionele ervaringen worden en niet slechts gedwongen opdrachten die de cliënt zo snel mogelijk weer achter zich laat.

Voorbeelden van oefeningen om het Blije Kind in de sessie te stimuleren

- Kijken van grappige filmpjes op internet
- Je cliënt je grappigste mop vertellen
- Niet-intellectuele spelletjes doen

Voorbeelden van huiswerkopdrachten om het Blije Kind te stimuleren

- Neem op weg naar huis drie keer achter elkaar de verkeerde afslag, waardoor je in een ander gebied terechtkomt
- Vertel de grappigste mop van de therapeut door aan ten minste drie anderen
- Spelen met kinderen
- Spelen met honden of katten

7.6.2 Wat nou als…?

Sommige cliënten met een Dwangmatige-persoonlijkheidsstoornis lijken het contact met hun gevoelsleven volledig te zijn verloren. De oefeningen die hiervoor beschreven staan hebben weinig effect omdat ze überhaupt niet goed kunnen herkennen wat ze voelen. In die gevallen is het noodzakelijk een fase in te lassen waarin het emotioneel bewustzijn in brede zin geoefend wordt. De oefeningen zijn erop gericht sensitief te worden voor de emotionele, fysieke responsen die ervaringen kunnen oproepen. Met deze oefeningen probeer je antwoord te krijgen op vragen als 'Wanneer voel ik me boos, bang, bedroefd, ontspannen, blij en hoe merk ik die gevoelens?'

Oefeningen om emotioneel bewustzijn te stimuleren in de sessie

- Mindfulnessoefening
- Taakconcentratietraining (afkomstig uit protocol voor sociale-angststoornis)

Huiswerkoefeningen om emotioneel bewustzijn te stimuleren

- Passende muzieknummers selecteren bij de verschillende emoties (blij, boos, bedroefd, bang)
- Passende films selecteren voor de verschillende emoties

7.7 Samenvatting

In dit hoofdstuk is beschreven hoe het bevechten van de Veeleisende kant anders verloopt dan het bevechten van een Straffende of Beschuldigende kant. De Veeleisende kant richt zich enkel op competentie. Een belangrijke strategie in het bevechten van de Veeleisende kant is om andere basisbehoeften onder de aandacht te brengen en te beargumenteren dat het valideren van deze overige basisbehoeften geen luxe is maar een noodzaak.

De dwangmatige cliënt zal soms geholpen moeten worden om contact te maken met haar emoties en behoeften doordat de therapeut zelf in de stoel van de Kwetsbare kant gaat zitten en zich inleeft in de emotionele responsen van de cliënt. Op deze manier wordt de stoel van de Kwetsbare kant 'besmet' met emoties waarmee de therapeut de cliënt helpt in diezelfde stoel contact te maken met die gevoelens.

De Perfectionistische Overcontroleerder kan tijdens een imaginatie gevisualiseerd worden. Op die manier kan deze ervaringsgerichte oefening toch uitgevoerd worden, terwijl tegelijkertijd de blokkade op het voelen wordt bewerkt door een gevisualiseerde onderhandeling met de Perfectionistische Overcontroleerder.

Het stimuleren van spel en spontaniteit bestaat uit gerichte oefeningen om emotionele responsen als blijdschap en ontspanning op te wekken, zoals het doen van spelletjes in de sessie, bekijken van grappige clips of iets dergelijks. Cliënten moeten het gevoel van ontspanning en speelsheid leren waarderen, en daarbij helpt de therapeut hen door alert te zijn op de kleine emotionele responsen van blijdschap of ontspanning tijdens deze oefeningen en de cliënt hiervan bewust te maken.

In het volgende hoofdstuk wordt beschreven hoe de cliënt in de middenfase van de therapie geleerd wordt haar Gezonde Volwassene te visualiseren en die meer te betrekken in de oefeningen. De methoden en technieken die in dit hoofdstuk over de Gezonde Volwassene beschreven worden, zijn toepasbaar bij alle verschillende persoonlijkheidsstoornissen.

De middenfase van de behandeling

R. van der Wijngaart en H. van Genderen, *Schematherapie voor cluster C-persoonlijkheidsstoornissen*, https://doi.org/10.1007/978-90-368-2988-5_8

8.1 Inleiding

De beginfase van therapie was gericht op bewustwording en het opdoen van corrigerende emotionele ervaringen. Je had daarbij een leidende, richtinggevende rol en hielp de kanten en behoeften van je cliënt te verwoorden. Je bent daarbij een rolmodel van een voldoende goede ouder geweest. In die rol stapte jij in het beeld tijdens een imaginatie en deed jij de rescripting. In die rol ben jij ook degene die onderhandelde met de Vermijdende en Omkerende Copingkanten en degene die de Kritische kanten bewerkte. De gezonde ervaringen die je cliënt zo heeft opgedaan kunnen nu dienstdoen als een basis voor de groei van de Gezonde Volwassene van je cliënt.

In de middenfase van de therapie komt die Gezonde Volwassene meer centraal te staan. Je cliënt leert in deze fase zelf haar basisbehoeften te valideren. In de veiligheid van de therapie oefent de cliënt zo de vaardigheden die de therapeut in de beginfase getoond heeft. Voortbouwend op die oefeningen zullen in de eindfase van de behandeling de gedragspatronen in het dagelijks leven steeds meer doorbroken worden.

In dit hoofdstuk beschrijven we hoe gewerkt wordt met de Gezonde Volwassene in de middenfase van de therapie. Dit hoofdstuk is niet specifiek toegespitst op een van de drie cluster C-persoonlijkheidsstoornissen. De reden is dat de hierna genoemde processen, methoden en technieken bij ieder van de cluster C-stoornissen van toepassing zijn.

8.2 De Gezonde Volwassene

In de middenfase van de therapie is je doelstelling dat de Gezonde Volwassene van de cliënt overneemt wat jij in de beginfase hebt gedemonstreerd. Je cliënt moet in deze middenfase op de eerste plaats leren om zichzelf bewust te zijn van de verschillende kanten. Daarnaast moet je cliënt als Gezonde Volwassene leren zelf basisbehoeften te valideren.

8.2.1 Visualiseren van de Gezonde Volwassene

Om de Gezonde Volwassene in te kunnen zetten om de basisbehoeften te valideren, moet de cliënt leren hoe haar Gezonde Volwassene eruitziet. De Gezonde Volwassene is net als alle andere modi, een kant van je cliënt. Je cliënt zal deze kant van zichzelf goed moeten leren kennen. Ook zal je cliënt moeten leren om contact te maken met die Gezonde Volwassene in zichzelf, ook wanneer schema's geactiveerd zijn. In het kader staat een stappenplan beschreven dat je kunt gebruiken om je cliënt te leren haar Gezonde Volwassene te visualiseren. Dit stappenplan is enkel bedoeld als hulpmiddel en niet als doel op zichzelf. Er zijn vast nog wel meer manieren hoe je cliënt zicht kan krijgen op haar Gezonde Volwassene.

Stappenplan voor het leren visualiseren van de Gezonde Volwassene

Stap 1 Psycho-educatie over de Gezonde Volwassene en het visualiseren van deze kant
Stap 2 Geef een persoonlijk voorbeeld van jouw Gezonde Volwassene
Stap 3 Beschrijf specifieke aspecten van deze herinnering als hulpmiddelen om contact te maken met de Gezonde Volwassene
Stap 4 Vraag de cliënt haar Gezonde Volwassene te visualiseren
Stap 5 Nabespreking en huiswerk

Stap 1 Psycho-educatie over de Gezonde Volwassene en het visualiseren van deze kant

Cliënten kunnen vertekende ideeën hebben over wat een 'Gezonde Volwassene' betekent. Een cliënt met een Afhankelijke-persoonlijkheidsstoornis zal het vooral heel gezond vinden als iedereen tevreden is, zelfs als dat ten koste gaat van de eigen behoeften en gevoelens. Wat een cliënt met een Afhankelijke-persoonlijkheidsstoornis als gezond ziet, is feitelijk het beeld van de Willoze Inschikkelijke. Een cliënt met een Dwangmatige-persoonlijkheidsstoornis zal het heel gezond vinden om zo goed mogelijk werk af te leveren, altijd te streven naar perfectie. Wat een cliënt met een Dwangmatige-persoonlijkheidsstoornis als gezond voor ogen heeft, is feitelijk de beleving van de Veeleisende kant.

Je zult aan je cliënt moeten uitleggen dat er twee kenmerken zijn van de Gezonde Volwassene. Enerzijds staat een Gezonde Volwassene in contact met haar gevoelens en behoeften. Zo voel je wat je raakt, onzeker of verdrietig maakt. Anderzijds is een kenmerk van een Gezonde Volwassene dat zij deze gevoelens, maar ook de context waarin de gevoelens getriggerd worden, kan hanteren door ook te blijven luisteren naar haar verstand en dus naar gezonde opvattingen (gedachten).

Stap 2 Geef een persoonlijk voorbeeld van jouw Gezonde Volwassene

Het geven van een persoonlijk voorbeeld van herinneringen aan je eigen Gezonde Volwassene heeft een paar voordelen. Op de eerste plaats geef je een realistisch perspectief op wat de Gezonde Volwassene betekent. Zo heb je de gelegenheid om onrealistische verwachtingen van cliënten bij te stellen over wat het betekent een Gezonde Volwassene te zijn.

Het delen van ervaringen waarin jij je ook onzeker, gespannen of gestrest hebt gevoeld heeft als bijkomend effect dat het contact wat gelijkwaardiger kan worden. In deze middenfase van de behandeling is er meer ruimte nodig voor het ontwikkelen van autonomie door de cliënt. Die autonomie ontwikkelt je cliënt niet goed als jij als therapeut nog een onbereikbaar ideaalbeeld blijft representeren.

Voorbeeld van een persoonlijk voorbeeld van de therapeut

Therapeut: *Ik moet soms ook echt even actief die Gezonde kant van me mobiliseren. Als er een situatie is die ik lastig vind, moet ik daar echt even aandacht voor hebben. Wat mij helpt is om terug te denken aan situaties waarin ik die Gezonde Volwassene ben geweest. Door aan die herinnering te denken kan ik die Gezonde kant ook weer voelen, kan ik die Gezonde Volwassene weer een beetje worden. Als ik nu bijvoorbeeld weet dat ik iets moeilijks moet gaan doen, zou ik nu mijn ogen kunnen sluiten (hier sluit de therapeut even zijn ogen) en terugdenken aan een situatie die ik pasgeleden heb meegemaakt.*

Hier kun je een voorbeeld kiezen dat ook relevant zou kunnen zijn voor je cliënt. Voor Jenny kies je bijvoorbeeld een situatie waarin het gaat om het aangaan van een lastige sociale situatie. Voor Claire kies je bijvoorbeeld een herinnering waarin je voor je mening uit bent gekomen terwijl de ander dat niet leuk vond. Voor John kies je een herinnering waarin je de druk van hoge eisen hebt gevoeld, maar waarin je toch hebt gekozen voor een ontspannende activiteit.

Voorbeeld van een persoonlijk voorbeeld van de therapeut – vervolg

Therapeut: *Ik had laatst een paar heel lange, drukke werkdagen gehad. Het was een tijd met een aantal deadlines, boven op het normale werk. En ik kan me herinneren dat ik aan het eind van een lange dag op de bank lag en best moe was. En het eerste half uur was het alleen maar fijn. Even ontspannen na hard werken. Kun je je er iets bij voorstellen?*
(John knikt nadrukkelijk.)
Therapeut: *Maar na een halfuurtje bedacht ik ineens dat ik nog iets moest doen. Ik kan me nog goed herinneren hoe chagrijnig ik werd en dat ik helemaal geen zin had in die klus … Dus eerst probeerde ik het maar wat te negeren. Maar die gedachte kwam steeds maar terug: 'Het gaat echt niet vanzelf weg. Als je het nu gewoon even doet, dan ben je ervan af en dan kun je tenminste ook echt ontspannen.'*
John: *Ja, precies, dat heb ik ook vaak. En dan is het inderdaad wel handig om het maar gewoon even te doen, want dan is het pas daarna ook echt gedaan. Anders loop je jezelf toch een beetje voor de gek te houden.*
Therapeut (glimlachend): *Ik dacht al dat jij dit zou herkennen. En mij leek het op dat moment ook echt het beste om in actie te komen, net zoals jij dat nu lijkt te vinden. Maar dit is niet de Gezonde Volwassene waar ik over wilde vertellen. Dit is een beetje de Oude Ik, zoals ik gewend ben dingen te zien, vanuit mijn achtergrond. Dit is die Veeleisende kant die ik heb in mijn leven. Het was de oude boodschap dat er altijd wat te doen is, 'Wie A zegt moet B zeggen' et cetera. Nee, dit is niet mijn Gezonde Volwassene. Die kwam wel kort daarna. Dat was namelijk het moment dat ik al bijna was opgestaan van de bank, maar toen bedacht: 'Ja, maar wacht even, het kan wel zijn dat dit nog maar één taakje lijkt te zijn voordat ik echt kan rusten. Maar de realiteit is dat er altijd nog taakjes zullen blijven liggen. Je kunt nu wel doorwerken, en dat is fijn voor die kluslijst, maar wat heb je nu eigenlijk nodig … ? Nog meer werk? Of is het eindelijk tijd voor wat ontspanning? Een andere invulling van je leven dan alleen maar werk?' Probeer te zoeken naar een goede balans tussen werken en ontspannen.*

Stap 3 Beschrijf specifieke aspecten van deze herinnering als hulpmiddelen om contact te maken met de Gezonde Volwassene

Door het voorbeeld leert je cliënt hopelijk dat het leven vol zit met lastige momenten waarin je moet besluiten wat een gezonde keuze is, een gezonde koers. Je laat je cliënt ook zien dat wij allemaal moeten proberen oude patronen, kanten van onszelf, te herkennen. Herkenning van die patronen is een eerste stap in het gezond hanteren van uitdagende situaties. Je wilt echter ook laten zien dat je uitdagende situaties zo veel mogelijk vanuit de Gezonde Volwassene benadert. Met behulp van deze herinnering demonstreer je aan je cliënt hoe je contact maakt met die Gezonde Volwassene en welke hulpmiddelen je daarbij inzet.

Voorbeeld van een persoonlijk voorbeeld van de therapeut – vervolg

Therapeut: *En als ik daaraan terugdenk, voel ik weer hetzelfde als wat ik op dat moment voelde … een soort rust … een kalmte in me … Ik voel dat opnieuw hier* (therapeut wijst op zijn middenrif) *… en ik merk opnieuw dat ik wat rechterop ga zitten, niet zo naar voren geleund toen ik eraan dacht wat ik allemaal nog moest doen, maar meer rechtop, in balans … merk je daar iets van?*

John: *Ja, ja, natuurlijk … je zit rechterop, en ja, dat je ook wat rustiger klinkt of zo…*

Therapeut: *Ja, klink ik anders? Wat leuk! Hoe klink ik dan nu ten opzichte van daarnet?*

John: *Nou, je praat nu kalmer, langzamer. Toen je net vertelde over dat taakje praatte je sneller of zo.*

Therapeut: *Goed dat je dat opmerkt. Maar ook goed om te horen. Want ik wist wel van andere kenmerken van mijn Gezonde Volwassene, maar dit wist ik nog niet. En het is wel goed om te weten hoe die Gezonde Volwassene eruitziet, hoe die voelt en hoe die klinkt. Hoe meer ik weet heb van al die kenmerken, hoe beter ik in staat ben om contact met die kant van mezelf te maken. Die kenmerken als rechtop zitten, kalm praten, maar eigenlijk ook de herinnering zelf, dat zijn een soort sleutels. Met die sleutels kan ik toegang krijgen tot mijn Gezonde Volwassene. Wat ik bijvoorbeeld weet is dat die woorden 'De realiteit is…' me erg helpen. Die woorden helpen me heel erg om contact te maken met mijn Gezonde Volwassene. Dus door die woorden uit te spreken, 'De realiteit is …', maak ik automatisch wat contact met die gezonde kant van mezelf…*

Stap 4 Vraag de cliënt haar Gezonde Volwassene te visualiseren

Nu komt de stap dat je cliënt een mentaal beeld moet leren vormen van haar Gezonde Volwassene. Door jouw voorbeeld heeft je cliënt al kunnen begrijpen om welk soort herinneringen het gaat. Het gaat dus om herinneringen waarin er schema-activatie was die zij goed heeft weten te hanteren.

Het visualiseren van de Gezonde Volwassene heeft zo verschillende onderdelen. Je vraagt je cliënt eerst een beeld op te laten komen waarin er schema-activatie heeft plaatsgevonden.

Voorbeeld situatie van je cliënt waarin schema-activatie optrad (beeld oproepen)

Therapeut: *Ik wil je vragen je ogen de komende tien minuten gesloten te houden. Je mag ook naar een punt voor je kijken als je dat prettiger vindt. De bedoeling is dat je de aandacht naar binnen richt en niet te veel afgeleid wordt door de omgeving. In deze oefening ga je een beeld vormen van de Gezonde Volwassene, van jou als de kapitein op jouw schip.*

Concentreren op de ademhaling

Haal dus maar even diep adem … en sluit je ogen.

Dan begint het met eerst maar je bewust te worden van jezelf op dit moment. Na alle hectiek van de dag, reizen, mensen, dan is er nu alleen aandacht voor jou… Wees je

maar bewust van je voeten op de grond ... van die plekken waar je lichaam contact maakt met de zitting onder je ...
Word je ook bewust van je ademhaling. Je hoeft er niets aan te veranderen ... maar word maar bewust dat je ademhaling zijn eigen ritme lijkt te hebben ... soms wat sneller ... soms wat langzamer ... Een beetje alsof je aan de kust staat en kijkt naar de golven die komen en gaan. Soms komen ze wat sneller, soms wat langzamer ... maar het is een ritme dat doorgaat, zonder dat je daar iets aan hoeft te veranderen ...

Oproepen van het beeld van de Gezonde Volwassene
En vanuit deze positie wil ik je nu vragen om een beeld, een herinnering op te laten komen van jouw Gezonde Volwassene. Wat voor herinneringen of beelden zijn dat? Nou, het zijn vaak herinneringen aan momenten waarop je het lastig of moeilijk had, maar die je goed hebt gehanteerd. Daarmee zijn het herinneringen waar een tevreden of misschien zelfs trots gevoel aan kleeft ... Welke beelden of herinneringen komen er bij je op als het daarover gaat ... iets lastigs, niet een makkelijke situatie, maar wel een die je goed hebt gehanteerd ...
Als je een beeld hebt, wil ik je vragen om je daar nu goed in in te leven, alsof je daar nu weer bent ... Neem dus maar even de tijd om goed om je heen te kijken ... Waar ben je nu?... Draai je hoofd maar rustig van links naar rechts, en kijk maar goed om je heen waar je nu bent ... Wat zie je nu? ... Misschien ook, wie zie je nu?... Wat voor licht neem je waar? Is het daglicht of avondlicht?... Zijn er bepaalde geluiden die tot je komen nu je hier bent?... Geuren?... En wat gebeurt er? Dit is niet alleen maar een makkelijke situatie, dus spoel maar even voor- of achteruit tot je bij dat lastige moment bent ... Wat gebeurt er nu?...

8

Vervolgens vraag je de cliënt zich bewust te worden van die schema-activatie door te vragen naar de cognitieve, emotionele en fysiologische aspecten ervan. De stap van *ervaren* naar *bewust worden* is de eerste stap in het werken aan de Gezonde Volwassene. Je vraagt hiermee je cliënt om vanuit de beleving van de geactiveerde Kindkant een meer observerende positie in te nemen.

Voorbeeld situatie van je cliënt waarin schema-activatie optrad (bewustwording)

Therapeut: *En hoe voel je je nu? Wat is dat onprettige gevoel? Is dat iets van angst, onzekerheid? Of een vorm van boosheid? Verdriet of iets anders?... En waar voel je dat onprettige gevoel in je lichaam? Leg maar een hand op die plek van je lijf waar je dat gevoel het meest tegenkomt ... Dit is niet fijn, dat begrijp ik, maar ik wil je vragen om er toch even contact mee te houden ... En check voor jezelf: is dit nu voor het eerst dat ik dit voel of herken ik dit gevoel? Heeft het iets vertrouwds? Iets bekends?... En als het antwoord op die vraag bevestigend is, realiseer je dan dat dit gevoel wat je nu hebt, dat dat ook oude pijn is. Wat je nu voelt, is dat gevoel dat je ook had toen je nog een klein meisje was ... Je komt haar nu tegen ...*

Na het bewust worden van het Kwetsbare Kind vraag je je cliënt te visualiseren hoe zij die uitdagende situatie en de schema-activatie op een gezonde manier heeft gehanteerd.

Voorbeeld situatie van je cliënt waarin schema-activatie optrad (ervaren Gezonde Volwassene)

Therapeut: *Maar dit is niet een beeld met alleen maar deze pijn. Dit is ook een goed beeld … Spoel nu maar even door naar dat gedeelte waardoor dit ook een goede herinnering voor je is, iets waar je met tevredenheid of zelfs trots naar kunt kijken …*
En als je daar nu bent, wat doe je dan waar je je zo goed over voelt? Of wat doe je misschien juist niet?… En wat is dat goede gevoel dat je nu hebt? Is dat iets van trots? Kracht? Balans? Ga het niet analyseren of er over nadenken, maar probeer dit gevoel een beetje te 'proeven'…. Wat is dat prettige gevoel? … En waar ervaar je dit gevoel in je lichaam? Is er een plek waar je dit gevoel het sterkst tegenkomt? Leg maar een hand op die plek van je lichaam, maak er maar contact mee …

Je cliënt heeft nu contact gemaakt met haar Gezonde Volwassene door haar aandacht te richten op dit gezonde deel van de herinnering. Je vraagt je cliënt zich nu volledig in te leven in deze ervaring en daarmee zo veel mogelijk samen te vallen met deze Gezonde Volwassene. Je vraagt je cliënt ook een beeld te vormen van zichzelf in deze toestand. Dit is het gedeelte dat je cliënt leert de Gezonde Volwassene te visualiseren.

Voorbeeld situatie van je cliënt waarin schema-activatie optrad (visualiseren Gezonde Volwassene)

Therapeut: *En laat dat gevoel nu maar groeien, groter worden … Laat het je maar vullen, zodat het helemaal door je heen stroomt, je opvult … En zoek ook maar een houding die past bij dit gevoel dat nu door je heen gaat … Check even voor jezelf of deze houding past bij dit gevoel … En bedenk dat dit gevoel jouw Gezonde Volwassene is, dit is jouw kapitein op jouw schip … Zoom maar een beetje uit zodat je nu naar jezelf kunt kijken, naar jou in deze toestand. Dat hoeft niet precies dezelfde houding te zijn die je nu hebt, misschien zie je jezelf nu wel staan, of heb je een andere houding … Maar kijk maar naar de persoon voor je … Dat is jouw Gezonde Volwassene … dat is jouw kapitein …*

Vraag je cliënt ook om zich bewust te worden van de verschillende aspecten, de verschillende modaliteiten van deze toestand. Dat wil zeggen dat je vraagt naar de emotionele, fysiologische en cognitieve aspecten van deze kant van zichzelf.

Voorbeeld situatie bewustwording emotionele, fysiologische en cognitieve aspecten van de Gezonde Volwassene

Therapeut: *En hoe kun je zien dat dit die Gezonde Volwassene is? Is dat iets in haar houding? De manier waarop zij kijkt? … Welke woorden staan er onder dit beeld? Welke woorden straalt deze persoon uit?… Dit ben jij … Misschien wel in je beste doen … Kruip maar weer ín de huid van die Gezonde Volwassene waar je naar kijkt … wéés die kapitein maar weer … En voel hoe goed dit voelt … Waar voel je dat prettige gevoel ook alweer in je lijf? … Geniet er ook maar van, van dit fijne gevoel …*

Naast het visualiseren van de Gezonde Volwassene wil je ook dat je cliënt leert contact te maken met die gezonde kant wanneer schema's geactiveerd zijn. Dat terugschakelen vanuit een Kindkant naar de Gezonde Volwassene kan in deze imaginatie al wat geoefend worden. Dat hoeft echter nog niet. Door dit element toe te voegen maak je de oefening ook iets complexer en wellicht dat je het voor je cliënt nog wat eenvoudig wilt houden.

Maar als je het schakelen ook al wilt oefenen, dan kun je de cliënt vragen de aandacht nu te richten op de schema-activatie die er ook was, de Kindkant. Vervolgens vraag je om de aandacht weer te richten op die Gezonde Volwassene. Zo leert je cliënt terug te schakelen naar de Gezonde Volwassene wanneer schema's geactiveerd zijn.

Voorbeeld situatie van je cliënt waarin schema-activatie optrad (schakelen tussen Kindkant en Gezonde Volwassene)

Therapeut: *En natuurlijk is het niet alleen maar fijn: dat meisje dat je daarnet tegenkwam is er ook nog. Waar is zij nu? Is ze links of rechts van je? Of zit ze bij je op schoot? Kijk maar even waar die kleine is. En draai nu je hoofd maar naar haar toe, alsof je haar aankijkt. Kijk maar naar dat kleine meisje ... Zie je iets van haar pijn? Hoe zie je dat die kleine zich niet fijn voelt, bang is, verdrietig, boos, misschien?*

En ik denk dat jij wel begrijpt waar dat gevoel vandaan komt, toch? Natuurlijk voelt die kleine zich zo want ... kun je die zin eens afmaken in jezelf? Waardoor is het zo begrijpelijk dat die kleine zich zo voelt?

Als je zo je aandacht richt op die kleine, op die pijn, misschien dat je er dan ook iets van voelt, van die pijn? Besef dat je háár pijn voelt en goed begrijpt, maar dat je deze pijn niet bént. Je bént haar niet, je kijkt naar haar. Misschien is het ook wel goed voor nu om je ogen af te wenden, draai je hoofd maar een beetje weg. Niet om die kleine te negeren, die is er nog steeds, dicht bij je, maar ik wil je vragen om nu weer even helemaal die Gezonde Volwassene te zijn. Wees die kapitein maar. Voel maar dat prettige gevoel dat ermee komt... En, ja, de pijn van die kleine is er ook nog, daar naast je, maar nu is het even jíj, jij als de kapitein op jouw schip.

Je kunt dit 'schakelen' nog een keer oefenen, maar op dit punt aangekomen kun je de oefening ook afronden. Belangrijk is dat je aandacht houdt voor de consolidatie van de Gezonde Volwassene. Vraag je cliënt dus zich bewust te zijn van alle aspecten van die kant.

Voorbeeld situatie van je cliënt waarin schema-activatie optrad (schakelen tussen Kindkant en Gezonde Volwassene) – vervolg

Therapeut: *En geniet maar van het fijne gevoel. Waar voel je dat ook alweer in je lichaam? Leg maar een hand op die plek van je lijf waar je dat gevoel tegenkomt ... Hou er contact mee. Ook als we dadelijk de oefening rustig gaan afronden, wil ik je vragen om met dit gevoel contact te houden. Laat nu maar de beelden vervagen, maar hou contact met dit gevoel ... Ook als je nu het beeld laat opkomen van de ruimte waar je je nu in bevindt, houd je nog contact met dat gevoel. Beweeg nu je handen en je voeten zodat je weer een beetje landt in het hier en nu. En dan, als je in je eigen tempo je ogen opent, kun je dat gevoel misschien nog steeds meenemen naar het hier en nu.*

8

Stap 5 Nabespreking en huiswerk

De nabespreking is een belangrijk onderdeel van deze oefening. Door de nabespreking, met daarin expliciete aandacht voor alle aspecten van de Gezonde Volwassene, help je de cliënt zich bewust te worden van die kant van zichzelf. Daarnaast help je de cliënt zich bewust te zijn van de manieren waarop zij kan leren contact te maken met die Gezonde Volwassene. De vaardigheid om te 'schakelen' naar de Gezonde Volwassene zal echter nog veel geoefend moeten worden. Daarom geef je als huiswerk mee dat je cliënt die Gezonde Volwassene regelmatig visualiseert. Je kunt je cliënt vragen een muzieknummer te kiezen dat het gevoel, de beleving van die Gezonde Volwassene het beste uitdraagt. De cliënt kan ook een afbeelding kiezen die of een object dat dit symboliseert.

Je zult deze oefening vervolgens nog vaker in de sessies moeten herhalen om sommige cliënten te leren deze kant van zichzelf beter te leren kennen.

8.2.2 Drie stappen van de Gezonde Volwassene

Nu je cliënt een beeld heeft van haar Gezonde Volwassene is de volgende stap dat je cliënt leert zelf corrigerende, gezonde ervaringen te genereren, basisbehoeften te valideren. Je moet daarbij expliciet overdragen wat je in de beginfase voorgedaan hebt. Je kunt die gedemonstreerde gezonde strategie samenvatten in drie stappen:

Stap 1 Compassie
Stap 2 Cognitieve herstructurering
Stap 3 Gedragsmodificatie

Voor cliënten kunnen deze drie wat technische stappen vertaald worden in:

Stap 1 Wees aardig voor jezelf
Stap 2 Denk rustig en realistisch na
Stap 3 Wat heb je nodig en hoe kun je daar in deze situatie naar handelen?

Hierna worden deze drie stappen van de Gezonde Volwassene wat uitvoeriger beschreven.

Stap 1 Compassie: Wees aardig voor jezelf

Wanneer schema's geactiveerd worden en oude pijn oplaait, zijn cliënten geneigd snel tot actie over te gaan en iets te doen om die opgeroepen emoties minder te voelen. Zodra Claire bang wordt dat de ander ontevreden of boos zou kunnen zijn, gaat ze bijvoorbeeld hard haar best doen de ander te pleasen. Jenny heeft eigenlijk meteen al besloten niet naar haar vriendin te gaan toen ze hoorde dat er nog een andere vriendin aanwezig zou zijn. John is aan het eind van een werkdag toch meteen aan de slag gegaan toen bleek dat de klus nog niet door anderen was afgerond. De Copingkanten zijn de reflexmatige overlevingsstrategieën die ze lang geleden hebben ontwikkeld en in de loop der jaren zijn die gedragsmatige reflexen alleen maar sneller geworden. Bij schema-activatie is er echter niet meteen actie nodig, maar eerst compassie. Compassie in de vorm van expliciet begrip voor het onprettige gevoel dat gepaard gaat met schema-activatie heeft een verzachtende werking. Dit kalmerende effect is een noodzakelijke eerste voorwaarde om rustig en realistisch na te kunnen denken en andere gedragsmatige keuzes te maken. Veel cliënten hebben echter niet geleerd om compassie te hebben met de emotionele pijn die gepaard gaat met schema-activatie. In de beginfase heb jij misschien wel voor het eerst in hun leven compassie getoond en je cliënt daarmee gekalmeerd. Nu moet je cliënt dat echter zelf leren doen.

Je begint uit te leggen dat compassie een vorm van expliciet begrip is. Vraag je cliënt de zin af te maken 'Natuurlijk voel je je zo angstig/onzeker/gefrustreerd, want ...' Laat je cliënt dan iets zeggen over de situationele omstandigheden die het begrijpelijk maken hoe ze zich voelt. Maar vraag haar ook aandacht te hebben voor het feit dat er bij deze belevingen oude pijn meespeelt: 'Ik heb vroeger die ervaringen gehad, waardoor ik mij nu zo voel.'

Stap 2 Cognitieve herstructurering: Denk rustig en realistisch na

Na het gezond reguleren, het kalmeren van de opgeroepen emoties zal je cliënt nu kritisch moeten kijken naar de aannames die gepaard gaan met schema-activatie. Je cliënt zal, met andere woorden, actief moeten ingaan tegen de geactiveerde Copingkanten en Kritische kanten. In de beginfase heb jij als therapeut argumenten gegeven waarom die kanten niet de gezonde manier zijn om tegen moeilijke situaties aan te kijken. Nu zal je cliënt moeten oefenen zelf realistischer na te denken.

We spreken nu over de verschillende fasen alsof het aparte blokken zijn waarbij je totaal andere verwachtingen van je cliënt hebt. In werkelijkheid is het een organischer proces. Dat betekent dat je je cliënt in het begin van de middenfase nog actief ondersteunt wanneer die argumenten probeert in te brengen tegen de Coping- en Kritische kanten.

Stap 3 Gedragsmodificatie: Wat heb je nodig en hoe kun je daar in deze situatie naar handelen?

Als sluitstuk van deze drie stappen zal je cliënt moeten leren de situatie, de context waarin de schema's geactiveerd zijn, op een gezonde manier te hanteren. Je wilt echter dat gedragskeuzes gebaseerd worden op de relevante behoeften van je cliënt, en niet enkel reflexmatige herhalingen zijn van oude Copingmodi. Deze derde stap begint dan ook met de vraag: 'Wat heb ik in deze situatie nodig?' Opnieuw willen we benadrukken dat die vraag makkelijk verward kan worden met: 'Wat *wil* ik nu?' Hoewel 'wensen' en 'behoeften' overeen kunnen komen, zijn verlangens niet altijd hetzelfde als behoeften. Het gaat om wat het Kwetsbare Kind nu nodig heeft. Jenny wil bijvoorbeeld zo snel mogelijk weg uit de situatie of er überhaupt niet naartoe gaan. Wat kleine Jenny echter nodig heeft, is meer verbondenheid waarbij ze zich uitspreekt over wat zij nodig heeft.

Hierna volgt een beschrijving van de stoelentechniek als methode om deze drie stappen te oefenen.

8.2.3 Stoelentechniek voor de drie stappen van de Gezonde Volwassene

Met behulp van de stoelentechniek kunnen de drie stappen van de Gezonde Volwassene geoefend worden. Dit is een andere vorm van het gebruik van stoelen dan eerder beschreven werd. In plaats van de verschillende kanten van je cliënt representeren de stoelen bij deze techniek de drie stappen van de Gezonde Volwassene. Het stappenplan in het kader kan als leidraad dienen om deze stappen te oefenen.

Stappenplan stoelentechniek voor de drie stappen van de Gezonde Volwassene

Stap 1 Exploratie van de probleemsituatie
Stap 2 Plaats drie stoelen tegenover de cliënt en geef uitleg over de oefening
Stap 3 Laat de cliënt plaatsnemen in de eerste van deze drie stoelen: Compassie
Stap 4 Laat de cliënt plaatsnemen in de tweede van deze drie stoelen: Cognitieve herstructurering
Stap 5 Laat de cliënt plaatsnemen in de derde van deze drie stoelen: Gedragsmodificatie
Stap 6 Plaats de cliënt op de oorspronkelijke therapiestoel en herhaal de boodschappen van de drie stoelen van de Gezonde Volwassene

Stap 1 Exploratie van de probleemsituatie

Als inleiding op deze techniek exploreer je een probleemsituatie die zich recent heeft voorgedaan of die zich in de nabije toekomst zal voordoen. De rationale voor de oefening is dat jullie nu aan de Gezonde Volwassene gaan werken en dat jullie deze situatie zullen gebruiken.

Bij het exploreren van de moeilijke situatie maak je expliciet onderscheid tussen de context (de discriminerende stimulus), de primaire emotionele responsen (de geactiveerde Kindkanten) en de geactiveerde Coping- en/of Kritische kanten. Met gebaren geef je ieder van deze drie componenten een aparte 'plek' in de ruimte. Deze positionering van de verschillende onderdelen kan tijdens de oefening worden gebruikt om de drie stappen van de Gezonde Volwassene meer focus te geven. De eerste stap, van compassie, richt zich op de geactiveerde Kindkanten. De tweede stap, van cognitieve herstructurering, richt zich op de geactiveerde Coping- en Kritische kanten. En de derde stap, van gedragsmodificatie, heeft betrekking op Copingkanten en de context, de situatie waarin dit zich allemaal afspeelde.

Voorbeeld exploratie van de probleemsituatie

Therapeut: *Hoe heb je je de afgelopen week gevoeld?*
Jenny: *Nou, niet zo heel fijn. Er was een situatie met die collega op mijn werk, die bij mij op de kamer zit.*
Therapeut: *O? Wil je delen wat er is gebeurd?*
Jenny: *Nou, ze hadden met een paar collega's afgesproken wat te drinken en toen vroeg ze of ik ook mee wilde gaan na het werk.*
Therapeut: *Ah, wat fijn! Wat leuk dat ze je mee hebben gevraagd. Ik weet dat jij het spannend vindt om met collega's om te gaan, maar ik ben wel blij dat ze je de mogelijkheid geven om mee te doen.*
Jenny: *... Ja, misschien ... maar ik vond het vooral erg stressvol. Ik wist echt niet wat ik moest zeggen en kon alleen maar denken hoe ik eronderuit kon komen.*
Therapeut: *Want wat maakte dat je er zo graag onderuit wilde komen?*
Jenny: *Nou, gewoon ... dat ik weer niets weet te zeggen ... dat ze me stom vinden en dat ik dan de sfeer verpest. Dat zou ik echt naar vinden voor ze ... Dan heb ik liever dat ik dat allemaal niet mee hoef te maken.*
Therapeut: *Oké, dus wat ik hoor is die situatie waarbij je collega je vroeg om ook wat mee te gaan drinken* (therapeut gebaart bij het benoemen van de context, de situatie naar

een plek op de grond, voor Jenny en de therapeut). *En in die situatie gebeurde er van alles. Ik hoor dat je je erg gespannen hebt gevoeld. Angstig, heb ik het idee?*
(Jenny knikt beamend.)
Therapeut: *Dus in die situatie voelde jij vooral angst en spanning* (therapeut gebaart hierbij naar de buik van Jenny). *En als ik goed heb geluisterd waren er vooral allerlei gedachten over hoe je dan de sfeer zou verpesten* (hier gebaart de therapeut naar een plek schuin achter Jenny). *Dat anderen het niet fijn zouden hebben door dat jij erbij was?*
(Jenny knikt opnieuw.)
Therapeut: *Het klinkt alsof een kant van jou naar die situatie keek, maar vanbinnen al voor ogen had hoe anderen na afloop teleurgesteld zouden zijn. Anderen zouden teleurgesteld zijn door iets wat jij zou hebben gedaan?* (Opnieuw gebaart de therapeut hierbij naar een plek schuin boven Jenny.)
Jenny: *Ja, precies … dat ik alles voor ze heb verpest, terwijl het bedoeld was om even samen te genieten …*
Therapeut: *Precies, dat hoor ik* (gebaart opnieuw naar de plek schuin boven Jenny). *En wat ik je ook hoor zeggen is dat je met al dat nare gevoel vooral bezig was met het idee: 'Hoe kom ik hier zo snel mogelijk onderuit?'* (Gebaart hierbij naar een plek naast de stoel waar Jenny in zit.)
(Jenny knikt.)
Therapeut: *Zo gebeurt er heel veel in zo'n situatie. Goed dat je dit inbrengt. Het klinkt als een situatie waarin je best die Gezonde Volwassene, die kapitein op jouw schip, zou kunnen gebruiken. Wat denk jij?*
Jenny: *Ja, dat denk ik ook … Maar ik heb geen idee hoe dat dan anders zou moeten gaan … ik bedoel, ik vind het echt heel stressvol zoiets.*
Therapeut: *Dat snap ik, dit is voor jou volgens mij een beetje een Mount Everest, of in ieder geval een andere hoge berg waar je tegen aankijkt en waarvan je je niet voor kunt stellen dat je die kunt beklimmen?*
(Jenny knikt.)

Stap 2 Plaats drie stoelen tegenover de cliënt en geef uitleg over de oefening

Je plaatst nu drie stoelen tegenover je cliënt. Deze drie stoelen representeren de drie verschillende stappen van de Gezonde Volwassene. Mocht je geen drie verschillende stoelen in je kamer hebben, dan kun je ook een extra stoel neerzetten en de drie stappen doorlopen terwijl je cliënt op die ene stoel blijft zitten. Je kunt daarbij wellicht die stoel bij iedere stap een beetje verschuiven om te accentueren dat je cliënt bij iedere stap een andere taak heeft. Of je legt drie vellen papier op de grond met daarop 'compassie', 'denk even rustig na' en 'wat ga je nu doen?', en je vraagt je cliënt om de vellen een voor een langs te lopen.

Voorbeeld drie stoelen die de drie stappen van de Gezonde Volwassene representeren

Therapeut: *Dan zou ik nu een oefening willen doen om die kapitein op jouw schip, die Gezonde Volwassene, sterker te maken. Laten we daar deze situatie voor gebruiken, ook al is die al achter de rug, want het is een mooie gelegenheid om met die Gezonde Volwassene te oefenen. Oké?*

Jenny: *Oké …*

Therapeut: *Dan pak ik er drie stoelen bij en die zet ik even tegenover je …* (Therapeut staat op, pakt drie stoelen en zet die op een rij tegenover Jenny.)

Therapeut: *Waarom drie stoelen, denk je?*

Jenny: *Nou … dat zijn dan mijn Kritische kant (de Aanklager), en die Stille … en Eenzame en Verlegen Jenny?*

Therapeut: *Ja, zo hebben we die stoelen inderdaad eerder gebruikt, hè, om die verschillende kanten van jou uit elkaar te trekken. Heel goed gezien dat dat een mogelijkheid zou zijn. Maar ik wil de stoelen nu een beetje op een andere manier gebruiken …*

Jenny: *O … ?*

Therapeut: *Ja, de drie stoelen die ik hier nu neerzet staan wat mij betreft samen voor jouw Gezonde Volwassene. De drie stoelen symboliseren dus samen de Gezonde Volwassene. Maar waarom drie stoelen voor die Gezonde Volwassene, denk je?*

Jenny: *… Dat weet ik niet …*

Therapeut: *Dat geeft niet. Dat ik het vraag wil niet zeggen dat je het moet weten. Ik ben gewoon altijd heel benieuwd naar jouw ideeën en jouw gedachten over dingen. Vandaar dat ik het vraag. Maar goed, die drie stoelen staan voor de drie stappen die je als Gezonde Volwassene moet leren zetten in het leven. Weet je dan nog welke drie stappen ik bedoel?*

Jenny: *Dat met aardig zijn voor mezelf?*

Therapeut: *Precies! Heel goed! Inderdaad is aardig zijn voor jezelf, compassie, de eerste stap die je als Gezonde Volwassene moet zetten. Want die compassie die kalmeert wat, die maakt het mogelijk dat je wat rustiger en realistisch na kunt denken. En dat is de tweede stap. Dus die tweede stoel staat voor rustig en realistisch nadenken. Dat betekent voor jou dat je dan vooral even mag nagaan of die Aanklager en die Stille aanwezig zijn. En als dat zo is, dat je dan ook even nadenkt waarom die geen gelijk hebben, waarom het niet verstandig is die kanten van jezelf te volgen … En dan de derde stoel … Die derde stoel staat voor de handeling die nodig is. Je zit daar in een situatie, en ja, je moet wel iets zeggen, iets doen. Maar wat is dan de beste, de gezondste keuze? In die derde stap is het dan in ieder geval belangrijk dat je even nagaat wat je behoeften zijn in de situatie …* (Jenny kijkt wat stil naar de drie stoelen.)

Therapeut: *Helder als ik het zo langsloop? Dus we hebben een situatie* (wijst op de plek op de grond voor hen) *en in die situatie voel je van alles, denk je van alles en ben je geneigd terug te vallen in die vermijding* (therapeut gebaart naar de plekken waar eerder de Kwetsbare Kindkant, en de Aanklager en de Stille werden aangeduid). *Die drie stoelen gaan we gebruiken door eerst, op die eerste stoel, even aardig te zijn voor jezelf. Waarom is het eigenlijk heel begrijpelijk dat je je zo gespannen, gestrest en schuldig voelt? In die tweede stoel ga je oefenen om als Gezonde Volwassene wat tegengas te geven aan die Aanklager die je bij voorbaat al beschuldigt van het verpesten van het borrelen. Maar op die tweede stoel kun je als Gezonde Volwassene ook even nadenken waarom die*

Stille niet de beste koers voorstelt. En dan kun je in de derde stoel als Gezonde Volwassene eens oefenen met nadenken over gezonde manieren om met zo'n situatie om te gaan. Wat zijn jouw behoeften die je vooral in de gaten moet houden? En hoe kun je in een situatie zoals deze het best luisteren naar die behoeften?

...

Therapeut: *Zullen we er eens mee gaan oefenen?*

(Jenny kijkt wat ongelukkig maar knikt.)

Therapeut: *Ik weet dat je dit niet fijn vindt. Al die oefeningen die ik voorstel zijn niet meteen jouw lievelingsoefeningen, hè?*

Jenny (lacht wat gelaten ongemakkelijk): *Nee, ik vind het best lastig, ja.*

Therapeut: *Snap ik! Maar je hoeft het allemaal niet meteen te kunnen. Je hoeft er na de sessie ook niet meteen iets mee te doen. Ik wil wel voorstellen de veiligheid van deze sessie te gebruiken om te oefenen om die kapitein van jou wat vaardiger te maken, oké?*

(Jenny knikt.)

Stap 3 Laat de cliënt plaatsnemen in de eerste van deze drie stoelen: Compassie

Vanaf dit moment laat je de cliënt in de verschillende stoelen zitten. In de eerste stoel heeft zij de taak om zelfcompassie te oefenen. Jij als therapeut coacht waar nodig. Dat zal in het begin van de middenfase nog best vaak nodig zijn. Je behandelplan kan helpen bewaken dat je bij deze oefening niet onnodig lang de leiding neemt.

Voorbeeld zelfcompassie

Therapeut: *Neem nu dan maar plaats op die eerste stoel.*

(Jenny gaat op de eerste stoel zitten.)

Therapeut: *Dit is de eerste stoel van de Gezonde Volwassene. Dat betekent dat je eerst contact moet maken met die Gezonde Volwassene. Zet die kapiteinspet maar even op … Hoe doe je dat? Kun je me even meenemen hoe jij hier contact maakt met die Gezonde Volwassene?*

Jenny: *Nou, dan doe ik altijd even m'n ogen dicht …*

Therapeut: *Doe maar, doe maar gewoon wat je thuis ook zou doen als je die Gezonde Volwassene wilt activeren.*

Jenny (sluit haar ogen): *En dan denk ik weer aan die situatie tijdens het teamoverleg waarbij ik het spannend vond om mijn mening te geven … maar dat ik dat toch deed, omdat ik me toen sterk genoeg voelde …*

Therapeut: *En heb je dan nog een specifieke houding die je nu kunt aannemen om die Gezonde Volwassene ook echt te worden?*

(Jenny gaat wat rechterop zitten.)

Jenny: *Dan zie ik mezelf meer als volwassen of zo … rustiger …*

Therapeut: *En welke woorden …*
Jenny: *'Ik ben oké' … dat vooral, 'ik ben oké, ik ben niet anders of minder' …*
Therapeut: *Heel goed. Ik zie en voel ook wel dat er iets verandert. Klopt dat?*
Jenny (opent haar ogen): *Ja, ik voel me wat rustiger …*
Therapeut: *Goed, laten we dan samen even terugkijken naar die situatie waarin je collega vroeg of je meeging iets drinken* (therapeut wijst naar de plek op de grond voor de stoelen). *Jenny voelde zich niet fijn in die situatie.* (Therapeut gebaart naar de oorspronkelijke stoel waar Jenny zojuist op *Hoe voelt Jenny zich in die situatie?*
Jenny: *Angstig … gespannen … schuldig ook wel, dat ze het verpest voor anderen …*
Therapeut: *Precies … Maar ik denk dat jij en ik wel begrijpen waarom ze zich zo angstig en gespannen voelt, toch? En zo schuldig?*
(Jenny knikt.)
Therapeut: *Kun je dat eens tegenover haar uitspreken, alsof je haar toespreekt, die angstige, gespannen Jenny die zich zo schuldig voelt* (hier gebaart de therapeut opnieuw naar de oorspronkelijke stoel). *'Natuurlijk voel je je zo angstig gespannen, en schuldig want …' Kun je die zin eens afmaken?*
Jenny (richting de stoel waarop ze eerst zat): … *Nou, ik snap wel dat je je zo angstig gespannen voelt … want dit is een situatie die je nog niet zo goed kent … je kent die mensen niet goed, dus je weet ook niet hoe het zal gaan …*
Therapeut (zacht soufflerend): *Iedereen zou zich wat gespannen voelen voor een situatie die ze nog niet goed kennen.*
Jenny: … *Iedereen zou dat spannend vinden als ze de anderen nog niet zo goed kennen …*
Therapeut: *Heel goed! Maar ik denk ook dat wij wel snappen dat dit voor Jenny vooral een lastige situatie is toch? Met wat zij heeft meegemaakt in het verleden? Waarom is het eigenlijk wel begrijpelijk dat zij zich voor dit soort situaties zo gespannen angstig voelt?*
Jenny: *Nou, omdat ze eigenlijk nooit heeft geleerd zich uit te spreken … om dat er altijd wel commentaar was op wat ze zei…*
Therapeut: *Kun je dat eens rechtstreeks tegen haar zeggen?*
Jenny draait zich richting de oorspronkelijke stoel: *Nou, ik begrijp wel dat je je zo angstig voelt, want dit is altijd moeilijk voor je geweest… Je hebt nooit complimenten gehad en het gevoel gehad dat het oké was wat je te zeggen had …*
Therapeut: *'Dan is het logisch…'*
Jenny: *Dan is het logisch dat je je in deze situatie gespannen en angstig voelt.*
Therapeut: *Precies, want het is ook oude pijn …*
(Jenny knikt.)

Het oefenen van zelfcompassie is voor cliënten vaak een onwennige, nieuwe ervaring. Ze hebben in de beginfase kunnen ervaren dat compassie fijn is om te ontvangen, maar nu moeten ze die woorden zelf uitspreken. Die woorden voelen nog niet natuurlijk, en het heeft aandacht en herhaling nodig om zich die taal, die zelfcompassie meer eigen te maken. Vraag daarom goed door over de ervaring, en positieve aspecten van de ervaring dienen te worden geconsolideerd.

Voorbeeld nabespreken zelfcompassie

Therapeut: *Hoe voelt het om dit te zeggen?*

Jenny: *Gek … onwennig …*

Therapeut: *Naar onwennig of wel iets prettigs in dat onwennige?*

Jenny: *Wel prettig onwennig … Het klopt wel …*

Therapeut: *Fijn. Waar voel je dat, dat prettige gevoel?*

(Jenny denkt even na en wijst dan naar haar borst.)

Jenny: *Hier geloof ik … alsof het wat zachter wordt …*

Therapeut: *Mooi, joh. Nou, dan mag je nu naar de tweede stoel.*

Stap 4 Laat de cliënt plaatsnemen in de tweede van deze drie stoelen: Cognitieve herstructurering

In de tweede stoel kan je cliënt oefenen met zelf tegenargumenten aanvoeren tegen de geactiveerde Coping- en Kritische kanten. Die argumenten zijn in de beginfase door jou al vaak genoemd. In deze middenfase zal je cliënt meer zelf moeten inbrengen tegen de aannames die tijdens schema-activatie nog vaak zo geloofwaardig lijken.

Voorbeeld Cognitieve herstructurering

Therapeut: *Oké, dus nu zit je in de tweede stoel. Je bent nog steeds die Gezonde Volwassene, maar in deze tweede stoel heb je een andere taak. Daarnet* (therapeut wijst op de eerste stoel) *was het je taak als Gezonde Volwassene compassie te hebben met alle angst en stress die je voelde in die situatie. In deze tweede stoel wil ik de aandacht richten op die Kritische stem van die Aanklager, die zegt dat je het vast voor anderen zult verpesten. Maar ik wil ook aandacht hebben voor die Stille, die meteen heel hard gaat denken hoe je onder de afspraak uit kunt komen.*

Jenny: *Oké … en wat moet ik dan doen?*

Therapeut: *Goede vraag. Nou, eerst zou ik even stil willen staan bij wat die Aanklager precies zegt. Maar voordat je daar antwoord op geeft, ik zit wel de hele tijd naar die plek daar schuin boven je oorspronkelijke stoel te wijzen als het gaat om die Aanklager, maar heb je wel het gevoel dat dat klopt?*

Jenny: *Ja, best wel, want het voelt alsof er dan vanuit de hoogte allemaal oordelen worden geveld …*

Therapeut: *Oké, dus die plek klopt wel. Ik zie dat er daar in de buurt die lamp staat. Laten we die lamp even zien als die Aanklager. Wat zegt die Aanklager eigenlijk?*

Jenny: *Nou … dat ik toch niets weet te zeggen en dat dan door mij de hele sfeer verpest is … En dat zou ik echt heel erg vinden.*

Therapeut: *Blijf nog even die Gezonde Volwassene en laten wij samen, als Gezonde Volwassenen onder elkaar, even nadenken over wat die Aanklager zegt. Klopt dat eigenlijk wel? Weet je zeker dat anderen het allemaal niets vinden als je meegaat?*

Jenny: *… Nee, dat weet ik natuurlijk niet zeker … Daar ben ik bang voor …*

Therapeut: *Oké, dus die Aanklager roept iets wat nog helemaal niet zeker is. Wat vind je daarvan? Hoe zou je het vinden als iemand tegen Linda, die goede vriendin van je, zou zeggen dat er iets heel ergs gaat gebeuren terwijl dat helemaal niet zeker is?*

Jenny: *… Ja, best wel stom eigenlijk …*

Cognitieve uitdaagtechnieken helpen in deze middenfase om je cliënt te stimuleren de Kritische kant tegen te spreken. Veelgebruikte technieken zijn bijvoorbeeld rolomkering ('Wat zou je je beste vriend adviseren?') en voor- en nadelen. Probeer echter ook de reeds geïnternaliseerde argumenten erbij te betrekken die jij als therapeut in de beginfase hebt gegeven.

Voorbeeld Cognitieve herstructurering – vervolg

Therapeut: *Kun je je nog herinneren wat ik altijd tegen die Aanklager zei?*
Jenny: *Wat jij zei?*
Therapeut: *Ja, je hebt me vaak tegen die Aanklager in horen gaan, bij oefeningen als deze, met stoelen. Maar ook bij verbeeldingsoefeningen heb je mijn stem, mijn woorden vaak gehoord. Kun je je nog herinneren wat ik zei?*
Jenny: *Ja, dat je altijd zei dat die Kritische kant helemaal niet gaat over wat je nodig hebt, die basisbehoeften …*
Therapeut: *Precies! Mooi dat je je dat herinnert! Kun je daar iets over zeggen tegen die Aanklager?*
Jenny: … (naar plek van Aanklager) … *Je helpt me helemaal niet. Ik heb het niet nodig dat je ervoor zorgt dat ik me alleen maar slecht en schuldig voel … Ik heb het nodig dat je me wat helpt, gewoon wat waardering …*
Therapeut: *Mooi, dat doe je echt goed, joh!*

Naast het geven van inhoudelijke tegenargumenten zal je cliënt ook moeten leren zich actiever te verzetten tegen die Kritische kant. Het wegsturen van die Kritische kant zal je cliënt nu zelf moeten leren doen.

Voorbeeld Cognitieve herstructurering – vervolg

Therapeut: *Zou je zoiets dan tegen die Aanklager kunnen zeggen? Want die doet precies dat bij jou …*
Jenny (draait zich wat naar de lamp toe): *Nou … dat weet je helemaal niet of ze het allemaal vervelend gaan vinden …*
Therapeut: *En ik vind het …*
Jenny: *Ik vind het stom dat je dat zegt…*
Therapeut: *Mooi! Zeg het nog eens, maar nu twintig procent harder.*
Jenny (iets harder): *Ik vind het stom dat je dat zegt!*
Therapeut: *Mooi, goed van je! En wat wil je dat die Aanklager doet? Ermee doorgaan?*
Jenny: *Nee, die moet daarmee stoppen …*
Therapeut: *Zeg dat anders maar, dat je vindt dat hij ermee moet stoppen.*
Jenny: *Stop ermee.*
Therapeut: *Nu nog eens, maar twintig procent harder…*
Jenny: *Stop ermee!*
Therapeut: *Mooi! Nu nog eens, maar alsof je het echt meent.*
Jenny: … *Je moet ermee stoppen! Het klopt gewoon niet! Je weet dat helemaal niet!*
Therapeut: *Goed! Hoe voelt het om dit zo te zeggen?*
Jenny: … *Ja, wel goed, geloof ik …*

Therapeut: *Ja? Wat is dat goede gevoel?*
Jenny: *Wat lichter of zo? ... Ja, wat lichter ...*
Therapeut: *En waar voel je dat lichte gevoel in je lijf?*
Jenny: ... *Hier denk ik ...* (wijst naar haar borst).
Therapeut: *Goed, dat doe je echt mooi. Maar er is ook nog die Stille ...*

Vanaf dit moment coach je de cliënt om eerst kritisch na te denken over vermijding door de Stille als manier om om te gaan met de uitnodiging van de collega's. Je cliënt komt al vrij snel tot de conclusie dat vermijding helemaal niet is wat ze wil. Je coacht je cliënt dan, net als bij de Beschuldigende kant, om die Stille toe te spreken.

Stap 5 Laat de cliënt plaatsnemen in de derde van deze drie stoelen: Gedragsmodificatie

In de derde stoel kun je de cliënt coachen bij het zoeken naar praktische manieren om in lastige situaties toch naar je eigen behoeften te blijven luisteren. Nu ze compassie heeft getoond voor Kleine Jenny en de Kritische kant heeft tegengesproken ontstaat er ruimte om na te denken over ander gedrag. Vaak hoeft dat helemaal niet ingewikkeld te zijn en gaat het om gedragsinstructies die voor ons bijna vanzelfsprekend zijn. Je cliënt moet bijvoorbeeld leren om niet meteen een beslissing te nemen als het om een lastige keuze gaat, maar wat bedenktijd in te lassen. Of je cliënt moet leren dat ze gebruik kan maken van steunfiguren, of wat aardigs voor zichzelf mag doen als ze een lastige situatie heeft meegemaakt. Gedragsmodificatie betekent wel dat je samen met je cliënt manieren zoekt om oude Copingkanten te doorbreken. Voor Jenny betekent dat dus dat ze iets anders mag doen dan vermijden.

8

Voorbeeld gedragsmodificatie

Therapeut: *Dan wil ik je nu vragen om naar de laatste stoel, de derde stoel te gaan.*
(Jenny gaat op de derde stoel zitten.)
Therapeut: *Oké, je hebt al heel veel gedaan. Je hebt in die eerste stoel compassie gehad voor alle gevoelens die in die situatie werden opgeroepen. En nadat je wat kalmeerde heb je in die tweede stoel rustig nagedacht en wat tegengas gegeven aan die Aanklager en die Stille. Maar goed, het is natuurlijk een heel praktische situatie waarin je uitgenodigd wordt en daar moet je iets mee. Dus in deze derde stoel wil ik graag dat je na gaat denken over welk advies je hier, als Gezonde Volwassene, aan Jenny zou willen geven hoe ze het best met deze situatie om kan gaan ...*
Jenny: ... *En dat is niet eronderuit proberen te komen?*
Therapeut: *Nou, in principe kan alles je advies zijn, maar voordat je dat geeft zou ik je wel eerst willen vragen: 'Wat heeft Jenny vooral nodig in het leven? Wat heeft ze veel gemist in haar jeugd, en wat heeft ze nu wel vooral nodig?'*
Jenny: ... *Verbinding ... en dat ze zich goed voelt over zichzelf ... waardering?*
Therapeut: *Precies! Dus als dat het kompas is dat we proberen te volgen, wat is dan het advies dat je haar in deze situatie zou geven? Wat denken we dat Jenny dan vooral nodig heeft? Eronderuit komen?*
Jenny: ... *Nee, dat denk ik niet ... Dat is wat ik altijd doe ...*

Therapeut: *Precies, dat zou meer die Stille zijn die ze dan volgt. Terwijl je net tegen die Stille hebt gezegd waarom die hier niet de baas moet gaan proberen te spelen. Dus …*
Jenny: *Dan zou ze juist in moeten gaan op die uitnodiging … ?*
Therapeut: *Dat is wat ze nodig heeft?*
Jenny: *Ja, dat denk ik wel …*
Therapeut: *Kun je dat dan tegen haar zeggen? 'Jenny, wat jij nu moet doen is …'*
Jenny (draait zich weer naar de oorspronkelijke stoel): *Jenny, wat je moet doen is wel meegaan. Je bent bang en dat snap ik, maar als je niet gaat, zit je weer alleen.*
Therapeut: *Mooi dat je die overwegingen van daarnet erbij haalt. En wat is je praktische advies voor haar? Wat moet ze nu concreet doen? Of juist niet doen?*
Jenny: *Oké … je moet morgen tegen die collega zeggen dat je er nog even over nagedacht hebt en dat je toch graag mee wilt. En vragen of dat kan …'*

In dit gedeelte kun je nog meer concrete tips en adviezen bespreken die passen bij een gezond hanteren van de situatie. Dat kan variëren van even diep ademhalen, even wegkijken om gedachten te ordenen, of welke handeling dan ook om zowel de behoeften als de concrete situatie zo goed mogelijk te hanteren. Vergeet niet te vragen hoe het voelt om dergelijke praktische adviezen aan zichzelf te geven. Door die bewustwording consolideer je de corrigerende ervaringen die deze stappen voor je cliënt zijn.

Stap 6 Plaats de cliënt op de oorspronkelijke therapiestoel en herhaal de boodschappen van de drie stoelen van de Gezonde Volwassene

Als laatste, optionele stap kun je nu de cliënt nog vragen weer in de oorspronkelijke stoel te gaan zitten. In die stoel vraag je de cliënt zich weer de uitdagende situatie voor de geest te halen. Door zich opnieuw in te leven in dat lastige moment worden schema's weer geactiveerd. Nu herhaal jij als therapeut de boodschappen uit de drie stoelen van de Gezonde Volwassene. Je cliënt kan deze boodschappen nu ontvangen en zo het effect voelen van de gezonde boodschappen. De herhaling van die stappen, gecombineerd met het veranderde perspectief van je cliënt, kan een verdiepende werking hebben. Je cliënt kan als huiswerk alle boodschappen die geoefend zijn opschrijven. Je kunt ook vragen of je cliënt opschrijft wat jij als therapeut in een opname kunt inspreken als een audioflashcard. Deze opname is dan het resultaat van een samenwerking tussen jou en de Gezonde Volwassene van je cliënt.

8.3 Imaginaire rescripting in de middenfase

In de beginfase ben jij als therapeut tijdens een imaginaire rescripting in het beeld gestapt. Technisch gezien is die oefening niet gecompliceerd. Je cliënt visualiseert een betekenisvolle situatie uit het verleden. Je cliënt ervaart zo, vanuit het kindperspectief, hoe jij als rolmodel van een voldoende goede ouder in het beeld komt en doet wat nodig is om basisbehoeften te valideren. In de middenfase van de therapie moet je cliënt leren zelf de rescripting te doen. Technisch gezien wordt het dan iets complexer, omdat je cliënt zichzelf zowel als kind als Gezonde Volwassene moet visualiseren. Het stappenplan in het kader kan helpen om deze wat complexere oefening vorm te geven.

Stappenplan imaginaire rescripting: cliënt rescript

Stap 1 Visualiseren van de Gezonde Volwassene in plaats van de fijne plek
Stap 2 Visualiseren van een traumatische gebeurtenis vanuit het kindperspectief
Stap 3 Rescripting van dit traumatische beeld vanuit het perspectief van de Gezonde Volwassene
Stap 4 Herhaling van deze rescripting, maar nu vanuit het kindperspectief
Stap 5 Nabespreking

Voordat de daadwerkelijke oefening begint, kun je de cliënt uitleggen wat het doel van de oefening is. Tijdens de verschillende fasen van de therapie heb je de cliënt vaker ingelicht over de fase waarin de therapie zich bevindt. Hoewel je de imaginaire rescripting als oefening al vaker hebt gedaan is het verstandig om je cliënt nu uit te leggen dat de oefening er anders uit zal zien.

Uitleg oefening

Therapeut: *Het is vandaag sessie 23. Ik weet niet zeker of jou dat iets zegt?*
Claire: ... *Nee, wat bedoel je precies?*
Therapeut: *Nou, we hebben aan het begin van deze behandeling een plan gemaakt waarbij we hebben afgesproken dat de therapie in totaal uit 50 sessies zou bestaan. Dat betekent dat het vandaag sessie 23 in die middenfase van de behandeling is. En wat is ook alweer het belangrijkste van de therapie? Misschien wel van het leven?*
Claire: *Basisbehoeften?* (Moet daar een beetje bij grinniken.)
Therapeut (ook wat grinnikend): *Precies! Dat heb je heel goed geleerd. En welke basisbehoefte is vooral voor jou heel belangrijk om voor ogen te houden? Wat heb jij vooral gemist in jouw jeugd?*
Claire: *Bedoel je dan die autonomie?*
(Therapeut knikt.)
Therapeut: *Precies, in jouw jeugd heb je eigenlijk onvoldoende de kans gehad om te leren dat je dingen zelf kunt, dat de wereld niet alleen maar een gevaarlijke plek is en dat je competent en vaardig genoeg bent om de uitdagingen van het leven aan te gaan. Dus dat betekent dat we in deze middenfase van de therapie jouw Gezonde kant, jouw kapitein op het schip, moeten gaan coachen om dingen meer zelf aan te gaan.*
Claire: ... *Oké ...*
Therapeut: *Daarom zou ik vandaag opnieuw zo'n verbeeldingsoefening willen doen die we vaker hebben gedaan. Maar nu wil ik meer gebruik gaan maken van die Gezonde Volwassene die je de laatste weken zo aan het visualiseren bent. Ik wil dat die Gezonde kant nu in het beeld stapt en doet wat nodig is voor Kleine Claire. Maar maak je geen zorgen, ik ga je daar natuurlijk nog wel bij helpen. Ik heb dan wel vertrouwen in jouw zelfstandigheid, maar je hoeft niet alles meteen in een keer zelfstandig te kunnen, natuurlijk.*

8.3.1 Stap 1 Visualiseren van de Gezonde Volwassene in plaats van de fijne plek

In plaats van imaginaire rescripting te beginnen met een fijne plek kun je in de middenfase beter beginnen met het visualiseren van de Gezonde Volwassene. In de oefening moet je cliënt als Gezonde Volwassene zelf het beeld rescripten. Door de oefening te beginnen met het visualiseren van die kant, wordt het in de loop van de oefening makkelijker om over te schakelen naar die Gezonde Volwassene. Het visualiseren van de Gezonde Volwassene is inmiddels al regelmatig geoefend.

Je mag dus ook meer ruimte laten voor autonomie en competentie door je cliënt hier meer de leiding in te laten nemen en deze oefening over te slaan en meteen met stap 2 te beginnen. Tegelijkertijd kun je als dat nodig is wel, coachend, ondersteunende vragen stellen.

Voorbeeld Stap 1 Visualiseren van de Gezonde Volwassene in plaats van de fijne plek

Therapeut: *Dan wil ik je nu vragen je ogen te sluiten, en hou ze maar gesloten voor ongeveer de komende tien minuten …*
(Claire sluit haar ogen.)
Therapeut: *En dan wil ik beginnen je te vragen om dat beeld op te roepen van die Gezonde kant van jou, die kapitein van jouw schip … Zie je haar?*
Claire: … (knikt dan) … *Ja, ik heb dat beeld weer …*
Therapeut: *Kun je me vertellen wat je nu ziet?*
Claire: *Ik zie mezelf, maar dan zelfverzekerder.*
Therapeut: *Waar zie je dat aan dat de Claire waar je nu naar kijkt zich zelfverzekerder voelt?*
Claire: *Ze staat daar, stevig, met beide voeten op de grond … Een soort rust of kalmte in haar gezicht …*
Therapeut: *Welke woorden staan er onder dit beeld, welke beleving straalt zij uit?*
Claire: *Ik kan het aan … Vertrouwen … Zelfvertrouwen …*

8.3.2 Stap 2 Visualiseren van een traumatische gebeurtenis vanuit het kindperspectief

Het begin van de oefening is identiek aan de imaginaire rescripting in de beginfase. Je vraagt je cliënt zich in te leven in een betekenisvolle gebeurtenis uit het verleden. Omdat je nu wilt dat je cliënt voor het eerst gaat oefenen met het rescripten kun je ervoor kiezen een beeld of herinnering te gebruiken die jij als therapeut al hebt gerescript. Zo vergroot je de kans op een succesvolle ervaring voor je cliënt. Je vraagt je cliënt zich in te leven in het beeld en door middel van vragen over sensorische informatie probeer je zo de relevante schema's te activeren.

Voorbeeld Stap 2 Visualiseren van een traumatische gebeurtenis vanuit het kindperspectief

Therapeut: *Dan wil ik je nu vragen om dit beeld te laten vervagen. We komen dadelijk bij haar terug, bij die Gezonde Volwassene. Maar nu wil ik je vragen om het beeld op te laten komen waar we eerder ook aan hebben gewerkt, die situatie van toen jij zeven jaar was en je graag bij een vriendinnetje wilde spelen maar je moeder dat niet goed vond. Kun je je die situatie voor de geest halen?*

(Claire knikt.)

Therapeut: *Kun je me dan vertellen wat je nu ziet?*

Claire: *Ik zie mijn moeder en dat ze me vertelt dat spelen bij dat vriendinnetje echt niet kan, omdat dat in een andere wijk is. Ze zegt dat ze dan niet heel snel bij mij kan zijn als er iets aan de hand is …*

Therapeut: *Kijk je dan naar jezelf, zie jij jezelf als kind daar samen met je moeder? Of ben jij dat meisje nu?*

Deze laatste vraag is een beeldbepalende vraag. Het maakt niet zo veel uit wat je cliënt hierop antwoordt, maar het is een vraag die je cliënt wel aanspoort zich bewust te worden van wat zij nu eigenlijk ziet. Als je cliënt meer een observatorpositie heeft, kijkt ze van een afstandje naar de gebeurtenis en ziet ze zichzelf als kind en ook de ander. Dit observatorperspectief biedt jou de mogelijkheid om informatieve vragen te stellen over de context, zoals de leeftijd van het kind waarnaar gekeken wordt. Uiteindelijk wil je wel dat je cliënt zich inleeft in de rol van het gevisualiseerde kind, het zogenaamde eerstepersoonsperspectief. Dit eerstepersoonsperspectief verhoogt de emotionele beleving van de gevisualiseerde gebeurtenissen.

Voorbeeld Stap 2 Visualiseren van een traumatische gebeurtenis vanuit kindperspectief – vervolg

Claire: *… Een beetje allebei … Misschien meer dat ik ernaar kijk, als een plaatje …*

Therapeut: *Prima, en kun je me dan vertellen hoe dat meisje, die kleine Claire, eruitziet?*

Claire: *… Wel schattig … Zo met een jurkje aan en vlechtjes …*

Therapeut: *En waar zie jij je moeder? Kun je haar eens aanwijzen?*

(Claire wijst naar een plek schuin voor zich.)

Therapeut: *Wéés nu maar dat kleine meisje, wees nu maar die zevenjarige Claire, met haar jurkje aan, met je vlechtjes.*

(De therapeut praat nu iets zachter, alsof hij tegen een klein kind spreekt.)

Therapeut: *Hé, Claire, wat gebeurt er? Wat is er aan de hand?*

Claire: *Ik wil bij mijn vriendinnetje spelen, maar mama vindt het niet goed …*

Therapeut: *Nee, hè, mama lijkt zich wat zorgen te maken over wat er allemaal mis kan gaan, klopt dat?*

(Claire knikt.)

Therapeut: *En hoe is dat voor jou? Hoe voel jij je nu, nu je hoort dat dat niet mag, omdat mama zo veel zorgen heeft?*

Claire: *… Ik vind het niet leuk … Het maakt me verdrietig …*

Therapeut: *En misschien ook een heel klein beetje boos?*

(Claire knikt aarzelend.)
Therapeut: *Waar voel je het verdriet, en misschien die boosheid in je lijf?*
(Claire wijst op haar buik.)
Therapeut: *Leg maar een hand op die plek.*
(Claire legt een hand op haar buik.)
Therapeut: *En als je nu contact maakt met het verdriet, die boosheid die daar ook een beetje aan kleeft, waar ben je dan zo verdrietig over, Claire? Wat gaat er door je heen?*
Claire (met een wat verdrietiger stem): *Ik vind het gewoon niet leuk, ik mag nooit ergens spelen, terwijl mijn vriendinnen wel met elkaar afspreken …*
Therapeut: *Een beetje eenzaam?*
(Claire knikt.)

Opnieuw probeer je te peilen wat de mate van emotionele arousal is. Je wilt dat schema's geactiveerd zijn, zodat je een corrigerende emotionele ervaring kunt bieden. Tegelijkertijd wil je niet dat je cliënt overspoeld raakt door de emotionele responsen bij schema-activatie. In het voorbeeld vertelt Claire doorleefd over emotionele belevingen van angst en boosheid die ze ook lichamelijk ervaart. Haar stem klinkt wat emotioneler. Ook al lijkt ze niet boven in haar Window of Tolerance te zitten, het lijkt toch een prima moment om te beginnen met de rescripting.

8.3.3 Stap 3 Rescripting van dit traumatische beeld vanuit het perspectief van de Gezonde Volwassene

Het inbrengen van de Gezonde Volwassene betekent voor je cliënt feitelijk een modusswitch, een overgang van een Kwetsbare Kindkant naar een Gezonde Volwassene kant. Die overgang zul je moeten begeleiden. Je helpt je cliënt door duidelijk te zijn: 'Ik wil nu dat je die Gezonde Volwassene bént', 'Wéés nu maar die Gezonde Volwassene'. Je kunt echter beginnen met het visualiseren van die Gezonde Volwassene voordat je je cliënt vraagt om zich in te leven in die kant.

Voorbeeld Stap 3 Rescripting van dit traumatische beeld vanuit het perspectief van de Gezonde Volwassene

Therapeut: *Dan denk ik dat je nu wel wat hulp en steun kunt gebruiken … Dan wil ik dat die Grote Claire erbij komt … Haal die er maar bij, waar zie je haar nu?*
Claire: *… Daarzo, wat verderop, bij de deur …*
Therapeut: *Wijs haar maar even aan* (Claire wijst schuin voor zich) *en draai je maar eventjes naar haar toe* (Claire draait zich in de richting waar ze Grote Claire ziet).
Therapeut: *Kijk eens naar die Grote Claire, hoe ziet ze eruit?*
Claire: *Groot … Zelfverzekerd …*
Therapeut: *Dan wil ik nu dat jij die Grote Claire wordt … Wees haar maar …* (De stem van de therapeut verandert naar een volwassener toon). *Dus daar sta jij nu, Grote Claire, en je ziet wat er aan de hand is. Daar staat het kleine meisje, zeven jaar, met die vlechtjes,*

maar je ziet ook je moeder. En je moeder vertelt zojuist tegen dat meisje dat ze niet mag spelen bij een vriendinnetje. En dat meisje is daar verdrietig over, zie je dat ook?
(Claire knikt.)
Therapeut: *Wat vind jij daarvan? Wat vind je ervan dat het kleine meisje niet met haar vriendinnetje mag spelen?*
Cliënt: *Ja, dat is niet goed … Natuurlijk mag ze wel spelen bij een vriendinnetje … Dat is toch heel normaal …?*
Therapeut: *Dus je snapt wel dat dat kleine meisje verdrietig is, misschien zelfs wel boos?*
(Claire knikt.)

Bij het coachen van de Gezonde Volwassene volg je opnieuw de drie stappen van de Gezonde Volwassene: 1) compassie, 2) cognitieve herstructurering, en 3) gedragsmodificatie.

Voorbeeld Stap 3 Rescripting van dit traumatische beeld vanuit het perspectief van de Gezonde Volwassene: Compassie

Therapeut: *Kun je dat eens tegen haar zeggen, dat je begrijpt hoe zij zich voelt … Dat je snapt dat ze er verdrietig van wordt … ?*
Claire (draait een klein beetje in de richting van de gevisualiseerde Kleine Claire): … *Ik begrijp wel dat je je zo voelt … Natuurlijk voel je je verdrietig … Het is ook niet leuk als je graag bij haar wilt spelen en dat dat niet mag …*
Therapeut (souffleren d): *En natuurlijk voel jij je helemaal verdrietig, want dit is niet de eerste keer dat je iets niet mag …*
Claire: *Ja … Ja, natuurlijk voel je je verdrietig en ook wat boos, want dit is niet de eerste keer. Mama vindt het nooit goed dat je iets doet waar ze zelf niet bij aanwezig kan zijn.*

Je hebt je cliënt gecoacht in het uitspreken van zelfcompassie. Die corrigerende ervaring dient wel geconsolideerd te worden. Consolidatie begint met expliciete bewustwording van de helende werking van compassie.

Voorbeeld Stap 3 Rescripting van dit traumatische beeld vanuit het perspectief van de Gezonde Volwassene: Compassie – vervolg

Therapeut: *Kijk eens naar dat kleine meisje, hoe lijkt ze zich te voelen met alles wat je nu vertelt?*
Claire: *Wel goed … Wat rustiger …*
Therapeut: *Heel fijn! Ze voelt zich wat kalmer?*

Vervolgens wil je ook dat je cliënt meer gaat begrijpen en ook geloven waarom de geïnternaliseerde ideeën van moeder over zelfstandigheid niet kloppen. Je coacht je cliënt bij het uitspreken van die tegenargumenten. Bij de imaginaire rescripting worden die tegenargumenten gericht tegen de oorsprong van de schema's, in dit geval moeder.

Voorbeeld Stap 3 Rescripting van dit traumatische beeld vanuit het perspectief van de Gezonde Volwassene gericht op moeder

Therapeut: *Dan kun je nu misschien ook even iets tegen je moeder zeggen. Ik denk dat het ook belangrijk is dat Kleine Claire hoort waarom het niet klopt wat moeder nu allemaal zegt. Kun je je moeder vertellen waarom ze geen gelijk heeft? Draai je maar naar haar toe, en zeg maar dat jij vindt dat kleine Claire wel met het vriendinnetje mag spelen.*
(Claire draait zich in de richting van waar ze haar moeder ziet.)
Claire: *Ze mag wél spelen bij een vriendinnetje. Dat is heel normaal. Het is niet goed dat je haar tegenhoudt als zij dat wil.*
Therapeut (zachtjes pratend, soufflerend): *Kinderen hebben het nodig om de wereld een beetje te kunnen verkennen.*
Claire: *Het is heel goed dat ze dingen wil ondernemen, dat hebben kinderen ook nodig.*
Therapeut (soufflerend): *Daarmee krijgt ze meer zelfvertrouwen, wordt de wereld wat veiliger …*
Claire: *Ze moet ook dingen kunnen doen om wat meer zelfvertrouwen te krijgen. Op deze manier wordt ze alleen maar angstig en bezorgd over wat er allemaal mis kan gaan.*
Therapeut: *Heel goed! Hoe reageert je moeder?*
Claire: *Ze kan het maar moeilijk horen … Ze zit helemaal vol met allerlei dingen die mis kunnen gaan …*

Hier sta je voor de keuze om nader in te gaan op de reacties van de gevisualiseerde moeder. Het is daarbij niet de bedoeling om de gevisualiseerde antagonist te veranderen. Vaak kan dat niet eens, omdat cliënten geen enkele ervaring hebben dat de antagonisten ander, gezonder gedrag lieten zien.

Of je nu wel of niet nog doorgaat in het gesprek met de gevisualiseerde moeder, uiteindelijk vraag je de cliënt om de ogen af te wenden van de antagonist. Je vraagt je cliënt zich meer te gaan richten op de corrigerende ervaring van dat moment en de behoeften die de cliënt zelf heeft.

Voorbeeld Stap 3 Rescripting van dit traumatische beeld vanuit het perspectief van de Gezonde Volwassene gericht op Kleine Claire

Therapeut: *En kijk eens naar Kleine Claire. Hoe voelt zij zich bij alles wat jij net hebt verteld?*
Claire (draait zich een klein beetje richting de gevisualiseerde Kleine Claire): *Zij vindt het wel fijn … Ze voelt zich gesteund …*
Therapeut: *Heel fijn! En wat wil je nu doen? Wil je iets tegen haar zeggen? Of wil je haar vastpakken? Of misschien wel allebei?*
Claire: … *Ik wil haar wel eventjes een knuffel geven …*
Therapeut: *Doe dat maar … Hou haar maar even lekker vast … Voel je dat meisje tegen je aan?*
(Claire knikt.)
Therapeut: *Voel je iets van die ontspanning die je net zag? Of is dat lijfje nog een beetje gespannen?*
Claire: … *Nee, ze is veel ontspannener … ze ligt zo tegen me aan …*

De gedragsverandering is ten slotte dat je cliënt leert meer te handelen naar haar eigen behoeften. In het voorbeeld is dat de behoefte aan autonomie en competentie.

Voorbeeld Stap 3 Rescripting van dit traumatische beeld vanuit het perspectief van de Gezonde Volwassene gericht op gedragsverandering

Therapeut: *En wat wil je haar zeggen wat ze nu mag doen? Jij vindt dat ze wel bij dat vriendinnetje mag spelen?*
(Claire knikt.)
Therapeut: *Zeg dat maar tegen haar. Zoek maar je eigen woorden, dat kun je prima.*
Claire: ... *Weet je* ... (haar stem klinkt zacht, alsof ze tegen dat kleine meisje praat). *Het is prima dat je bij haar wilt spelen. Ik vind het leuk dat je dat soort dingen wilt en dat mag ook. Er is niks mis mee om dat soort dingen te doen, en mama is gewoon een beetje overbezorgd. Luister maar goed naar wat jij wilt, daar is niks mis mee.*
Therapeut (souffleerend): *De wereld zit vol met leuke en interessante en soms spannende dingen, en het is goed om dat een beetje te ontdekken.*
Claire: *Ja, natuurlijk zijn er gevaren in het leven, maar er zijn ook heel veel leuke dingen, en het is juist heel erg goed om die te ontdekken!*
Therapeut: ... *Hoe voelt het om dit te zeggen?*
Claire (knikt): ... *Ja, goed* ...
Therapeut: *Kom, ik breng je nu naar je vriendinnetje. Ga je mee?*
Claire (aarzelend): *Echt waar?*
Therapeut: *Ja, hoor, ze zit al op je te wachten.*
Claire: *Dat vind ik leuk* ...

8

8.3.4 Stap 4 Herhaling van deze rescripting, maar nu vanuit kindperspectief

Na de rescripting door de cliënt als Gezonde Volwassene vraag je haar het beeld terug te spoelen tot het punt dat de rescripting startte. Je vraagt haar de rescripting nogmaals te visualiseren, maar nu vanuit het perspectief van het kind, Kleine Claire. Zo herhaal je het helende, corrigerende gedeelte van de oefening en dat helpt de ervaring te consolideren. Door je cliënt die herhaling te laten visualiseren vanuit het perspectief van het kind spreek je daarmee ook andere behoeften aan. De rescripting vanuit het perspectief van de Gezonde Volwassene sluit namelijk aan bij behoeften als competentie en zelfstandigheid. De rescripting vanuit het perspectief van het kind sluit dan weer aan bij andere behoeften, zoals veilige verbondenheid en waardering. Door andere behoeften aan te spreken verdiep je de corrigerende ervaring.

Voorbeeld Stap 4 Herhaling van deze rescripting, maar nu vanuit het kindperspectief

Therapeut: *Mooi. Dan wil ik nu dat je het beeld terugspoelt ... Draai de film maar terug, terug in de tijd tot je op dat punt aankomt dat mama net heeft gezegd dat je niet mag spelen ... Ben je daar weer?*
(Claire knikt.)

Therapeut: *En dan wil ik nu dat je weer dat meisje bent. Wees maar dat zevenjarige meisje* ... (Hier praat de therapeut weer zachtjes, alsof hij tegen een kind praat). *Daar sta je dan, je wilt graag spelen bij een vriendinnetje, maar je moeder, daar schuin tegenover je, die vindt dat niet goed, hè?*
(Claire schudt haar hoofd.)
Therapeut: *Maar als je nu je hoofd een beetje draait, zie je daar ook die Grote Claire. Kijk maar eens naar haar ...*
(Claire draait haar hoofd.)
Therapeut: *Die Grote Claire, die staat daar, en die komt dichterbij. Zie je dat?*
(Claire knikt.)
Therapeut: *En wat zegt die Grote nou tegen jou?*
Claire: ... *Dat ze begrijpt dat ik me naar voel ... Dat het logisch is dat ik verdrietig en ook wat boos ben ...*
Therapeut: *En hoe voelt het om die woorden te horen?*
Claire: ... *Ja, dat voelt wel fijn ...*
Therapeut: *Waar voel je dat in je lijf?*
(Claire wijst op haar buik.)
Therapeut: *Leg maar een hand op die plek van jouw buik waar je dat prettige gevoel het sterkst hebt ...*
(Claire legt haar handen op haar buik.)
Therapeut: *Voel maar dat prettige gevoel. Welke temperatuur heeft het? Is het warm of koel?*
Claire: ... *Warm ... Ontspannen ...*
Therapeut: *Heel fijn, geniet er maar van!*

Opnieuw vraag je de cliënt zich bewust te worden van de helende, corrigerende ervaringen die door de interventie gegenereerd worden. Door dat focussen maak je de cliënt opmerkzaam op ervaringen die zij anders makkelijk over het hoofd zou zien. Verder is het focussen een manier om de corrigerende ervaringen te consolideren. Vervolgens richt je de aandacht op de cognitieve argumenten tegen de geïnternaliseerde schema-overtuigingen.

Voorbeeld Stap 4 Herhaling van deze rescripting, maar nu vanuit het kindperspectief – vervolg

Therapeut: *En wat zie je nu dat die Grote doet? Zegt ze nog iets tegen je moeder?*
(Claire knikt.)
Therapeut: *Wat zegt die Grote Claire tegen je moeder?*
Claire: *Ze zegt: 'Het is helemaal niet raar dat Claire bij haar vriendinnetje wil spelen, en dat mag ook. Het is allemaal niet zo gevaarlijk, en als je alleen maar praat over wat er mis kan gaan, maak je haar daar alleen maar angstig me'* ...
Therapeut: *En hoe reageert moeder daarop?*
Claire: ... *Mama kan het eigenlijk niet zo goed horen, lijkt het ... Alsof ze in haar hoofd vooral bezig is met alle gevaren ...*

Therapeut: *Dan wil ik dat je je ogen even lostrekt van je moeder en nu vooral even naar die Grote Claire kijkt. Wat doet zij nu?*
Claire: *Zij pakt me vast …*
Therapeut: *En hoe voelt dat?*
Claire: *… Ja, heel fijn …*
Therapeut: *Voel maar dat grote lijf, lig er maar een beetje tegen aan … Is het prettig?*
(Claire klikt.)
Therapeut: *En wat zegt die Grote nog meer tegen je?*
Claire: *Dat ik nu wel bij dat vriendinnetje mag spelen. Dat het juist heel erg leuk is om nieuwe dingen te doen … Dingen te ontdekken …*
Therapeut: *Hoe voelt het?*
Claire: … (knikt dan) … *Ja, fijn … Warm …*
Therapeut: *Is er nog iets wat die Grote zegt?*
Claire (glimlachend): *Ja, ze zegt nog dat ze me naar mijn vriendinnetje zal brengen.*
Therapeut: *En hoe is het om dat te horen?*
Claire: *Ja, fijn … heel fijn …*

Om gezonde schema's over competentie en autonomie verder te versterken kun je de cliënt ten slotte nog vragen te oefenen met een nieuw, competenter zelfbeeld.

Voorbeeld Stap 4 Herhaling van deze rescripting, maar nu vanuit het kindperspectief – vervolg

Therapeut: *Heel goed. Geniet maar van dat fijne gevoel, het besef dat het goed is om te voelen dat je dingen wilt proberen, dat het oké is om de wereld in te trekken en nieuwe ervaringen op te doen. Dat kun jij prima. Je kunt dat prima aan, je bent er echt sterk genoeg voor. Zeg dat maar: 'Ik kan dat aan, ik ben daar sterk genoeg voor.'*
Claire: *… 'Ik kan het aan … Ik kan het aan, want ik ben daar sterk genoeg voor …'*
Therapeut: *Hoe voelt dat?*
Claire: *Ja, fijn … Goed …*
Therapeut: *En dan zegt die Grote Claire ook nog dat je wel bij dat vriendinnetje kan spelen. Kun je dat haar horen zeggen?*
Claire: *… Ja, ze zegt dat het prima is dat ik bij haar wil spelen … dat er niets mis mee is om de wereld zo te verkennen …. En ze zegt ook dat mijn moeder te bezorgd is …*
Therapeut: *En hoe voelt het om dat te horen?*
Claire: *Ja, heel fijn. Het voelt echt fijn, stevig, steunend.*
Therapeut: *Kun je dat nog eens zeggen, iets van: 'Het is goed om te luisteren naar wat ik wil; mijn behoeften doen er toe.'*
Claire: *… Het is goed om te voelen wat ik wil, daar is niets mis mee … Mijn behoeften doen er toe …*

8.3.5 Stap 5 Nabespreking

In de nabespreking herhaal je de belangrijkste lessen en ervaringen die meegenomen mogen worden naar de toekomst. In een sfeer van positieve bekrachtiging bespreek je de successen en geef je complimenten voor het zelfstandig optreden van je cliënt. Ook maak je afspraken over huiswerk. Ook hierbij mag je cliënt meer de regie gaan nemen over het proces, nu door zelf actiever mee te denken over de vorm van huiswerk.

8.4 De stoelentechniek in de middenfase

Naast de imaginaire rescripting is in de beginfase van de therapie ook de stoelentechniek vaak gebruikt. Ook in de middenfase blijf je beide technieken veelvuldig inzetten. Je past de stoelentechniek ook in de middenfase toe voor het onderhandelen met de Coping-kanten en het tegenspreken van de Kritische kanten, zodat je de behoeften van de Kind-kanten kunt valideren. Je cliënt zal in de middenfase echter een actievere rol krijgen in de oefeningen. Je plaatst er in de oefeningen een stoel bij voor de Gezonde Volwassene, en je cliënt werkt vanuit deze stoel met je mee in het bewerken van de ongezonde kanten. Je rol als therapeut is hierbij meer coachend dan leidend. Het is goed dat je je realiseert dat je die andere rol nu hebt, want anders bestaat de kans dat je blijft doen wat je in de voorafgaande sessies hebt gedaan. Tot nu toe heb je iedere keer het initiatief genomen bij het herkennen en bewerken van de verschillende kanten. Dat patroon kan maken dat je, voordat je er erg in hebt, weer die actieve, leidende rol op je neemt. Door je er bewust van te zijn dat je nu in een andere fase zit, voorkom je dat je blijft 'hangen' in die actieve rol van de beginfase.

Voorbeeld stoelentechniek in de middenfase

Claire: *En toen ik dat formulier invulde, maakte ik een fout, en ik baalde daar zo ontzettend van! Ik kon mezelf wel voor mijn kop slaan!*
Therapeut: *Nou, dat klinkt best wel pittig, Claire! Ik snap dat het niet fijn was om een fout te hebben gemaakt, maar dat overkomt ons allemaal weleens.*
Claire: *Ja, maar ik maak altijd dat soort stomme fouten. Ik ben ook zo dom! Ik moet dat ook gewoon beter beseffen. Ik verpruts dit soort dingen.*
Therapeut: *Ik zit me af te vragen naar wie ik nu luister als je dit zo vertelt. Ik hoor dat je zegt dat je dom bent. Dat je altijd alles verprutst … wie zegt dat soort dingen? Niet je Gezonde Volwassene, dat is zeker.*
Claire: *… Nee … je bedoelt dat dit die Strenge is?*
Therapeut: *Ik kan me goed voorstellen dat het die Strenge is, ja. Wat herken jij dan waardoor je aan die Strenge moet denken?*

In de middenfase mag je wat meer een beroep doen op de inzichten die je cliënt heeft verkregen. Stel dus wat meer open vragen, bijvoorbeeld als het gaat om het herkennen van de verschillende kanten. Als je cliënt dan in staat is die kanten goed te herkennen, vraag je vervolgens wat ze van die bewuste kant herkende. Op die manier stimuleer je zelfexpressie en autonomie, wat voor Claire in dit voorbeeld van groot belang is.

Voorbeeld stoelentechniek in de middenfase – vervolg

Claire: *Nou, dat ik dom ben, dat vooral. Ook omdat dat altijd was wat papa zei.*
Therapeut: *Ja, hè? Ik moest ook meteen aan hem denken, omdat je vertelde dat dat zijn standaardopmerking leek te zijn, dat je dom zou zijn. Als die Strenge toch zo actief is, zou ik die wel een stoel willen geven hier in de kamer.*
(Hier staat de therapeut op en zet een stoel schuin tegenover Claire.)
Therapeut: *Dus daar zit die Strenge. En wat zegt die dus allemaal?*

In de middenfase hoef je niet standaard eerst je cliënt te laten zitten in de stoel van de Kritische kant. Je hebt de stoelentechniek zo vaak gedaan, met steeds dezelfde stoel op dezelfde plek in de kamer, dat de lege stoel al voldoende de Kritische kant representeert. Mocht het voor je cliënt toch nog moeilijk zijn om los te komen van die kant, dan kun je altijd nog vragen of je cliënt eerst vanuit de stoel van de Kritische kant die kritische belevingen vertolkt.

Voorbeeld stoelentechniek in de middenfase – vervolg

Claire: *Die zegt dat ik toch niets kan, dat ik dom ben …* (hier buigt ze haar hoofd, en haar stem klinkt verdrietig).
Therapeut: *En hoe voel jij je nu, als je die kritiek hoort van die Strenge?*
Claire: *Klein … verdrietig …*
Therapeut (met zachte stem): *Dat kan ik me goed voorstellen, Claire. Dat is nogal wat om te horen, dat je dom zou zijn. Daar zou iedereen verdrietig van worden. Maar dit is ook nog eens die Strenge die dat de hele tijd loopt te tetteren, hè?*
(Claire knikt.)
Therapeut: *En als dat zo vaak tegen je is gezegd, en als dat nog steeds zo vaak wordt gezegd, ja, natuurlijk word je dan verdrietig. Je bent ook maar een mens … Het lijkt me wel een goed moment om die Gezonde Volwassene van jou erbij te halen.*
(Hierop staat de therapeut op en pakt er een extra stoel bij die naast Claire wordt neergezet.)

Het uiteindelijke doel van de therapie is dat je cliënt in staat is om vanbinnen contact te maken met de Gezonde Volwassene nadat er schema's zijn geactiveerd. In de middenfase is het nog wel noodzakelijk wat hulpmiddelen te hebben voor die overgang. De extra stoel voor de Gezonde Volwassene stelt je cliënt in staat om niet alleen fysiek maar ook emotioneel afstand te nemen van de emoties die door de schema-activatie worden opgeroepen.

Voorbeeld stoelentechniek in de middenfase – vervolg

Therapeut: *Kun je dan nu opstaan uit deze stoel waar je nu zit. Maar je weet, als je opstaat, laat dan wel alle emoties en alle pijn achter in deze stoel. Laat die pijn met secondelijm vastgeplakt zitten en ga dan op die stoel daar naast je zitten.*
(Claire staat op en gaat in de extra stoel zitten.)

Therapeut: *En in deze stoel wil ik je vragen even een moment te nemen je kapiteinspet op te zetten. Even contact te maken met die Gezonde Volwassene van je. Kun je me even meenemen hoe je dat doet door hardop te benoemen hoe die Gezonde Volwassene eruitziet?*

Hier vraag je de cliënt gebruik te maken van het beeld van de Gezonde Volwassene waarmee jullie in de voorafgaande sessies geoefend hebben. Vervolgens coach je de Gezonde Volwassene om eerst compassie te tonen voor de emoties die je cliënt voelde. Daarna coach je de cliënt in het tegenspreken van de Strenge.

Voorbeeld coachen van je cliënt in het tegenspreken van de Strenge

Therapeut: *Dus die Strenge zegt dat Claire dom is, en ze is daar, heel begrijpelijk, verdrietig over. Wat vinden wij daar nou van, dat die Strenge dat maar doet? Zou je dat aan een vriendin toewensen, dat soort kritiek?*
Claire: *Nee, zeker niet!*
Therapeut: *Nee, hè? Maar waarom niet?*
Claire: *Nou, dat zeg je toch niet?! Dat slaat ook nergens op om iemand alleen maar dom te noemen.*
Therapeut: *Ik ben het er helemaal mee eens. Maar kun je dat nu ook eens tegen die Strenge zeggen?*
Claire (naar de lege stoel van de Strenge): *Dat zeg je niet …*
Therapeut: *Hartstikke goed! Maar het mag wel wat krachtiger. Zeg het nog eens, maar nu twintig procent harder?*
Claire (iets harder): *… Dat zeg je niet.*
Therapeut: *Nog eens, en gooi je er maar in, kom maar op voor die Kleine Claire.*
Claire: *Dat zeg je niet! Doe eens normaal!*
Therapeut: *Heel erg goed! Ook fijn om je boosheid te horen, die hoor ik graag van je!*

Dit is maar één voorbeeld van wat coachen van de Gezonde Volwassene bij de stoelentechniek kan inhouden. Er zijn vele verschillende varianten denkbaar, afhankelijk van het soort kant dat bewerkt wordt, maar ook van de stemming en het gevoel van je cliënt. Soms zal je cliënt zich wat kwetsbaarder voelen en lijkt er een kleine terugslag te zijn, waardoor het contact maken met de Gezonde Volwassene, of het spreken vanuit die kant, niet meer goed lukt. In die gevallen zul je de cliënt tijdelijk wat meer moeten ondersteunen.

8.5 Samenvatting

In dit hoofdstuk is beschreven hoe de cliënt gehlpen kan worden een beeld te vormen van haar Gezonde Volwassene. De therapeut maakt de cliënt bewust van alle aspecten van die Gezonde Volwassene. Vervolgens wordt uitgelegd welke strategie de cliënt vanuit die Gezonde Volwassene moet volgen: zelfcompassie, cognitieve herstructurering en gedragsmodificatie. Vervolgens oefent de cliënt met deze stappen door middel van een stoelentechniek, waarbij de stoelen niet verschillende kanten maar deze drie stappen van de Gezonde Volwassene representeren.

De rol van de therapeut verandert in deze middenfase van meer richtinggevend naar meer coachend. Voor de imaginaire rescripting betekent dit dat de cliënt zelf de beelden rescript vanuit haar Gezonde Volwassene. De cliënt heeft daardoor in die beelden twee posities, die van het Kwetsbare Kind in de gebeurtenis en die van de Gezonde Volwassene die goede zorg levert voor dat kind. De cliënt wordt geleerd om de rescripting vanuit beide perspectieven te beleven, waardoor niet alleen de gezonde interventie herhaald wordt, maar zodat door de verschillende perspectieven ook verschillende basisbehoeften worden aangesproken.

In het volgende hoofdstuk wordt beschreven hoe de Gezonde Volwassene in de eindfase van de therapie verder versterkt wordt en hoe de cliënt daadwerkelijk aan de slag gaat met gedragsverandering.

De eindfase van de behandeling: gedragspatronen veranderen

R. van der Wijngaart en H. van Genderen, *Schematherapie voor cluster C-persoonlijkheidsstoornissen*,
https://doi.org/10.1007/978-90-368-2988-5_9

9.1 Inleiding

In de eindfase richt je je in de behandeling op het doorbreken van de gedragspatronen. In de middenfase werk je in de sessie al wel aan enige gedragsverandering. In de eindfase van de behandeling is het doel echter dat die gedragsverandering zich meer doorzet in het dagelijks leven van je cliënt. Je cliënt met een Afhankelijke-persoonlijkheidsstoornis zal zelfstandig dingen moeten ondernemen en voor haar eigen behoeften opkomen. Je cliënt met een Vermijdende-persoonlijkheidsstoornis zal meer onder de mensen moeten komen en zich dan ook meer uitspreken. Je cliënt met een Dwangmatige-persoonlijkheidsstoornis zal echt minder moeten gaan werken en meer tijd moeten nemen voor ontspanning en speelsheid. Als de oude gedragspatronen niet daadwerkelijk worden doorbroken, glijdt je cliënt terug in de oude patronen van voor de therapie.

De sessies worden in deze laatste fase van de therapie laagfrequent gepland, ongeveer eens per maand. Door die lage frequentie krijg je als therapeut automatisch een andere rol. Je wordt in de sessie meer bijgepraat door je cliënt dan dat je de cliënt meeneemt in jouw plan. Probeer je er bewust van te zijn dat je rol in deze laatste fase ook echt anders is. In de middenfase was je nog een actieve coach die soms nog meedeed in de oefeningen. In deze eindfase ben je een coach aan de zijlijn. Je bent vanaf die zijlijn natuurlijk nog betrokken bij wat er zich afspeelt in het leven van je cliënt, maar je houdt je meer afzijdig en geeft ruimte aan je cliënt om zelf haar leven te leiden.

Na maanden van therapie kan het zijn dat je minder zicht hebt op de gedragspatronen van je cliënt. Dat klinkt misschien gek, omdat je juist zo intensief hebt samengewerkt aan verandering. Je hebt je daarbij echter vooral gericht op de belevingswereld van je cliënt, de schema's, modi en hun oorsprong en het bewerken ervan. Je hebt wellicht minder gevraagd naar het gedrag, als de aandacht zo is uitgegaan naar de gevoelens en gedachten van je cliënt. Het is dan ook verstandig om aan het begin van de eindfase met frisse blik te kijken naar de gedragspatronen van je cliënt. Wat doet je cliënt inmiddels anders en wat is er op gedragsniveau eigenlijk nog niet zo veranderd? Om die vragen te beantwoorden kun je de casusconceptualisatie er nog eens bij pakken, maar nu met deze gedragspatronen in je achterhoofd. Je kunt ook de partner, een ouder of een kind vragen weer een keer mee te komen, zoals je ook na de casusconceptualisatie hebt gedaan. Een dergelijke evaluatie van de gedragsverandering kan soms wat confronterend zijn. Je dacht bijvoorbeeld dat de therapie succesvol verliep, maar van de partner van je cliënt hoor je eigenlijk nog niets terug van een daadwerkelijke verandering in het gedrag van je cliënt. Gelukkig ben je er met deze constatering tijdig bij en heb je nog voldoende tijd gereserveerd om in de eindfase aan die gedragsverandering te werken.

Voorbeeld

Je hebt met Jenny besproken dat de therapie de laatste fase ingaat en dat het doel van die laatste tien sessies is om het geleerde in praktijk te brengen. Je hebt niet alleen de casusconceptualisatie erbij gepakt, maar Jenny ook gevraagd om haar vriendin Linda opnieuw mee te nemen naar de therapie. In het begin van de therapie is Linda ook al eens meegekomen. Als belangrijkste vriendin van Jenny, en eigenlijk als enig sociaal netwerk van Jenny, heb je Linda toen uitleg gegeven over de modi en het doel van de therapie. Linda vond het prettig te horen dat de therapie erop gericht is Jenny meer te laten luisteren naar haar basisbehoeften. Dat is namelijk precies wat Linda zelf ook vaak tegen Jenny heeft gezegd. Hoewel Linda geen co-therapeut is tijdens de behandeling, is het wel fijn geweest dat Linda en jij als therapeut op één lijn zaten. Nu Linda opnieuw meekomt, vraag je haar wat zij concreet heeft opgemerkt aan veranderingen bij Jenny. Linda geeft aan dat Jenny meer deelt met haar en dat ze dat prettig vindt. Linda vertelt echter dat Jenny ook nog wel vaak afspraken afzegt of verzet, zowel met haar als op het werk. Tijdens het gesprek zit Jenny er wat verslagen bij. Je herkent dezelfde schaamte die ze in het begin van de therapie ook bij jou vaak had.

Therapeut: *Jenny, wil je delen wat er nu gebeurt nu je Linda zo hoort praten?*

Jenny (met gebogen hoofd): *Ik voel me niet zo fijn …*

Therapeut (hij heeft wel een idee wat Jenny bedoelt met hoe ze zich voelt, maar in deze eindfase vindt hij dat Jenny zelf meer mag aangeven wat ze ervaart): *En dat is een gevoel van …*

Jenny: *Schaamte …*

Therapeut: *Dat je je slecht voelt over wat Linda over je vertelt?*

Jenny: *Ja …*

Therapeut: *En wie is dat dan, die je je zo slecht doet voelen over jezelf? En dan bedoel ik natuurlijk niet Linda, want die doet niets verkeerd, die vertelt alleen maar wat zij heeft gezien. Maar welke kant van jou maakt dan dat je je zo slecht voelt als ze dat vertelt?*

9

Jenny: *… Die Aanklager?*

Therapeut: *Dat klinkt inderdaad als die Aanklager, ja. En wat maakt die er dan van als Linda vertelt dat je nog wel dingen vermijdt?*

Jenny: *… Dat ik het iedereen zo moeilijk maak, dat het mijn schuld is dat ze er last van heeft …*

Therapeut: *En jij? En dan reik ik even uit naar jou als kapitein, als Gezonde Volwassene, wat vind jij daar dan van? Ben je het daarmee eens?*

Jenny: *Het voelt wel zo, ja …*

Therapeut: *Ja, dat kan ik me voorstellen dat het nog wel zo voelt, want die Aanklager kan nog best dominant zijn en je een rotgevoel geven. Maar ik vroeg niet of het zo voelde, maar of jij het als kapitein eens bent met die Aanklager dat jij iets verkeerd zou hebben gedaan en dat het dan jouw schuld zou zijn als Linda zich rot zou voelen?*

Jenny: *… Nee…*

Therapeut: *Want …?*

Jenny: *Want … Linda zei niet dat ze zich rot voelt of mij lastig vindt…*

Therapeut: *En dus …*

De therapeut blijft socratisch doorvragen naar de tegenargumenten die Jenny inmiddels heeft tegen de Beschuldigende kant. Door die socratische vragen stimuleert hij de Gezonde Volwassene zich meer uit te spreken en meer voor Jenny op te komen. Besloten wordt om de volgende sessie gericht te werken aan het meegaan met collega's wanneer die gaan borrelen op de laatste vrijdag van de maand.

Nu je weet welke gedragspatronen nog steeds actief zijn in het leven van je cliënt kun je de resterende sessies gebruiken om die patronen zo goed mogelijk te doorbreken. Jouw rol als therapeut is niet alleen coach langs de zijlijn, maar ook iemand die haar helpt herinneren wat ze zou gaan uitproberen. Als de cliënt niet doet wat afgesproken is, is een wat steviger empathische confrontatie op zijn plaats.

In de eindfase gebruik je in feite dezelfde methoden en technieken die je in de begin- en middenfase hebt ingezet. Deze methoden en technieken hebben nu een ander doel, namelijk gedragsverandering. De consequentie is dat sommige van de technieken, zoals imaginaire rescripting en de stoelentechniek, iets anders worden uitgevoerd. Naast de reeds toegepaste technieken kun je in deze eindfase ook alle andere methoden en technieken inzetten die een gedragsverandering mogelijk kunnen maken. Gedragstherapie biedt daarbij een scala aan mogelijkheden, variërend van vaardigheidstrainingen tot zelfcontroleprocedures, van exposure tot een communicatietraining. Hierna wordt de toepassing van enkele methoden en technieken uit de eindfase beschreven.

9.2 Historisch rollenspel

Het historische rollenspel is een andere manier om de Gezonde Volwassene te kunnen versterken. Deze techniek heb je al eerder in de behandeling gebruikt (zie ▶ H. 5) maar toen was jij nog een rolmodel van de voldoende goede ouder waarbij je cliënt goede zorg kon ervaren. In de huidige middenfase kan je cliënt in deze techniek oefenen om zelf op te komen voor haar behoeften in de laatste stap van het rollenspel.

In het kader hieronder worden de stappen beschreven voor het historisch rollenspel in de middenfase van de behandeling. Deze stappen komen grotendeels overeen met het stappenplan voor de techniek in de beginfase (zie ▶ par. 5.3). Stap 7 verschilt in de middenfase van de behandeling echter van de toepassing van de techniek in de beginfase.

Stappenplan historisch rollenspel in de midden- en eindfase

Stap 1 Exploreren kenmerken terugkerend klachtpatroon
Stap 2 Identificeren betekenisvolle gerelateerde historische gebeurtenis
Stap 3 Naspelen historische gebeurtenis: cliënt speelt kind, therapeut antagonist
Stap 4 Nabespreking eerste rollenspel en identificeren gevormde schema's
Stap 5 Naspelen historische gebeurtenis: cliënt speelt antagonist, therapeut kind
Stap 6 Nabespreking tweede rollenspel en identificeren eventuele schemadisconfirmerende informatie en onderliggende behoeften
Stap 7 Naspelen historische gebeurtenis: cliënt speelt kind, maar met volwassen inzichten van nu en capaciteit om op te komen voor behoeften
Stap 8 Nabespreking derde rollenspel en vorming Gezonde Volwassene

Hierna worden deze stappen verder toegelicht aan de hand van een voorbeeld van John. Omdat het historische rollenspel al is toegelicht in ▶ H. 5 zullen we hier de stappen die al bekend zijn kort toelichten en alleen op de verschillen wat dieper ingaan (met name stap 7).

9.2.1 Stap 1 Exploreren kenmerken terugkerend klachtpatroon

In deze fase van de therapie is er al veel bekend over de patronen in het leven van je cliënt en de kanten die daarmee samenhangen. Je kunt daarom die patronen samen met je cliënt snel herkennen in de alledaagse situaties waarover je cliënt vertelt.

Voorbeeld Stap 1 Exploreren kenmerken terugkerend klachtpatroon

Therapeut: *Dus, als ik je goed begrijp, had je een lange werkdag gehad, lag je uitgeteld op de bank, maar toen kwam die gedachte op over dat taakje, die klus die je nog moest doen. Toen ben je vervolgens van de bank opgestaan en weer aan het werk gaan. Klopt dat?*

John: *Ja, dat klopt.*

Therapeut: *Tja, het is wel een bekend voorbeeld moet ik je zeggen. Eigenlijk opnieuw een situatie waarin er geen ruimte lijkt te zijn voor wat vrije tijd en ontspanning, maar waarbij werk en je verantwoordelijkheden meer prioriteit krijgen.*

John: *Ja, ik weet dat we daar vaak over hebben gesproken, maar op zo'n moment vind ik het echt lastig om dan niet aan de slag te gaan … Ik bedoel, dat werk gaat niet weg of zo …*

Therapeut: *Dat snap ik. Ik begrijp goed dat het voor jou heel moeilijk is om het op zo'n moment zelf anders te zien. Het is niet voor niets een terugkerend patroon in je leven dat je zo hard werkt en dat werk vaak voorrang krijgt boven uitrusten of ontspanning. Misschien kunnen we vandaag een oefening doen om daar opnieuw bij stil te staan. Een oefening die ons op de eerste plaats gaat helpen om nogmaals goed te begrijpen hoe het werk zo'n groot thema in jouw leven heeft kunnen worden. Maar ook een oefening waarbij ik je ga helpen om daar op een andere manier mee om te gaan. Wat vind je ervan?*

9.2.2 Stap 2 Identificeren betekenisvolle gerelateerde historische gebeurtenis

In deze fase is er ook al veel inzicht in het ontstaan van de patronen en de kanten van je cliënt. Je hebt al vele malen een imaginaire rescripting gedaan, waarbij recente probleemsituaties gekoppeld zijn aan oorspronkelijke gebeurtenissen in het verleden. Op dit punt in de behandeling kun je er dan ook wel van uitgaan dat je cliënt weet welke gebeurtenissen uit het verleden in verband gebracht kunnen worden met de huidige patronen.

Voorbeeld Stap 2 Identificeren betekenisvolle gerelateerde historische gebeurtenis

Therapeut: *Van de week was er dus zo'n situatie waarbij je van de bank bent opgestaan omdat er nog allemaal taken en klusjes lagen. En volgens mij hebben we inmiddels al een aardig goed idee waar dat verantwoordelijkheidsgevoel, die druk vandaan komt, toch?*

John: *Ja, dat denk ik wel, ja …*

Therapeut: *Kun je eens een herinnering uit jouw jeugd voor ogen halen waarin er zich ook zoiets leek af te spelen? Dus een situatie uit jouw verleden waarin je misschien eigenlijk wel zin had om te ontspannen, maar waarbij je de druk voelde om aan het werk te gaan …*

John: *Ik moet denken aan die situatie met mijn vader waar ik eerder ook al eens over vertelde … Ik sta bij de piano en mijn vader staat voor me … Maar zojuist heeft een vriendje aangebeld of ik buiten kom spelen, en dat wil ik ook graag. Maar mijn vader zegt nu dat ik dat niet mag, omdat ik nog niet piano heb geoefend … Daar doet de situatie van afgelopen week me wel aan denken, omdat het ook zo'n klusje is dat eerst gedaan moet worden voordat ik kan ontspannen.*

9.2.3 Stap 3 Naspelen historische gebeurtenis: cliënt speelt kind, therapeut antagonist

In ► H. 5 hebben we al beschreven dat het historische rollenspel bestaat uit drie rondes. De eerste ervan is het naspelen van de historische gebeurtenis zoals die zich in het verleden heeft afgespeeld.

Voorbeeld Stap 3 Naspelen historische gebeurtenis: cliënt speelt kind, therapeut antagonist

Therapeut: *We gaan nog een keer bij deze situatie stilstaan in een rollenspel, zoals we al eerder gedaan hebben. Deze gebeurtenis in het verleden is blijkbaar verbonden met wat zich afgelopen week afspeelde toen je van de bank op moest staan omdat er nog een klusje lag. Zullen we deze situatie eens naspelen, zodat we wat beter kunnen kijken wat er nou precies gebeurd is?*
(John knikt.)
Therapeut: *Wij gaan de situatie hier letterlijk in deze kamer naspelen, een beetje alsof we dat verleden hier naar deze kamer halen en eerst maar eens naspelen wat er precies gebeurd is. Daarna wil ik dan samen met jou naar die situatie kijken, zodat we samen kunnen begrijpen wat dat jongetje van toen heeft geleerd.*

Blijf niet te lang praten óver de gebeurtenis, maar sta vrij snel op uit je stoel om samen met je cliënt het speelvlak in te richten.

Voorbeeld Stap 3 Naspelen historische gebeurtenis: cliënt speelt kind, therapeut antagonist: voorbereiding

Therapeut: *Goed, dan wil ik je nu vragen om eerst maar eens op te staan en even naast me te komen staan.*
(De therapeut staat op en John volgt, zodat ze samen naast elkaar in de kamer staan. De therapeut gebaart naar een gedeelte van de kamer dat het speelvlak wordt.)
Therapeut: *Laten we dan hier dat verleden maar tot leven brengen … Dus die situatie van jou en je vader gaan we hier naspelen. Neem me dan even mee: waar speelt het zich af, bij jullie thuis in de kamer?*
John: *Ja, in de woonkamer, waar de piano stond.*
Therapeut: *En de piano staat … waar … ?*
John: *Nou, als dit de woonkamer is … dan zou de piano hier staan …* (Gebaart naar een plek in de ruimte.) *… En dan is daar de zithoek …*
Therapeut: *En je vader staat waar?*
John: *… Dan staat mijn vader daar* (wijst naar een plek in de buurt van de aangeduide piano). *En dan sta ik hier* (cliënt wijst op een punt in de buurt van de vader). *Want ik ben dan net van de deur naar binnen gekomen.*
Therapeut: *Want je hebt net aan de deur met je vriendje gesproken die vroeg of je kwam spelen, toch?*
(John knikt.)

Je kent de antagonist inmiddels al goed uit de vele verhalen gedurende de therapie en daarom zul je die rol inmiddels wel redelijk makkelijk kunnen spelen. Natuurlijk kun je nog kort vragen om specifieke instructies voor dit rollenspel.

Voorbeeld Stap 3 Naspelen historische gebeurtenis: cliënt speelt kind, therapeut antagonist: voorbereiding rol antagonist

Therapeut: *Oké, dus jij bent net binnengekomen door de deur daar en je staat hier, en dan vertel je jouw vader over het plan buiten te gaan spelen. Nou ga ik dadelijk jouw vader spelen, dus kun je me vertellen wat zijn manier van doen is? Hoe vertelt hij dan precies dat het spelen niet doorgaat en dat je piano moet oefenen?*
John: *Nou, dat zegt hij niet boos of zo, maar meer een soort vanzelfsprekend, een beetje gedachteloos … alsof dat de normaalste zaak van de wereld is en dat er geen sprake van kan zijn dat er van dat plan afgeweken wordt.*
Therapeut: *Dus een beetje strikt? Maar niet boos?*
John: *Ja, precies, gewoon van: 'Zo is het en zo gaan we het doen', en er is geen tegenspraak mogelijk.*
Therapeut: *En hij praat zeker ook weer als geschiedenisleraar met dat heel officiële taalgebruik.*
John: *Ja, met woorden als 'irrelevant', 'uiteraard', 'punctueel', dat soort taal …*
Therapeut: *Goed, ik krijg wel een beetje een beeld. Nou ga jij dadelijk in dat rollenspel jezelf spelen als kind. Hoe oud ben je in deze situatie?*
John (kijkt wat nadenkend): *Nou, ik denk dat ik begonnen ben met pianospelen toen ik acht jaar was … Dus ik denk dat dit gebeurde toen ik een jaar of tien was?*

9

Neem voordat je het rollenspel begint even de tijd om je cliënt zich te laten inleven in het perspectief van het kind dat hij dadelijk speelt, ook al weet je inmiddels al goed hoe het leven er voor dat jongetje toen uitzag.

Voorbeeld Stap 3 Naspelen historische gebeurtenis: cliënt speelt kind, therapeut antagonist: voorbereiding rol kind

Therapeut: *Oké, en jij bent terug van school, en er is net aangebeld door een vriendje, of vriendjes, die willen voetballen. Dus ga je aan je vader vragen of je buiten mag spelen. Oké?*
(John knikt.)
Therapeut: *Begin dan maar als je er klaar voor bent …*
John: *Papa, dat was Tom daarnet, en ze gaan voetballen. Ik wil wel graag meedoen. Mag ik naar buiten toe?*
Therapeut (probeert te kijken zoals de vader die hij in de verhalen van de cliënt heeft leren kennen; een beetje vlak, functioneel en niet echt als een warme vader): *Nee, jongen, dat kan niet, want je hebt nog niet piano geoefend. Je moet eerst even je piano oefenen.*
John: *… Ja, maar, pap …*
Therapeut: *Nee, John, eerst piano en daarna pas spelen. Zo is het en daar verander je niets aan met een 'ja, maar …' Hoe eerder je begint, hoe eerder het voorbij is, en hoe eerder je*

kunt spelen. (Op dit punt aangekomen draait de therapeut zich weg alsof hij op weg is naar een nieuw klusje.)
John: …

9.2.4 Stap 4 Identificeren gevormde schema's

Jullie gaan weer op je stoel zitten en bespreken hoe het rollenspel ging. Na dit eerste rollenspel identificeer je de conclusies die je cliënt uit deze interactie heeft getrokken over zichzelf en over de ander. Dit zijn de cognitievere aspecten van de schema's die in nagespeelde omstandigheden zijn gevormd. Vergeet niet de geloofwaardigheid van die aannames te checken, zodat je in de loop van de oefening kunt kijken of daarin iets verandert.

Voorbeeld Stap 4 Identificeren gevormde schema's

Therapeut: *Oké, laten we hier even stoppen … Eerst even een vraag: leek het er een beetje op? Klopt het een beetje met hoe jij het je herinnert?*
John: *Ja, het leek er zeker op. Misschien zou mijn vader nog minder hebben gezegd, bijvoorbeeld alleen maar 'eerst oefenen kerel', en dan zou hij weer verder zijn gegaan met zijn werk, maar het voelde wel echt aan zoals het toen ook ging, ja …*
Therapeut: *Blijf nog maar heel even in deze beleving, blijf nog eventjes de jongen van tien jaar … Hoe voel jij je nu?*
John: … *Ik weet niet, verdrietig misschien, nou, misschien vooral wat geïrriteerd …*
Therapeut: *Oké, verdrietig maar vooral geïrriteerd … Laten we dan eventjes uit deze situatie stappen en van een afstandje kijken wat er is gebeurd.*
(De therapeut loopt naar de plek waar ze de oefening hebben voorbesproken en met de cliënt naast zich kijken ze terug naar waar het rollenspel zich heeft afgespeeld.)
Therapeut: *Oké, als we nu even vanuit de rust en ruimte hier terugkijken op wat zich daar afspeelde, wat denk je dan dat die jongen van tien daar heeft geleerd?*
John: *Nou … Dat hij gewoon moet doen wat hem verteld wordt?*
Therapeut: *Ja, dat herken ik. En wat was in die situatie nou belangrijker, dat die jongen wilde spelen, of dat er nog gewerkt moest worden?*
John: *Ja, dat er nog gewerkt moest worden, natuurlijk.*
Therapeut: *Precies. Dus wat leerde dat jongetje nou over zijn behoefte aan spel, aan wat ontspanning?*
John: *Dat die er niet zo veel toe doet …*
Therapeut: *Dus dat jongetje leerde eigenlijk 'wat ik voel, dat ik behoefte heb aan wat ontspanning, dat is niet belangrijk'?*
John: *Ja, zoiets …*
Therapeut: *Kijk maar even of dit past bij hoe jij het beleefd hebt: 'Wat ik nodig heb, dat ik voel dat ik wat ontspanning en vrije tijd wil, dat is niet belangrijk.' Past het een beetje bij hoe jij het beleeft?*
John: *Ja, dat klopt gewoon zoals het is.*
Therapeut: *En vanuit die ervaring als dat jongetje van tien, hoe waar is die gedachte dan? Hoe geloofwaardig?*

John: *Als dat jongetje van tien?*
Therapeut: *Ja, hoe heeft dat jongetje dat je zojuist hebt gespeeld dat ervaren, was dat honderd procent waar dat het er niet zo veel toe deed wat hij nodig had? Of minder?*
John: *Nou … Helemaal onbelangrijk was het ook weer niet, maar heel vaak wel, zoals nu ook … 95 %?*
Therapeut: *Oké … En wat leert dat jongetje nou over anderen? Hoe kijkt dat jongetje nou aan tegen de vader die hij dan voor zich ziet?*
John: *Dat vind ik een lastige vraag … Kijk, voor mij was het gewoon zoals het was.*
Therapeut: *Wat vader zei waren een beetje de regels in het leven, geloof ik?*
John: *Ja, precies, eerst werk en dan pas ontspannen.*
Therapeut: *Dus het gaat in die situatie niet zozeer over vader zelf, maar wel over welke normen en regels hij uitdroeg. En de regel is: 'Eerst werk, dan pas de ontspanning'?*
John: *Ja, precies!*
Therapeut: *En hoe sterk gelooft het tienjarige jongetje die regel?*
John: *Honderd procent!*

Je schrijft de uitspraken van je cliënt op en noteert ook de geloofwaardigheid van het zojuist geïdentificeerde zelfbeeld en het beeld van de anderen en de wereld om hem heen.

9

9.2.5 Stap 5 Naspelen historische gebeurtenis: cliënt speelt antagonist, therapeut kind

In de tweede speelronde wordt de oorspronkelijke gebeurtenis nog eens nagespeeld. Maar nu speel jij de rol van het kind en je cliënt die van de antagonist. Met deze perspectiefwisseling kan er nog meer informatie worden verkregen over de omstandigheden waarin de schema's zijn gevormd die je cliënt sindsdien met zich meedraagt.

Voorbeeld naspelen historische gebeurtenis: cliënt speelt antagonist, therapeut kind
Therapeut: *Dan gaan we nu dezelfde situatie nog een keer naspelen, maar nu draaien we de rollen om: nu ben jij je vader en speel ik jou, als tienjarig kind. Dan is je vader een jaar of veertig, toch?*
(John knikt.)
Therapeut: *En hoe ziet zijn leven eruit?*
John: *Nou, dan is hij dus geschiedenisleraar op dezelfde school als mijn moeder … Hij werkt hard, is altijd bezig met lessen voorbereiden of huiswerk of toetsen nakijken. En hij is ook bezig met activiteiten rondom de school …*
Therapeut: *Laten we nu maar weer opnieuw in het verleden stappen.* (De therapeut loopt naar het gedeelte van de kamer waar het rollenspel zich afspeelt, maar gaat nu op de plek staan waar het tienjarige jongetje zich bevond.)
Therapeut: *Ik wil dat je nu die vader bent … Dus je bent terug van je werk, je hebt nog veel werk te doen en dan is daar nu jouw tienjarige zoontje, John … Oké, we beginnen.*

Therapeut (speelt zo goed mogelijk de rol van het tienjarige jongetje zoals hij dat zojuist heeft geobserveerd en spreekt dus ook met een iets kinderlijke stem): *Papa, dat was Tom aan de deur, en ze gaan voetballen. Ik wil eigenlijk wel graag meedoen, mag dat?*
John (speelt zijn vader en praat met gedecideerde stem): *Nee, daar komt niks van in, want je hebt nog niet je pianolessen geoefend. Ga daar maar eerst mee beginnen.*
(John draait zich om en maakt aanstalten om weg te lopen.)
Therapeut: *Oké, oké! Laten we even stoppen hier … Poeh … Ik snap nu wat beter wat jij bedoelde toen jij je vader beschreef. Hij is echt heel gedecideerd, hè?*
John: *Ja, en dan niet boos of zo, maar zo ging het.*
Therapeut: *Nou, ik merk echt dat ik daar van alles bij voel … Ik voel dat nog steeds, het is echt heel vervelend als er zo tegen je gesproken wordt wanneer je gewoon het recht hebt om te gaan spelen … Ik voel ook wel iets van die irritatie waar jij daarnet over sprak … En ook wel dat verdriet, dat het er helemaal niet toe lijkt te doen wat ik zeg …*
(John kijkt de therapeut onderzoekend aan): *Meen je dat nou?*
Therapeut: *Ja, dat meen ik zeker! Ik snap heel erg goed dat dit voor een tienjarig jongetje echt niet leuk is … Hoe is dat voor jou om te horen?*
John: … *Wel goed eigenlijk … Wel fijn dat jij het ook zo ziet en ervaart, dat dat niet helemaal alleen aan mij ligt …*
Therapeut: *Nee, zeker ligt dat niet aan jou! Maar jij, jij hebt je vader gespeeld, kun je nog een beetje die vader blijven? Blijf maar gewoon hier even staan, en dan spreek ik je ook nog even aan als vader, oké?*
(John knikt.)
Therapeut: *Vader van John, ik hoorde dat u het niet goed vindt dat John buiten wil spelen. Kunt u me nog even vertellen waarom u het zo belangrijk vindt dat hij eerst pianoles oefent?*
John: *Ja, maar hij zal toch moeten oefenen. Dat is nu eenmaal de afspraak. En afspraak is afspraak.*
Therapeut: *Ja, ik snap wel dat er soms wat dingen moeten in het leven, maar John is nog maar een kind van tien jaar en spelen lijkt me toch ook wel heel belangrijk voor een kind, denk je ook niet?*
John: … *Nou, daar ben ik helemaal niet zo mee bezig … Hij moet gewoon piano oefenen, en ik heb nog veel werk te doen, en dan is het voor mij wel klaar …*
Therapeut: *Dus je bent niet zo zeer bezig met John en wat hij nodig heeft, maar meer met alle taakjes en klussen die er nog liggen, piano oefenen, werk van school nog afmaken?*
John: *Ja, precies!*
Therapeut: *Oké, laten we het hier even bij houden en even uit dit verleden weg stappen, even terug naar de plek waar we kunnen nadenken over wat er allemaal gebeurd is.*
(Therapeut en John lopen terug naar de oorspronkelijke positie waar ze praten over het rollenspel in plaats van het te spelen.)

Zoals in het voorbeeld beschreven kun je na de tweede speelronde feedback geven over wat jij in je rol als kind hebt ervaren. Door te vertellen over de impact die het gedrag van de antagonist had, erken je de gevoelens die je cliënt mogelijk ook heeft gehad als kind.

9.2.6 Stap 6 Nabespreking met identificeren eventuele schemadisconfirmerende informatie en onderliggende behoeften

In ▶ H. 5 hebben we al beschreven dat de rolomkering lang niet altijd tot andere conclusies hoeft te leiden. Soms kan de rolomkering een bevestiging blijken te zijn van de conclusie dat de behoeften van je cliënt er voor de antagonist niet zo veel toe deden. Het is echter wel mogelijk dat de rolomkering invloed heeft op het zelfbeeld en het beeld van anderen. Een veelvoorkomend effect van de rolomkering is bijvoorbeeld dat je cliënt zich gaat realiseren dat de antagonist in de nagespeelde situatie niet de tegenwoordigheid van geest of de capaciteiten had om zich bezig te houden met de behoeften van het kind. Wanneer je cliënt zich dit meer realiseert, kan dit tot gevolg hebben dat zij zichzelf minder als probleemdrager gaat zien, maar meer de antagonist. Niet je cliënt als kind was in die situatie het probleem, maar de antagonist schoot als ouder tekort.

Voorbeeld Stap 6 Nabespreking met identificeren eventuele schemadisconfirmerende informatie

Therapeut: *Oké, nou, laten we eventjes kijken wat we zojuist hebben geleerd … Wat neem jij mee van dit rollenspel?*

John: *… Ja, ik weet het niet zo goed … Nou, misschien wel dat het mijn vader dus eigenlijk helemaal niet zozeer om mij te doen was.*

Therapeut: *Ja, dat viel me ook op toen ik nog even met hem aan het praten was over wat er gebeurde. Maakt het voor jou nog uit dat hij zei dat hij helemaal niet zo bezig was met jouw behoeften, maar vooral met al zijn eigen klussen en taken?*

John: *Ja, wel een beetje … Het is nog steeds wel vervelend dat hij helemaal geen oog heeft voor wat ik nodig had, maar het was niet zozeer omdat hij mij dat niet gunde, hij was er sowieso al niet mee bezig.*

Therapeut: *Dus hoe kijk je nu aan tegen de gedachte 'Wat ik voel en wat ik nodig heb doen er niet toe'?*

John: *Nu, hoe ik er nú tegen aankijk?*

Therapeut: *Ja, nu je je net zo hebt ingeleefd in je vader en terugkijkt op de hele situatie. Hoe kijk je dan aan tegen het idee dat jouw gevoelens en behoeften er niet toe doen?*

John: *Nou, voor mijn vader deed het er inderdaad niet zozeer toe. Maar hij was gewoon bezig met andere dingen … Als we daar nu zo over praten, voelt het wel anders, dat mijn behoeften en gevoelens wel belangrijk zijn, maar dat hij er gewoon niet zo mee bezig was …*

Therapeut: *Dus hoe geloofwaardig voelt die gedachte nu dan voor je, de gedachte dat jouw gevoelens en behoeften er niet toe doen?*

John: *… Ja, wel wat minder … vijftig procent of zo?*

Therapeut: *Prima. En dan de gedachte dat er nu eenmaal eerst werk gedaan moet worden voordat je kunt ontspannen, hoe kijk je daar na dit tweede rollenspel en met de kennis van nu tegen aan? Dus nu je aan het eind van de therapie zoiets ook kunt bekijken vanuit je Gezonde Volwassene?*

John: (kijkt nadenkend in stilte) … *Nou, ergens voelt het nog steeds wel aan als dat het waar is … Maar het is wel zo dat ik nu meer besef dat dit is zoals mijn vader dat zag, niet dat het dan ook automatisch waar is voor altijd en voor iedereen.*
Therapeut: *Dus met dat besef, dat dit is zoals je vader dat misschien zag, maar dat dat niet voor iedereen en voor altijd hoeft te gelden, hoe waar voelt dan die gedachte dat er altijd eerst werk gedaan moet worden voordat je kunt ontspannen?*
John: … *Ja, minder … Ook iets van vijftig procent?*
Therapeut: *Prima, hoor, het gaat me niet om goed of fout, het gaat er alleen om dat we even een meting doen hoe het voor jou nu is met alle informatie die we nu bespreken.*

9.2.7 Stap 7 Naspelen historische gebeurtenis: cliënt speelt kind, maar met volwassen inzichten van nu en capaciteit om op te komen voor behoeften

Deze ronde verschilt van het historische rollenspel in de beginfase van de behandeling, zoals besproken in ► H. 5, omdat het nu de cliënt is die opkomt voor haar behoeften. In de laatste ronde van het historische rollenspel krijgt je cliënt daartoe de gelegenheid. Je benadrukt dat je cliënt als kind, in de situatie zoals die zich toen afspeelde, nog niet voor zichzelf kon opkomen. Maar nu, met alle inzichten en leerervaringen uit de therapie, kan je cliënt dat wel. Je bespreekt eerst wat je cliënt in het rollenspel tegen de antagonist zou willen zeggen. Vervolgens speel je de oorspronkelijke situatie nog een keer na, waarbij je cliënt de rol van het kind speelt. Je cliënt gebruikt die rol om zich met de inzichten van de Gezonde Volwassen kant uit te spreken tegen de antagonist.

Voorbeeld Stap 7 Naspelen historische gebeurtenis: cliënt speelt kind, maar met volwassen inzichten van nu en de capaciteit om op te komen voor behoeften: voorbereiding

Therapeut: *Goed, dan is er nog een laatste ronde. We hebben nu de situatie nagespeeld zoals die zich daadwerkelijk heeft voorgedaan, met jou als kind. Vervolgens hebben we de rollen omgedraaid, en dat heeft al extra informatie opgeleverd. Maar goed, je bent natuurlijk nu niet meer dat kind van tien jaar. Je bent een volwassen man, en zeker in de therapie heb je ook geleerd om je bewust te zijn van wat kinderen nodig hebben, die basisbehoeften. Met alles wat je hebt geleerd, en met alles wat je weet van die basisbehoeften, als je dan nu terugkijkt op die situatie van zo-even. Wat denk je dat die jongen van tien jaar eigenlijk nodig had in die situatie?*
John: *Dat hij natuurlijk gewoon kon gaan voetballen!*
Therapeut: *Dat lijkt heel helder voor je te zijn, klopt dat?*
John: *Ja, het maakt me ook wel een beetje boos dat dat niet mocht … Ook omdat dit eigenlijk altijd zo ging. Altijd was er wel iets anders wat dan de voorrang kreeg, een taak, een karweitje. Ik bedoel, hij zegt dan wel 'Ga maar snel aan de slag, want dan kun je ook sneller ontspannen', maar dat moment was er nooit. Er was altijd weer iets anders wat ik moest doen.*
Therapeut: *Zoals je er nu naar kijkt, als die Gezonde Volwassene, die kapitein op jouw schip, maakt het je boos wat er hier allemaal gebeurde, klopt dat?*

John: *Ja!*
Therapeut: *Dan wil ik voorstellen dat we die situatie nog een keertje naspelen, maar dat je daar nu in meeneemt wat je mij net allemaal vertelde. Je gaat dus dadelijk weer dat het tienjarige jongetje spelen, maar eigenlijk neem je die Gezonde Volwassene mee in die rol. Je staat daar dadelijk dus niet als dat tienjarige jongetje, maar als die Gezonde Volwassene, die nu even die rol van dat jongetje gebruikt om uit te spreken wat je eigenlijk tegen je vader zou willen zeggen. Helder?*
John: *Ja, maar dat zou echt niet hebben gekund om zoiets tegen mijn vader te zeggen …*

Je hebt al aangegeven dat het jongetje van toen zich nooit zo had kunnen uitspreken tegen vader als nu wordt voorbereid. Toch is het belangrijk die boodschap nog enkele keren te benadrukken. Zeker cliënten met sterke Kritische kanten kunnen deze bespreking makkelijk horen als een verwachting, een eis hoe ze als kind hadden moeten reageren.

Voorbeeld Stap 7 Naspelen historische gebeurtenis: cliënt speelt kind, maar met volwassen inzichten van nu en de capaciteit om op te komen voor behoeften

Therapeut: *Dat snap ik! Heel goed dat je dat nog even benadrukt, want het is zeker niet mijn bedoeling om je de boodschap te geven dat je dit als tienjarig jongetje eigenlijk allemaal tegen je vader had moeten zeggen. Dat kon niet! Dat tienjarige jongetje heeft gedaan wat hij kon doen in die situatie, en dat was prima! Als tienjarige kun je ook niet opkomen voor je behoeften tegen een vader die zo strikt en gedecideerd is. Als tienjarig jongetje kan dat niet, maar jij, als Gezonde Volwassene, kan dat wel. En ik wil dat we dat wel naspelen om jou de ervaring te geven hoe het is om op te komen voor je behoeften. Zullen we het gewoon eens proberen?*
John: *Dus dat ik dan wel de tienjarige speel, maar dan zoals ik het nu zie?*
Therapeut: *Precies!*
(Therapeut en John lopen weer terug naar het speelvlak, de therapeut op de plek van de vader en John op de plek van het tienjarige jongetje.)
Therapeut: *Heel goed, dan beginnen we.*
John: *Papa, dat was Tom, en hij vroeg of ik buiten wilde komen voetballen. Daar heb ik eigenlijk wel zin in, mag dat?*
Therapeut (nu als vader): *Nee, daar komt niks van in, ga maar eerst piano oefenen, dat moet nog gebeuren.*
(Therapeut begint zich weg te draaien zoals John dat zojuist heeft voorgespeeld.)
John: *Pap, dat kan je niet zeggen. Hoezo mag ik niet voetballen? Ik ben nog maar een kind! Je zegt altijd dat er ruimte is voor ontspanning na al het werk, maar dat moment lijkt wel nooit te komen. Ik wil niet alleen maar werken, ik wil ook gewoon eventjes lekker kunnen ontspannen. Ik ben al naar school geweest, ik doe allemaal klusjes hier in huis, ik wil nu gewoon eventjes spelen!*

Op dit punt aangekomen heb je als therapeut een keuze: je moet besluiten hoe je als antagonist gaat reageren nu je cliënt zo goed opkomt voor zijn behoeften. Je kunt als antagonist een gezonde reactie geven en bijvoorbeeld de cliënt een compliment geven dat hij zich uitspreekt. Het is echter de vraag of de antagonist zoals je cliënt die kent daartoe in staat zou zijn geweest. Je kunt ook het rollenspel hier even onderbreken en aangeven dat je niet weet hoe de antagonist zou hebben gereageerd. Je weet echter wel hoe jij zou reageren als jij die antagonist zou zijn geweest en jouw kind zou zo opgekomen zijn voor zijn behoeften. Door die natuurlijke reactie uit te spreken of zelfs uit te spelen bied je de cliënt opnieuw een corrigerende ervaring, zoals je dat in de beginfase ook al hebt gedaan (zie ▶ par. 5.3).

Voorbeeld Stap 7 Naspelen historische gebeurtenis: cliënt speelt kind, maar met volwassen inzichten van nu en de capaciteit om op te komen voor behoeften – vervolg

Therapeut: (maakt een stopgebaar om het rollenspel te onderbreken) *Wauw… ! Wat deed je dat goed! Echt heel krachtig!*

(John staat een beetje te glunderen.)

Therapeut: *Echt heel goed! Ik kon ook echt voelen dat je het meende. Dat maakt het nu even wat lastig voor mij, omdat ik niet goed weet hoe jouw vader zou reageren als je dit tegen hem zegt… Ik vraag me ernstig af of hij in staat was om zijn zienswijze los te laten … Wat denk jij?*

John: *Nee, hij zou echt niet nu van gedachte veranderen of zo. Dat deed hij nooit.*

Therapeut: *Precies. Dat gevoel had ik ook. Ik kan je wel vertellen hoe ik zou reageren als ik een vader was in zo'n situatie en mijn kind komt bij me en zegt dan dat hij eigenlijk gewoon wil spelen en dat hij al zo hard heeft gewerkt en nu even geen zin heeft in nog meer verplichtingen. Als vader in zo'n situatie zou ik zeggen: 'Dat snap ik jongen! Tuurlijk! Je hebt een lange dag gehad, en dan kom ik ook nog een keer aan met extra taken… Sorry, kerel, ik was er even met mijn hoofd niet bij. Natuurlijk moet je nu gewoon even lekker ontspannen, dus ga maar lekker voetballen. Die piano loopt niet weg, dat komt later wel. Nu eerst maar even lekker een beetje ontspannen! Veel plezier, kerel! … Nu ik er over nadenk, ik ben geneigd om meteen zelf aan het werk te gaan, maar nu ik tegen jou zeg dat ontspannen zo goed is, bedenk ik me ineens dat dat natuurlijk ook voor mezelf geldt… Ik zou het leuk vinden als ik mee ging voetballen… Wat vind je daarvan?'*

John (lachend): *Ja, dat is goed. Volgens mij kun jij ook wel wat ontspanning gebruiken! Maar in het echt zou mijn vader dat nooit doen.*

Je cliënt heeft geoefend met het opkomen voor zijn behoeften. Je hebt dit gezonde gedrag al bekrachtigd door de complimenten en je reactie als antagonist in het rollenspel. Deze positieve ervaring moet nu zo veel mogelijk geconsolideerd worden. Sta dus uitgebreid stil bij de ervaring, en besteed aandacht aan alle aspecten ervan.

Voorbeeld consolideren positieve ervaring

Therapeut: *Hoe voelt dit voor jou? Zo'n reactie?*

John: *Ja, dat voelt wel leuk. En fijn, fijn dat je dan ook zegt dat je dat even verkeerd zag.*

Therapeut: *Nou, je hebt me daar ook wel goed mee geholpen, want zoals jij opkwam voor jouw behoeften, dat was echt heel erg goed en duidelijk! Hoe voelt het eigenlijk voor je*

als je dat zo zegt, met zo veel kracht, dat je even genoeg hebt van al dat werken en dat je gewoon wat wilt ontspannen?
John: *Ja … wel goed …*
Therapeut: *Waar voel je dan dat goede gevoel, in je lijf bedoel ik?*
John (wijst op zijn borst): *Hier misschien?*
Therapeut: *Leg anders maar even een hand op die plek op je borst, en probeer even weer contact te maken met dat gevoel. Waar voelde je vooral dit prettige gevoel in je borst? Toen je zei dat je er genoeg van had, van al dat werken?*
John: *Ja, ik geloof inderdaad dat moment dat ik zei dat ik er echt even klaar mee was.*
Therapeut: *Zeg dat anders nog maar eens: 'Ik heb er even genoeg van om alleen maar te werken, ik wil gewoon even lekker ontspannen!'*
John: *Ik heb er gewoon even genoeg van, ik heb al genoeg gewerkt, ik wil nu eventjes rustig ontspannen.*
Therapeut: *Hoe voelt het, is dat dit prettige gevoel in je borst?*
John: *Ja, dat is wel dat gevoel, ja …*

9

9.2.8 Stap 8 Nabespreking oefening en vorming gezonde schema's

In de laatste fase van de oefening sta je stil bij de geloofwaardigheid van de kerngedachten. Vergeet niet terug te kijken naar de aanleiding om in deze sessie het historische rollenspel te doen. Je cliënt is in de afgelopen week teruggevallen in oude patronen en heeft nu kunnen oefenen met nieuw, gezond gedrag, waarbij hij opkomt voor zijn behoeften. Je moedigt je cliënt aan die ervaring mee te nemen naar het dagelijks leven en dus ook in huidige situaties meer op te komen voor zijn behoeften.

Voorbeeld nabespreking

Therapeut: *Laten we dan nu met deze ervaring weer uit dit verleden stappen en even terugkijken op wat er allemaal gebeurd is.*
(Therapeut en John lopen weer terug naar de positie waarin ze op het speelvlak terugkijken.)
Therapeut: *Goed, je hebt daar een heel andere ervaring opgedaan toen je opkwam voor jouw behoefte aan ontspanning. Als je die ervaring nog eens in gedachten neemt, hoe geloofwaardig is dan nu de gedachte voor je 'Mijn gevoelens en mijn behoefte aan ontspanning doen er niet toe'?*
John: *Ja, dat is echt wel veel minder nu …*
Therapeut: *Hoeveel minder dan? Daarnet was het vijftig procent…*
John: … *Nou, het is niet helemaal weg, maar het is echt wel veel minder, tien, misschien twintig procent…*
Therapeut: *Dat is een behoorlijke verandering. En wat mij betreft zegt het vooral dat deze ervaring voor jou veel betekenis heeft gehad, klopt dat?*
John: *Ja, dat had die ook, ja.*
Therapeut: *En wat vind je nu dan van de gedachte 'Eerst werk en dan pas ontspanning'? Die was vijftig procent geloofwaardig voor je.*

John: *Ja, dat is ook veel minder, misschien hetzelfde, Tien procent?*
Therapeut: *Oké, dus ook wat dat betreft is er door deze ervaring echt wel iets veranderd. Laten we nu terugkijken op hoe we hiermee zijn begonnen. Aan het begin van het gesprek vertelde je over een situatie in de afgelopen week waarin je aan het eind van de lange werkdag op de bank lag en vervolgens toch bent opgestaan omdat er nog een paar klusjes lagen … Met wat we nu allemaal hebben gedaan, besproken en beleefd, hoe kijk je nu dan aan tegen die situatie?*
John: *Ja, eigenlijk is die precies hetzelfde als die we net hebben gedaan … Eigenlijk wel een beetje verdrietig dat ik dan opnieuw maar ga werken en niet ga ontspannen … En nu was er niet eens mijn vader die me vertelde dat ik dat moest doen …*
Therapeut: *Dat snap ik, en die vader heb je ook niet echt meer nodig om dit soort dingen te denken, hè? Eigenlijk heb je zijn boodschappen geïnternaliseerd, is het die Veeleisende kant van jou die je aanspoort om werk, taakjes en klussen te doen in plaats van te luisteren naar je behoefte aan ontspanning. Maar hier, kijkend naar de situatie en met het bewustzijn wat we nu hebben, als Gezonde Volwassene, als kapitein op jouw schip, wat denk je dan dat je de volgende keer moet doen als je in zo'n situatie zit en op de bank ligt na een lange werkdag?*
John: *… Ja, blijven liggen, denk ik …*
Therapeut: *Dat lijkt me een belangrijke conclusie. Maar ik snap ook wel dat je die conclusie nu kunt trekken, maar dat het lastig zal zijn om die in zo'n situatie zelf weer terug te halen. Dus zullen we even kijken hoe jij jezelf kunt helpen om die conclusies van vandaag ook goed te onthouden, zodat je die kunt gebruiken in toekomstige situaties als die van de week.*

9.3 Imaginatie gericht op de toekomst

Tot dusver heb je met imaginaire rescripting beelden uit het verleden bewerkt om zo nieuwe, gezonde ervaringen te genereren. In de eindfase van de behandeling probeer je de cliënt ook voor te bereiden op schema-activerende situaties die zich in de toekomst zullen voordoen. Het zullen juist die situaties zijn waarin je cliënt geneigd zal zijn terug te vallen in vermijding of omkering. Er zijn verschillende redenen om toekomstgerichte imaginaties te doen bij het doorbreken van de vermijdende, afhankelijke en dwangmatige patronen. Zo lijken in toekomstgerichte imaginaties gebeurtenissen te worden 'voorbeleefd', zoals herinneringen in imaginaties kunnen worden herbeleefd (Schacter & Addis, 2007; Schacter et al., 2008). Verder lijken toekomstgerichte imaginaties motiverend te werken voor gedragsverandering (Libby et al., 2007). Er zijn aanwijzingen dat het kijken naar jezelf terwijl je nieuw gedrag vertoont (het observatorperspectief) effectiever voor gedragsverandering is dan het eerstepersoonsperspectief, waarbij je het nieuwe gedrag visualiseert alsof je het daadwerkelijk aan het doen bent. De uitdrukking 'ik zie het mezelf doen' lijkt hierbij goed van toepassing (Krans, 2022).

Overigens hoeven de toekomstgerichte imaginaties zich niet enkel te richten op observeerbaar gedrag. In een toekomstgerichte imaginatie kan geoefend worden met elk aspect van een gezonde manier van schema-activatie: de bewustwording van die schema-activatie, het gezond hanteren van de emotionele en cognitieve componenten van de geactiveerde schema's en uiteraard de gedragsverandering. In het voorbeeld dat hierna is uitgewerkt wordt de oefening ook gericht op het herkennen van de schema-activatie en het gezond hanteren van de emotionele en cognitieve componenten van die geactiveerde schema's.

Voor toekomstgerichte imaginaties bestaan geen strikte scripts. Het stappenplan in het kader kan echter wel helpen om een weg te vinden in alle opties en keuzes die een dergelijke visualisatie-oefening biedt.

Stappenplan toekomstgerichte imaginatie

NB De afzonderlijke stappen kunnen ook over meerdere sessies heen gespreid worden.

Stap 1 Voorbespreking
Stap 2 Visualiseren Gezonde Volwassene
Stap 3 Visualiseren gevreesd rampscenario
Stap 4 Contact maken met de Gezonde Volwassen kant
Stap 5 Coachen in zelfcompassie, cognitieve herstructurering, gedragsverandering
Stap 6 Nabespreking en huiswerk

Hierna zullen deze stappen verder worden toegelicht aan de hand van een voorbeeld van Jenny met haar Vermijdende-persoonlijkheidsstoornis.

9.3.1 Stap 1 Voorbespreking

Bij een toekomstgerichte imaginatie moeten er van tevoren veel meer keuzes worden gemaakt. Op de eerste plaats moet er een scenario voor de oefening worden gekozen. Welke probleemsituaties zullen zich waarschijnlijk voordoen in de toekomst? Welke schema's zullen dan mogelijk geactiveerd worden, en in welke gedragspatronen dreigt je cliënt dan waarschijnlijk terug te vallen?

Daarnaast moet je ook kiezen met welke nieuwe vaardigheden je je cliënt bij de toekomstgerichte imaginatie gaat laten oefenen. Gaat je cliënt oefenen met het zich bewust worden van die oude patronen? Gaat je cliënt oefenen met zelfcompassie, realistisch nadenken of nieuw gedrag? Of met een combinatie van die drie aspecten? Met al deze opties is de voorbespreking van de oefening in deze eindfase uitgebreider dan je misschien gewend bent.

Voorbeeld toekomstgerichte imaginatie: voorbespreking

Je hebt in de vorige sessie afgesproken dat jullie gericht zouden werken aan het meedoen aan de borrel die collega's op de laatste vrijdag van elke maand houden. Jenny is niet per se enthousiast over dat idee, maar erkent wel dat het een van de behandeldoelen is die jullie hebben afgesproken om meer sociale contacten aan te gaan.

Bij het bespreken van deze situatie lijkt het op de eerste plaats belangrijk dat Jenny oefent met het zich bewust worden van de Stille. Ze voelt zich soms zo slecht dat ze ervan overtuigd is dat ze ziek is. Achteraf komt ze er dan achter dat het waarschijnlijk spanningen zijn geweest waar ze last van had. Verder bespreken jullie dat Jenny actief de tegenargumenten tegen de Stille moet gebruiken. Ten slotte is het belangrijk om de oefening te richten op het daadwerkelijk gaan naar de borrel. Samen inventariseren jullie nog eens heel goed de herkenningssignalen van de Stille en welke tegenargumenten Jenny inmiddels heeft. Verder bespreken jullie concreet voor hoe ze naar de borrel toe gaat.

9.3.2 Stap 2 Visualiseren Gezonde Volwassene

De oefening begint met het visualiseren van de Gezonde Volwassene. Door deze visualisatie als begin van de oefening wordt de kans vergroot dat je cliënt in het gevreesde scenario contact kan maken met die Gezonde Kant. Inmiddels heeft je cliënt al vaker geoefend met het visualiseren van de Gezonde Volwassene, dus dit gedeelte van de oefening hoeft niet veel tijd in beslag te nemen. Het kan ook overgeslagen worden. Let op dat je de cliënt meer ruimte voor autonomie geeft. In plaats van de visualisatie zelf te leiden, kun je de cliënt vragen op haar manier even contact te maken met die Gezonde Volwassene en of ze dat hardop wil doen zodat je mee kunt luisteren.

9.3.3 Stap 3 Visualiseren gevreesd rampscenario

Zoals overeengekomen in de voorbespreking vraag je de cliënt die situatie te visualiseren waarin ze terugvalt in oude gedragspatronen. Je kunt hier als therapeut de aandacht laten richten op die onderdelen van de situatie die je cliënt moeilijk vindt. Hierdoor maak je de oefening uitdagend. In deze eindfase is dat wel zo verstandig, omdat je cliënt zo beter voorbereid is voor lastige momenten die zich na de therapie zullen voordoen. Natuurlijk wil je wel dat je cliënt binnen haar Window of Tolerance kan blijven en maak je het dus niet te moeilijk.

Voorbeeld visualiseren gevreesd rampscenario

Jenny: *En als ik klaar ben met werken komt die collega langs het kantoor en vraagt of wij ook meegaan vandaag. De collega die nu mijn kamer deelt, gaat altijd wel mee, maar zegt dan dat hij vandaag overslaat.*

Therapeut: *En hoe voel jij je nu?*

Jenny: *Gespannen … angstig … Ik weet nooit wat ik moet zeggen, en ik ben bang dat het heel awkward gaat worden …*

Therapeut: *En die collega gaat ook al niet … je zou kunnen zeggen dat je je niet lekker voelt en dat je ook niet meegaat …*

Jenny: *Ja …*

Therapeut: *Misschien de volgende keer dan maar, en nu gewoon naar huis?*

Jenny: … (kijkt wat verward, alsof ze twijfelt, maar ook niet goed weet wat ze nu moet doen.)

9.3.4 Stap 4 Contact maken met de Gezonde Volwassen kant

Het doel van de oefening is te oefenen met het gezond hanteren van schema-activatie. De eerste stap is het zich bewust worden dat oude patronen geactiveerd worden. Bij dat bewust worden neemt je cliënt iets meer afstand van de beleving waar zij mee samen dreigde te vallen. Anders dan in de beginfase is het nu de cliënt zelf die deze stap moet leren nemen. Jij kunt je cliënt wel helpen met aanmoedigingen en vragen, maar overnemen zal niet de autonomie versterken die nu wel nodig is.

Voorbeeld contact maken met de Gezonde Volwassen kant

Therapeut: *Het is jouw keuze, niemand dwingt je ergens toe … Herken je dat gevoel dat je ook gewoon volgende keer zou kunnen gaan? En nu lekker naar huis?*

Jenny: *Ja …*

Therapeut: *Waar herken je dat gevoel van?*

Jenny: *Dat heb ik altijd …*

Therapeut: *En wie is dat dan die je altijd doet voelen dat je ook wel de volgende keer kunt gaan?*

Jenny: *… Dat is die Stille …*

Therapeut: *Wil je nu die Stille volgen of die kapitein aan het roer laten?*

Jenny: *Die kapitein…*

Therapeut: *Oké, maak dan maar eerst contact met die kapitein, zet die kapiteinspet dan maar eerst op …*

(Jenny gaat wat meer rechtop zitten.)

9

9.3.5 Stap 5 Coachen in zelfcompassie, cognitieve herstructurering, gedragsverandering

Als je cliënt eenmaal in de toestand van de Gezonde Volwassene is, kan ze nu de afgesproken vaardigheden oefenen. Dat kan een specifiek element zijn, zoals het oefenen met zelfcompassie of gedragsverandering. Het kan ook een combinatie van die verschillende elementen zijn, zoals het geval is bij Jenny. Bij de stoelentechniek met de drie stappen van de Gezonde Volwassene in de middenfase (zie ▶ par. 8.2) staat al uitgebreid beschreven hoe zelfcompassie, cognitieve herstructurering en gedragsmodificatie geoefend kunnen worden. In de eindfase van de behandeling ben je als therapeut nog wat terughoudender bij het begeleiden van je cliënt. Spoor je cliënt aan die stappen zelf te oefenen. Soms moet je daarbij wat harder aansporen, maar juist dat aansporen is een noodzakelijke stap richting het eind van de therapie, waarna je helemaal niet meer aanwezig bent om je cliënt te helpen.

Voorbeeld coachen in zelfcompassie, cognitieve herstructurering, gedragsverandering

Jenny heeft zojuist vanuit haar Gezonde Volwassene woorden van begrip en compassie uitgesproken en staat nu op het punt de Stille tegen te spreken.

Therapeut: *En wat wil je als Gezonde Volwassene tegen die Stille zeggen? Die vindt het vooral maar logisch om nu niet te gaan en zegt dat je altijd nog de volgende keer kunt gaan … Waarom is het voor Jenny niet goed om zo te denken?*
Jenny: *… Ik weet het niet …*
Therapeut: *Is niet erg, neem je tijd … waarom heeft die Stille geen gelijk, wat zou je er tegen in kunnen brengen …*
Jenny: *… Ik weet het echt niet …*
Therapeut: *Nou, dat geloof ik eerlijk gezegd niet zo … dat bedoel ik niet kritisch of zo, maar je hebt mij zo vaak tegen die Stille horen praten. Ik denk dat je echt wel wat van die woorden van mij in je hoofd hebt zitten … Wat zou ik zeggen tegen die Stille?*
Jenny: *Dat vermijding op korte termijn wel ontspant maar me niet echt helpt, het verandert niets aan de angst?*
Therapeut: *Ja, dat klinkt heel bekend, ja, dat zou ik inderdaad kunnen zeggen. Maar nu ben jij er, zeg jij dat eens …*
Jenny: *Ik wil wel vermijden, maar dat helpt me niet verder, dat maakt het alleen maar moeilijker om de volgende keer wel te gaan …*
Therapeut: *Mooi! Nog eens, maar nu twintig procent harder, alsof je het meent?*

Voor een nog uitgebreidere bespreking van de toekomstgerichte imaginatie wordt verwezen naar *Imaginaire rescripting – Theorie en praktijk* (Van der Wijngaart, 2020, ▶ H. 5).

9.3.6 Stap 6 Nabespreking en huiswerk

De nabespreking is ook nu een manier om de opgedane ervaringen te consolideren. Door het uitgebreid bespreken van de geoefende vaardigheden, met aandacht voor belevingsaspecten, worden deze ervaringen beter geïnternaliseerd. Herhaling in de vorm van huiswerk leidt tot een verdere consolidatie van deze ervaringen. Huiswerk kan bestaan uit het afluisteren van een zelf ingesproken audioflashcard of het opschrijven en nalezen van de belangrijkste conclusies uit de oefening. Uiteraard is de oefening niet vrijblijvend gedaan en zal je cliënt het geoefende ook daadwerkelijk in de praktijk moeten brengen. Het huiswerk wordt concreet en specifiek voorbesproken, zodat er zo min mogelijk misverstanden kunnen ontstaan en de kans zo klein mogelijk is dat je cliënt het huiswerk vermijdt.

9.4 Stoelentechniek waarbij de therapeut de Copingkant speelt

De stoelentechniek is gedurende de therapie al veel gebruikt. In de beginfase ben jij als therapeut degene geweest die de Copingkanten probeerde te verminderen en de Kritische kanten tegen te spreken. In de eindfase kan de stoelentechniek gebruikt worden om de Gezonde Volwassene van je cliënt te versterken. Een manier om die Gezonde kant te versterken is door die meer uit te dagen. Jij kunt als therapeut dan in de stoelentechniek de rol van de Copingkant of de Kritische Kant vertolken. Je cliënt kan dan vanuit haar stoel, als de Gezonde Volwassene, tegenargumenten inbrengen.

Voorbeeld stoelentechniek waarbij de therapeut de Copingkant speelt: voorbereiding

Claire en haar vriend Jonas maakten plannen voor komend weekend en Jonas wilde naar zijn familie. Claire had daar geen zin in en had erg behoefte aan wat rustige tijd voor zichzelf of wat rustige tijd met z'n tweeën. Ze heeft dat wel even aangegeven, maar merkte al snel dat Jonas echt naar zijn familie wilde en ook wilde dat zij meeging. Daarom heeft ze er maar mee ingestemd en begint ze de therapeut uit te leggen dat het ook wel een goed plan is. Ze zijn er immers al lang niet geweest. Jonas heeft ook veel aan zijn hoofd, en ze vindt het fijn om er voor hem te kunnen zijn. Hij is tenslotte ook erg belangrijk voor haar. Wanneer de therapeut haar vraagt of ze dit ook zou hebben gekozen als Jonas niet zo duidelijk een voorkeur voor een familiebezoek had gehad, bekent Claire aarzelend dat ze eigenlijk thuis had willen blijven.

In dit voorbeeld is de Copingkant van Claire opnieuw hoorbaar. De Copingkanten van cliënten met cluster C-persoonlijkheidsstoornissen zijn bijzonder hardnekkig. Het is dus niet verwonderlijk dat je cliënt tegen het eind van therapie nog steeds geneigd is terug te vallen in deze kanten. In deze laatste fase van de behandeling is het belangrijk dat je cliënt deze kanten nu zelf actief herkent en jij niet meer zo vaak hoeft te helpen bij die bewustwording.

Voorbeeld stoelentechniek waarbij de therapeut de Copingkant speelt: herkennen Copingkant

Therapeut: *Dus je wilde zelf iets anders, maar bent maar akkoord gegaan met je vriend?*
Claire: *Ja, maar dat vind ik niet erg of zo.*
Therapeut: *Nee, dat geloof ik ook wel. Maar wie horen we dan als je doet wat iemand anders wil, ook al is dat niet hetzelfde als wat je zelf nodig hebt?*
Claire: *Nou, dat vind ik zelf ook …*
Therapeut: (zucht even) *Ja, natuurlijk voelt dat zo, maar wie horen we dan als je iets doet wat een ander wil?*
Claire: *Ben je boos?*
Therapeut: *Nou nee, niet boos, maar misschien wel een beetje ongeduldig. We hebben dit natuurlijk al vaker besproken, dat je geneigd bent om te doen wat anderen nodig hebben in plaats van wat je zelf nodig hebt … en wie doet dat dan?*
Claire: *Die Pleaser?*
Therapeut: *Nu stel je het als vraag, maar herken je die Pleaser inderdaad?*
Claire: *Ja, misschien wel …*

Als een cliënt in deze fase van de behandeling nog steeds niet in staat lijkt te zijn om zelf te herkennen welke Copingkant actief is, kan een empathische confrontatie, zoals hiervoor beschreven nodig zijn (zie ook 9.6). Je mag ervan uitgaan dat de cliënt het inmiddels wel weet, maar er toch nog een beetje omheen draait.

Nu de Pleaser herkend is, leg je uit dat die Copingkant nog vaker op zal komen en dat het dan belangrijk is dat de Gezonde Volwassene weet hoe ze daarmee om moet gaan. Je benadrukt daarbij dat je cliënt inmiddels over alle kennis en vaardigheden beschikt die daarvoor nodig zijn. Je wilt deze laatste sessies echter gebruiken om je cliënt daarmee te laten oefenen. Op dit punt aangekomen kun je de stoelentechniek introduceren als een manier om die Gezonde kant te versterken. Je legt uit dat je die Copingkant weer op een andere stoel wilt plaatsen. Anders dan voorheen zul jij als therapeut nu die Copingkant vertolken. Je cliënt krijgt daarbij de rol van de Gezonde Volwassene die tegengas moet geven aan wat die Copingkant zegt.

Voorbeeld stoelentechniek waarbij de therapeut de Copingkant speelt – vervolg

Therapeut (in de stoel van de Pleaser): *Het is wel prima zo, Jonas wil het graag en ik vind het ook wel leuk om zijn familie te zien. We hebben ze al een tijdje niet gezien dus is het wel goed zo.*
Claire: …
Therapeut (leunt wat opzij om in de rol van therapeut de cliënt aan te sporen): *Jouw taak is nu om wat tegengas te geven aan mij, aan de Pleaser. Wat klopt er niet aan wat ik net zei? Wat mist er nog?*
Claire: *Ik weet het niet … Het is toch ook prima, ik mag zijn familie echt graag, ik bedoel, ik heb geen problemen met hen of zo.*
Therapeut (opnieuw als therapeut aanmoedigend): *Dat zijn precies de dingen die ik ook wil zeggen vanuit deze stoel, vanuit de Pleaser. Maar jouw rol is nu anders. Jij moet juist proberen vanuit jouw Gezonde Volwassene te denken, niet vanuit de rol die ik hier heb als de Pleaser. Dus wéés die Gezonde Volwassene. En als Gezonde Volwassene van Claire, wat kun je ertegen inbrengen als de Pleaser zegt dat het wel prima is als iedereen tevreden is? Of wat vroeg ik jou altijd als we het hier eerder over hadden?*
Claire: … *Wat mijn behoefte is … ?*
Therapeut: *Precies, kun jij nu daar vanuit de Gezonde Volwassene eens iets over zeggen?*
Claire: … *Nou, Jonas vindt het misschien wel belangrijk, maar ik vind het eigenlijk leuker om thuis te blijven en samen iets gezelligs te doen.*

In deze eindfase mag je als therapeut de druk wat opvoeren. Je mag het je cliënt dus wat moeilijker maken en hoeft niet te snel tevreden te zijn over iedere gezonde stap die de cliënt zet. Wanneer de therapie afgelopen is, zal je cliënt ook nog vaak blijven vastlopen in oude patronen. Het is dus beter om nu te oefenen met dat soort lastige momenten dan te snel tevreden zijn.

Voorbeeld stoelentechniek waarbij de therapeut de Copingkant speelt – vervolg

Therapeut (weer in de rol van Pleaser): *Ja, maar het is toch ook gezellig bij zijn familie? En hij heeft aangegeven dat hij daar heel veel behoefte aan heeft, dus dan is het ook niet echt gezellig meer als we dan toch maar thuis zouden blijven en doen wat ik wil …*
Claire: (kijkt vertwijfeld) …
Therapeut (zachtjes souffleren): *Misschien kun je iets zeggen over dat jouw behoeften even belangrijk zijn als die van hem?*

Claire: *O ja … nou … Ja, het klopt ook wel dat hij liever naar zijn familie gaat, maar ik heb juist iets anders nodig en daar moeten we dan toch samen uitkomen.*
Therapeut: *Heel goed! Ga maar door …*
Claire: *En als we er samen uit moeten komen, dan moet het niet zo zijn dat we gewoon alleen maar doen wat hij wil.*
Therapeut (zacht soufflerend): *Want wie moet er primair zorgen voor jouw behoeften?*
Claire: *Dat moet ik zelf doen … Ja, ik moet niet meteen al toegeven aan wat hij wil, want ik ben degene die op de eerste plaats voor mijn eigen behoefte moet opkomen.*

9.5 Rollenspel met rolomkering

Cliënten hebben soms niet door wat het effect van hun gedrag is op anderen. Vermijdende cliënten denken dat iets niet doen ook geen kwaad kan. Afhankelijke cliënten beseffen niet dat hun afhankelijke gedrag ook weleens irritant kan zijn. Cliënten die heel dwangmatig handelen, hebben niet door dat zij nogal kritisch overkomen. Rollenspel met rolomkering is een manier om dit te onderzoeken, zodat de cliënt beseft wat zij oproept en leert dat anders aan te pakken.

Voorbeeld rollenspel met rolomkering

John begrijpt niet waarom zijn vrouw gisteravond kwaad is weggelopen nadat hij weer eens zijn werk liet voorgaan in plaats van samen met haar iets leuks te doen.
Therapeut: *Laten we eens kijken hoe dat gesprek van jou met je vrouw verliep voordat ze wegliep. Ik speel dan jouw vrouw en jij jezelf. Wat was de aanleiding?*
John: *We zouden naar de film gaan, maar ik was later thuis en moest eigenlijk nog een paar telefoontjes plegen. Mijn vrouw zei dat ik dat dan maar morgen moest doen.*
(Therapeut pakt twee stoelen en stelt voor het gesprek hierover na te spelen.)
Therapeut (nu in de rol van de vrouw van John): *Je bent al laat en die film begint om acht uur. We kunnen nog net even wat eten, en dan moeten wij weg.*
John: *Ik kan er niks aan doen dat ik laat ben. Eerst kwam mijn afspraak niet opdagen en toen hij toch nog kwam moesten we alle punten nog doornemen, en dat liep uit.* (Er volgt een gedetailleerde beschrijving van wat hij allemaal heeft besproken met die collega.)
Therapeut: *Dat vind ik al heel vervelend, want je had ook tegen hem kunnen zeggen dat hij maar een andere keer moest terugkomen. Is die afspraak met mij soms niet belangrijk?*
John: *Dat is de verkeerde vraag. Als ik dat op mijn werk niet had afgehandeld, dan was het morgen ook in de soep gelopen.* (Er volgt opnieuw een uitgebreide toelichting.)
Therapeut: *Wat een onzin, en nu wil je ook nog gaan bellen en dan halen we de film niet.*
John: *Ja, maar ik ben verantwoordelijk voor dat project.* (Wil weer een lang verhaal gaan vertellen.)
Therapeut (boos): *Dus alles is belangrijker dan ik. Ik heb al geen zin meer om met jou naar de film te gaan. Zoek het maar uit.* (Loopt boos weg.)
Therapeut stelt voor even uit het rollenspel te stappen en weer op de andere stoelen te gaan zitten.

De therapeut en John gaan kort na of het ongeveer zo ging. Als dat zo is, stelt de therapeut voor om de rollen om te draaien, zodat John wellicht kan ervaren hoe zijn manier van doen overkomt. Het doel is nu niet alleen dat John gaat inzien dat hij het verkeerd heeft aangepakt, maar dat hij gaat aanvoelen waarom zijn vrouw kwaad werd.

Voorbeeld rollenspel met rolomkering – vervolg

De therapeut legt uit dat John nu zijn vrouw moet spelen en dat hij naspeelt wat John net vertelde.
John (in de rol van zijn vrouw): *Je bent al laat en die film begint om acht uur. We kunnen nog net even wat eten en dan moeten wij weg.*
Therapeut: (steekt het hele verhaal af en stopt dan even het rollenspel) *Hoe voelt het voor jou als dit de reactie is waar je mee te maken krijgt?*
John (in de rol van zijn vrouw): *Dat is inderdaad nogal een lang antwoord, en ik merk dat jij alleen maar met jezelf en je werk bezig bent.*
Therapeut: *Oké, zeg maar wat Mary zei over dat ik hem ook had kunnen wegsturen et cetera.*
John (in de rol van zijn vrouw): *Dat vind ik al heel vervelend, want je had ook tegen hem kunnen zeggen dat hij maar een andere keer moest terugkomen. Is die afspraak met mij soms niet belangrijk?*
Therapeut: *Dat is de verkeerde vraag.* (Er volgt weer een uitgebreide toelichting.)
John (in de rol van zijn vrouw): *Ja, maar je kunt nu niet ook nog gaan bellen.*
Therapeut: *Ja, maar dat moet echt!* (Therapeut in de rol van John wil weer een lang verhaal gaan vertellen, maar nu stopt hij weer even het rollenspel en vraagt aan John hoe het is om zijn vrouw te zijn die al die uitgebreide verhalen moet aanhoren zonder dat ze begrip krijgt voor wat ze zegt.)
Therapeut stelt voor even uit het rollenspel te stappen en weer op de andere stoelen te gaan zitten.

Als ze samen terugkijken naar dit rollenspel begint John te begrijpen waarom zijn vrouw boos werd. Dat kost wel moeite, omdat zijn Veeleisende kant het af en toe weer wil overnemen van de Gezonde Volwassene. John beseft nu pas dat zijn Perfectionist er niet alleen voor heeft gezorgd dat hij te laat thuis was, maar dat die ook nog eens veel te gedetailleerd gaat vertellen hoe dat is gegaan.

Hierna kun je samen met je cliënt gaan bedenken hoe hij meer begrip kan tonen voor zijn vrouw en ervoor kan zorgen dat ze toch nog op tijd naar de film kunnen gaan.

9.6 Empathische confrontatie

Gedurende de therapie heb je de empathische confrontatie al vaak gebruikt. In de beginfase heeft de nadruk gelegen op de empathie. Wanneer je de cliënt in de beginfase confronteert met haar patronen, doe je dat met veel begrip. Je legt dan uit dat je heel goed begrijpt wat de achtergrond van die patronen is en dat die patronen in het leven van de cliënt in heel veel opzichten ook functioneel zijn geweest. Het belangrijkste doel van de empathische confrontatie in de beginfase is dat je cliënt meer inzicht verkrijgt in de verschillende kanten en hun achtergrond.

Als de therapie zich in een eindfase bevindt, wordt er nadrukkelijker toegewerkt naar verandering van die patronen. Dat betekent dat de nadruk in de empathische confrontatie steeds meer ligt op het confronterende aspect. Na al het inzicht, en na al het begrip is het nu belangrijk dat de cliënt daar ook echt iets mee gaat doen. Opnieuw kun je deze veranderende houding vergelijken met de veranderende rol als ouder van opgroeiende kinderen. In de loop van de puberteit zul je als ouder wat meer druk uitoefenen zodat je kind ook gaat doen wat het in de jaren daarvoor geleerd heeft. In het geval van opgroeiende kinderen hoef je meestal niet zo hard na te denken over het aannemen van een andere houding. Die verandering komt vaak vanzelf met de groeiende frustratie wanneer je steeds opnieuw geconfronteerd wordt met zaken die al zo vaak besproken zijn. Ook in de therapie zul je eerder gefrustreerd zijn als je geconfronteerd wordt met het hardnekkige karakter van de Copingkanten. Je kunt gebruikmaken van die natuurlijke frustraties door de nadruk meer te leggen op het confronterende aspect van de empathische confrontatie.

Voorbeeld empathische confrontatie

John: *Het was een bijzonder drukke week, ik heb echt heel erg hard moeten werken. Sorry dat ik daardoor niet toe ben gekomen aan het huiswerk. Ik weet dat ik had gezegd dat ik mijn vrouw mee uit eten zou nemen, maar dat zat er echt niet in deze week.*
Therapeut: *Nee? Waardoor kon dat niet?*
John: *Nou, wat ik zeg, het was gewoon heel druk met deadlines en daarnaast nog de gebruikelijke hoeveelheid werk. En ja, dat moet toch ook echt gebeuren, dat kan ik niet laten liggen. En als ik het nu doe, stapelt dat zich niet verder op.*
Therapeut: *Je plan was dus om wat extra aandacht te besteden aan de relatie met je vrouw, maar het werk heeft dat onmogelijk gemaakt … Opnieuw …*
John: *Ja, ik had het ook graag anders gezien, maar het is nu eenmaal wat het is.*

Misschien voel je nog wel ruimte om je cliënt actief te helpen om de oude gedragspatronen te herkennen, maar waarschijnlijk heb je inmiddels al heel erg vaak van je cliënt gehoord dat hij het te druk had voor andere zaken. Het is mogelijk dat je een gevoel van ongeduld of frustratie hebt. In deze eindfase kun je dat ongeduld of die frustratie misschien maar beter laten zien aan je cliënt. Je ongeduld kan zo een extra stimulans voor je cliënt zijn om daadwerkelijk gedragspatronen te gaan doorbreken. Het verbergen van dat ongeduld zal de sessie misschien aangenamer maken, maar het veranderingsproces is daarmee niet verder geholpen.

Voorbeeld empathische confrontatie – vervolg

Therapeut: (zucht vanuit een opkomend gevoel van frustratie en vermoeidheid) *Ja, maar John, als je het weer hebt over hoe druk het is en dat al dat werk prioriteit krijgt, naar wie luister ik dan?*
John: *… Naar mij … Maar dat bedoel je niet?*
Therapeut: (zucht nog eens) *Nee, dat bedoel ik inderdaad niet. Sorry dat ik zo zucht, John, maar eerlijk gezegd merk ik dat ik ook een beetje moe word als je steeds maar weer opnieuw vertelt dat het gewoon druk is en dat je denkt daar geen invloed op te hebben. We hebben het daar natuurlijk al vele malen over gehad …*
John: *Ja, maar het is echt een realiteit dat het druk was, dat verzin ik niet of zo.*

Therapeut: *Ik zeg niet dat jij het verzint, maar ik zeg wel dat ik er moe van word als jij je gedrag niet verandert en meer afstand neemt van je werk zodat je leuke dingen kunt gaan doen … Hoe is dat voor jou als ik dit zeg?*
John: (blijft even stil) *Ik vind het vervelend, maar ik weet niet zo goed hoe ik het anders moet doen.*
Therapeut: *Ik geloof zeker dat het een realiteit is. Maar het is altijd in de realiteit geweest dat er veel werk lag. Ik denk dat jij met al die drukte toch weer in die Heel Harde Werker bent geschoten. En eerlijk gezegd vind ik het wel wat frustrerend dat hij nog zo veel ruimte heeft om het allemaal over te nemen. Ik wil wel uitleggen wat die frustratie is. Als jij in zo'n toestand zit van die Heel Harde Werker, dan lijkt alles wat wij hier samen hebben besproken, alle argumenten die ik heb aangedragen, er allemaal niet meer toe te doen. Het voelt aan alsof het allemaal maar wat terzijde geschoven wordt en dat je dan je eigen gang gaat. Ondertussen ben ik me er wel heel erg van bewust dat dit ook bij je vrouw gebeurt. Dan ben ik dus wel gevraagd om mee te denken en mee te werken aan een verandering, maar als ik dat dan doe, dan wordt het vrij makkelijk opzijgeschoven als er wat drukte is op het werk. Kun je je voorstellen dat dat niet zo fijn voelt?*

Op deze manier confronteer je de cliënt steviger dan je eerder hebt gedaan. Niet alleen besteed je meer tijd en aandacht aan de nadelige gevolgen van de Copingkant, maar je bent ook steviger in je bewoordingen met termen als 'frustrerend'. Een dergelijke duidelijke confrontatie kan je cliënt helpen zich meer bewust te worden van wat er zich heeft afgespeeld. Patronen kunnen echter ook zo hardnekkig zijn dat de confrontatie nog geen effect heeft en de cliënt er eigenlijk in blijft hangen. Je zult dan je confrontatie vaker, in verschillende bewoordingen, moeten herhalen om gehoord te worden.

Voorbeeld empathische confrontatie – vervolg

John: *Ja, maar jemig, je hoeft het niet persoonlijk op te vatten. Het is gewoon druk, dat heeft niet zo veel met jou te maken.*
Therapeut: *Dus, als ik zeg dat ik er last van heb, lijk je te zeggen dat het misschien wel mijn eigen interpretatie is en dat ik het maar niet zo moet zien of voelen?*
John: *Nou, misschien wat minder scherp dan je nu zegt … Maar ja, het heeft niet zo veel met jou te maken.*
Therapeut: *En dat is nu precies mijn punt, John, want opnieuw lijkt dat wat ik denk of voel er niet zo veel toe te doen. Opnieuw lijkt dat wat opzijgeschoven te worden omdat er belangrijker zaken spelen, en dat is vooral dat werk. Mijn punt is, John, dat ik daar last van heb en dat ik het nodig heb dat je dat beseft, omdat anders die Heel Harde Werker het zonder enig probleem kan overnemen.*

Op dit punt aangekomen kun je het patroon dat zich in de sessie in therapie heeft afgespeeld veralgemeniseren naar een patroon dat zich in het leven van de cliënt afspeelt. Het doel van de empathische confrontatie is namelijk om op een persoonlijke manier iets aan de orde te stellen en zo je cliënt bewust te maken van wat zich in zijn leven voortdurend afspeelt.

Voorbeeld empathische confrontatie – vervolg

Therapeut: *Mijn punt is, John, dat ik daar last van heb. En dat kan ik echt wel hanteren. Het is niet zo dat ik daardoor helemaal van slag raak of zo. Maar mijn zorg is ook niet zozeer mijn eigen gemoedsrust, maar veel meer dat dit een patroon is dat de hele tijd speelt. En nu ook tussen ons. Mijn zorg is dat jouw vrouw en andere mensen, ook de hele tijd tegen die Heel Harde Werker aanlopen. En als ik al voel hoe frustrerend het is om door die Heel Harde Werker opzijgezet te worden, dan zullen zij dat ook voelen. Als dit nu de eerste keer was, dan zou ik dat niet zo nadrukkelijk zeggen. En dat heb ik in de beginfase ook niet gedaan. Ik heb er vaak met heel veel begrip met je over gesproken. Ik heb je toen ook verteld dat ik snap wat de achtergrond is van die Heel Harde Werker en dat ik heel goed begrijp dat je die nodig hebt gehad. Maar we zitten niet meer in de beginfase, en ik merk dat die Heel Harde Werker van jou nog steeds weer het roer overneemt. En ik wil echt dat jij gaat beseffen dat die Heel Harde Werker een doodlopende weg is. Dat die Heel Harde Werker ertoe zal leiden dat mensen zich onprettig gaan voelen en dat ze misschien zelfs bij je weg gaan, zoals je vrouw al eerder heeft aangegeven. Dus dit is echt een boodschap voor jou, John, als kapitein op jouw schip: die Heel Harde Werker van jou is de boel weer aan het besturen … Ik vind het al niet fijn om daarmee geconfronteerd te worden, maar andere mensen ook niet. Als je wilt dat het leven meer is dan alleen maar hard werken en competent worden, dan zul je nu echt moeten ingrijpen en die Heel Harde Werker even aan de kant moeten zetten in plaats van andere mensen …*

John: …

Therapeut: *Hoe voel je je nu, als je me dit hoort zeggen?*

John: … *Het voelt als … Ik weet niet, als druk …*

Therapeut: *Druk van mij, of druk om te veranderen?*

John: *Druk om te veranderen, denk ik … Ik snap je wel, en ik denk ook wel dat je gelijk hebt dat ik weer een beetje op de oude manier bezig ben geweest …*

Therapeut: *Wat goed van je dat je dat herkent, en ook goed dat je dat zegt, John. Het voelt al meteen anders aan als we zo met elkaar praten dan wanneer ik met die Heel Harde Werker van jou aan het praten ben. Zullen we nog eens kijken waarom het ook alweer een goed idee leek om je vrouw mee uit te nemen?*

(John knikt.)

9.7 Beëindiging van de therapie

In de laatste sessies van de behandeling besteed je expliciet aandacht aan de beëindiging van de therapie. Op de eerste plaats is het belangrijk dat je vasthoudt aan het afgesproken einde. Het kan best zijn dat er nog allerlei redenen zijn waarom een voortzetting van de therapie noodzakelijk lijkt. We hebben echter al eerder aangegeven dat de effecten van de therapie niet stoppen bij de laatste sessie van de behandeling. Onderzoek heeft uitgewezen dat deze veranderingen doorgaan, ook na de laatste sessie (Bamelis et al., 2014). Houd dan ook vast aan je oorspronkelijke behandelplan. Natuurlijk kunnen er situaties zijn waarin je wel van dat behandelplan afwijkt. De vrouw van John wil bijvoorbeeld toch een echtscheiding, en hij heeft het emotioneel zo zwaar dat therapie nog wel noodzakelijk kan zijn. Of Jenny met de Vermijdende-persoonlijkheidsstoornis wordt in de eindfase van de behandeling ontslagen en dreigt in een gat te vallen waarin ze zich isoleert en meer gaat drinken. Dergelijke situaties zijn echter uitzonderingen, en in alle andere gevallen is het aan te raden om wel vast te houden aan het oorspronkelijke behandelplan. Dat wil niet zeggen dat dat altijd makkelijk is. Waarschijnlijk zul jij, net als je cliënt, twijfels hebben of het haalbaar is om al het geleerde in praktijk te brengen. Veel therapeuten hebben die twijfels, ook tegen het eind van wat een succesvolle therapie lijkt te zijn. Misschien kunnen deze twijfels wel vergeleken worden met de zorgen en de angsten die ouders hebben wanneer een kind op het punt staat het huis te verlaten. Die zorgen of angsten zijn niet puur verzinsels, want er zijn allerlei aanwijzingen dat je kind nog niet zo goed voor zichzelf kan zorgen als je graag zou willen. Misschien helpt het echter om terug te denken aan je eigen vroege volwassenheid. Terugdenkend herinner je je misschien dat je zelf ook wel worstelde. Terugkijkend kun je je misschien echter ook realiseren dat je uiteindelijk toch goed terecht bent gekomen en dat je met vallen en opstaan een Gezonde Volwassene bent geworden. Dat is ook het proces dat je cliënten door zullen moeten maken.

De beëindiging van de behandeling is dan misschien niet altijd makkelijk voor je cliënt, maar je kunt er wel voor zorgen dat het een gezonde en daarmee een goede ervaring wordt. Door het afscheid goed vorm te geven, met zorg en aandacht voor de verschillende aspecten van dat afscheid, leert je cliënt dat de sprong naar zelfstandigheid geen traumatische ervaring hoeft te zijn. Je kunt samen een terugvalpreventieplan maken. Hierna staan enkele richtlijnen beschreven die je daarvoor kunt gebruiken en die je kunnen helpen om het afscheid op een gezonde manier vorm te geven.

Kijk terug naar het therapieproces en inventariseer alle leerervaringen
Door samen te vatten wat er in de therapie allemaal heeft plaatsgevonden maak je de cliënt bewust van het proces dat zij heeft doorgemaakt. Het samenvatten van de belangrijkste leerervaringen is een manier om die ervaringen goed te kunnen onthouden.

Consolideer deze leerervaringen, onder andere met gebruik van transitional objects
Evalueer de belangrijkste boodschappen die je cliënt heeft geleerd en die zij mee zou willen nemen naar de toekomst. Vergeet niet dat expliciete complimenten voor die leerervaringen ook een manier zijn van consolidatie. Andere vormen van consolidatie zijn:
- het inspreken van audio flashcards;
- het (laten) opschrijven van die belangrijkste leerervaringen, bijvoorbeeld in de vorm van een warme brief aan het Kwetsbare Kind of aan de Gezonde Volwassene zelf;
- je cliënt vragen een cadeau voor zichzelf te maken of te kopen dat symbool staat voor het groeiproces wat zij heeft doorgemaakt (bijvoorbeeld een mooie hanger, armband, boek of mineraal);
- et cetera.

Bespreek de therapeutische relatie
Evalueer wat je cliënt prettig heeft gevonden aan jou en wat zij zal missen aan jou als therapeut. Vraag ook wat zij minder prettig heeft gevonden. Vergeet niet zelf als therapeut ook aan te geven wat je prettig hebt gevonden aan je cliënt en wat je zult missen.

Bespreek toekomstige valkuilmomenten
Bespreek de nabije en verre toekomst, en identificeer de mogelijke valkuilen. Bespreek hoe je cliënt met die valkuilen om wil gaan.

9.8 Samenvatting

In dit hoofdstuk staat beschreven hoe in de eindfase methoden en technieken ingezet kunnen worden om gedragspatronen te doorbreken. Wanneer de eindfase aanbreekt, is het verstandig om met een frisse blik naar de gedragspatronen van de cliënt te kijken. Mensen uit de omgeving van de cliënt kunnen daarbij dienen als informatiebron, zodat ingeschat kan worden wat de cliënt nog niet heeft veranderd. In een historisch rollenspel kan de cliënt vervolgens oefenen met het opkomen voor haar eigen behoeften. In een toekomstgerichte imaginatie kan de cliënt zich mentaal voorbereiden op toekomstige situaties waarin schema's worden geactiveerd. Doordat de cliënt in de oefening gezond gedrag uitvoert, zal ze beter in staat zijn op een gezonde manier te reageren wanneer dergelijke situaties zich in de toekomst daadwerkelijk voordoen.

Gedragspatronen zijn hardnekkig, en de kans is heel groot dat de cliënt, ook nog tegen het einde van de therapie, geneigd is terug te vallen in die patronen. De therapeut zal de cliënt in deze fase duidelijker moeten confronteren met die gedragspatronen. De therapeut heeft niet meer de rol van een richtinggevende ouder, maar veel meer die van een aanmoedigende coach aan de zijlijn. Door het doen van rollenspellen met rolomkering kan de therapeut de cliënt, in de beperkte tijd die er nog is in de behandeling, helpen zich bewust te blijven van de noodzaak voortdurend tegengas te geven aan die oude patronen.

Ten slotte is in dit hoofdstuk beschreven hoe de therapie afgerond wordt en hoe de therapeut er daarbij voor kan zorgen dat de corrigerende emotionele ervaringen uit de therapie zo goed mogelijk geconsolideerd worden.

10

Tot slot

R. van der Wijngaart en H. van Genderen, *Schematherapie voor cluster C-persoonlijkheidsstoornissen*,
https://doi.org/10.1007/978-90-368-2988-5_10

Onderzoek heeft aangetoond dat schematherapie een effectieve vorm van behandeling kan zijn voor cluster C-persoonlijkheidsstoornissen (Bamelis et al., 2014). Dit boek beschrijft hoe deze behandeling in de praktijk kan worden opgezet en uitgevoerd, van de casusconceptualisatie tot aan de beëindiging van de therapie van vijftig sessies. De Afhankelijke-, Vermijdende- en Dwangmatige-persoonlijkheidsstoornissen worden gekenmerkt door specifieke basisbehoeften, schema's en modi. De behandeling van die persoonlijkheidsstoornissen verschilt dan ook in de vorm van limited reparenting en de toepassing van de methoden en technieken die zo kenmerkend zijn voor schematherapie.

Zo is de stijl van limited reparenting bij cliënten met een Afhankelijke-persoonlijkheidsstoornis meer gericht op het stimuleren van autonomie, terwijl die bij cliënten met een Dwangmatige-persoonlijkheidsstoornis juist meer gericht is op het stimuleren van het Blije Kind. De methoden en technieken uit de schematherapie, zoals imaginaire rescripting en stoelentechniek, worden ook bij cluster C-persoonlijkheidsstoornissen toegepast. In die technieken zullen verschillende Kritische kanten verschillend bewerkt worden. Zo neem je stevig stelling tegen de Straffende kant, discussieer je meer met een Veeleisende kant en maak je eerst de impliciete boodschappen van de Beschuldigende kant expliciet voordat je die tegenspreekt. Zo worden methoden en technieken aangepast aan de verschillende basisbehoeften en modi bij de cluster C-persoonlijkheidsstoornissen. Dit boek biedt tevens handvatten hoe je de cliënt helpt een Gezonde Volwassene te ontwikkelen en de Blije Kind Kanten meer ruimte te geven.

10

Daarnaast verschilt de manier waarop de methoden en technieken in de verschillende fasen van de behandeling worden toegepast. In de beginfase heb je als therapeut een grotere rol dan in de eindfase. In de beginfase zul jij als therapeut met de Copingkanten onderhandelen, de Kritische kanten tegenspreken en de behoeften van het Gekwetste Kind vervullen. In de eindfase heeft je cliënt geleerd dat zelf te doen.

Coevolutionary Economics: The Economy, Society and the Environment

NATURAL RESOURCE MANAGEMENT AND POLICY

Editors:

Ariel Dinar
Agriculture & Natural Resources Dept.
The World Bank
1818 H Street, NW
Washington, DC 20433

David Zilberman
Dept. of Agricultural and
Resource Economics
Univ. of California, Berkeley
Berkeley, CA 94720

EDITORIAL STATEMENT

There is a growing awareness to the role that natural resources such as water, land, forests and environmental amenities play in our lives. There are many competing uses for natural resources, and society is challenged to manage them for improving social well being . Furthermore, there may be dire consequences to natural resources mismanagement. Renewable resources such as water, land and the environment are linked, and decisions made with regard to one may affect the others. Policy and management of natural resources now require interdisciplinary approach including natural and social sciences to correctly address our society preferences.

This series provides a collection of works containing most recent findings on economics, management and policy of renewable biological resources such as water, land, crop protection, sustainable agriculture, technology, and environmental health. It incorporates modern thinking and techniques of economics and management. Books in this series will incorporate knowledge and models of natural phenomena with economics and managerial decision frameworks to assess alternative options for managing natural resources and environment.

One of the most important issues in the study of natural resource systems is understanding of the evolution. This book makes a contribution in understanding the process through which food-providing natural resource systems are transformed from being utilized by hunting and gathering to provide food by farming and cultivation. Such transitions are accompanied by major institutional changes and are crucial stages in the evolution of civilization. We completed the transition to farming and cultivation of certain types of natural resources. However, we are in the midst of transition from "hunting to farming" in others. This book will provide a better understanding of analysis and management for such transition.

The Series Editors

Previously Published Books in the Series
Russell, Clifford S. and Shogren, Jason F.:
Theory, Modeling and Experience in the Management of Nonpoint-Source Pollution
Wilhite, Donald A.:
Drought Assessment, Management, and Planning: Theory and Case Studies
Spubler, Nicolas and Sabbaghi, Asghar:
Economics of Water Resources: From Regulation to Privatization
Hueth, Darrell L. and Furtan, William H.:
Economics of Agricultural Crop Insurance: Theory and Evidence

Coevolutionary Economics: The Economy, Society and the Environment

John M. Gowdy
Rensselaer Polytechnic Institute

Kluwer Academic Publishers
Boston / Dordrecht / London

Distributors for North America:
Kluwer Academic Publishers
101 Philip Drive
Assinippi Park
Norwell, Massachusetts 02061 USA

Distributors for all other countries:
Kluwer Academic Publishers Group
Distribution Centre
Post Office Box 322
3300 AH Dordrecht, THE NETHERLANDS

Library of Congress Cataloging-in-Publication Data
Gowdy, John M.
Coevolutionary economics : the economy, society, and the environment / John M. Gowdy.
p. cm. -- (Natural resource management and policy)
Includes bibliographical references and index.
ISBN 0-7923-9488-7
1. Evolutionary economics. 2. Economic development--Environmental aspects--History. I. Title. II. Series.
HB97.3.G68 1994
330--dc20 94-28210
CIP

Printed on acid-free paper.

Printed in the United States of America

To Peg and Niko

Contents

List of Figures

Preface

The subject matter of this volume is the human economy and its coevolutionary relationship with the natural world. This relationship is examined in three broad types of societies, hunter-gatherers, agriculturalists, and modern market economies. A growing body of scientific evidence has made it clear that the current human impact on the environment is far above a level that can be maintained without causing profound changes in the biophysical world to which we belong. The new fields of ecological economics and evolutionary economics can help us understand the relationship between the economy, society and the environment and may help us to formulate effective policies to manage these changes.

The broad themes that unite the chapters that follow are coevolution, self-organization, punctuated equilibrium, and a critique of the notion of progress in economic and social history. The economic as well as the biological worlds are characterized by periods of stasis interrupted by periods of rapid change. Following the work being done in evolutionary biology, the implications of punctuated equilibria are examined in terms of economic processes. One of the major implications of the existence of punctuations is to challenge the notion of adaptation as a universal explanation of what exists at a particular point in time. An important contribution of the book is to present a system classifying selection processes in the economy. It is argued that selection for reasons of efficiency is only one of several reasons for firm survival.

Following current work in evolutionary biology the notion of progress in human society is challenged. It is argued that the idea of progress should be replaced by the notion of non-directional change within a restricted set of possibilities. A major conclusion of the book is that the institution of the market economy is incompatible with ecological sustainability. There is a basic conflict between the self-organizing principles of markets and the self-organizing principles of ecosystems.

The past ten years or so have been an exciting time for economists dissatisfied with the neoclassical theory of the firm which continues to dominate the discourse in economic theory. It is not the intent of this book to suggest that neoclassical economics be discarded. It is merely suggested that orthodox theory be relegated to the purpose for which it was formulated, namely, to provide a basic model of market exchange. The problem with neoclassical theory is not so much with the model itself but with neoclassical economists who insist that it offers a universal explanation of human behavior. I believe, as do a growing number of economists, that we need a variety of approaches to study the vast array of economic and social institutions which human beings have constructed to solve the problem of making a living.

Acknowledgements

Some of the material in this volume is based on articles appearing in the following journals: *Evolutionary Economics, Environmental Conservation, Environmental Ethics, The International Journal of Social Economics,* and *The Review of Social Economy.* I would especially like to thank the present and past editors of *The Review of Social Economy* (John Davis and William Waters) and the editor of *The International Journal of Social Economics* (John Conway O'Brien) for giving the economics profession rigorous and lively forums for the expression of non-orthodox economic opinion. I would also like to thank Lothar Scholz of the Institut für Wirtschaftsforschung in Munich and Clem Tisdell of the University of Queensland for the opportunity to visit their institutions and discuss many of the ideas presented in this volume. I would also like to thank my colleagues in the Department of Economics at Rensselaer, particularly the Chairman Don Vitaliano, for tolerating and even encouraging the expression of opinions which they did not always share.

Coevolutionary Economics: The Economy, Society and the Environment

1 THE ECONOMY, ECONOMICS AND THE ENVIRONMENT

Human Beings and the natural world are on a collision course. Human activities inflict harsh and often irreversible damage on the environment and on critical resources. If not checked, many of our current practices put at serious risk the future that we wish for human society and the plant and animal kingdoms, and may so alter the living world that it will be unable to sustain life in the manner that we know. Fundamental changes are urgent if we are to avoid the collision our present course will bring about.

Union of Concerned Scientists
"Warning to Humanity"

The unifying theme of this book is the explicit recognition that the economic system is a subset of the biophysical world. The human species lives as other species do, by taking low entropy from the natural environment and discharging it back into that environment as high entropy waste. In the chapters that follow the theory and methods of modern evolutionary biology are used to illuminate economic history and economic processes. Using modern evolutionary theory as a heuristic device lets us emphasize the importance of history, scale, hierarchy, and ecological context to human activity. The economy, society, and the environment are linked together in a coevolutionary relationship. To understand the various attributes of this relationship, a variety of theoretical approaches are needed. Unfortunately, the field of economics is dominated by only one approach, the neoclassical model of allocation.

It is not the intent of this volume to discredit standard neoclassical theory or to argue that it should be totally replaced. In the pages that follow that theory is merely relegated to the purpose for which it was formulated, that is, to describe as concisely as possible the rules governing the exchange of market goods. For other tasks, such as understanding the importance of the scale of human activity relative to the natural world, or the importance of historical context to contemporary socio-economic systems, or understanding the process of production (as opposed to the allocation of inputs), we need additional approaches. As economists from Alfred Marshall to Nicholas Georgescu-Roegen have argued, evolutionary biology can be a source of inspiration for relevant theories.

Humans and the Rest of the World

The history of the human species may be divided into three broad epochs each based on different relationships between humans and the natural environment. In terms of human physical and cultural evolution the most important by far was the era of hunting and gathering. For about 99 percent of the time humans have been on the planet we lived as hunter-gatherers. A major punctuation in our coevolutionary relationship with the rest of the biosphere was the adoption of agriculture some 10,000 years ago. This change led to dependence on stocks of environmental resources rather than on day-to-day flows, and led to increasing social divisions based on an unequal distribution of economic goods and on an unequal distribution of the information required to obtain these goods. The transition to agriculture also began the first major human population explosion. The third broad epoch began with the industrial revolution which further increased the dependence of the human species on stocks of resources (particularly fossil fuels) and led to the second major population explosion which continues today.

It is difficult to comprehend the magnitude of the impact humans are currently having on the rest of the biosphere. According to evolutionary biologists such as E.O. Wilson (1992), and Paul and Anne Ehrlich (1990) we are currently going through one of the most critical periods in the history of complex life on earth. What happens in the next few decades may be as destructive to the biosphere as one of the major extinction episodes of the distant past. Biological diversity has been a characteristic of planet earth for five hundred and thirty million years (see Bowring et

Ordivician 435 mya	Devonian 357 mya	Permian 250 mya	Triassic 198 mya	Cretaceous 65 mya
24% of marine families lost	22% of marine families lost	More than 50% of marine families lost	24% of marine families lost	16% of marine families lost
Sharp change in sea levels	Sharp change in climate over a 10 million year period	Coincided with great volcanic eruptions	Wiped out many reptiles, conodonts	Coincided with huge meteor impact, wiped out dinosaurs

Figure 1.1 Five major extinction episodes in earth's history

al. 1993). During this time there have been five episodes of mass extinction which occurred at the end of the geological periods shown in figure 1.1.

Marine organisms are used as the index because the fossil record is much more complete in marine sediments. Families are easier to recognize than are smaller entities such as species. There seems to be more than one cause of these extinction episodes. The most recent one, the so-called K-T (Cretaceous-Tertiary) extinction 65 million years ago, was caused by a giant meteor hitting the earth in the vicinity of the Yucatan peninsula and causing a sudden and dramatic climate change (Alvarez 1987, Hartman and Miller 1991, Kerr 1992). Meteor impact is a good candidate for several other mass extinctions including the one at the end of the Triassic which opened the way for the 160 million year reign of the dinosaurs (Benton 1993). The worst extinction of all, however, the "great dying" of 250 million years ago in which some 96 percent of plant and animal species disappeared may have been caused by a monstrous volcanic eruption in what is now Siberia. The latest mass extinction, the current catastrophic loss of biodiversity, is the result of the activity of one species, Homo sapiens. It is instructive to realize that after previous extinction episodes it took the earth between 20 million years (after the Cretaceous episode) and 100 million years (after the Permian and Triassic episodes) for biodiversity to reach pre-extinction levels.

These past extinction episodes raise interesting questions about the concept of progress, an idea discussed throughout this book. After each extinction the biosphere recovered but with radically different species and ecosystems. To argue that succeeding ecosystems were more advanced than the ones they replaced is problematic. Consider the case of tropical reefs which were wiped out during the five major extinction episodes. After each disappearance these reefs reappeared after millions of years but were radically different in character. Reefs depend upon organisms which can be used as building blocks. Early reefs used calcareous algae, later reefs used sponges, and others a kind of clam called a rudist (Raup 1991, p. 38). Modern reefs use coral. Like the history of the earth's successive ecosystems in general each successive tropical reef was different but there is little justification for the argument that there was a progressive succession from earlier to later periods. Raup (1991, p. 86) writes: "The history of tropical reefs is typical of ecosystem history in general. It all seems rather aimless--a series of sudden shifts from one system to another., changes often driven by widespread extinction of incumbents."

A driving force behind the decimation of the earth's ecosystems by humans is the notion of progress as measured by economic growth. Measuring economic welfare solely in terms of material possessions leads naturally to an obsession with increasing the world's measurable economic output at the expense of anything which does not add to the gross national product accounts. An appreciation of the fact that there is no "progress" in the natural world, only directional change in evolutionary history, can help to free our minds from the insidious notion that more and more production of economic goods represents "progress" which will lead us to a social and ecological utopia.

The species we are destroying today will not come back during the human epoch on the planet. The only ray of hope of limiting the damage from the sixth extinction is that humans have the power to understand what is happening and the power to change the present course of history. Environmental and economic policies should be formulated in light of the dramatic picture painted by figure 1.1. A growing body of evidence suggests that economic forces are on a collision course with the web of life on earth. Understanding these forces is essential to constructing realistic solutions to the array of ecological problems we face.

Economic Theory and the Environment

Environmental economics is a broad term encompassing all attempts by economists to consider the role of renewable and non-renewable natural resources in the economic system. Within this broad field are numerous approaches including the neoclassical, neo-Austrian, cornucopian, ecological, and bioeconomic. The neoclassical school of economics undoubtedly has the largest number of adherents although its position is no longer as dominant as it once was.

Although the neo-Austrian school of environmental economics will not be discussed in detail, its practitioners have made many important contributions. This school stresses the importance of natural resources in economic history, particularly the importance of capital formation. Faber and Proops (1993), for example, use the Classical notion of rent to examine the role of natural resources in structural economic change. These two authors have also done much to clarify, in a neo-Austrian context, the general equilibrium assumptions underlying the national income and product accounts (Faber and Proops, 1991), and the relevance of these assumptions to natural resource valuation.

The cornucopians, typified by the economist Julian Simon, are technological utopians who believe that science and technology will eventually solve all our environmental, resource, and social problems. These economists essentially believe that the economy is totally independent of any laws of nature. George Gilder (1981) writes: "Because economics are governed by thought, they reflect not the laws of matter but the laws of the mind". In the same vein Julian Simon would have us believe that "in the end, copper and oil come out of our minds" (quoted in Daly 1985). These statements may strike non-economists as completely absurd but they reflect the dominant view of economists concerning resource scarcity, that is, that natural resources are not meaningfully finite. Cornucopians contend that human imagination, prodded by market forces, will overcome any potential scarcity imposed by nature. This view is, of course, not new and is not confined to those defending a laissez-faire economy. Central to the cornucopian view is the idea that human institutions are superior to those found in nature, and these institutions will overcome nature's limits. Although this view is prevalent among some other schools of economic thought, notably institutionalists and Marxians, it can be seen as extending neoclassical theory to its logical absurdity.

Most economists who write about environmental and natural resource issues use neoclassical assumptions and techniques. That school still dominates the research agenda of environmental economics and public policy discussions. Since the neoclassical viewpoint is so prevalent among economists, even those who reject the neoclassical approach must begin with an understanding of the basic methodology of that school. Neoclassical economics is a theory of exchange. Using very simplified assumptions (as any theory must) it describes the rules by which consumers allocate goods and firms allocate productive inputs. Perhaps the key concept in the neoclassical framework is substitution. Consumers are, in principle, willing to trade any good for any other, and firms are willing to trade any input for any other. As a market good or productive input becomes relatively scare, the possibilities for substitution increase automatically. Because the principle of substitution is so ingrained in the minds of most economists they find absolute scarcity to be almost inconceivable. This leads to the view of most neoclassical economists that the existence of markets enables humans to overcome the laws of biology and physics that limit other species.

The view that humans are unique because they have markets goes back at least to Adam Smith. For him it was the "propensity to truck, barter, and exchange one thing for another" that sets humans apart from other animal species. According to Smith (n.d. [1776] p. 12) this characteristic "is common to all men, and to be found in no other race of animals". The perceived division between humans and the rest of the animal kingdom sometimes became in later writings in political economy, a conflict between good and evil. It became the job of humans "to amend the course of nature" to bring the natural world under human control so as to bring nature "more nearly into conformity with a higher standard of justice and goodness" (Mill 1958, p. 44). John Stuart Mill wrote (1958, p. 15):

> All praise of civilization, or art or contrivance is so much dispraise of nature, an admission of imperfection which it is man's business and merit to be always endeavoring to correct or mitigate.

Among many neoclassical economists nature's "imperfection" is justification both for the wholesale destruction of nature and for the belief that the human economy is somehow immune to the laws governing the rest of the natural world. Darwin's theory of evolution was most vehemently opposed on the grounds that humans had souls and therefore could not possibly be subject to the same natural laws governing members of the animal kingdom. For many economists the "free market" has replaced the soul as the factor which makes humans immune to the forces that limit other species. In this vein Hirshleifer (1977, p. 45) writes:

> The lack of property--founded, in turn, upon the larger institution of law and government--in the economy of Nature is an important element explaining 'imperfection' of social adaptations in the biological realm.

In Hirshleifer's view the free market and the institution of private property enable humans to create a system more perfect than the natural one. In the human economy absolute scarcity need not be a problem because humans can "truck, barter, and exchange" in markets.

Far from being the "dismal science", standard economics tells us that humans need not worry about absolute scarcity. Scarcity, in the neoclassical model, is strictly a one-dimensional problem of allocating a given amount of goods among consumers or a given amount of inputs among firms. Given a fixed array of goods and an initial allocation of these goods among consumers, the free market will ensure a Pareto-optimal distribution, that is, a situation in which no one can be made better off without making someone else worse off. The notion of Pareto optimality says nothing about constraints on the absolute amount of production and consumption, that is, nothing about the absolute amount of consumer goods produced or the length of time such production is possible. Pareto optimality is a static concept, dependent on a given point on the production possibilities frontier (relative scarcity), which says nothing about constraints on this frontier through time (absolute scarcity) (see the discussion in Christensen 1989).

It should be mentioned that the Classical economists did have an appreciation of the importance of natural resources as a limiting factor of production. Adam Smith, Thomas Malthus, and David Ricardo took for granted the fact that manufacturing was subject to the laws of conservation of matter (Christensen 1989, p. 21). Gradually, however, the factor "land" as a distinct productive input all but disappeared. By 1970 Nordhaus and Tobin could write (p. 14):

> The prevailing standard model of growth assumes that there are no limits on the feasibility of expanding the supplies of nonhuman agents

> of production. It is basically a two-factor model in which production depends only on labor and reproducible capital. Land and resources, the third member of the triad, have generally been dropped.

There was a flurry of interest in natural resources among neoclassical economists after the energy price shocks of the 1970s but that interest has waned with stable or falling resource prices since then.

In general the neoclassical contribution to environmental economics is to show how resources with established prices are allocated by the market. The theory itself explains very clearly the situations in which the price system works properly and how the market can fail to achieve the socially optimal solution. Neoclassical theory has an essential role to play in explaining how markets allocate goods and inputs. The problem is that the theory is more often than not stretched too far by neoclassical economists.

Ecological economics is a subset of environmental economics with its own professional organization, its own journal (*Ecological Economics*) and its own research program. A distinctive feature of ecological economics is that it is "transdisciplinary" (Costanza, Daly and Bartholomew 1991), encompassing such varied disciplines as ecology, economics, geology, and decision science. This has enabled this new field to generate a lot of positive publicity and to attract support not only from prominent economists but also from well-known ecologists such as Paul Ehrlich, Garrett Hardin, Harold and Eugene Odum, David Pimentel and others (see the varied contributions of ecologists to *Ecological Economics*). There is even a chapter devoted to "Eco-nomics" in Vice President Al Gore's book *Earth in the Balance*.

The emphasis of ecological economics is on sustainability, a necessarily ambiguous term indicating that the goal of environmental economic policy should be an economy in equilibrium with the biological world. Unlike most neoclassical environmental economists, ecological economists insist on a dialog between economists and natural scientists. They recognize that the rules of the market work to insure optimal allocation but not optimal scale, and that an economic equilibrium does not insure a biophysical equilibrium.

Although ecological economics is a new school it also has roots in Classical economics. John Stuart Mill, for example, thought deeply about the human condition and can be quoted by those who see limits to the benefits of economic growth:

> It must always have been seen, more or less distinctly, by political economists, that the increase in wealth is not boundless: that at the end of what they term the progressive state lies the stationary state...[which] I am inclined to believe would be, on the whole, a very considerable improvement on our present condition (quoted in Daly 1977, p.14).

Thomas Malthus (1970) is most famous for his *Essay on Population* which warned of the consequences of overpopulation and which is still influential today. John Stuart Mill recognized the fact that capital is not a primary factor of production independent of other inputs (Mill 1958). William Jevons (1864) wrote a well-known book about the importance of coal to the British economy. The history of ecological economics has been examined in depth by Juan Martinez-Alier (1987).

The broad themes of ecological economics as outlined, for example, by Christensen (1991), Martinez-Alier (1991b), and Funtowicz (1991) constitute the subject matter of this volume. These include not only the usual questions of distribution, ethics, and resources and growth, but also the nature of economic systems as organic self-organizing processes. An understanding of how modern market economies really work is essential if we are to formulate successful policies for the transition to a sustainable socio-economic system.

Another school of environmental economics, called "bioeconomics", may be considered a subset of ecological economics. This school of thought also has its own professional organization, the European Association for Bioeconomic Studies. It is the only school of environmental economics that insists on the impossibility of continued economic growth (although many other ecological economists agree with this view). Another distinctive feature of the bioeconomic school is that it consistently emphasizes the evolutionary nature of economic processes as well as the place of the human economy within the natural world.

The intellectual mentor of the bioeconomics school is the economist Nicholas Georgescu-Roegen. For him the term bioeconomics encompasses the relationships among humans as well as between humans and the rest of the world:

> The term bioeconomics is intended to make us bear in mind continuously the biological origin of the economic process and to spotlight the problem of mankind's existence with a limited store of accessible resources, unevenly located and unequally appropriated (Georgescu-Roegen 1977, p. 361).

Georgescu-Roegen takes the entropy law, the second law of thermodynamics, as the starting point for much of his work (Georgescu-Roegen 1971, Daly 1992). He stresses the fact that humans, like other living things, survive by extracting low entropy from the environment. Economic activity is maintained by low-entropy resources flowing from the environment to the economy and it necessarily pumps high-entropy waste back into the environment. In contrast to other species, humans in industrial societies live the way they do, not by living off the flow of solar energy, but by drawing down the stocks of sunlight stored in fossil fuels. The "mineralogical bonanza" that mankind has reaped has made possible the tremendous advances in technology over the past 200 years and has accommodated the vast increases in population through the application of energy and petrochemicals in agricultural production. The tremendous increase in material affluence, however, has created problems that threaten the human species with ecological and social disaster. The first problem is the human impact on the environment, described by Paul Ehrlich's (1989) formula I = PAT, where I is the human impact on the environment, P is population, A is per capita resource use, and T is environmentally damaging technology. The second problem is the increasing inequality of income distribution generated by the economic process. These problems reinforce each other in that increasing poverty may lead to further environmental degradation which further reduces incomes and so on *ad infinitum*.

In addressing these problems Georgescu-Roegen argues that economists are better served with models based on biology and entropy rather than on the model of classical mechanics underlying standard economic theory. Erwin Schrödinger (1967) was the first to point out that life exists by drawing low entropy from the surrounding environment. Life is able to concentrate low entropy in part of the system although the overall level of entropy in the whole system increases. Another influence on bioeconomics was the biologist, Alfred Lotka (1925). Lotka saw that all species, including humans, go about their business of living by using the physical organs with which they were biologically endowed at birth. Lotka called these "endosomatic organs". For most animals these endosomatic organs dictate how they live, where they live, even the "social structure" of their communities. Humans, however, are the only species to make extensive use of exosomatic organs, organs outside the body. These may be considered as "detached limbs" such as spears, clubs, knives, cars, planes, etc., and all the other objects that are physical manifestation of human culture. Exosomatic evolution is one reason why humans have been so successful in colonizing the world and in creating an impressive material standard of living for much of the world's population.

According to Georgescu-Roegen (1977) it is this exosomatic evolution that has created the two major predicaments facing industrial society. The first of these is mankind's addiction to these exosomatic organs. The production of the various gadgets and implements that extend our bodies draws down the finite stock of available energy and matter stored in the earth, and causes increasing deterioration of the earth's biosphere. The second predicament is the social conflict generated by exosomatic evolution. With the great expansion of material culture (and economic surplus) after the adoption of agriculture exosomatic organs became the object of social conflict. Endosomatic organs, being the property of the individual, cannot be the object of class conflicts. When production is based on layer upon layer of exosomatic instruments, however, it becomes difficult to determine who produces what and it is no longer clear how the fruits of production should be distributed. Exosomatic organs, being the end result of hundreds of thousands of years of cultural evolution, are not the natural product of any individual, yet certain individuals are able to expropriate them in part because it is not clear who created them.

It should be mentioned that some neoclassical economists also call themselves bioeconomists. This school starts with the premise that microeconomic principles of constrained optimization and equilibrium apply to all living systems. For these bioeconomists there is a methodological "imperialism" going from economics to the biological world. Microeconomic concepts are used to examine bits and pieces of natural phenomena. The Chicago school economist Gary Becker (1976), for example, uses concepts from sociobiology to examine cooperative behavior. He does this by simply considering "altruism" as just another economic good and shoehorning it into neoclassical utility theory. Predictably, the utility maximizing solution is that the consumer will allocate some of his limited resources to altruism until the resulting utility increment is the same as that obtained from allocating these resources to other "selfish" goods. In equilibrium the marginal utility of altruism divided by its price is the same as the marginal utility of selfish goods divided by their price.

Neoclassical bioeconomists see the adaptation of organisms to their environment as analogous to optimizing by the firm or the consumer. They believe that the biological world can be described by the tools of standard economic analysis. Adaptation is reduced to a constrained maximization problem, where "fitness", defined by Hirshleifer (1977, p. 10) as "the ratio of offspring numbers to parent numbers at corresponding points in the generational life cycle", is a single-valued function to be maximized. Tullock (1979, p. 3) describes theoretical biology as "micro deductions about plants and animals in terms of efficiency". Hirshleifer (1977, p. 52) extends the domain of economics even further. According to him, what biologists study is "nature's economy". In Hirshleifer's view economics can be regarded as <u>the</u> field of inquiry, whose two great subdivisions are the natural economy studied by biology and political economy studied by economists. By this view scientific analysis of the entire natural world may be brought under the domain of the economic way of thinking by applying the mathematics of constrained optimization. Again, the criticism of neoclassical economic theory expressed throughout this volume is not to deny the usefulness of neoclassical models in examining some ecological questions. This usefulness does not imply, however, that all (or even very many) problems in ecology can be addressed using the methods of constrained optimization.

Associated with the two views of bioeconomics are two conflicting views of economic progress. On one side are those who believe that economic activity and especially economic growth are synonymous with human progress and must continue unchecked if the potential of the human species is to be realized. No moral difficulty is seen with an economic system that treats all biological entities merely as inputs into the world market system. According to this view the ultimate purpose of nature is to serve human ends and progress depends upon bringing more and more of the natural world under human control.

On the other side are those who believe that the unprecedented growth in the production of material goods during the past few decades has led us to the brink of ecological and social disaster. They believe that if the biosphere as we know it is to survive we must stop treating the natural world as just another economic input. At current levels the human population and its associated economic activity is adversely affecting natural processes on a global scale. The implication is that even a "steady state" economy, based on current levels of output, is not environmentally sustainable. Ultimately, the only viable option is a declining state, a reduction in the number of humans and a reduction in human use of the earth's limited resources.

Economics and Ecology

It was remarked that economics is no longer the "dismal science". That term should now be turned over to ecologists, whose task it seems is to warn the world of the mounting evidence of impending ecological disaster (Ehrlich and Ehrlich 1990, Wilson 1992, Myers 1983). In view of the importance of ecology to the topics discussed in this volume it is useful to briefly discuss the history of ecology and the interaction of ideas between economics and ecology.

Donald Worster (1977) sees the history of ecology as playing out the tension between a holistic (Arcadian) tradition and an reductionist (analytical) tradition. Although this interpretation has been criticized (Egerton 1983) Worster's discussion of the influence of economic concepts on ecology illuminates the centuries old interaction between these two disciplines.

According to Worster, around the turn of the century ecologists began to view nature as an economic workshop. In 1910 Hermann Reinheimer described organisms as "traders" or "economic persons". Reinheimer wrote:

> ...every day, from sunrise until sunset, myriads of (plant) laboratories, factories, workshops and industries all the world over, on land and in the sea, in the earth and on the surface soil, are incessantly occupied, adding each its little contribution to the general fund of organic wealth. (quoted in Worster 1977, p. 291)

From that time on the new science of ecology increasingly reflected the dominant ideology of the market economy. In the 1930s H.G. Wells and Julian Huxley (1938, p. 961) described ecology as "the extension of economics to the whole world of life". Important figures in the new ecology school were Charles Elton, August Thienemann, and Joseph Grinnell. Elton (1966) suggested the principle of the food chain in which certain economic roles are performed. Plants are "producers" and animals are either first- or second-order consumers (Worster 1977, pp. 259-297). Thienemann moved ecology even closer to economics by using the terms "producer", "consumer", "reducer", and "decomposer" to describe much more complex ecological relationships. Grinnell coined the term "niche" which he defined as the "status" or "occupation" of an organism in the community. In his view population pressure causes an intense competition for food that results in the emergence of only one species for each niche. This implies that any existing species has won its place by being more efficient than its competitors.

One of the most important steps in the new ecology movement was A.G. Tansley's (1923) formulation of the concept of the ecosystem. Tansley's starting point was the second law of thermodynamics. For Tansley, however, the entropy law was a means to reduce the study of ecology to rigid physical laws. All of nature could be reduced to a system of equations describing energy flows among organisms. Thus, the goal of the new science of ecology became the construction of a series of accounts which would describe nature's economy in terms of an energy theory of value. More recent biologists who have called for the adoption of the "methodological individualism" of economics include Ghiselin (1978), Rapport and Turner (1977), and Cody (1974).

According to Worster (1977) the new ecology, far from being a "subversive science" (Shepard and Mckinley 1969), casts the natural world in terms of the highly stylized, quantitative world of the corporate economy. For the most part, he argues, ecology today is statistical rather than teleological, reductionist rather than holistic. Egerton (1983, 1985) points out that Worster ignores other contributions of modern ecology which do not fit his ideal types. Golley (1994) has recently published an excellent history of the ecosystem concept in ecology.

A paper written in the 1960s by Paul Ehrlich and Peter Raven (1964), titled "Butterflies and Plants: A Study in Coevolution", marked the beginning of a new specialty called "coevolutionary biology" (Egerton 1983, p. 264). The coevolutionary approach has not only made essential contributions within the field of ecology, it has also been used extensively by ecological economists (see Norgaard and Dixon 1986). From a concern with coevolutionary relationships among organisms it is a natural step to consider the effects of the human species on the evolutionary and ecological relationships between other species. Ecologists working in the coevolutionary tradition have been most supportive of the goals of ecological economics.

Another field of ecology that has appeared in recent years is conservation biology. The Society for Conservation Biology was formed in 1988 by prominent biologists such as Ehrlich, Jared Diamond, and

Michael Soulé as a "mission oriented discipline" (Gibbons 1992, p. 20), the mission being to marry hard science with practical policies to preserve biological diversity. Although the approach of conservation biology tends to be interdisciplinary, academic programs in conservation biology insist on strong training in a traditional discipline such as ecology or population biology. Additional training is then required in policy areas such as resource economics (Gibbons 1992, p. 21). If a sufficient number of economists could be trained in conservation biology as well as in traditional fields of economics such as resource economics, or industrial organization, perhaps an ideal marriage between economics and conservation biology could be arranged.

Some Positive Developments in Contemporary Economic Thought

It is commonly argued that neoclassical theory remains dominant because there is no other body of theory to take its place. By now we should recognize the fallacy of constructing all-encompassing theories of behavior. Increasingly, economists are calling for a methodological pluralism (Norgaard 1989b) and for the development of a system of sorting out (compartmentalizing) which methods to apply when. Various competing schools of thought can supply different pieces of the theoretical superstructure needed for effective environmental policy.

In recent years economic orthodoxy has been challenged to a degree not seen since the Great Depression. These challenges have taken the form of "ultra-orthodoxy" typified by the supply-side and rational expectations schools, and of "alternative" schools challenging the basic assumptions of orthodox thought. Within the latter group, several schools of competing thoughts have gained adherents. Among these are the post Keynesians, Marxians, Institutionalists, Social Economists, and Evolutionary Economists. Ecological economics and Bioeconomics have links to all these schools, although one would have to say that ecological approaches still remain outside any of the major alternative schools of thought. The Marxians and Institutionalists are at least as guilty of technological utopianism as the neoclassicals (Gowdy 1981, 1987a).

One of the most successful challenges to neoclassical economics has been mounted by the post Keynesians who follow the approach of Keynes in the *General Theory* and especially his 1937 article "The General Theory of Employment". Like Keynes, the post Keynesians stress the importance of pure uncertainty, the prevalence of market failure, and reject general equilibrium. Perhaps the most important contribution of this school is to reject the neoclassical focus on allocation and to insist on a return to the Classical concern with production and distribution. Using an approach which incorporates inter-industry connections, realistic models of production have been built by Pasinetti (1980), Rymes (1983) and others. These production models, based on the notion of vertical integration in an input-output framework, have the ability to explicitly take into account the role of irreplaceable natural resources in the productive process. For example, capital in these models is treated as a produced, not a primary, input, thus making it possible to isolate the role of energy and raw materials in the production process (Gowdy and Miller 1990). A major advantage of the input-output framework is that indirect as well as direct resource use and pollution output can be estimated.

A serious shortcoming of the post Keynesian school is that most of its adherents do not question the notion of unlimited growth (Pasinetti 1981, Kregel 1984-85). The post Keynesian theory of production, based on input-output technology, is one more piece in the puzzle of understanding modern economies but it is not a comprehensive model. Problems it cannot address are (1) determining the proper scale of economic activity vis-a-vis the biophysical world, and (2) how money values can be assigned to present and future environmental attributes.

Georgescu-Roegen has also proposed a model of production which takes into account the unidirectional nature of economic change and treats resource exhaustion and environmental pollution as an integral part of the economic process. His view of the economic process was first presented in depth in 1971, in *The Entropy Law and the Economic Process*, and has been refined and extended since then (Georgescu-Roegen 1984). Central to Georgescu-Roegen's production model is the notion of a "viable technology". To be truly viable any economic process must not depend on non-renewable energy or matter and must not produce waste at a rate larger than can be assimilated by the environment. This definition eliminates much of the ambiguity associated with the term "sustainable." Unfortunately Georgescu-Roegen's production theory has been largely ignored, both by mainstream economists and by those who are more sympathetic to his views (an exception is Mayumi 1991a, 1991b). Although Georgescu-Roegen's proposal is not a comprehensive theory of production it is certainly a promising foundation which could be integrated with other production-based approaches.

Another positive development in contemporary economics is on-going work in constructing environmental accounts which may be linked with existing national income and product measurements. A major limitation to applying economic models incorporating natural resources is the lack of a set of good environmental accounts. Current estimates of macroeconomic variables such as gross national product do not adequately consider the inputs of natural capital to the production process. The accuracy of any environmental accounting framework depends upon accurate estimates of environmental costs and benefits. Hueting (1991a) has developed a system of national accounts which corrects national income estimates for environmental losses. He has also developed economic scenarios which give top priority to saving the environment. Repetto (1989) has developed a series of income estimates for Indonesia which accounts for losses in timber, agricultural and fisheries resources resulting from unsustainable economic development. Daly and Cobb (1989, appendix) discuss in detail an index of sustainable economic welfare. Their index explicitly takes into account changes in ecological wealth such as natural resource depletion, and also social capital including the difference between foreign and domestic capital, the value of leisure time, and the value of non-market labor.

While all of these measures are a step in the right direction it should be recognized that there are some potentially insurmountable problems in calculating any GNP type measure (Daly and Cobb 1989, p. 415). All of them equate, in one way or another, increases in consumption with increases in well-being. There is no recognition of the critical importance of relative as opposed to absolute income as an indicator of well-being. And perhaps most seriously of all there is no solution to the pure time preference problem (discounting) in evaluating the benefits of resources or environmental amenities delivered at some point in the future.

One of the most exciting research areas in contemporary economics is the role of self-organizing behavior in evolutionary economic systems (see Witt 1992). Two new journals devoted to exploring evolutionary economic relationships and systems analysis are *Evolutionary Economics*, which publishes work drawing on the tradition of Joseph Schumpeter, and the *Journal of Economic Behavior and Organization*, which is devoted to the organizational and behavioral aspects of economic change. The new theories of self-organization recognize that all economic processes are a combination of "natural" selection based on efficiency improvements, historical accidents, and random external shocks (Gowdy 1992b). Overlaying this is an on-going process of self-organization with its own rules and parameters (Foster 1993, Silverberg, Dosi, and Orsenigo 1988). As Georgescu-Roegen (1971) has long argued, the economic system works to perpetuate itself by drawing low entropy from its surroundings. The price signals which drive market exchange do not consider vital information about long-term ecological viability. A vital area for future research is the process by which the self-organization of market economies perpetuates the market system by expropriating and organizing environmental resources.

Economics and Ethics

Another positive development for economic theory is the increasing realization that the old distinction between positive and normative economics is a false one. Even traditional economists such as Tietenberg (1988), D'Arge, Schulze, and Brookshire (1982), and Pearce and Turner (1990) recognize the inescapable ethical dimension of the valuation of environmental goods. The nature of intergenerational equity, long-term risk to evolutionary processes, and the moral implications of a strictly anthropocentric approach are beginning to be discussed by mainstream economists as well as ethical philosophers. There is a growing recognition that environmental sustainability, and certainly a truly viable technology, is incompatible with standard market criteria based on static efficiency alone (Tietenberg 1988, Pearce and Turner 1990).

Neoclassical policy recommendations are based on an underlying ethical viewpoint, namely that the economy should operate to maximize the discounted present value of the stream of goods and services delivered to individuals living in the present. In the world of neoclassical theory actors make decisions independently of their environmental and social contexts. Economists working in other traditions recognize that all economic theories inevitably have an ethical dimension (Booth 1992a, 1992b, Boulding 1991, Daly and Cobb 1989, Tisdell 1991).

Within the environmentalist wing of economics there is a debate between those who advocate an anthropocentric view, however enlightened, and those who call for a "land ethic" (Leopold 1966) recognizing the inherent rights of other species to exist independently of their utility to humans. Tisdell (1991, p. 9) points out that even the writings of Daly and Georgescu-Roegen emphasize conserving resources so that the human species can have as long a duration as possible. Although the land ethic debate has hardly touched the economics profession (although see Tisdell 1990b, 1991) it is at the center of discussions in environmental philosophy and environmental law (Callicott 1989, Devall and Sessions 1985, Hargrove 1989, Norton 1987, Sagoff 1988).

Coevolutionary Economics and Public Policy

The policy implications of the coevolutionary approach developed in this book are driven by two features, (1) the recognition that the economy is a subsystem of the natural environment and co-evolving with that environment, and (2) the recognition that, like the natural world, the economy is a living, evolving system. Economic activity depends on inputs from the stock of natural resources and the services of a finite environment. We are confronted daily with more and more evidence of the adverse effects of economic activity on the natural world. Faced with the loss of biodiversity, global changes in the atmosphere, and more and more lethal concentrations of industrial waste it is clear that the growth-oriented economic policies of the past are no longer adequate to address the environmental problems of the present. Economic activity has reached the point where it is causing irreparable damage to the environment. There is now a fundamental conflict between economic growth and the preservation of the biosphere as we know it. The key policy problems emerging for our growth-oriented economy revolve around the issues of population, conservation, and distribution.

A coevolutionary perspective implies not only zero population growth but ultimately a reduction in population as the world's agricultural system shifts from fossil fuel-based production to organic agriculture. In the short run this means aggressive promotion of family planning and the elimination of government subsidies for large families. It also means aggressively promoting conservation as a means of reducing the throughput of energy and matter in the economy. Most importantly for our long-run survival it means halting the precipitous decline in biodiversity that threatens the life support system for the human species. We must begin now to devise policies to smooth the transition from a growing to a shrinking economy.

One of the most difficult obstacles to achieving sustainability is the problem of the redistribution of wealth and income in a non-growing or even shrinking economy. As the economic pie ceases to grow, policy makers will be forced to come to grips with long-neglected questions of unequal income distribution. A non-growing economy in the context of politics as usual means an increasingly unequal distribution of income and economic opportunity, a pattern we have seen since the 1970's (Coombs 1990). The developed world seems to be moving towards what has been referred to as a "two-thirds society", a society where the top two-thirds enjoys prosperity while the bottom third becomes a permanent underclass. The prospect for the undeveloped world is much worse. The situation in Africa is generally much worse today than it was two decades ago. Much of Latin America is also worse off, with increasing environmental degradation, uncontrolled population growth, and increasing income inequality. The former communist countries of eastern

Europe (including those members of the former Soviet Union) have certainly gone downhill economically and it is not at all clear whether free markets can bring the salvation promised by Western economists. Environmental degradation in the former Soviet Union is so severe that it has been described as the first example of a country committing eco-suicide (Feshbach and Friendly 1991). The country currently being touted as an economic miracle-in-the-making is China. It seems, however, that much of China's "progress" has come by ruthlessly exploiting its environment (Smil 1993) and by tolerating increasing income inequality.

The primary goal of all capitalist and socialist governments has been the same, to insure unlimited economic growth (see Daly and Cobb 1989). In order to develop viable alternatives to both contemporary capitalism and socialism we must formulate policies to address problems within the economic system itself as well as policies dealing the interface between the economic system and the ecosystem.

Since the economy is a dynamic, evolving system, applying ideas from current evolutionary biology can help to broaden and enrich economic theory and policy. For example, a major implicit assumption underlying neoclassical economics is that economic change is driven solely by competitive selection. The policy recommendations of most economists are driven by notions of perfectibility adopted from a crude version of survival of the fittest through natural selection. The neoclassical general equilibrium model implies that the only legitimate policy action is to keep the market "free". Neoclassical economists grudgingly admit the presence of market failure and that some public involvement is necessary to correct externalities or to provide public goods. Their recommendations are limited, however, to marginal adjustments of the status quo. Economists of the Chicago School argue that while market imperfections may be present, government action is so imperfect it will invariably make the situation worse. These economists, whose influence on public policy is enormous, hold the basic view that the economy is in a state of general equilibrium with market forces determining the socially optimal array of goods and services. By this view, once a perfect system has been established by the laws of nature, any interference will make that system worse off.

Current research in evolutionary biology suggests that the macro configuration of the biosphere may be in large part a matter of chance. There is no divine justification for whichever particular array of species exists at a particular point in time. This is also true in the economic world, where there may also be different determinants of the survival of economic agents (Gowdy 1991, 1992b). Instances of economic success based on reasons other than competitive selection have been recognized in the economic literature (Arthur 1989, Mokyr 1990a, 1990b) but their significance for economic theory and policy has largely gone unnoticed.

The existence of pure uncertainty, lock-in by historical events, and periods of random disruptive change offers a positive rationale for government intervention and direction of macroeconomic forces. The above factors certainly provide evidence that an economic optimum driven by market prices is no guarantee of a socially optimal much less an environmentally benign outcome. On the positive side it implies that public direction of the economy is no more likely to be "sub-optimal" (if the term has any meaning above the micro level) than is the outcome dictated solely by private market decisions. Economic decisions driven by individuals maximizing their discounted present value are irrelevant at best to the problem of ensuring long-run environmental sustainability (Daly 1991a, 1991b). As Norgaard (1992) advocates, a policy approach recognizing the coevolution of the economy and the environment is needed. Economic forces are driven in part by what is happening in the environment and economic activity is the major influence on the health of the world's ecosystems.

Conclusion

Coevolutionary economics challenges the conventional notion of economic progress. Progress, as defined as a continual increase in gross national product, has brought us to the brink of environmental disaster and has generated vast increases in economic inequality. In order to formulate policies to move us off the growth treadmill and onto a sustainable path we must first understand the social, political and economic processes that generate and reinforce economic growth. For this task we need a variety of theoretical tools.

Contemporary economics is a rich discipline with much to offer to our understanding of environmental problems. However, as the inadequacy of standard methods of neoclassical environmental economics becomes more and more apparent there is a real danger that the whole profession of economics will be deemed irrelevant. Outside the economics profession, policy recommendations based solely on neoclassical measures of environmental amenities are being met with increasing skepticism. For example, in a recent U.S. court case (Ohio versus Interior 1989) the court ruled against the use of traditional economic measures, relying on market prices, to value environmental damage. According to the opinion of the court, "restoration is the proper remedy for injury to property where measurement of damages by some other method will fail to compensate fully for the injury". The court found that "it is unreasonable to view market price as the exclusive factor, or even the predominant one. From the bald eagle to the blue whale and snail darter, natural resources have values that are not fully captured by the market system" (quoted in Eberle and Hayden 1991). The inflexibility of neoclassical economists threatens to make the entire profession seem irrelevant to environmental policy makers.

The environmental and social problems facing the human race today seem overwhelming. In addition to the usual calamities of war, pestilence, and famine, we also face global man-made environmental catastrophes. Although these problems seem to be an inevitable product of the human species we can take heart from the fact that for most of human existence we lived in harmony with the natural world. This is the subject of the next chapter.

2 THE BIOETHICS OF HUNTING AND GATHERING SOCIETIES

The past is the key to the future

Louis Leakey

Hunting and gathering societies are generally considered to represent the lowest form of human existence. These societies, when mentioned at all by economists, are held up as examples of the terrible fate awaiting us if we waiver in the quest for technological advance and economic growth. By contrast, it is argued in this chapter that the hunting and gathering way of life represented, in many ways, the most successful lifestyle humans have yet devised. Of the many societal forms we have adopted, the hunting and gathering lifestyle has two important advantages. First it is the only way of life truly compatible with the long-run sustainability of the ecosystem and thus the ultimate sustainability of the human species. Secondly, it was a way of life egalitarian to an extent unknown in present-day agricultural or industrial societies. Knowledge of the characteristics of these societies is not only interesting in its own right it also offers suggestions for addressing contemporary problems of equality and ecology.

The characteristics of hunting and gathering societies will be made clear below. It should be emphasized at the outset that all agricultural-pastoral societies, however "primitive" are excluded. So are the modern descendants of hunting and gathering groups such as the present-day Australian aborigines and Greenland Eskimo whose cultures have been radically changed by western contact. Hunting and gathering societies which have been studied in historical times include the Mbuti pygmies of Zaire, the !Kung bushmen of southern Africa, and the Hadza of Tanzania. It is further recognized that all of these hunting and gathering societies have lived for centuries in contact with agriculturalists. It should also be emphasized that this chapter is not a call for a return to the Pleistocene. Most likely we will never live again as hunter-gatherers. If we return to this way of life it will not be by choice.

It is true that early humans, as any other large mobile species, caused ecological damage possibly including major extinction episodes. Human-caused Pleistocene extinctions are usually mentioned for one of two reasons, (1) to argue that the human species is inherently evil, and (2) to argue something like "early humans affected their environment, modern humans are doing the same thing so what's the big deal?" Both these arguments should be rejected. The disruptive impact of early humans on their environmental was no different than that of any other large mobile species and it was minimal compared to either agricultural or industrial societies.

The hunting and gathering lifestyle has supported humans for almost all of the time we have existed as a species. Our physical and cultural traits are adapted to that way of life. Recent scientific evidence indicates that human physical and cultural evolution has been driven by climate change (Lewin 1985). Our closest living relatives are Chimpanzees. Chimpanzee and human lineages separated about 5 million years ago. The human genus Homo appeared in East Africa about 2 1/2 million years ago. Anatomically modern humans, Homo sapiens, appeared about 115,000 years ago. Interestingly, these three milestones are correlated with three dramatic climate changes. About 5 million years ago the earth became much cooler and the forests of Africa where our ancestors dwelled were broken up into patches of savanna. By about 4 million years ago our ancestors were walking upright. At about 2 1/2 million years ago icecaps appeared for the first time in the Northern

Hemisphere. The environment in Africa became much less forested, many species disappeared and Homo habilis, the first toolmaking animal, appeared. About 115,000 years ago an unusually warm period in the history of the earth ended with a period of severely cold weather and glaciation which coincided with the appearance of modern humans. About 15,000 years ago another period of global warming began, the big game animals on which humans depended began to disappear, and by 5,000 years ago most humans lived in agricultural societies. This intimate connection between sudden climate change and human evolution raises interesting questions about current global warming and the potential for another evolutionary response.

Life in Hunting and Gathering Societies

Among anthropologists the view of hunter-gatherers has gone through a great transformation during the past decades. Early anthropological accounts focused on the negative. Such societies were primitive, savage, and represented a lower stage of evolutionary development. Until quite recently most accounts echoed the view of Thomas Hobbes who described life in the "rude state of nature" as "solitary, poor, nasty, brutish and short". This view fit well with the Social Darwinist views of nineteenth and early twentieth centuries. Hunter-gatherers occupied the lowest rung of the evolutionary ladder leading to western civilization. A 1948 anthropology text describes the period before agriculture as follows:

> Small groups of people living now in this cave, now in that--or out in the open--as they moved after the animals they hunted; no permanent villages, a few half-buried huts at best; no breakable utensils; no pottery; no signs of anything for clothing beyond the tools that were probably used to dress the skins of animals; no time to think of much of anything but food and protection and disposal of the dead when death did come; an existence that takes nature as it finds it; which does little or nothing to modify nature--all in all, a savage's existence, and a very tough one. (Braidwood 1948, p. 122)

The model of hunter-gatherers as primitive savages collapsed during the 1960s. Ethnographic studies of groups in Africa and Australia found that they did not die young nor did they face a constant threat of starvation and deprivation at the hands of a hostile natural world. Account after ethnographic account reported that they had a rich and varied diet, lived relatively long lives and had plenty of leisure time. The model of hunter-gatherers that came to dominate in the 1960s was "neo-functionalism"; hunter-gatherers as ecologists (Bettinger 1987). Their behavior was described as 1) rational and adaptive, 2) group oriented, and 3) homeostatic. In the decade of the 1980s the research emphasis shifted to micro-level considerations--many borrowed from economics--of optimal foraging strategies (Bettinger 1980, Binford 1977, Clark and Mangel 1986) or energy balances, and a greater appreciation was given to the many important differences among groups of hunter-gatherers. Nevertheless, the basic positive view of hunter-gatherers which emerged in the 1960s remains intact.

In the 1960s and 1970s several influential publications did much to sway opinion, at least among anthropologists, toward a more realistic and sympathetic view of hunter-gatherers. Marshall (1961, 1976) published accounts of the !Kung Bushmen which presented evidence that each !Kung adult, in spite of living in one of the harshest environments on earth, spent only 2-3 hours per day in activities directly related to subsistence. Furthermore, about 40 percent of the !Kung population, children, young adults (aged 15-25) and elderly (over 60) were not expected to work and did not contribute to the food supply. The pattern of ample abundance of food, much leisure time, and relatively long, healthy lives was found to hold in a variety of hunting and gathering societies in Africa and Australia, as reported in Lee and Devore's 1968 volume *Man the Hunter*, a collection of papers presented at the 1966 symposium on hunter-gatherers held at the University of Chicago. The tone of the essays in this volume is consistent with the views of Lee and Devore as set forth in the introduction:

> To date, the hunting way of life has been the most successful and persistent adaptation man has ever achieved. Nor does this evaluation exclude the present precarious existence under the threat of nuclear annihilation and the population explosion. It is still an open question whether man will be able to survive the exceedingly complex and unstable ecological conditions he has created for himself. If he fails in this task, interplanetary archaeologists of the future will classify our planet as one in which a very long and stable period of small-scale hunting and gathering was followed by an apparently instantaneous efflorescence of technology and society leading rapidly to extinction. (Lee and Devore 1968, p. 3)

The new view of hunters and gatherers was presented most eloquently by Marshall Sahlins (1972) in his book *Stone Age Economics*, particularly in the first chapter, "The Original Affluent Society". Sahlins points to two paths to affluence: the path of producing much or the path of desiring little.

> The familiar conception, the Galbraithean way, makes assumptions peculiarly appropriate to market economies: that man's wants are great, not to say infinite, whereas his means are limited, although improvable: thus the gap between means and ends can be narrowed by industrial productivity, at least to the point that "urgent goods" become plentiful. But there is also a Zen road to affluence, departing from premises somewhat different than our own: that human material wants are finite and few, and technical means unchanging but on the whole adequate. Adopting the Zen strategy, a people can enjoy an unparalleled material plenty - with a low standard of living. (Sahlins 1972, p. 2)

This Zen strategy, according to Sahlins, describes the hunter-gatherers. These societies successfully adapted to the non-human world and allowed their members a maximum of individual freedom.

Marshall Sahlin's article had a far-reaching influence both within and without the anthropology community. In spite of some inevitable modifications of some of Sahlin's claims (for example, some hunter-gatherers work more than four hours a day) "The Original Affluent Society" has stood the test of time fairly well. In a recent assessment Bird-David (1992, p. 27) concludes that "Sahlin's argument, duly updated and reconceptualized, does indeed hold". Vernon Smith (1987) writes:

> The argument that life in the Paleolithic must have been intolerably harsh is simply not borne our by the many ethnographic studies of extant hunting societies in the past century. With few exceptions such societies have fared well, and did not leap to embrace the agricultural or pastoral pursuits of their neighbors. Whether life in the Paleolithic mirrored this modern experience cannot be known with any assurance, but certainly there is no support for the proposition than hunting *per se*, means an intolerably harsh existence.

Another important contribution to our understanding of hunter-gatherers was made by Woodburn (1982) who distinguished two kinds of hunter-gatherer societies, immediate return systems and delayed return systems. Both these types are "viable" in Georgescu-Roegen's (1984) sense of living off resource flows and not stocks, and essentially egalitarian. There are some significant differences between them, however, with important implications. In immediate return systems individuals obtain direct and immediate returns from their labor. Hunting and gathering techniques are technologically simple, tools are easily acquired and easily replaced, and food is not elaborately processed or stored. Delayed return systems are characterized by various forms of property rights over assets. These assets may be (1) tools used in production, such as nets, boats or traps, (2) processed and stored food, (3) wild plants or animals modified by human labor, or (4) rights held by men over female kin and bestowed in marriage (Woodburn 1982, pp. 432-33). There is no evidence that immediate return systems are more evolutionarily "advanced" than delayed return systems. Evidently, delayed return systems existed at least as long ago as 30,000 years. There is evidence from that time in Central Russia of semi-permanent dwellings made of mammoth bones and, a little later, of food storage (Lewin 1988b, p. 197).

Although both types of hunting and gathering societies are egalitarian to a much greater extent than agricultural or industrial societies, immediate reward systems are aggressively egalitarian according to Woodburn. The relationship of these immediate return societies to the natural environment and the basis for their egalitarianism holds important lessons for modern humans.

Hunter-Gatherers and the Environment

The hunting and gathering way of life was followed by humans for over 99 percent of the time the genus Homo has been on the planet. Such societies were in equilibrium with the environment because they had to be or they would not have survived. The necessity of maintaining the flow of nature's bounty, a "land ethic", is inevitably a central part of the religion and social structure of these societies. While hunters and gatherers modified the environment, sometimes significantly (Roberts 1989), there is no hard evidence of such societies having a significant detrimental environmental impact. The aborigines of Australia, for example, practiced limited burning of grasslands which had the effect of increasing biodiversity (Coombs 1990, pp. 97-98, Dingle 1988, p. 8) and protecting the ecosystem from large-scale catastrophic fires. In order to bring back lost biodiversity the aboriginal system of burning is being reintroduced in Australian national parks such as Kakadu and Ayres Rock with the help of aborigine elders.

Vernon Smith (1975, 1987) argues that there is evidence for widespread environmental disruption including mass extinctions caused by humans prior to the neolithic. It is worth examining Smith's arguments in some detail because such a discussion will not only bring out some important characteristics of hunting and gathering societies, it will also illustrate how easy it is to draw misleading conclusions from an inappropriate application of the neoclassical model of economic behavior.

Smith argues that Pleistocene hunters were responsible for the extinction of a variety of mega-fauna. His basic argument relies on the standard model of common property resources. He argues that (1) there was an absence of property rights in prehistoric hunter-gatherer societies, and (2) this led inevitably to over-exploitation of big game animals.

Smith's arguments may be faulted on several counts. For one thing, most of Smith's examples of extinctions, such as the moas in New Zealand, were carried out by agriculturalists not hunters and gatherers. The Maori were late-comers to the island of New Zealand (c. 1300 a.d.) who had settled villages and cultivated a variety of crops. Even so the extinction of even the largest species of moa, around the year 1850, took place well after the arrival of Europeans. Humans and moas coexisted for over five centuries (Cassels 1984, p. 741). Smith's model is developed for the Plains Indians who gave up agriculture for hunting buffalo after the introduction of the horse by Europeans. The objection here is Smith's extension of his model to Pleistocene hunter-gatherers.

The reasons for the disappearance of the Pleistocene megafauna is a very complicated issue and is still a matter of contention. However, the prevailing opinion is that the disappearance of these big-game animals was triggered by climate change, namely, the disappearance of the glaciers that began after the last ice age some 15,000 years ago (Harris 1978). The edge of these glaciers provided a rich and varied ecosystem conducive to big game animals such as mastodons. The Upper Paleolithic in Europe, for example, a way of life based on hunting these animals persisted for tens of thousands of years. There is no evidence for a reduction in the number of big game animals until the glaciers began to disappear and, as Smith points out, a variety of animals disappeared at this time including ones not intensively hunted by humans. The general pattern of the disappearance of megafauna at the time of the end of the last ice age holds in South America (Harris 1978 p. 22) and in Australia (Flood 1990). In Australia humans and megafauna coexisted for at least 30,000 years. According to Flood (1990 p. 21) megafauna extinction was probably due to a variety of factors including climate change. As Harris argues, stress from hunting could have played a part after the large animals were reduced in population due to climate change. An appealing explanation is "coevolutionary disequilibrium" (Graham and Lundelius 1984) triggered by sudden the climate change. The retreat of the glaciers set in motion a series of changes disrupting the established equilibrium and causing a large number of extinctions. In this context humans undoubtedly played a major role although the hypothesis of extinction due to overkill by humans is not generally accepted (Roberts 1989, pp. 60-61).

The idea that the alleged absence of property rights was the triggering factor is even more problematic. As Smith points out, there are a wide variety of non-market rules and customs among historically observed hunter-gatherers to protect against over-exploitation of vital resources. The Australian aborigines, for example, had an elaborate religious and kinship system having at its center a personal and spiritual relation with the land. Berndt and Berndt (1988, p.108) write:

> In some areas of the Daly river, the Aborigines were careful about exhausting certain yam beds and always left a residue well scattered for next season's crop...Their intimate knowledge of the growth of various creatures, as well as of the increase of vegetable and other plants and trees, led many of them to realize that conservation was essential even in times of plenty. They could not afford to be careless.

There is no reason to think there was an absence of rules regulating overexploitation in the upper Pleistocene. Also, with a lack of markets and an abundance of food available for the taking there was simply no reason to overexploit the environment. For hunters and gatherers the "bush" was like an open and free supermarket. If everyone has free and open access to the supermarket why would anyone take more than they need? Although trade was widespread, judging from contemporary hunter-gatherers it was almost certainly centered around social obligations not market exchange (Dingle 1988). Without impersonal markets there would not have been any equivalent to a market discount rate. As colonialists pushed into the New World the combination of new markets and new technologies provided the opportunity (and necessity) for over-exploitation.

Smith uses the Lotka-Volterra predator-prey model to examine the tradeoff is between hunting and agriculture (although he states that his model also could apply to a tradeoff between hunting and gathering). In the 1920s Lotka (1925) and Volterra (1926) developed models describing competition between two species and thereby helped to establish the field of theoretical population ecology. There is by now a rich literature describing predator-prey relationships that is only touched up here (see Hassell 1978). The characteristics of a simple predator-prey model can be seen in the formulation (Hassell 1978, p. 9):

(1) $N_{t+1} = \lambda N_t f(N_t, P_t)$
(2) $P_{t+1} = cN_t[1 - f(N_t, P_t)]$

N, N_{t+1}, P, and P_{t+1} are, respectively, the prey populations at times t and t+1, and the predator populations at times t and t+1. λ is the net rate of increase of prey per generation. C is the average increase in the number of predators per prey attacked. The relationship $f(N_t, P_t)$ describes the survival of prey as a function of the two populations. Any number of assumptions can, of course, be built into λ, c, and f. For example, λ can be made to be dependent on prey density, $\lambda = f(N_t)$, the value of c can be varied, and so on. Various mathematical elaborations of this simple model and their stability properties can be found in appendices I, II, and III in Hassell (1978) and in Whittaker (1975, chapter 2).

Smith casts the predator-prey problem as finding the optimal solution to the maximum yield of gathering and hunting subject to the efficiency parameters, labor hours, and population. Assuming that meat and gathering are perfect substitutes, the solution is the well-known neoclassical result that the marginal rate of transformation between gathering and meat is equal to their marginal rates of substitution. This determines an economic equilibrium between hunting effort per capita and meat per capita. Because of the characteristics of the Lotka-Volterra equations any factor which reduces the equilibrium stock of the hunting resource leads to the extinction of that resource (Smith 1975, p. 739). Extinction may result from an improvement in hunting technology, as Smith argues, or an increase in human population, or both.

Around 1960 theoretical studies on predation began to appear presenting great deficiencies in Lotka-Volterra predator-prey models.

These theories were later confirmed in experiments on fish and insects (Hassell 1978, p. 5). I will not go into great detail here but will mention a few points relevant to sustainability. The Lotka model invariably leads to extinction when small changes are made in a simple predator-prey system such as Smith's. In a discussion of the Lynx-Hare cycle Whittaker (1975, p. 32) writes:

> For description of these and other interactions the Lotka-Volterra predation equations are quite inaccurate. All populations are subject to some kind of environmental limit or carrying capacity, but none is included in these equations. The equations make no allowance for the effect of refuges in protecting part of the prey population, for the fact a predator can only eat so much of the prey it encounters, for change in the predator death rate with food supply, and so on. Moreover the cycles of the [predator-prey] equations are "stable" only in a highly artificial way. In a constant environment the amplitudes remain constant; but environments are not, in fact, constant. Any environmental fluctuation increases the amplitude of the cycles. In an environment of continual fluctuation, the amplitudes of the cycles increase until the populations described by the equations go extinct. The Lotka-Volterra predator-prey equations are thus so unnatural as to be irrelevant to real populations.

Hassell (1978) extended the simple Lotka model to more realistic cases. His modifications are relevant to the Pleistocene hunter argument.

(1) The inclusion of spatial heterogeneity and the dispersal of predator prey that goes with it, led to stability of populations. In real world systems there is an aggregation of predators where prey is abundant because of the potential for greater hunting success. This provides a partial refuge for the prey in lower density patches. For a mathematical treatment of including "refuges" in equations (1) and (2) see Hassell (1978, pp. 61-68).

The tendency to congregate is strong in humans since they are social not solitary animals. There is evidence that hunting was concentrated along the leading edge of glaciers where prey was most abundant. This would have the effect of leaving less dense patches of prey as refuges.

(2) In natural systems with several predators there is also mutual interference. Predators avoid other predators which has the effect of reducing searching time in certain areas. To the extent that predators avoid contact with each other this can also have the effect of creating prey refuges in overlapping hunting areas. The mathematical treatment of mutual interference is given by Hassell (1978, chapter 5).

In Pleistocene Europe there were other predators dangerous to humans such as saber-toothed tigers and cave bears. There is physical evidence that leopards preyed on early humans (australopithecines) millions of years ago (Rowley-Conwy 1993). Any real-world ecological system is highly evolved and extremely complex with innumerable checks and balances. This is illustrated in a now classic experiment involving the removal of starfish from a tidal ecosystem. After the removal of starfish several other species, both prey and other predators became extinct (Paine 1966). Those who argue for such policies as restoring wolves to Yellowstone Park point our that the existence of predators is an essential factor in ecosystem stability.

(3) In natural systems there seems to be a threshold limit to the numbers of predators (see Hassell 1978, chapter 6 for a mathematical treatment). Furthermore, populations of predators seem to stabilize at thresholds well below the carrying capacity of the land. For example, Pimlott (1967) found that "there appears to be intrinsic control of wolf numbers" in predator-prey relationships. Observers of hunter-gatherers have remarked that their populations seem to be stable at numbers well below the carrying capacity of the system. Again, ecologists have recognized in recent years that the predator-prey relationship is much more complicated than once thought. Natural systems exhibit a complex network of interactions involving predation, competition and cooperation (Lewin 1987).

Smith's argument that humans would not give up the hunter-gatherer way of life without a change that made hunting more costly relative to agriculture is certainly on the mark. However, Smith use the simple predator-prey model together with neoclassical assumptions of human behavior such as non-satiation, utility maximization, and so on, to show that hunter-gatherers will inevitably degrade their resource base. A more realistic model shows that this need not be the case. The reason for going into such detail about the predator-prey model is to preserve the argument that for most of human existence we lived in harmony with the environment. This is not to say that hunter-gatherers were more intrinsically moral than present-day agriculturalists or members of industrial societies. For example, Turnbull (1962) remarked that the Mbuti pygmies were sometimes cruel and indifferent to the sufferings of the animals they hunted. Hunter-gatherers had an environmental ethic because they had to. They lived off immediate flows from the environment, not stocks. There were no stocks (in Georgescu-Roegen's stock-fund sense) to discount and no markets to encourage exploitation to meet the needs of distant humans. Various hunting and gathering traditions lasted tens of thousands of years virtually unchanged. During the past 2 1/2 million years humans evolved a viable, socially egalitarian way of life that ended only with a dramatic climate change that began some 15,000 years ago.

Again, the above arguments are not meant to deny that humans, particularly when they moved into new geographical areas, did not play a part in the extinction of some species. For example, there seems to be good evidence that hunter-gatherers were responsible for the extinction of pygmy hippos of Cyprus (Diamond 1992b). Migrations of humans into new areas must have inevitably resulted in major ecological changes (Smith 1987). It is a mistake, however, to argue that early humans (like modern humans) always played a destructive role in the world's ecosystems.

An interesting aside to this discussion is an example of an apparent collapse of a hunter-gather culture along the Frazer river in British Columbia. Hayden and Ryder (1991) report that an unusually large and sedentary village population existed in that area beginning about 3,000 years ago. A fairly complex society arose due to the abundance and dependability of salmon runs. About 1,000 years ago the villages were abandoned never to recover. The most likely explanation is a failure of the salmon runs because of a catastrophic landslide which dammed the Frazer river at that time. Although much has been written about the collapse of early agricultural civilizations (Ponting 1991, Weiss et al. 1993), it seems that hunter-gatherer economies were not entirely immune from such disasters. The Frazer river case, however, was apparently due to an external natural cause, not a process of "overshoot-and-collapse" that has been blamed for the demise of agricultural civilizations.

Social Characteristics of Hunter-Gatherers

A second appealing feature of hunter-gatherers was the egalitarian social structure of these societies. The egalitarian nature of these societies was related to the relationship of each individual to the resource base.

A distinction is made, following Woodburn (1982) between delayed return and immediate return societies. Delayed return systems depend on a series of intricate social relationships imposing obligations and binding commitments among individuals. Immediate return systems, on the other hand, are aggressively egalitarian. Woodburn (1982, p. 434) writes:

> What is surprising is that these societies systematically eliminate distinction--other than those between the sexes--of wealth, of power and of status. There is here no disconnection between wealth, power and status, no tolerance of inequalities in one of these dimensions any more than in the others...Formal relations between men and women are quite variable in these societies, although in all of them women have far more independence than is usual in delayed-return systems.

As to the reasons why these societies were aggressively egalitarian Woodburn cites the following: access to food and other resources ("capital" and the "means of production"), mobility and flexibility, access to means of coercion, sanctions on accumulation of possessions and their transmission between people, and the characteristics of leadership and decision-making.

Capital in immediate return systems is simple and immediately accessible. In such societies capital primarily consists of knowledge.

Information about how to make a living is passed on from the older to younger members. Capital is not a physical thing that can be manipulated and controlled but rather knowledge and responsibility that comes to all with age and maturity. This aspect of capital as a social system was addressed eloquently by Thorstein Veblen. Among the Great Basin Shoshoni physical capital was a negligible quantity. Veblen (1907, p. 147) writes:

> What was of 'vital concern' then, indeed what the life of the group depended on absolutely, was the accumulated wisdom of the squaws, the technology of their economic situation. The loss of the basket, digging stick and mortar, simply as physical objects, would have signified little, but the conceivable loss of the squaws knowledge of the soil and the seasons, of food and fiber plants, and of mechanical expedients would have meant the present dispersal and starvation of the community.

Since capital is intangible because it is comprised of knowledge, it is difficult to exclude access to it and thus difficult to exclude individuals from the means of livelihood. Woodburn (1982, p. 438) writes:

> Without seeking permission, obtaining instruction, or being recognized as qualified (except by sex) individuals in these societies can set about obtaining their own requirements as they think fit. They need considerable knowledge and skill but this is freely available to all who are of the appropriate sex and is not, in general, transmitted by formal (or even informal) instruction: rather it is learnt by participation and emulation. In most, but not all, of these societies neither kinship status nor age is used as a qualification to obtain access to particular hunting and gathering skills or equipment.

Although cooperation and sharing are widespread and important in these societies there is a marked lack of dependence on these factors.

There is a lack of dependence on specific others. Although the importance of access to resources in promoting equality is widely recognized, its significance in maintaining equality in hunting and gathering societies is remarkable. The relative simplicity of these societies makes transparent some important aspects of our own modern existence.

In all immediate return societies mobility is paramount. These societies are constantly on the move to take advantage of seasonal changes in the availability of game and food products. This has the obvious effect of limiting physical capital but just as importantly it insures flexibility in social groupings. Among the !Kung and the Hadza individuals are free to move from one group to another as they see fit. This has the effect of limiting authority and the ability of some individuals to impose their will on others. Again the lack of dependence on specific others is reinforced. The opportunity to easily and quickly leave a particular group does not diminishing the fact that hunting and gathering societies are characterized by social solidarity, cohesion, and group effort.

Related to the (relative) material abundance and the ease of access to the means of existence in these societies is the notion of material security. All individuals in immediate return societies are provided for regardless of their contribution to the food supply or whatever. This phenomenon goes so much against the grain of modern western culture it is worthwhile to examine some specific examples.

Among the Hadza men there is little pressure to contribute to the food supply by hunting. Only a small minority of adult men kill large game animals. There is little pressure on men to hunt. Woodburn (1968, p. 54) writes:

> There are some men who have killed scarcely a single large animal during their entire adult lives. Whether a man hunts is his own affair. Other men will not put pressure on him... [The Hadza men] make hunting difficult for themselves by using their arrows for gambling, a high proportion of men are failures at hunting, they nevertheless obtain sufficient food without undue effort...Over the year as a whole

probably an average of less than two hours a day is spent obtaining food.

Among the !Kung food also is shared and entitlement does not depend on donation (Barnard 1978, 1983, Woodburn 1982). The !Kung have elaborate rules of etiquette having the effect of disassociating games from the hunter who actually killed it (Woodburn, 1982, pp.440-442). The !Kung have social mechanisms to insure that hunting success does not lead to arrogance. This is not to say that successful hunters do not gain social recognition, merely that there are rules to limit such gains. Lee (1984, p. 49) quotes a !Kung healer:

> When a young man kills much meat, he comes to think of himself as a chief or a big man, and he thinks of the rest of us as his servants or inferiors. We can't accept this. We refuse one who boasts, for someday his pride will make him kill somebody. So we always speak of his meat as worthless. In this way we cool his heart and make him gentle.

Turnbull (1962) describes similar rules among the Mbuti pygmies. Berndt and Berndt (1988, p. 120) report that among the aborigines of Australia:

> When several men go hunting together, more than one of them may have rights in the kangaroo or other large animal that they kill; but in any case a large animal is usually divided up, even to the extent that the main hunter may keep almost none of it for himself.

The fact that food is abundant and readily available combined with the distancing of success in hunting from social status not only undermines property-based power, it also means that life among hunter gatherers is secure for all, regardless of health, skill, or age. Security in old age may play an important role in keeping populations low in hunter-gatherer societies. The status of women in hunting and gathering societies is also high compared to other lifestyles. The more or less equal status of men and women in these societies is stressed by Woodburn (1982),

Turnbull (1962), and Berndt and Berndt (1988). The reason is probably the essential role women play in providing food. In most cases the food contribution of women was the most substantial and dependable portion of the overall diet (Berndt and Berndt, p. 148). The general pattern among hunter-gatherers is that gathering provides the basic diet since it is always dependable while meat is considered a special and welcome treat. Lee (1968, p. 39) found that among the !Kung about one-third of the caloric intake came from meat and about two-thirds from nuts and vegetables.

Studies of contemporary hunter-gatherers show a pattern of generally good health, especially in comparison to agriculturalists living in the same regions. Dunn (1968) in a report prepared for the World Health Organization found in a study of several hunter-gatherer groups that (1) malnutrition is rare, (2) starvation occurs infrequently, and (3) chronic diseases, especially those associated with old age, are relatively infrequent.

Compared to life among agriculturalists, hunting and gathering represented a more flexible and adaptable way to sustain life. Contemporary examples are given by the situations of the !Kung and Hadza during times of drought. The period in which Lee (1968) lived with and studied the !Kung was during one of the most severe droughts in the history of southern Africa. The agriculturalists and pastoralists in the area suffered tremendous hardships while the effect of the drought on the !Kung was minimal. Lee (1968, pp. 39-40) writes:

> Most of the 576,000 people of Botswana are pastoralists and agriculturalists. After the crops had failed three years in succession and over 100,000 head of cattle had died on the range for lack of water, the World Food Program of the United Nations instituted a famine relief program which has grown to include 180,000 people, over 30 per cent of the population. This program did not touch the Dobe area in the isolated northwest corner of the country and the Herero and Tswana women there were able to feed their families only by joining the Bushman women to forage for wild foods. Thus the natural plant resources of the Dobe area were carrying a higher

proportion of population than would be the case in years when the Bantu harvested crops. Yet this added pressure on the land did not seem to adversely affect the Bushmen.

Woodburn (1968, p. 54) writes of the Hadza of Tanzania:

> My impression is that, over the year as a whole, the Hadza spend less energy (and probably less time) obtaining their subsistence than do neighboring agricultural tribes...From a nutritional point of view the Hadza again appear to be better off than their agricultural neighbors ... It is clear that agriculturalists are liable to suffer from recurrent famine in this area while hunters and gatherers are not.

The same pattern of food security among hunter-gatherers is found in reports of the Australian aborigines. Abbie (1970, p. 85) states that "Despite recurring reports to the contrary, dietary deficiencies are rare in the aboriginal native diet". Berndt and Berndt (1988, p. 145) state flatly, that among the aborigines "Malnutrition is a phenomenon of the present, not--as far as we can judge--of the past". In recent years the !Kung have had their land taken for cattle ranches and national parks. They were subsequently forced to adopt agriculture and now face starvation after crop failures resulting from the drought currently (1992-93) ravaging southern Africa.

What Can We Learn From Hunter-Gatherers?

Hunting and gathering societies were in ecological and social harmony to a degree unmatched in present times (Orr 1992, p. 16). This is interesting in itself since such societies represent almost all of human existence. More important is the insight that the same features that insured environmental harmony also promoted an egalitarian society. These features were not based on deliberately cultivating a higher ethical consciousness. They were embedded in the material characteristics of immediate return hunting and gathering societies. Most interesting are those aspects of hunter-gatherer society which encourage both environmental sustainability and egalitarianism. Some of the salient features of these societies were:

(1) Social security. In immediate return societies every individual had a share of the social product, regardless of how much he or she contributed to it. According to Woodburn (1982) some members of the Hadza do virtually no work. Many Hadza men spent almost all their time gambling yet still got an equal share of food. Hadza men gamble with spearpoints and many are reluctant to hunt for fear of damaging their gambling "chips". The idea of "work or starve" is not necessarily "natural" among humans. Material security may have had an important role in controlling population. Lappé and Schurman (1989) argue that social insurance in modern China, had as much to do with decline in birth rate as did the one-child policy (Gordon and Suzuki, 1990, p. 104). Caldwell (1984) points to social security programs, old age pensions, as playing a decisive role in the reduction in population growth in Kerala (India) and Sri Lanka. When life is perceived to be secure people do not need large families to insure that they will be taken care of in old age.

(2) Living off flows not stocks. This is a primary recommendation of bioeconomists such as Georgescu-Roegen, Daly, and Boulding. Living off flows necessitates a sustainable economy, it also limits the role of property as a means of power.

(3) Sexual equality. The role of women in gathering, which made up most of the diet, insured their high status in hunting and gathering societies. The low social status of women in developing countries is frequently cited as a major contributor to the population problem (Jacobson 1987). Women in Singapore and Japan have caused governments to back down from policies intended to increase birthrates.

(4) A diversity of lifestyles. Hunters and gatherers occupied most of the area of the earth occupied by present humans, from the tropics to the tundra. The many lifestyles of hunting and gathering cultures represented a remarkable and varied response to different environmental conditions. For most of human existence there was a range of lifestyles, and economic bases, from desert to tundra to rainforest. With a diversity of lifestyles there is a better chance for the human species to withstand shocks, climatic or otherwise. Hern (1990) and Allen (1977) have pointed

out that the modern homogeneous world economy is particularly vulnerable to environmental or social disruption.

(5) Social versus private capital. The fact that the most important form of capital in hunting and gathering societies was knowledge meant that capital was public, not private. The provision of more public and less private capital is frequently recommended for our own economy, for example, the provision of public transportation instead of private automobiles, and public rental cabins on protected public land instead of private second homes.

Booth (1990) discusses the relevance of environmental ethics to social economics. The subject was of primary importance to those who might be considered pioneers in the field of social economics, William Kapp, Kenneth Boulding and Nicholas Georgescu-Roegen. The issue of environmental ethics is now being addressed by a new generation of social economists (Booth 1990, Chan 1988, Daly and Cobb 1989, Spash 1993, Tisdell 1989). Of the major schools of economics social economics is the only one expressing a consistent concern for environmental ethics. A problem with much as the literature on environmental ethics is that it is solely concerned with the behavior of individuals. Hunting and gathering societies were in an "ethical" relationship with the environment in the sense that their cultures did not destroy the ecological systems of which they were a part. This is true even though individual members of these societies may not have had what we might call an ethical view toward other species. Conversely, members of our own industrial society may individually have ethical views toward other species (they may be, for example, ethical vegetarians) but they by necessity participate in the "unethical" destruction by our market economy of the world's ecosystems.

Economic theory and environmental policy can be enriched by further consideration of hunter-gatherers (see Stanfield 1982). The salient characteristics of these societies not only enabled them to live in an environmentally sustainable way, their lifestyle was ethically appealing for other reasons as well. Indeed the characteristics of these societies call into question the whole notion of human progress. Weinel and Crossland (1989, p. 798) argue that "progress means technological progress, which implies increasing ability to predict and directly control consequences." By this definition there is little evidence of progress since the old stone age.

In spite of the sympathetic treatment of the hunter-gatherer lifestyle presented in this chapter it is not the intent to advocate a return to such a way of life. Few modern humans, could live happily in societies with such a meager technology. However, while it may be true that some commentators have tended to romanticize hunter-gatherers, the notion of modern humans as the epitome of intelligence and reason is even more romantic.

One argument against the hunter-gatherer way of life is that scientific knowledge about the nature of the universe beyond immediate surroundings could have never developed. This is true but it raises a larger question about the nature of knowledge and creativity. All hunter-gatherers described by anthropologists had a rich oral tradition of creation myths and speculations about origins, the cosmos, and the nature of truth and reality. It was only with the advent of agriculture and economic surplus that a priestly class took control of such "religious" thought. Hunter-gatherers were freer to speculate and experiment. Survival in hunter-gatherer societies depended upon a vast body of knowledge and the ability to solve very complex problems (Orr 1992, p. 16) We should avoid being too smug about the extent of scientific knowledge in our own time. One only need read scientific articles in a twenty year old encyclopedia to see how much of what we took for granted twenty years ago seems absurd today. Twenty years from now we will probably be equally chagrined at today's scientific beliefs. What I am arguing here is that it is the uninhibited search for truth that is critical not necessarily the absolute level of accurate knowledge.

Conclusion

Most economists see the present as the key to the past. That is, they see the institutions and decision-making characteristics of modern market economies as having universal applicability. By this view the present is the key to the past. Hunter gatherers in the distant past are assumed to be economic men striving to maximize utility (defined as maximizing consumption) by a process of constrained optimization (Smith 1975). All contemporary societies are seen as collections of "economic persons" acting according to the tenets of neoclassical theory. It is argued above that characteristics such as unlimited wants, purely egocentric behavior, and environmental exploitation are not universal or "natural" characteristics of human beings (Stanfield 1990). This is not to say that these characteristics are themselves "unnatural" or that current attitudes may be easily changed. However, an awareness of the characteristics of hunting and gathering societies may be instructive for the following reasons, (1) It was a lifestyle that prevailed for some 99 percent of human existence, (2) Such a lifestyle offers clues as to ways to make our own economy more environmentally benign, (3) At the same time clues are offered as to ways to make our own economy more socially equitable.

The modern age is increasingly characterized by despair. Modern society seems more and more out of control and on the brink of irretrievable disaster. The interrelated issues of greenhouse warming, destruction of the ozone layer, the loss of biodiversity, overpopulation, and social unrest may threaten the very existence of the human species. It is somewhat comforting to realize that one blueprint for survival is behind us. For most of the time humans have been on the planet we have been in harmony with the natural world and evidently with ourselves. The human mind and human culture evolved under conditions of cooperation and environmentally sustainable institutions. Understanding how these societies solved the basic problem of living within environmental constraints with a maximum of human freedom may give us clues as to how ensure our long-run survival.

3 EQUALITY AND ENVIRONMENTAL SUSTAINABILITY IN AGRICULTURAL SOCIETIES

The catastrophe of the native community is the direct result of the rapid and violent disruption of the basic institutions of the victim (whether force is used in the process or not does not seem altogether relevant). These institutions are disrupted by the very fact that a market economy is foisted upon an entirely differently organized community; labor and land are made into commodities, which, again, is ony a short formula for the liquidation of every and any cultural institution in an organic society.

Karl Polanyi

A discussion of agricultural societies is useful, in the context of this volume, for several reasons. First, in terms of the themes of this book--environmental sustainability and social equality--the agrarian way of life represents in many ways an intermediate step between hunter-gatherers and urban industrial societies. Second, one of the founders of the school of bioeconomics, Nicholas Georgescu-Roegen, has made major contributions to the economic analysis of peasants. Georgescu-Roegen's bioeconomics may be traced to his understanding of peasant societies. He has written extensively about peasant economic organization in terms of the broad themes of equality and environmental sustainability. Third, examination of the difficulties encountered in the application of neoclassical theory to peasant economic organization can illuminate some of the limitations of the standard economic approach from an ecological perspective. Finally, in today's global economy we have many examples of the effect of the growth of markets on traditional societies. A look at how markets affect social relationships and the use of natural resources in these societies can illuminate some of the environmental and social changes taking place in developed market economies.

The Origins of Agriculture

The development of agriculture is almost universally acclaimed as one of the greatest steps forward for humans. The adoption of agriculture, so the story goes, was an inevitable result of progressive cultural evolution that freed humans from a precarious existence and gave the necessary leisure time for religion, politics, art, and all other characteristics of modern civilization. Braidwood and Willey (1962, p. 342) write:

> Why did incipient food production not come earlier? Our only answer at the moment is that culture was not yet ready to achieve it.

Recent evidence from past as well as from contemporary societies has called the "evolutionary progress" interpretation of the adoption of agriculture into question. As discussed in the last chapter the hunting and gathering economy was remarkably efficient and required remarkably little effort to supply life's necessities. In Paleolithic times there was a greater abundance of big game animals compared to today and this period was presumably characterized by many affluent economies (Smith 1987, p. 696).

Accounts of contemporary hunting and gatherering societies show that these cultures are aware of the possibilities for agriculture. They choose not to adopt agriculture because, according to their own testimony, the effort is just not worth it. There is evidence that some societies practiced limited plant and animal husbandry 30,000 years ago (Lewin 1988a, p. 195). This means that knowledge of agriculture was present at least 15,000-20,000 years before societies became "agricultural". However, sometime after the present interglacial warming which began about 15,000 years ago, something began to change the "terms of trade" between hunting and gathering and agriculture; a change that led most humans to abandon the hunting and gathering economy. Although agriculture was evidently adopted independently in several places, Meso-America, the fertile crescent, and southeast Asia, (although see Carter 1977 for a single origin hypothesis) there must have been some common factor that triggered this "sudden" (over a few thousand years) change. Why, after millions of years of a hunting and gathering way of life did the genus Homo switch to an evidently more physically demanding and less rewarding system of production? Mark Cohen (quoted in Lewin 1988a, p. 191) writes:

> The problem is not just to account for the beginnings of agriculture, but to account for the fact that so many human populations made this economic transition in so short a time....The theory should account for not only the "invention" of agriculture but also for its acceptance and the widespread economic transformation of human society which resulted.

The most likely candidate for the cause of the transition is climate change, the triggering factor apparently behind most, if not all, prehistoric physical and cultural changes in the human species, but the specific mechanism by which this change resulted in the adoption of agriculture may never be fully understood.

Marvin Harris (1978) is one who argues that agriculture was adopted not for reasons of efficiency or desirability but rather out of necessity. The disappearance of big game animals in Europe after the last glaciers retreated some 12,000 years ago triggered a process of economic change leading to a dependance on cultivated crops. He argues that it was climate change, not evolutionary progress, that led to agriculture. When the glaciers began to disappear, hunting and gatherering became more varied and probably more labor intensive. Later, as more and more game animals became extinct, it became more and more worthwhile to adopt animal husbandry and agriculture. Although Harris' interpretation is still controversial, most researchers today reject the idea that "good" environments encourage a natural progress to agriculture. The majority opinion seems to be that "bad" (but not too severe) environments stimulate agriculture to make up for insufficient hunting and gathering opportunities (see the discussion in Pryor 1986).

Population pressure may have played a part in the adoption of agriculture after the subsistence base began to decline. Cohen (1977),among others, has argued that population pressure was the primary stimulus to the adoption of agriculture. However, Layton, Foley, and Williams (1991) argue that population growth in and of itself is an unlikely explanation for the switch to agriculture. According to them the likely cause was the change in the availability of certain foods "brought about by social or natural modification of the hunter gatherers' environment" (p. 255). This, of course, is a very general explanation that may have as many specific causes as there were original cases of the adoption of agriculture.

According to Jared Diamond (1993) the fate of hunter-gatherers after climate change adversely affected their resource base has disturbing implications for modern humans. Cro-Magnon art reached its peak in the Magdalenian phase at the end of the last ice age. This is the period of the magnificent engravings preserved in caves in Spain and France. In the next archaeological phase, the Azilian (7,000-8,000 years ago, still Upper Paleolithic), the brilliant paintings, sculpture, and jewelry disappeared. The population of western Europe was much smaller, and judging from the distribution of cultural artifacts there was a sharp reduction in long-distance trade with other regions. Diamond attributes this collapse to the disappearance of big game animals due to global warming, a process accelerated by overhunting. Diamond writes:

> Think of that chain of events: human population explosion; a crash in food supply; a crash in human numbers; the survivors fragmented into local bands, out of touch with each other; a collapse of civilization and art; people reduced to daubing spots of paint on pebbles. It all sounds so familiar because it is the oft-discussed environmental holocaust

that we fear may befall our children in the twenty-first century (Diamond 1993, p. 29).

Marvin Harris also believes that human culture exhibited a sharp decline after the last ice age. He argues that the transition to agriculture represented a step backward for humans in terms of health, longevity, the availability of leisure time, and social freedom. Regarding health, Harris cites evidence showing a marked deterioration of health indicators in Europe from the Upper Pleistocene 30,000 years ago to the advent of agriculture some 20,000 years later. In terms of robustness the average height of men 30,000 b.p. was 5' 11" (177 cm) and that of women 5' 6" (165 cm). After the adoption of agriculture the figure was 5' 6" (165 cm) for men and 5' 0" (153 cm) for women. It is only in the past few decades that the average heights of americans has reached that of our Paleolithic ancestors. Other health indicators, including tooth loss and longevity, also show deterioration after the adoption of agriculture. Life expectancy in the Upper Paleolithic has been estimated to be about 33 years. Rodgers and Kerstetter (1974) give the following historical estimates of life expectancy; Greece 1000 B.C. - under 20 years, Rome A.D. 30 - 23 years, Middle Ages Europe - 30 years, United States 1859 - 40 years, India 1950 - 32 years. After the adoption of agriculture it took about 10,000 years to reach the level of longevity enjoyed by Upper Paleolithic humans. And the result of this and more recent increased longevity has been an ecologically disastrous explosion of the human population (Hern 1990). It should also be noted that recent gains in longevity (particularly since 1950) reflect decreases in infant mortality as much as longer lifespans. There is also evidence of a significant decline in human health after the adoption of agriculture in the Middle East (Syria) after the adoption of agriculture (Lewin 1988a, p. 985). If Diamond is correct the climate-driven decline in living standards, at least in Europe, began some time before the adoption of agriculture.

Until the population explosion after the development of agriculture, Homo sapiens was a relatively minor player in the world's ecosystems. A high estimate of human numbers prior to the Neolithic is 5 to 10 million people (Keyfitz 1989), or less than 0.2 percent of the current population, although it is not really meaningful to compare world-wide totals since humans were absent from the western hemisphere and Australia until quite recently. In any case there is no indication of a human population explosion, excluding movement into previously uninhabited areas, until the advent of agriculture. Since our species appeared on the planet there have been three major spurts of human population growth. One occurred with the advent of agriculture, another at the beginning of the industrial revolution, and another with the advent of modern medicine and knowledge of disease at the beginning of this century. There may have been another after a severe human population bottleneck some 74,000 years ago but the evidence is, as yet, inconclusive. In any case, more humans have been added to the world's population since 1950 than during the previous 3 million years (Keyfitz 1989).

There are many theories as to why the change from hunting and gathering to agriculture resulted in a population explosion (Cohen 1980, Lee 1980). One theory is that the new sedentary lifestyle resulted in an increase in the body fat of females which is associated with higher fertility, and changes in nursing practices may have also been associated with a higher birthrate. It has also been suggested that infanticide was widely practiced among hunter-gatherers. Probably the most important factors promoting small populations were economic. Hunter-gatherers had to live within the carrying capacity of local environments. The nomadic lifestyle was a strong disincentive to taking care of small children. Also, since food and property was communal among hunter-gatherers there was no reason to have children for economic security. With the advent of private property and agricultural surplus, children could add to the food supply and their families could keep the increase.

Whatever the cause, the adoption of agriculture evidently triggered population increases which not only locked humans into an agricultural way of life, but caused migrations which overwhelmed the remaining non-agricultural societies. The existence of stored surpluses created a new alternative to the problem of obtaining food, namely, steal it from your neighbor. The marginal rate of return to warfare may have been greater than that for either hunting and gathering (or agriculture for that matter) for many societies. Once warfare and raiding started, this could give a selective advantage to groups with larger populations. It could also encourage greater social stratification and reinforce the power of cultural elites who, most likely, (as today) made the decisions about when and where to conduct warfare.

One can only speculate, but it is not hard to imagine the process of imperialism that must have taken place as agricultural based societies expanded and overran "less advanced" peoples. Consider the following attitudes of some famous and enlightened Americans (quoted in Diamond 1992a, p. 308-309):

> "If it be the Design of Providence to Extirpate these Savages in order to make room for the Cultivators of the Earth, it seems not improbable that Rum may be the appointed means."
> - Benjamin Franklin

> "What is the right of the huntsman to the forest of a thousand miles over which he has accidently ranged in quest of prey?"
> - John Quincy Adams

> "The settler and pioneer have at bottom had justice on their side; this great continent could not have been kept as nothing but a game preserve for squalid savages."
> - Theodore Roosevelt

There is no reason to believe that the attitudes of early agriculturalists toward their "less civilized" neighbors would have been any more enlightened than our own presidents and statesmen.

The whole process of climate change, decline in living standards, the adoption of agriculture and subsequent population explosion, is undoubtedly best described by the model of "coevolutionary disequilibrium" mentioned in chapter two (Graham and Lundelius 1984), involving environment, economy, and social structure. Whatever the specific mechanisms involved, according to the modern view, humans turned to agriculture out of necessity, not by choice. The shift to agriculture, like other major turning points in human evolution, was triggered by climate changes which set into motion coevolutionary environmental and cultural responses. In general, life under the new agricultural regime was shorter, less healthy, and most likely more burdensome for the average person. Three major effects were (1) a shift toward living off stocks of natural resources (fertile soil and nutrients) rather than flows, (2) the appearance of an economic surplus and a growing collection of exosomatic instruments which led to class divisions and increasing inequality, and (3) most importantly, the new focus on creating economic surpluses seems to have set in motion a process of imperialism as once static societies became locked into patterns of growth and expansion. When a certain degree of size and complexity is reached in early agricultural societies, rapid growth and eventual collapse as a result of the exhaustion of environmental resources seems to be a common pattern (Lewin 1988a, p. 984). Once a socio-economic system "flipped" from a basically egalitarian hunting and gathering society to a socially stratified primitive state, the elite in such a society would have the incentive, the power, and probably the weight of religious orthodoxy behind their efforts to continue the system at all costs.

Agriculturalists and Peasants

There is a great deal of controversy in the literature as to the distinction between peasants and other agriculturalists. In general, peasants are part of a larger social system and are usually subservient to an outside power structure. However, even when the term is restricted to Europe during the last few hundred years the definition of "peasant" is problematic. Stern (1987, p. 824) defines a peasant simply as "someone who lives in the country and works on the land". By this definition about half the world's population may be classified as peasants. The definition of a peasant economy used here will be the very broad one presented by Firth (1951 p. 87):

> By a peasant economy one means a system of small-scale producers, with a simple technology and equipment often relying primarily for

their subsistence on what they themselves produce. The primary means of livelihood of the peasant is the cultivation of the soil.

So a peasant might be an independent owner, a tenant farmer, a sharecropper or a serf, as long as he works the land. In this ideal type the peasant family is a self-sufficient unit of production for household consumption (Foster 1987, p. 826). Although the self-sufficiency of peasant communities will be stressed in this discussion, it is recognized that all peasant communities are part of a larger political, social, and economic system.

There is a basic disagreement among economists as to the applicability of the standard assumption of economic rationality to peasants. Polar views are those of two Nobel price winners, Theodore Schultz and Gunnar Myrdal. Schultz (1964) examines peasant economies using the standard neoclassical model of constrained optimization while Myrdal (1968) argues that market incentives play only a limited role in such societies. According to Schultz members of peasant economies act no differently than members of western urban economies. All act according to individual self interest to maximize utility or profit. The role of economic development policy, by this view, should be to increase information (knowledge) and to introduce western technology so these societies can be developed. Myrdal calls for an institutionalist interpretation of peasant society and argues for a more interventionalist approach to economic development.

Georgescu-Roegen's (1967, 1971, 1972) view is much closer to Myrdal's. He recognizes the importance of markets in these societies but claims that the neoclassical model offers an inappropriate framework for understanding peasant reality.

Georgescu-Roegen's Theory of Peasant Economies

Georgescu-Roegen was one of the first "mainstream" economists to question the universal applicability of the standard circular flow model of the economy depicting the economic process as independent of the natural world. Concern with resource depletion and environmental quality has been the focus of Georgescu-Roegen's research and writing for more than two decades. The intimate connection between his earlier and later writings is not widely recognized. Even economists sympathetic to Georgescu-Roegen's ideas usually see a clear break between his early work in pure theory and his later concern, beginning in 1967 with the introductory essay in *Analytical Economics*, with entropy and bioeconomics (Zamagni 1987). In fact, Georgescu-Roegen's early work in utility theory forms the base for his later formulation of bioeconomics. Furthermore, his early work on utility is has its roots in his observations of European peasant societies.

A discussion of the important differences between peasant and industrial economic systems in Georgescu-Roegen's work must begin with his methodology of economics. For Georgescu-Roegen economic phenomena are dialectical (Georgescu-Roegen 1972, 1979, Dragan and Demetrescu 1986). That is, the economic process is made up of partial processes which overlap and which mutually influence each other. In order to analyze any economic process it is always necessary to make more or less arbitrary divisions in the seamless whole of reality. To examine a process analytically we must make some heroic assumption and isolate the relevant partial process by drawing an analytical boundary around it. This boundary consists of two distinct components, a frontier and a duration. The frontier sets the process off against its environment. The partial process is also bounded in time. The beginning and end points must be clearly defined according to the purpose of the analysis. The description of a partial process can only include elements that cross the boundary; it cannot include what happens inside or outside the boundary.

Neoclassical theory is based on such a partial process with an analytical boundary drawn according to necessarily arbitrary criteria. As Georgescu-Roegen (1967) observes classical and neoclassical economics was developed by Western city dwellers. Standard economic theory describes the economic process in terms of activities peculiar to that milieu, namely the static exchange of commodities in well-defined markets. However, the boundary drawn by neoclassical theory is inappropriate when applied to peasant societies. Two particularly inappropriate assumptions of neoclassical utility theory are (1) that utility functions are independent of each other, and (2) that utility can be represented by a single-valued function. The latter assumption is dubbed the "ordinalist fallacy" by Georgescu-Roegen.

The Interdependence of Preferences

In the history of neoclassical theory, from the mid-nineteenth century to the present, there has been a steady trend towards narrowing the boundary of what constitutes use and value to humans. Most modern microeconomic texts devote no more than a sentence or two to the fact that the utility function is meant to be a representation of human wants. A leap is then made to the assumption that human wants are met solely by consuming commodities with well-defined prices. This assertion is linked to the postulate of rationality, defined as the ability to choose consistently among commodity bundles. Non-satiability, more is always preferred to less, is also assumed. Given a budget constraint and a vector of commodity prices, rationality implies an ability to respond to price signals in a consistent and predictable manner.

There are many objections to equating rationality in the above sense to maximizing a single-valued function called "utility", even within a highly developed market economy where "economic man" is most likely to be found (Daly and Cobb 1989, Hirsch 1976, Scitovsky 1976). Humans maximize utility in complex ways. Included in the utility function are not only commodities with market prices, but also power, social status, and religious and societal obligations. The relative influence of these factors varies greatly from society to society. An old debate among anthropologists is between "formalists" and "substantivists" (Sahlins 1972, pp. xi-xiv, Stanfield 1990). Formalists are comfortable applying formal neoclassical models to peasant societies. According to substantivists peasant societies are characterized by "substantive rationality" (Adams 1982, Nair 1979, Tannenbaum 1984, Weber 1949). Individuals exhibit substantive rationality when they act to get the most value from the knowledge and material they have at hand given their particular value system. This is in contrast to "formal rationality" which is the matching of means and ends to achieve some abstract goal. Formal rationality transcends particular cultural contexts. Georgescu-Roegen (1967, p. 384) argues that individuals may behave hedonistically but not strictly hedonistically. He suggests that the utility function of the peasant be represented by:

$$U = \Psi(Y;Ys)$$

Utility is a function not only of what happens to the individual (Y) but also of the welfare of others, of his or her community (Ys). If the sign of $\delta U/\delta Ys$ is positive, the individual's happiness increases if the welfare of the community increases. The significance of Ys on behavior depends in large part on how broadly the individual defines "community". In a large urban area, individual actions have a relatively small effect on Ys, and in fact the tendency for individuals to be acquisitive and competitive is most likely to be found there. They are more concerned with relative income and therefore may suffer if others do relatively better and the sign of $\delta U/\delta Ys$ is negative. At the village level, however, an individual can significantly affect Ys and can therefore increase his utility by behaving altruistically, and $\delta U/\delta Ys$ is positive. Hirsch (1976) argues that, with increasing affluence, people do not feel better off unless they are relatively better off. One might say that at the margin of economic growth consumption goods become increasingly competitive in nature and no generalized gain is possible. In peasant societies the market may not be permitted to work in ways disruptive to established values. There are frequently leveling mechanisms which force the expenditure of accumulated resources in areas that are not economically productive. These mechanisms are present in every society, but their role may be crucial in peasant communities.

The Ordinalist Fallacy

A second necessary condition for the existence of indifference curves has been variously called "the ordinalist fallacy" (Georgescu-Roegen 1968), the "commensurability of wants" (Dragan and Demetrescu 1986), or the denial of lexicographic preferences. It is the assumption of the existence of some common characteristic by which all objects of utility can be compared. This is represented by the familiar downward-sloping indifference curve, implying that consumers are always willing to trade any item for any other in the commodity bundle if the relative prices so dictate. By contrast, Georgescu-Roegen argues that needs are hierarchical, that is, certain basic needs have to be met before other types of consumption are feasible. By this view individuals have several distinct categories of general needs which can only be satisfied in succession. This implies that preference orderings are lexicographic, not smooth and continuous. A lexicographic ordering leads to the denial of the integrability of the utility function and thus to a host of problems for standard economic theory.

This view was accepted by many of the pioneers of modern economics such as Menger and Jevons. The hierarchy of needs principle is clearly illustrated in an example given by Menger (1950, p. 129):

> An isolated farmer, after a rich harvest, has more than two hundred bushels of corn at his disposal. A portion of this secures him the maintenance of his own and his family's lives until the next harvest, and another portion the preservation of health; a third portion assures him seed-grain for the next seeding; a fourth portion may be employed in the production of beer, whiskey, and other luxuries; and a fifth portion may be used for the fattening of his cattle. Several remaining bushels, which he cannot use further for these more important satisfactions, he allots to the feeding of pets in order to make the balance of his grain in some way useful.

This idea was also accepted by Jennings (1969) who classified commodities as being either "primary" or "secondary". Primary commodities are necessities which can confer utility in the absence of secondary commodities or luxuries. Secondary commodities, on the other hand, cannot be enjoyed without the presence of some amount of primary commodities. Jennings (1969, pp. 95-96) writes:

> Who, when suffering from hunger or thirst, pinched by cold, oppressed by heat, or pining for exercise, would fully enjoy the charms of the flower garden, the statue gallery, or the opera? From our daily experience we all feel that the satisfaction of our less specially organized senses must precede that of those which are more specially organized, although the reverse of this is not the case,--that the blossom cannot survive without the stem and the root, although these may exist without the blossom.

Jenning's idea of primary and secondary goods is illustrated by in figure 3.1 (see Georgescu-Roegen 1954, Lutz and Lux 1979). Up to a point, any commodity bundle containing more of the primary goods will be preferred to any bundle containing less, no matter how much of the secondary good is present. In figure 3.1, point **C** will always be preferred to points **B** or **A**. Given the level of the Primary good (Y) the consumer

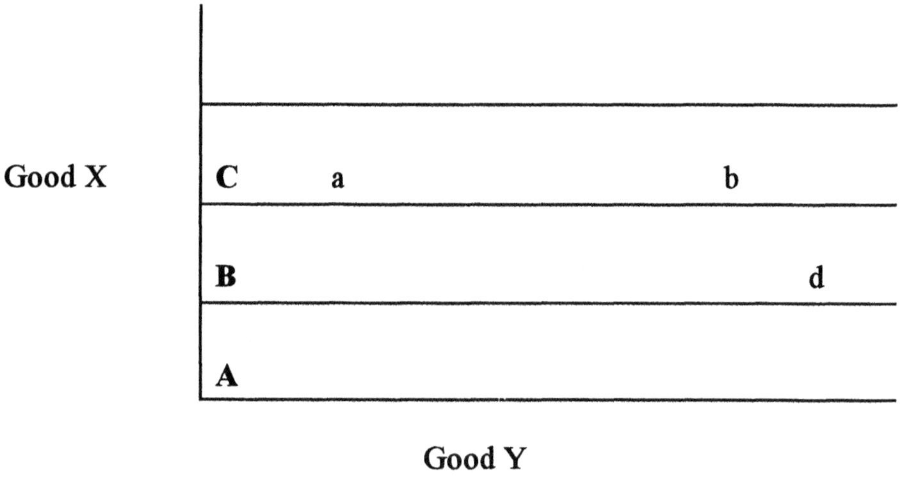

Figure 3.1. Lexicographic ordering

can then rank the utility derived from different amounts of the secondary good (X). That is, given the level **C** of the primary good, then point **b** would be preferred to point **a**. Combination **a** would be preferred to **d** because it contains more of the primary good. Given two commodity bundles **A** and **B** containing goods X and Y, **A** = (X1, Y1) and **B** = (X2, Y2), bundle **A** will be strictly preferred to **B** if either X1 > X2 or X1 = X2 and Y1 > Y2. This lexicographic ordering holds up to a certain level of income after which there is the familiar trade-off between quasi-luxury goods.

The hierarchical conception of human needs contains an implicit notion that it is possible to make interpersonal comparisons of welfare. The hierarchy reveals the order in which needs are satisfied as income increases. In broad terms, at least, this order should be the same for all individuals since it ultimately has a biological basis.

According to Georgescu-Roegen (1968) "it is the principle of irreducibility, not the postulate of indifference that should form part of a realistic theory of choice". The concept of a region of indifference between bundles of commodities is most appropriate in the social system in which most economists find themselves; that is, among upper middle-income members of a western society, choosing at the margin among things like skis, VCRs, or vacations. That is why the theory of indifference is so intuitively appealing to economists and their students. These are the types of choices they make every day. These are not the types of choices made by the majority of the world's people. Much of the conservatism of peasant societies is based on the tenuousness of their existence. They strongly avoid anything that might jeopardize tomorrow's output.

Lexicographic preferences are reflected in the patterns of exchange in traditional societies. Nash (1966, p. 28) writes:

> The classic circular flow diagram of the Western exchange economy cannot be drawn for most peasant and primitive economies. Rather the case is much more like the Siane of New Guinea among whom subsistence items of food are exchanged only for other food, luxury items are exchanged only for other luxury items, and prestige goods are exchanged only for other prestige goods.

Likewise Sahlins (1972, p. 277) observes:

> Anthropological economics can respectably claim one theory of value on its own, fashioned from empirical encounters in its own province of primitive and peasant economies. Here, in many of the societies, have been discovered "spheres of exchange" which stipulate for different categories of goods differential standing in a moral hierarchy of "virtue". This is anything but a theory of exchange value. The diverse values put on things depend specifically on barriers to their interchange, on the inconvertibility of goods from different spheres...

Indifference curve analysis implies that all wants can be reduced to some common denominator. Once we move away from considering only quasi-luxury goods, it can be seen that not all wants can be reduced to some common basis. If this is the case, a simple maximizing rule based on a single reductionist criterion will be inadequate to explain real world behavior in traditional societies. This observation has important implications for the use of natural resources in peasant societies.

The Self Sufficiency of Peasant Societies

Observers of traditional peasant communities are struck by the self-sufficiency of these societies. Georgescu-Roegen argues that the peasant village is a world almost complete in itself. He writes (1972 pp. 207-208):

> Land has indeed played from primeval times the most decisive role in the development and preservation of the unity of the village community, but not as mere land. It is only recently, after repeated studies of the village in vivo, that we have come to notice that no peasant village is settle on just a slice of land. The village territory is in relation to the village hearth as a complete garden in relation to its homestead. Perhaps that is why villages in Western Europe came to be know by such names as villa or tun, tuin, which originally all meant "garden". In addition to the house lots (each with its own courtyard) and to a well-planned net of roads, the village territory comprises not

only the cultivable acreage, but also some woodland, some grazing land, and, most vital of all, a body of water--a creek or a river, a pond or a lake. Not infrequently, it includes some orchards or vineyards.

The village life was one of interdependence and self-sufficiency. At the base of Georgescu-Roegen's theory of peasant economy is his observation that the village community is the proper "analytical atom" in the study of peasant societies (Georgescu-Roegen 1972, p. 205). He describes the peasant village as being self-sufficient and self-perpetuating:

> A peasant village, as long as it remains peasant, is indivisible... The village, next to the human individual, is the most clearly defined social entity. Like the human individual, it is a perfectly natural, atomic, social unit.

Foster (1987, p. 828) also points our that an understanding of the village community is fundamental to an understanding of the peasant. The village operates "both as a shield against 'parasitic outsiders' and as a regulator of peasant life."

One of the most important concepts in Georgescu-Roegen's theory of bioeconomics is that of a "viable" technology, that is, a technology which can perpetuate itself indefinitely by using natural resource flows rather than stocks. According to him a technology is viable "if and only if it can maintain the corresponding material structure and necessarily the human species" (Georgescu-Roegen 1984, p. 29). Georgescu-Roegen's concept of a viable technology has its roots in his knowledge of the peasant village. The traditional peasant village, although buffeted by outside forces and beset by subjugation to the interests of the cities, was a self-contained unit that was able to perpetuate itself for millennia. With the onslaught of market forces this self-sufficiency is being lost, even in the most geographically isolated parts of the world. Markets may be more efficient in terms of static production criteria, that is, in terms of a ledger sheet of output and costs of production, but the intrusion of markets undermines the very basis of social cohesion and environmental sustainability in traditional societies.

Environmental Sustainability in Traditional Societies

The notion of sustainability means, in part, preserving the natural world for the enjoyment of future generations. Sustaining the environment means maintaining the flow of environmental services. The goal of environmental sustainability is incompatible with unregulated private markets. Private markets depend on countless individuals, operating in an impersonal context, making strictly hedonistic decisions at a particular point in time. In market economies goods and services delivered in the future are discounted; they are worth less and less the further into the future they are to be enjoyed. Contrary to a common interpretation, discounting in no way takes into account the wishes of future generations. The preferences of future generations do not come into play except insofar as their discounted anticipated demand affects the anticipated future value of goods and services held by present individuals.

In traditional societies resources are used according to collective, communal rules which emphasize elements of sustainability and preservation for future generations. Traditional resource management systems recognize that lexicographic preferences are pervasive in the context of environmental choices and sustainability. Natural systems are characterized by threshold situations in which marginal trade-offs are not possible if the integrity of ecosystems is to be protected. Collective arrangements regulating common property (as opposed to open access) resources are widespread in peasant communities. Peasant villages use a wide variety of common property institutions to regulate resource uses ranging from irrigation and grazing (Wade 1987) to firewood collection (McGranahan 1991). Important decisions concerning resource use are made at the community level, usually by village elders or at least by those having the most experience with resource management. One effect of this is to promote a social rather than a private rate of discount. The time horizon should be longer in the collective case than in the private case.

This collective regulation of resources may be one reason why, as in the case of hunter-gatherers, there tends to be an "underexploitation" of resources among peasants, at least from point of view of western economics. Peasants typically do not maximize the output of given resources. In a critique of development economics Georgescu-Roegen (1967) notes that peasants "refuse to be developed". After earning the minimum of subsistence individuals become interested exclusively in leisure. As in the case of hunter-gathers production is substantially less than the possible (Sahlins 1972, p. 42). One of the earliest forms of agricultural production, still widely practiced in tropical areas is slash and burn agriculture. By this method villagers cut down trees and bring under cultivation a piece of forest land. Crops are grown for one or two years then the land is left fallow for several more years. Evidence indicates that areas with people practicing slash and burn could support a much larger population (Allan 1965, Carneiro 1960). Sahlins (1972, pp. 48-49) writes:

> Slash and burn agriculture is a major form of production among extant primitive societies, perhaps the dominant form. Inquiries in a number of communities, from several different world areas, confirm that (outside native reserves) the agricultural system is running below its technical capacity. More broadly, extensive areas of Africa, Southeast Asia, and South America occupied by swidden cultivators are authoritatively judged under-exploited. May we be permitted to conclude that the dominant form of primitive production is underproduction?

It is, of course, difficult to establish the maximum carrying capacity without knowing how wide a margin of safety is necessary in such societies. It may be that in the context of decades-long or even centuries-long patterns of environmental events there is no underexploitation at all in primitive societies. With the development of larger markets the "underuse" of resources makes it possible for production for trade to expand rapidly when wider markets are opened to traditional societies. This is the so-called vent-for-surplus argument. According to Myint (1987, p. 803) the vent-for-surplus hypothesis is illustrated by peasant export economies is South East Asia where rice was both the main food crop and the exported crop. In Burma and Thailand rice exports expanded rapidly for several decades without lowering production for domestic use. Within a neoclassical framework, assuming resources are fully exploited, gains from trade result from increases in allocative efficiency. According to vent-for-surplus theory gains from trade are also possible because of underuse of resources.

Norgaard (1988) points out that one effect of widening markets is to make possible agricultural specialization in one or two crops where formerly a variety of crops were grown as a hedge against pests, weather anomalies, and other potential disasters. With a variety of food goods available through markets such precautions become less important.

It should be mentioned that there is growing evidence that many early agricultural societies caused widespread environmental changes. American Indians, for example, cleared land for forests, set fires to create habitats for large game animals, and changed the varieties and mix of plants. Some of these societies may have even collapsed because of environmental overexploitation. It should be kept in mind, however, that the effect of early agricultural societies on the environment was minuscule compared to the effects of the industrial economy. There were numerous agricultural societies that lived in harmony with the environment for centuries. When the industrial revolution followed European settlers to the new world it not only rearranged the landscape but caused fundamental changes in entire ecosystems (Stevens 1993). (For an entertaining account of the conflict between market and non-market societies see the novel *Ishmael* by Daniel Quinn.)

The Equalitarian Ethic in Peasant Societies

Georgescu-Roegen (1972) describes in detail various peasant rules of distribution. He argues that these rules are governed by two all-important principles (1) labor is the basis for sharing income, and (2) equal opportunity for all, not equal income. As long as land clearing was repeated each year and as long as land for clearing was available there was no need for rules restricting land use. The most obvious way to distribute crops was to give them to those who had worked for them. In the systems Georgescu-Roegen describes, individuals did not "own" land:

> Even after land came to be held as individual property in severalty, the right to keep a field closed remained restricted to the period during which the field was bearing a crop. Once the crop was harvested, the field became "land" again...Also, the right of gleaning after harvest remained open to all..This admirably expresses the traditional principle that one has an inviolate right only to what he sought at the outset to obtain by his labor; the windfalls of any sort belong to all. (Georgescu-Roegen 1972, p. 214)

Georgescu-Roegen refers to this as "equalitarian" (equality of opportunity) as opposed to "egalitarian" (equality of result). Once land became more and more scarce elaborate rules were devised to maintain this principle of equality of opportunity. Georgescu-Roegen (1972, p. 215) discusses the example of the *per stirpes* distribution of fertile land, as well as the institution of periodic land redistribution. Georgescu-Roegen's main conclusion is that the economic conflict in peasant societies is at bottom a conflict over the distribution of income flows not income stocks. And this conflict is resolved based on the rule that all are entitled to the fruits of their own labor. Unfortunately, this ethical principle becomes harder and harder to maintain as increasing technological complexity increases the length of time between the initial application of labor and the final product (Georgescu-Roegen 1972, p. 214). Again, Georgescu-Roegen's theories of social conflicts over exosomatic instruments are based on his understanding of peasant economies.

The discussion here is admittedly general. The movement from self-sufficient agricultural communities or very simple peasant communities to the industrial age has taken some 10,000 years. Much of recorded history shows communities between these extremes. In this regard there is an interesting literature on the favorable aspects of feudalism. Alfred Marshall and John Stuart Mill thought highly of the democratic aspects of feudalism. Georgescu-Roegen (1967) has analyzed the advantages of feudalism in distributing income and labor in societies characterized by labor surpluses relative to other resources (see also

Chayanov 1966 [1925]). Daly and Cobb (1989) argue that feudalism was more communitarian than either capitalism or socialism.

Markets and the Breakdown of Village Viability

Perhaps the most important social phenomenon since the advent of agriculture has been the sweeping away of traditional customs, rules of economic organization and beliefs about the natural world by the relentless march of the market economy. R.M. MacIver, in the forward to Karl Polanyi's classic *The Great Transformation* writes:

> The major tragedy attendant on the industrial revolution was brought about not by the callousness and greed of profit-seeking capitalists--though there was inhumanity enough in the record--but by the social devastation of an uncontrolled system, the market economy. Men failed to realize what the cohesion of society meant. The inner temple of human life was despoiled and violated. The tremendous problem of the social control of a revolutionary change was unappreciated; optimistic philosophies obscured it, shortsighted philanthropies conspired with power interests to conceal it, and the wisdom of time was still unborn (Polanyi 1944, p. x).

Writing in the early 1940s Polanyi thought that society would take measures to protect itself against the ravages of the uncontrolled market, as indeed western governments sought to do in the 1930s and 1940s. Unfortunately these measures did little to protect traditional societies against the devastating effects of a world market system on traditional cultures and on the natural world. Until quite recently the human presence on the planet was characterized by an incredible diversity. Indigenous people developed myriad lifestyles adapted to the limitations and possibilities of almost every part of the globe. Norgaard (1988, pp. 206-207) writes:

> The world before the industrial revolution can be envisioned as a mosaic of coevolving social and ecological systems. Within each area

of the mosaic, species were selected for characteristics according to how well they fit the evolving values, knowledge, social organization, and technologies of the local people. At the same time, each of these components of the social system was also evolving under the selective pressure of how well it fit the evolving ecological system and the other social components. Local knowledge, embedded in myths and traditions, was correct, for it had proven fit and through selective evolutionary pressure, had become consistent with the components of social and ecological systems it explained.

Brush (1986) refers to the Neolithic heritage of crop varieties and the farming techniques that sustain them as "landraces". As long as these landraces were isolated and self-contained collective rules insured both the sustainability of native environments and the egalitarian distribution of fruits these resources. With the expansion of markets to every corner of the world cultural differences are disappearing. The result is both a homogenization of attitudes and values and a backlash (frequently in the form of religious and/or ethnic fanaticism) against that homogenization.

When previously nomadic hunter-gatherers switch to agriculture and enter the market economy, usually due to the loss of traditional lands, two important changes take place. First is a rapid population increase. Second is a breakdown of communal values and an increasing individualism. In a report about the breakdown of traditional customs among the Kalahari !Kung, Yellen (1990, p. 77) writes:

> My data supported the conclusion that by the mid-1970s long-standing !Kung values, such as the emphasis on intimacy and interdependence, were no longer guiding behavior as effectively as they once did...The camp arrangement remained close and intimate until the early 1970's. Then suddenly the distance between huts increased significantly. At the same time, the circular pattern yielded to linear and other arrangements that gave families more privacy; also, in the last two camps I mapped (dating to 1981 and 1982), many of the hearths, which had been central to much social interaction, were located inside the huts instead of in front of them.

Yellen speculates that the breakdown in social order came from the influx of material goods after 1960 or so. He writes (1990, p. 79):

> Once the !Kung had ready access to wealth, they chose to acquire objects that had never before been available to them. Soon they started hoarding instead of depending on others to give them gifts, and they retreated from their past interdependence. At the same time, perhaps in part because they were ashamed of not sharing, they sought privacy.

Observations of indigenous people have noted that the introduction of even seemingly trivial material goods from the outside world--a metal axe or a box of matches--may initiate changes that vastly alter the social order and ecological balance of formerly isolated people. Among the indians of North America market goods became irresistible once they were introduced:

> The warriors and their families soon regarded the trader's goods as necessities. No longer could the warrior hunt without a gun and ammunition. He demanded, and received, the services of a blacksmith from the provinces to repair his weapons, and his womenfolk were constantly clamoring for needles, scissors, knives, and a hundred other articles carried by the traders. Once the indians had used these things they were unable to do without them (Jacob 1985, p. 33)

Georgescu-Roegen has alluded to the addiction to material possessions in market economies and has suggested that breaking this addiction is one of the most difficult tasks in the move toward a viable economy. In every corner of the world today traditional peoples are under tremendous pressure to become, in effect, economically "rational" western consumers, addicted to an ever-increasing array of market goods.

In view of the power of markets to overwhelm traditional values and concepts of sustainable use of the environment, it should come as no surprise that traditional peoples are also capable of environmental abuse.

Tisdell (1991, pp. 75-76) has reported the overharvesting of dugongs (also known as sea cows or manatees) by native people in the South Pacific. Overharvesting has resulted such factors as the motorization of canoes, increased trade in dugong meat, and the growth of population and per capita income. In spite of management by traditional people in the Maza Wildlife Management Area of Papua New Guinea, and the importance of the dugong in the religion and culture of these people, they continue to be hunted to extinction. The breakdown of social rules as native peoples enter the market economy will lead them to act like the rest of us. The market mentality, market incentives and the market value system will lead them to sacrifice environmental sustainability for immediate economic gain. Stephen Bunker, in an exhaustive study of the development of the Amazon basin, writes of the effect of the impersonality of the market on the environment (1985, p.251): "It seems plausible that human groups take much more care to conserve the environment they inhabit than do human groups which can exploit these environments from a distance..."

Dasmann (1988) and Tisdell (1991, p. 73) discuss the transformation of native peoples from "ecosystem people" to "biosphere people". Ecosystem people depend on the resources of localized ecosystems and invariably have customs and beliefs that sustain these ecosystems. Biosphere people may rely on the total natural resources of the planet. The transition to dependence on world-wide markets is almost complete. All those cultures linked to the global economy (and global consciousness) can exploit local environments far beyond the carrying capacity of their local environments (Ponting 1991). Destructive use of local environments is not only possible, it is encouraged by wealthy countries. Norgaard (1988) points out that one negative effect of the expansion of markets on the environment is that the diversity of local ecosystems may be transformed into specializing in one or two crops for trade. Brush (1986) refers to this as "genetic erosion".

Of all the environmental crises facing modern humans, perhaps the most serious of all is the loss of biodiversity (Wilson 1988). Peasants today seem to be at the forefront of assault on biodiversity. Rain forests are being burned and logged at an alarming rate. Animals are being hunted to extinction for desperately needed food and to be sold on distant markets. Uncontrolled population growth is rapidly eliminating wild habitats in Africa, Asia, and Latin America. Much of the destruction of the natural world, particularly the loss of biodiversity, is the result of the privatization of formerly common land. This aspect of the natural resource problem, termed "institutional dissonance" by Bromley (1985) is a neglected issue in resource economics. The "tragedy of the enclosure" (Martinez-Alier 1991b) and its effect on biodiversity is one of the topics of chapter 4.

4 MARKETS, PROPERTY RIGHTS, AND BIODIVERSITY

> [The naturalist] looks upon every species of animal and plant now living as the individual letters which go to make up one of the volumes of our earth's history; and, as a few lost letters may make a sentence unintelligible, so the extinction of the numerous forms of life which the progress of cultivation invariably entails will necessarily render obscure this invaluable record of the past. It is, therefore, an important object [to preserve them]...If this is not done, future ages will certainly look back upon us as a people so immersed in the pursuit of wealth as to be blind to higher considerations.
>
> Alfred Russel Wallace

One of the most well-known and widely accepted ideas in resource economics is the "tragedy of the commons" (Hardin 1968). When property rights are not assigned in open access situations there is an incentive to over-exploit renewable resources. According to standard theory, if property rights are assigned in these cases the market will act to properly balance competing uses and force the socially optimal outcome. It is not so well-known that over-exploitation can also occur when common property resources are privatized. This has been referred to as the "tragedy of the enclosure" (Martinez-Alier, 1991a, 1991b).

In the traditional terminology common property resources are those not controlled by a single source. Access to such resources is on a first-come first-served basis (Gordon 1954, Scott 1955, Tietenberg 1992, p.54). A more accurate terminology is to call these resources "open access" and to reserve the term "common property" to resources owned by an identifiable group (Aguilera 1991, Berkes 1989, Ciriacy-Wantrup and Bishop 1975, Pearce and Turner 1990, p. 76). Open access resources are owned by nobody and common property resources belong to the community (Tisdell 1991, p. 108). It is easy to demonstrate that open access resources are allocated according to the value of their average product rather than the value of their marginal product, leading to a deadweight social loss (Tietenberg 1992, p. 55; Tisdell 1991, p. 111). In these cases the resource is more likely to be conserved if it is privatized. In the case of common property resources, however, there typically exist mechanisms to ensure the long-run sustainability of these resources. When these resources are privatized, communal rules protecting them are swept aside and the result is likely to be over-exploitation. Formerly communal property has been replaced by a dichotomy of private property and open access, both of which pose problems for long-term husbandry. In many, if not most, of the cases of biodiversity loss and species extinction the culprit has been privatization of formally common property resources (Mayhew 1985).

Common Property and the Tragedy of the Enclosure

Common property refers to a group of users who share the rights to a resource (Ciriacy-Wantrup and Bishop 1975, Swaney 1990). Unlike the relatively rare open-access case, common property resources have a variety of rules and restrictions governing their use. These restrictions may be in the form of explicit agreements or they may be embedded in cultural or religious customs (Runge 1981, Wade 1987). As discussed in chapter three the cultural context of economic decisions is ignored by standard economic theory. The widely held assumption that there is a linear continuum between private ownership at one extreme and no ownership at the other is erroneous. Traditional economic theory frames the resource debate in such a way as to make "private property" the only logical alternative in resource conservation. Swaney (1990, p. 452) writes:

> Private property is defined by an "efficient property rights structure," consisting of universality, exclusivity, transferability, and enforceability--all the precisely defined and specified conditions necessary to rule out the possibility of any type of market failure...The farther from efficient property rights, the closer to open access. The question then becomes, "how can the current system of rights be altered so as to move away from the monstrosities of open access and toward the charm of efficient private property?" Framing the problem in this way causes institutional alternatives to private property to be overlooked.

The failure to adequately consider common property as a legitimate mechanism for resource conservation has led a number of economists to incorrectly diagnose cases of "tragedy of enclosure" as "tragedy of open-access". Two frequently mentioned cases are the Canadian fur trade and the overhunting of bison.

Demsetz (1967) interprets overhunting and the resulting decimation of many fur-bearing animals in eastern Canada after the advent of the fur trade as being due to a lack of property rights. In fact it was the sweeping aside of traditional customs and beliefs by the penetration of market goods and the privatization of these resources that led to over-exploitation (Swaney 1990). Demsetz' (1967, p. 351) statement that before the fur trade "Hunting could be practiced freely and was carried on without assessing its impact on other hunters" is patently false. Native Americans lived for thousands of years before the coming of Europeans without the decimation of game that occurred after fur trading began. The various customs and religious beliefs that insured sustainability of harvests has been well-documented (Martin 1978). It was the break-down of the common property regulations that led to overharvesting.

McManus (1972) notes the existence of a "good Samaritan" constraint among indians involved in the fur trade. Each member of the band had the right to consume the goods of another when in need. McManus (1972, p. 52) writes:

> The institutional characteristics of the Montagnais and Naskapi bands can be analyzed as an equilibrium set of behavioral constraints which serve to most efficiently coordinate the actions of the members of a small society in an environmental in which the risk of starvation is relatively high.

Even when hunting for the fur trade became widespread, tribes and bands made a distinction in the enforcement of established rights between hunting for need and hunting for sale. The Good Samaritan rule had the effect of leveling wealth and reducing the need to accumulate wealth because of economic insecurity. McManus (1972, p. 52) believes that the rule:

> ...provides a reduction of the risks facing individual members of the band at a lower cost of enforcement than would be associated with alternative forms of insurance. It is hard to imagine an actuarially sound means of reducing the variance of the incomes of these Indians that could be provided through the market.

It is well-known that native peoples have a variety of mechanisms to ensure against over-exploitation of a particular resource. These include religious restrictions, the use of a wide variety of plant and animal resources, and patterns of hunting conducive to species conservation. Among the eastern Algonquians, according to Martin (1978, p. 18), the greatest deterrent to overhunting was the fear of reprisal from the Spirit World. As discussed in chapter three, a widely observed phenomenon among traditional peoples is the underuse of resources, compared to the ecological potential. Studies of hunter-gatherers and shifting agriculturalists show that the level of human activity is much lower than could be theoretically supported (Sahlins 1972, chapter 2). Seemingly sparse populations may reflect poorly understood patterns of adaptation to decade or even centuries-long fluctuations in carrying capacity.

Demsetz (1968, p. 355) asserts that "With communal rights there is no broker, and the claims of the present generation will be given an economically large weight in determining the intensity with which the land is worked ". In fact the opposite is true, individual decisions made at a particular point in time are based on discounting the future to a much greater extent than in the case of collective decisions regulated by centuries of customs.

Tietenberg (1992, pp. 54-55) in a widely used environmental economics textbook points to the near extinction of the American bison as an example of the overhunting that inevitably occurs when private property rights are not present. A favorite example of those who wish to debunk the "myth" of the noble savage as conservationist is the archaeological evidence that native America hunter-gathers drove large numbers of bison off cliffs. There is no evidence that this practice in any way threatened the well-being of bison herds (Martin 1978). At the time of the arrival of Europeans bison herds between the Mississippi river and the Rocky mountains numbered around 40 million. In the second half of the 19th century hunting by whites drove the number of bison to about 500 individuals. This extinction resulted from newly created demands from far-away markets combined with a reckless disregard for the natural world.

Private property and markets have led to the extinction or near extinction of many species of fur bearing animals. Oil wealth in the Middle East has led to the near extinction of rhinos because their horns are used to make knife handles which are highly prized in Yemen. Chimpanzees are being hunted to extinction because the increase in demand for these animals for AIDS research. Tigers have been driven to almost certain extinction in the wild because of the demand for Tiger parts in Taiwan and China. A similar fate may await the mammals of Siberia now that the market economy has penetrated the former Soviet Union.

Maximum Sustainable Yield

Neoclassical economists make policy recommendations based almost solely on abstract general equilibrium models. Schlager and Ostrom (p. 260) write:

> No real-world institution can win in a contest against idealized institutions. The valid question is how various types of institutional arrangements perform when confronted with similarly difficult environments.

A favorite exercise of resource economists is calculating maximum sustainable yield (MSY). The idea is that a biological resource, such as a species of fish, increases at a predictable rate based on the ratio of the existing population to its potential maximum population. This may be

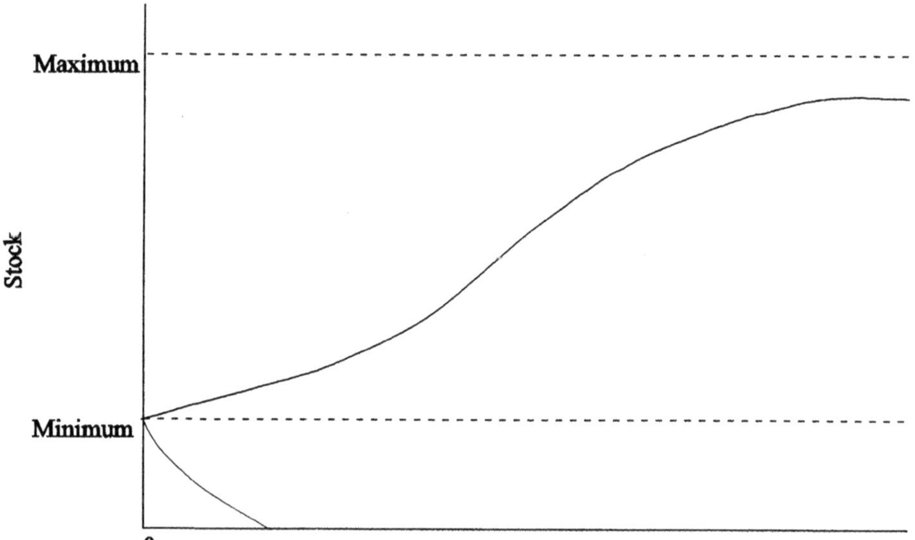

Figure 4.1 Logistic growth curve for a biological resource

described by a logistic growth curve as shown in figure 4.1 (see Pearce and Turner 1990, p. 242. The stock of fish grows rapidly at low stock levels then slows down to asymptotically approach the population maximum. At one point on the curve (the inflection point) is the maximum sustainable yield, that is, the maximum rate at which the species may be harvested without reducing the population. Of course, the maximum sustainable yield is not necessarily the rate of harvest that maximizes profit. For decades the concept of MSY was used to guide fisheries management. Ludwig, Hilborn, and Walters (1993) argue that the use of MSY was mistaken for two broad reasons, (1) it is scientifically impossible to accurately calculate sustainable yields, and (2) it is politically impossible to control fishing effort. They write:

> It is more appropriate to think of resources as managing humans than the converse: the larger and the more immediate prospects for gain, the greater the political power that is used to facilitate unlimited exploitation.

Biological Resources in the Market Economy

When the market system penetrates into new areas the results can be devastating for local biological resources. A private market economy will overharvest these resources because of market failure (which is recognized by standard theory), but also because the characteristics of these resources tend to make the individualistic decisions of the market particularly inappropriate (Daly 1991a).

Market failure occurs when market prices fail to reflect the true social value of goods. In the case of biological resources market failure is pervasive. Critical assumptions of the model of perfect competition, particularly the assumption of perfect information, are inappropriate (Bishop 1978). In all but a few cases we simply do not have scientific knowledge about biological resources and we do not know how important they are. According to Lovejoy (Lewin 1986a, p. 149) perhaps as few as one in twenty species in the tropics are known to science. How can market decisions about tropical forests be rational or optimal with this degree of ignorance? In many areas the rate of extinction is proceeding so fast that by the time an economic use for a species is found in the laboratory, its habitat may already be destroyed (Booth 1987).

Even of those species identified, little or nothing is known about their characteristics and interactions with other species in the ecosystem (Oldfield 1989). Wilson (1992, p.132) writes:

> Certain numbers are crucial to our ordinary understanding of the universe. What is the mean diameter of the earth? It is 12,742 kilometers (7,913 miles). How many stars are there in the Milky Way, an ordinary spiral galaxy? Approximately 10^{11}, 100 billion. What is the mass of an electron? It is 9.1×10^{-28} grams. And how many species of organisms are there on earth? We don't know not even to the nearest order of magnitude. The number could be close to 10 million or as high as 100 million.

With an almost total lack of information there is no way the market (or even contingent markets) can place meaningful prices on these resources. The most critical aspects of biological diversity have no prices at all. Characteristics such as genetic variability are not even "free" goods, they are not goods at all since the players in the market are completely unaware of their existence. The immediate private benefits of destroying habitats and species are obvious but the true social costs are unknown. In fact the real value of preserving many natural habitats will never be known because they are being destroyed before even rudimentary information about them can be collected.

All over the world local biospheres are being irreparably damaged for a monetary gain which is a fraction of the value of these resources. According to Gordon and Suzuki (1990, p. 155) if the current pace of timber cutting continues, Asian forests will be stripped of wood by the year 2005. The primary use of these tropical rain forests is for paper and plywood production, uses which could easily be met through careful management of existing timber lands. In cases such as this the social marginal costs of harvesting these resources are much higher than the private costs. Costs to society of harvesting rain forests, including unknown and possibly unknowable effects on climate, losses of option values for new medicines, recreational uses in the future are not paid by the private users of these resources. Figure 4.2 shows a situation in which private harvesting takes place but would not take place if the social costs were considered (Tisdell 1991, p. 95). As figure 4.2 illustrates, when the

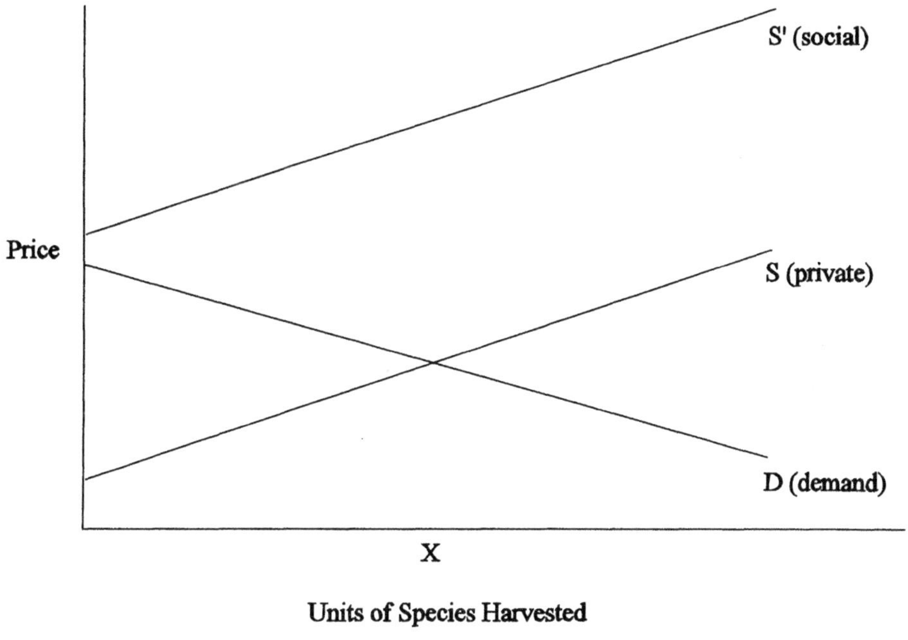

Figure 4.2. Private versus social cost of harvesting a biological resource

harvesting decision is left to the private market, x units of this species would be harvested. If the true social costs of taking the species were considered, none of the species would be harvested. The difference between the social and private cost of harvesting this species is shown by the shaded area. Within the standard economic framework a divergence between private and social costs is the rationale for government intervention to protect environmental goods such as biodiversity. When the true social costs are taken into account, the externality has been "internalized", market prices reflect true costs to society, and private market forces will once again lead to Pareto optimality. If the true costs of using biological resources were taken into account it is undoubtedly true that their destruction would proceed at a slower pace. However, due to the existence of pure time preference, even when it is possible to correctly incorporate social costs, private market forces will lead to their overexploitation. Market decisions are made by individuals at a point in time, and individuals would logically rather have something today than at some point in the future. The existence of a positive discount rate is incompatible with environmental sustainability even when social costs are internalized. The incompatibility between discounting the future and long-term environmental sustainability has been recognized by a growing number of economists (Clark 1973, Daly 1977, Georgescu-Roegen 1971, Hueting 1991b, Norgaard and Howarth 1991, Page 1991, Pearce and Turner 1990, Tietenberg 1992). "Rational" decisions involving resource use made by individuals with finite lifespans at a particular point in time may be totally irrational for the human species. This is why Georgescu-Roegen admonishes us to "love thy species as thyself". Private market decisions offer no rationale for determining social responsibility to future generations. Hueting (1991b, p. 56) writes:

> The NPV (net present value) formula is meaningless for environmental measures when long-term effects are involved. Making wrong use of it gives the decisions the aura of objectivity, whereas in fact completely subjective figures are entered whose correctness cannot be proved. Exceptions are those cases in which the preferences for the environmental functions involved can be fully derived from (market) behavior. Long-term environmental costs and benefits are, from an economic point of view, completely different from costs and benefits of commercial investments.

A common textbook example of discounting is the decision to harvest a tree growing at a given rate, say 6 percent per year. If the interest rate is higher than 6 percent the tree should be harvested and the money from selling it invested to receive a higher rate of return. In fact if the long-term interest rate ever rises above 6 percent, for whatever reason, the tree should be cut down and the money invested. The irreversibility of the decision is not considered. The implication of this is dire for third world ecosystems where current biodiversity is most threatened. Political and/or economic crises which are likely to drive up real interest rates are more common in these countries, and discount rates for individuals (especially the pure time preference component) are likely to be higher (Tisdell 1991).

The logical and ethical problems with discounting can be seen clearly in the various attempts to discount human lives (see the discussion in Daly and Cobb 1989, pp. 153-154). Several attempts have been made to convert future fatalities into their present equivalent by discounting. Cropper and Portney (1992) did a survey of public attitudes and discovered the following:

> One of the striking revelations of the survey was how present oriented the respondents were. When faced with a choice between saving 100 lives today and 4,000 lives in 25 years, 38 percent of the respondents chose to save 100 lives today...When faced with a choice between saving 100 lives today and 7,000 lives in 100 years, 47 percent of the respondents chose to save 100 lives today.

If in this case discounting is truly a measure of how much we value the lives of future generations in relation to those of our own generation the answer seems to be "not very much".

In addition to the net present value criterion, there are other aspects of the standard market approach that limit its use in policy decisions involving biological resources. Among the implicit assumptions of market-based economic theory are reversibility, the non-uniqueness of economic phenomena, and the absence of feedback and synergistic processes (Gowdy 1985, 1992). Neoclassical theory is based on the mathematical model of classical physics which was formulated to explain the movements of the stars and planets. It is possible to describe the solar system fairly accurately, and to make accurate predictions about the future positions of heavenly bodies, with only a few variables. Interactions between the planets are relatively simple and they may be reduced to non-unique characteristics like mass and distance. These assumptions are particularly inappropriate when applied to biological phenomena where context (ecosystems) and irreversibility (extinction) are critical. The world-view of economists tends to assume a near-to-equilibrium situation where the appropriate focus is on marginal decisions. Questions of the scale of the economy in relation to the biosphere are ignored (Daly 1991, Olsen and Gowdy 1992b). To formulate policies to protect biodiversity it is critical to supplement standard economic calculations by approaches which include interconnections, irreversibility, and context.

Species Diversity and Habitats

The greatest single cause of the loss of biodiversity is habitat destruction. Market decisions about individual commodities fail to take into account the environmental context of individual species and the interconnections between them. The importance of coevolution implies that if we wish to assess the value of a single species we should take into account the value of all the species dependent on it (Norton 1987). It also implies that ecosystems are the proper unit to consider in conservation programs, including conservation programs designed to protect individual species. The natural world is characterized as much by cooperation and interdependence as by individualistic competition. Harvesting one species affects many others.

There are many examples in the biological literature of "keystone" species, that is, single species whose removal from an ecosystem may lead to the extinction of others. A widely reported experiment involved removing starfish from a tidal ecosystem (Paine 1966). When this was done not only prey but other predators disappeared from the ecosystem.

Predators seem to be particularly important to local ecosystems. According to Paine (1966, pp. 65-70):

> Local species diversity is directly related to the efficiency with which predators prevent the monopolization of the major environmental requisites by one species...in the absence of a complicating factor (predation), there is a "winner" in the competition for space, and the local system tends toward simplicity. Predation by this interpretation interrupts the successional process and, on a local basis, tends to increase local diversity.

Another example of a keystone species is the Florida alligator. During the early 1970s alligator populations dipped sharply, and biologists found that populations of other species also declined sharply. During dry periods many species depend on alligator wallows for water (Norton 1987, p. 70). African elephants perform a similar function. Terborgh (1986) notes that the loss of palm and fig trees in the Amazon basin would result in the collapse of frugivores (fruit eaters) which, in turn, would result in the demise of a number of plant species which depend on these animals for seed dispersal. Perhaps the most dramatic example of a keystone species is the sea otter (Wilson 1992, p. 164). The animal was almost hunted to extinction on the western U.S. coast in the 19th century. In areas where sea otters no longer existed the undersea environment was devastated. Sea otters feed on sea urchins. When the otters disappeared the urchins multiplied dramatically, destroying the kelp forests and all the creatures that depended on them.

The interconnections between species magnifies the uncertainty factor in judging the value of biological resources. Predicting the total effects of the extinction of a particular species depends on detailed information about the entire ecosystem to which that species belongs. Such information is almost never available. Again, according to Wilson (1985, 1992) and others we do not even know the number of species on Earth even to the nearest order of magnitude. We have rudimentary information about only a few of these and almost none about their connections with other species.

Figure 4.3 illustrates a case where the population of one species depends upon the population of another. If the population of species Y is harvested past point H" it results in the extinction of species X (Tisdell 1979). For example, in the nineteenth century in the state of Vermont over-harvesting of beavers led to the disappearance of moose. Moose are

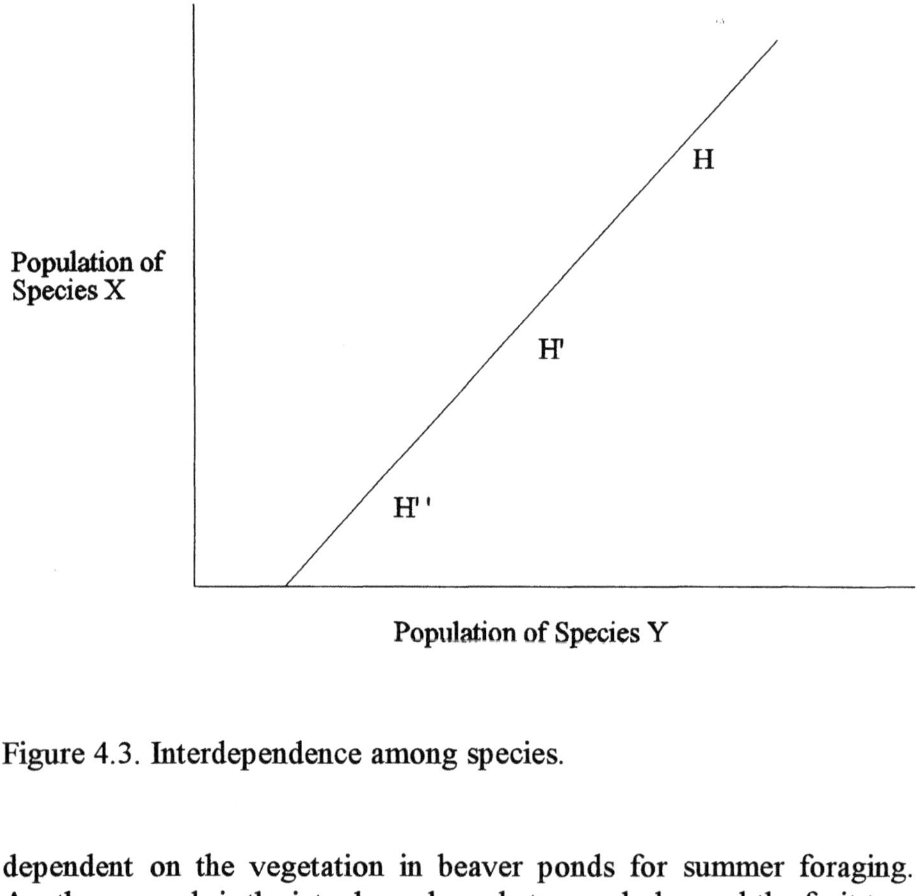

Figure 4.3. Interdependence among species.

dependent on the vegetation in beaver ponds for summer foraging. Another example is the interdependence between dodos and the fruit tree Calvaria major (Temple 1977, Robinson 1988) on the Mascarene Islands. Dodos became extinct in the 1800s due to hunting and the destruction of their eggs by pigs. Since the Calvaria tree depended on the dodo's digestive system for dispersal of its seeds these trees are now almost extinct.

Diversity Within Species

The most pervasive threat to genetic resources is not outright species extinction but the loss of within-species genetic diversity (Ledig 1988, p. 6). Examples abound of the importance of genetic diversity within species and the economic consequences of such loss. The Guadalupe Island pine is a subspecies of Monterey pine found on an island off the coast of Baja California. In 1978 there were 368 of these pines, in 1988 there were only 45 and these were endangered by feral goats. This subspecies is resistant to western gall rust, a major threat to commercial Monterey pine forests (Ledig 1988, p. 7). The loss of this subspecies will mean the loss of genetic material with vast potential as a backstop resource.

Another example of the value of genetic diversity is the case of modern corn, a very versatile crop growing from Mexico to Alaska. Corn is vulnerable to disease and pests because of its genetic homogeneity. In 1970 a leaf fungus destroyed about 15 percent of the corn crop worth an estimated $2 billion (Myers 1983, p. 17). The blight was halted by introducing a blight resistant germ plasm that originated in a wild strain in Mexico. An epidemic of stripe wheat rust in the northwest U.S. in the 1960s was contained by using a wild wheat variety from Turkey (Brown and Goldstein 1984, p. 303). A key element in the protecting modern crops is the availability of the gene pool of wild species. The "genetic erosion" (Brush 1986) accompanying the green revolution means that modern agriculture rests on an increasingly limited genetic base.

Economic use may completely alter the phenotype as well as the genotype of a species, sometimes with severe economic consequences. According to Styles (1972) the over-exploitation of Mahogany in the Caribbean by the selective harvesting of larger well-formed trees has reduced the species to an uneconomical scrub. There is evidence that commercial fishing has greatly reduced the average size of several kinds of fish. One study found that the average size of chinook salmon declined by more than 50 percent in 60 years and the average age of maturity declined by about two years (Gruson 1992, p. C4). Valuable genetic resources may be lost even when the "species" is not threatened.

This brings up the larger issue of the role of evolution and genetic variability. As Erwin (1991, p. 750) points out, conservation strategies have been anthropocentric from their inception in the Middle Ages. Conservation policies are based on the timescale of individual humans (Soulé 1991). At present a little over 3 percent of the earth's landmass is protected natural area. This 3 percent is broken up into over 4500 fragmented, island-like areas (Erwin 1991, p. 750). Until quite recently the earth consisted of vast continental habitats. Small habitats may not be conducive to the kinds of large scale evolutionary changes that actually insure ecosystem stability (Lewin 1986b).

The smaller the area a species lives in or the smaller the number of species the greater the chances of extinction. One reason for this is the "gambler's ruin" problem (Raup 1991, p. 45). Suppose you are a gambler betting of a game with an even chance of winning, for example flipping a fair coin and winning with "heads". Suppose you have a fixed amount of money, say $10, and your bet is $1 on each coin flip. Once you lose all your money (called the absorbing boundary) the game is over. Two results of this problem are relevant. First, eventual loss of all the initial money is inevitable and secondly the larger the initial amount of money the longer the game will last (on average). Raup (1991) has applied this model to species extinction by considering the growth of numbers of a species to be a random walk. Reductions in the number of species and/or a restriction of geographical distribution will increase the likelihood of extinction. The number of individuals within many species have been drastically reduced by human activity. This represents a loss of genetic material which limits evolutionary flexibility and makes these species much more susceptible to extinction by human activity, natural predation, or natural disasters.

Genetic Variability and Extinction

A great danger is that when a species is drastically reduced in numbers it is likely to exhibit paucity of genetic variability. An example is the cheetah, one of 37 members of the cat family, all of which (except the domestic cat) are threatened or endangered. The cheetah is the single surviving member of the genus Acinonyx. The consequences of low genetic variability are (1) great difficulties in breeding cheetahs in captivity, (2) a high degree of juvenile mortality, and (3) a high frequency of spermal abnormalities (O'Brien et al. 1985, p. 1429). Because of genetic uniformity in cheetahs the future of this species appears to be bleak. O'Brien et al. (1985, p. 1434) write: "The catastrophic sensitivity of this genetically uniform species does provide a graphic natural example of the protection afforded to biological species by genetic variability,".

A severe reduction in numbers, however, does not necessarily mean a loss of genetic variability. After the eradication of malaria in the Ganges River plain in the 1950s the Indian rhinoceros was pushed to near extinction by farmers and poachers (Baskin 1991). By 1962 fewer than 80 Indian rhinos were left. Population geneticists assumed that these remaining animals would exhibit a very low genetic variability and would thus be doubly threatened. Fortunately, when the genetic variability was measured it approached to highest levels every recorded for free-ranging mammals. The difference between genetic variability between cheetahs and Indian rhinos is partly due to differences in the past history of each species. It is possible that cheetahs suffered two evolutionary bottlenecks, one recently and one in the late Pleistocene (O'Brien et al. 1983). Each bottleneck had the effect of reducing genetic variability. In the case of the Indian rhino the recent reduction in numbers took place in a much different manner. First of all, perhaps because of the large range of individual animals, the original population was characterized by a high degree of genetic variability. Secondly, it is believed that as the rhino's range was reduced, animals migrated down river valleys and were compressed into a genetically "representative" population.

Genetic paucity in isolated populations seems to be common. For example, genetic diversity in isolated populations of the Sonoran topminnow in Arizona was low compared to populations in Mexico near the center of the species range (Vrijenhoek, Douglas, and Meffe 1985). If the choice came down to protecting the Arizona or Mexican populations of this fish, information about genetic variability would be critical.

Species and Subspecies: Taxonomy as Destiny

In a growing number of cases genetic variability is being lost because of the failure of policy makers to recognize genetic differences in animal populations. The problem is illustrated in figure 4.4, showing a schematic classification for five imaginary species A, B, C, D and E. May (1990, p. 129) uses this diagram to raise some interesting questions about how we place relative values on different creatures.

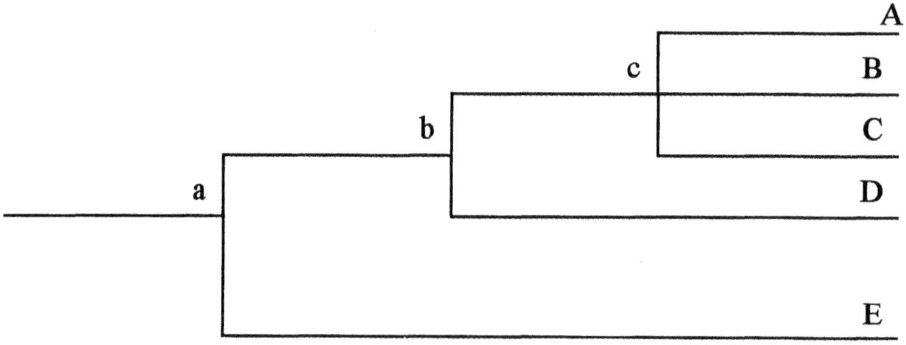

Fig. 4.4. A classification tree for 5 imaginary species

At one extreme we might say that all species are equally worthy of protection, an appealing sentiment to many of us but one that gives no guidance in making the inevitable choices we face. Another idea proposed by Vane-Wright et al. (1991) is to construct a hierarchical tree for each group of species and give equal weight to "sister groups". Sister groups are those having a common node in the hierarchy tree. In figure 4.4, for example, species A, B, and C share the node c, species A,B,C, and D share the node b, and all five species share the node a (May 1990, p. 129). So protecting a single species such as E would be given equal weight to protecting all four species A, B, C, and D. Clearly this is also an extreme suggestion since protecting a single representative of a genera might take precedence over saving thousands of other species. The scheme does point out the importance of salvaging as much information content as possible when protecting species. Mares (1992, p. 977) illustrates this point with a simple example:

> Assume that one could save only four of ten species scheduled for extinction. What would be the most effective conservation strategy to employ in choosing which to preserve? Suppose that all ten species were mammals--four rodents, two rabbits, two monkeys, and two bats. Other things being equal, most biologists would choose one species within each higher taxonomic category...The variety of genetic information stored in species representing four different orders of mammals (rodent, rabbit, monkey, bat) is greater than contained in four species from a single order (that is, four rodent). Closely related species may share 95% or more of their DNA sequences, implying a great similarity in overall genetic information...By deciding to preserve distantly related taxa, we ensure that genetic diversity, not merely species number, is maximized.

Within-species diversity is also an important consideration in such a scheme. The cheetah, for example, is the only living representative of the genus Acinonyx and would receive a very high ranking under Vane-Wright's scheme. The problem, as we saw above, is that the cheetah's chance of survival is greatly diminished due to its genetic uniformity.

Some conservation organizations such as the World Conservation Strategy have suggested schemes for protecting endangered species based on whether a single species, a genus or a family is at risk (Tisdell 1990a). Such attempts to set criteria for preserving species based on ranking schemes depends on genetic analysis. Genetic information is essential but it can also be used to deter species preservation. An example is the case of the Florida panther (O'Brien and Mayr 1991, Fergus 1991). This subspecies is a remnant group of mountain lions that ranged throughout the southern United States until the twentieth century. The remaining panthers (fewer than 50 individuals) show signs of physical impairment due to genetic paucity (Fergus 1991). Mitochondrial DNA (mtDNA) analysis has shown that some of these animals contain genetic material from another subspecies of panther living in South America. This is probably due to the release into the wild of 7 captive animals in the late 1950s and 1960s. Ordinarily this introduction of more genetic diversity would be advantageous to the species. Unfortunately, under the so-called Hybrid Policy, established by the Department of the Interior, hybrids of endangered species or subspecies are not protected under the Endangered Species Act. The current status of the Florida panther as an endangered species is under attack by farmers and real estate developers on these grounds. Similarly the status of the red wolf and gray wolf as endangered species has been challenged (by Farm Bureaus in western states) since mtDNA analysis of both species has indicated the presence of coyote mtDNA. A strict interpretation of the Hybrid Policy would remove both of these wolves from the endangered species list. In view of the potential of cross-breeding to improve the viability of species, and the bureaucratic mischief caused by its strict interpretation, O'Brien and Mayr (1991, p. 1188) recommend that the Hybrid Policy be dropped for sub-species and threatened populations.

Information from mtDNA analysis is proving to be invaluable in formulating strategies to protect endangered species. The European brown bear population in the Pyrenees consists of only 9-13 individuals. Genetic information about these animals was obtained from hair samples collected in the field from wire netting nailed to a tree where bears occasionally scratch. These samples, collected without stressing the existing bear population, can provide information about the degree of inbreeding, family relationships, and the reproductive success of bears introduced from other populations (Taberlet and Bouvet 1992).

The rule of preserving genetic diversity in schemes to protect species also has implications for the current emphasis on protecting rain forests as centers of biodiversity. Mares (1992), in a study of macrohabitats in South America found that the non-tropical areas of the continent actually exhibited more biodiversity in terms of the number of endemic species and in terms of mtDNA divergence between species. Rain forests have many more species but fewer nodes as represented in figure 4.4. Mares (1992, p. 979) points out that the need to preserve habitats such as grassland, deserts, and scrublands is great since these areas are more accessible than rain forests and are more likely to be threatened.

Sustainability as a Binding Criteria

It is generally recognized that an unbridled market economy is incompatible with environmental sustainability. The focus on trade-offs, discounting the future, and the marginal nature of decision-making in the context of markets, all work to preclude decisions which take into account interconnections and dynamic processes. Because of this, a growing number of economists are calling for a sustainability criterion which would override traditional economic considerations (Bishop 1978, Pearce and Turner 1991). However, in spite of heroic efforts to define "sustainability", the term remains a source of confusion (Tisdell 1991). One source of this confusion is the failure to distinguish between inputs and outputs into the economic process. Figure 4.5 shows the economy within the environment with productive natural resources going in, and waste and pollution coming out (Georgescu-Roegen 1971, Daly 1977).

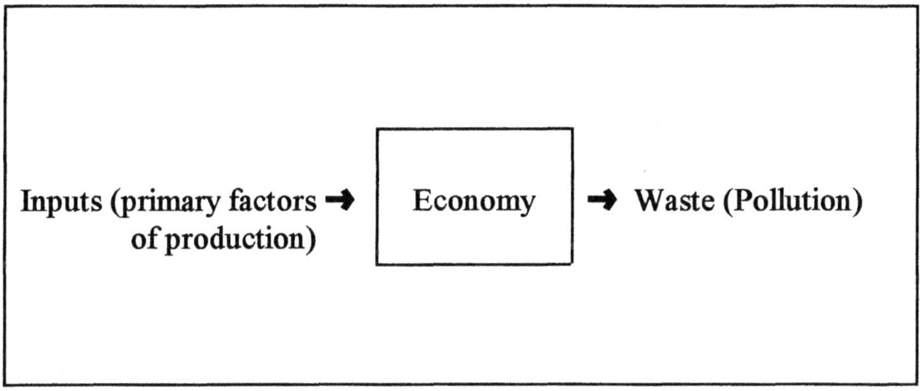

Figure 4.5. Economy-environment interactions.

Inputs, including primary metals, energy, and Ricardian land, are the raw materials used to produce all economic goods and services.

Although their prices do not reflect the true social costs of their use, as they become scarce their prices rise calling forth substitutes and promoting conservation. Technological optimists tend to focus on the sustainability of inputs through substitution and ignore the effects of the inevitable stream of waste leaving the economy. The waste stream and its effects such as pollution, loss of habitat, and loss of biodiversity, are for the most part unpriced. The value of biological resources degraded by the waste stream is not taken into account by the market, and so such resources are not conserved as they become scarce. To insure the preservation of biodiversity we must step outside the framework of standard economics.

For the reasons discussed above, species interconnections, the importance of genetic variability, and the preservation of evolutionary options, the sustainability of biodiversity depends on preserving large natural areas (Caldwell 1970). Biodiversity has, over eons, forged the human species. Biodiversity is a complex, poorly understood system, not a grocery list of plants and animals. Our continued success as a species depends on keeping ecosystems intact in the sense of preserve existing systems and maintaining the options for their evolutionary change (Lewin 1986b). Gee (1992, p. 639) writes:

> Biodiverse interactions over billions of years have ensured that we have an atmosphere to breathe, a soil to till and fresh water to drink (and that we ourselves are adapted to the use of these materials, not to others in existence). The integrity of this system as a whole transcend the extinction of particular species, even if some species may be more important than others for the coherence of the overall fabric.

Promising efforts are underway which recognize the importance of preserving the integrity of large areas, including the World Conservation Strategy and UNESCO's Man and the Biosphere program (Oldfield 1989, Tisdell 1991). Dozens of large scale efforts are underway to catalog the economic and life support functions of the natural world (de Groot 1992). However, decisions concerning the creation of bioreserves should not be thrown on "slick terrain of economics" (Ehrenfeld 1988). Economic values and incentives have a major role to play in conservation efforts (Hanemann 1988, McNeely 1988), but it should be recognized that the long-term preservation of biodiversity is incompatible with private market decisions (Geist 1994).

The most ambitious plan yet to restore some of the lost biodiversity to the North American continent is the Wildlands Project (Foreman, Davis, Johns, Noss, and Soulé 1992). The Wildlands Project begins with the premise that existing ecosystems in North America are severely degraded and must be restored if we are truly serious about ecological sustainability. The hope for preserving existing species before they become extinct is in reconstructing large wilderness areas protected by buffer areas where human impact is minimal. These wilderness areas should be connected by corridors which will insure that some migration of species takes place between the core areas thereby insuring genetic diversity.

The vision of the Wildlands Project is that over the next two hundred years about twenty-five percent of the land area of North America will be returned to wilderness and another twenty-five percent severely restricted in terms of human use. The goal of the project for the entire North American continent is "nothing less than a transformation of America from a place where 4.7 % of the land is wilderness to an archipelago of human-inhabited islands surrounded by natural areas" (Mann and Plummer 1993, p. 1868). The plan builds on existing national parks, national forests, and designated wilderness areas such as the greater Yellowstone ecosystem and Big Bend National Park and its surrounding public and private preserves.

The basic premise of the Wildlands project, based on scientific analysis of the environmental needs of large species, is that there is an incompatibility between human activity and wilderness. The U.S. Fish and Wildlife Service, for example, estimates that each grizzly bear needs about 76 square kilometers of roadless land. According to the population geneticist Fred Allendorf (quoted in Mann and Plummer 1993, p. 1971):

> If we want to save animals like grizzly bears, we really do have to put aside the large chunks of land they [the Wilderness Project] are talking about. And in not doing so, as we are now, we're making the de facto choice to let them go extinct, perhaps very quickly. I don't know about the project's political feasibility, but at least it will help force people to make a conscious choice about what we are going to let survive.

Policies to prevent biodiversity loss, if they are to be meaningful, must go beyond marginal changes within the existing socio-political framework. If we are to halt the sixth extinction science is telling us that we must reverse present settlement patterns are reestablish very large wilderness areas. A business-as-usual approach will not achieve the goal of stabilizing biodiversity loss.

Conclusion

The conventional view is that environmental disruption and the decline in biodiversity is due to the absence of property rights. The remedy according to the standard view is an expansion of private markets as opposed to more social control of them. It is argued above that it was the appearance of the market economy as the basis of social organization that not only disrupted social patterns that traditionally emphasized social equity, but also destroyed environmental sustainability. In numerous cases environmentally sustainable traditional common property arrangements were abolished by a system of private property rights which inevitably led to over-exploitation. How long the current market system lasts and how far it expands geographically and socially will determine the long-term survival of our species.

There are three broad scenarios regarding the long-term fate of biosphere at the hands of humans: (1) Business as usual where economy keeps expanding and eliminating all non-economically useful species. In the end every plant and animal must justify its existence based on its present discounted value to humans. (2) The "come to our senses" scenario where humans collectively realize their moral obligation and ultimate dependence on the rest of the biosphere. (3) Modern civilization will eventually collapse and humans will return to a more or less environmentally sustainable hunter-gatherer state. In the first scenario biodiversity will be largely destroyed. Even in this case, however, since humans place value on biodiversity it is in the economic interest of humans to extend the time-path to extinction as much as possible. In scenario two the more of the natural world left when we "come to our senses", the better. If we are once again dependent upon hunting and gathering for our survival, the more variety of life at our disposal the greater the chance of human survival. No matter the ultimate fate of civilization we should conserve as much biodiversity as possible.

The loss of biodiversity is, according to most ecologists, the most important of many serious environmental threats. The ozone layer may eventually repair itself if chemical pollution is halted, the greenhouse effect may reverse if fossil fuel consumption and the generation of methane from agriculture declines. Once species are lost, however, they are gone forever. The fewer species there are, the fewer building plans there are for future evolutionary pathways. We need to use every tool at our disposal to protect what remains of the genetic complexity of the biosphere. Conservation of large ecosystems is a uniquely America concept and gift to the world. We should continue to set an example in the case of biodiversity, not only insuring the protection of bioreserves in the U.S. but also worldwide. Together with the recognition that our economic future lies with the global economy, we should recognize that our future as a viable species depends on the global environment.

There have been endless attempts to define what is "natural". The Gaia hypothesis that the earth's lithosphere, biosphere, and atmosphere is a unified cybernetic system has been used both by the advocates of unlimited growth and by deep ecologists. There are those who argue that, since humans are a part of nature, anything we do is natural so any effect we have on the planet will be absorbed. Others argue that human activity is so overwhelming the rest of the planet that life itself is threatened with extinction. Looking at the history of the earth it appears that neither position is tenable. Since life appeared on the planet some 3.5 billion years ago, there have been numerous episodes of abrupt mass extinctions, some of them eliminating 90 percent of existing species. After these mass die-offs life bounced back quite nicely after a few tens of millions of years. Even if humans eventually make the planet uninhabitable for our species, even if we wipe out a large portion of our fellow creatures, "higher" lifeforms will undoubtedly evolve to fill in the available niches after we are gone. The problem of the proper place of humans on the planet is not really one of finding the "natural" balance. There are myriad balances between humans and the rest of the world. There are an infinite variety of "sustainable" choices as to how much biodiversity we can have. We can say, however, that the more of the natural world we destroy, the more limited will be our choices in the future.

The biodiversity question is really one of ethics, utility, and choice. If we allow the present growthmania to continue unchecked we will end up with a world where every plant and animal will have to justify its existence on the basis of it present discounted value. This will be a world where not only is nothing wild, but where the survival of every species is determined by market forces. Humans do have the ability to choose, even if this ability is limited. Not only are we unique among species in the sudden global adverse impact we have had on the planet, we are the only species to be consciously aware of the long-run consequences of our actions. In this lies the hope for change.

5 EVOLUTIONARY THEORY AND ECONOMIC THEORY

For all their use of the term 'dynamic,' neither Mr. [J.B.] Clark nor any of his associates in this line of research have yet contributed anything at all appreciable to a theory of genesis, growth sequence, change, process, or the like in economic life.

Thorstein Veblen

The earlier chapters addressed the importance of viewing the human economy as a subset of larger environmental processes. The economy depends on those processes for its continued existence and in turn directly helps to shape the characteristics of that larger system. Throughout human history the economy and the environment have been bound together in a coevolving system. In simpler societies it is easy to see the relationship between ecosystems and socio-economic systems. When humans depended directly on daily flows from the environment they had, by necessity, rules which ensured that the subsistence base remained intact. In modern market economies with roundabout production and layer upon layer of social stratification it is much harder to see the role of the environment in perpetuating the economic system. Just as recent advances in our knowledge of human evolutionary history can help us understand current environmental crises, so can modern evolutionary theory help us understand the workings of modern economic systems. The discovery of processes such as punctuated equilibrium, coevolution, and self-organization has led to a new understanding of how complex systems work. From this new understanding we can gain insights which can help us address the conflict between the environment and the industrial economy and to find the path to a sustainable relationship between humans and the rest of the natural world.

Economics and Evolutionary Biology

Although modern economic theory is based on classical mechanics and equations of motion borrowed wholesale from nineteenth century physics (Georgescu-Roegen 1971, Mirowski 1989), there is also a long tradition of using evolutionary metaphors to understand economic processes (Hodgson 1993). The cross-fertilization of ideas between economics and biology is well-documented. Economic theory and evolutionary theory have much in common both in terms of their origins and in the nature and complexity of their subject matter. The co-formulators of the theory of natural selection, Charles Darwin and Alfred Russel Wallace, received their inspiration from reading British political economists, particularly Thomas Malthus (Schweber 1977, pp. 299-316). After Malthus there is an impressive lineage of economists who have applied biological analogies to the study of economic problems. Marx criticized the "abstract materialism of natural science, a materialism that excludes history and process (Marx 1967, p. 341). He was an admirer of Darwin's work and there was even some limited correspondence between the two men (Colp 1982). Alfred Marshall contended that biology, not mechanics, is the true Mecca of economics. Marshall was aware of the conflict between the method of mechanics, upon which modern economic theory is based, and that of biology. He clearly expressed his preference for the biological approach: "But economics has no clear kinship with any physical science. It is a branch of biology broadly interpreted" (Marshall 1920, p. 772). More recently, Kenneth Boulding (1981), John Foster (1987), Nicholas Georgescu-Roegen (1971), and Nelson and Winter (1982) have offered explicitly evolutionary models of economic behavior. Paul Samuelson (1985) has joined those who call for an organic approach in economics. A summary of various evolutionary concepts in economics is given by Witt (1992).

In spite of such an impressive genealogy, evolutionary thought has never taken root among mainstream economists. The question posed by Thorstein Veblen's essay "Why is Economics Not Yet an Evolutionary Science?" is still relevant after 100 years. As discussed in chapter one there are two distinct schools of thought among those economists who have used biological analogies. Veblen, Schumpeter, and Georgescu-Roegen were modern evolutionists in the sense that they viewed economic process as being driven by unique events, history, and non-marginal change. There is also the static approach of neoclassicals like Tullock (1979), Hirshleifer (1977) and others, who see market parallels to the biological process of natural selection. Although the neoclassical approach has dominated the application of biological theories to economics, recent work by Arthur (1989), David (1988), DeBresson (1987), Foster (1992), Hinterberger (1993), O'Connor (1993) and others has brought empirical rigor to the evolutionary perspective.

To seriously challenge neoclassical economics, those who advocate an evolutionary approach must develop an alternative research program. Although many economists have argued that biological phenomena have more in common with economic processes than do physical phenomena, it has proven difficult to apply theoretical insights from evolutionary biology to economics. As discussed in the first chapter, most attempts to do this have merely restated standard neoclassical positions. One of the main difficulties, it now seems, was that theoretical biology was based on some of the same restrictive assumptions as neoclassical economics, the most important of these being marginal change and the emphasis on the individual as the only agent of evolutionary change. New developments in evolutionary theory in biology have paved the way for real breakthroughs in evolutionary economic theory.

Evolutionary Theory and the Methodology of Science

The last fifteen years in evolutionary biology have been perhaps the most exciting in the discipline in this century. Remarkable research efforts such as the re-examination of the Burgess Shale fossils (Gould 1989), and the discovery of the importance of cataclysmic events (Alvarez 1987), and climate change (Vrba 1980) in biological evolution have profoundly modified time-honored ideas such as the role of natural selection and gradualism in evolutionary processes. This research and the resulting modification of existing theory has far-reaching implications not only for biology but for scientific methodology in general.

For the better part of this century philosophers of science were trained in physics. According to the pioneers of the philosophy of science, such as Karl Popper and Ernst Nagel, the proper methodology of science is the methodology of classical mechanics. This view of scientific methodology has changed dramatically in recent years even if its implications have scarcely been noticed by economists. Lewontin (1990, p. 3) writes:

> During the last twenty years the philosophy of science has become more and more, in the hands of a younger generation of philosophers..., the philosophy of biology. The historical irony is that with cries of "No Poppery!" they have nearly all chosen to study evolutionary biology.

For more than a century non-orthodox economists have derided the trivialization of economics by the use of inappropriate mathematics, namely the near-universal application of the calculus of constrained optimization. These criticisms have been hampered by the lack of a respectable alternative and by the weight of authority which held that true science was impossible without hypothesis testing and prediction. The revolution in evolutionary biology has swept aside both these objections.

The biologist Ernst Mayr (1982) argues that physical scientists (and those trained in the methodology of physical science) have difficulty understanding evolutionary biology because they fail to understand the unique characteristics of living systems. These characteristics make the reductionism that has been the hallmark of the physical sciences inappropriate to the study of evolutionary biology. Mayr's arguments have great relevance to economics, particularly his critique of deterministic models and the roles of assumption and prediction in economic theory.

Deterministic mathematical models always risk oversimplifying the very phenomena being examined. In both economics and biology we often begin by assuming away the really interesting problems. The following assessments of current uses of mathematics in biology by Mayr and in economics by Leontief are strikingly similar:

> Two years ago I saw a paper in the *Proceedings of the National Academy of Sciences*, and the author wrote: "Let's assume the gene has a constant selective value, let's assume there is no gene flow from any other population." He made about five such assumptions, each of which was equally unrealistic, and then he went on to prove something very beautiful mathematically, but it was meaningless. (Mayr, quoted in Lewin 1982, p. 716)

> Page after page of professional economic journals are filled with mathematical formulas leading the reader from sets of more or less plausible but entirely arbitrary assumptions to precisely stated but irrelevant conclusions. (Leontief 1982, pp. 104, 107)

Mayr notes that most of the major thinkers in the philosophy of science have been trained in the physical sciences, a point discussed in the economics literature (Georgescu-Roegen 1971, Mirowski 1989, Caldwell 1980, Wilber and Harrison 1978). The physical science, or mechanistic, viewpoint has led to a widely held definition of "true" science that does not necessarily apply to evolutionary systems. The dominance of positivism in economics is an example of this phenomenon (Caldwell 1980, Mirowski 1989).

Positivism's most forceful statement in terms of economic theory is Milton's Friedman's (1953) "Methodology of Positive Economics".

Two critical issues raised by Friedman are (1) the role of prediction in economic theory, and (2) the falsifiability of economic postulates. In Friedman's view, the task of economics is "to provide a system of generalization that can be used to make correct predictions about the consequences of any change of circumstances" (Friedman 1953, p. 4). The validity of the underlying assumptions is unimportant. According to Friedman, "the only test of the validity of a hypothesis is a comparison of its prediction with experience" (Friedman 1953, p. 7). Following Popper, Friedman states that "factual evidence can never prove a hypothesis, it can only fail to disprove it" (see Webb 1983, pp. 912-916).

The importance positivist economists place on prediction follows from the importance of laws in the physical sciences. In mechanics, an event is explained when it can be shown to be due to causal factors consistent with general laws (Mayr 1982, p. 37). By contrast, laws in the evolutionary sciences are explained in terms of past events but are not predictive except in a loosely probabilistic sense. In economics this indeterminacy has to do with history and uncertainty (Weisskopf 1979, Mokyr 1990a,1990b, Foster 1987). History is important because evolutionary phenomena are near-unique events. Alfred Marshall recognized this when he referred to the irreversibility of the long-run supply curve. Hicks (1979) argues in his later work that in economics, history and causality are related in ways not found in the physical sciences.

Regarding falsifiability, it is impossible to provide absolute proof for many scientific conclusions. With this problem in mind, Popper proposed that the test of "scientific" be whether or not it can be falsified. Similarly, the more attempts to discredit a theory that are successfully parried, the more credible that theory becomes. Any theory that cannot in principle be falsified is considered to be outside the realm of science. As Mayr (1982, p. 27) points out, this shifts the burden of proof to the opponents of a given scientific theory. Positivist economists make falsification nearly impossible by saying that prediction is the only test of a theory. If the predictions of a particular theory do not seem to be correct, one can always say that the ceteris paribus conditions were violated. Neoclassical economists place the burden of proof on their critics.

Why Evolutionary Science is Different

In contrast to a mechanistic philosophy of economics that emphasizes stability and prediction, Wilbur and Harrison (1978) argue for models of that look for patterns in economic behavior. Economic theories should explain, not necessarily predict. The "mechanistic model" - "pattern model" debate in economics is illuminated by Mayr's discussion of the differences between evolutionary science and traditional science. Four major differences are (1) uniqueness and variability, (2) complexity and organization (3) indeterminacy, and (4) irreversibility and irrevocability.

Uniqueness and variability - The uniqueness of evolutionary phenomena in biology and economics makes the study of these subjects particularly unsuitable for the application of the sort of reductionism that has been so successful in classical mechanics. There are no absolute phenomena in evolutionary processes. Economic systems are complex structures of hierarchical systems with a large number of possible options at each evolutionary step.

Variability and interdependence within evolutionary processes are other reasons why reductionism is inappropriate in explaining economic behavior. Once a particular step in evolution or in economic development takes place, the effect ripples to other entities (organisms or firms) in the system. Firms in a market system, like organisms in an ecosystem, are under constant pressure from competitors and are in a delicate balance involving cooperation and symbiotic relationships. Because of this interdependence and competitive pressure a multitude of responses and solutions to the problem of economic or biological survival are possible.

Evolutionary systems show much greater variability in their rates of change than do physical phenomena. Rates in physical phenomena are fairly constant, at least on a time scale relevant to humans. On the other hand, biological or economic evolution is characterized by periods of relative stasis interrupted by bursts of rapid change.

Complexity and Organization - One important characteristic of an evolutionary system is variously called holism, wholeness, Gestalt, etc., all meaning that elements in the system should be considered in interaction. In an economic system, every individual firm and consumer is the product of a long history, and unforeseen changes can occur because of complex past interactions between the individual units. Georgescu-Roegen (1971, pp. 14-15) has called this "novelty by combination". Scientific knowledge of an evolutionary system cannot be reduced to the whole alone or to the sum of its parts.

Complexity by itself is not a fundamental difference between organic and inorganic phenomena. Many inanimate systems such as galaxies or weather systems are highly complex. The difference is that organic systems (including social systems) are always characterized by highly elaborate feedback and learning mechanisms not present in mechanical systems. The complexity of an evolutionary system is not random but highly organized (Mayr 1982, p. 53). Most economic entities--the firm, the credit or futures market--derive meaning only in the context of the whole system.

Complexity in economic systems arises on the dialectical boundaries between economic phenomena. The word dialectical is used here in Georgescu-Roegen's (1979) sense that there are always overlapping boundaries or penumbrae between categories. The existence of such penumbrae violates a necessary attribute of an analytical representation. An element α in the boundary between two categories A and B, for example, can be both A ($\alpha \in A$) and not-A ($\alpha \in B$). Analysis cannot allow penumbrae. As discussed in chapter three, to examine a process analytically, we must make some heroic assumptions and isolate the relevant partial process by constructing a boundary delineating distinct categories. It can be argued that the failures of neoclassical theory arise from a failure to appreciate that the boundary must be drawn to serve the particular purpose at hand.

Indeterminacy - Because evolutionary processes are not absolute, and evolutionary events are relatively unique, indeterminacy matters more than in mechanics. Certain aspects of indeterminacy, namely risk and uncertainty, have received considerable attention in the economic literature. The work of Frank Knight (1933), for example, is considered anti-positivist because of the importance it gives to pure uncertainty. With evolutionary phenomena, however, uncertainty lies outside the individual firm or organism. Economic agents must continually make binding decisions based on an unknowable and ever-changing future. Because dramatic changes in the economic environment cannot be predicted, it is inaccurate to say that existing firms are necessarily the most efficient according to some universal maximizing criteria (Gould and Lewontin 1979, pp. 581-598).

As is clear from the discussions of hunter-gatherers and peasants, part of the indeterminacy in economics comes from social constraints. Frequently, the best solution in terms of technological efficiency is simply not available. Changing social conditions may be a threat to a successfully adapted firm.

Irreversibility and Irrevocability - Irrevocability is another feature of an evolutionary system ignored by standard economics. Georgescu-Roegen (1967, p. 81-82) makes a distinction between an "irreversible" process which, while not reversible, can pass through the same stage twice, and an "irrevocable" process, which can pass through the same state no more than once. The processes that make up biological evolution and the evolution of economic systems are irrevocable as well as irreversible.

Evolution may be seen as the history of a system undergoing irrevocable changes (Lotka 1956, p. 26). Once again, the distinction between mechanistic processes and evolutionary processes is striking. The models of physical science are based on reversible concepts. All the stars and planets reverse their motions without disrupting the system. There is no "time's arrow" in mechanical processes. At the heart of irreversibility and irrevocability is the presence of selection mechanisms in evolutionary systems. In biology it is (in part) natural selection and in economics (in part) profit. These are synergistic processes without exact equivalents in mechanics (Dosi and Metcalfe 1991, Thoben 1982, Nelson and Winter 1974).

The above characteristics of evolutionary systems limit the ability to make predictions, in the sense of "temporal prediction" (Mayr 1982,

p. 57). Temporal prediction is the meaning of prediction in common usage. It is an inference from the past to the future such as the prediction of a solar eclipse. Several features of economic systems make such predictions impossible in most situations and highly conditional in the rest. Economic systems are so rich in feedbacks, multiple pathways, and interactions that a complete description and thus a prediction of the future state must be highly tentative. Economics does allow "logical prediction". By this is meant conformance of individual observations to a theory or a scientific law. Examples of this sort of prediction are the law of demand and the law of diminishing marginal utility. The factors discussed above, then, do no weaken the principle of causality in a "post-dictive" sense (Mayr 1982, p. 863). Even in the realm of evolutionary biology it is sometimes possible to make quantitative predictions as Grant and Grant (1993) have done in the case of evolutionary changes in ground finches following a disruption in habitat on the Galapagos Islands.

Evolutionary biology reveals that explanations of the past are possible even when they do not contain laws; even when they are not predictive in the mechanistic sense. Here we introduce some current controversies in evolutionary theory and discuss their relevance to economic systems.

Punctuated Equilibria and the Pace of Evolutionary Change

One of the most important issues dividing neoclassical economists from evolutionary economists is the pace of economic change. Both Darwin and Marshall made extensive use of the phrase "Natura non facit saltum" to express their conviction that evolutionary change is gradual, that nature does not make jumps (see discussions of this in Awan 1986, Glassburner 1955, Levine 1983, and Moss 1982). This view has come under increasing criticism in both biology and economics.

The idea that evolutionary history is characterized by punctuated equilibria is particularly relevant to economic theory. By this view evolution proceeds not only by gradual changes at the margin but by quantum leaps from one form to another. The argument is that the fossil record shows long periods of stasis punctuated by the "sudden" (in the geological time scale) appearance of new forms. The attack on conventional wisdom has been led by the historians of biology, the paleontologists (Eldredge and Cracraft 1980, Fowler and MacMahon 1982, Gould and Lewontin 1979, Wiley and Brooks 1982). It is not the intent here to judge the relative merits of competing evolutionary theories in biology. It is argued only that the structure of the processes involved in biological and economic evolution is in many cases similar and that fruitful insights may be gained by examining the biological controversies. One need not accept the notion of punctuated equilibria in evolutionary biology to argue for its relevance in the field of economics.

According to the modern synthesis in evolutionary theory, evolution proceeds by small, gradual changes which lead to new species, given a sufficient amount of time. The modern synthesis is summarized by Lewin (1980, p. 883):

> For the past 40 years the study of evolutionary biology has been dominated by the Modern Synthesis, a term coined by Julian Huxley in 1942. The theory explained Darwinism in terms of the rapidly maturing sciences of population biology and genetics. Essentially the theory says the following two things. First, that point mutation within structural genes is the source of variability in organisms and that evolutionary change is the result of a shift in the frequency of genes within a population. The origin of species and the development of trends in groups of species are explained as a consequence of the gradual accumulation of these small genetic differences. The pace of evolutionary change, according to the modern synthesis, is slow. Second, the direction of evolutionary change is determined by natural selection working on small variations: the variants that survive are those that are best fitted to their environments. The shape of organisms--their morphology--is therefore viewed in the utilitarian light of adaptationism.

In Darwin's time the mechanism for change was not known to the scientific community; the work of Gregor Mendel was not widely known until 1900. But by the 1930's Mendel's had been integrated with the

Darwin-Wallace theory of natural selection (Fisher 1930). By the 1960s evolutionary theory had reached such a state of orthodoxy that the established view saw all important evolutionary change as the product of gradual accumulation of small changes favored by natural selection. Every feature of an organism, from size and shape down to the most minute anatomical detail, was seen to be the result of some objectivecause. This viewpoint was dubbed the "adaptationist paradigm" by Gould and Lewontin.

It is the idea of gradualism that has been the focus of the current controversy in biology. Darwin stated that "natural selection acts solely by accumulating slight successive, favorable variations, it can produce no great or sudden modification; it can act only by very short and slow steps." (Darwin, quoted in Moss 1982, p. 3) Darwin's close friend and strongest supporter, Thomas Henry Huxley, warned him that he had unnecessarily limited his theory of natural selection with the insistence that evolution was a gradual, steady process. In a review of the *Origin* Huxley wrote:

> Mr. Darwin's position might, we think, have been even stronger than it is if he had not burdened himself unnecessarily with the aphorism "Natura non facit saltum" which turns up so often in his pages. We believe, as we have said above, that nature does makes jumps now and then, and a recognition of the fact is of no small importance in disposing of many minor objections to the doctrine of transmutation. (Huxley 1896, p. 77)

In terms of the fossil record, as Darwin himself conceded, few examples of gradual change from one species to another have been found. The fossil record for a particular branch typically remains unchanged for millions of years, then shows a rather abrupt replacement by a related but quite different form. Until recently, the lack of intermediate steps between fossil forms has been attributed to deficiencies of the fossil record. That is, the intermediate steps are there; we just haven't found them. Again, according to the punctuated equilibrium view, major evolutionary changes are not gradual but are characterized by quantum leaps from one form to another. It is the pattern that is important here, not the specific number of years involved; this may vary considerably from species to species and from place to place. As summarized by Lewin (1980, p. 884):

> The emerging picture of evolutionary change is one of periods during which individual species remain virtually unchanged, punctuated by abrupt events at which a descendant species arises from the original stock.

The key phenomenon is that long periods of stasis are punctuated by changes that are sudden in relation to the stasis period. Again, according to the advocates of the punctuated equilibrium model, the fossil history of most species includes the features of stasis and sudden appearance; features that are inconsistent with the notion of gradualism.

Theories of Economic Evolution

The conception of economic evolution implicit in the neoclassical theory of the firm is analogous to the Darwinian position in evolutionary biology. Economic change through time is said to occur through myriad successful innovations. Within an industry, individual firms adopt new, more efficient techniques or else they are replaced by firms that do. Eventually, the cumulative effect of these changes may result in a product or process that bears little resemblance to its forerunner. In spite of Marshall's adoption of the phrase "Natura non facit saltum" as the "motto" of his *Principles of Economics* there is considerable evidence that he was aware of the limitations of the gradualist assumption. Moss (1982 p. 8) points out that by the seventh edition of the *Principles* Marshall had taken notice of the Mendelian revolution in genetics and the saltationist interpretation of Mendel by scientists such as Hugo de Vries. It may be that Marshall hoped to move beyond his "micro-static" analysis and examine economic life under conditions closer to reality. Glassburner (1955, p. 580) argues that this is the case and cites several passages indicating that Marshall saw gradualist mechanical analysis as incomplete. For example:

> There is a fairly close analogy between the earlier stages of economic reasoning and the devices of physical statics. But is there an equally serviceable analogy between the later stages of economic reasoning and the methods of physical dynamics. I think not. (Marshall 1966, p. 314)

> And therefore in the later stages of economics, when we are approaching nearly to the conditions of life, biological analogies are to be preferred to mechanical, other things being equal; the mechanical analogy, for instance, of a satellite which is moving around a planet, which is itself moving around another centre, is helpful for economic problems; and whenever helpful should be used. But as the science reaches to its highest work such occasions become rarer and rarer, and the tone becomes more and more that of biological science. (Marshall 1966, p. 317)

In spite of these reservations Marshall stood by his "principle of continuity" and in general defended the view that economic evolution is gradual. As Levine (1983, p. 287) points out, "continuity is gradualism writ large". It may well be, as Moss suggests, that although he intuitively saw that a "saltationist" (Gray 1986) theory of economic change was a much-needed addendum to economic theory he was too much a product of his age to accept discontinuity and randomness. In Moss's words, "entrepreneur-induced catastrophes were simply not proper Victorian economics!" (Moss 1982, p. 13).

In the neo-Schumpeterian view, as in the neoclassical one, economic change occurs through Darwinian natural selection. That is, economic traits are selected by the market over time so that the most efficient survive. The mechanisms of selection, including the roles of profit maximization and uncertainly, differ greatly between the two camps, but the underlying mode of change is analogous to Darwinian natural selection in both cases. Each views economic change as gradual;

occurring at the margin through the accumulation of favorable innovations which give a firm a temporary advantage over its competitors. Even the sophisticated evolutionary models of Nelson and Winter (1982) are essentially marginalist in their approach (see Winter 1971, sections IV and V). Firms employ decision rules regarding inputs and output based on prevailing market prices. These prices determine the profitability of various input and output choices, which in turn will vary as the size of the firm changes. In the Schumpeterian scheme of Nelson and Winter the evolutionary process is dynamic and non-equilibrium, but economic change is still viewed as proceeding smoothly through a series of small adaptive steps. It is not surprising then that, in their simulation models, "The alternatives turned up are likely to be characterized by input coefficients close to those currently in use by the firm, or to be techniques that currently account for a large proportion of output by other firms in the industry." (Nelson and Winter 1974, p. 895) In fact there is no allowance for firm "death" or bankruptcy in the Nelson and Winter model. Such a gradualist view of economic change misses much of the picture. According to Schumpeter himself the most significant and certainly the most interesting manifestations of economic change occur not through adaptations at the margin but from periodic rapid changes which may completely alter the economic environment.

Again, we may gain insights as to the modes of economic change by referring to evolutionary biology. According to Gould, evolution appears in two major modes. The first of these is phyletic transformation, in which an entire population changes from one state to another. This type of evolution does not yield greater diversity, it is simply a transformation of a given population from one state to another through time. The second mode of transformation is speciation. In this case diversity is increased by a new species branching off from the parent stock. Darwin discussed evolutionary theory almost exclusively in terms of phyletic transformation while the punctuated equilibria theorists argue that major evolutionary changes occur through speciation. As in the biological world, it may be argued that economic evolution can proceed by two different modes. Within a given industry, firms react to relatively small shocks and the most efficient firms survive. There is a gradual change in the "phenotype" through time. Any number of industries may be used as an example of this, automobiles, radios, television sets, etc. On the other hand, there is a kind of economic change that occurs from "speciation"; the introduction of entirely new products. Periods of severe turbulence (Gray 1986) may sweep away entire industries and create new ones. The bankruptcy of a particular firm or even the "death" of a major industry may open up a new niche to be colonized by an agent lucky enough to be at the right place at the right time. It is this process that is most likely to generate diversity in an economic system by creating and destroying backward and forward linkages. These two types of change are not mutually exclusive. In the first case, if change is rapid enough, the capacity of a firm to react to the increased flow of information may be inadequate. The firm may adapt by falling back on rigid behavioral rules (Heiner 1983) or the more rapid change may call forth an increased capacity on the part of the survivors to assimilate information.

Once we go beyond a strictly gradualist view of evolution some important implications emerge. First of all, if selection is not entirely due to gradual changes at the margin, then events such as sudden turbulence must be given an important role in a general theory of evolutionary change. Another implication is that once we leave the knife's edge of marginal optimization there is more latitude in what constitutes "fitness". The expansion of economic theory beyond marginal analysis casts doubt on the ability of constrained optimization models to explain evolutionary change. If turbulence and catastrophes are part of the world an economic agent must face, then pure uncertainty is an important fact of life and must be included in any general theory of economic change. This could mean that flexibility to adapt to new unforeseen situations could be as important an attribute as being the best in terms of exploiting a particular environment. A "less efficient" agent might have a greater chance of surviving than a more efficient one if it could better adapt to uncertain change. An implication is that there might be an evolutionary advantage to having a variety of characteristics seemingly unrelated to the particular environment in which an agent finds itself. This idea, implicit in the notion of punctuated equilibria, leads directly to the idea of self-organization, a concept which is currently reshaping the way we think about natural phenomena.

Modern economic theory describes economic change as gradual adaptation at the margin. As in the adaptationist program in biology, each characteristic of an existing firm, as well as each firm itself, is seen to be the result of selection by the marketplace. And since this selection is based on an objective (and desirable) optimizing process, profit maximization, the end result is that the "best", "most efficient", firms survive. Gould and Lewontin (1979) dub this view of the world the "Panglossian paradigm" after Voltaire's Dr. Pangloss (see the excellent discussion of this point in Hodgson 1993, chapter 13).

According to the Panglossian view in economics, as the selection process progresses through time economic evolution results in an increasing efficiency of production, in higher quality products for a given expenditure, and in the survival of the "best" firms selected by the criterion of profit maximization. Although the term "survival of the fittest" has become a source of embarrassment in evolutionary biology, it still holds sway in economics. The market as the most efficient mechanism for selecting the "best" firms and techniques is the picture of reality held by most economists and lies at the base of most economic policy recommendations. At its worst this idea becomes a mere tautology that whatever exists is best. As John D. Rockefeller put it:

> The growth of a large business is merely a survival of the fittest...The American Beauty rose can be produced in the splendor and fragrance which brings cheer to its beholder only by sacrificing the early buds which grow up around it. This is not an evil tendency in business. It is merely the working out of a law of nature and a law of God." (quoted in Penrose 1952, p. 809)

If economic change through time is characterized by turbulence, periods of relative calm, broken by sudden disruptions, a problem arises for the adaptationist view of economic evolution as expressed by Friedman. During turbulent conditions, the success or failure of a firm may be unrelated to the "fitness" of that firm in terms of its profit making ability. Perfectly adapted firms may be eliminated through no fault of their own when the business climate suddenly changes. To make a case for this assertion, even if economic history is characterized by punctuations, catastrophic events such as wars, depressions, or energy price shocks, must be seen as more than simple magnifications of the natural process of weeding out less fit firms. To the extent that elements of pure uncertainty have an important influence in economic history the emphasis shifts to external rather than internal (efficiency) phenomena in economic change.

In both the neo-Schumpeterian and neoclassical models of economic change the locus of selection in the economy is assumed to be the firm. It is the firm that must make a positive profit to survive and it is the firm that becomes "extinct" if it fails to do so for any length of time. The view that the firm is the locus of the selection process is consistent with the implicit marginalist assumption that economic change is gradual. If economic selection takes place at the product group or at an even higher level, this poses a problem for the marginalists. Selection among product groups or at even higher levels (between countries, for example, as Mancur Olson (1965) suggests) casts economic evolution as a hierarchical process (see chapter six). To be sure, such a view would extend, but not entirely replace, the marginalist view. A reasonable conclusion to draw if selection takes place above the firm level is that firm failure does not necessarily indicate bad adaptation but quite possibly merely bad luck. The characteristics, then, of a particular firm at a particular point in time are not entirely the result of efficient adaptation but also of historical accident and institutional architecture. If economic selection takes place at higher levels than that of the firm, the belief that change occurs smoothly and continuously as agents move at the margin toward a global optimum is placed in doubt. The existence of waves or punctuations in economic history suggests economic evolution above the firm level. It also suggests that there is much more leeway in how a firm responds to a changing external environment than the neoclassical model permits (Hodgson 1991).

Punctuations in Economic History

One of the major arguments against the adaptationist paradigm in evolutionary biology is the apparent differential impact on different species groups during extinction episodes (Jablonski 1986). Such differential impacts suggest the existence of "macroevolution" or evolution above the species level. Evolution at this level is propelled by factors superimposed over individual adaptation. Evidence suggests that this sort of macroevolution also exists in economic history. Some evidence for this in recent U.S. economic history is the tremendous variation in the number of business failures by broad category of economic sector during the past 50 years. The pattern of business failures shows a long period of relative stability beginning around 1950 and lasting until the early 1980s; a period of about 30 years. From 1949 until 1961 failures averaged about 43 per 10,000 concerns. A remarkable period is during World War Two when the rate of failure dropped to only 4 per 10,000 in 1945. During the 1980s the rate of business failure has risen sharply, from a rate of 42 per 10,000 in 1980 to 110 in 1986. Overlying the competition and struggle for primacy going on among firms is the fact that all firms, in some fundamental sense, rise and fall together with the economic climate.

The idea of cycles and punctuations in economic history is certainly not new. But the bankruptcy data also show that increased bankruptcies are not a mere magnification of "background" bankruptcy rates. Abrupt changes in the economic milieu have differential impacts on different sectors of the economy. For example, business failures in the construction sector represented less than 10 percent of total failures in the 1940s, increased steadily to about 15 percent in 1960, remained at about 15 percent throughout the 1960s and 1970s, increased to 21 percent of the total in the period 1980-82 as interest rates escalated, then dropped to 12 percent of the total in 1983-86. Commercial failures comprised about 8 to 13 percent of total failures from the 1950s to the early 1980s then jumped to 27 percent in 1983, to 32 percent in 1984, and to 34 percent in 1986.

The differential impact of mass extinctions has been cited by evolutionary biologists as evidence for macroevolution. Until recently it was assumed that the only difference between major extinction events and periods of lower extinction rates was quantitative. The same types of species disappeared during mass extinctions as during stable periods only more of them. This view has been challenged by Jablonski (1986, p. 130) who finds that during mass extinctions "Evolution is channeled in directions that could not have been predicted on the basis of patterns that prevailed during background times." According to Lewin (1986c, p. 219) an implication of this is that "perfectly good adaptations might be eliminated during major extinctions for reasons quite unrelated to their utility." If the success or failure of business enterprise is also affected differentially by the rise and fall of the macroeconomy this is an indication that selection in the economic environment also depends on factors other than efficiency.

Another interesting aspect of firm failure rates is the correlation of these rates with economic growth. During the Great Depression the failure rate was very high, in the low 100s per 10,000 firms, and in the long economic boom during World War Two it fell to single digits. In recent years the relationship between the growth rate of the economy and business failures has not been so dramatic but in general the rate of business failure has been inversely related to economic growth with perhaps a one or two year lag. This is not an earth-shaking observation but it is another bit of evidence that suggests that firm selection takes place at the macroeconomic level. Firms are not so much competing with each other as they are against the general economic climate.

Here again insights can be gained by looking at a parallel controversy in biology. The punctuated equilibrium debate has opened up an old controversy as to whether the natural world is characterized by competition or coexistence. The standard Darwinian view is one of individual agents struggling with each other to survive. There is an alternative view that the world is also characterized by cooperation and mutual aid (Gould 1988a, Kropotkin n.d.). There is also a struggle between all organisms and a sometimes hostile natural environment.

The Modern Synthesis stressed competition between and among species as the driving force behind natural selection. In the 1960s and 1970s in the field of biology, theories of competition were stimulated by the borrowing of mathematical models from economics. Several economists, Tullock for example, have published extensively in biological journals. Like their counterparts in neoclassical economics, these biological models begin with the assumption of equilibrium. They assume that the species they describe are in some sort of balance with each other relative to the resource base. This assumption may be reasonable in places like the Galapagos Islands with its equatorial climate and relatively stable biological population, but some field biologists question whether these equilibrium models are generally applicable. In a study of communities of breeding birds in the western U.S. Weins found that evidence for a strictly competitive pattern of adaptation to habitat was lacking. Regarding food habits Weins (1983 p. 32) writes that:

> ...each species changed its feeding habits dramatically through the breeding season and that the diets of the different species changed in tandem...Overall the species seemed to be responding opportunistically and similarly to seasonal changes in the availability of different types and sizes of food. This certainly is not the sort of pattern one would expect of a set of species locked in intense competition over food.

In temperate climates--that is, in most of the world--many populations of species change together as the external environment changes. This seems to be true in the economy as well. Firms prosper or decline partly as a result of competition and partly because of changes in the external environment. Again, this may seem to be a point too obvious to mention but it runs counter to neoclassical general equilibrium theory with its assumption of selection at the margin under conditions of full employment. This suggests that macroevolution exists in economic history and that economic evolution is not entirely a matter of individual firms adapting at the margin. The idea of punctuated equilibria is contained in Marx's idea of "modes of production". The economic columnist David Warsh (1992) argues that Marx is likely to be remembered for the introduction of the notion of punctuated equilibrium to economic systems (see also Gould 1992). Where Marx over-reached was in his belief that he could predict what the next big step would be as well as the mechanism by which the quantum leap would take place (revolution following from increasing exploitation and instability).

Economic activity in the capitalist world seems to be characterized over time by cycles of expansion and contraction. Whether or not these cycles can be characterized by regular "long waves" is a matter of debate. Schumpeter believed in the existence of long waves as do many contemporary economists. Their existence implies irregularities or clusters in the timing of bankruptcies and innovations (Mansfield 1982, p. 141). The work of Mensch (1975) and others suggests that innovations tend to cluster at certain points in time. The reasons given for the irregular pattern of innovations vary greatly. Mensch argues that depressions trigger innovation. Mansfield suggests that certain key innovations trigger rapid growth, opening up new opportunities for those firms that happen to be in the right place at the right time, for example, the rubber industry after the automobile. Another suggested reason is that adoption rates are influenced by expectations, which, as Keynes (1936, 1937) so forcefully argued, may vary tremendously and "irrationally" due to pure uncertainty. The existence of clusters of innovations implies that the marginalist view is inadequate to explain much of economic change. Why should the rate of technological innovation rise and fall, whether in regular or irregular patterns? The implication is that the chances of the same invention being adopted might be favorable at one point in time and unfavorable at another, even given the same economic "ecosystem" or technological environment.

Toward a Coevolutionary Theory of Economic Change

The two features of the model of punctuated equilibria useful for the discussion here are (1) stability and (2) sudden change. Both these features are part and parcel of a modern money economy characterized by pure uncertainty. Both features imply that the model of economic evolution through "adaptation", that is, by means of gradual improvements in efficiency, does not provide a general model of economic change. On the one hand uncertainty leads to predictable, stable behavioral rules of thumb: following the herd or doing what has worked in the past Heiner 1983). On the other hand, when change occurs it is likely to be sudden and perhaps catastrophic for those agents in the wrong place at the wrong time.

The view of economic change implicit in standard neoclassical theory is that macroeconomic evolution occurs as the result of an accumulation of small gradual changes at the margin. The punctuated equilibrium model of macroeconomic change distinguishes between macro changes internally generated (accumulated changes resulting from competition, at the margin, between firms) and changes caused by external shock, changes which fundamentally alter the rules of the game. Traditional theory eloquently explains how competition at the firm level generates efficiency within particular products or product groups but it offers no guidance as to how new product groups arise; just as Darwinian theory explains why ducks have webbed feet but not why ducks exist.

The punctuated equilibrium model may be seen as one of a class of models characterized by what may be termed "order in chaos". A phenomenon noticed by researchers in fields as diverse as weather forecasting, biology and particle physics, as well as economics, is that within systems exhibiting seemingly random behavior regular patterns appear. Economic phenomena may exhibit regular patterns within otherwise unpredictable cycles. Directly related to this idea is another relatively new idea from evolutionary biology, coevolution.

As discussed in Chapter One the publication of a paper on the coevolution of butterflies and plants (Ehrlich and Raven 1964) marked the beginning of the new specialty of coevolutionary biology (Egerton 1983, Golley 1994). As defined by Odum (1993, p. 215) coevolution is a "reciprocal natural selection between two or more groups of organisms with close ecological relationships but without exchange of genetic information between the groups". In an ecosystem it is impossible to distinguish between ecology and evolution. One cannot understand the relationships in an ecosystem without a knowledge of its evolutionary history.

The notion of coevolution, with its emphasis on holism and interconnections rather than on reductionism, is a central idea in ecological economics. Norgaard (1992, pp. 80-81) writes:

> The emerging coevolutionary world-view is dynamic. Not only is each subsystem related to all the others but each is also changing and affecting the evolution of the others. Deliberate innovations, chance discoveries and random changes occur in each subsystem that affect the distribution and qualities of components and relations in the subsystem. Whether these new components and relations are maintained depends on whether they prove fit with respect not only to the other components and relations within the subsystem but also to the other subsystems.

Coevolution takes into consideration not only the effects of punctuations in evolutionary history but also the process of self-organization. Over the long sweep of human existence on the planet great punctuations may be discerned. Climate change has been the driving force behind many of these punctuations, including human physical evolution and the development of agriculture. Another punctuation was the harnessing of fossil fuels which lead to the industrial revolution. According to Norgaard (1992, p.81):

> The era of hydrocarbons drove a wedge between the coevolution of social and economic systems. Capturing the energy of the sun through ecosystem management became less and less important as western science facilitated the capture of fossil energy. Social systems evolved around the expanding means of exploiting hydrocarbons and only later adopted institutions to correct the damage this coevolution entailed for ecosystems.

We are now in the middle of another great punctuation, the change from local to global environmental impacts of human activity. It is sobering to realize that most of the damage humans have inflicted on the rest of the biosphere during the last 3 1/2 million years has been done in the last few decades. We can be sure that this punctuation in the coevolutionary relationship between the economy and the environment will lead to another abrupt change in the human condition.

These punctuations in economic history each set into motion new systems of self-organization. Economic systems, no matter how simple or complex, organize themselves according to ensure their own perpetuation from one period to another. Modern market economies are characterized, above all, by positive feedback mechanisms which perpetuate growth (Silverberg, Dosi and Orsenigo 1988, Vanberg 1986, Witt 1985). There are also negative feedback mechanisms which weed out non-growing economic entities. Although all economic activity, indeed life itself, depends on drawing low entropy from the environment, there was an abrupt change in the human demand upon the environment with the agricultural revolution and again with the industrial revolution. In hunting and gathering societies there are immediate negative feedback mechanisms when the environment is overexploited; food resources disappear and people must either move on or reduce their demands. Moving is limited by the fact that such societas are adapted to particular ecosystems such as deserts, seacoasts, or rainforests. Agriculture increased the demands on the environment by a more intensive exploitation of specific geographical areas and by a larger population. Negative feedback mechanisms were, of course, present but were not so immediate. When soil exhaustion reduced crop yields other lands could be used as in slash-and-burn agriculture. Seed varieties were developed which could be grown in a range of conditions so that humans were not as dependent on particular ecosystems.

As Georgescu-Roegen (1971) and others have so eloquently argued, the harnessing of fossil fuels freed humans even more from dependence on immediate flows from the environment. Modern economies draw low entropy not only from the living world but from the low entropy stored in fossil fuels. The negative feedback from environmental disruption to the economy is even further reduced. The real question of our time is when do negative feedbacks from the environment to the economy set in? Unfortunately the answer seems to be, "not soon enough".

Conclusion

The main arguments of this chapter may be summarized as follows. In the neoclassical paradigm economic change occurs through Darwinian natural selection at the margin. Innovations are accepted or rejected by the economic system according to whether or not they allow the firm to compete more effectively. While it is intuitively obvious that this process takes place, it is argued above that other, more dominant, forces may be at work in economic evolution. At the heart of this contention is the observation that economic change is not a slow, continuous process but it may at times by characterized by periods of turbulence. Periods of relative calm in the economic environment are punctuated by periods of sweeping change during which the normal selection process is disrupted. Some corollaries of this basic idea call into question a strictly marginalist view of economic change: (a) the tempo of change is typically uneven with, as Schumpeter (1972) argued, historical clusters of innovations and failures; (b) the process of selection may take place at higher levels than that of the firm: and (c) constraining channels exist which may drastically limit the ability of economic agents to respond to the new economic milieu. All this suggests that neoclassical marginal analysis may be appropriate to the interstitial periods but is inadequate to explain the periodic sweeping changes that characterize economic history. And of course just these periods of sweeping change are critical for economic evolution and economic policy. Marginal analysis is flawed not because it is wrong but because it yields precise answers only to comparatively unimportant parts of the economic problem.

The next chapter takes the punctuated equilibrium model further and examines in more detail the process of selection of economic agents. It is argued that selection among firms and production techniques is hierarchical, partly driven by efficiency and partly by random processes, chance interactions among firms, and self-organization. This calls into question the exclusive emphasis on efficiency in the policy recommendations of neoclassical economists. If what exists is partly a matter of chance there is no guarantee that an economic state resulting from a free market is any better than one resulting from another institutional framework. Furthermore, if broad economic outcomes are not driven by ever-increasing efficiencies then the notion of progress implicit in standard economic theory is called into question. Finally, there is no guarantee that the self-organizing mechanisms in market economies are consistent with the long-run viability of the environment upon which human society ultimately depends.

6 SELECTION AND COEVOLUTION IN INDUSTRIAL ECONOMIES

It is not that Darwin is wrong, but that he got hold of only part of the truth. For Darwin's answer to the sources of the order we see all around us is overwhelmingly an appeal to a single singular force: natural selection. It is this single-force view which I believe to be inadequate, for it fails to notice, fails to stress, fails to incorporate the possibility that simple and complex systems exhibit order spontaneously. That spontaneous order exists, however, is hardly mysterious...What is mysterious is the extent of such spontaneous order in life and how such self-organizing may mingle with Darwin's mechanism of evolution-natural selection-to permit or, better, to produce what we see.

Stuart Kauffman

A defining characteristic of modern industrial economies is extremely rapid change. This phenomenon as a general characteristic is evidently unique in human history. Judging from the archaeological record, in hunting and gathering societies stasis was the norm. Technologies remained essentially unchanged for very long periods until they were (relatively) rapidly replaced by other equally persistent technologies. The Acheulean technology, associated with Homo erectus and characterized by a type of finely worked handaxe, lasted for about 1 1/2 million years (Rowley-Conwy 1993, p. 64). The Mousterian technology, associated with Neanderthals, lasted almost 100,000 years. Identifiable agricultural technologies such as the Hopeweilian of the eastern U.S. and the Anazazi of the southwest persisted for hundreds of years. Observers of contemporary agricultural or peasant societies also report the persistence of economic and social traditions and a reluctance to change. In industrial societies, on the other hand, economic and technological punctuations come rapidly and in seemingly limitless forms.

As discussed in the last chapter the model of change implicit in the neoclassical model is one of gradual adaptation at the margin. While there exists situations in which this model of change is appropriate, there are many more situations which are characterized by non-marginal change and coevolution of economic entities. The failure of standard economics to develop a comprehensive theory of economic change is a major obstacle to formulating policy responses to the on-going environmental crisis.

In contemporary theories of economic change, from neoclassical growth theory to the evolutionary models of Nelson and Winter (1982), change is driven by competitive selection, a process analogous to natural selection in biology. By this view economic change is gradual, and progressive in the sense that competitive pressure generates alternatives in the form of new firms and new techniques, and that selection among them leads to greater efficiency through time. Indeed, this view of how change takes place is so ingrained in our way of thinking that it is rarely stated explicitly. One explicit statement is found in Milton Friedman's (1953, p. 22) manifesto of positive economics:

> Let the apparent immediate determinant of business behavior be anything at all - habitual reaction, random chance, or whatnot. Whenever this determinant happens to lead to behavior consistent with rational and informed maximization of returns, the business will prosper and acquire resources with which to expand; whenever it does not, the business will tend to lose resources and can be kept in existence only by the addition of resources from the outside. The

process of "natural selection" thus helps to validate the hypothesis - or, rather, given natural selection, acceptance of the hypothesis can be based largely on the judgment that it summarizes appropriately the conditions for survival.

Whatever the process involved in presenting alternatives to the selecting mechanism, the driving force behind economic change is "natural" selection at the margin (see the discussion in Hodgson 1993). By this view the economic world is characterized by a more or less unforgiving struggle for survival. Firms must continually innovate just to survive; just to stay in the same place in a world of ever-changing conditions. The processes involved in generating the alternatives presented to the selecting mechanism vary greatly, of course. In the neoclassical model the time paths of prices, output, and factors of production are generated by maximizing firms. These firms are in a moving equilibrium driven by marginal changes in technology, product demand, and factor supply. The criterion for selection is efficiency, an inward shift in the isoquant at the firm level. Although the Schumpeterian models of Nelson and Winter (1982), are "evolutionary" in the sense that competitive advantage is gained in non-equilibrium situations through differential innovative activities among firms, the ultimate selection mechanism is still competitive efficiency at the margin. Nelson and Winter (1974, p. 895, 1982) point out that although their evolutionary simulation model is tested for periods with major episodes of depression and war it is "not prepared to deal with them realistically". According to Winter (1984, p. 270) both the orthodox and evolutionary models "can be viewed as elaborations of the traditional Marshallian analysis of the short run". Marshall's (and Darwin's) dictum of "Natura non facit saltum" holds for both. David (1975, p. 76) asserted that the Nelson-Winter treatment of secular change is "fundamentally neoclassical in spirit". Their evolutionary model has also been criticized by Mirowski (1989) and Elster (1983, p. 139).

Silverberg, Dosi, and Orsenigo (1988) present a more sophisticated evolutionary model allowing for diversity and uncertainty. Still, innovations in their model spread only by Darwinian natural selection. The rate of change of market shares of a firm is driven by the difference between its competitiveness and the average industrial competitiveness. Winter (1984) extends the earlier models of Nelson and Winter (1974, 1982) to "technical regimes" but the driving force in this model is cost reduction through productivity improvement. All these models, like earlier efforts (Farrell 1970, Hirschleifer 1977) are based on a notion of evolution through competition which ensures that the "fit" prosper and the "unfit" do not. In this view economic evolution proceeds by the progressive selection of more and more efficient techniques. The standard view of how economic change takes place is succinctly stated by Geroski (1989, p. 572), "It is widely believed that competition promotes efficiency, that a vigorous competitive process throws up alternatives in the form of new firms and new ideas, and that selection amongst them induces movements to, and movements of, the production frontier". The main purpose of this chapter is to challenge the universality of that assumption and to propose instead that economic sorting leading to differential survival rates occurs at several levels (hierarchies). Selection based on efficiency is certainly a driving force behind economic change. There are, however, many other reasons for success and survival in the economic world. Instances of survival based on reasons other than competitive selection have been recognized (Arthur 1989, David 1985, 1988, Mokyr 1990b, 1990c) but their significance for evolutionary economic theory and policy has to date gone largely unnoticed in the profession at large.

There has been a remarkably rapid (though not universal) acceptance by population geneticists of the notion that evolutionary trends may be the result of selection among species as well as selection among individual organisms within a species. Species selection casts evolution as a hierarchical process (Vrba 1984, Vrba and Eldredge 1984). The discussion below, following Vrba and Gould (1986), distinguishes between sorting and selection. Sorting is a broad term meaning mere differential survival rates, in the economic world differential success of firms or production techniques through time. Darwinian selection acting on economic agents in the struggle for existence is one cause of sorting. There can be, however, other reasons for the differential survival of economic agents including pure chance. Sorting and selection are distinct terms and should be carefully separated. Selection is a cause, sorting is broader term merely indicating an outcome.

Related to this distinction is Simon's (1959, 1987) concept of satisficing. As Winter (1971, p. 239) points out, the managerial and economic literature contains myriad comments to the effect that under competitive conditions, survival requires maximization. Simon has effectively argued that firms need not maximize to survive. There is much more leeway in firm behavior than neoclassical theory allows, with a range of acceptable profit levels and by implication a range of permissible behavior in terms of input mix, techniques, and organization. This range of techniques among firms producing similar products may give some firms an advantage over others, fortuitously, when innovations occur in other vertically linked industries. The remarkable ability of the economy to respond to new situations must be based in large part on having this pool of preadaptive techniques.

An evolutionary approach to economic change involves, above all, an explicit analysis of the sorting mechanism, the reasons for economic survival. Below three hierarchies of sorting are distinguished. One type of sorting, selection, takes place at the firm level. At this level survival depends on efficiency, on internal decisions of the firm in choosing the most efficient technique of production, that is, the selection of microinventions (Penzkofer et al. 1989, Mokyr 1990a) or rationalization. At the next level, termed "exaptation", survival depends on decisions made in related firms. At the top of the hierarchy is a sorting process which depends on "random" occurrences in the form of macro shocks which affect the whole economy.

In economic studies using biological analogies a great deal of effort is directed toward defining the proper unit of selection. For example, Nelson and Winter use "routines", and Mokyr uses "techniques" of production. As Winter has pointed out, there is no equivalent to the gene in economics. Cultural transmission is Lamarckian and does not depend upon a single unique mechanism to transmit information. There are as many gene analogies as there are methods of information transfer in a modern society; the biological analogy cannot be pushed very far in identifying exact equivalents to the gene. Unfortunately, the futile search for a gene analogy in economics has caused many economists to dispense with biological analogies altogether. The first step is to classify various kinds of selection then begin to look at mechanisms common to each. In a hierarchical view of economic selection, different levels imply different selection mechanisms. Selection may take place at any of the above levels; the technique, the product group or the industry.

Classification of Evolutionary Processes

The Weltanschauung underlying neoclassical analysis of technological change is Darwinian natural selection, analogous to the "adaptationist paradigm" (Gould and Lewontin 1979) of the Modern Synthesis in biology. In this view all features of an organism are the result of gradual changes brought about by ever more efficient adaptations. As discussed in chapter five controversy has raged for some years now among evolutionary biologists as to the role of punctuated equilibria and natural selection in biological evolution. Gould and Eldredge (1986) point out that the two most interesting and unconventional themes arising from the punctuated equilibrium model are the prevalence of stasis in the geological record, and the existence of higher level selection as a causal, not only descriptive, phenomenon. The first theme is potentially consistent with the modern synthesis, the second is not. It is the hierarchical model that really embodies the radical content of the punctuated viewpoint.

Out of this controversy has emerged a taxonomy for characterizing evolutionary change, involving a distinction between "adaptation" and "exaptation", which is also useful in the study of technological change. Gould and Vrba (1982) argue that the term adaptation is too broad to describe the reality of natural selection. They propose to restrict the term adaptation to features built by selection for their current role and to use exaptation in referring to features that now enhance fitness but were not built by natural selection for their current role. The term "aptation" is proposed as a broad concept containing both modes, adaptation and exaptation. Aptation is the static phenomenon of being fit, while adaptation and exaptation say something about the historical processes involved in reaching a current situation.

It is well-known that adaptation can be a major headache for evolutionists. For example, consider the statement that "feathers are an adaptation for flight in birds". This statement is false. Feathers are indispensable for flight in birds but they evolved not for the "purpose" of flight but probably as a heat insulation layer in a small dinosaur. There is no plan or purpose in natural selection. According to the Vrba and Gould terminology, feathers are an exaptation for flight, not an adaptation. Current utility should not be confused with reasons for origin. More than semantic nitpicking is involved. Vrba and Gould argue further that the emphasis on adaptation to the exclusion of all other concerns has led researchers to overlook vital aspects of evolutionary change. Evolutionary change is the product of sorting. In the biological world sorting produces differential birth and death rates among varying organisms and perhaps, during punctuation episodes, among species or even ecosystems; in the economic world it produces differential success of firms and production techniques and perhaps even socio-economic systems. Sorting is nothing more than a description of differential representation through time without any statements as to cause. In both standard evolutionary biology and standard economics the favored cause of sorting is selection. The term selection implies causality; an agent survives because it is more efficient and thus wins out over others in the struggle for existence. Natural selection acts on agents in the struggle for existence, and those agents which are more "fit" survive. The distinction is important because sorting, other than that produced by selection, is the result not of internal decisions affecting efficiency but rather historical accident, historical archaeology (preaptations) or many other factors outside the purview of the standard theories, both in biology and economics.

In the economic world there is scarcely a limit to the number of possible levels of classifications and combinations of classification of the process of sorting. For illustrative purposes I discuss three categories. At the first level is the standard model of natural selection at the margin.

Improvement in this case arises through internal sorting of a steady stream of inventions available for innovation. Sorting at this level is directly analogous to the Darwinian model in biology. Since causality (through increased efficiency) is implied at this level sorting here may be called selection. In terms of innovative activities this type of sorting is known as "rationalization". Rationalization innovations are under the control of the firm. Cost reductions result from intra-firm decisions to innovate. At this level, evolutionary change takes place through "selection" of more efficient techniques and is adequately described by the neoclassical model.

The next level, following Gould and Vrba (1982), may be called exaptation. A firm (and the technique that firm uses) may gain an advantage from an innovation arising from without, that is, from outside its own decision-making parameters. With satisficing it is possible to have an array of techniques to produce a given product. One of these techniques may suddenly be favored over another because of changes in the efficiency with which its inputs are produced. One technique (and the firm using it) may be "selected" over another, not because of its own efficiency but because it is preadapted to take advantage of improvements in the production of its inputs. A technique is a vertically integrated recipe for producing a particular good. An improvement in the production of any ingredient will give one recipe an advantage over another. At the top of the hierarchy are macroeconomic shocks. These shocks involve sweeping new changes that sort at the level of entire markets, or even entire economies. Macro shocks have the effect of "reshuffling the deck" and sweeping away even some of the most efficient techniques. Energy efficient techniques were suddenly favored after the first energy shock. On the other hand, firms such as Eastern Airlines which invested too heavily (as it turned out) in energy saving techniques in the late seventies suffered as external conditions (a real decrease in energy prices) unexpectedly reversed.

As illustrated in the figure 6.1, causality in terms of evolutionary change may originate at the bottom or the top of the hierarchy. An example of a top down change is the energy shock of the 1970s. These economy-wide shocks affected industry mix; energy intensive industries grew less between 1972 and 1977 (Gowdy and Miller 1987). The use of inputs complementary with energy was affected (Berndt and Wood 1979). Rationalization led to the selection of energy efficient production techniques (microinventions) (Mountain, Stipdonk, and Warren 1990).

Focal Level	Upward	Process	Downward
Industry	Change in industry mix caused by new computer technology (Höflich-Häberlein and Häbler 1990)	Macro Shocks	Effect of energy shock on macro-economy, interindustry mix (Gowdy & Miller 1987)
Inter-firm	Effect of semiconductor improvements on computer industry (Jang & Norsworthy)	Exaptation	Energy capital complementar-ity (Berndt & Wood 1979)
Firm Level Technique	Efficiency improvements in micro-processing	Rationalization	Spread of energy efficient techniques (Mountain et al. 1990)

Figure 6.1 Classification of economic sorting

Causality may also run from the bottom up. Improvements in a technique through rationalization will result in the selection of complementary inputs and may also lower the cost of a commodity so that the industry mix in the economy will be changed. Improvements in semiconductors led to tremendous productivity gains in the computer industry, which in turn spread to virtually all other sectors of the economy. Sorting at the top of the hierarchy always implies sorting at lower levels. Sorting at the firm level implies the survival of techniques associated with surviving firms. Sorting at the industry level means the differential survival of firms in those industries. Sorting (selection) of techniques at the bottom may or may not affect higher levels.

Rationalization

The process of rationalization involves marginal improvements to the production process which increase the efficiency of current ways of doing things. Marginal improvements that lower costs should be undertaken regardless of the point on the business cycle. So rationalization innovations should enter the system at a fairly steady rate. The West German economy offers some evidence. Since 1980 the Institut für Wirtschaftsforschung (IFO) in Munich has conducted an extensive survey on innovation expenditures. The IFO innovation survey consists of standardized questions about the innovation activities of firms. These questions are answered by a representative panel of about 5,000 industrial firms related to some 300 product groups (Scholz 1990a, 1990b, Penzkofer et al. 1989). Of interest here is the behavior of rationalization innovations through time. According to Scholz (1990a, p. 5), "Process innovations in the form of investment for rationalization is the driving force to reduce the prices for the new products based on a higher productivity of production".

Data from the IFO survey indicates that expenditures on rationalization (process innovations) are fairly constant through time (Scholz 1990a). The effect of these expenditures is to reduce costs to the firms and there is no reason to believe that such innovations would be strongly affected by external conditions. Investment without rationalization expenditures, on the other hand, shows a discontinuous pattern, as does total innovation investment. Such expenditures are much more strongly related to the general business climate, that is, to forces outside the control of the individual firm.

We will not dwell in detail here on the process of rationalization. Most of the vast literature on innovation covers this process. Great strides have been made in modelling this process, allowing for uncertainty, disequilibrium, and imperfect information (Arthur 1990, Iwai 1984, Silverberg, Dosi and Orsengio 1988). For a current review of the general innovation literature see Dosi (1988). This type of innovative behavior is only a part of economic change and pertains for the most part to tranquil situations (Gowdy 1990, Gray 1989a, 1989b).

Exaptations

Some firms are better able than their competitors to take advantage of innovations arising in other industries. These firms' characteristics (exaptations) favorably dispose them to the adoption of a new technique. In such cases the move from one technical recipe to another is due not to gradual adaptation (traditional evolutionary change) but rather to historical accident, by being in the right place at the right time rather than being the most fit. Consider a simple hypothetical input-output table (figure 6.2) with a firm A that introduces a new technique, greatly lowering costs to firms that use its product in production. Firm B1 uses a production technique heavily dependent on inputs from A while firm B2 uses a technical recipe less dependent on A. Firm B1, in this hypothetical example, uses 33 cents worth of the output of firm A for every dollar of output of B, while firm B2 uses only 2 cents worth. In this case an innovation that lowers the cost of A will give a competitive advantage to firm B1 over firm B2 in the production of good B. A similar improvement in productivity in industry C would give such an advantage to firm B2. The distinction here is not between process and product innovation (Mensch 1975). When seen in terms of vertically integrated sectors, both kinds will eventually give an advantage to firms using the commodity containing the innovation either by lowering supply cost (process) or through improvements in the commodity (product). In matrix terms a process innovation will show up in a diagonal element and a product innovation in an off-diagonal element (Scherer 1982, Schmookler 1966). DeBresson, Sirilli, and Luk (1989) have used directed graph analysis in an input-output framework to examine innovation paths.

	A	B1	B2	C
A	0.367	0.334	0.021	0.123
B1	0.130	0.426	0.105	0.023
B2	0.035	0.010	0.480	0.076
C	0.054	0.004	0.291	0.487

Figure 6.2. Hypothetical input-output table of direct coefficients

Whether or not this advantage can persist in the long run depends on market structure, access and control of information and a variety of other factors. In any case such a change in productivity in a related industry will give an advantage to technique B1 over technique B2. This type of advantage can be conferred because a complex economy is characterized by vertical integration in the Sraffa-Leontief sense. Commodities are produced by other commodities and production techniques depend on inputs from other techniques. Improvements in the efficiency of any production technique will convey advantages to all other firms using the inputs produced by that technique. Firms gain these advantages due not to their own efficiency but rather the efficiency of others. If one accepts "satisficing" as characteristic of the economic world, a variety of techniques may be used by firms making similar products. Changes outside the control of individual firms may give one technique (and firm) an advantage over others.

In this context it is important to distinguish between vertical integration and joint production. Joint production includes two cases (Nadiri 1987): (1) Multiple products produced by distinct production processes, and (2) Several products produced by a single production process. Both these cases may be treated as constrained maximization problems under the control of a single firm. Joint production applies to outputs while vertical integration is concerned with inputs. The distinction is still clear although more complicated in cases such as those described by Aoki 1986) who argues that the success of Japanese manufacturing firms is due in part to increasing vertical integration. This gives them some control over the generation of innovations in commodities used as inputs.

As part of a larger study of innovation in the West German Economy Höflich-Häberlein and Häbler (1990) analyzed the diffusion of information and communication technology (ICT) in some 4,500 manufacturing and service enterprises. They found that the affinity of different branches and firms to the introduction of ICT varied considerably. The differential cost-reducing effects of ICT had a tremendous influence on the profit rates and thus the evolutionary sorting of various types of firms. In the banking industry, for example, savings institutions traditionally have suffered in relation to other financial institutions because of the low profit margins associated with running salary accounts. Höflich-Häberlein and Häbler (1990, p. 75) write:

> In all financial institutions dealing with private customers the processing of salary accounts "eats" into the profits made from the interest differential between lending and borrowing. In other words, banks which can cut costs in the routine work of running salary accounts and advising customers can offer those same customers more attractive rates for borrowing and lending. For this reason savings banks, with their high proportion of salary accounts, are at a disadvantage compared with large banks or private institutions. They

have reacted to this by inducing up to 90% of their private customers to use the self-service facilities.

So, savings institutions had characteristics which enabled them to quickly adopt the new computer-aided technology, and they were able to use this technology to compete more successfully with other financial institutions. The new technology was nothing that could be foreseen, it just happened that savings institutions were preadapted to the new technology and were in a better position to take advantage of it.

An interesting aspect of exaptation in biological evolution, with implications for satisficing and the ability to take advantage of unexpected technological improvements in vertically related industries, is the role played by nonadaptive structures. King and Jukes (1969, p. 788) write: "There appears to be considerable latitude at the molecular level for random genetic changes that have no effect upon the fitness of the organism". Gould (1985) and Doolittle and Sapienza (1980) argue that repetitive DNA must be good for something since there is so much of it. Gould and Vrba (1982) argue that repetitive DNA exists because "evolution needs it so badly for a flexible future". They suggest that repeated copies are "preaptive" or "nonapted" features, available if needed later, but not serving any current direct function. An essential aspect of the long-term survivability of a lineage is flexibility, and the price of flexibility is a greater or lesser amount of "excess baggage" of nonaptive features.

This line of reasoning has a direct application in economics. In the model of long-run competition there is no room for excess baggage. Non-essential features in a firm would only mean higher costs, lower profits and eventual "extinction". However, to the extent that firms "satisfice", not maximize, more room is left for different techniques, redundant capacity, and experimentation. The satisficing model makes room for exaptations that may give a firm an unforeseen advantage later. Of interest here are the possible links between rationalization and exaptation. While specific exaptations, by definition, cannot be anticipated, it is possible to build in flexibility so that an agent is better able to take advantage of unanticipated advances in other industries. The maintenance cost of flexibility which adds nothing to current efficiency would not be allowed in the perfectly competitive model (Gowdy 1987).

Flexibility is also important in the relationship between the economy and the larger environment. A discussed above neoclassical theory sees the economy as being a self-contained system independent of the natural world. In reality the state of the economy depends on maintaining a flow of natural inputs into the system and maintaining the ability of the environment to assimilate waste products. Flexibility to adapt to new situations is reduced by such things as biodiversity loss or reductions in assimilative capacity. Failure to conserve fossil fuels will eventually create a situation in which we may be forced to rely on nuclear power or environmentally damaging hydroelectric projects.

Other aspects of exaptation include complementarity and historical lock-in (Arthur 1989, David 1985), network externalities (Katz and Shapiro 1986), and the role of increasing returns (Arthur 1989, Romer 1986). In all these cases economic survival depends not on "selection" as defined above but on chance and self-organization of one sort or another. There exist in economic history "keystone" innovations that opened up new niches for economic activity. According to Arthur:

> ...innovations rarely happen in a vacuum. They are usually made possible by other innovations being already in place. For example, a laser printer is basically a Xerox machine with a laser and a little computer circuitry to tell the laser where to etch on the Xerox drum for printing. So a laser printer is a possible when you have computer technology, laser technology, and a Xerox reproducing technology. But it is also only possible because people need fancy, high-speed printing.(quoted in Waldrop 1992, p. 119)

The really important changes in economic history are driven by complementarity, not substitution. This is why the neoclassical theory of allocation, which is based entirely on the notion of substitution, is such and inadequate approach in dealing with economic change.

Macro Shocks and the Transition Between Technological Regmies

Exaptations, although they are not selected on the basis of their own efficiency, may be linked to process innovations in other industries. However, another class of more sweeping innovations results from quite different causes, either internal or external to the economic system. Schumpeter referred to internal shocks in an oft-quoted passage:

> What we are about to consider is that kind of change arising from within the system which so displaces its equilibrium point that the new one cannot be reached from the old one by infinitesimal steps. Add as many mail coaches as you please, you will never get a railroad by so doing. (Schumpeter 1972, p. 64)

As used here "macro shock" means any large, non-marginal shock, not only those arising from internal processes. Such shocks may arise from such diverse sources as wars, global climate change, energy shortages, or financial crises, as well as innovation.

Schumpeter is best-known for his theory of creative destruction (schöpferische Zerstörung). This type of evolutionary change is illustrated in figure 6.3 below. There is a sharp break between the

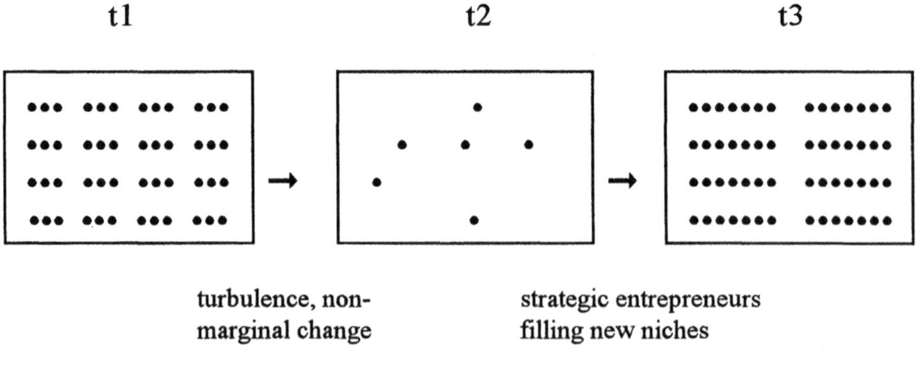

Figure 6.3 Sorting due to macro shocks

configuration of firms at times t1 and t2, illustrating some far-reaching destructive event which opens up new niches. The change from t2 to t3 occurs as new firms seize the opportunities opened up by the newly available niches to create a pattern of firms and techniques quite different from t1.

Situation t1 depicts a stable equilibrium under which a new firm finds it difficult to achieve success. Occupied niches are so tightly packed that entry is difficult. There is a large literature on the thermodynamics of evolution (Wicken 1985, Wiley and Brooks 1982) related to niche strategy in a steady state such as t1. According to Wicken (1980, p. 15) in ecosystems in which informational content has reached a constant, maximum value, a new species cannot participate or add to the ecological web without changing the total flux through that ecosystem. The literature on the thermodynamics of evolution is largely concerned with selection processes which favor entry into such a steady-state system: how niches are carved out of an existing array of energy, matter, and information configurations (i.e. how to enter a difficult-to-enter t1 situation).

Situation t2 occurs after some shock or crisis in an economic system has substantially and suddenly reduced the number of firms. Note that t2 does not represent a new equilibrium (Heertje 1988); it has fewer firms, but the infrastructure (physical, financial, and managerial) can support economic activity at a t1 or near t1 level. The transition from t1 to t2 is the result of random events with more or less random impacts. This is the "destructive" part of Schumpeterian "creative destruction". The change from t1 to t2 can come from a variety of causes; wars, energy shocks, financial crises. The chances of survival are not solely based on selection; economic survival patterns are different just as they are different in the history of biological species.

The transition from t2 to t3 is the "creative" part of change after macroeconomic shocks. It is the process of filling in niches. At time t2 many niches are open. It is the process involved in the transition from t2 to t3 that is most interesting. What makes some firms (or entrepreneurs) jump in first? Are there common features of successful colonizers? How much technical change is actually necessary to promote colonization? To what extent are successful innovators chosen on the basis of competitive efficiency? There is a tremendous advantage in being the first technology on the scene when a new situation presents itself. This is referred to as "founder effects" in the biological literature (Mokyr 1990b, p. 12, Willis 1922). Arthur (1989, 1990) has written extensively on the historical lock-in of innovations. In the presence of increasing returns a technology that by chance gains an early lead may corner the market and lock out superior alternatives. Examples are the QWERTY typewriter keyboard (David 1985), light water nuclear reactors (Bupp and Derian, 1978), and alternating current (David and Bunn, 1987). Arthur also argues that different economic models are needed--different interpretations of economic history--for different long-run cost conditions. Under constant or decreasing returns small events cannot sway the adoption outcome of new innovations, but under increasing returns small events can be decisive. Arthur (1989, p. 12) writes:

> Where we observe the predominance of one technology or one economic outcome over its competitors we should thus be cautious of any exercise that seeks the means by which the winner's innate 'superiority' came to be translated into adoption.

Arthur argues that, in the presence of increasing returns and historical lock-in, nothing guarantees that the "fittest" firm will survive. This is the essence of the arguments in this paper, that there are processes other than natural selection which act to determine the survival of economic agents. On one level, corresponding to the classical conditions of perfect competition, differential success is based on Darwinian selection at the margin. At other levels or hierarchies, however, differential success is not due to "selection" or "fitness" or "efficiency".

The conditions for traverse between the two states t1 and t3 involve all the elements of non-marginal, irreversible change in an evolving economy; opportunities, dangers, and decision-making under uncertainty. The issue here is the behavior of the strategic entrepreneur. Casson (1987, p. 151) points out that although there are several theories of the entrepreneur, there are very few mathematical models formally analyzing entrepreneurial behavior; "By its very nature entrepreneurial behavior cannot be predicted using deterministic models. Entrepreneurship...is essentially a spontaneous and evolutionary process." Casson argues for economic models that do "full justice to the structural complexity and the evolutionary nature of the economy (1987, p. 153). The above classification scheme can certainly be improved upon. However, a necessary first step in developing models to explain all aspects of differential survival is a classification system that takes into account the different ways by which differential survival of techniques, firms, and industries takes place.

A recurrent criticism of economic theory beginning perhaps with Veblen is that it cannot deal with truly evolutionary phenomena. Interesting work has been done examining the role of expectations and information in a Keynesian non-equilibrium framework by Leijonhufvud (1981) and others although so far its impact has been limited (see the discussion in Foster 1987). A particularly promising approach is new work being done by Foster (1991), Goodwin (1991) and others on the dynamics of self-organizing systems. This approach, borrowing from physics and biology has already generated econometrically testable models and has the potential to offer a real alternative to general equilibrium modelling.

Self-Organization and Coevolution

Another discovery from the field of evolutionary biology is that complex systems do not passively adapt to external change. They are able, in varying degrees, to self-organize so that the whole process of sorting is much more than the sum of what happens to the individual parts. Once again an on-going debate in evolutionary biology parallels a debate in economics. Kauffman (1993, p. 238) writes:

> There is a fundamental difference between simple adaptive evolution and coevolution. Evolution on a fixed fitness landscape...is

> similar to the behavior of a physical system on a well-defined potential energy landscape. In both cases the attractors of the "adaptive" process are local optima which are single points. In a coevolutionary process, however, the adaptive landscape of one actor heaves and deforms as the other actors make their own adaptive moves. Such coevolving systems may not in general have a potential function. Thus coevolving behavior is in no way limited to attaining point attractors which are local optima, nor is it even clear that coevolving systems must be optimizing anything whatsoever. This mathematical issue parallels long-standing debates in evolutionary theory about what, if anything, evolution is optimizing.

Coevolutionary systems not only adapt to changes in external circumstances they have the ability (within limits) to shape the evolutionary environment within which they operate. The ability of self-organization to override selection depends on "criticalness" of fitness (the slope of the adaptive landscape, or the degree of "satisficing") and on the ability of selection to move an adapting agent to the relevant regions of the fitness landscape (Kauffman 1993, p. 34). Evidently, in most situations there is surprising flexibility to self-adapt.

A few years ago Richard Dawkins (1976) put forth the reductionist argument that the individual gene was the unit of selection in evolutionary change. Recent evidence suggests that (1) systems of genes organize themselves and (2) process is driven by key "homeobox" genes. The case of homeobox genes is one of a class of phenomena exhibiting order on the edge of chaos (Kauffman 1993). Complex coevolving systems are characterized by three states, a "frozen" static state, a chaotic "gaseous" state, and "liquid" region poised on the edge of chaos (Kauffman 1993, p. 237).

Interestingly, some work in input-output analysis has captured this basic idea. Jensen, West, and Hewings (1988), in devising a survey method to construct regional input-output tables without doing complete and prohibitively expensive surveys of an entire regional economy, discovered what they termed a "fundamental economic structure" (FES) of an economy. Most of the entries in an IO table vary little from region to region. There should be, for example, very little difference between the technical requirements of a gas station in Troy, New York or in Del Rio, Texas. Production coefficients from a national IO table could plausibly be used to describe regional activity in these sectors. Some sectors, however, vary greatly and seem to change rapidly. These are the sectors that need to be surveyed to construct an accurate regional table. Furthermore, some economic sectors seem to be driving economic growth in the whole economy (DeBresson, Sirilli, and Luk 1989) much the same as homeobox genes drive the organization of an embryo.

Kauffman (1993) has suggested a "string theory" of economics which would identify webs of economic activity and their growth generating interconnections. Using directed graph theory to identify and analyze flows in an input-output table is a promising way to implement this idea. The idea may also be extended to highlight essential relationships between the economy and the environment.

Studies by Hueting (1992) have shown that only a fraction of economic activity actually contributes to economic growth. About 1/4 to 1/3 of economic activities cannot, by definition increase labor productivity (the "government" sector, for example). Other sectors contribute only slightly to productivity growth. Hueting found that, for the Netherlands, about 70 percent of the growth rate in gross national product was generated by activities making up 30 percent of total GNP. Unfortunately, as Hueting points out, these are the very sectors that are responsible for most environmental pollution. This was also the finding in a comprehensive input-output analysis of the Canadian economy and environment by Peter Victor (1972). He found that the major polluting sectors of the economy were without exception energy intensive industries. The main engine of economic growth is that complex of industries which are rapidly converting low entropy fossil fuels into high entropy waste. This is exactly what Georgescu-Roegen has been saying for decades, economic systems self-organize by drawing low entropy from the environment and expelling high entropy back into the ecosystem.

Among the energy intensive industries, the petroleum and automobile industries are interesting examples of how self-organization can extend to include the political process. From such political devices as the (now repealed) oil depletion allowance to the destruction of competing trolley lines these industries have molded the economic *milieu* in which they operate. Ultimately decisions affecting the future of the environment are made at the individual level. Firms make decisions about how much to produce and how much to pollute as part of a large social network, made up not only of profits and losses, but also political alliances, anticipated actions of consumers, governments, and competitors, and prevailing views about morals and ethics. Individuals operate within the same complex system.

Brian Arthur, working on an economic development project in Bangladesh, came to the conclusion that rapid population growth was not a consequence of isolated individual choices but rather the logical outcome of an integrated self-organized system:

> Since children could go to work at an early age, it was a net benefit to any individual family to have as many children as possible. Since a defenseless widow's relatives and neighbors might very well come in an take everything she possessed, it was in a young wife's interest to have as many sons as possible as quickly as possible, so that she would have grown sons to protect her in her old age. An so it went: "Patriarchs, women who were trying to hold onto their husbands, irrigation communities--all these interests combined to produce children and to stagnate development." (Waldrop 1992, pp. 26-27)

It may be true that getting the prices "right" will result in an unambiguous social improvement. Saying this does not relieve economists of the responsibility of into learning as much as possible about the interrelated complexities of any real-world "externality" (see Holland 1988).

Conclusions

It is argued above that different hierarchies of processes are involved in economic change. Selection is a causal process involving change due to rationalization through market forces. Differential selection is caused by the drive toward greater efficiency. Sorting is a broader term encompassing all differential success. The idea of economic change through the process of rationalization, although not perfectly understood, is easy to grasp. If a new technique lowers costs that technique will be adopted. Exaptation is also easy to understand. Firms use technical recipes with complementary processes. Any change affecting one of the complements will have an effect on the other. Change driven by macro shocks has been much discussed but is the least understood of the processes discussed here. One type of macro shock change, the destructive part of creative destruction, is due for the most part to pure chance. Firms are culled because they were in the wrong place at the wrong time. Sorting during the creative part of creative destruction, however, is related to the behavior of individual entrepreneurs under conditions of pure uncertainty. Although it is impossible to predict the behavior of individual successful innovators, it is possible to come up with a set of characteristics common to such innovators.

The implications of the existence of hierarchical selection and self-organization for policy are considerable. Policy recommendations of economists, even those least wedded to a rote market ideology, are based on notions of natural selection. We strive to insure a "level playing field" by smoothing out imperfections in the market. We are against tariffs and quotas or other sources of monopoly power that give some firms an unfair advantage. We rely on Darwinian (or more accurately Spencerian) selection to insure the most efficient outcome. Economists have such an antipathy to government involvement in the economy because of the belief that it interferes with selection, hindering the progressive drive toward increased efficiency through time. Even though it is (almost) universally accepted that the market works imperfectly, there is a general feeling that governmental interference will make the selection process even more inefficient. To the extent that changes in the economy are driven by higher-level sorting this antipathy is at least partially unwarranted. By ignoring other forms of sorting we are denying a role for the government in economic processes not based on competitive selection but on other factors over which enlightened intervention may have a beneficial influence.

At first glance the notions discussed in this chapter may seem to offer nothing but added complexity to an already complex field of inquiry. However, once different levels of evolutionary change are recognized, the task of modelling technological change becomes more manageable. A far broader range of phenomena can be judged as directly relevant and different techniques of analysis may be developed and applied to different hierarchies. As Eldredge (1985, p.11) argues, hierarchies deal with complexity by "teasing it apart". It offers a more honest and direct approach than one seeking unity by forcing all phenomena into one simple system.

Casting economic selection as a hierarchical process paves the way to a deeper understanding of the major problem facing humans today, the devastating social and environmental consequences of economic growth. The causes, effects, and environmental consequences of rapid economic change are not smooth continuous extrapolations of past trends. Contemporary economic change is characterized by ever-more-rapid punctuations each seeming to require an ever-more-rapid adjustment to the new situation. Like Alice's Red Queen the economy has to grow faster and faster just to stay in the same place. Each new punctuation seems to coevolve with a new array of unsolvable contradictions between the necessity of more economic growth and the ecological impossibility of its continuance. Some of the causes and consequences of economic growth are discussed in the next chapter.

7 ECONOMIC GROWTH VERSUS THE ENVIRONMENT

> Perhaps, the destiny of man is to have a short, but fiery, exciting and extravagant life rather than a long, uneventful and vegetative existence. Let other species--the amoebas, for example--which have no spiritual ambitions inherit an earth still bathed in plenty of sunshine.
>
> Nicholas Georgescu-Roegen

Reportedly, the longest period of laughter ever received by a comedian was during a Jack Benny radio broadcast. Benny is accosted by a thief who sticks a gun in his ribs and says "your money or your life!". After a long pause the thief says "Well what's wrong? What are you waiting for?", to which Benny replies "Just a minute, I'm thinking it over". The absurdity of this position is no doubt lost on the legions of economists turning out cost benefit analyses showing that it is too expensive to curtail greenhouse gas emissions, CFC production, biodiversity loss or any other of the environmentally destructive by-products of economic growth.

It is clear that the current level of economic activity is rapidly destroying the natural world upon which we ultimately depend for life itself. Continued economic growth will mean continued degradation of the planet's life support systems. There is a growing consensus among scientists that "human beings and the natural world are on a collision course", in the words of a petition called "A Warning to Humanity" drafted and circulated by the Union of Concerned Scientists (Holden 1992). This petition has been signed by some 1500 prominent scientists including 99 Nobel prize winners (the Nobel winning economists who signed the petition are Gerard Debreu, Wassily Leontief, James Meade, Franco Modigliani, Herbert Simon, Jan Tinbergen, and James Tobin). As outlined in this warning the choice is between ending the modern obsession with "growthmania" (Daly 1977) or ending the rich diversity of life as we know it on planet earth.

Economic growth is indispensable to the world economy as it currently functions. In this regard there is hardly a difference between the economic policies of capitalist economic systems and the remaining socialist and mixed economies. Economic growth as a policy goal is unquestioned either in theory or in practice by any existing government. On the other hand it is increasingly obvious that economic growth is incompatible with environmental sustainability. There seems to be an irreconcilable policy conflict between the necessity of economic growth and the necessity of environmental preservation. The failure to explicitly recognize this conflict has regrettable consequences, (1) it leads to dangerous optimism that the economy-environment problem will take care of itself or at least may be alleviated with a minimum of effort and (2) it precludes the search for policy alternatives to economic growth.

Why Economic Growth Promotes Economic Health

Economic growth makes it possible to have a rapid turnover in capital stock (investment) which in turn means that a growing economy will have a high proportion of new technologies and thus high productivity growth. A large portion of jobs in the economy, especially high paying jobs, are found in industries designing and producing investment goods (Johnson and Hardesty, 1971).

In this regard, much has been written about a shift to "knowledge" or "information" industries. The question is: knowledge for what? Accounts of information based technologies invariably focus on the use of this new information in creating or streamlining new manufacturing technologies. It is yet to be explained how the a "post-industrial" economy will create economic growth and jobs out of nothing but pure information. Economists and other technological utopians continue to implicitly equate increases in the efficiency of producing a unit of output with decreases in total production. Achieving efficiency in allocating resources is quite different than reducing the scale of output (Daly 1991a).

When the productivity of the average worker increases, the resulting higher incomes generate a need for new products to absorb the increase in demand. A growing economy generates surplus value which must be reinvested to be realized, which generates more economic growth ad infinitum.

Increasing the overall size of productive enterprises makes it possible to capture economies of scale. Increasing returns to scale may be one of the main reasons for the phenomenal productivity growth record of the twentieth century (Arthur 1989). Again, when productivity increases the increased surplus value must be realized through more investment and more consumption.

It may be said that one of the self-organizing principles of a market economy is growth. The three positive feedback mechanisms above mean that, within the economic system, growth perpetuates more growth and continually reinforces socio-economic features which favor more and more growth. This growth is fed in large part by robbing the world's ecosystems. The 19th century German geographer Ernst Friedrich introduced the term "Raubwirtschaft" to describe the impoverishment of the environment by economic activity (Martinez-Alier 1991b, p. 121). The history of the expansion of markets is a history of ecological devastation.

The following consequences of the positive relationship between economic growth and economic well-being have negative consequences for the biosphere.

1. Population increase is good for the economy. The more people, the more consumers, the larger the scale of production and the more economies of scale can be captured. This is explicitly recognized in government policies to encourage population growth, most recently by Japanese government.

2. Increasing per capita consumption is good. For the reasons listed above, more consumption per person leads to greater technological efficiency and the necessity for even more growth. A corollary is that profit margins may be higher on luxury goods. This may favor an unequal income distribution, especially if sellers can go worldwide and not have to worry about their own employees lack of purchasing power.

3. Expansion of markets is good. This also creates more income, more purchasing power, and more surplus value which must be absorbed by still more growth. It also allows economies of scale to be captured through increased plant size, a greater division of labor and so on.

4. Expanding investment into the third world is a desirable way to expand markets. Much of the large-scale investment in the third world is funded by major international agencies whose aim is to foster a transition from underdeveloped economies to ones mirroring the consumption patterns of the West. The effects of these policies on recently pristine environments is well-known.

5. Politically, a growing economy allows politicians to avoid thorny questions of income redistribution (Daly, 1977). The clarion call of economic policy-makers is "a rising tide raises all ships".

All of these effects are lethal to the environment. More population pressure means more pressure on biological resources for food, fuel and living space and the loss of habitat and biodiversity. More income per capita means more production and therefore more irreplaceable resources going in and more pollution coming out of the economic system.

The expansion of markets means eventually that if anyone on the entire planet has a use for a natural resource that resource will be used. Black bears are being killed in the wilds of Ontario, Canada because their gallbladders fetch a price of $10,000 a kilo as medicine in Japan and Korea (Gordon and Suzuki, 1990). Markets also make it economically desirable for regions to specialize in one activity, such as one crop, thereby eliminating the necessity and desirability for biodiversity (Norgaard, 1988). Because growth is so important to economic well-being, and the well-being of elected officials, people go to any links to deny the connection between economic growth and environmental disruption. Some of the arguments are so hysterical they have no general credibility (Simon, 1982, Wattenberg and Zinsmeister, 1986). Nevertheless these extreme arguments get wide publicity, are well-funded, and widely reported. More dangerous perhaps are the arguments from those sympathetic to efforts to protect the environment who nevertheless reassure us that economic growth and environmental protection are not in conflict. Two common arguments are:

1. The use of some advanced material or energy saving technology, is extrapolated to the whole economy, thereby showing that we can produce the same GNP with a fraction of the resource input currently used. Such examples usually involve the substitution of one scarce or polluting input for another, and there are almost always economic reasons (costs) why the technique cannot be universally adopted. The basic problem is that all production uses scarce resources and generates pollution. Again, there is a confusion between producing a unit of a good more efficiently and reducing the total resources required by the economy.

2. Natural changes in the composition of growth such as a move from manufacturing to service industries, will negate its bad effects. There are economic and environmental objections to this point. The service sector does not generate the large multiplier effects and thus does not contribute to economic growth to the extent that manufacturing does. And even if one country could successfully move to service sector economy manufactured goods would have to be produced somewhere. Again, all economic activity produces pollution and uses scarce resources. Even if one worked out the perfect formula for the least environmentally damaging mix of industry and services there would still be an absolute limit in terms of minimum environmental effects (assuming people still eat, live in houses etc.) Growth from that limit would produce more pollution and use more scarce resources. Exponential growth quickly negates any gains from efficiency in resource use or from pollution reducing technologies (Bartlett 1978).

The Economy and the Resource Base

The early economic growth debate focused on resource exhaustion. The argument presented by the Club of Rome (Meadows et al. 1974), The *Blueprint for Survival* (Goldsmith et al. 1972) and others, was that economic growth will overshoot the resource base and collapse. Both these studies stressed the impossibility of infinite growth in a framework of finite resources. Both were severely criticized by economists for failing to account for resource substitution called forth by price increases (see Anderson 1991, chapter 1). In retrospect these early studies placed too much emphasis on linear extrapolations of current rates of resource use and too little emphasis on feedback effects such as price increases, conservation, and substitution. As a result they were easy targets for their critics who in turn ignored the critical issues raised by these studies. At least, as Lélé (1991, p. 619) points out, the limits to growth debate shifted the burden of proof to those who maintain that there are no physical limits to economic growth.

Although resource scarcity will almost certainly result in slower growth, the market economy has proven to be resilient. We can be sure that eventually resource scarcity will prove to be a binding check on economic growth but it is foolish to make predictions as to when that will occur. Georgescu-Roegen (1971) has argued convincingly that economic activity is subject to the entropy law but has always been careful not to make specific predictions.

Many ecologists and ecologically minded economists have shown too much faith in the price system as an indicator of absolute scarcity. As Norgaard (1989a, 1991) argues, historical trends in energy prices depend on a variety of factors, particularly on the patterns of discovery of large petroleum fields. The Hotelling model which is at the heart of neoclassical resource theory makes some very strong assumptions. Resource allocators must have detailed knowledge about the total existing quality and quantity of the resource so that higher quality stocks may be used first, the level of demand throughout the future, and the course of technology relevant to the resource (Norgaard 1989a). Norgaard also points out the logical fallacy in running the Hotelling argument backwards. The original argument is that if resource are increasingly scarce, and resource allocators are informed of this scarcity, then prices will rise over time. This does not imply that if prices rise (fall) over time, then resources must be increasingly scarce (plentiful).

The Economy and the Biological World

Considerable effort over the years has gone into debunking of the Club of Rome's "overshoot and collapse" scenario. Much more frightening than overshoot and collapse is the possibility that resource scarcity will not be a binding check on human activity until the ecological systems upon which humans ultimately depend are irreparably degraded. Scarce resources used as productive inputs do have prices, so the market to some extent takes this scarcity into account. Within the framework of market allocation substitutes are in some sense generated by scarcity.

On the pollution output side, however, except in very special cases, the economy-environment link is not priced. The only way to take it into account is through political action, that is, through prohibition and regulation of environmental disruption. Slower economic growth makes this more and more politically unfeasible. To the extent that resource scarcity results in slower growth as less desirable inputs are substituted, it generates negative effects on environmental protection. If there are no binding checks on economic growth on the input side then there is little change that economic growth will stop before the biosphere has been irreparably damaged.

It is by now clear that in the past few decades humans have reached another "punctuation" in terms of our relationship to the rest of the planet. For perhaps the second time in earth's 5 billion year history a single species is affecting the atmosphere and biosphere in catastrophic ways (the first species to do so was blue-green algae). Even if the well-known global pollution problems were corrected (acid rain, ozone depletion, global warming) a host of new problems are waiting to come to the fore, for example, rising atmospheric mercury levels, water shortages, soil erosion, genetic erosion of agricultural plants and so on.

According to calculations by Vitousek et al. (1986) human activities consume or divert almost 40 percent of all net primary productivity on land. These calculations include (1) organic materials used directly by humans and domestic animals, (2) expropriation of land for timber, pastures, and crops, and (3) areas occupied by people and desertification. If this calculation is anywhere near correct we are now almost up to the limit of the planet to support human activity.

Economic Theory and Economic Reality

Ecologists and ecologically minded economists have spent a great deal of time and effort criticizing the dominant neoclassical model of how the economy operates. A problem with some of these criticisms is that they fail to distinguish between economic theory and economic reality. For example, in all standard texts the economy is described as a circular flow, perpetual motion machine (Georgescu-Roegen, 1971). No natural resources go into the system and no pollution comes out. This is obviously a physical impossibility. But, this model offers a good description if the economy acts as if that were the case. Consider the economic value of the biosphere. In the market system not only is the value humans place on environmental quality grossly underestimated because of the lack of prices for most environmental goods, there is no way any values other than those originating with present day humans can influence prices and thus influence the use of these resources. Humans living in the present are the only creatures who can enter the market and bid. The world was outraged (and rightly so) over plans of a Japanese businessman to be cremated with paintings by Van Gogh and Renoir for which he paid $190 US million dollars (Brisbane Courier-Mail, 1991). It cannot be argued that this is simply a case of "market failure" since it could very well be that the businessman would put a higher value on the destruction of the paintings at his funeral than would be the collective sum that people would be willing to pay to save it. The ethical outrage should be even greater when private interests buy pieces of the environment such as a rainforest, and destroy it. Natural treasures that took hundreds of thousands of years to create are being burned according to the whims of ephemeral owners. The destruction of a Van Gogh or Renoir, tragic as it would be, would not affect the survival of the planet's inhabitants. E.O. Wilson (1992) describes the lengths to which people went to preserve works of art during World War Two and suggests that we should express the same concern for irreplaceable works of nature.

What is objectionable then is not the neoclassical model of how the market economy treats the environment, but rather the reality of the market system itself. Neoclassical theory is, in many ways, an accurate description of the logic of market exchange; a peculiar and narrow logic which does not consider history or context. It is useful, I believe in describing how the market treats environmental resources. The operation of the market is based on different principles than the operation of the natural world.

As discussed in earlier chapters the neoclassical model of allocation is not adequate as a model of economic change. It is not up to the task of describing a world of increasing returns and non-equilibrium dynamics. We certainly need economic models which accurately describe market dynamics and the way the economy seems to (temporarily) allude biophysical constraints (Christensen 1991). The ultimate task, however, is not to come up with a more realistic model but to change the current economic system before it decimates the earth's present inhabitants.

Neoclassical economics is a model of the allocation of a fixed amount of scarce resources. Even neoclassical "growth theory" is a collection of mathematical models which recast the static allocation optima into their dynamic equivalents. Instead of the optimal amounts of productive factors, solutions are derived showing optimal growth rates of these factors. There is no discussion of where these factors of production originate, how they may be maintained, or if the scale of economic activity bears any feasible relationship to biophysical reality. As discussed earlier, standard economics assumes that economic growth is desirable and inevitable. Bioeconomists such as Georgescu-Roegen (1971) and Herman Daly (1977) discuss the biophysical fact that continued growth is impossible in a finite world. Several recent books (Daly and Cobb 1989, Kassiola 1990, McLaughlin (1992), Milbrath 1989, Orr 1992) discuss the harmful effects of economic growth on the environment and on human moral and material well-being, but relatively little has been written about the causes of economic growth in a market economy from the perspective of finding a the path to an environmentally sustainable level of human activity.

Greenhouse Policy Recommendations as an Example of the Misapplication of Neoclassical Theory to Environmental Problems

Greenhouse predictions are becoming more and more precise and are being confirmed by a variety of approaches. New analysis based on reconstructions of the last glacial maximum (18,000 years ago) and the mid-Cretaceous warm maximum (100 million years ago) suggests that a doubling of carbon dioxide (CO2) levels will result in an average warming of the global climate by about 4 degrees Fahrenheit (Barron 1992, Hoffert and Covey 1992). This is in line with computer simulations of general circulation models which have suggested a warming of 3 to 8 degrees Fahrenheit. CO2 levels are expected to double due to industrial activity by sometime in the middle of the 21st century if strong preventative action is not taken soon. The earth's temperature will rise to its warmest level in a million years. If the effects of past climate change offer any guide a warming that fast and by that much will have catastrophic impacts on ecosystems and on human society.

It is instructive to examine the standard economic approach to greenhouse policy. Greenhouse policy recommendations based on neoclassical economics show clearly the inadequacy and irrelevance of that approach in dealing with many major environmental issues. One of the most prominent neoclassical economists to apply economic theory to global environmental issues is William Nordhaus. He has written extensively on the greenhouse effect (Nordhaus 1990, 1992) and has served on the National Academy of Sciences (1992) Committee on Science, Engineering and Public Policy which produced an influential and controversial report on greenhouse warming.

In order to formulate policy options to global warming the question we should ask is something like "What are the potential consequences of global warming for the human species?" The question asked by Nordhaus and other neoclassical economists is "What is the potential impacts of global warming on GNP as currently measured?" Furthermore, there are serious problems with Nordhaus' answer even to this narrow question. Ayres and Walter (1991) conducted a detailed analysis of the cost estimates of the greenhouse effect made by Nordhaus (1990) and found that his numbers were grossly underestimated. For example, Nordhaus estimated that the cost of sea level rise (which represented 92 percent of his global warming cost estimates), in terms of annual world damages would amount to between 0.2 percent and 0.4 percent of gross world income (GWI). The numbers calculated by Ayres and Walter, based on fairly minor adjustments to Nordhaus' assumptions, represent between 2.1 percent and 2.4 percent of GWI, or about ten times higher than the Nordhaus estimates.

Rather than modifying the cost-benefit estimates of Nordhaus' study it is more instructive to examine the realism of his underlying assumptions, that is, the basic assumptions of neoclassical theory. In his most recent study (Nordhaus 1992) used a neoclassical framework to analyze several policy options to deal with greenhouse warming. The heart of the model is a total utility function which is to be maximized. Total utility is a function of the size of the population times the utility of per capita consumption. The very nature of this function makes it irrelevant and misleading when applied to many environmental policy questions. Of the many questionable assumptions made by Nordhaus (constant returns to scale in production, no uncertainty, exponential growth in technology, constant elasticity of substitution both in consumption and production, exogenously given population and technology) the characteristics of the utility function are particularly important.

Utility (undefined and unmeasurable) is "a function of" (implying an undefined and unmeasurable causal relationship) the flow of consumer goods. The utility function is downward sloping implying that everything which gives an individual utility is subject to trade. Biodiversity, a stable climate, or any other environmental service is on an equal footing with consumer goods such as VCRs or a new pair of skis. Nordhaus uses a constant elasticity of substitution utility function which implies that all things which give the (identical) consumers utility are substitutable to exactly the same degree. There is no recognition of the uniqueness of the life support systems of the planet or of the possibility of irreversible change, or of unforeseen consequences of global warming.

Furthermore, in a dynamic formulation utility received from these goods must be discounted, that is, a good is worth more delivered at the present than if delivered at some point in the future. Discounting is rational for an individual making a decision at a particular point in time but it is not rational to base social choices about environmental preservation on discounted values. From society's point of view why should a stable climate be worth less a year from now? Even if the discount rate used is low, small present values will be assigned even to catastrophic future losses. The use of a discount rate to value irreplaceable environmental services dictates that these services should be drawn down (destroyed) over time. A sustainable environment is incompatible with economic rationality. As D'Arge, Schulze, and Brookshire (1982) argue, any discount rate embodies an ethical decision about the rights and well-being of future generations.

Consumer choice theory is based on the absolute sanctity of individual choices no matter how or on what basis these choices are made. E.O. Wilson (1992), one of the world's foremost authorities on biodiversity, estimates that only 10 percent of tropical species have even been named, much less studied in detail. If we asked Professor Wilson to put an economic value on tropical forests he couldn't begin to do it. There is simply no information on which to base such an estimate. Why should estimates of value given by a random sample of individuals be the basis of public policy? Utility theory takes preferences as given, without questioning how they arise. This may makes sense in choosing between a blue dress or a red dress but not with decisions the consequences of which are irreversible and which affect the viability of all life on earth.

Such decisions should not be based on neoclassical general equilibrium theory but on scientific information and judgements which take into account to particular characteristics of the problem being examined. Neoclassical policy is largely invariant with the problem being studied. Nordhaus' (1992, p. 1319) recommendation is to do little or nothing if it affects economic growth: "According to these estimates there is potential for a major waste of resources if greenhouse policies go too far". His calculations argue against emissions stabilization and even more strongly against climate stabilization. In the early 1980s economists studying the CFC problem also recommended a wait and see policy. Martin J. Bailey (1982) argued that, based on an economic cost benefit analysis, that there was no justification for a proposed ceiling on fluorocarbon production. Five years after Professor Bailey's paper, under the Montreal Protocol on Substances, the nations of the world agreed to reduce CFC emissions to 50 percent of 1986 levels by the year 2000. After new scientific evidence came to light it was agreed in 1990 that there should be a complete ban on CFC production by the year 2000. The phase out of CFC production began only after needless delay, for which economists must bear major responsibility. The severity of the threat to the ozone layer was recognized by scientists in the 1970s. In the CFC case, as in the case of greenhouse warming, the recommendations of economists at that time were worse than irrelevant. Contrary to the assumption present in all neoclassical models, the effects of ozone depletion were not reversible and the life-protecting service provided by the ozone layer was not a commodity on equal footing with market consumer goods.

If neoclassical theory were only irrelevant as applied to issues such as global warming it would not be necessary to spend so much time discussing it. The problem is that the theory has been widely used by its practitioners to foster lengthy and unjustified delays in dealing with critical environmental problems. Reducing all questions about economic growth, pollution, and the environment to ones of substitution and optimal allocation precludes consideration of basic questions about the very existence of the polluting activities. Consider these questions: "Should we continue economic growth even if we alter the global climate dramatically and irreversibly when we have no idea what the effects will be or even if the human species can survive such change?" or "Should we keep growing and eliminate up to 50 percent of existing species when we have no idea of the effects on humans or the remainder of the biosphere?" If we asked these questions would we really need to conduct a cost benefit analysis to answer them? Only by casting the debate in terms of the very narrow and very peculiar framework of economic theory and the peculiar and narrow logic of the market can these questions be ignored. Even without considering the responsibility of humans to other species, the cost of continued economic growth is likely to be the destruction of the life support systems of the planet crucial to human survival.

The Poverty of Affluence

As legions of commentators have pointed out (Daly 1977, Douthwaite 1992, Hirsch 1976, Scitovsky 1976, Wachtel 1983), the benefits of more economic growth are ephemeral. According to opinion surveys the percentage of Americans who reported being "very happy" peaked in 1957 (Schor 1991a, p. 114). Since the 1950s people are no happier in spite of steady increases in per capita GNP. After basic necessities are met the relationship between more consumption and increases in welfare is more and more problematic. Schor (1991a, p. 114) writes:

> In an era in which the connections between perpetual growth and environmental deterioration are becoming more apparent, with the quality of public life declining in many areas (public safety, decline of community, failing education system), shouldn't we at least step back and re-examine our commitment to ever-greater quantities of consumer goods? Do Americans need high-definition television, increasingly exotic vacations, and climate control in their autos? How about hundred-dollar inflatable sneakers, fifty-dollar wrinkle cream, or the ever-present (but rarely used) stationary bicycle?...Once we take the broader view can we still be so sure that all these things are really making us better off?

Growth advocates will counter with the argument that we must grow to help the poor, especially in the third world. But where will growth take place in the future? If the past is any guide the recipients of growth will be the upper and upper middle classes in the developed countries, and third world elites. Will this growth make these people happier? Evidently not.

Paul Wachtel (1983, p. 18) in his book *The Poverty of Affluence* points out that the growth ethic, being an essential part of our socio-economic system, is embodied in our system of beliefs:

> Growth, progress, the idea of "more" is so much a part of our consciousness that it takes very little to persuade us that any particular item is something we want or need. Ads influence what *particular* things we will desire (and in their very ubiquitousness they contribute to the growth state of mind as well) but it is our state of mind, linked as both cause and effect to so many interlocking features of our way of life, that it is particularly crucial to understand.

Is there any hope that a political base can be built for a no-growth policy? Some surveys suggest that there is. Surveys by Milbrath (1989, pp. 120-124) taken in 1980 and 1982 (at the height of the Reagan revolution) found that given the choice between a society that favored economic growth over environmental protection, and a society that favored environmental protection over economic growth, Americans chose environmental protection by a 3 to 1 ratio. The ratio in Germany was also 3 to 1 and in England almost 5 to 1. These results are confirmed by a Harris poll commissioned by the Department of Agriculture which found a 2 to 1 ratio in favor of environmental protection versus economic growth (Milbrath 1989, p. 122). There is also evidence from public opinion polls that the majority of Americans would prefer to earn less and have more leisure time. A Department of Labor study found that 84 percent of the working population would trade income for more free time (Schor 1991a, p. 129). It seems that people are willing to forego more economic growth both for environmental and personal quality of life reasons. The problem in terms of public policy is not public acceptance of no economic growth but rather maintaining the viability of a non-growing economy. As Daly (1977) has eloquently pointed out a steady state economy is not the same as a present-day economy experiencing stagnation. As argued throughout this volume, a major task for ecological economists is to understanding the dynamics of the market economy as a self-organizing systems that depends on growth perpetuate to itself. Policies designed to correct the negative relationship between economic growth and the environment should be undertaken with some appreciation of the (presently) essential role growth plays in keeping the economic and political systems of the world from flying apart.

Sustainable Development

The term "sustainable development" has become almost a cliché in recent years. Tisdell (1991, p. 196) lists several ways the term has been used in the literature: (1) maintaining intergenerational economic welfare, (2) maintaining the existence of the human species for as long as possible, (3) sustaining the productivity of economic systems in terms of their resilience, and (4) maintaining biodiversity. These various meanings of sustainable development lead to very different policies ranging from promoting economic growth in order to finance environmental protection (the Brutland Report) to a zero or negative growth of the physical output of the economy (Daly 1977). There are two broad meanings to "sustainable development", sustainable economic activity and sustainable environmental quality. We are concerned here with the second use of the term.

For renewable or quasi-renewable resources such as water quality, air quality, biological species, or forests, one meaning of environmental sustainability is harvesting the resource at a rate that can be maintained indefinitely or discharging pollutants at a rate which may be absorbed without degrading the quality of the resource. As defined by Pearce and Turner (1990, p. 44) sustainability in this sense implies that (1) rates of harvest (h) be kept below the natural regeneration rate (y), or $h < y$, and (2) waste flows to the environment (W) be kept below the assimilative capacity of the environment A, or $W < A$.

Pearce and Atkinson (1992) distinguish between "weak" and "strong" sustainability. Strong sustainability means keeping "natural capital" intact over time. Natural capital includes energy and mineral assets as well as ecosystem function. Weak sustainability recognizes that substitution possibilities exist and assumes that it is theoretically possible to keep constant or even increase economically recoverable mineral and energy assets even if they are being used at some positive rate. Pearce and Atkinson (1992, p. 5) point out that substitution possibilities probably do not exist for ecosystem functions and therefore weak substitutability "is open to question". Trade-offs may be possible between development and environmental amenities such as open space or scenic views but there are no substitutes for the life support systems of the environment (Pearce and Turner 1990, p. 47).

Another problem is that for biological resources there are an infinite number of "sustainable" possibilities, especially when ecosystems rather than individual species are considered. For example does a "sustainable forest" imply sustaining old growth forests or sustainable timber cutting (with less biodiversity)? Does sustainability imply restoring old growth forests over the coming centuries? When is it desirable to restore ecosystems to their "original" state?

For non-renewable resources sustainability means that the rate of use of these resources (R) should be less than or equal to the rate of technological progress (T) in the development of substitutes or conservation efforts, that is $R < T$. An insurmountable problem with this rule is impossible to predict technological progress. Georgescu-Roegen's definition of a viable technology is that it does not depend on unknown and unknowable future technological change. This is in keeping with his philosophy of minimizing regrets rather than maximizing utility.

It is generally recognized that economic growth, meaning ever larger outputs of goods and services, cannot continue indefinitely. As argued throughout this volume there are environmental limits to human activity, especially to the ability of the biosphere to absorb the stream of waste from the economy. A common counter-argument is that while there may be limits to economic growth there are no limits to economic development. That is, growth can continue if it takes a different direction, more services, more emphasis on the quality of life rather than on material goods. The implication is that the throughput of raw material and energy can be kept constant and the economy can still develop.

The problem is that the way the term sustainable development is used it still implies growth. Again, all economic activity requires natural resources and generates pollution. Even if most of the population lived austere lives, worked as poets or professors they would still use resources for their work. If there is growth, no matter how small and no matter how small the base starting point is, the end result is non-sustainability. With any positive rate of growth we run up against the finiteness of the environment.

If the goal of public policy is economic growth then there is no need to define an end state. Continual growth means continual change and continual progress. Economic growth is a goal in itself. Development, on the other hand, if it is used in a sense different from economic growth, implies an end state. When organisms develop they reach a stage of maturity and an equilibrium size and then they stop growing, their input needs remain constant. Development in this sense implies a movement from a state **A**, the current situation, to a new state **B**, a presumably better, sustainable situation in terms of development goals. So, unlike the case with economic growth, with development we must think about the "progression" from **A** to **B**, then consider **B** as a desirable steady state from which there need be no "progress" (see chapter 8).

From this perspective "sustainable development" cannot imply continual growth and so it must have some end point, some desirable state where sustainable development policy will lead us. When we think of development as leading to a final state, lots of other goals, buried under the promise of economic growth, come to the fore. In this end state would we tolerate huge income inequality, racism, unequal treatment of the sexes on so on? The end state does not have to be a utopia but if you are ending up with a system that will not change significantly you must deal with a whole array of larger issues. We want to "progress" to a point where no further progress is desirable. After development is accomplished we should be in a steady state (Daly 1977). A snapshot of the human economy at this end point should look the same from year to year indefinitely. Such a final state would be unprogressive in the usual sense of the term.

Nowhere is the fallacy of development as growth more clear than in the treatment of third world countries. Environmentalists are continuously scolded, even by other environmentalists, for wanting to limit the aspirations of third world peoples by setting aside protected areas. The underlying premise is that conventional development policies based on the assumption of neverending growth will raise the people of Africa and Latin America to West European and North American standards of income. If current development policies continue, in a few decades not only will the remaining wildlands be gone but the people will be even poorer. The choice is not between saving the wilds and raising living standards through conventional economic growth. Saving the wilds and saving the people both call for a new approach to development that recognizes limits and does not equate growth with progress. Successful development programs, like successful programs to preserve the environment, must involve local people (Barbier 1992, Leakey and Lewin 1991). But local "ownership" is not enough if resource markets, access to capital, and credit availability is controlled by international organizations committed to growth-as-progress.

Currently, many important contributions to the sustainable development debate are being made in the area of defining and preserving "natural capital". Even in the context of the most conservative economics it makes no sense to destroy the base of further economic activity by cutting forests, depleting topsoil, or driving stocks of fish far below their rate of replacement. However, the real catastrophe of human activity is that it is drastically changing the course of biological evolution, and thereby severely limiting the future possibilities of the human species. This is undoubtedly the greatest environmental threat we face even though its effects are impossible to measure and its specific consequences impossible to envision. But how can we talk about "natural capital" without considering the staggering losses our growth-oriented economy is imposing on natural resources that have taken tens of millions of years to evolve? Biodiversity loss has already severely limited human possibilities for as long as our species will exist. We must start thinking about the truly "long run", that is, more than a decades into the future. The human genus Homo has existed for about 2 1/2 million years, modern humans for something like 100,000 years, agriculture for about 10,000 years and industrial society for about 200 years.

The industrial market economy is a very recent institution, and there is no reason to believe that it can or will last for very much longer. The only thing we know for sure about the future is that it will be different. We are now destroying or at best severely limiting the natural capital basis for future socio-economic systems. The theoretical framework for valuing the environment is based on the assumption that a growth-oriented market economy is the only possible system. There is no way of knowing what sort of socio-economic systems humans will have in the future and what the material requirements of these societies will be. All we can be sure of is that the more we destroy today the fewer choices humans will have in the future.

The standard economic argument is that it is proper to use up natural resources as long as increases in productivity keep pace with resource exhaustion. If this happens future generations are compensated by technological advances in the form of efficiency improvements. This argument depends on future generations having a socioeconomic system comparable to ours. It makes no sense to speak of "compensating" very distant generations with anything whose value depends on being in the context of the current socio-economic system. Take the example of copper. Within our economic system it is reasonable to say that it is proper to exhaust the supplies of copper as long as substitutes are being found at the rate copper is being used up. But will distant generations really have a use for a copper substitute such as plastic pipe? Copper was the first metal used by humans because it is easily worked and was readily available. It will not now be easy to find copper if our distant ancestors revert to a hunting and gathering lifestyle. Our use of this resource will most likely restrict the choice set of future generations.

Conclusion

That a non-growing economy is imperative is increasingly recognized by natural scientists. An ever larger number of economists have come to this realization. Too much energy has been wasted, however, restating arguments made eloquently by people like Herman Daly over twenty years ago. We should turn our attention to trying to understand the role of economic growth in a self-organizing, self-perpetuating, socio-economic system that feeds itself by destroying the biosphere. Unless we can identify the social functions of economic growth and come to some understanding about how to substitute environmentally benign functions for these, we may do more harm than good by only stopping growth.

Broadly speaking, however, the possibility of the eventual collapse of human civilization because our numbers and activities have outstripped to earth's carrying capacity should not necessarily be seen as a monumental tragedy. What are the prospects for the planet if the doomsayers are correct? Broadly (and anthropomorphically) speaking there are two outcomes, humans will survive or they will not. In the first case it is possible that we humans will destroy most higher lifeforms including ourselves. In this case the biosphere will recover, as it always has, and biodiversity will return in new and undoubtedly interesting forms. In the second case civilization will collapse in time to avoid complete destruction of present-day ecological systems. Humans will survive in bands and tribes as hunter-gatherers, possibly after a rough adjustment period. Fossil fuels will be inaccessible for all practical purposes so beginning a second industrial revolution will not be possible. Quite possibly topsoil erosion will have progressed to the point that large scale agriculture will also be impossible. Maybe the next human era can avoid the fatal paths we have followed in the past.

8 PROGRESS, ECONOMY AND ENVIRONMENT: TOWARD A DECLINING STATE

> Progress is a noxious, culturally embedded, untestable, nonoperational, intractable idea that must be replaced if we wish to understand the patterns of history.
>
> Stephen Jay Gould

> Progress might have been all right once, but it's gone on too long.
>
> Ogden Nash

It is widely accepted that the idea of progress is quite new, that the idea of a world rapidly evolving to a better and better state was a product of the industrial revolution. The new Victorian concept of progress was inevitably intertwined with notions of perfectibility through commercial enterprise. The idea of struggle and competition honing and perfecting individuals and enterprises moved rapidly from the commercial to the biological world, from Malthus and other political economists to Darwin and Alfred Russel Wallace (Worster 1977, chapter 14). Constant change and struggle came to be seen as part of the natural order of things. In both the biological and economic worlds progress became almost synonymous with the struggle for survival through competitive selection. As Darwin (1872, p. 669) put it, in a famous passage, "as natural selection works solely by and for the good of each being, all corporeal and mental endowments will tend to progress towards perfection". In the economic world, according to Wimsatt and Schank (1988, p. 231), "'Progress' became a tool for justifying the free market, for colonial domination and exploitation for non-Western 'primitive' societies, and for the manipulation and exploitation of our natural and biological environment."

Today, with pessimism about the future running ever more rampant, the notion of progress is all but dead among intellectuals. Optimists such as Julian Simon and George Gilder seem almost quaint in today's climate of gloom. Nitecki (1988, p. vii) writes:

> Despair seems the fashion of the day: it presumes that population growth is a deadly bomb; that shortages of food will produce mass hunger; that AIDS will decimate our population; that mass poverty will rule tomorrow; that religious and fundamentalist upheavals will destroy freedom; that the present monetary system will collapse and rupture social order; that commercialism is omnipresent and ideas dead; that pollution will smother us and lack of fuels will freeze us; and that Tartars will light the torches of war with megatons.

Already in the decade of the 1990s several important books in social philosophy have appeared questioning the idea of progress. Christopher Lasch (1991) asks why people cling to the idea of progress in the face of overwhelming evidence to the contrary. H.C. Coombs (1990, pp. 2-3) writes of the return of scarcity, that is, "the effect of an explosively increasing world population confronting material resources which we had come to believe were, for practical purposes, inexhaustible."

The roots of the current despair may be found in two increasingly related areas, the economy and the environment. There appears to be no end to the economic malaise affecting western economies since the oil shock of the 1970s. Average weekly earnings in the United States grew at annual rates of 2.5 percent in the 1950s and 1.4 percent in the 1960s, but fell by .3 percent per year in the 1970s and fell again by almost 1 percent per year in the 1980s. Real output increased by 4 percent per in the 1950s and 1960s but by only 2.8 percent in the 1970s and 2.7 percent in the 1980s (Economic Report of the President 1990).

The decades of the 1970s and 1980s also brought an increasing awareness of the seriousness of the conflict between the economy and the environment. Research showed that economic activity was affecting the viability of ecological systems on a world-wide scale. The problems of acid rain, global warming, the destruction of the ozone layer, and the loss of habitats and biodiversity became familiar to all. The optimism of the 1950s and 1960s and the idea that things will continue to get better and better became, almost overnight, a naive anachronism.

Economic Growth and Progress

Among professional economists progress is almost invariably equated with economic growth. Edwin Mansfield (1991, p. 9) writes in one of the most widely used microeconomic texts writes, "The goal of economic growth is a relatively new one; most past societies have had economies that were unprogressive". The overwhelming purpose, almost the only purpose, of economic policy is to ensure a robust and steady increase in gross national product. The quest for growth takes on an ethical, almost religious, fervor. We must grow to bring abundance to the poor, to eliminate unemployment, to reduce racial and sexual inequality and to finance environmental protection (see Daly 1977).

The progress debate in economics is at base an argument between technological utopians who believe that economic growth and technological progress is necessary to solve environmental problems and those who believe that economic growth and its accompanying side-effects lies at the root of the environmental crisis. The advocates of unlimited growth see no ethical problem with an environment whose sole purpose is to serve economic ends. Bringing more of the natural world under human domination merely rids the world of "disease enclaves" such as "malarial forests" (Simon 1982). Such advocates typically show a lack of concern with even the short-run effects of ignoring the environmental context of human activity. The prevailing view is that the only hope to solve the pollution problem is to grow out of it. We must grow more so we can afford the cost of environmental cleanup. Herman Daly (Daly 1977) refers to this as the "more of the hair of the dog that bit you" argument. A corollary to this view is that progress in technology will save us. We need to produce more wealth to finance the technological advances needed to clean up the environment. One of the most extreme advocates of technological utopianism is Julian Simon who argues that even population growth is good because that means more minds to work on the problem of resources and scarcity. In his view each additional person will actually mean resource savings because he or she will come up with ways to use resources more efficiently, and this will more than offset the additional resource used by that person (Simon 1981).

The neoclassical model of perfect competition invites a progressivist interpretation. Through the force of competition each firm is inexorably pulled toward maximum efficiency. Most of the alternative (non-neoclassical) schools of economic thought are no better in recognizing the conflict between the environment and economic growth. The institutionalist school, echoing the views of its patron saints C.E. Ayres and Wesley Mitchell, is for the most part grounded in technological utopianism (Gowdy 1987). Likewise, the neomarxian dream of a better world is (with important exceptions) based on the notion of material abundance through a more rational organization of production (Gowdy 1981, 1986).

Every government in the world not only assumes that progress is the natural desirable state, but also that progress is measured in terms of economic growth. At the same time there is an increasing awareness that the earth's biosystem is finite. The result of these two contradictory thoughts is often rather bizarrely expressed by world leaders. In a speech to the 1988 international conference on global warming Canadian Prime Minister Mulroney stated "we believe that there are no limits to economic growth, other than those imposed by our imagination, but we do recognize that there are real limits to natural systems and resources" (quoted in Gordon and Suzuki 1990, p. 176). In 1989 Prime Minister Thatcher made an impassioned speech to the United Nations about the absolute necessity to protect the environment from further degradation, but then went on to say that we must have "continued economic growth to generate the wealth to pay for the protection to the environment" (quoted in Gordon and Suzuki 1990, p. 176). According to the parliamentary vice-minister of Japan's Environment Agency, Ichiji Ishii, "I think we should be growing and growing forever. It's my personal philosophy. Quite often materials, or amount of materials available, and the degree of happiness have a very strong correlation, so I think the more we have, the better it is" (Gordon and Suzuki 1990, p. 157). Policy statements from the Bush and Reagan administrations hardly even gave lipservice to global environmental concerns.

Not all economists, of course, accept the growth-equals-progress equation. William Kapp (1950) was one of the first to point out the social costs of economic growth. A major breakthrough in economic theory came in 1971 with the publication of Georgescu-Roegen's *The Entropy Law and the Economic Process*. Georgescu-Roegen challenged the foundation of economics which he argued should be based not on classical mechanics but rather on the second law of thermodynamics, the entropy law. The economic implication of the entropy law is not continual progress but rather inevitable decline; economic systems struggling against the inevitable increase in high entropy. A small but influential group of economists has challenged the notion of progress as reflected in business society and in the theoretical model (the neoclassical synthesis) describing that society. This group of economists stresses that unlimited growth is not only undesirable (Mishan 1967, Hirsh 1977, Scitovsky 1976, Kapp 1983) but impossible (Boulding 1977, Daly 1977). In the words of Christopher Lasch (1991, p. 528), "The belated discovery that the earth's ecology will no longer sustain an indefinite expansion of productive forces deals the final blow to the belief in progress."

As discussed in the previous chapter the 1980s saw the rapid rise of the notion of sustainability as opposed to continual economic growth. In its many guises the underlying notion of sustainable development is not improvement but keeping the environment or economic welfare the same; to keep the economy from growing in order to prevent environmental quality from deteriorating. The idea of a steady-state economy seems to be gaining more and more adherents. Some individuals in powerful organizations such as the World Bank are now sympathetic to the idea of some form of sustainability. Most encouraging is the election of a serious environmentalist, Al Gore, as Vice President of the United States. However, if full implications of entropy law for economics are to be accepted what is inevitable is not a steady state but a declining state.

In spite of the increase in heterodox opinions within the economics profession the dominant opinion is that more economic growth is both necessary and desirable. Equating economic growth with progress in the future raises questions about past progress. Has economic growth meant progress in the past? If this question cannot be answered in the affirmative then why should we expect progress in the future, especially with a declining resource base and a reduced capacity of the environment to absorb further pollutants? How is progress defined? Can it be defined in economic or even technological terms so as to be unambiguously seen in the past? Once we begin to look at specific attempts to define progress, the concept slips out of our grasp. It is instructive to examine these questions because they are central to the growth ethic and it is that ethic that lies at root of the environmental crisis.

Criteria for Progress - Has There Been Any?

Perhaps the most spirited debate of the idea of progress, a debate with important implications for environmental ethics, is taking place in the field of evolutionary biology. At first blush it may seem absurd to think that there has been no "progress" in the course of biological evolution. We have all been taught to believe that the history of life is one of increasing complexity, beginning with single-celled organisms and culminating in Homo sapiens. Recent studies suggest, however, that there is no discernable trend toward greater complexity in specific lineages. Two of the first studies to look for greater complexity in the evolutionary record, based on mammal's backbones (Thomas and Reif 1993) and fossil shells, concluded that the overall course of evolution shows no trend toward complexity. Yoon (1993) writes:

> The outer limit of complexity may increase over time, as an occasional lineage of organisms becomes more complex. But at the same time other species may be growing less complex. Thus over all, within a given assemblage of species, there is no evident evolutionary drive toward greater complexity...Also researchers found that complexity in and of itself seemed to confer no particular advantage.

Nitecki (1988, p. xx) discusses the failure of several heroic attempts to define progress in the biological world. It is instructive to apply these criteria to human social progress. Among the suggestions for evidence of evolutionary progress are (1) morphological complexity, (2) adaptive ability (Wimsatt and Schank 1988), (3) accumulation of genetic information, (4) increasing biomass, and (5) increasing resistance to extinction (Raup 1988).

(1) Morphological complexity - Human culture is becoming more homogeneous not more less. Unless we limit the discussion to technology and material culture it is apparent that human society is becoming less diverse and more culturally uniform. In his classic work *The Great Transformation* Karl Polanyi (1957) described the relentless march of the market, sweeping aside traditional cultures and values, a process that has accelerated in the decades following Polanyi's book. There was certainly a much more complex range of adaptations to daily life among various upper Pleistocene hunters and gatherers. Archaeological and ethnographic data show that hunter-gatherers were characterized by complex cultural and technological adaptation to local environments. Even after the development of agriculture there was a variety of lifestyles and a geographic diversity of crops. The twentieth century has been characterized by a ruthless elimination of any cultures not based on market economies.

This process is well-described by Gould's (1989, p. 216) notion of evolution's path as a sort of inverted bush. The traditional view of evolution is a pattern of increasing complexity and a steady increase in the number of groups through time. However, according to Gould, the geological record indicates that the evolutionary process is characterized by a reduction in basic forms through time and an increasing variety within those fewer number of forms that survive. This idea describes the decimation of traditional human societies and the increasing complexity of the survivors, those based on the market economy.

(2) Adaptive ability - One suggested trait for survival is flexibility and diversity. Warren Hern (1990), among others, warns of the increasing vulnerability of the human species because of worldwide reliance on the same technology and basically the same social system based on the market mentality. Hern compares the "dedifferentiation" of human society to a malignant process, comparing human colonization to the spread of cancer cells. Cities are becoming more and more alike, the world listens to the same music and chooses among the same array (even the same brands) of consumer goods.

In terms of ecosystem adaptation it is true that humans have colonized most land areas of world but we had done this in hunter-gatherer times and with a variety of ways of life. If any of the dire predictions of the pessimists come true, monetary collapse, nuclear war destroying transportation and communication links, or climatic disasters, we are now left with only one type of human society to adapt to catastrophic change. In spite of (or because of) our increasing technological complexity there is an increasing lack of flexibility and adaptive capacity. We have no hunter-gather skills to draw upon for survival without our material artifacts.

(3) Accumulation of genetic information - In recent times there has been a dramatic loss of the genetic and cultural resources of our own species. Indigenous populations are disappearing all over the world and with them a wealth of information and a potential source of resistance to disease (Roberts 1991b). We are also destroying other species and the genetic safety net upon which our ultimate survival and our evolutionary potential depends. Humans do not exist in isolation from the natural world. We depend on complex interactions with other plants and animals. These other lifeforms are being threatened by a dramatic loss of species and genetic variability. There has certainly been an explosion of technical information in the twentieth century but how much of that information is relevant to our survival as a species? Even after the amazing scientific advances of the past few decades we only vaguely understand processes

of coevolution and our connections to the natural world. In this respect we know much less than we did in preindustrial times. As individuals we have experienced a substantial loss of information as to how to survive in the natural world without an ever larger array of exosomatic artifacts.

(4) Increasing biomass - It is true that there are more humans on the planet than ever before, over five billion, with a doubling rate of about 35 years. Most observers consider this phenomenon a threat to our survival rather than an evolutionary step forward. We should also be humbled by the fact that there are some 2000 pounds of termites on the earth for every human being.

(5) Increasing resistance to extinction - Again, the growing uniformity of human culture makes adaptation depend almost solely on technological advances. And in spite of these technological advances a large percentage of humans are on the brink of starvation or actually starving. As argued in chapter two judging from contemporary hunting and gathering societies things were undoubtedly better in the Upper Pleistocene before the adoption of agriculture. Marvin Harris (1977) presents evidence that agriculture actually represented a step backward in terms of health and longevity. He points out that only in 1900s did humans in the most technologically advanced countries (the U.S. and Europe) reach the state of health and longevity enjoyed in the Upper Pleistocene. This increased lifespan has been achieved at a cost perhaps unbearable to the rest of biosphere.

(6) One may add to this list the most talked about and most praised human characteristic, that is, our capacity for abstract reasoning. Our higher reasoning ability, it is argued, puts us at the pinnacle of evolutionary progress. Here again, a case can be made that there is little evidence of progress in human intelligence during the last 300,000 years or so. When anthropologists discuss advances in human intelligence there is a curious schizophrenia. On one hand it is assumed that the increase in brain size (sometimes adjusted by body weight) from early humans such as australopithecus to Homo habilis to Homo erectus to Homo sapiens is physical evidence of increasing intelligence. On the other hand it is nowhere implied that the significant decrease in human brain size from the Upper Pleistocene to today (see for example, the figures for cranial

capacity for early humans in M. Day 1986) is an indication of decreasing intelligence. There has not been a steady, continual increase in intelligence from early humans to the present. There is some indication that Homo habilis found at Olduvai had smaller brains than much older specimens. According to Holloway (1974) a three million year old human skull found by Richard Leakey in Keyna (known as ER 1470) had a relatively large brain and was essentially modern in neurological organization. A Homo erectus skull found at Olduvai gorge had a cranial capacity of 1067 cc, well within the range of modern humans (Holloway 1974, p. 81). Recent analysis of 300,000 year old Neanderthal fossil remains from Spain (Arsuaga et al. 1993) indicates that the cranial capacity of these early humans were at least as large as modern day humans (one specimen has a cranial capacity of 1390 cc). I emphatically do not want to argue that there is a neat relationship between brain size and intelligence. The intent here is simply to point out that the hominid fossil record, contrary to the prevailing opinion, does not show a steep and progressive upward slope in brain size culminating in modern humans.

A larger question is should evolutionary progress be judged on the basis of abstract reasoning ability? This is only one of many possible criteria and is probably as good (or as bad) as any other. But having humans pick this criteria is like having a beauty contest with one hundred contestants and letting one of the contestants pick the criteria by which the winner will be judged.

Progress and Environmental Ethics

Two notions of progress are prevalent which, each in its own way, present obstacles to an environmentally sustainable society. The first of these might be called free market ethics. This is the idea that the market economy has a morality of its own, a higher morality than that held by a particular individual or group of individuals represented by the state. The second notion is that there has been steady progress in human ethical views of the environment and that this continual enlightenment will lead to a higher moral order and eventually to environmental salvation.

Michael Robinson has dubbed this the "enlightenment fallacy". That is, if you educate people, and increase environmental consciousness the problem will go away. Writing about the collapse of biodiversity in the third world he writes (in Lewin 1986a):

> The fallacy is that if you educate the people of the Third World, the problem will disappear. It won't. The problems are not due to ignorance and stupidity. The problems of the Third World derive from the poverty of the poor and the greed of the rich.

Most environmentalists do not subscribe to a simple-minded free market ideology but many subscribe to the enlightenment fallacy. Many of those arguing for a new environmental ethics subscribe to the view that there has been steady progress toward environmental enlightenment (see Hargrove 1989). Many environmentalists assume that humans are more morally developed than other animals. One cannot help being reminded of Mark Twain's remark that human beings are the only animals that blush, or need to. There have been many attempts to classify the ethical worthiness of animals based on their biological similarity to humans. This is the position of natural rights libertarians with their emphasis on individuals rather than species or communities (see Regan 1976). Modern science is beginning to provide evidence that there is a serious problem with attempting to "rank" ethical commitments to animals based on biological criteria. Invertebrate octopuses and squids, for example, are apparently quite intelligent, perhaps more intelligent than cats. Gray parrots have been taught to recognize complex differences in a variety of objects (Kaufman 1991). The argument for ranking species is also undermined by growing scientific evidence of the importance of ecosystems as something to be preserved rather than individual species. (For an in-depth discussion of currents of thought in environmental philosophy see the discussion in Norton 1991b, chapters 10, 11, 12).

An otherwise excellent book by Roderick Nash (1989) is also marred by the argument that there has been steady ethical progress from the past to the present (and will continue in the future). Nash refers to progression from a "pre-ethical" past where the only concern was "self", to an "ethical past" (movement from family to tribe to region), to the present where there has been a steady broadening of identification from nation to race to human species to animals. According to Nash the next phase will bring an even broader ethical concern to non-biological nature and eventually to the entire universe. The idea that identification with an organized religion, a nation, or a race is "progress" is problematical. Callicot (1989) also sees a steady progression from earlier unenlightened to modern enlightened societies.

As shown in chapter two a case can be made that the most ethical societies, both environmentally and socially were hunting and gathering societies, the kind humans lived in for the first 99 percent of their existence on earth. In terms of social equality and environmental sustainability we seem to be getting further and further away from the standard set by these societies. When Enlightenment thinkers talked about progress, they focused not on more economic growth but on fighting superstition, ignorance, and the use of reason, not force, to resolve disputes. Again, it seems that little progress has been made toward these admirable goals. Reason and scientific thinking seems to be more and more restricted to an elite few. Paul Shepard (1973) argues convincingly that everyday life was more complex in hunting and gathering societies. Life in these societies required more varied knowledge and more complex reasoning in meeting day to day challenges. Art and (oral) literature were a part of everyone's day to day existence and not merely the concern of an elite few.

The problem is not so much with ethics per se but with the technological base and the associated attitudes. As long as our economic and social policies are based on the illusion of a progressive movement toward a more materially abundant life for everyone even more enlightened ethical attitudes toward the environment can only modify, not decrease, the environmental impact of economic growth. The problem is that any growth, even growth in services, means more production and consumption and will have an adverse effect on the environment.

Mark Sagoff (1988) lists a number of things to bring about "environmental integration" to local communities including the protection of natural drainage systems, aquifers, flood plains, setting aside open space, and so on. First of all, these are elements of land use planning that local planning boards already routinely do. Secondly and most importantly, habitats are still being destroyed by developments practicing state-of-the-art land use controls. Encroachment by subdivisions on formerly wild land is steadily destroying wild areas. Great "progress" has been made in devising and implementing land use controls and other environmental protection measures but the natural world is still being overwhelmed by economic growth and development. There may be "progress" in reducing the marginal impact of each new development but the total impact is negative and increasing exponentially.

Another common argument is that the recognition of the environment-economy link will save us. That is, the economy depends on the environment and thus if the environment continues to be destroyed the economy will be destroyed (Gordon and Suzuki 1990). The economy is linked to the environment at two points, where resources go in and waste comes out. On the input side the price system works, however imperfectly, to call forth substitutes for and conservation of scarce resources. Increasing resource scarcity may slow down the economy but it is unlikely that it will halt economic growth anytime in the near future. A terrible possibility is that there is no critical environmental-economy link on the output side. It may well be possible that the economy can grow for decades without being seriously affected by the catastrophic environmental losses now taking place. Recent studies have been published which purport to show that the *economic* losses from global warming and from acid rain will be quite manageable (Roberts 1991a). Many environmental economists (including the author) have criticized neoclassical theory for not taking into account environmental costs of production and consumption. The neoclassical model is inadequate as a description of a physical economy but it is much more accurate as a model of decision-making processes in market economies. Unfortunately, this model with its circular flow framework and its assumptions of hedonism and anthropocentrism (see Norton 1991a) is an accurate description of how economic decisions are made.

Once the iron-clad link between economic growth and environmental degradation is admitted, it becomes clear that to protect the environment we need to find alternatives to growth. It may seem to be an impossible task, but it is a necessary one if the existing ecosystem is to be preserved, and if life is to be worth living for humans in the future. The goals of growth alternatives are straightforward (Cohen and Polunin, 1990), (1) the continuation of all life into the distant future and (2) the preservation of human dignity. The end result of a sustainable development policy should be a steady state in equilibrium with its environmental requirements.

Toward a Declining State

There is convincing evidence that the present level of economic activity is overwhelming the biosphere. If the present level of human activity is incompatible with environmental sustainability then the current level of activity must be reduced. Since this is the case the transition to the steady state must be a declining state economy.

To this end I suggest three levels of policy choices, from easiest to most difficult to implement. The first two are in harmony with standard economic thinking, first stop "intervention failure", that is governmental subsidization of environmental destruction and second correct those instances of "market failure" which are using the services of the environment at a non-optimal rate. The third policy level involves going beyond standard theory to look for policies to decouple human well-being from economic growth and dependence on market activities.

Some of the most environmentally destructive activities would not take place without subsidies from the public sector. The role of World Bank and International Monetary Fund loans in the destruction of tropical forests is well-known (Rich 1989). The production and use of weapons is undoubtedly the most environmentally destructive activity of modern governments. Less dramatic are tax policies subsidizing population growth, mortgage subsidies for second homes, and subsidies for chemical based agriculture, water projects, the timber industry, and ranchers. Stopping these subsidies is something that most conservative mainstream economists should support although they are usually silent when it comes to subsidizing conservative interests.

Also solidly within mainstream economic theory is the realization that market failures are pervasive in the case of environmental goods. The environment provides services that do not have market prices and thus the market fails to achieve the Pareto optimal solution. Even in the context of neoclassical theory, with its hedonistic, anthropocentric viewpoint these market failures should be corrected. Market incentives should be used to the extent possible to internalize the true economic costs of environmental destruction. As the economist Joan Robinson put it, the market may be a poor master but it can be a useful servant. Environmentalists should not be shy about pushing public policy using the neoclassical model.

Relying on market forces alone, of course, will not insure an environmentally sustainable economy. One of the basic reasons for the demise of the non-human environment during the past few decades has been the tremendous expansion of markets. With today's worldwide markets, if a demand for an object exists anywhere in the world it is likely that object will be bought and sold. Because of worldwide markets wild species are being hunted to extinction even in the most remote parts of the planet. Reversing the decline in the environmental quality depends first on the recognition of the inherent conflict between economic growth and environmental protection, and secondly on the recognition that this conflict can be mitigated only through enlightened government action.

What would a declining state look like and what kinds of policies would move us in that direction? A good starting point is Ehrlich's (1989) formula I = PAT, where I is the human impact on the environment, P is population, A is affluence or per capita consumption, and T is environmentally harmful technology. Each of these should be reduced along the path toward a sustainable society. Based on the PAT formula the goals of a sustainable development (the characteristics of a declining state) should be (1) a declining population, (2) a declining per capita income in the wealthiest nations, and (3) limiting environmentally destructive technologies. Active governmental policies to achieve these goals might include the following:

Toward a declining population - Governments should institute a system of taxes and subsidies to reward smaller families, provide old age security, and actively participate in the development and dispersion of birth control technology. Beyond this, if these measures are not sufficient, it may be necessary to provide financial incentives for sterilization, limit or eliminate public benefits beyond the second child, or institute other more draconian measures.

Several intriguing studies have suggested that the best way to encourage small families is by providing economic security. Lappé and Schurman (1989) argue that the success of China's population program was not due so much to coercion but rather the provision of economic security. They point to similar success in controlling population growth in Kerala state (India) and in Sri Lanka. Even though these places are poor by Western standards they have provided old-pensions, unemployment benefits, and health care and these polices have resulted in slower population growth. When life is perceived to be secure people do not need large families to insure that they will be taken care of in old age. We can also use the available information on hunter gatherers as a guide. Economic security, among other things, fostered a low birth rate.

An interesting point here goes back to Sahlin's "Original Affluent Society" argument. Sahlins contrasted the hunter-gatherer "Zen" path to affluence, that is wanting less, with what he called the "Galbraithian" strategy of satisfying all wants. This is ironic since Galbraith has spent a lifetime pointing out the link between the notion of scarcity and the prevalence of poverty in western economies. As Bird-David (1992, p. 34) points out, Galbraith's main argument is that the way to a truly affluent society is to separate economic production and economic security. As is the norm in hunting and gathering societies, individual economic security should not depend on individual productivity.

As discussed in chapter seven the goals of development policies are social as well as environmental (Lélé 1991). It is interesting to note that many of the same policies which promote human dignity and security may also benefit the environment. Another goal ecologically and ethically desirable is the improvement of the status of women in many third world countries. Jacobson (1987) has documented the relationship between high fertility and the low social status of women in Africa.

Garrett Hardin (1993) has argued persuasively that exponential population growth is responsible for many if not most environmental problems. He correctly points out the necessity of wealthy regions like North America and Western Europe to limit immigration to protect dwindling natural resources. However, Hardin's anti-immigrant bias (such as his condemnation of multi-lingual education) does not logically follow. One can believe that immigration to the U.S. should be severely curtailed and still appreciate the fact that one of our greatest strengths is our cultural diversity. There is no reason not to ration immigration through a straight up lottery or at least stratified lottery which each country or region gets a portion of the available spaces based on its population. We should isolate ourselves from population migration but we cannot isolate ourselves from the world's economic and environmental problems. Even without considering the responsibility the Western world bears for using up the global commons, we should recognize that our survival depends ultimately on global stability.

Toward a declining per capita income - Governments should develop incentives to work fewer hours or even for individuals to leave the market economy altogether. These might include upper limits on income and wealth, strengthening of existing ethical values encouraging less materialism and consumption, and providing universal health insurance and old age security.

The excesses of consumption in the world's richest countries have reached such heights (or depths) that it is hard to understand objections to an upper limit on income. Gordon and Suzuki (1990) describe the spending boom in Japan:

> It is a national spending spree the Japanese call the shohi bumu, the consumption boom, and is typified by such excesses as $700 steaks or dinner for four at an exclusive Tokyo restaurant, complete with entertaining geishas, at almost $7000.
>
> One company manufactures a credit card made of gold, while another produces gold house keys. Pure-gold business cards are being marketed by one Japanese firm, which sold 12,000 of them last year.

> Laminated in plastic they cost $50 each. The hunger for gold is so intense that Japanese are even eating it. Seiji Omura, a sushi chef, wraps raw fish in paper-thin gold foil and charges $40 a piece for the morsels.

Japan is, of course, only the latest in a long line of countries to be at the top of the consumption pyramid. Surely we can afford a wealth tax to curb the extravagant standard of living for the wealthiest of the planet's inhabitants.

Some years ago Warren Johnson (1973) argued for a guaranteed income as an environmental measure. A guaranteed income would make it possible for some to leave the treadmill of full-time work and consumption. It should have the effect of encouraging a diversity of lifestyles and breaking the link between growth and well-being. Only a minority would want to try dropping out of the market system, but those who wanted to could without fear of economic devastation. If successful their example would appeal to a larger and larger part of population.

There is ample evidence that most people would choose to work less and make do with fewer material goods if they had a choice. Gordon and Suzuki point to the increasing self-doubt among the Japanese who are beginning to ask the question "what is it all for"? Julia Schor (1991a) cites evidence showing that a majority of Americans would accept lower wages for more time off. Again, the success of such a proposal in reducing economic activity depends on the provision of a social safety net guaranteeing adequate health care and old age security. Schor (1991b) also suggests limiting hours worked (in developed economies) as an environmental measure. A strategy of taking productivity increases in the form of leisure time rather than higher incomes in developed economies would have the dual advantageous effects of reducing the North-South income disparity and reducing environmental degradation by reducing total economic output. Schor (1991b, p. 76) estimates that with a productivity growth rate of 3% in the North, the total number of hours worked per person could be reduced by half in only 20 years.

There are, of course, political obstacles that would have to be overcome. As Schor (1991b) points out longer hours increase workers' cost of job loss and create a larger pool of unemployed workers. Both these increase the control of workers over owners. The experience of Western Europe suggests that it is quite feasible to reduce hours worked dramatically in a relatively short period of time. Between 1950 and 1988, hours worked per employee in manufacturing dropped by almost 30 percent in West Germany and Sweden, and by about 25 percent in the Netherlands, Norway, and Denmark. In the U.S. there was practically no change during this period (-1.8 percent). Hours worked in Japan dropped by about 5 percent but still remained far above the average for any European or North American country (Schor 1991b, p. 79).

We should make it possible for people to have a secure future without attempting to amass wealth. A guaranteed income, and universal health care, would make it possible for some to leave the economic treadmill and still be assured of a minimum of economic security. This could have the effect of insuring a diversity of lifestyles and breaking the link between economic growth and personal well-being. More of us could at least try various alternatives to see if they are viable. Let those individuals do the experimenting for those of us who are unwilling to take such risks.

Another policy desirable for ecological and ethical reasons is the provision of more social capital as opposed to private capital. For example, the provision of public transport instead of private automobiles, and public rental cabins in national parks and preserves instead of private second homes would have a positive effect on environmental quality.

Controlling technology - There should also be strict environmental standards for potentially disruptive new technologies. According to David Orr (1992, p. 39) whether technology is beyond human control or whether it can be harnessed to the long term benefit of humanity is *the* question of our age. It is obvious that humankind would be better off without many of the technologies now present. It is also hard to conceive of workable, democratic social institutions which would regulate new technology. However, without such institutional mechanisms the steady-state society would be at the mercy of any technology developed anywhere by anyone for whatever purpose (Winner 1986). The most environmentally and socially disruptive technologies are those associated with the military. A giant step toward sustainability would be a sharp reduction in military spending an the institution of policies to make the military accountable for harmful environmental practices.

The reluctance to control technology stems in large part from the underlying social Darwinism discussed in chapter six. The dominant view is that whatever the market produces and adopts must "better". There are exceptions to this view, for example, the introduction of new drugs, but in general we take the position that if a new technology is invented and used it must be a sign of progress. In order to understand how to move to a non-growing economy we need to understand why the economy works like it does. Again, theories of self-organization seem to offer the best hope for accomplishing this formidable task. Before we proceed we first need to free our minds from the notion that economic evolution is progressive. As in the case of organic entities in the biological world the exact configuration of economic entities is a product of historical opportunities and constraints and regular laws of design. In their study of vertebrate skeletons, Thomas and Reif (1993, p. 341) conclude:

> These results strongly support the hypothesis that the essential elements of organic design are inherent in the material properties of the universe. The organizational properties of animal skeletons suggest that their design elements are fixed point attractors, structures that we characterize as topological attractors that evolution cannot avoid.

Within such a system of fixed point attractors, there are any number of possible ways the human economy can be configured. A worldwide market economy dependent upon growth is one of an infinite number of possibilities. Within this array of possibilities there is surely an environmentally sustainable one.

Moving Toward Sustainable Social and Biological Systems

In a provocative article on sustainability Talbot Page (1991) draws four lessons from contemporary biology relevant to policies promoting environmental sustainability. These are (1) the fading of the boundary between humans and other species, (2) the fading of the boundary between individuals, (3) bad news about the environment, and (4) the importance of a long time horizon.

Concern for the rights of other species is moving beyond anti-vivisectionists to "respected" scientists. In a collection of essays published under the title *The Great Ape Project* (Cavalieri and Singer 1993, Maddox 1993) scientists as diverse as Jane Goodall and Richard Dawkins argue that our closest relatives should be regarded as equal members of a single community and awarded rights such as the right to life and liberty. Current biological research is showing that a variety of creatures considered before to be "primitive" such as squid and octopi are highly intelligent and have extremely complex communication systems. The notion that because humans are so "superior" to other animals that they have a God-given right to use other species as they please is not supported in the scientific literature.

Related to point (1) is Page's argument that the boundary between individuals is blurred. It is increasingly accepted that it is the community and the ecosystem that should be the focus of preservation efforts, as opposed to saving individual species. Preserving ecosystems is now the focus of the endangered species act under Secretary of the Interior Bruce Babbit.

The bad news about the environment is getting worse. There is mounting evidence that attempts to control nature only makes things worse. It is becoming apparent that we understand very little about the consequences of our actions. This should make us circumspect about developing rules about replacing irreplaceable resources.

The time frame for policy decisions affecting the environment should be very long. Page recommends 300 years or so and even this length of time may be too short. This implies that preservation rules should not be specific to particular socio-economic systems.

It is clear that the economy cannot continue to grow exponentially (Hubbert 1993, Daly 1993, Ehrlich and Ehrlich 1993). It is a physical impossibility. It is also clear that our present socio-economic institutions are based on a growing economy (Gowdy 1992a). The economy sooner or later will stop growing. Therefore, at some point we will move to a different socio-economic system whose characteristics are at present unknown and unknowable.

More and more ecological studies are pointing to the importance of preserving large areas if biodiversity is to be maintained. Along these lines, the most ambitious proposal to date was presented at the 1993 meeting of the Society for Conservation Biology (Mann and Plummer 1993). Aa mentioned earlier a proposal to protect North American biodiversity, called the "Wildlands Project", calls for a vast network of wilderness reserves, wildlife corridors, and buffer zones. The proposal would transform the pattern of North American land use over the next two hundred years to one of human inhabited islands in a sea of natural areas. Along the coast of Oregon, for example, about one-fourth of the land would be returned to wilderness and another one-fourth would be a buffer area where human activity would be greatly limited (Mann and Plummer 1993, p. 1868). These area would be connected by corridors enabling wildlife to migrate from region to region insuring viable populations and the ability to adjust to changing environmental conditions. The interesting thing about this proposal is that it is driven by science not by economics and politics. With increasingly sophisticated studies of population viability there is more and more evidence that habitat fragmentation is extremely detrimental to biodiversity (Skole and Tucker 1993) and that large undisturbed areas are essential to preserving large predators.

The kind of ecological systems thinking is beginning to have an impact of policy. In areas such as Big Bend, the Everglades, and Yellowstone, protection policies have officially adopted the ecosystem concepts of core areas, buffer zones and corridors. Protecting what's left of the earth's natural bounty is still a matter of choice not absolute necessity. Doing nothing may not cause us economic hardship for decades to come but it will mean the disappearance of the natural world as we know it.

Proposals such as the bioreserve system above seem hopelessly unrealistic. However, when we start thinking in the long run of hundreds of years solutions may become more feasible. If the public can be made aware of the issues involved and the scientific basis for such preservation it might be possible to use environmental bonds to buy these very large tracts of land. It might be possible to buy development rights decades into the future for relatively little money. An ultimate goal might be to restore each bioregion to the condition such that humans could survive as hunter-gatherers, based on archaeological evidence about the flora and fauna used in each ecosystem. Each region would be unique and such a system would also involve insuring the productivity of ocean resources.

Whether or not they are currently feasible, proposals should be science driven and not be bound by particular political constraints. Political change is also characterized by punctuations. what seems hopeless idealism today can be political reality tomorrow as the democratic revolutions in Eastern Europe so dramatically proved. Sooner or later we will move to a steady state. It is just a question of how much of the non-human world is left when that happens.

Conclusion

The policy recommendations discussed above are really only stop-gap measures to buy us more time. Only with an understanding of the basic principles by which the economy organizes itself around the principle of growth can we develop policies to ease the transition to a viable steady state.

Environmental sustainability requires more than a change in values and consumption patterns. If everyone consumed significantly less the worldwide market economy as it now functions would probably collapse. And the environmental damage done in the wake of such a collapse would be monumental. An important task is to begin to decouple the well-being of the human species from economic growth and dependence on ever-widening markets. At some point economic expansion will be halted by the fact that humans, like other species, are dependent on the life support systems of the biosphere. Hern (1990), among others, believes that decline is inevitable and will be either chosen or imposed by nature. He believes that it is likely that decline will not be chosen. Georgescu-Roegen has argued that the root cause of economic growth is our increasing addiction to market goods. As with any addiction the first step in finding a cure is to acknowledge the addiction. Once the folly of continued economic growth is recognized we can turn our attention toward finding ways out of the growth dilemma.

There are those who argue that any suggestion that economic growth is incompatible with environmental protection discredits the environmental movement. There are really two questions. What needs to be done to save the planet and what is politically feasible. The answers to these questions currently do not match. First of all we need a detached dispassionate analysis of environmental-economic problems. Second we need a strategy to preserve the environment based on these findings. Policy recommendations, however Draconian, should be based on scientific analysis, not public opinion surveys. If a man has a heart attack and his doctor finds out that the man smokes 4 packs of cigarettes and drinks a fifth of scotch every day, and is 100 pounds overweight, she will recommend that the man drastically change his behavior. A recommendation that he lose only 5 pounds or cut his smoking down to 3 packs a day might be more popular with the patient but it won't help him recover.

As argued earlier much of the policy timidness arises from an underlying social Darwinism. Policy-makers, goaded by conservative economists, tend to view existing market outcomes as the product of the laws of God and Nature. To the extent that macroeconomic evolution is driven by many forces other than selection based on efficiency there is no justification for the argument that what exists in the economic world is better than any other state of the world. In terms of income distribution, the particular array of goods and services the economy produces, patterns of energy use or whatever, there are a variety of plausible and workable outcomes. Policies should, of course, preserve economic forces promoting micro-efficiency, but this is no justification for a hands-off macroeconomic policy.

In the past few years it has become clear that human activity is having a profound global impact on the environment. The ethic of unlimited economic growth is no longer seems given the finiteness of the resource base and especially the limits of the biosphere to support further expansion of human activity. A common attack by the advocates of unlimited growth is to accuse environmentalists of wanting to turn back the clock, of being anti-progress. It is argued above that there is no need to concede that progress has taken place. There is no convincing evidence that past economic growth has lead to a clear and unambiguous improvement in the human condition. Once we give up the idea of progress we can concentrate on making do with what we have rather than placing our hopes in some future material or ethical utopia. Our goal should be, as Georgescu-Roegen suggests, to minimize regrets, not to maximize utility.

The phasing out of economic growth does not have to be (yet) an all or nothing proposition, that is, between flat out consumption or totally reverting to a subsistence existence. Modern industrial society is addicted to economic growth. As with any addiction the first step is to recognize the problem and take the first tentative steps toward a solution. If the biologists are correct we are living in one of the critical periods in the history of the planet. Within the lifespans of most readers of this book humans will eliminate between 25 and 50 percent of existing species. If this happens it will rank with the five major extinction episodes in earth's history. The difference is that the current mass extinction will have been caused by a single sentient species, Homo sapiens. Therein lies the tragedy and the hope that it may be avoided.

References

Abbie, A.A. 1970. *The Original Australians*. Wellington: Reed.

Adams, J. 1982. "The Emptiness of Peasant Rationality." *Journal of Economic Issues* 16, pp. 663-672.

Aguilera, F. 1991. "A New Approach to the Understanding of Common Property Resources." Presented at the 1st International Conference of the European Association for Bioeconomic Studies, Rome, November 28-30.

Allan, W. 1965. *The African Husbandman*. Edinburgh: Oliver and Boyd.

Allen, R. 1977. "Towards a Primary Life Style." In *Alternatives to Growth*. D. Meadows, (ed.) Cambridge: Cambridge University Press, pp. 313-329.

Alvarez, L. 1987. "Mass Extinctions Caused by Large Bolid Impacts." *Physics Today* (24 July), pp. 24-33.

Anderson, P., Arrow, K., Pines, D. (eds.) 1988. *The Economy as a Complex Evolving System*. Reading, MA:Addison-Wesley.

Anderson, V. 1991. *Alternative Economic Indicators*. New York: Routledge.

Aoki, M. 1986. "Horizontal Versus Vertical Information Structure of the Firm." *American Economic Review* 76, pp. 971-983.

Arguaga, J-L., Martínez, I., Gracia, A., Carretero, J-M., and Carbonell, E. 1993. "Three New Human Skulls From the Sima de los Huesos Middle Pleistocene Site in Sierra de Atapuerca, Spain." *Nature* 362, pp. 534-537.

Arthur, B. 1989. "Competing Technologies, Increasing Returns, and Lock-in by Historical Events." *Economic Journal* 99, pp. 116-131.

Arthur, B. 1990. "Positive Rückkopplung in der Wirtschaft." *Spektrum der Wissenschaft* (April) pp. 122-129.

Awan, A. 1986. "Marshallian and Schumpeterian Theories of Economic Evolution: Gradualism versus Punctualism." *Atlantic Economic Journal* 14, pp. 37-49.

Ayres, R.U. and Walter, J, 1991. "The Greenhouse Effect: Damages, Costs and Abatement." *Environmental and Resource Economics* 1, pp. 237-270.

Bailey, M.J. 1982. "Risks, Costs, and Benefits of Fluorocarbon Regulation." *American Economic Review* 72, pp. 247-250.

Barbier, E. 1992. "Community-Based Development in Africa." In G. Swanson and E. Barbier (eds.) *Economics for the Wilds*. Washington, D.C.: Island Press.

Barnard, A. 1978. *Bushmen*. London: British Museum Publications.

Barnard, A. 1983. "Contemporary Hunter-Gatherers: Current Theoretical Issues in Ecology and Social Organization." *Annual Review of Anthropology* 12, pp. 193-214.

Barron, E.J. 1992. "Lessons From Past Climates." *Nature* 360, pp. 533.

Bartlett, A. 1978. "Forgotten Fundamentals of the Energy Crisis." *American Journal of Physics* 46, pp. 876-888.

Baskin, Y. 1991. "Rhino Biology: Keeping Tabs on an Endangered Species." *Science* 252, pp. 1256-1257.

Becker, G.S. 1976. "Altruism, Egoism and Genetic Fitness: Economics and Sociobiology." *Journal of Economic Literature* 14, pp. 817-826.

Benton, M. 1993. "Late Triassic Extinctions and the Origin of the Dinosaurs." *Science* 260, pp. 769-770.

Berkes, F. 1989. *Common Property Resources*. London: Belhaven Press.

Berndt, E., and Wood, D. 1979. "Engineering and Economic Interpretations of Energy-Capital Complementarity." *American Economic Review* 69, pp. 342-354.

Berndt, R., and Berndt, C. 1988. *The World of the First Australians*. Canberra: Aboriginal Studies Press.

Bettinger, R. 1980. "Explanatory/Predictive Models of Hunter-Gatherer Adaptation." *Advances in Archaeological Method* 3, pp.189-255.

Bettinger, R. 1987. "Archaeological Approaches to Hunter-Gatherers." *Annual Review of Anthropology* 16, pp. 121-142.

Binford, L.R. 1977. "Forty-Seven Trips: A Case Study in the Character of Archaeological Formation Processes." In R.V.S. Wright (ed.) *Stone Tools as Cultural Markers.* Canberra: Australian Institute for Aboriginal Studies, pp. 24-36.

Bird-David, N. 1992. "Beyond "The Original Affluent Society". *Current Anthropology* 33, pp. 25- 47.

Bishop, R.C. 1978. "Endangered Species and Uncertainty: The Economics of a Safe Minimum Standard." *American Journal of Agricultural Economics* 60, pp. 10-18.

Booth, D. 1990. "Review Essay: In Defense of the Land Ethic and Respect for Nature." *Review of Social Economy* 48, pp. 85-96.

Booth, D. 1992a. "Environmental Ethics and the Limits of Environmental Economics." Memeo, Department of Economics, Marquette University.

Booth, D. 1992b. "The Economics and Ethics of Old Growth Forests." *Environmental Ethics* 14, pp. 43-62.

Booth, W. 1987. "Combing the Earth for Cures to Cancer, AIDS." *Science* 237, pp. 969-970.

Boulding, K. 1950. *A Reconstruction of Economics.* New York: Wiley.

Boulding, K. 1973. "The Economics of the Coming Spaceship Earth." In H. Daly (ed.) *Toward a Steady State Economy.* San Francisco: W.H. Freeman, pp. 121-132.

Boulding, K. 1981. *Evolutionary Economics.* Beverly Hills: Sage.

Boulding, K. 1991. "What do we Want to Sustain?: Environmentalism and Human Values." In R. Costanza (ed.) Ecological Economics. New York: Columbia University Press, pp. 22-31.

Bowring, S., Grotzinger, J., Isachsen, C., Knoll, A., Pelechaty, S., and Kolosov, P. 1993. "Calibrating Rates of Early Cambrian Evolution." *Science* 261, pp. 1293-1298.

Braidwood, R. 1948. *Prehistoric Men.* Chicago: Chicago Natural History Museum.

Braidwood, R., and Willey, G. 1962. Conclusions and afterthoughts. In R. Braidwood and G. Willey (eds). *Courses Toward Urban Life.* Viking Fund Publications in Anthropology number 32, Chicago: Aldine, pp. 330-359.

Brisbane Courier-Mail. 1991. "Van May Gogh up in Smoke." May 14.

Bromley, D. 1985. "Resources and Economic Development." *Journal of Economic Issues* 19, pp. 779-796.

Brown, G.M., and Goldstein, J. H. 1984. "A Model for Valuing Endangered Species." *Journal of Environmental Economics and Management* 11, pp. 303-309.

Brush, S. 1986. "Genetic Diversity and Conservation in Traditional Farming Systems." *Journal of Ethnobiology* 6, pp. 151-167.

Bunker, S. 1985. *Underdeveloping the Amazon.* Chicago: University of Chicago Press.

Bupp, I., and Derian, J. 1978. *Light Water: How the Nuclear Dream Dissolved.* New York: Basic Books.

Caldwell, B. 1980. *Beyond Positivism: Economic Methodology in the Twentieth Century.* Boston: Allen and Unwin, Boston.

Caldwell, J. 1984. *Theory of Fertility Decline.* New York: Academic Press.

Caldwell, L. 1970. "The Ecosystem as a Criterion for Public Land Policy." *Natural Resources Journal* 10, pp. 203-221.

Callicott, J.B. 1989. *In Defense of the Land Ethic.* Albany: SUNY Press.

Carneiro, R. 1960. "Slash and Burn Agriculture: A Closer Look at its Implications for Settlement Patterns." In A.F.C. Wallace (ed.) *Men and Cultures.* Philadelphia: University of Pennsylvania Press.

Carter, G. 1977. "A Hypothesis Suggesting a Single Origin of Agriculture." In C. Reed (ed.) *Origins of Agriculture.* Chicago: Aldine pp. 89-134.

Cassels, J. 1984. "The Role of Prehistoric Man in the Faunal Extinctions of New Zealand and Other Pacific Islands. " In P. Martin and R. Klein (eds.) *Quaternary Extinctions.* Tucson: University of Arizona Press, pp. 741-767.

Casson, M. 1987. "Entrepreneur". In *The New Palgrave Dictionary of Economics.* vol. 1, London: MacMillan, pp. 151-153.

Cavalieri, P., and Singer P. (eds.) 1993. *The Great Ape Project.* London: The Fourth Estate.

Chan, A. H. 1988. "Adapting Natural Resources Management to Changing Societal Needs Through Evolving Property Rights." *Review of Social Economy* 46, pp. 46-60.

Chayanov, A.V. 1966 [1925]. *The Theory of Peasant Economy.* Homewood, IL.: Irwin, Homewood.

Christensen, P. 1989. "Historical Roots for Ecological Economics: Biophysical Versus Allocative Approaches." *Ecological Economics* 1, pp. 17-36.

Christensen, P. 1991. "Driving Forces, Increasing Returns and Ecological Sustainability." In R. Costanza (ed.) *Ecological Economics.* New York: Columbia University Press, pp. 75-87.

Ciriacy-Wantrup, S.V., and Bishop, R. 1975. "Common Property as a Concept in Natural Resources Policy." *Natural Resources Journal* 15, pp. 713-727.

Clark, C.W. 1973. "Profit Maximization and the Extinction of Animal Species." *Journal of Political Economy* 81, pp. 950-960.

Clark, C.W., and Mangel, M. 1986. "The Evolutionary Advantages of Group Foraging." *Theoretical Population Biology* 30, pp. 45-75.

Cody, M.L. 1974. "Optimization in Ecology." *Science* 183, pp. 164.

Cohen, P., and Polunin, N. 1990. "The Viable Culture." *Environmental Conservation* 17, pp. 3-6.

Cohen, N.M. 1977. "Population Pressure and the Origins of Agriculture: An Archaeological Example from the Coast of Peru." In C.A. Reed (ed.) *Origins of Agriculture.* Chicago: Aldine, pp. 136-177.

Cohen, N.M. 1980. "Speculations on the Evolution of Density Measurement and Population Regulation in *Homo sapiens.*"In Cohen, R. Malpass, R. and H. Klein (eds.) *Biosocial Mechanisms of Population Regulation.* New Haven: Yale University Press, pp. 275-303.

Colp, R. Jr. 1982. "The Myth of the Darwin-Marx letter." *History of Political Economy* 14, pp. 461-82.

Coombs, H.C. 1990. *The Return of Scarcity.* Cambridge: Cambridge University Press.

Costanza, R., Daly, H.E., and Bartholomew, J. 1991. "Goals, Agenda, and Policy Recommendations for Ecological Economics." In R. Costanza (ed.) *Ecological Economics*. New York: Columbia University Press, pp. 1-20.

Cropper, M.L., and Portney, P.R. 1992. "Discounting Human Lives." *Resources* 108, pp. 1-4, Washington, D.C.: Resources For the Future.

Daly, H.E. 1977. *Steady State Economics*. San Francisco: W. H. Freeman.

Daly, H.E. 1985. "The Circular Flow of Exchange Value and the Linear Throughput of Matter-Energy: A Case of Misplaced Concreteness." *Review of Social Economy* 44, pp. 279-297.

Daly, H.E. 1991a. "Elements of Environmental Macroeconomics." In R. Costanza (ed.) *Ecological Economics*. New York: Columbia University Press, pp. 32-46.

Daly, H.E. 1991b. "Towards an Environmental Macroeconomics." *Land Economics* 67, pp. 255-59.

Daly, H.E. 1992. "Is the Entropy Law Relevant to Economics? Of Course It Is." *Journal of Environmental Economics and Management* 23, pp. 91-95.

Daly, H.E. 1993. "Introduction to Essays Toward a Steady State Economy." In H. Daly and K. Townsend (eds.) *Valuing the Earth*. Cambridge: MIT Press.

Daly, H. and Cobb, J. 1989. *For the Common Good*. Boston: Beacon Press.

D'arge, R., Schulze, W., and Brookshire, D. 1982. "Carbon Dioxide and Intergenerational Choice." *American Economic Review* 72, pp. 251-256.

Darwin, C. 1872 [1959]. *The Origin of the Species*. 6th edition, London: John Murray.

Dasmann, R. 1988. "Toward a Biosphere Consciousness." In D. Worster (ed.) *The Ends of the Earth*. Cambridge: Cambridge University Press, pp. 277-288.

David, P. 1975. *Technical Choice, Innovation and Economic Growth*. Cambridge: Cambridge University Press.

David, P. 1985. "Clio and the Economics of QWERTY." *American Economic Review Proceedings* 75, pp. 332-337.

David, P. 1988. "Path Dependence: Putting the Past into the Future of Economics." Technical report 533, Institute for Mathematical Studies in the Social Sciences, Stanford University, August.

David, P. and Bunn, J. 1987. "The Economics of Gateway Technologies and Network Evolution: Lessons from Electricity Supply History." Center for Economic Policy Research, Paper 119, Stanford University.

Dawkins, R. 1976. *The Selfish Gene*. New York: Oxford University Press.

Day, M.H. 1986. *Guide to Fossil Man*. Chicago: University of Chicago Press.

de Groot, R. S. 1992. *Functions of Nature*. Amsterdam: Wolters-Noordhoff.

DeBresson, C. 1987. "The Evolutionary Paradigm and the Economics of Technological Change." *Journal of Economic Issues* 21, pp. 751-762.

DeBresson, C., Sirilli, G., and Luk, F.K. 1989. "Innovation Clusters in Italy, 1981-1985: A Directed Graph Analysis of the Italian Innovation and Input-Output Matrices," Paper presented at the IXth World Congress on Input-Output Techniques, Keszthely, Hungary, September 4-9.

Demsetz, H. 1967. "Towards a Theory of Property Rights." *American Economic Review* 57, pp. 347-59.

Devall, B., and Sessions, G. 1985. *Deep Ecology*. Salt Lake City: Peregrine Smith Books.

Diamond, J. 1992a. *The Third Chimpanzee*. New York: HarperCollins.

Diamond, J. 1992b. "Twilight of the Pygmy Hippos." *Science* 359, pp. 15.

Diamond, J. 1993. "Drowning Dogs and the Dawn of Art." *Natural History*, March, pp. 22-29.

Dingle, T. 1988. *Aboriginal Economy*. Ringwood, Australia: Penguin Books.

Doolittle, W.F., and Sapienza, C. 1980. "Selfish Genes, the Phenotype Paradigm, and Genome Evolution." *Nature* 284, pp. 601-603.

Dosi, G. 1988. "Sources, Procedures, and Microeconomic Effects of Innovation." *Journal of Economic Literature* 26, pp. 1120-1171.

Dosi, G., and Metcalfe, S. 1991. "On Some Notions of Irreversibility in Economics." In P. Saviotti and S. Metcalfe (eds.) *Evolutionary Theories of Economic and Technological Change*. Philadelphia: Harwood Academic Publishers, pp. 133-159.

Douthwaite, R. 1992. *The Growth Illusion*. Tulsa: Council Oak Books.

Dragan, J.C., and Demetrescu, M.C. 1986. *Entropy and Bioeconomics: The New Paradigm of Nicholas Georgescu-Roegen*. Milan: Nagard.

Dunn, F. 1968. "Epidemiological Factors; Health and Disease in Hunter Gatherers." In R. Lee and I. Devore (eds.) *Man the Hunter*. Chicago: Aldine, pp. 221-228.

Eberle, D., and Hayden, G. 1991. "Critique of Contingent Valuation and Travel Costs Methods for Valuing Natural Resources and Ecosystems." *Journal of Economic Issues* 25, pp. 649-687.

Eckersley, R. 1992. *Environmentalism and Political Theory*. Albany: SUNY Press.

Economic Report of the President. 1990. Washington, D.C.: U.S. Government Printing Office.

Egerton, F. 1983. "The History of Ecology: Achievements and Opportunities, Part One." *Journal of the History of Biology* 16, pp. 259-310.

Egerton, F. 1985. "The History of Ecology: Achievements and Opportunities, Part Two." *Journal of the History of Biology* 18, pp. 103-143.

Ehrenfeld, D. 1988. "Why Put a Value on Biodiversity." In E.O. Wilson (ed.) *Biodiversity*. Washington, D.C.: National Academy Press, pp. 212-216.

Ehrlich, P. 1989. "The Limits to Substitution: Meta-resource Depletion and a New Economic-Ecological Paradigm." *Ecological Economics* 1, pp. 9-16.

Ehrlich, P., and Ehrlich A. 1990. *The Population Explosion.* New York: Simon and Schuster.

Ehrlich, P., and Ehrlich, A. 1992. "The Value of Biodiversity." *Ambio* 21, pp. 219-226.

Ehrlich, P., and Ehrlich, A. 1993. "Why Isn't Everyone as Scared as we Are?" In H. Daly and R. Townsend (eds.) *Valuing the Earth.* Cambridge: MIT Press.

Ehrlich, P., and Raven, P. 1964. "Butterflies and Plants: A Study in Coevolution." *Evolution* 18, pp. 586-608.

Eldredge, N. 1985. *Unfinished Synthesis.* New York: Oxford University Press.

Eldredge, N., and Cracraft, J. 1980. *Phylogenetic Patterns and Evolutionary Process.* New York: Columbia University Press.

Elster, J. 1983. *Explaining Technical Change.* Cambridge: Cambridge University Press.

Elton, C. 1966. *Animal Ecology.* Revised edition, New York.

Erwin, T.L. 1991. "An Evolutionary Basis for Conservation Strategies." *Science* 253, pp. 750-752.

Faber, M., and Proops, J.L.R. 1991. "National Accounting, Time and Environment: A Neo-Austrian Approach." In R. Costanza (ed.) *Ecological Economics.* New York: Columbia University Press, pp. 214-233.

Faber, M., and Proops, J.L.R. 1993. "Natural Resource Rents, Economic Dynamics and Structural Change: A Capital Theoretic Approach." *Ecological Economics* 8, pp. 17-44.

Farrell, M.J. 1970. "Some Elementary Selection Processes in Economics." *Review of Economic Studies* 37, pp. 305-319.

Fergus, C. 1991. "The Florida Panther Verges on Extinction." *Science* 251, pp. 1178-1180.

Feshbach, M., and Friendly, A. 1991. *Ecocide in the USSR: Health and Nature Under Siege.* New York: Basic Books.

Firth, R. 1951. *The Elements of Social Organization.* London: Watts.

Fisher, R.A. 1930. *The Genetical Theory of Natural Selection.* Oxford: Clarendon Press.

Flood, J. 1990. *The Riches of Ancient Australia.* St. Lucia: University of Queensland Press.

Foreman, D., Davis, J., Johns, D., Noss, R., Soulé, M. 1992. "The Wildlands Project Mission Statement." *Wild Earth*, special issue, pp. 3-4.

Foster, J. 1987. *Evolutionary Economics.* Winchester, MA: Allen and Unwin.

Foster, J. 1991. "The Thermodynamical Approach to Economic Science: Marshall Revisited and Prigogine Reassessed." Memeo, University of Queensland.

Foster, J, 1992. "The Determination of Sterling M3, 1963-1988: An Evolutionary Macroeconomic Model." *Economic Journal* 102, pp. 481- 496.

Foster, J. 1993. "Economics and the Self-Organization Approach: Alfred Marshall Revisited." *The Economic Journal* 103, pp. 975-991.

Foster, R. 1987. "Peasants." In *The New Palgrave Dictionary of Economics* vol 3, London: MacMillan, pp. 826-829.

Fowler, C.W., and MacMahon, J.A. 1982. "Selective Extinction and Speciation: Their Influence on the Structure and Functioning of Communities and Ecosystems." *The American Naturalist* 119, pp. 480- 497.

Friedman, M. 1953. "The Methodology of Positive Economics." In *Essays in Positive Economics.* Chicago: University of Chicago Press.

Funtowicz, S. 1991. "A New Scientific Methodology for Global Environmental Issues." In R. Costanza (ed.) *Ecological Economics.* New York: Columbia University Press, pp. 137-152.

Gee, H. 1992. "The Objective Case for Conservation." *Nature* 357, pp. 639.

Geist, V. 1994. "Wildlife Conservation as Wealth." *Nature* 368, pp. 491-492.

Georgescu-Roegen, N. 1954. "Choice, Expectations, and measurability." *Quarterly Journal of Economics* 68, pp. 503-34.

Georgescu-Roegen, N. 1967. "Economic Theory and Agrarian Economics." In N. Georgescu-Roegen, *Analytical Economics.* Cambridge: Harvard University Press.

Georgescu-Roegen, N. 1968. "Utility." In *The International Encyclopedia of the Social Sciences.* vol. 16, New York: MacMillan Press, pp. 236-267.
Georgescu-Roegen, N. 1971. *The Entropy Law and the Economic Process.* Cambridge: Harvard University Press.
Georgescu-Roegen, N. 1972. "The Institutional Aspects of Peasant Communities." In N. Georgescu-Roegen, *Energy and Economic Myths.* New York: Pergamon Press.
Georgescu-Roegen, N. 1977. "Inequality, Limits and Growth from a Bioeconomic Viewpoint." *Review of Social Economy* 37, pp. 361-375.
Georgescu-Roegen, N. 1979. "Methods in Economic Science." *Journal of Economic Issues* 13, pp. 317-328.
Georgescu-Roegen, N. 1984. "Feasible Recipes Versus Viable Technologies." *Atlantic Economic Journal* 12, pp. 21-30.
Geroski, P.A. 1989. "Entry, Innovation and Productivity Growth." *Review of Economics and Statistics* 71, pp. 555-564.
Ghiselin, M.T. 1978. "The Economy of the Body." *American Economic Review* 68, pp. 233-237.
Gibbons, A. 1992. "Conservation Biology in the Fast Lane." *Science* 255, pp. 20-22.
Gilder, G. 1981. *Wealth and Poverty.* New York: Basic Books.
Glassburner, B. 1955. "Alfred Marshall on Economic History and Historical Development." *Quarterly Journal of Economics* 69, pp. 577-595.
Goldsmith, E., Allen, R., Allaby, J. Lawrence, A. 1972. "A Blueprint for Survival." special issue of *The Ecologist,* January.
Golley, B. 1994. *A History of the Ecosystem Concept in Ecology.* New Haven: Yale University Press.
Goodwin, R.M. 1991. "Schumpeter, Keynes and the Theory of Economic Evolution." *Journal of Evolutionary Economics* 1, pp. 29-48.
Gordon, H.S. 1954. "The Economic Theory of a Common Property Resource." *Journal of Political Economy* 62, pp. 124-142.

Gordon, A. and Suzuki, D. 1990. *A Matter of Survival.* Sydney: Allen and Unwin.

Gore, A. 1992. *Earth in the Balance.* Boston: Houghton-Mifflin.

Gould, S.J. 1985. "The Paradox of the First Tier: An Agenda for Paleobiology." *Paleobiology* 11, pp. 2-12.

Gould, S.J. 1988a. "Kropotkin was no Crackpot." *Natural History* 97, pp. 12-19.

Gould, S.J. 1988b. "On Replacing the Idea of Progress with an Operational Notion of Directionality." In M. Nitecki (ed.) *Evolutionary Progress.* Chicago: University of Chicago Press, pp. 319-338.

Gould, S.J. 1989. *Wonderful Life: The Burgess Shale and the Nature of History.* New York: Norton.

Gould, S.J. 1992. "Life in a Punctuation." *Natural History* 101, pp. 10-21.

Gould, S.J., and Eldredge, N. 1986. "Punctuated Equilibrium at the Third Stage." *Systematic Zoology* 35, pp. 143-148.

Gould, S.J., and Lewontin, R. 1979. "The Spandrels of San Marco and the Panglossian Paradigm: A Critique of the Adaptationist Programme." *Proceedings of the Royal Society of London B* 205, pp. 581-598.

Gould, S.J., and Vrba, E. 1982. "Exaptation - A Missing Term in the Science of Form." *Paleobiology* 8, pp. 4-15.

Gowdy, J.M. 1981. "Radical Economics and Resource Scarcity." *Review of Social Economy* 39, pp. 165-179.

Gowdy, J.M. 1985. "Evolutionary Theory and Economic Theory: Some Methodological Issues." *Review of Social Economy* 44, pp. 316-324.

Gowdy, J.M. 1986. "NeoMarxian and NeoMalthusian Views of Scarcity: There is a Free Lunch." *Review of Radical Political Economics* 18, pp. 102-105.

Gowdy, J.M. 1987a. "Gaia and Technological Utopianism." *Journal of Economic Issues* 22, pp. 473-477.

Gowdy, J.M. 1987b. "Bioeconomics: Social Economy Versus the Chicago School." *International Journal of Social Economics* 14, pp. 32-42.

Gowdy, J.M. 1990. "Economic Evolution and Selection: Old Controversies and New Approaches." *International Journal of Social Economics* 17, pp. 4-13.

Gowdy, J. M. 1991. "New Controversies in Evolutionary Biology: Lessons for Economists?" *Methodus* 3, pp. 86-90.

Gowdy, J.M. 1992a. "Economic Growth Versus the Environment." *Environmental Conservation* 19, pp. 102-104.

Gowdy, J.M. 1992b. "Higher Selection Processes in Evolutionary Economic Change." *Journal of Evolutionary Economics* 2, pp. 1-16.

Gowdy, J.M., and Miller, J. 1987. "Technological and Demand Change in Energy Use: An Input-Output Analysis." *Environment and Planning A* 19, pp. 1387-1398.

Gowdy, J.M., and Miller, J. 1990. "Harrod-Robinson-Read Measures of Primary Input Productivity." *Journal of Post Keynesian Economics* 12, pp. 591-604.

Graham, R., and Lundelius, E. Jr., 1984. "Coevolutionary Disequilibrium." In P. Martin and R. Klein (eds.) *Quaternary Extinctions.* Tucson: University of Arizona Press.

Grant, R., and Grant, P. 1993. "Evolution of Darwin's Finches Caused by a Rare Climatic Event." *Proceedings of the Royal Society of London B* 251, pp. 111-117.

Gray, H.P. 1986. "Towards a Theory of Adjustment Policy." Memeo. Rensselaer Polytechnic Institute.

Gray, H.P. 1989a. "A Question of Departed Tranquility?" *Research in International Business and Finance* 7, pp. 3-14.

Gray, H.P. 1989b. "Social Science: Quasi-Science?" *Eastern Economic Journal* 15, pp. 273-286.

Gruson, L. 1992. "Throwing Back Undersize Fish is Said to Encourage Smaller Fry." *New York Times* (January 7): C4.

Hanemann, M. 1988. "Economics and the Preservation of Biodiversity." in E.O. Wilson, (ed.) *Biodiversity.* Washington, D.C.: National Academy Press, pp. 193-199.

Hardin, G. 1968. "The Tragedy of the Commons." *Science* 162, pp. 1243-1248.

Hardin, G. 1993. *Living Within Limits: Ecology, Economics and Population.* New York: Oxford University Press.

Hargrove, E. 1989. *Foundations of Environmental Ethics.* Princeton, NJ: Princeton University Press.

Harris, M. 1978. *Cannibals and Kings.* New York: Random House.

Hartman, W.K., and Miller, R. 1991. *The History of Earth.* New York: Workman Publishing Company.

Hassell, M.P. 1978. *The Dynamics of Arthropod Predator-Prey Systems.* Princeton: Princeton University Press.

Hayden, B., and Ryder, J. 1991. "Prehistoric Cultural Collapse in the Lillooet Area." *American Antiquity* 56, pp. 50-65.

Heertje, A. 1988. "Schumpeter and Technical Change." In H. Hanusch (ed.) *Evolutionary Economics.* New York: Cambridge University Press.

Heiner, R. 1983. "The Origin of Predictable Behavior." *American Economic Review* 73, pp. 560-595.

Hern, W. 1990. "Why Are There so Many of Us? Description and Diagnosis of a Planetary Ecopathological Process." *Population and Environment* 12, pp. 9-42.

Hicks, J.R. 1979. *Causality in Economics.* New York: Basic Books.

Hinterberger, F. 1993. "On the Evolution of Open Socio-Economic Systems." In R. Mishra (ed.) *Self Organization as a Paradigm in Science.* Heidelberg: Springer.

Hirsch, F. 1976. *Social Limits to Growth.* New York: Harvard University Press.

Hirshleifer, J. 1977. "Economics from a Biological Viewpoint." *The Journal of Law and Economics* 20, pp. 1-52.

Hodgson, G. 1991. "Evolution and Intention in Economic Theory." In P. Saviotti and S. Metcalfe (eds.) *Evolutionary Theories of Economic and Technological Change.* Philadelphia: Harwood Academic Publishers, pp. 108-132.

Hodgson, G. 1993. *Economics and Evolution.* Ann Arbor: University of Michigan Press.

Hoffert, M.I., and Covey, C. 1992. "Deriving Global Climate Sensitivity from Paleoclimate Reconstructions." *Nature* 360, pp. 573- 576.

Höfflich-Häberlein, L., and Häbler, E. 1990. "The Diffusion of Information and Communication Technology." In *The Effects of Modern Technologies on the Labor Market.* Berlin: Walter de Gruyter.

Holden, C. 1992. "Scientists' Campaign to Save Earth." *Science* 258, p. 1433.

Holland, J. 1988. "The Global Economy as an Adaptive Process." In P. Anderson, K. Arrow, and D. Pines (eds.) *The Economy as an Evolving Complex System.* Reading, MA: Addison-Wesley.

Holloway, R. L. 1974. "The Casts of Fossil Hominid Brains." *Scientific American*, July.

Hubbert, M.K. 1993 [1976]. "Exponential Growth as a Transient Phenomenon." In H. Daly and R. Townsend (eds.) *Valuing the Earth.* Cambridge, MA: MIT Press, pp. 113-126.

Hueting, R. 1991a. "Correcting National Accounts for Environmental Losses: A Practical Solution for a Theoretical Problem." In R. Costanza (ed.) *Ecological Economics.* New York: Columbia University Press, pp. 194-213.

Hueting, R. 1991b. The use of the discount rate in a cost-benefit analysis for different uses of a humid tropical forest. Ecological Economics 3:43-58.

Hueting, R., Bosch, P., de Boer, B. 1992. "Methodology for the Calculation of Sustainable National Income." Netherlands Central Bureau of Statistics, Voorburg/Heerlen.

Hull, D. 1988. "Progress in Ideas of Progress." In M. Nitecki (ed.) *Evolutionary Progress.* Chicago: University of Chicago Press, pp. 27-48.

Huxley, T.H. 1896. *Darwinia.* New York: Appleton and Company.

Iwai, K. 1984. "Schumpeterian Dynamics: An Evolutionary Model of Innovation and Imitation." *Journal of Economic Behavior and Organization* 5, pp. 159-190.

Jablonski, D. 1986. "Background and Mass Extinctions: The Alternation of Macroeconomic Regimes." *Science* 231, pp. 129-133.

Jacob, W. 1985. *Dispossessing the American Indian.* Norman, OK: University of Oklahoma Press.

Jacobson, J. 1987. *Planning the Global Family*. Worldwatch Paper 80, Washington, D.C.: Worldwatch Institute.

Jang, S., and Norsworthy, J. 1988. "Technological Change, Learning Curves and Downstream Productivity Effects: A Study of the U.S. Semiconductor Industry." Center for Science and Technology Policy, School of Management, Rensselaer Polytechnic Institute, Troy, New York.

Jennings, R. 1969. [1855] *Natural Elements of Political Economy*. New York: Augustus Kelly.

Jensen, R., West, R., and Hewings G. 1988. "The Study of Regional Structure Using Input-Output Tables." *Regional Studies* 22, pp. 209-220.

Jevons, W. S. 1864. *The Coal Question: An Inquiry Concerning the Progress of the Nation, and the Probable Exhaustion of Our Coal Mines*. London: MacMillan.

Johnson, W. 1973. "The Guaranteed Income as an Environmental Measure." In H. Daly (ed.) *Toward a Steady State Economy*. San Francisco: W.H. Freeman, pp. 175-189.

Johnson, W. and Hardesty, J. 1971. "Economic Growth versus the Environment." Belmont, CA: Wadsworth.

Kapp, W. 1950. *The Social Costs of Private Enterprise*. Cambridge: Harvard University Press.

Kapp, W. 1983. *Social Costs, Economic Development and Environmental Disruption*. Lanham, MD: University Press of America.

Kassiola, J. 1990. *The Death of Industrial Civilization*. Albany: State University of New York Press.

Katz, M.L., and Shapiro, C. 1986. "Technology Adoption in the Presence of Network Externalities." *Journal of Political Economy* 94, pp. 822-841.

Kauffman, S. 1993. *The Origins of Order*. New York: Oxford University Press.

Kaufman, K. 1991. "The Subject is Alex." *Audubon Magazine*, September/October, pp. 52-58.

Kerr, R.A. 1992. "Huge Impact Tied to Mass Extinction." *Science* 257, pp. 878-880.

Keyfitz, N. 1989. "The Growing Human Population." *Scientific American* 261, pp. 119-126.

Keynes, J.M. 1936. *The General Theory of Employment, Interest and Money.* London: MacMillan Press.

Keynes, J.M. 1937. "The General Theory of Employment." *Quarterly Journal of Economics* (February). Reprinted in *The General Theory and After: Part II Defense and Development.* London: Macmillan, pp. 109-123.

King, J., and Jukes, T. 1969. "Non-Darwinian Evolution." *Science* 164, pp. 788-798.

Knight, F. 1933. *Risk, Uncertainty, and Profit.* London School Reprints of Scarce Works, No. 16, London.

Kregel, J. 1984-85. "Constraints on the Expansion of Output and Employment: Real or Monetary?" *Journal of Post Keynesian Economics* 7, pp. 139-152.

Kropotkin, P. no date. *Mutual Aid.* Boston: Extending Horizon Books.

Lappé, F.M., and Schurman, R. 1989. "Taking Population Seriously." London: Earthscan.

Lasch, C. 1991. *The True and Only Heaven.* New York: W.W. Norton.

Layton, R., Foley, R., and Williams, E. 1991. "The Transition Between Hunting and Gathering and the Specialized Husbandry of Resources." *Current Anthropology* 32, pp. 255-274.

Leakey, R., and Lewin, R. 1992. *Origins Reconsidered.* New York: Doubleday.

Ledig, F.T. 1988. "Conservation of Genetic Diversity: The Road to La Trinidad." The Leslie L. Schaffer Lectureship in Forest Service, October 27, Vancouver, Canada.

Lee, R. 1968. "What Hunters do for a Living, or How to Make Out on Scarce Resources." In R. Lee and I. Devore (eds.) *Man the Hunter.* Chicago: Aldine, pp. 30-48.

Lee, R. 1980. "Lactation, Ovulation, Infanticide, and Women's Work: A Study of Hunter-Gatherer Population Regulation." In N.M. Cohen, R. Malpass, and H. Klein (eds.) *Biosocial Mechanisms of Population Regulation.* New Haven: Yale University Press, pp. 321-348.

Lee, R. 1984. *The Dobe !Kung.* New York: Holt, Rinehart and Winston.

Lee, R., and Devore, I. (eds.) 1968. *Man the Hunter*. Chicago: Aldine.

Leijonhufvud, A. 1981. *Information and Coordination: Essays in Macroeconomic Theory*. Oxford: Oxford University Press.

Lélé, S. M. 1991. "Sustainable Development: A Critical Review." *World Development* 19, pp. 607-621.

Leontief, W. 1982. "Academic Economics." *Science* 217, pp. 104, 107.

Leopold, A. 1966. *A Sand County Almanac*. New York: Oxford University Press.

Levine, A.J. 1983. "Marshall's Principles and the "Biological Viewpoint": A Reconsideration." *The Manchester School* 51, pp. 276- 293.

Lewin, R. 1980. "Evolutionary Theory Under Fire." *Science* 210, pp. 883-887.

Lewin, R. 1982. "Biology is not Postage Stamp Collecting." *Science* 216, pp. 718-720.

Lewin, R. 1985. "Paleoclimates in Southern Africa." *Science* 227, pp. 1325-1327.

Lewin, R. 1986a. "Damage to Tropical Forests, or Why Were There so Many Kinds of Animals." *Science* 234, pp.149-150.

Lewin, R. 1986b. In ecology, change brings stability. *Science* 234, pp. 1071-1073.

Lewin, R. 1986c. "Punctuated Equilibrium is Now Old Hat." *Science* 231, pp. 672-673.

Lewin, R. 1987. "Complex Dynamics Link Islands' Predators." *Science* 219, p. 917.

Lewin, R. 1988a. "A Revolution of Ideas in Agricultural Origins." *Science* 240, pp. 984-986.

Lewin, R. 1988b. *In the Age of Mankind.* Washington, D.C. Smithsonian Books.

Lewontin, R. 1990. "Fallen Angels: Review of Wonderful Life by S.J. Gould." in *The New York Review of Books.* June 14.

Lotka, A. 1925. *Elements of Physical Biology*. Baltimore: Williams and Wilkins. Reissued as *Elements of Mathematical Biology*. New York: Dover, 1956.

Ludwig, D., Hilborn, R., and Walters, C. 1993. " Uncertainty, Resource Exploitation, and Conservation: Lessons from History." *Science* 260, pp. 17, 36.

Lutz, M., and Lux, K. 1979. *The Challenge of Humanistic Economics*. Menlo Park, CA: Benjamin Cummings.

Macmanus, J. 1972. "An Economic Analysis of Indian Behavior in the North American Fur Trade." *Journal of Economic History* 32, pp. 36-53.

Maddox, J. 1993. "The Kinship of Apes and People." *Nature* 364, p. 185.

Malthus, T. 1970. *An Essay on the Principle of Population*. New York: Penguin Books.

Mann, C., and Plummer, M. 1993. "The High Cost of Biodiversity." *Science* 260, pp. 1868-71.

Mansfield, E. 1982. "Long Waves and Technological Innovation." *American Economic Review* 72, pp. 141-145.

Mansfield, E. 1992. *Microeconomics*. 7th edition, New York: W.W. Norton.

Mares, M.A. 1992. "Neotropical Mammals and the Myth of Amazonian Biodiversity." *Science* pp. 976-979.

Marshall, A. 1920. *Principles of Economics*. 8th edition, London: MacMillan.

Marshall, A. 1966. *Memorials*. New York: A. M. Kelly.

Marshall, L. 1976. "The !Kung of Nyae Nyae." Cambridge: Harvard University Press.

Marshall, L. 1961. "Sharing, Talking, and Giving: Relief of Social Tensions Among !Kung Bushman." *Africa* 31, pp. 231-249. Reprinted in Devore (1976).

Martin, C. 1978. *Keepers of the Game*. Berkeley, CA: University of California Press.

Martin, P., and Klein, R. (eds.) 1984. *Quaternary Extinctions*. Tucson: University of Arizona Press.

Martinez-Alier, J. 1991a. "Ecology and the Poor: A Neglected Dimension of Latin American History." *Journal of Latin American Studies* 23, pp. 621-639.
Martinez-Alier, J. 1991b. "Environmental Policy and Distributional Conflicts." In Robert Costanza (ed.) *Ecological Economics.* New York: Columbia University Press, pp. 118-136.
Martinez-Alier, J. with K. Schluepmann. 1987. Ecological Economics. New York: Basil Blackwell.
Marx, K. 1967. *Capital.* New York: International Publishers.
May, R.M. 1990. "Taxonomy as Destiny." *Nature* 374, pp. 129-130.
Mayhew, A. 1985. "Dangers in Using the Idea of Property Rights: Modern Property Rights Theory and the Neoclassical Trap." *Journal of Economic Issues* 19, pp. 959-966.
Mayr, E. 1982. *The Growth of Biological Thought.* Cambridge: Harvard University Press.
Mayumi, K. 1991a. "Georgescu-Roegen's Fourth Law of Thermodynamics and the Flow-Fund Model." Paper presented at the First Conference of the European Association for Bioeconomic Studies, Rome, November.
Mayumi, K. 1991b. "Temporary Emancipation from the Land: From the Industrial Revolution to the Present Time." *Ecological Economics* 4, pp. 35-56.
McCain, R. 1980. "Critical Reflections on Sociobiology." *Review of Social Economy* 40, pp. 123-140.
McGranahan, G. 1991. "Firewood, Subsistence Foraging, and the Decline of Common Property." *World Development* 10, pp. 1275-1287
McLauglin, A. 1992. *Regarding Nature.* Albany: SUNY Press.
McNeely, J. 1988. *Economics and Biological Diversity.* International Union for Conservation of Nature and Natural Resources, Washington, D.C.
Meadows, D. H., Meadows, D.L., Randers, J., and Behrens, W. III. 1974. *The Limits to Growth.* London: Pan Books.
Menger, K. 1950. *Principles of Economics.* Glencoe, IL: Free Press.

Mensch, G. 1975. *Das Technologische Patt: Innovation Überwinden die Depression.* Frankfort: Umschau.

Meyers, N. 1992. *The Primary Source.* New York: W.W. Norton.

Milbrath, L. 1989. *Envisioning A Sustainable Society.* Albany: SUNY Press.

Mill, J.S. 1958 [1848]. *Nature and the Utility of Religion.* New York: Bobbs-Merrill.

Mirowski, P. 1989. *More Heat Than Light: Economics as Social Physics, Physics as Nature's Economics.* Cambridge: Cambridge University Press.

Mishan, E.J. 1967. *The Costs of Economic Growth.* New York:Praeger

.Mokyr, J. 1990a. *The Lever of Riches.* New York: Oxford University Press.

Moykr, J. 1990b. "Evolutionary Biology, Technical Change, and Economic History." Unpublished manuscript. Departments of Economics and History, Northwestern University.

Mokyr, J. 1990c. "Is Economic Change Optimal?" Davidson Lecture, Sydney Australia, July 1990.

Moss, L, 1982. "Biological Theory and Technological Entrepreneurship in Marshall's Writings." *Eastern Economic Journal* 13, pp.3-13.

Mountain D., Stipdonk, B., and Warren, C. 1990. *The Energy Journal* 10, pp. 139-158.

Myers, N. 1983. *A Wealth of Wild Species.* Boulder: Westview Press.

Myint, H. 1987. "Vent for Surplus." In *The New Palgrave Dictionary of Economics* vol. 4, London: MacMillan Press, pp. 803-804..

Myrdal, G. 1968. *Asian Drama: An Inquiry into the Poverty of Nations.* Harmondsworth: Allen Lane.

Nadiri, M.I. 1987. "Joint Production." *The New Palgrave Dictionary of Economics.* vol. 2, London: MacMillan, pp. 1028-1029.

Nair, K. 1979. *In Defence of the Irrational Peasant.* Chicago: University of Chicago Press.

Nash, M. 1966. *Primitive and Peasant Economic Systems.* San Francisco: Chandler Publishing Company.

Nash, R. 1989. *The Rights of Nature.* Madison: University of Wisconsin Press.

National Academy of Sciences, Committee on Science, Engineering, and Public Policy. *Policy Implications of Greenhouse Warming: Mitigation, Adaptation, and the Science Base*. Washington, D.C.: National Academy Press.

Nelson, R., and Winter, S. 1974. "Neoclassical Versus Evolutionary Theories of Economic Growth: Critique and Prospectus." *Economic Journal* 84, pp. 886-905.

Nelson, R., and Winter, S. 1982. *An Evolutionary Theory of Economic Change*. Cambridge: Harvard University Press.

Nitecki, M. (ed.) 1988. *Evolutionary Progress.* Chicago: University of Chicago Press.

Nitecki, M. 1988. "Discerning the Criteria for Concepts of Progress." In M. Nitecki (ed.) *Evolutionary Progress*. Chicago: University of Chicago Press, pp. 3-24.

Nordhaus, W.D. 1990. "Economic Policy in the Face of Global Warming." In Ferrari, Tester, and D. Woods (eds.) *Energy and the Environment in the 21st Century.* Cambridge: MIT Press.

Nordhaus, W.D. 1992. "An Optimal Transition Path for Controlling Greenhouse Gases." *Science* 258, pp. 1315-1319.

Nordhaus, W.D., and Tobin, J. 1970. "Is Growth Obsolete?" National Bureau of Economic Research, Mimeo. Quoted in Daly 1977, pp. 107-108.

Norgaard, R. 1988. "The Rise of the Global Exchange Economy and the Loss of Biological Diversity." In E.O. Wilson (ed.) *Biodiversity.* Washington, D.C.: National Academy Press, pp. 206-211.

Norgaard, R. 1989a. "Economic Indicators of Resource Scarcity: A Critical Essay." *Journal of Environmental Economics and Management* 19, pp. 19-25.

Norgaard, R. 1989b. "The Case For Methodological Pluralism." *Ecological Economics* 1, pp. 37-58.

Norgaard, R. 1991. "Economic Indicators of Resource Scarcity: A More Critical Reply." *Journal of Environmental Economics and Management* 21, pp. 195-199.

Norgaard, R. 1992. "Coevolution of Economy, Society and Environment." In P. Elkins and M. Max-Neef (eds.) *Real Life Economics*. London: Routledge.

Norgaard, R., and Dixon, J. 1986. "Pluralistic Project Design: An Argument for Combining Economic and Coevolutionary Methodologies." *Policy Sciences* 19, pp. 297-317.

Norgaard, R., and Howarth, R. 1990. "Sustainability and Discounting the Future." In *Ecological Economics*. R. Costanza (ed.) New York: Columbia University Press, pp. 88-101.

Norton, B. 1987. *Why Preserve Natural Variety*? Princeton: Princeton University Press.

Norton, B. 1991a. "Thoreau's Insect Analogies: or, Why Environmentalists Hate Mainstream Economists." *Environmental Ethics* 13, pp. 235-251.

Norton, B. 1991b. *Toward Unity Among Environmentalists*. New York: Oxford University Press.

O'Brien, S.J. et al. 1983. "The Cheetah is Depauperate in Genetic Variation." *Science* 221, pp. 459-462.

O'Brien, S.J. et al. 1985. "Genetic Basis for Species Vulnerability in the Cheetah." *Science* 227, pp. 1428-1434.

O'Brien, S.J., and Mayr, E., 1991. "Bureaucratic Mischief: Recognizing Endangered Species and Subspecies." *Science* 251, pp. 1187-1188

O'Connor, M. 1993. "Entropic Irreversibility and Uncontrolled Technological Change in Economy and Environment." *Evolutionary Economics* 3, pp. 285-316.

Odum, E. 1993. *Ecology and Our Endangered Life-Support Systems*. Sunderland, MA: Sinauer Associates.

Oldfield, M.L. 1989. *The Value of Conserving Genetic Resources*. Sunderland, MA: Sinauer Associates.

Olsen, M., and Gowdy, J. 1992. "Land Use Policy in Lake George, New York: An Ecological-Economic Perspective." *Ecological Economics* 6, pp. 235-252.

Olson, Jr M. 1965. *The Logic of Collective Action*. Cambridge: Harvard University Press.

Orr, D.W. 1992. *Ecological Literacy*. Albany: SUNY Press.

Page, T. 1991. "Sustainability and the Problem of Valuation." In R. Costanza (ed.) *Ecological Economics*. New York: Columbia University Press, pp. 58-74.

Paine, R. 1966. "Food Web Complexity and Species Diversity." *The American Naturalist* 100, pp. 65-75.

Pasinetti, L. 1980. *Essays in the Theory of Joint Production*. New York: Columbia University Press.

Pasinetti, L. 1981. *Structural Change and Economic Growth*. Cambridge: Cambridge University Press.

Pearce, D., and Atkinson, G. 1992. "Are National Economies Sustainable? Measuring Sustainable Development." CSERGE Working Paper GEC 92-11, University of East Anglia, UK.

Pearce, D., and Turner, K. 1990. *Economics of Natural Resources and the Environment*. Baltimore: Johns Hopkins Press.

Penrose, E. 1952. "Biological Analogies in the Theory of the Firm." *American Economic Review* 42, pp. 804-819.

Penzkofer, H., Schmalholz, H., and Scholz, L. 1989. *Innovation, Wachstum und Beschäftigung*. Berlin: Walter de Gruyter.

Pimlott, D. 1967. "Wolf Predation and Ungulate Populations." *American Zoologist* 7, pp. 267-278.

Polanyi, K. 1944. *The Great Transformation*. Boston: Beacon Press.

Ponting, C. 1991. *A Green History of the World*. New York: Penguin Books.

Pryor, F. 1986. "The Adoption of Agriculture: Some Theoretical and Empirical Evidence." *American Anthropologist* 88, pp. 879-895.

Quinn, D. 1993. *Ishmael*. New York: Bantam Books.

Rapport, D.J., and Turner, J.E. 1977. "Economic Models in Ecology." *Science* (January 28), pp. 367-73.

Raup, D. 1988. "Testing the Fossil Record for Evolutionary Progress." In M. Nitecki (ed.) *Evolutionary Progress*. Chicago: University of Chicago Press, pp. 293-318.

Raup, D. 1991. *Extinction: Bad Luck or Bad Genes?* New York: W.W. Norton.

Regan, T. 1976. "What Sort of Beings Can Have Rights?" *Southern Journal of Philosophy* 14, Winter, pp. 485-498.

Repetto, R. 1989. "Nature's Resources as Productive Assets." *Challenge* 32, pp. 16-20.

Rich, B. 1989. "The 'Greening' of the Development Banks: Rhetoric and Reality." *The Ecologist* 19, pp. 44-52.

Roberts, N. 1989. *The Holocene: An Environmental History.* New York: Basil Blackwell.

Roberts, L. 1991a. "Academy Panel Split on Greenhouse Adaptation." *Science* 253. p. 1206.

Roberts, L. 1991b. "A Genetic Survey of Vanishing Peoples." *Science* 252, pp. 1614-1617.

Robinson, M. 1988. "Are There Alternatives to Destruction?" In E.O. Wilson (ed.) *Biodiversity.* Washington, D.C.: National Academy Press, pp. 355-360.

Rodgers, C.L., and Kerstetter, R.E. 1974. *The Ecosphere: Organisms, Habitats and Disturbances.* New York: Harper and Row.

Romer, P.M. 1986. "Increasing Returns and Long-Run Growth." *Journal of Political Economy* 94, pp. 1002-1037.

Rowley-Conwy, P. 1993. "Mighty Hunter or Marginal Scavenger?" In G. Burenhult (ed.) *The First Humans.* New York: Harpercollins, pp. 60-64.

Runge, C. 1981. "Common Property Externalities: Isolation, Assurance and Depletion in a Traditional Grazing Context." *American Journal of Agricultural Economics* 63, pp. 595-606.

Rymes, T.K. 1983. "More on the Measurement of Total Factor Productivity." *Review of Income and Wealth* 39, pp. 297-316.

Sagoff, M. 1988. *The Economy of the Earth.* Cambridge: Cambridge University Press.

Sahlins, M. 1972. *Stone Age Economics.* Chicago: Aldine-Atherton.

Samuelson, P.A. 1985. "Modes of Thought in Economics and Biology." *American Economic Review* 75, pp. 166-172.

Scherer, F.M. 1982. "Interindustry Technology Flows in the United States." *Research Policy* 12, pp. 227-245.

Schlager, E., and Ostrom, E. 1992. "Property-Rights Regimes and Natural Resources: A Conceptual Analysis." *Land Economics* 68, pp. 249-62.

Schmookler, J. 1966. *Invention and Economic Growth.* Cambridge: Harvard University Press.

Scholz, L. 1990a. "Technology and Investment: Crucial Issues for the 90's," Paper presented at OECD Conference on Technology and Innovation, Stockholm, January.

Scholz, L. 1990b. "The Innovation Flow in the German Economy: An Input-Output Analysis." *Economic Systems Research* 2, pp. 313-320.

Schor, J. 1991a. *The Overworked American.* New York: Basic Books.

Schor, J. 1991b. "Global Equity and Environmental Crisis: An Argument for Reducing Working Hours in the North." *World Development* 19, pp. 73-84.

Schrödinger, E. 1967. *What is Life?* Cambridge: Cambridge University Press.

Schultz, T. 1964. *Transforming Traditional Agriculture.* New Haven: Yale University Press.

Scitovsky, T. 1976. *The Joyless Economy.* New York: Oxford University Press.

Schumpeter, J. 1972 [1930]. *Theory of Economic Development.* Oxford: Oxford University Press.

Schweber, S. 1977. "The Origin of the *Origin* Revisited." *Journal of the History of Biology* 10, pp. 229-316.

Scott, A.D. 1955. "The Fishery: The Objectives of Sole Ownership." *The Journal of Political Economy* 63, pp. 116-124.

Shepard, P. 1973. *The Tender Carnivore and The Sacred Game.* New York: Charles Scribner's Sons.

Shepard, P., and McKinley, D. 1969. *The Subversive Science.* Boston: Houghton Mifflin.

Silverberg, G., Dosi, G., and Orsenigo, L. 1988. "Innovation, Diversity and Diffusion: A Self-Organization Model." *The Economic Journal* 98, pp. 1032-1054.

Simon, J. 1981. *The Ultimate Resource.* Princeton: Princeton University Press, See the symposium on this book in the March 1982 issue of *Population and Development Review.*

Simon, J. 1982. *Answer to Malthus?* Julian Simon Interviewed by William Buckley. *Population and Development Review* 8, pp. 205-218.

Simon, H.A. 1959. "Theories of Decision-Making in Economics and Behavioral Science." *American Economic Review* 49, pp. 253-283.

Simon, H.A. 1987. "Behavioralist Economics." In *The New Palgrave Dictionary of Economics*, vol. 1, London: MacMillan Press, pp. 221-225.

Skole, D., and Tucker, C. 1993. "Tropical Deforestation and Habitat Fragmentation in the Amazon: Satellite Data from 1978 to 1988." *Science* 260, pp. 1905-1910.

Smil, V. 1993. *China's Environmental Crisis: An Inquiry into the Limits of National Development.* New York: M.E. Sharpe.

Smith, A. no date. [1776] *The Wealth of Nations.* New Rochelle: Arlington House.

Smith, V.L. 1975. "The Primitive Hunter Culture, Pleistocene Extinction, and the Rise of Agriculture." *Journal of Political Economy* 83, pp. 727-755.

Smith, V.L. 1987. "Hunting and Gathering Economies." In *The New Palgrave Dictionary of Economics,* vol. 2, London: MacMillan Press, pp. 695-699.

Soulé, M. 1991. "Conservation: Tactics for a Constant Crisis." *Science* 253, pp. 744-750.

Spash, C. 1993. "Economics, Ethics, and Long-Term Environmental Damages." *Environmental Ethics* 15, pp. 117-132.

Stanfield, J.R. 1982. "Learning from Primitive Economies." *Journal of Economic Issues* 16, pp. 471-479.

Stanfield, J.R. 1990. "Karl Polanyi and Contemporary Economic Thought." *Review of Social Economy* 47, pp. 266-279.

Stern, N.H. 1987. "Peasant Economy." In *The New Palgrave Dictionary of Economics*, Vol. 3, London: MacMillan Press, pp. 824-826.

Stevens, W. 1993. "The Heavy Hand of European Settlement." *New York Times*, August 10.

Styles, B.T. 1972. "The Flower Biology of the Meliaceae and its Bearing on Tree Breeding." *Silvae Genetica* 21, pp. 175-182.

Swaney, J., 1990. "Common Property, Reciprocity, and Community." *Journal of Economic Issues* 24, pp. 451-462.

Taberlet, P., and Bouvet, J. 1992. "Bear Conservation Genetics." *Nature* 358, p. 197.

Tannenbaum, N. 1984. "Chayanov and Economic Anthropology." In R. Durrenberger (ed.) *Chayanov, Peasants, and Economic Anthropology*. Orlando, FL: Academic Press, pp. 27-37..

Tansley, A. 1923. *Practical Plant Ecology*. London: Allen and Unwin.

Temple, S.A. 1977. "Plant-Animal Mutualism: Coevolution with Dodo Leads to Near Extinction of Plant." *Science* 197, pp. 885-886.

Terborgh, J. 1986. "Keystone Plant Resources in the Tropical Forest." In M. Soulé (ed.) *Conservation Biology: The Science of Scarcity and Diversity*. Sunderland, MA: Sinauer Associates.

Thoben, H. 1982. "Mechanistic and Organistic Analogies in Economics Reconsidered." *Kyklos* 35, pp. 292-306.

Thomas, R,. and Reif, W. 1993. "The Skeleton Space: A Finite Set of Organic Designs." *Evolution* 47, pp. 341-360.

Tietenberg, T. 1988. *Environmental and Natural Resource Economics*. Glenview, Ill.: Scott, Foresman.

Tisdell, C.A. 1979. "On the Economics of Saving Wildlife from Extinction." Occasional paper no. 48, University of Newcastle, N.S.W. Australia.

Tisdell, C.A. 1989. "Environmental Conservation: Economics, Ecology, and Ethics." *Environmental Conservation* 16, pp. 107-112.

Tisdell, C.A. 1990a. "Economics and the Debate About Preservation of Species, Crop Varieties and Genetic Diversity." *Ecological Economics* 2, pp. 77-90.

Tisdell, C.A. 1990b. *Natural Resources, Growth, and Development*. New York: Praeger.

Tisdell, C. 1991. *Economics of Environmental Conservation*. New York: Elsevier.

Tullock, G. 1979. "Sociobiology and Economics." *Atlantic Economic Journal* 7, pp. 1-10.

Turnbull, C. 1962. *The Forest People*. New York: Simon and Schuster.

Vanberg, V. 1986. "Spontaneous Market Order and Social Rules: A Critical Examination of F.A. Hayek's Theory of Cultural Evolution." *Economics and Philosophy* 2, pp. 75-100.

Vane-Wright, R.I., Humpries, C.J. and Williams, P.H. 1991. "What to Protect? Systematics and the Agony of Choice." *Biological Conservation* 55, pp. 235-254.

Veblen, T. 1907. "Professor Clark's Economics." *Quarterly Journal of Economics* 22, pp. 147-195.

Veblen, T. 1909. "The Limitations of Marginal Utility." *Journal of Political Economy* 17, reprinted in *What Veblen Taught.* New York: Augustus Kelly, 1964, pp. 151-175.

Victor, P. 1972. *Pollution: Economy and Environment.* London: Allen and Unwin.

Vitousek, P., Ehrlich, P., Ehrlich, A., Matson, P. 1986. "Human Appropriation of the Products of Photosynthesis." *BioScience 36, pp. 368-373.*

Volterra, V. 1931 [1926]. "Variations and Fluctuations in the Number of Individual Animal Species Living Together." In R.N. Chapman (ed.) *Animal Ecology.* New York: McGraw-Hill.

Vrba, E.S. 1980. "Evolution, Species, and Fossils: How Does Life Evolve?" *South African Journal of Science* 76, pp. 61-84.

Vrba, E.S. 1984. "What is Species Selection?" *Systematic Zoology* 33, pp. 318-328.

Vrba, E.S., and Eldredge, N. 1984. "Individuals, Hierarchies and Process: Towards a More Complete Evolutionary Theory." *Paleobiology* 10, pp. 146-171.

Vrba, E.S., and Gould, S.J. 1986. "The Hierarchical Expansion of Sorting and Selection: Sorting and Selection Cannot be Equated." *Paleobiology* 12, pp. 217-228.

Vrijenhoek, R., Douglas, M., and Meffe, G. 1985. "Conservation Genetics of Endangered Fish Populations in Arizona." *Science* 229, pp. 400-402.

Wachtel, P. 1983. *The Poverty of Affluence.* New York: The Free Press.

Wade, R. 1987. "The Management of Common Property Resources: Collective Action as an Alternative to Privatization or State Regulation." *Cambridge Journal of Economics* 11, pp. 95-106.

Waldrop, M. 1992. *Complexity*. New York: Simon and Schuster.

Wallace, A.R. 1863. *Journal of the Royal Geographical Society*. quoted by E.P. Pister, 1992. "Species in a Bucket." *Natural History* 102, p. 14.

Warsh, D. 1992. "Redeeming Karl Marx." *Boston Globe*, May 3.

Wattenberg, B., and Zinsmeister, H. 1986. "The Birth Dearth: The Geopolitical Consequences." *Public Opinion*, (December/January), pp. 6-13.

Webb, J. 1983. "Review of Mark Blaug, The Methodology of Economics." *Journal of Economic Issues* 16, pp. 912-916.

Weber, M. 1949. *The Methodology of the Social Sciences*. Glencoe, IL: Free Press.

Weinel, I., and Crossland, P. 1989. "The Scientific Foundations of Technological Progress." *Journal of Economic Issues* 23, pp. 95-808.

Weins, J.A. 1983. "Competition or Peaceful Coexistence." *Natural History* 92, pp. 30-34.

Weiss, H., Courty, M.-A., Wetterstrom, W., Guichard, F., Senior, L., Meadow, R., and Curnow, A. 1993. "The Genesis and Collapse of Third Millennium North Mesopotamian Civilization." *Science* 261, pp. 995-1004.

Weisskopf, W. 1979. "The Method is the Ideology: From a Newtonian to a Heisenbergian Paradigm in Economics." *Journal of Economic Issues* 13, pp. 869-884.

Wells, H.G., and Huxley, J. 1938. *The Science of Life*. Garden City: Doubleday, Doran and Co.

Whittaker, R. 1975. *Communities and Ecosystems*. New York: MacMillan.

Wicken, J. 1980. "A Thermodynamic Theory of Evolution." *Journal of Theoretical Biology* 87, pp. 9-23.

Wicken, J. 1985. "Thermodynamics and the Conceptual Structure of Evolutionary Change." *Journal of Theoretical Biology* 117, pp. 363-383.

Wilber, C. K., and Harrison, R. S. 1978. "The Methodological Basis of Institutional Economics: Pattern Model, Storytelling, and Holism." *Journal of Economic Issues* 12, pp. 61-89.

Wiley, E.O., and Brooks, D. 1982. "Victims of History - A Nonequilibrium Approach to Evolution." *Systematic Zoology* 31, 1-24.

Willis, J.C. 1922. *Age and Area: a Study in Geographical Distribution and Origin of the Species.* Cambridge: Cambridge University Press.

Wilson, E.O. 1985. "The Biological Diversity Crisis: A Challenge to Science." *Issues in Science and Technology* 2, pp. 20-29.

Wilson, E.O. 1988. "The Current State of Biological Diversity." In E.O. Wilson (ed.) *Biodiversity.* Washington, D.C.: National Academy Press, pp. 3-18.

Wilson, E.O. 1992. *The Diversity of Life.* Cambridge: Bellknap Harvard.

Wimsatt, W., and Schank, J. 1988. "Two Constraints on the Evolution of Complex Adaptations and the Means of their Avoidance." In M. Nitecki (ed.) *Evolutionary Progress.* Chicago: University of Chicago Press, pp. 231-274.

Winner, L. 1986. *The Whale and the Reactor.* Chicago: University of Chicago Press.

Winter, S.G. 1971. "Satisficing, Selection and the Innovating Remnant." *Quarterly Journal of Economics* 85, pp. 237-261.

Winter, S.G. 1984. "Schumpeterian Competition in Alternative Technical Regimes." *Journal of Economic Behavior and Organization* 5, pp. 137-158.

Witt, U. 1985. "Coordination of Individual Economic Activities as an Evolving Process of Self-Organization." *Économie Applequée* XXXVII: 569-95.

Witt, U. 1992. "Evolutionary Concepts in Economics." *Eastern Economic Journal* 18, pp. 405-419.

Woodburn, J. 1968. "An Introduction to Hadza Ecology." In R. Lee and I. Devore (eds.) *Man the Hunter.* Chicago: Aldine, pp. 49-55.

Woodburn, J. 1982. "Egalitarian Societies." *Man* 17, pp. 431-151.

Worster, D. 1977. *Nature's Economy.* Cambridge: Cambridge University Press.

Yellen, J. 1990. "The Transformation of the Kalahari !Kung." *Scientific American,* April 1990, pp. 72-79.

Yoon, C.K. 1993. "Biologists Deny Life Gets More Complex." *New York Times*, Science Times, March 30, p. C1.

Young, M. D. 1992. *Sustainable Investment and Resource Use*. Paris: Parthenon Publishing Group.

Zamagni, S. 1987. "Nicholas Georgescu-Roegen." In *The New Palgrave Dictionary of Economics.* vol. 2, London: MacMillan Press, pp. 515-516.

Index

GPSR Compliance

The European Union's (EU) General Product Safety Regulation (GPSR) is a set of rules that requires consumer products to be safe and our obligations to ensure this.

If you have any concerns about our products, you can contact us on ProductSafety@springernature.com

In case Publisher is established outside the EU, the EU authorized representative is:

Springer Nature Customer Service Center GmbH
Europaplatz 3
69115 Heidelberg, Germany

Batch number: 10584469

Printed by Printforce, the Netherlands

Bijlagen

R. van der Wijngaart and H. van Genderen, *Schematherapie voor cluster C-persoonlijkheidsstoornissen*,
https://doi.org/10.1007/978-90-368-2988-5

Bijlage 1 Modi

In deze bijlage beschrijven wij de naam en de uitingsvorm van alle modi en de relatie met de specifieke schema's, zoals die voorgesteld zijn door Arntz en collega's (Arntz et al., 2021).

Bij de Kindmodi wordt per schema beschreven welke Kindmodus relevant is. Bij de Kritische modi is maar een beperkt aantal schema's relevant. Bij de Vermijdende en de Omkerende Copingmodi wordt toegelicht hoe de activatie van welke schema's vermeden of omgekeerd zou kunnen worden.

In ▶ H. 2 zijn alleen de modi toegelicht die relevant zijn voor cliënten met een cluster C-persoonlijkheidsstoornis. In deze tabel staan alle modi. De andere modi, die relevant zijn voor andere persoonlijkheidsstoornissen, zijn schuingedrukt.

De Beschuldigende modus is door de auteurs toegevoegd (zie 2.3.3. Modi).

De onderzoeksgroep van Arntz en collega's doet nog onderzoek naar dit model, dus deze lijst zal in de toekomst mogelijk nog wijzigen. Voor meer informatie hierover verwijzen wij naar www.schematherapie.nl.

Waar mogelijk hebben wij de bestaande namen opgenomen zoals die in de huidige literatuur en vragenlijsten worden gebruikt (met tussen haakjes een naam die je mogelijk voor cliënten kunt gebruiken). Voor modi waarvoor nog geen officiële Nederlandse vertaling is, hebben wij de vertaling uit Van Genderen (2023) overgenomen.

Gekwetste en Boze Kindmodi met de samenhangende schema's en beleving		
Schema	Gekwetste Kind	Uitingsvorm
	Boze, Mokkende, Rebellerende Kind	
Acceptatie, verbondenheid, veiligheid en voorspelbaarheid		
Emotionele verwaarlozing	Eenzame en Niet-geliefde Kind	Je hebt het gevoel dat niemand je werkelijk begrijpt en beseft hoe je je voelt of om je geeft. Kan ook het gevoel zijn dat je gevoelens te veel zijn voor anderen.
	Boze Kind	Je wordt boos op anderen als ze geen rekening houden met je gevoelens, ook al heb je ze niet geuit.
	Impulsieve Kind	*Je zoekt impulsief naar aandacht en liefde. Je zoekt aandacht via kortdurende relaties.*
Wantrouwen en Misbruik	*Misbruikte Kind*	*Je bent extreem bang om misbruikt te worden en verwacht dat niemand je zal helpen. Je denkt dat andere mensen niet te vertrouwen zijn.*
	Boze Kind	*Je reageert boos als je denkt dat iemand je wilt misbruiken of verdenkt van slechte bedoelingen. Je kunt obsessief bezig zijn met wraak nemen.*

Gekwetste en Boze Kindmodi met de samenhangende schema's en beleving		
Schema	Gekwetste Kind	Uitingsvorm
	Boze, Mokkende, Rebellerende Kind	
	Impulsieve Kind	*Je reageert impulsief als je denkt dat je misbruikt kan gaan worden. Je bent klaar voor de aanval als je denkt dat de ander je kwaad wil doen.*
Verlating en Instabiliteit	Verlaten Kind	Je voelt intense wanhoop omdat je denkt dat je geen liefde, veiligheid of acceptatie zult krijgen. Voelt je gemakkelijk in de steek gelaten. Klampt je daarom aan mensen vast.
	Boze Kind	Je reageert boos op de (waargenomen) dreiging van verlating of feitelijke verlating. Je verbreekt soms boos een relatie zodat de ander jou niet kan verlaten.
	Impulsieve Kind	*Je gaat grenzen over in de manier waarop je iemand anders controleert om na te gaan of hij/zij je zou kunnen gaan verlaten.*
Sociaal Isolement	Vervreemde en Onbegrepen Kind	Je hebt het gevoel dat je heel anders bent dan andere mensen. Je hebt het gevoel dat je niet bij een groep past of erbij hoort.
	Boze Kind	Je reageert boos op de (waargenomen) dreiging dat jij er niet bij hoort, of wanneer iemand niet begrijpt wat er in je omgaat.
	Impulsieve Kind	*Je doet impulsief dingen om erbij te horen.*
Minderwaardigheid en Schaamte	Minderwaardige en Beschaamde Kind	Je hebt het gevoel niet te voldoen en slecht te zijn. Dit kan gepaard gaan met gevoelens van schaamte.
	Boze Kind	Je bent boos op anderen die je de indruk geven dat je minderwaardig bent en dat ze vinden dat je je voor jezelf moet schamen.
	Impulsieve Kind	*Je gedraagt je impulsief op een onaangepaste, beschamende manier als je denkt dat anderen je minderwaardig vinden.*
Bekwaamheid (competentie) en autonomie		
Afhankelijkheid en Incompetentie	Afhankelijke en Incompetente Kind	Je voelt je angstig en niet in staat alledaagse verantwoordelijkheden te dragen. Je kunt niks zonder de hulp van anderen.
	Boze Kind	Je wordt boos bij de indruk dat er te veel verantwoordelijkheid op je schouders wordt gelegd.

Gekwetste en Boze Kindmodi met de samenhangende schema's en beleving		
Schema	Gekwetste Kind Boze, Mokkende, Rebellerende Kind	Uitingsvorm
Mislukking	Falende Kind	Je gelooft dat je zult falen bij je taken. Je bent van mening dat jouw eigen vaardigheden, kennis en ideeën slechter zijn dan die van anderen.
	Boze Kind	Je wordt boos als anderen kritiek hebben op je gedrag of als anderen het beter doen, en ook wanneer anderen je in een situatie brengen waarin je faalt.
Kwetsbaarheid voor ziekte en gevaar	Angstige Kind	Je voelt je angstig en onveilig. Je voelt je overweldigd door vermeende gevaren. Je bent voortdurend bang dat je niet veilig bent en vraagt geruststelling aan anderen.
	Boze Kind	Je wordt boos als anderen je angsten en zorgen niet serieus nemen.
Verstrengeling	Niet-geïndividualiseerde Kind	Je denkt dat een of meerdere belangrijke anderen niet kunnen overleven als jij je van hen scheidt. Je ervaart een plicht om met deze anderen verbonden te blijven en voelt je schuldig als je iets onafhankelijk van hen probeert te doen.
	Boze Kind	Je wordt boos wanneer anderen druk op je uitoefenen om meer te individualiseren.
	Mokkende Kind	Je verzet je op een passief-agressieve manier tegen de plicht om altijd verbonden te moeten zijn met de anderen.
	Rebellerende Kind	Je rebelleert tegen de verstikkende sfeer van de verstrengeling door op afkeurende wijze te handelen.
Zelfexpressie; je behoeften, meningen en gevoelens uiten		
Onderwerping	Geïntimideerde Kind (Onderdanige Kind)	Je voelt je geïntimideerd door anderen en gelooft dat het uiten van je eigen behoeften negatieve gevolgen zal hebben. Je voelt je klein en machteloos.
	Boze Kind	Je wordt boos bij het gevoel niet de kans te krijgen je eigen behoeften en wensen te uiten, of als je denkt dat anderen die niet serieus nemen.
	Opstandige Kind	Je handelt opstandig en doet uit protest verboden dingen. Je weigert de regels te volgen en houdt geen rekening met de gevolgen.

Gekwetste en Boze Kindmodi met de samenhangende schema's en beleving		
Schema	Gekwetste Kind Boze, Mokkende, Rebellerende Kind	Uitingsvorm
Zelfopoffering	Geparentificeerde Kind	Je bent er vast van overtuigd dat je voor anderen moet zorgen, waarbij je negeert of dit nodig is of geweigerd wordt.
	Boze Kind	Je hebt uitbarstingen van boze beschuldigingen omdat je jezelf voortdurend moet opofferen en anderen jouw zorg niet erkennen.
	Benadeelde Kind	Je ervaart de disbalans tussen het geven en ontvangen van zorg als oneerlijk. Je hebt het gevoel dat je onrecht aangedaan wordt en vindt dat je oneerlijk wordt behandeld.
Goedkeuring en erkenning zoeken	*Aandacht-opeisende Kind*	*Je kunt niet zonder aandacht en erkenning van anderen. En je doet er alles aan om die te krijgen. Je wordt onzeker als anderen meer aandacht krijgen.*
	Mokkende Kind	*Je laat op een passief-agressieve manier merken dat je het niet leuk vindt als je geen aandacht of waardering krijgt.*
	Impulsieve Kind	*Je gedraagt je verleidelijk of probeert anderen te pleasen om aandacht te krijgen.*
Begrenzing en zelfcontrole (zelfoverschatting)		
Zich rechten toe-eigenen (superioriteit)	*Verwende Kind*	*Je denkt dat je moet krijgen en mag doen wat je wilt, zonder rekening te houden met anderen. Je drijft je zin door om onmiddellijke bevrediging van je behoeften af te dwingen. Je kunt niet tegen frustraties.*
	Superieure Kind (Fantastische Kind)	*Je denkt dat je beter en belangrijker bent dan anderen. Je voelt je superieur aan de meeste mensen en verwacht dat zij jou bewonderen. Je hebt graag macht en controle over anderen.*
	Boze Kind	*Je wordt boos als je niet genoeg je zin of bewondering krijgt. Of je wordt boos als anderen je niet gehoorzamen en geeft anderen de schuld van je eigen fouten.*
	Razende Kind	*Je wordt razend en agressief en verliest de controle over jezelf als het Boze Kind zijn zin niet krijgt.*
	Impulsieve Kind	*Je gedraagt je impulsief om bewondering, aandacht of gehoorzaamheid te krijgen. Je trekt je niks aan van de gevolgen omdat je denkt dat je die verdient en houdt daarbij geen rekening met anderen.*

Gekwetste en Boze Kindmodi met de samenhangende schema's en beleving		
Schema	Gekwetste Kind Boze, Mokkende, Rebellerende Kind	Uitingsvorm
Gebrek aan zelfdiscipline en zelfcontrole	*Ongedisciplineerde Kind*	*Je hebt onvoldoende zelfcontrole ontwikkeld en hebt geen zin om saaie of moeilijke dingen te doen. Je bent snel afgeleid, handelt chaotisch en uit je gevoelens en behoeften ongecontroleerd.*
	Boze Kind	*Je wordt kwaad als je dingen moet doen die zelfcontrole of zelfdiscipline vereisen om je doelen te bereiken.*
	Mokkende Kind	*Je verzet je tegen saaie moeilijke of frustrerende taken op een passieve manier en door te zwijgen, omdat je bang bent voor de negatieve gevolgen als je echt boos wordt.*
Spontaniteit en spel (overmatige waakzaamheid en controle)		
Negativiteit en Pessimisme	Pessimistische Kind	Je hebt de neiging om situaties op een negatieve, pessimistische manier te interpreteren. Je verwacht dat er dingen mis zullen gaan. De toekomst is donker en rampen zijn waarschijnlijk. Je voelt je meestal hopeloos en neerslachtig. Je laat je niet opbeuren door anderen.
	Boze Kind	Je wordt erg boos als anderen optimistisch of zelfs realistisch zijn, omdat je echt gelooft in jouw pessimistische en sombere verwachtingen.
Emotionele geremdheid	Geremde Kind	Je durft geen emotionele behoeften te uiten. Je bent subassertief, voelt je snel in verlegenheid gebracht en mist spontaniteit en speelsheid. Dat wordt door anderen ervaren als koud, stijf en overdreven formeel.
	Angstige en Paniekerige Kind	Je bent bang om de controle te verliezen over negatieve gevoelens, waaronder woede, verdriet en angst.
Meedogenloze normen	Teleurgestelde en Tekortschietende Kind*	Je bent teleurgesteld in jezelf met betrekking tot je eigen prestaties en normen.
	Overijverige Kind*	Je werkt hard, bent gehoorzaam en gedraagt je braaf en netjes.
	Boze Kind	Je wordt boos vanwege onrealistische of onredelijke eisen. Je bent vaak boos op anderen of instanties en je hebt niet door dat je eigenlijk boos bent op je eigen meedogenloze normen. Jij voelt je boos omdat je het gevoel hebt dat anderen te veel van je eisen.

Gekwetste en Boze Kindmodi met de samenhangende schema's en beleving		
Schema	Gekwetste Kind Boze, Mokkende, Rebellerende Kind	Uitingsvorm
	Opstandige Kind	Je bent niet openlijk boos, maar je doet dingen opzettelijk slecht uit protest tegen de hoge eisen.
	Mokkende Kind	Je protesteert op een passieve, indirecte, non-verbale manier tegen te hoge eisen en verwachtingen.
Bestraffende houding	Slechte Kind	Je voelt je slecht en schuldig, en vindt dat je straf verdient.
	Boze variant: Protesterende Kind	Je protesteert op emotionele wijze tegen de straf die je ervaart. Meestal richt je woede zich op anderen, die als kritisch worden ervaren.
	Mokkende Kind	Je protesteert op een passief-agressieve, indirecte, non-verbale manier tegen buitensporige straffen, beschuldigingen en beperkingen.
	Impulsieve Kind	*Je gaat op een impulsieve manier leuke dingen doen om te protesteren tegen de beperkingen en straf, maar schiet daarin door (impulsieve aankopen, seks of middelenmisbruik).*
Zelfcoherentie (samenhangend zelfbeeld en begrijpelijk beeld van de wereld)		
Gebrek aan zelfcoherentie (Verwarring over wie je bent)	*Verwarde Kind*	*Je ervaart jezelf niet als samenhangend geheel, maar als chaotisch en alsof je in stukken uiteenvalt. Dit maakt je bang en verward, en je voelt je leeg.*
	Boze Kind	*Je ervaart jezelf niet als samenhangend geheel, maar als chaotisch en alsof je in stukken uiteenvalt, en dat maakt je ongecontroleerd boos.*
Gebrek aan een betekenisvolle wereld (Verwarring over hoe de wereld in elkaar zit)	*Vervreemde Kind*	*Je ervaart de wereld als zinloos en gefragmenteerd. Dit maakt je bang, verward en verloren, en je hebt het gevoel dat alles zinloos is.*
	Boze Kind	*Je ervaart de wereld als zinloos en gefragmenteerd. Dit maakt je boos.*
Rechtvaardigheid		
Onrechtvaardigheid	*Benadeelde Kind*	*Je voelt je constant benadeeld en oneerlijk behandeld. Je vergroot pech hebben of iets oneerlijks uit tot buitensporige proporties.*

Gekwetste en Boze Kindmodi met de samenhangende schema's en beleving		
Schema	Gekwetste Kind Boze, Mokkende, Rebellerende Kind	Uitingsvorm
	Boze Kind	*Je protesteert tegen (vermeende) oneerlijke behandeling met veel te heftige boosheid. Je misinterpreteert de reden en waarom iets mogelijk oneerlijk is.*
	Impulsieve Kind	*Je reageert impulsief op mogelijke oneerlijkheid.*
Van Genderen (2023) en Arntz et al. (2021) *Er is discussie over de vraag of bij het schema Meedogenloze normen sprake is van Kwetsbare Kindmodi. Enerzijds zou bij overgave aan dit schema alleen maar sprake zijn van de Veeleisende modus. Anderzijds zou er naast de Veeleisende modus ook sprake kunnen zijn van twee Kwetsbare Kindmodi, namelijk het Teleurgestelde/Tekortschietende kind en het Overijverige kind. Hier wordt nog onderzoek naar gedaan.		

Kritische modi		
Kritische modus	Schema	Uitingsvorm
Veeleisende modus	Emotionele geremdheid Meedogenloze normen	Je moet doorgaan tot het af en perfect is. Het kan altijd beter. Je mag pas ontspannen als alles af is.
Straffende modus	Bestraffende houding	Je bent slecht, dom en lelijk. Als er iets misgaat, is het je eigen schuld en moet je niet zeuren.
Beschuldigende modus	Bestraffende houding Onderwerping	Je moet altijd voor anderen klaarstaan. Je bent anderen tot last als je aan jezelf denkt. Het is jouw schuld als familie of vrienden niet gelukkig zijn.
Van Genderen (2023) en Arntz et al. (2021)		

Vermijdende Copingmodi*		
Vermijdende Copingmodus	**Schema**	**Uitingsvorm**
De Onthechte Beschermer (De Gevoelafsluiter)	Alle schema's, behalve: – Zich rechten toe-eigenen (superioriteit) – Gebrek aan zelfdiscipline en zelfcontrole	*Gevoel uitschakelen.* Je negeert je gevoel, reageert niet, dissocieert of misbruikt middelen die verdoven.
De Grappenmaker	– Wantrouwen en misbruik – Verlating en instabiliteit – Sociaal isolement – Emotionele verwaarlozing – Minderwaardigheid en schaamte – Afhankelijkheid en onbekwaamheid – Mislukking – Kwetsbaarheid voor ziekte en gevaar – Verstrengeling – Onderwerping	*Grappen maken.* Als er iets vervelends gebeurt, ga je daar grappen over maken.
De Boze Beschermer (De Boze Cynicus)	– Wantrouwen en misbruik – Sociaal isolement – Minderwaardigheid en schaamte – Emotionele geremdheid	*Cynisch of boos worden.* Als iemand iets vervelends doet of kritiek heeft, reageer je boos of cynisch.
De Vermijdende Beschermer	Alle schema's	*Vermijden van situaties.* Je gaat situaties, lastige contacten of moeilijke taken letterlijk uit de weg.
De Onthechte Zelfsusser (De Verdover)	Alle schema's behalve onderwerping	*Afleiding zoeken.* Je staat niet stil bij je gevoel door voortdurend activiteiten te ondernemen die je afleiden van je gevoel.
De Willoze Inschikkelijke (De Onderdanige)	– Verlating en instabiliteit – Emotionele verwaarlozing – Afhankelijkheid en onbekwaamheid – Verstrengeling – Onderwerping	*Jezelf ondergeschikt maken.* Je doet altijd wat anderen willen en ontkent je eigen behoeften of laat je misbruiken.
De Geruststellingvrager	– Verlating en instabiliteit – Afhankelijkheid en onbekwaamheid – Mislukking – Kwetsbaarheid voor ziekte en gevaar	*Geruststelling zoeken.* Bij grote en kleine zorgen vraag je voortdurend advies en geruststelling zodat je je angsten en onzekerheden niet hoeft te voelen en verdragen.
De Wantrouwende Overcontroleerder (De Wantrouwende)	– Wantrouwen en misbruik – Verlating en instabiliteit	*Paranoïde controlebehoefte.* Je bent voortdurend alert en houdt anderen in de gaten om te voorkomen dat zij misbruik van je maken of je in de steek laten.

Van Genderen (2023) en Arntz et al. (2021)
*In de tweede kolom staat van welk schema de activatie door deze Copingmodus vermeden wordt. In de derde kolom wordt toegelicht aan welk gedrag die modus te herkennen is.

Omkerende Copingmodi*		
Omkerende Coping modus	Schema	Uitingsvorm
De Onafhankelijke	– Verlating en instabiliteit – Afhankelijkheid en onbekwaamheid – Verstrengeling – Onderwerping – Zelfopoffering – Goedkeuring en erkenning zoeken	*Extreem onafhankelijk gedrag.* Je doet alsof je niemand nodig hebt. Maar eigenlijk ben je bang dat je in de steek gelaten wordt, of tot iets gedwongen wordt wat je niet wilt.
De Clown	– Wantrouwen en misbruik – Verlating en instabiliteit – Emotionele verwaarlozing – Sociaal isolement – Minderwaardigheid en schaamte – Afhankelijkheid en onbekwaamheid – Mislukking – Angst voor ziekte en gevaar – Verstrengeling – Onderwerping – Zelfopoffering – Negativiteit en pessimisme – Emotionele geremdheid	*Behoeften belachelijk maken.* Je ontkent je behoeften door ze belachelijk, kleinzielig of overdreven te noemen. Je doet net alsof dat wat je hebt meegemaakt of tekort bent gekomen niets voorstelt, om de pijn daarover niet te hoeven voelen.
De Aandacht- en erkenningzoeker (De Aandachttrekker)	– Emotionele verwaarlozing – Minderwaardigheid en schaamte – Sociaal isolement – Emotionele geremdheid	*De aandacht op jezelf vestigen.* Je kunt je onzekerheid en het gevoel er niet bij te horen omkeren door interessant te doen over wat je kunt of hebt meegemaakt.
De Waaghals	Kwetsbaarheid voor ziekte en gevaar	*Gevaar opzoeken.* Terwijl je eigenlijk bang bent, onderdruk je dat gevoel juist door het gevaar op te zoeken.
De Perfectionistische Overcontroleerder (De Perfectionist)	– Emotionele verwaarlozing – Mislukking – Gebrek aan zelfdiscipline en zelfcontrole	*Doorgaan tot het perfect is.* Om je gevoel dat je mislukt of slordig bent te voorkomen doe je juist extreem je best.
De Luilak	Hoge eisen	*Expres luieren en inactief zijn.* Je doet weinig of niets, je loopt de kantjes ervan af, je doet helemaal niet je best.
De Eeuwige Optimist	– Negativiteit en pessimisme – Onrechtvaardigheid	*Overdreven optimistisch doen.* Je sluit je ogen voor onrechtvaardigheid of misbruik door net te doen alsof iedereen het altijd goed bedoelt.
De Heilige	– Bestraffendheid – Zich rechten toe-eigenen (superioriteit)	*Overdreven bescheiden en vergevingsgezind doen.* Je voelt je wel superieur, maar uit angst dat mensen je arrogant vinden doe je juist heel bescheiden.

Omkerende Copingmodi*		
Omkerende Coping modus	**Schema**	**Uitingsvorm**
De Zelfverheerlijker (De Opschepper)	– Minderwaardigheid en schaamte – Sociaal isolement – Onderwerping – Zelfopoffering – Goedkeuring en erkenning zoeken	*Opscheppen.* Je doet alsof je heel bijzonder bent en schept op over wie je bent en wat je doet.
De Aanval- en pestmodus (De Aanvaller)	– Wantrouwen en misbruik – Verlating en instabiliteit – Onderwerping – Onrechtvaardigheid	*Aanvallen en intimideren.* Je denkt dat aanval de beste verdediging is om te voorkomen dat je belazerd, misbruikt of onderdrukt wordt.
De Manipulatie- en bedrogmodus (De Bedrieger)	– Verlating en instabiliteit – Onrechtvaardigheid	*Liegen en bedriegen.* Je manipuleert anderen om te voorkomen dat je bedrogen of verlaten wordt.
Het Roofdier	Onrechtvaardigheid	*Bedreiging.* Je schakelt op een berekenende, kille manier mogelijke dreiging, rivalen of vijanden uit.

Van Genderen (2023) en Arntz et al. (2021)
*In de tweede kolom staat van welk schema de activatie door deze Copingmodus vermeden wordt door omkering van wat het schema voorschrijft. In de derde kolom wordt toegelicht aan welk gedrag die modus te herkennen is.

Literatuur

Alden, L. (1989). Short-term structured treatment for avoidant personality disorder. *Journal of Consulting and Clinical Psychology, 57*(6), 756.

Arntz, A. (2012). Schema therapy for cluster-C personality disorders. In M. Van Vreeswijk, J. Broersen, M. Nadort (Red.), *The Wiley-Blackwell handbook of schema therapy: Theory, research and practice* (pag. 397–414). Wiley-Blackwell.

Arntz, A., & Jacob, G. (2012). *Schematherapie: Een praktische handleiding* (vertaling Guido Sijbers). Uitgeverij Nieuwezijds.

Arntz, A., Rijkeboer, M., Chan, E., Fassbinder, E., Karaosmanoglu, A., Lee, C. W., & Panzeri, M. (2021). Towards a reformulated theory underlying schema therapy: Position paper of an international workgroup. *Cognitive Therapy and Research, 45*, 1007–1020.

Baljé, A., Greeven, A., Van Giezen, A., Korrelboom, K., Arntz, A., & Spinhoven, P. (2016). Group schema therapy versus group cognitive behavioral therapy for social anxiety disorder with comorbid avoidant personality disorder: Study protocol for a randomized controlled trial. *Trials, 17*, 487. ▶ https://doi.org/10.1186/s13063-016-1605-9.

Bamelis, L. L. M., Renner, F., Heidkamp, D., & Arntz, A. (2011). Extended schema mode conceptualizations for specific personality disorders: An empirical study. *Journal of Personality Disorders, 25*, 41–58.

Bamelis, L. L. M., Evers, S. M. A. A., & Arntz, A. (2012). Design of a multi-centered randomized controlled trial on the clinical and cost effectiveness of schema therapy for personality disorders. *BMC Public Health, 12*, 75. ▶ https://doi.org/10.1186/1471-2458-12-75.

Bamelis, L. L. M., Evers, S. M. A. A., Spinhoven, P., & Arntz, A. (2014). Results of a multicentered randomised controlled trial of the clinical effectiveness of schema therapy for personality disorders. *American Journal of Psychiatry, 171*(3), 305–322. ▶ https://doi.org/10.1176/appi.ajp.2013.12040518.

Bamelis, L. L. M., Arntz, A., Wetzelaer, P., Verdoorn, R., & Evers, S. M. A. A. (2015). Economic evaluation of schema therapy and clarification-oriented psychotherapy for personality disorders: A multicenter, randomized controlled trial. *Journal of Clinical Psychiatry, 76*(11), 1432–1440. ▶ https://doi.org/10.4088/JCP.14m09412.

Bögels, S. M., & Van Oppen, P. (2019). *Cognitieve therapie: Theorie en praktijk*. Bohn Stafleu van Loghum.

Brockman, R., Simpson, S., Hayes, C., Van der Wijngaart, R., & Smout, M. (2023). *Cambridge guide to schema therapy* (Cambridge Guides to the Psychological Therapies). Cambridge University Press. ▶ https://doi.org/10.1017/9781108918145.

De Klerk, N., Abma, T. A., Bamelis, L. L., & Arntz, A. (2017). Schema therapy for personality disorders: A qualitative study of patients' and therapists' perspectives. *Behavioural and Cognitive Psychotherapy, 45*(1), 31–45. ▶ https://doi.org/10.1017/S1352465816000357.

Dibbets, P., & Arntz, A. (2016). Imagery rescripting: Is incorporation of the most aversive scenes necessary? *Memory (hove, England), 24*(5), 683–695. ▶ https://doi.org/10.1080/09658211.2015.1043307.

Dweck, C. S. (2017). From needs to goals and representations: Foundations for a unified theory of motivation, personality and development. *Psychological Review, 124*, 689–719. ▶ https://doi.org/10.1037/rev0000082.

Farrell, J. M., Reiss, N., & Shaw, I. A. (2014). The schema therapy clinician's guide: A complete resource for building and delivering individual, group and integrated schema mode treatment programs (B. Finkelmeier, Illustrator). Wiley. ▶ https://doi.org/10.1002/9781118510018.

Farrell, J., Reiss, N., & Shaw, I. (2016). *Schematherapie in de klinische praktijk: Een complete gids voor individuele, groeps en geïntegreerde behandeling met schemamodi* (vertaling T. Meynen). Uitgeverij Nieuwezijds.

Friborg, O., Martinsen, E. W., Martinussen, M., Kaiser, S., Øvergård, K. T., & Rosenvinge, J. H. (2013). Comorbidity of personality disorders in anxiety disorders: A meta-analysis of 30 years of research. *Journal of Affective Disorders, 145*(2), 143–155. ▶ https://doi.org/10.1016/j.jad.2012.07.004.

Friborg, O., Martinsen, E. W., Martinussen, M., Kaiser, S., Øvergård, K. T., Rosenvinge, J. H. (2014). Comorbidity of personality disorders in mood disorders: A meta-analytic review of 122 studies from 1988 to 2010. *Journal of Affective Disorders, 152–154*, 1–11. ▶ https://doi.org/10.1016/j.jad.2013.08.023.

Giesen-Bloo, J., Van Dyck, R., Spinhoven, P., Van Tilburg, W., Dirksen, C., Van Asselt, T., Kremers, I., Nadort, M., & Arntz, A. (2006). Outpatient psychotherapy for Borderline Personality Disorder: A randomized controlled trial of schema-focused therapy versus transference focused psychotherapy. *Archives of General Psychiatry, 63*, 649–658.

Groot, I. Z., Venhuizen, A. S. S., Bachrach, N., Walhout, S., De Moor, B., Nikkels, K., ..., & Arntz, A. (2022). Design of an RCT on cost-effectiveness of group schema therapy versus individual schema therapy for patients

with Cluster-C personality disorder: The QUEST-CLC study protocol. *BMC Psychiatry, 22*, 637. ▶ https://doi.org/10.1186/s12888-022-04248-9.
Heimberg, R. G., Dodge, C. S., Hope, D. A., Kennedy, C. R., Zollo, L. J., & Becker, R. E. (1990). Cognitive behavioral group treatment for social phobia: Comparison with a credible placebo control. *Cognitive Therapy and Research, 14*(1), 1–23.
Holmes, E. A., & Mathews, A. (2010). Mental imagery in emotion and emotional disorders. *Clinical Psychology Review, 30*(3), 349–362. ▶ https://doi.org/10.1016/j.cpr.2010.01.001.
Kaeding, A., Sougleris, C., Reid, C., Van Vreeswijk, M., Hayes, C., Dorrian, J., & Simpson, S. (2017). Professional burnout, early maladaptive schemas and the effect on physical health in clinical and counseling trainees. *Journal of Clinical Psychology, 73*(12), 1782–1796. ▶ https://doi.org/10.1002/jclp.22485.
Krans, J. (2022). Persoonlijke communicatie.
Krans, J., & Van der Wijngaart, R. (2022). In Van der Wijngaart, R. (Red.), *Stoelentechniek, theorie en praktijk* (Hoofdstuk 1 Inleiding). Bohn Stafleu van Loghum. ISBN 978-90-368-2796-6.
Libby, L. K., Shaeffer, E. M., Eibach, R. P., & Slemmer, J. A. (2007). Picture yourself at the polls: Visual perspective in mental imagery affects self-perception and behavior. *Psychological Science, 18*(3), 199–203.
Nadort, M., Arntz, A., Smit, J. H., Giesen-Bloo, J., Eikelenboom, M., Spinhoven, P., Van Asselt, T., Wensing, M., & Van Dyck, R. (2009). Implementation of outpatient schema therapy for borderline personality disorder with versus without crisis support by the therapist outside office hours: A randomized trial. *Behaviour Research and Therapy, 47*(11), 961–973. ▶ https://doi.org/10.1016/j.brat.2009.07.013.
Nijenhuis, M., Van Niekerk, R., & Krans, J. (2024, in voorbereiding). *Schematherapeutische exposure voor angst- en dwangstoornissen*. Bohn Stafleu van Loghum.
Panagiotopoulos, A., Despoti, A., Varveri, C., et al. (2023). The relationship between early maladaptive schemas and cluster C personality disorder traits: A systematic review and meta-analysis. *Current Psychiatry Reports, 25*, 439–453. ▶ https://doi.org/10.1007/s11920-023-01439-3.
Peeters, N., Van Passel, B., & Krans, J. (2021). The effectiveness of schema therapy for patients with anxiety disorders, OCD, or PTSD: A systematic review and research agenda. *The British Journal of Clinical Psychology, 61*(3), 579–597. ▶ https://doi.org/10.1111/bjc.12324.
Renner, F., Arntz, A., Leeuw, I., & Huibers, M. (2013). Treatment for chronic depression using schema therapy. *Clinical Psychology Science and Practice, 20*, 166–180. ▶ https://doi.org/10.1111/cpsp.12032.
Renner, F., Arntz, A., Peeters, F. P., Lobbestael, J., & Huibers, M. J. (2016). Schema therapy for chronic depression: Results of a multiple single case series. *Journal of Behavior Therapy and Experimental Psychiatry, 51*, 66–73. ▶ https://doi.org/10.1016/j.jbtep.2015.12.001.
Reubsaet, R. J. (2018). *Schematherapie: Werken met fases in de klinische praktijk*. Bohn Stafleu van Loghum. ▶ https://doi.org/10.1007/978-90-368-2115-5.
Rijkeboer, M. M., & Lobbestael, J. (2012). *The relationships between early maladaptive schemas, schema modes and coping styles*. Paper presented at the 5th World Conference of Schema Therapy, May 17th–19th, New York, USA.
Sachse, R. (2001). *Psychologische Psychotherapie der Persönlichkeitsstörungen*. Hogrefe.
Schacter, D. L., & Addis, D. R. (2007). The cognitive neuroscience of constructive memory: Remembering the past and imagining the future. *Philosophical Transactions of the Royal Society of London. Series B, Biological sciences, 362*(1481), 773–786. ▶ https://doi.org/10.1098/rstb.2007.2087.
Schacter, D. L., Addis, D. R., & Buckner, R. L. (2008). Episodic simulation of future events concepts, data, and applications. *New York Academy of Sciences, 1124*, 39–60.
Simon, W. (2009). Follow-up psychotherapy outcome of patients with dependent, avoidant and obsessive-compulsive personality disorders: A meta-analytic review. *International Journal of Psychiatry in Clinical Practice, 13*(2), 153–165.
Simpson, S., Simionato, G., Smout, M., Van Vreeswijk, M. F., Hayes, C., Sougleris, C., & Reid, C. (2019). Burnout amongst clinical and counselling psychologist: The role of early maladaptive schemas and coping modes as vulnerability factors. *Clinical Psychology & Psychotherapy, 26*(1), 35–46. ▶ https://doi.org/10.1002/cpp.2328.
Skewes, S. A., Samson, R. A., Simpson, S. G., & Van Vreeswijk, M. (2015). Short-term group schema therapy for mixed personality disorders: A pilot study. *Frontiers in Psychology, 5*, 1592. ▶ https://doi.org/10.3389/fpsyg.2014.01592.
Spek, A., Fernandes Pinto, L., Grevers, R., Kiep, M., Snouckaert, V., Ten Barge, L., De Boer, F., Metten, D., & Curiël, Y. (z.j.). *Whitepaper ASS en/of Dwangmatige persoonlijkheidsstoornis*. Autisme Expertisecentrum (Eemnes).
Taylor, C. T., Laposa, J. M., & Alden, L. E. (2004). Is avoidant personality disorder more than just social avoidance? *Journal of Personality Disorders, 18*(6), 571–594.

Ten Have, M., Tuithof, M., Van Dorsselaer, S., Schouten, F., & De Graaf, R. (2023). The Netherlands Mental Health Survey and Incidence Study-3 (NEMESIS-3): Objectives, methods and baseline characteristics of the sample. *International Journal of Methods in Psychiatric Research, 32*(1), e1942. ► https://doi.org/10.1002/mpr.1942.

Ten Napel-Schutz, M. C., Abma, T. A., Bamelis, L., & Arntz, A. (2011). Personality disorder patients' perspectives on the introduction of imagery within schema therapy: A qualitative study of patients' experiences. *Cognitive and Behavioral Practice, 18*, 482–490. ► https://doi.org/10.1016/j.cbpra.2011.04.005.

Ten Napel-Schutz, M. C., Abma, T. A., Bamelis, L. L., & Arntz, A. (2017). How to train experienced therapists in a new method: A qualitative study into therapists' views. *Clinical Psychology & Psychotherapy, 24*(2), 359–372. ► https://doi.org/10.1002/cpp.2004.

Tjoa, E. E. M. L., & Muste, E. H. (2021). *Handleiding groepsschematherapie voor cluster C-persoonlijkheidsstoornissen*. Bohn Stafleu van Loghum.

Van Genderen, H. (2023). *Doorbreek je patronen in vijf stappen*. Uitgeverij Nieuwezijds.

Van Genderen, H., & Arntz, A. (2021). *Schematherapie bij borderline-persoonlijkheidsstoornis* (tweede, geheel herziene editie). Uitgeverij Nieuwezijds. ISBN 9789057124853.

Van der Wijngaart, R. (2020). *Imaginaire rescripting: Theorie en praktijk*. Bohn Stafleu van Loghum.

Van der Wijngaart, R. (2022). *Stoelentechniek: Theorie en praktijk*. Bohn Stafleu van Loghum.

Van der Wijngaart, R., & Sijbers, G. (2018). *Schema therapy for the Avoidant-, Dependent-, and Obsessive-Compulsive personality disorder*. USB-stick.

Videler, A. C., Van Alphen, S. P. J., Van Royen, R. J. J., Van der Feltz-Cornelis, C. M., Rossi, G., & Arntz, A. (2018). Schema therapy for personality disorders in older adults: A multiple-baseline study. *Aging and Mental Health, 22*(6), 738–747. ► https://doi.org/10.1080/13607863.2017.1318260.

Vuijk, R., Deen, M., Sizoo, B., & Arntz, A. (2018). Temperament, character, and personality disorders in adults with autism spectrum disorder: A systematic literature review and meta-analysis. *Review Journal of Autism and Developmental Disorders, 5*, 176–197. ► https://doi.org/10.1007/s40489-018-0131-y.

Vuijk, R., Deen, M., Geurts, H. M., & Arntz, A. (2023). Schema therapy for personality disorders in adults with autism spectrum disorder: Results of a multiple case series study. *Clinical Psychology & Psychotherapy, 30*, 458–472. ► https://doi.org/10.1002/cpp.2817.

Wibbelink, C. J. M., Venhuizen, A. S. S. M., Grasman, R. P. P. P., Bachrach, N., Van den Hengel, C., Hudepohl, S., Kunst, L., De Lange, H., Louter, M. A., Matthijssen, S. J. M. A., Schaling, A., Walhout, S., Wichers, K. (R.), & Arntz, A. (2023). Group schema therapy for cluster-C personality disorders: A multicentre open pilot study. *Clinical Psychology & Psychotherapy*, 1–24. ► https://doi.org/10.1002/cpp.2903.

Yakin, D., Grasman, R., & Arntz, A. (2020). Schema modes as a common mechanism of change in personality pathology and functioning: Results from a randomized controlled trial. *Behaviour Research and Therapy, 126*, 103553. ► https://doi.org/10.1016/j.brat.2020.103553.

Young, J. E. (1990). *Cognitive therapy for personality disorders: A schema-focused approach*. Professional Resource Exchange.

Young, J. E., Klosko J. S., & Weishaar, M. E (2020 of 2005). *Schemagerichte therapie: Handboek voor therapeuten*. Bohn Stafleu van Loghum.

Made in United States
Orlando, FL
05 November 2026

90209480R00162